Le risque professionnel et le droit fiscal

Finances publiques/Public finance

Collection dirigée par/ Collection directed by Thierry Lambert

Les finances publiques connaissent un développement important et se diversifient. Cette discipline couvre notamment les finances de l'État, le droit public financier, le droit fiscal, les finances communautaires, les finances locales, les finances sociales, les finances internationales et comparées, les procédures fiscales ainsi que le droit douanier. Ces questions peuvent être envisagées dans un cadre national, communautaire ou mondial.

La présente collection a pour vocation de publier des travaux originaux (thèses, essais, colloques...) ou de facture plus classique (manuels, commentaires de textes, recueils de documents...).

Elle a aussi pour ambition de rééditer des ouvrages aujourd'hui introuvables, mais fort utiles, dès lors qu'ils s'imposent comme référence et qu'ils sont agrémentés d'une préface substantielle.

Public finance steadily developing and diversifying. This discipline more particulary covers state finance, public finance law, tax law, EU finance, local finance, social finance, international and comparative finance, tax procedures and customs law. Those questions can be considered within a national community or global framework.

The aim of this collection is to publish original works (theses, essays, symposiums...) or more traditional ones (textbooks text analyses, collections of documents ...).

In addition, it is meant to re-publish books which are currently untraceable no matter how useful provided they stand as genuine references and contain substantial prefaces.

Dernières parutions

Jean GIARD, *Le système fiscal international : une construction conceptuelle et pragmatique*, 2024.

François Marie DJOA BOYAM, *Finances publiques et décentralisation au Cameroun*, 2024.

Simon RIO, *Les dispositifs anti-abus en droit fiscal international, Contribution à l'étude de la théorie de l'abus de droit appliquée au droit fiscal international*, 2024.

Yoan ANTONIO, *L'intégration de l'égalité femmes-hommes dans le budget de l'Etat*, 2024.

Marie-Caroline LEFEBVRE, *La proportionnalité en droit fiscal, Une action modératrice, par l'adaptation, dans l'application de la norme fiscale*, 2023.

Jennyfer PILOTIN, *Le secret en matière fiscale*, 2022.

Le risque professionnel et le droit fiscal

Finances publiques/Public finance
Collection dirigée par/ Collection directed by Thierry Lambert

Les finances publiques connaissent un développement important et se diversifient. Cette discipline couvre notamment les finances de l'État, le droit public financier, le droit fiscal, les finances communautaires, les finances locales, les finances sociales, les finances internationales et comparées, les procédures fiscales ainsi que le droit douanier. Ces questions peuvent être envisagées dans un cadre national, communautaire ou mondial.

La présente collection a pour vocation de publier des travaux originaux (thèses, essais, colloques...) ou de facture plus classique (manuels, commentaires de textes, recueils de documents...).

Elle a aussi pour ambition de rééditer des ouvrages aujourd'hui introuvables, mais fort utiles, dès lors qu'ils s'imposent comme référence et qu'ils sont agrémentés d'une préface substantielle.

Public finance steadily developing and diversifying. This discipline more particulary covers state finance, public finance law, tax law, EU finance, local finance, social finance, international and comparative finance, tax procedures and customs law. Those questions can be considered within a national community or global framework.

The aim of this collection is to publish original works (theses, essays, symposiums...) or more traditional ones (textbooks text analyses, collections of documents ...).

In addition, it is meant to re-publish books which are currently untraceable no matter how useful provided they stand as genuine references and contain substantial prefaces.

Dernières parutions

Jean GIARD, *Le système fiscal international : une construction conceptuelle et pragmatique*, 2024.
François Marie DJOA BOYAM, *Finances publiques et décentralisation au Cameroun*, 2024.
Simon RIO, *Les dispositifs anti-abus en droit fiscal international, Contribution à l'étude de la théorie de l'abus de droit appliquée au droit fiscal internationa*l, 2024.
Yoan ANTONIO, *L'intégration de l'égalité femmes-hommes dans le budget de l'Etat*, 2024.
Marie-Caroline LEFEBVRE, *La proportionnalité en droit fiscal, Une action modératrice, par l'adaptation, dans l'application de la norme fiscale*, 2023.
Jennyfer PILOTIN, *Le secret en matière fiscale*, 2022.

Alexandre Nicolier

Le risque professionnel et le droit fiscal

Préface de Christophe de la Mardière

L'Harmattan

5-7, rue de l'Ecole-Polytechnique, 75005 Paris

http://www.editions-harmattan.fr

ISBN : 978-2-336-50613-5
EAN : 9782336506135

Remerciements

Je tiens tout d'abord à exprimer ma gratitude à mon directeur de thèse, le Professeur Christophe de la Mardière, pour avoir accepté de superviser mes recherches. Grâce au sujet qu'il m'a encouragé à explorer, à ses questions pertinentes et à ses suggestions précieuses, ainsi qu'à sa disponibilité et surtout à sa patience bienveillante, il a su me guider, m'aider à structurer mes idées et à me donner confiance dans la rédaction de cette thèse. Ces années de recherche ont été une expérience exceptionnellement enrichissante à la fois sur le plan intellectuel et humain.

Je souhaite également exprimer ma reconnaissance envers les membres du jury pour avoir accepté de lire mon travail et d'assister à ma soutenance.

Enfin, mes remerciements vont à Marie, Robin, Roméo, Louis, ainsi qu'à mes parents, pour leur patience et leur bienveillance, qui m'ont permis de trouver le temps et le courage de réaliser un rêve.

PREFACE

Cet ouvrage est issu d'une thèse soutenue au Conservatoire national des arts et métiers, le 25 juin 2024. Le jury était composé du doyen Olivier Négrin, président, professeur à l'université d'Aix-Marseille, de Madame Lise Chatain, rapporteur, professeur à l'université de Bourgogne, de Monsieur Gilles Dedeurwaerder, rapporteur, maître de conférences HDR à l'université de Toulouse 1 Capitole, et de Monsieur Daniel Gutmann, suffragant, professeur à l'université Paris 1 Panthéon-Sorbonne. Le jury s'est montré unanime pour saluer une très bonne thèse et louer la qualité du travail accompli, tant sur le fond qu'en la forme.

Le candidat, et désormais docteur, Alexandre Nicolier, est parti de l'arrêt du Conseil d'État relatif à plus vieille banque du monde, Monte Paschi, à laquelle l'administration fiscale entendait apprendre son métier. Mais, rapidement, cette théorie du risque excessif fut trop étroite, M. Nicolier a alors élargi son analyse au risque professionnel. Il a décliné celui-ci en deux parties, le risque professionnel face à l'acte anormal de gestion d'une part, confronté à l'abus de droit d'autre part. Pour entreprendre sa démonstration, l'auteur avait besoin de termes de comparaison, qu'il a trouvés avec le risque privé, celui du particulier procédant à un investissement, immobilier ou mobilier.

La thèse consiste à dénoncer la frontière trop brutale entre le risque du professionnel et celui du particulier. Le premier est encouragé par le droit fiscal, dès lors qu'il est de nature à créer des richesses et des emplois ; il est pleinement reconnu en ce sens que si les affaires tournent mal, le déficit accusé vient s'imputer en totalité sur les autres revenus de l'entrepreneur individuel, pour retenir, à titre d'exemple, celui-ci. À l'inverse, le droit de l'impôt est plus que réticent à reconnaître le risque privé, de craintes d'abus. Ainsi, on a connu, naguère, des propriétaires d'immeubles voués à la location, dans lesquels ils faisaient réaliser des travaux somptueux, juste pour le plaisir de dégager des déficits fonciers. En réaction, le droit fiscal a strictement bridé les pertes des particuliers qui, aujourd'hui, le plus souvent, ne viennent diminuer que les revenus à venir et de même nature.

Pourtant, l'investissement privé présente également des risques, comme un locataire qui ne paye pas son loyer ou dégrade les locaux. Le particulier-investisseur est lui aussi à l'origine de la création de richesses et d'emplois. Ainsi, en faisant l'acquisition d'actions ou d'obligations, il permet le financement d'entreprises, en mesure d'investir et d'embaucher. Le risque privé mériterait donc d'être davantage encouragé, par des régimes fiscaux attractifs. Mais la lutte toujours plus grande contre les abus rend assez vaine cette orientation, pourtant vertueuse au plan économique. Le professionnel est condamné à rechercher en permanence l'enrichissement, au risque d'échouer ; le particulier n'a lui qu'un droit réduit à l'échec.

Telle est la belle démonstration de M. Nicolier, qu'il défend avec conviction et passion. On remarque, sous sa plume, une très bonne maîtrise du droit fiscal, en particulier dans l'exploitation de la jurisprudence. Il en ressort des analyses souvent originales, certaines étant même inédites. Comme l'a souligné un membre du jury, Gilles Dedeurwaerder, ce travail correspond parfaitement à ce que l'on attend d'une thèse : une idée principale et beaucoup d'idées annexes. M. Nicolier ne se contente pas d'étudier l'histoire et le droit positif, toujours de manière critique, sans que ce mot soit nécessairement négatif ; il fait également des propositions pour améliorer l'état du droit.

C'est donc une fierté et un plaisir de voir son considérable et précieux travail couronné par une publication. Merci à notre collègue, le professeur Thierry Lambert, d'avoir rendu celle-ci possible.

Christophe de la MARDIERE
Agrégé des facultés de droit
Professeur du Conservatoire national des arts et métiers,
Titulaire de la chaire de fiscalité des entreprises

SOMMAIRE

TABLE DES ABREVIATIONS

al.	Alinéa
AFR	Zone d'aide à finalité régionale
AN.	Assemblée nationale
Bull. civ.	Bulletin des arrêts de la Cour de cassation, chambres civiles
BA	Bénéfices agricoles
BIC	Bénéfices industriels et commerciaux
CAA	Cour administrative d'appel
CA	Chiffre d'affaires
Cass.	Cour de cassation
C. civ.	Code civil
C. com.	Code de commerce
CGI	Code général des impôts
Civ.	Chambre civile de la Cour de cassation
Coll.	Collection
Com.	Chambre commerciale de la Cour de cassation
C. Pén.	Code pénal
Crim.	Chambre criminelle de la Cour de cassation
C. trav.	Code du travail
D.	Recueil Dalloz
Dr. fisc.	Revue de droit fiscal
DGI	Direction générale des impôts
Doc. adm.	Documentation administrative
Doct.	Doctrine
EURL	Entreprise unipersonnelle à responsabilité limitée
GAJF	Les grands arrêts de la juris. fiscale, Dalloz, 5e éd., 2009
HT	Hors taxes
IR	Impôt sur le revenu
IS	Impôt sur les sociétés
JCP G	Jurisclasseur périodique – Semaine juridique
JCP E	Semaine juridique – Edition entreprise
JCP N	Semaine juridique – Edition notariale
JO	Journal officiel
JP	Jurisprudence
LGDJ	Librairie générale de droit et de jurisprudence
Lib.	Librairie
LPF	Livre des procédures fiscales
OCDE	Organisation de coopération et de développement éco.
Op. cit.	*opere citato*
PCG	Plan comptable général
PDG	Président directeur général
Plén.	Assemblée plénière du Conseil d'État
PUF	Presses universitaires de France

QPC	Question prioritaire de constitutionnalité
Lebon	Recueil Lebon des arrêts du Conseil d'État
Réf.	Référence
Rép.	Réponse ministérielle
req.	Arrêt du Conseil d'État rendu sous la requête n°
RFP	Revue fiscale du patrimoine
RJDA	Revue de jurisprudence de droit des affaires
RJF	Revue de jurisprudence fiscale
SA	Société anonyme
SARL	Société à responsabilité limitée
SCI	Société civile immobilière
sect.	Section du contentieux du Conseil d'État
SNC	Société en nom collectif
t.	tome
TA	Tribunal administratif
th.	Thèse
TTC	Toutes taxes comprises
TVA	Taxe sur la valeur ajoutée
V., v.	Voir, voir
vol.	volume
ZRR	Zone de revitalisation rurale

INTRODUCTION

Section 1. Définition

1. **Risque.** Le risque est omniprésent dans notre société contemporaine et la volonté de le prévenir, prégnante. Le risque existe « dans le monde économique, où il qualifie la figure de l'entrepreneur, dans le monde financier, où on l'identifie à la grande menace du krach, dans le monde social, où les institutions d'assurances privées ou sociales sont occupées à sa couverture, dans le monde juridique, où il sert à traquer les responsabilités, dans le monde moral, où l'on se plaint d'une société d'assistés, dans le monde médical, sous la forme de l'insaisissable aléa thérapeutique, dans le monde militaire, qui a imaginé la stratégie du « risque zéro ». Il est aussi dans la nature sous la forme de grandes menaces écologiques ; il est encore dans la recherche scientifique, où on cherche à le maîtriser sous la forme de l'éthique [...][1] ».

2. Le risque, notion polysémique et protéiforme, connaît une définition difficilement saisissable, car nécessairement abstraite. Selon l'association Henri Capitant, il est un « événement dommageable dont la survenance est incertaine, quant à sa réalisation ou à la date de cette réalisation ; se dit aussi bien de l'éventualité d'un tel événement en général, que de l'événement spécifié dont la survenance est envisagée[2] ». Pour le dictionnaire Larousse, le risque se définit comme « la possibilité ou la probabilité d'un fait, d'un événement considéré comme un mal ou fait dommageable[3] ». Il correspond également au fait de s'engager dans une action qui pourrait apporter un avantage, mais qui comporte l'éventualité d'un danger. Le risque emprunte de nombreuses formes et concerne des domaines variés. Même s'il renvoie parfois à la probabilité de gain, le terme est généralement péjoratif dans le langage courant. N. Voidey écrit que le risque fait partie « de ces concepts juridiques abstraits et qualitatifs qui se comprennent mieux qu'ils se définissent[4] ». Quoi qu'il en soit, une chose est sûre : le risque se caractérise toujours par l'incertitude qu'il génère. Sans incertitude, il n'y a point de risque.

3. **Risque et aléa**. Les notions de risque et d'aléa sont voisines, dans le sens où toutes deux sont empreintes d'incertitude. Elles connaissent néanmoins quelques différences. Le mot risque, du latin *rixare* (se quereller) et *rixa* (rixe), renvoie déjà aux effets néfastes auxquels un événement redouté pourrait conduire, s'il se réalise. Alors que le terme aléa, du latin *alea* (jeux

---

[1] F. EWALD, « Le risque dans la société contemporaine », *in Risque et Société*, sous dir. M. TUBIANA, C. VROUSOS, C. CARDE ET J.-P. PAGES, actes du colloque Risque et Société, Nucléon, 1999, p. 41.

[2] G. CORNU (dir.), *Vocabulaire juridique,* PUF, Association Henri Capitant, 13e éd., 2020, v. « Risque ».

[3] Larousse (s. d.), Risque. Dans *Dictionnaire en ligne*. Consulté le 13 avril 2023 sur https://www.larousse.fr/dictionnaires/francais/risque.

[4] N. OVIDE, *le risque en droit civil*, PUAM, 2005, p. 37.

de dés), n'a trait qu'au caractère incertain de cet événement sans s'attarder, semble-t-il, sur ses conséquences. P.-C. Pradier confirme notre conjecture lorsqu'il écrit que « le concept de *risque* témoigne en fait d'un jugement sur la nature de la chose menacée. On *hasarde* une mise, on *risque* un placement ; la première décision est *hasardeuse*, la seconde, *risquée*. Une mise au jeu ou à la loterie, un bien assuré [...] ne peuvent être regardés comme menacés par des *risques* : ce ne sont pas des investissements sérieux[5] ».

4. D'ailleurs, dans le domaine des assurances, ne dit-on pas que « l'aléa concerne le risque[6] » ? Ainsi, pour un assureur l'événement imprévisible (l'aléa) est de devoir couvrir financièrement un dommage (le risque). Les notions de risque et d'aléa, bien que proches, connaissent donc quelques subtiles dissemblances. À titre d'exemple, on peut relever qu'en matière fiscale D. Gutmann distingue les deux notions. Celles-ci « ne se confondent pas pour une raison simple : même le salarié auquel l'employeur garantit un salaire [il n'y a pas d'aléa concernant le montant du salaire à percevoir] prend un risque économique, celui que son employeur ne soit plus en mesure de le payer ou qu'il le licencie [...][7] ». Cette subtile disparité, entre le risque économique et l'aléa d'un revenu, trouve écho dans certaines spécificités du droit fiscal : par exemple, un contribuable louant un local commercial nu relève des revenus fonciers, sauf si le loyer est indexé sur le chiffre d'affaires, voire sur le bénéfice d'exploitation, du locataire[8]. L'incertitude liée à cette variable, c'est-à-dire l'aspect imprévisible du montant du loyer, entraîne une imposition au titre des bénéfices industriels et commerciaux. Cependant, le risque lié à la location, comme le non-paiement du loyer ou le risque de vacance locative, persiste indépendamment de la manière dont le loyer a été fixé. Dans le même ordre d'idées, nous montrerons que le Conseil d'État privilégie le principe de l'aléa en ce qui concerne les dettes prises en charge par un cautionnaire. En effet, tandis que les apporteurs en capital et les cautionnaires sont tous deux exposés à un risque, seuls ces derniers ont la possibilité de déduire les dépenses associées à ces dettes de leurs autres revenus professionnels. Cette situation montre, bien que les deux parties encourent un risque, que le cautionnaire est confronté à une incertitude accrue, l'aléa, quant aux conséquences de son engagement, car il ne sait pas s'il sera

---

5 P.-C. PRADIER, *la notion de risque économique*, La Découverte, coll. Repères, 2006, p. 14.

6 J. BIGOT, « L'ordonnance portant réforme du droit des contrats, des obligations et de leur preuve et le contrat d'assurance », *in Libres propos sur la réforme du droit des contrats*, LexisNexis, 2016, p. 167, spéc. p.175.

7 D. GUTMANN, « Le risque économique et le droit fiscal », *in Le droit face à l'économie sans travail*, éd. Garnier, 2019, p. 148.

8 M. COZIAN, *Les grands principes de la fiscalité des entreprises* : Litec, 4e éd., 1999, p.233 (document 18, Indexation et commercialité). Selon l'auteur, la nature commerciale de la location réside dans le fait que l'indexation dissimule un transfert indirect de bénéfices, ou qu'elle implique une prise en charge des pertes du locataire par le loueur, ce qui équivaut, selon nous, à un transfert de risque inhérent à une activité professionnelle caractérisée par son incertitude quant à la réalisation de profits ou de pertes.

un jour appelé à payer. Au-delà de la distinction entre le risque et l'aléa, l'auteur précité (D. Gutmann) met en évidence un aspect fondamental : le risque n'est pas le monopole de l'entrepreneur, même si celui-ci y est exposé de manière continuelle, endémique. Une entreprise est par essence une prise de risque.

5. **Risque et économie**. Du point de vue de l'économie, le risque embrasse l'ensemble des risques inhérents à l'activité économique[9]. Les économistes les plus anciens ont souvent minimisé le rôle du risque. A. Smith et D. Ricardo l'évoquaient dans leurs ouvrages respectifs. Ils avaient bien conscience que ce critère pouvait, d'une façon ou d'une autre, influer sur les revenus des individus. Toutefois, le risque « disparaissait à l'échelle macroscopique des classes sociales[10] », c'est-à-dire que ces auteurs le négligeaient sans doute, car « la capacité d'entreprendre [n'était pas, à leur époque] découplée de la propriété du capital[11] ». Ainsi, seules les personnes possédant le capital pouvaient entreprendre. La prise de risque n'était alors pas dissociable d'une seule et même classe sociale. C'est pourquoi P.-C. Pradier affirme que « si le capitaliste n'est pas distinct sociologiquement de celui qui entreprend, il n'y a pas de raison pour la théorie de les distinguer ».

L'économiste irlandais R. Cantillon, fut un des premiers à mettre en évidence le risque entrepreneurial : « payer une somme fixe d'argent [notamment aux salariés] sans avoir la certitude [que cette entreprise permette d'en retirer un quelconque avantage][12] ». Néanmoins, il poursuivit son raisonnement en considérant que l'accumulation des richesses par les entrepreneurs était telle que ceux-ci étaient protégés de tout risque. Les économistes classiques et néoclassiques théorisèrent, par des modèles mathématiques, la production de biens, la fixation des prix et la création de richesses. Cette création ne provient pour eux que de la combinaison de différents facteurs de production primaires que sont le travail, le capital et les ressources naturelles. Leurs thèses reposèrent sur des hypothèses : les agents économiques recherchent égoïstement leur propre satisfaction par des décisions qui sont toujours rationnelles (la maximisation de la satisfaction de l'*homo œconomicus*). Knight et Keynes[13] mirent en évidence l'incertitude incompressible qu'il existe dans toutes les décisions et dans tous les événements. Pour eux, les calculs microéconomiques sont vains, car « l'économie ne peut être conçue sur le registre de la mécanique[14] ». Cette

---

[9] Ce paragraphe est inspiré de l'ouvrage de P.-C. PRADIER, *la notion de risque économique*, La découverte, coll. Repères, 2006.

[10] *Supra* n° 4, p. 28.

[11] *Supra* n° 4, p. 30.

[12] *Supra* n° 4, p. 27.

[13] J.-M. KEYNES, *A treatise on probability*, éd. Macmillan and co., 1957 ; F. KNIGHT, *Risk, uncertainty and profit*, éd. Houghton Mifflin Co., 1948.

[14] N. MOUREAU et D. RIVAUD-DANSET, *L'incertitude dans les théories économiques*, éd. La Découverte, 2004, p. 3.

théorie de l'incertitude amènera Keynes à penser qu'il est nécessaire de mettre en place des institutions « génératrices de coordination et de stabilité[15] ». Alors que pour d'autres (l'école autrichienne), cette incertitude se régule par les marchés, « lesquels constituent des mécanismes adaptatifs[16] ».

Le développement des sociétés par actions, aux États-Unis, a conduit à la distinction entre « la propriété du capital et [la] gestion [des entreprises][17]. L'entrepreneur n'est plus forcément le capitaliste (celui qui détient le capital entendu comme facteur de production). Ce phénomène amena les économistes à s'intéresser, non plus à la répartition des richesses par classes sociales, mais au comportement des agents économiques et à leur interaction sur les marchés, et ce à l'échelle de l'individu. De ce changement de dimension (de paradigme), naquirent des théories plus modernes étudiant les processus cognitifs qui mènent à la prise de décision et à la prise de risque. Ces thèses des économistes classiques remirent en cause la représentation théorique du comportement humain (l'*homo œconomicus*).

6. **Risque et rendement**. Peu d'économistes se sont intéressés à la relation qui peut exister entre le risque et l'enrichissement. Schumpeter[18] développa l'idée que l'innovation – donc le risque – est à l'origine de la croissance économique. Mais, c'est surtout la finance d'entreprises qui s'empara véritablement du sujet pour élaborer des modèles mathématiques corrélant l'intensité du risque et le rendement des investissements. Le plus célèbre d'entre eux est sans doute celui qui évalue les actifs financiers selon leur niveau de risque (modèle dit du MEDAF). Pour ses créateurs, la rentabilité espérée d'un actif financier est la somme du taux de rendement sans risque[19] et d'une prime. Si bien que plus l'investissement est risqué, plus le gain susceptible d'être remporté par l'investisseur est important. En somme, la prise de risque se rémunère par une prime (dite également de risque). Soulignons qu'en matière de diagnostic financier, la notion même de rentabilité, qui ne doit pas être confondue avec celle de profitabilité, renvoie à celle de risque, puisqu'elle se prête à un rapport entre le montant investi et le gain espéré. Un investissement peu rentable ne devient intéressant que si le risque qu'il comporte est faible. À défaut, les investisseurs se tourneront vers d'autres projets, par exemple ceux qui sont tout aussi rentables, mais présentant moins de risques.

7. **Risque et droit**. « En droit, la notion de risque revêt, selon les disciplines juridiques, un sens technique précis : le risque « putatif » en droit des assurances, les « risques sociaux » en droit du travail, la « théorie des risques » en droit des contrats, la « théorie du risque » en droit de la

---

[15] *Supra* n°4, p. 27 (*N. Voidet*)

[16] *Ibid (Moureau et Rivaud-Danset).*

[17] *Ibid.*

[18] J. SCHUMPETER, *Capitalisme, socialisme et démocratie*, éd. Payot, 1990.

[19] Ce taux correspond à ceux des placements sans risque tel que les obligations émises par les États.

responsabilité civile, le « risque de développement », le « risque locatif » dans le droit des baux, « le risque causé à autrui », ou encore le « risque de récidive » en droit pénal[20] ». Autant dire que chaque discipline juridique connaît son propre risque, ainsi que sa propre définition de ce qu'il peut être ; le droit fiscal n'y fait pas exception.

8. **Responsabilité extracontractuelle**. En droit civil, la notion de risque se rattache à celle de responsabilité, à l'obligation pour chacun de réparer un préjudice causé à autrui (article 1240 du Code civil). Un tel risque connaît un versant financier, car la réparation du préjudice se réalise bien souvent de manière pécuniaire. Néanmoins, au contraire des investissements, cette correspondance économique est à sens unique. En effet, le risque – subi, car la faute à l'origine du dommage est généralement non intentionnelle – ne porte aucun espoir d'enrichissement, seulement la probabilité d'un appauvrissement.

En matière de responsabilité extracontractuelle, la théorie du risque est un courant de pensée qui s'est développé au cours du XIXème siècle, en réponse à l'accroissement des accidents du travail pendant la révolution industrielle. Depuis la loi du 9 avril 1898 (relative à ces accidents), les accidentés ou les familles endeuillées n'ont plus à démontrer la faute de l'employeur[21]. Ce dernier, bénéficiant des profits réalisés en partie par le travail de ses salariés, doit assumer les risques que son activité lucrative génère. La théorie du risque correspond ainsi à un risque subi et à l'obligation pour une personne de réparer un dommage sans qu'elle ait commis elle-même de faute. Ainsi, dans certains cas, une personne peut être tenue responsable des faits d'autrui. C'est à ce titre que l'employeur répond des fautes commises par ses salariés lorsque ceux-ci agissent dans le cadre de leurs fonctions (article 1242, al. 5 du Code civil). Cette obligation consacre la théorie dite des « risques-profits ». Celui qui s'enrichit par une activité doit en assumer les risques. Cela « déplace la charge du risque en la faisant peser sur celui qui l'a créé ou qui en profite[22] ».

9. **Responsabilité contractuelle.** En droit des contrats, même s'il existe spécifiquement une théorie des risques[23], il nous semble que le risque réside dans la possibilité d'une inexécution. Le contrat se forme par le seul échange des consentements, quand bien même le bien n'est pas livré ni le prix payé. D'ailleurs, face à ce risque, le droit fiscal et le droit comptable adoptent une approche prudente. C'est ainsi que, selon l'article 38-2 bis du Code général des impôts, les produits correspondant à des créances sur la clientèle ou à des versements reçus à l'avance en paiement du prix sont rattachés à l'exercice au cours duquel interviennent *la livraison des biens* pour les ventes ou opérations

---

[20] A. ZOUHAL, *Le risque en droit pénal*, LGDJ, 2021, tome 71, p. 13.

[21] F. HORDEUR, Le droit des accidents du travail au XIXème siècle, cahier n° 3 de l'Institut régional du travail de l'université d'Aix-Marseille, 1991, Aix en Provence.

[22] A. ZOUHAL, *Le risque en droit pénal*, LGDJ, 2021, tome 71, p. 17.

[23] Nous développons cette théorie aux § 37 et suivants de l'introduction.

assimilées et *l'achèvement des prestations* pour les fournitures de services. Il convient de distinguer ici la conclusion du contrat du produit qu'il génère[24]. M. Cozian le résumait ainsi : « une créance certaine dans son principe et dans son montant ne saurait être prise en compte pour la détermination du résultat comptable et du résultat imposable tant que le créancier n'a pas exécuté la prestation à laquelle il s'est engagé ; la créance est née, mais pas le profit[25] ».

10. **Contrat aléatoire**. S'il existe un contrat pour lequel le critère du risque est fondamental, c'est bien celui qualifié d'aléatoire. Un contrat est aléatoire lorsque les parties acceptent de faire dépendre ses effets, quant aux avantages et aux pertes qui en résulteront, d'un événement incertain[26]. Pour Y.-M. Laithier : « traditionnellement, il n'y a pas d'aléa, au sens du droit des contrats, sans un risque de perte. Ce risque de perte, qui suppose l'existence d'une mise, doit être réciproque [c'est pourquoi] ce que perd l'un des contractants, l'autre doit le gagner [27] ». L'archétype de ce type de contrat est, sans aucun doute, le contrat d'assurance. Maîtriser le risque, c'est maîtriser l'avenir ; or c'est impossible. Pour s'en protéger, l'Homme n'a rien inventé de mieux que de le mutualiser, de le faire supporter par le plus grand nombre. C'est ainsi que les souscripteurs d'une assurance se couvrent contre les risques en payant des primes d'assurance. En contrepartie, l'assureur prendra à sa charge les risques, c'est-à-dire les coûts qui résulteront de la survenance de dommages. Le contrat d'assurance n'est pas le seul contrat aléatoire. Dans un autre ordre d'idées, un prix de vente peut être transformé en rente viagère. Dans ce cas, l'acheteur risque cyniquement de payer plus cher un bien immobilier si le vendeur vit plus longtemps qu'espéré.

Pour autant, le contrat aléatoire n'est pas toujours empreint de risque. Pour preuve, le contrat d'assurance-vie est une exception, car il n'est pas risqué. L'assureur ne versera au souscripteur ou au bénéficiaire du contrat que les primes versées (plus les intérêts, appelés dans le secteur des assurances des *produits*). Il ne risque aucune perte économique. En revanche, il ne sait pas à qui et quand il devra verser le capital. D'aucuns considèrent qu'au contraire, un contrat n'est aléatoire que s'il est susceptible de générer une perte ou un gain pour l'une des parties. Cette nuance *fondée sur le critère du risque* est encore aujourd'hui au centre d'un débat doctrinal portant sur les contrats d'assurance-vie. Cette controverse n'est pas anodine : si le contrat

---

[24] Il en est de même lorsque le paiement d'une prestation achevée est conditionné. Dans ce cas, la cour administrative d'appel de Nantes précise que : « La créance afférente à une prestation achevée, dont le paiement est en suspens, n'est pas imposable ». (CAA Nantes, 2 mai 2024, n° 23NT000563 : *FR* 27/24, p. 4). Bien que la prestation ait été achevée, la créance reste incertaine en raison du non-respect de la condition relative au paiement à la date de clôture.

[25] M. COZIAN, *Les grands principes de la fiscalité des entreprises*, LexisNexis, 4e éd., 1999, p. 163.

[26] Article 1108 du Code civil.

[27] Y.-M. LAITHIER, « Aléa et théorie générale du contrat », *in L'aléa*, Association Henri-Capitant, Journées nationales, t. XIV, Dalloz, coll. « Thèmes et commentaires », 2010, p. 7-31, spéc. p. 12.

d'assurance-vie n'est pas aléatoire, alors il n'est pas un contrat d'assurance. Si tel est le cas, il ne bénéficierait plus de l'article L 132-13 du Code des assurances permettant de soustraire les sommes versées (au bénéficiaire) de l'actif successoral du souscripteur et défunt. Néanmoins, l'auteur précité nous rappelle qu'en matière d'assurance-vie, « la Cour de cassation accepte qu'un événement incertain suffise à qualifier un contrat d'aléatoire, indépendamment de son incidence sur l'équilibre économique de l'opération et, par suite, sans qu'existe nécessairement un risque de perte corrélé à une chance de gain[28] ». Par conséquent, l'aléa événementiel, ici le décès (ou le rachat total du contrat), ne correspond pas toujours à un risque économique pour les parties.

Section 2. Risque et droit fiscal

10-1. **Limitation**. Le droit fiscal est la matière qui régit l'ensemble des règles juridiques relatives aux impôts et taxes. Le thème du risque peut y être étudié de plusieurs façons.

Nous aurions pu nous intéresser aux risques que le droit fiscal peut lui-même générer, à raison des rappels d'impôt et des pénalités qu'il peut faire supporter aux contribuables. En effet, il recourt parfois à des notions générales, voire imprécises. Il faut avouer que de nombreux concepts sont volontairement « plastiques » - « mous » diraient certains - afin de s'adapter à l'imagination débordante des contribuables et de leurs conseils. Cette modularité, particulièrement propre à l'abus de droit, permet d'épouser l'infinitude des pratiques. Cela génère néanmoins une insécurité juridique qu'il est parfois difficile d'atténuer, même en ayant recours à la technique du rescrit fiscal. Sans négliger que cette précarité (ce risque) s'aggrave notamment en raison de la portée de plus en plus restreinte accordée par le juge de l'impôt au principe de confiance légitime[29]. Pourtant, ce principe revêt une importance essentielle pour l'esprit d'entreprise, car le contribuable s'attend à la stabilité de la législation fiscale lorsqu'il décide d'entreprendre.

Nous avons préféré analyser la manière dont le droit fiscal se saisit du risque, depuis son émergence jusqu'à sa concrétisation, lors de la détermination de la matière imposable (dans son calcul ou dans sa qualification juridique), mais également lors de la validation ou l'invalidation des montages (renvoyant ici parfois à la qualification même de l'enrichissement). Le risque, résultant ici de la recherche de l'enrichissement, est-il un critère de déduction des charges pour les entreprises ? N'existe-t-il pas un lien causal entre la normalité des actes de gestion et la quête *risquée* de

---

[28] *Ibid*, p. 14.

[29] CE, 8e et 3e ch., 18 sept. 2023, n° 471851, *SCP des médecins urologues : Dr. fisc.* 2023, n° 42-43, comm. 315.

la richesse ? L'existence d'une véritable prise de risque économique peut-elle écarter l'abus de droit fiscal ?

Le respect d'un strict principe de symétrie, à savoir la déduction des charges comme corollaire de l'imposition de l'enrichissement, est-il effectif ? Cette réflexion fait finalement écho au principe d'égalité devant l'impôt : les capacités contributives sont-elles correctement déterminées ?

10-2. **Quel risque ?** Soulignons préalablement que s'agissant de déterminer l'assiette d'un bénéfice ou d'un revenu (qu'il s'agisse d'un enrichissement ou d'un appauvrissement), le droit fiscal n'est perméable qu'au risque économique, le seul susceptible d'influer sur la matière imposable[30]. Il se désintéresse ici des risques juridiques qui n'auraient aucune correspondance financière immédiate. Par exemple, une famille recomposée pourra choisir d'acquérir sa résidence principale à travers une société civile. Imaginons que monsieur X et madame Y ne sont pas mariés et ont chacun des enfants d'un premier lit. L'interposition d'une société permettra d'éviter que le survivant se retrouve en indivision avec des enfants qui ne sont pas les siens. Un tel montage ne vise pas l'enrichissement. Il vise uniquement à prévenir, pour ses auteurs, une indivision que chacun d'eux subirait au décès de l'autre. Ce mode de propriété présente-t-il un risque ? Certes, le Code civil, à travers les règles qui régissent l'indivision, protège généralement la partie la plus faible : les actes de disposition doivent être décidés à l'unanimité des indivisaires, empêchant le fort de s'imposer sur le faible. Néanmoins, ce mode de détention peut être précaire puisque nul n'est censé rester dans une indivision, surtout lorsque celle-ci est subie et non choisie. Il existe donc bien un risque pour le conjoint survivant, celui de devoir verser un loyer aux autres indivisaires, ou encore de subir la vente du bien immobilier par licitation. Le risque juridique est pour lui (le conjoint survivant) bien réel[31]. Quoi qu'il en soit, tant que le schéma n'engendre en lui-même aucune incidence économique, donc aucun effet sur la matière imposable, le droit fiscal se désintéresse totalement de ce risque.

En revanche, s'agissant d'apprécier les montages, nous verrons qu'un risque juridique avéré, qui n'a aucune correspondance économique immédiate, peut tout à fait justifier un montage. C'est ainsi, qu'en matière de

---

[30] Nous verrons néanmoins qu'un risque juridique avéré, qui n'a aucune correspondance économique immédiate, peut tout à fait justifier un montage. C'est ainsi, qu'en matière de fraude à la loi fiscale, le risque trouve une autre nature, il n'est plus exclusivement celui économique. C'est ainsi qu'un montage qui vise à écarter le risque juridique que génèrerait une indivision n'est pas abusif.

[31] Selon F. COLLARD (fasc. 10, Indivision, § 57) : « Il y a en fait deux domaines dans lesquels société et indivision apparaissent comme des notions irréductibles : l'impossibilité de fonder l'indivision dans la durée, en éliminant totalement *le risque* d'une demande en partage : la convention d'indivision ne peut être conclue que pour une durée maximale de cinq ans, sauf à être renouvelée (C. civ., art. 1873-3) alors que la société peut être établie pour une longue durée ; l'impossibilité d'éliminer totalement le principe d'unanimité pour la gestion des biens indivis, alors que la société peut être librement organisée selon le principe majoritaire ».

fraude à la loi fiscale, le risque trouve une autre nature, il n'est plus exclusivement celui économique. C'est ainsi qu'un montage qui vise à écarter le risque juridique que générerait une indivision n'est pas abusif.

10-3. **Quel risque économique ?** Le risque économique peut se définir comme la possibilité de s'enrichir ou de s'appauvrir après avoir réalisé une mise de fonds ou un investissement. Soulignons tout de suite que tous les risques économiques ne se valent pas aux yeux du droit fiscal. En ce sens, le risque purement spéculatif, que nous n'étudierons pas, ne mérite aucunement d'être encouragé.

Ensuite, ce type de risque se caractérise toujours par l'incertitude économique qu'il génère, mais cette incertitude peut varier en intensité, influençant le sort fiscal des gains.

Le joueur d'un jeu de pur hasard n'a véritablement aucune emprise sur le déroulement des événements. D'ailleurs, le gain étant totalement aléatoire et exceptionnel, accidentel pourrait-on dire, le législateur et le juge de l'impôt ont fait le choix de ne pas l'imposer sur le plan fiscal. À cet effet, l'article 92 du Code général des impôts, à travers sa « clause balai », n'impose que les exploitations lucratives et sources de revenus supposant une intervention humaine (une exploitation) et un caractère récurrent (une source de revenus). Le Conseil d'Etat considère qu'un tel gain ne peut être imposé dans la catégorie des BNC dès lors que le profit en cause est par nature insusceptible de se renouveler[32].

En revanche, il semble que dès lors que le joueur est susceptible d'avoir une prise, une influence sur le déroulement du jeu, cela écarte le caractère accidentel et exceptionnel des gains, lesquels deviennent alors des revenus imposables (des bénéfices non commerciaux). En témoigne le cas du joueur de poker professionnel qui « maîtrise de façon significative l'aléa inhérent à ce jeu, par les qualités et le savoir-faire qu'il développe […] ».

Par conséquent, tous les risques économiques ne sont pas perçus de la même manière par le droit fiscal. Le traitement fiscal de l'enrichissement résultant d'une prise de risque économique (la possibilité de perdre ou de gagner) dépend de la capacité du contribuable à influencer l'aléa. Nous ferons la part belle au risque professionnel découlant d'une entreprise, sans négliger le risque des investisseurs privés puisque son traitement fiscal particulier met en lumière celui du risque professionnel. Le sujet du risque économique est trop vaste pour pouvoir être étudié de manière exhaustive. Ensuite, bien que tous les risques économiques ne se valent pas et que tous n'ont pas à être encouragés (le risque spéculatif par exemple), nous pouvons convenir que le risque professionnel doit l'être, car il crée des richesses et des emplois. Nous examinerons certains investissements réalisés par des investisseurs privés, mais dans le seul but de mettre en évidence les particularités du risque

---

[32] CE, 8e et 3e ch., 27 mai 2020, n° 434067.

professionnel et les difficultés qui existent parfois à distinguer le risque privé du risque professionnel.

11. **Thème innovant.** Notre approche nous semble inédite. Il n'existe, en effet, aucune thèse en droit fiscal sur le sujet du risque. Les publications sur ce thème ont toujours porté sur la théorie du risque manifestement excessif et son renoncement par la jurisprudence, ou sur les gains issus des « *management packages* », pour lesquels le critère du risque a d'ailleurs également été abandonné.

Malgré ces revirements jurisprudentiels, le risque reste un terrain d'étude particulièrement intéressant. Comme l'écrit D. Gutmann : « le risque pris par l'agent économique n'est pas en tant que tel l'objet de réglementation fiscale. C'est que le risque n'est pas en soi un actif ou un gain de quelque nature que ce soit pouvant donner prise à l'impôt. Mais le système fiscal ne se désintéresse pas du risque pour autant[33] ». En effet, si la finance d'entreprise théorise le lien entre le risque et l'enrichissement (le rendement), le droit fiscal fait preuve, quant à lui, de pragmatisme : le risque est consubstantiel à l'investissement et l'investissement est source d'enrichissement, donc d'impôt. Par conséquent, le législateur doit soutenir l'investissement et le risque, mais de quelle façon ?

12. **L'impôt.** Soulignons que l'impôt assure plusieurs fonctions. Il finance, tout d'abord, les dépenses publiques. Il permet, ensuite, une redistribution des richesses. Finalement, il est devenu un instrument politique orientant les comportements afin de favoriser ceux utiles à l'intérêt général. De toute évidence, le droit fiscal doit encourager le risque économique, car celui-ci est source de richesses, donc d'impôts. Néanmoins, la façon dont le législateur doit soutenir l'initiative économique - en somme le risque - est un sujet clivant et éminemment politique. Le recentrage de l'impôt sur la fortune sur les seuls biens immobiliers en est un exemple topique[34]. Certains considèrent que cela réoriente l'épargne des ménages les plus riches vers les entreprises, soit un réinvestissement plus utile à notre économie. En effet, de manière tout à fait pertinente, les immeubles affectés aux activités économiques sont exonérés[35]. En outre, les contribuables les plus fortunés seront peut-être moins enclins à s'exiler vers des territoires à la fiscalité plus avenante. D'autres, au contraire, n'y voient qu'un avantage fiscal offert aux

---

[33] D. GUTMANN, « Le risque économique et le droit fiscal », *in Le droit face à l'économie sans travail*, éd. Garnier, 2019, p. 137.

[34] M. MASCLET DE BARBARIN, « Formes et réformes de l'impôt sur la fortune en France », *REIDF* 2023, n° 3, p. 372.

[35] Soulignons que le Conseil constitutionnel a validé la constitutionnalité de ce nouvel impôt. Sa concentration uniquement sur les biens immobiliers dits « non-productifs » ne constitue pas une rupture d'égalité entre les contribuables devant l'impôt (Cons. const. 28 déc. 2017, n° 2017-758 DC : *FR* 3/18, p. 22). Cet exemple montre que favoriser le risque professionnel ne porte pas atteinte au principe d'égalité.

plus riches et militent pour le rétablissement de l'ISF[36]. Les exemples illustrant cette discordance sont nombreux. Le plus récent en date concerne la réduction d'impôt pour la souscription au capital des petites et moyennes sociétés, prévue à l'article 199 terdecies-0-A du Code général des impôts. Alors qu'un rapport de l'Inspection générale des finances (IGF) recommande de restreindre le champ des entreprises éligibles[37], envisageant notamment la suppression des financements indirects (FIP, FCPI), des députés ont déposé récemment une proposition de loi visant à pérenniser la majoration de 25 % et à renforcer le soutien financier aux entreprises[38]. En dépit de ces dissensions, nous sommes d'avis que le droit fiscal gagne à privilégier le risque, lequel contribue à l'enrichissement. D'ailleurs, selon le comité d'évaluation des réformes de la fiscalité du capital, mis en place en décembre 2018, l'instauration conjuguée du prélèvement forfaitaire unique, de l'IFI et l'abaissement du taux de l'IS semblent avoir un effet positif sur la création d'entreprises[39].

13. **« Carotte fiscale »**. Quelles que soient ces orientations politiques, les dispositifs qui encouragent le risque sont légion. À ce titre, le droit fiscal consent à ce qu'un contribuable soit moins imposé qu'un autre lorsqu'il fait l'effort de supporter un risque plus important. Tel est le cas, par exemple, du régime fiscal de la propriété intellectuelle (brevets et droits assimilés) dont la cession ou la concession bénéficie, sur option, d'un taux réduit de 10 % sur les résultats nets. Les dépenses de recherche et de développement sont généralement d'un montant élevé et leur engagement risqué puisque l'entreprise n'a aucune certitude de succès technique ni commercial. C'est pourquoi le législateur prend en charge une partie de ces coûts (de recherche) au travers du crédit d'impôt du même nom. Si les efforts consentis aboutissent à résoudre une difficulté technique, cette avancée bénéficiera à tous.

14. Le critère du risque a d'ailleurs joué un rôle décisif dans une espèce récente[40]. L'administration fiscale contestait l'éligibilité de la société Extia au crédit d'impôt recherche. Le vérificateur soutenait que le contribuable, se limitant à fournir du personnel à ses clients, n'encourait effectivement aucun véritable risque. Selon l'article 244 quater B du Code général des impôts, les entreprises industrielles et commerciales peuvent bénéficier de cet avantage fiscal au titre des dépenses qu'elles engagent, que ce soit pour leur propre

[36] Soulignons que selon un rapport récent de la Cour des comptes (observations définitives relatives à l'IFI, février 2024), seuls 161 000 foyers ont payé l'IFI en 2022, pour une recette budgétaire de 2.1 milliards d'euros. En outre, selon le rapport, si le nombre de départ à l'étranger diminue depuis 2018, il est néanmoins impossible d'imputer cette tendance à la seule transformation de l'ISF en IFI.

[37] Rapport de mission de l'IGF sur l'évaluation des réductions d'impôt « IR-PME Madelin », rapp. n° 2022-M-067-04, oct.2023.

[38] Proposition de loi n° 2080.

[39] 3e rapport du comité d'évaluation des réformes de la fiscalité du capital, octobre 2023, p. 19 et s. (www.strategie.gouv.fr).

[40] TA Cergy-Pontoise, 13 mars 2023, n° 1914137, *SAS EXTIA* : *RJF* 01/24, n° 5.

compte *ou pour le compte d'une entreprise qui lui en confie la réalisation.* Le juge constate, quant à lui, que la société en cause fournissait de réelles prestations de services d'ingénierie dans le but d'améliorer les techniques industrielles de ses clients *et dont elle assumait pleinement le risque.* Le critère revêt donc une importance cruciale dans ce contexte, car il permet de faire la distinction entre la simple mise à disposition de personnel, où le contribuable ne serait exposé à aucun risque, n'ayant aucune contrainte ou exigence technique à satisfaire, et la prestation d'ingénierie pour laquelle il demeure responsable.

15. **Abattements**. Le législateur a également instauré des abattements majorés pour durée de détention qui s'appliquent sur les plus-values mobilières des particuliers lorsque les titres cédés ont été acquis avant le 1er janvier 2018. Cette faveur - qui ne concerne que les sociétés ayant moins de dix ans d'ancienneté[41] lorsque le contribuable en acquiert les titres - est née de la fronde « des pigeons ». Certains contribuables contestaient l'imposition, depuis le 1er janvier 2013, des plus-values mobilières des particuliers au barème progressif de l'impôt sur le revenu. Ces plus-values donnaient lieu, avant cette réforme, à un taux proportionnel de 19 %. Les abattements de droit commun (pour durée de détention) poursuivent l'objectif de réduire le taux progressif de l'impôt sur le revenu. Alors que les abattements majorés favorisent le risque puisqu'il est plus aventureux d'investir dans des sociétés récentes (de moins de dix ans) que dans d'autres plus anciennes ayant démontré leur pérennité. Le risque est d'ailleurs une condition pour profiter desdits abattements majorés, le contribuable ne devant en aucun cas bénéficier d'une garantie en capital[42].

16. **Réduction d'impôt.** De la même manière, les contribuables bénéficient d'une réduction d'impôt lorsqu'ils investissent dans le capital de certaines sociétés. D'ailleurs, le taux d'imposition des bénéfices réalisés par les plus petites d'entre elles est réduit à 15 % notamment lorsque leur capital social est intégralement libéré. On peut également voir dans la proportionnalité de l'impôt une marque de reconnaissance du risque. Les revenus risqués bénéficient généralement d'un taux d'imposition

---

[41] La société ne doit pas être l'émanation d'une autre, plus ancienne. Voyez par exemple : CAA Douai, 23 mars 2022, n° 20DA01563, inédit. Une société qui acquiert un fonds de commerce n'est pas nouvelle. En revanche, selon la réponse ministérielle Laqhila n° 3501, JOAN, 13 août 2019, p. 7471 : l'apport d'une entreprise individuelle intervenant moins de dix ans après sa création au profit d'une société créée par l'apporteur lui-même ne remet pas en cause les abattements majorés. Notons également que la condition d'âge (moins de 10 ans) s'applique à toutes les filiales des sociétés holding animatrices. Ainsi, un contribuable ne peut bénéficier de l'abattement majoré lors de la cession des titres d'une société holding animatrice si les filiales ne respectent pas elles-mêmes cette condition (CAA Toulouse, 6 juin 2024, n° 22TL21521, inédit).

[42] CE, 8e et 3e ch., 5 juill. 2022, n° 460047 : *D. fisc.* 2022, n° 36, comm. 308, concl. R. VICTOR, note O. DEBAT ; O. DEBAT, « La promesse unilatérale de vente de titres sociaux par un associé n'est pas une garantie en capital accordé par la société à cet associé », *RFP 2022,* n° 11.

proportionnel, et non progressif. Tel est le cas des dividendes, ou des plus-values mobilières. Pour D. Gutmann, « la raison de ce traitement fiscal distinct [...] se rattache à l'idée selon laquelle les revenus financiers étant naturellement plus risqués que les revenus du travail, ils méritaient un sort fiscal plus favorable que ces derniers[43] ». Cette assertion est d'autant plus vraie que le régime de l'IS a été généralisé : les entrepreneurs individuels, lesquels supportent des risques importants, peuvent dorénavant opter pour cet impôt afin de bénéficier, entre autres, d'un taux d'imposition proportionnel.

17. **Mondialisation.** De toute évidence, les dispositifs qui encouragent le risque sont légion. Néanmoins, remarquons que pour que ceux-ci soient totalement efficaces, le législateur se doit de prendre en compte la mondialisation de l'économie et la possibilité d'évasion fiscale qu'elle facilite. Comme l'écrit P.-A. Blévin : « à l'origine, les politiques fiscales répondaient à des préoccupations économiques et sociales nationales. [...] Bâtis autour d'économies fermées, les systèmes fiscaux nationaux avaient très peu d'interactions entre eux et se limitaient à l'imposition des résidents [...]. Ainsi, chaque pays disposait d'une maîtrise complète de sa politique fiscale en imposant son niveau de prélèvement et son choix de fiscalité (directe ou indirecte) tout en envisageant, selon les besoins, des incitations fiscales à l'investissement[44] ». Or, la mondialisation de l'économie oblige les États à revoir leurs systèmes fiscaux afin d'éviter que certaines entreprises ne profitent d'allègements d'impôts en prétendant s'installer artificiellement sur un territoire, alors qu'elles n'y réalisent aucune véritable activité. Ce à quoi s'oppose, par exemple, l'approche Nexus qui corrèle avantage fiscal et lieu de la prise de risque (v. *infra* n° 62 et s.). De la même manière, la directive européenne dite « ATAD 3 » entend combattre les sociétés sans substance en forçant celles-ci à devoir justifier de leurs implantations à l'étranger notamment lorsqu'elles n'emploient aucun salarié.

De plus, dans ce contexte international, la complexité est accentuée par la possibilité de transférer les risques d'une société à une autre au sein du même groupe. Comme souligné par F. Fontaine, cela entraîne des conséquences financières importantes, ce qui suscite « une attention croissante des autorités fiscales, [en accord] avec l'action 9 du projet BEPS [...][45] ». Ce transfert, réalisé à travers des garanties financières telles que l'engagement d'un garant à remplir des obligations financières spécifiques en cas de défaut du

[43] D. GUTMANN, « Le risque économique et le droit fiscal », *in Le droit face à l'économie sans travail*, éd. Garnier, 2019, p. 140.
[44] P. -A. BLEVIN, *les paradis fiscaux*, PUF, coll. Que sais-je ? 2022, p. 3.
[45] F. FONTAINE, « De la juste rémunération du transfert intragroupe de risque », *Dr. fisc.* 2024, n° 9, comm. 189.

bénéficiaire[46], peut favoriser l'évasion fiscale. Prenons l'exemple d'un bénéficiaire de ces garanties qui obtient un prêt à un taux avantageux. Dans ce contexte, il devient donc crucial que le garant soit justement rémunéré pour le risque qu'il prend et le service qu'il rend. De plus, l'activation des garanties peut entraîner d'importantes pertes pour le garant. L'administration fiscale ne pourra plus invoquer un risque manifestement excessif, comme nous le verrons, mais elle relèvera que la contrepartie du service rendu était insuffisante. Cependant, comme le souligne l'auteur précédemment cité, l'application du principe de pleine concurrence aux transferts de risque intragroupe pose de sérieuses difficultés, « en raison de la complexité technique des transactions [en question][47] ». Cette problématique interroge sur la juste rémunération du risque et le partage équitable des profits entre le garant et le bénéficiaire implantés dans des pays différents. Il est évident qu'une entreprise française ne peut prendre en charge les risques financiers d'une de ses filiales étrangères sans recevoir une rémunération équitable, sous peine de se voir appliquer l'article 57 du Code général des impôts. Cela est illustré par la jurisprudence *Carrefour*[48] : l'octroi d'une garantie gratuite, comme un engagement de caution, ne peut se justifier uniquement par la valorisation d'une participation financière dans la filiale bénéficiaire.

18. **Limitation.** Quoi qu'il en soit, même si cette incitation à l'investissement est louable, le législateur ne peut se permettre d'offrir de généreux allégements d'impôts dès qu'il identifie une prise de risque. Il incite à l'initiative économique précisément afin d'imposer l'enrichissement qui en résultera. Il n'y aurait alors aucun intérêt à encourager cette situation par des avantages fiscaux dont le coût serait excessif. D'ailleurs, le droit communautaire ne le permet que dans le cadre de l'aménagement du territoire. Certaines zones bénéficient exceptionnellement d'une fiscalité privilégiée telles que les zones d'aide à finalité régionale ou encore les zones de revitalisation rurale. Afin d'assurer la pleine concurrence entre les entreprises européennes, les aides d'État sont strictement encadrées et plafonnées. Si bien que le législateur ne dispose pas d'une totale liberté d'action pour encourager l'initiative économique.

19. **Problématique**. En d'autres termes, le droit fiscal ne peut soutenir l'esprit d'entreprise que dans une certaine mesure. Il ne peut pas offrir des avantages fiscaux en toutes circonstances puisque sa fonction consiste précisément à imposer les richesses. D'ailleurs, le candidat à la création ou la reprise d'une entreprise ne sera pas tant séduit, nous semble-t-il, par de

---

[46] Le rapport de l'OCDE (www.oecd.org/fr/fiscalité, principes de l'OCDE applicables en matière de prix de transfert à l'intention des entreprises multinationales et des administrations fiscales, p. 487) définit les garanties financières comme « l'obligation pour un garant d'exécuter des obligations financières déterminées en cas de défaillance du bénéficiaire ».
[47] V. *supra* n° 45.
[48] CE, 9e et 7e s.-s., 17 févr. 1992, n° 74272, 81690 et 82782, *Sté Carrefour : Dr. fisc.* 1992, n° 52, comm. 2458 ; *RJF* 4/92, n° 433, p. 267, concl. PH. MARTIN.

potentielles réductions d'impôts dont il pourra bénéficier s'il s'enrichit ; alors même qu'il n'a aucune certitude de réussir. Il sera, en revanche, rassuré par la protection de son patrimoine, si toutefois sa tentative d'enrichissement échoue.

Par conséquent, le législateur se trouve face à un dilemme : il doit asseoir l'impôt sur les activités économiques sans toutefois en décourager la création. Il doit concilier l'esprit d'entreprise et l'impôt. *Comment le droit fiscal peut-il assurer ce subtil équilibre et être économiquement vertueux ?*

20. **Méthodes.** Pour être économiquement vertueux, le droit fiscal doit concilier l'initiative économique et l'impôt. Mais de quelle façon ? Ses fonctions, ainsi que le droit communautaire, ne le contraignent-ils pas à adopter une posture de neutralité envers le risque ? Il ne s'agit pas ici d'exonérer les bénéfices nés d'une prise de risque, mais d'aménager un espace de liberté favorable aux entreprises et aux investissements. Notre système fiscal le propose-t-il véritablement aujourd'hui ?

§ 1. Un espace de liberté circonscrit par l'intention de s'enrichir

21. **Neutralité.** Le droit fiscal doit créer les conditions propices à l'esprit d'entreprise. Quoi de mieux que de fixer un cadre juridique normatif fondé sur l'intention de s'enrichir ? Autrement dit, le principe de recherche systématique du profit n'est-il pas un cadre conceptuel efficace pour encourager la prise de risque (l'initiative économique) tout en combattant l'évasion fiscale (A) ? Cet espace de liberté fondé sur l'intention de s'enrichir n'instaure-t-il pas une façon de déterminer la matière imposable respectueuse des risques que les contribuables supportent dans la conquête de la richesse (B) ? Malgré cela, existe-t-il encore aujourd'hui des obstacles à cette pleine acceptation du risque (C) ?

A. Le cadre normatif : le principe de recherche du profit

22. **Une liberté de gestion illimitée ?** La liberté de gestion est le corollaire d'un principe prétorien de non-immixtion de la part de l'administration fiscale dans la gestion des entreprises[49]. En somme, les

[49] CE, 8e s.-s., 20 déc. 1963, n° 52308 : *Dr. fisc.* 1964, n° 13, comm. 156, concl. M. MARTIN ; constamment réaffirmé depuis : CE, 8e et 3e s.-s., 14 nov. 2001, n° 233894, *SA Andritz* : *Dr. fisc.* 2002, n° 29, comm. 620, concl. G. BACHELIER ; *RJF* 2/02, n° 145 ; *RJF* 2/04, chron. p. 83. – CE, 10e et 9e s.-s., 11 avr. 2014, n° 344990, *Sté Bayerische Hypo und Vereinbank AG* : *Dr. fisc.* 2014, n° 23, comm. 365, concl. D. HEDARY ; RJF 7/14, n° 667. – CE, 10e et 9e s.-s., 17 juin 2015, n° 369722, *Sté AIG Management France SA* : *Dr. fisc.* 2015, n° 38, comm. 569, concl. É. CREPEY ; *Dr. fisc.* 2015, n° 38, chron. 557, C. ACARD, spéc. n° 14 ; *RJF* 10/15, n° 759. – CE, sect., 13 juill. 2016, n° 375801, *SA Paschi Banque* : *Dr. fisc.* 2016, n° 36, comm. 464, concl. É. BOKDAM-TOGNETTI, note O. FOUQUET ; *Dr. sociétés* 2016, n° 201, obs. J.-L. PIERRE ; *RJF* 11/16, n° 937 et chron. N. LABRUNE, p. 1245.

entrepreneurs gèrent leurs entreprises comme ils l'entendent. Pourtant, il n'est pas rare que l'administration leur oppose l'anormalité de leurs décisions. D'aucuns confrontent la liberté de gestion et la théorie prétorienne de l'acte anormal de gestion. Les deux notions se heurtent-elles véritablement ? N'existe-t-il pas un principe supérieur implicite qui les réconcilierait ? Nous pensons que le cadre normatif qui circonscrit les comportements des contribuables sur le plan fiscal n'est pas la liberté de gestion, mais la recherche systématique et continue du profit. Si tel est le cas, la liberté de gestion et la théorie de l'acte anormal de gestion s'intégreraient naturellement au cadre normatif, à des niveaux différents. La liberté de gestion est absolue, tant que le contribuable agit dans le cadre de la conquête de l'enrichissement. La théorie de l'acte anormal de gestion n'est que le bras armé, la sanction, de ce principe supérieur de conquête de la richesse.

23. **Critiques**. Ce raisonnement, pour séduisant qu'il soit, n'est pas exempt de reproches. La raison d'être d'une entreprise peut-elle se limiter à la recherche du profit et donc à la prise de risque ? Cette vision fiscale de l'entreprise ne dément-elle pas l'article 1835 du Code civil qui instaure dorénavant une raison d'être sociale ? Certains mettront sans doute en exergue le cynisme de notre raisonnement. Mais, cette impudence n'est qu'apparente, nous semble-t-il. Une telle construction fondée sur la recherche du profit n'est-elle pas un moyen efficace d'assurer le principe d'égalité devant l'impôt tout en encourageant le risque ?

24. **Intensité du risque**. Notre raisonnement nous amène à nous interroger sur l'intensité des risques que prennent les contribuables pour s'enrichir. Cette intensité doit-elle avoir une incidence sur le traitement fiscal des actes de gestion ? La théorie du risque manifestement excessif poursuivait l'objectif, comme son nom l'indique, d'interdire les conséquences fiscales des prises de risque manifestement excessives. Le Trésor public n'avait pas à supporter le coût d'un tel comportement. Elle constituait une branche particulière de la théorie de l'acte anormal de gestion, car elle réprimait des comportements qui pourtant recherchaient le profit. Le Conseil d'État a fini par y renoncer. Cet abandon était-il nécessaire ? Cette théorie n'a-t-elle pas connu une déviance qui l'a conduite finalement à sanctionner les seuls échecs ? Pour juger de l'anormalité d'un acte, ne vaut-il pas mieux s'en tenir à l'intention ?

B. La détermination de la matière imposable au travers de l'intention de s'enrichir

25. **Plan**. L'appréciation des actes de gestion au travers de la seule intention de s'enrichir ne permet-elle pas un large champ de déduction des charges (1), une acceptation des échecs économiques (2) et des erreurs de gestion (3) ? La mise en place de dispositifs qui, d'une part, admettraient le caractère intercalaire de certaines opérations utiles au développement

économique (à la croissance des entreprises) et qui, d'autre part, encourageraient la recherche et l'innovation, ne complèterait-elle pas efficacement le cadre normatif (4) ?

1. Retenir l'intention de s'enrichir pour ne pas restreindre le champ de déduction des charges

26. **Liberté**. Le législateur doit garantir un large champ de déduction des charges afin de ne pas méconnaître les initiatives. Le fait-il aujourd'hui ? Un droit fiscal qui se contenterait de taxer l'enrichissement brut (en restreignant considérablement la possibilité de déduire des bénéfices les charges engagées) négligerait, nous semble-t-il, le risque. De toute évidence, la manière dont nous abordons ce sujet nécessite, par souci de méthode, de s'intéresser à la détermination de la matière imposable. Quelles sont les charges déductibles des bénéfices ou des revenus ? Une première réponse nous est donnée par l'article 13 du Code général des impôts. Les dépenses ou les charges déductibles des revenus ou des bénéfices sont celles payées ou engagées *en vue* d'acquérir ou d'accroître lesdits revenus ou bénéfices. L'expression « en vue de » se rattache à l'idée selon laquelle la déduction des charges n'est pas fonction des effets qu'elles produisent *a posteriori* sur la matière imposable, mais du but que les contribuables poursuivent lorsqu'ils les engagent. Les efforts sont considérés même s'ils ne mènent pas à l'enrichissement. N'est-ce pas la manifestation, la marque d'un droit fiscal qui reconnaît le risque ?

a. Un généreux espace de liberté

27. **Nature des charges**. L'article 39 du Code général des impôts fixe un principe général puis des exceptions. Il dispose que le bénéfice net est établi sous déduction de toutes charges, y compris les frais généraux de toute nature. En somme, toutes leurs charges sont déductibles, sauf si la loi en dispose autrement. Cet article énumère ensuite les exceptions telles que les charges somptuaires ou, plus récemment, l'amortissement des fonds commerciaux. *A contrario*, pour les investisseurs privés, seules les dépenses énumérées par la loi sont déductibles, par une application qui nous semble trop restrictive de l'article 13 du Code général des impôts (v. *infra* n° 29). Pourquoi cette différence de traitement fiscal existe-t-elle ? Est-elle un moyen de favoriser le risque que supportent les entreprises ?

28. **But de leur engagement**. Remarquons également que l'article 39 précité ne limite la déduction des charges qu'au travers de leur seule nature, en excluant par exemple les charges somptuaires. La jurisprudence complète le dispositif par la théorie de l'acte anormal de gestion. Un acte est anormal lorsqu'il conduit à un appauvrissement volontaire dénué de contrepartie

suffisante[50]. Ce n'est plus la nature des charges qui importe ici, mais leurs buts, renvoyant ainsi au principe fixé à l'article 13 du Code général des impôts. Or, chaque acte de gestion comporte un risque. Par conséquent, la considération d'un élément intentionnel pour confondre l'anormalité n'est-il pas un moyen efficace d'approuver et de soutenir le risque authentique ? Puisqu'un appauvrissement non délibéré n'est pas anormal sur le plan fiscal, n'est-ce pas encore une fois la marque d'un droit fiscal qui accepte et encourage le risque ?

b. Le risque privé : un espace de liberté restreint

29. **Risque privé**. L'article 13 du Code général des impôts semble avoir une portée générale. Il concerne tant les revenus que les bénéfices. Les premiers ont trait aux investissements privés générant par exemple des revenus fonciers ou mobiliers. Les seconds (les bénéfices) sont produits par les entreprises.

Pourtant, force est de constater que le champ de déduction des dépenses sur les revenus est considérablement restreint. Pourquoi les frais d'acquisition d'un immeuble destiné à la location ne sont-ils pas déductibles des revenus fonciers ? Pourquoi les indemnités d'éviction ne sont-elles qu'exceptionnellement déductibles de ces mêmes revenus ? Pourquoi les intérêts d'emprunt ne pourraient-ils pas inconditionnellement s'imputer sur les revenus de capitaux mobiliers ? Toutes les dépenses susdites n'ont-elles pas été payées dans le seul but d'acquérir ou d'accroître des revenus ? Une telle façon de déterminer la matière imposable ne dénote-t-elle pas une certaine méconnaissance (ou méfiance) du risque privé ?

2. Retenir l'intention de s'enrichir pour déterminer le sort des échecs économiques

30. **Droit à l'erreur**. Le système fiscal doit ensuite admettre les échecs économiques par l'imputation des déficits ou des moins-values sur les autres revenus, ceci afin d'imposer un enrichissement net. Il s'agit là d'une des plus grandes considérations du risque que notre fiscalité peut concéder. En effet, si le droit fiscal se contentait d'imposer l'enrichissement sans jamais admettre l'appauvrissement, il serait alors totalement insensible à la prise de risque. Néanmoins, nous verrons que la volonté politique de reconnaître tous les risques – qu'ils soient supportés par des professionnels ou des investisseurs privés – s'est heurtée à l'imagination débordante des contribuables, qui n'ont pas hésité à se fabriquer de faux déficits par une recherche simulée du profit. Nous montrerons que, faute de pouvoir contraindre les particuliers à

[50] CE, plén., 21 déc. 2018, n° 402006, *Sté Croë Suisse : Dr. fisc.* 2019, n° 9, comm. 176, concl. A. Bretonneau, note F. Deboissy et G. Wicker ; *RJF* 3/19, n° 246, chron. V. Vilette, p. 303.

rechercher le profit de manière continue, le législateur s'est résigné à (re) cloisonner le risque privé.

3. Retenir l'intention de s'enrichir pour ne pas sanctionner les erreurs de gestion

31. **Contrepartie.** Le droit fiscal s'est paré d'une « double sécurité » pour ne pas réprimer à tort les prises de risques qui visent sincèrement l'enrichissement.

Tout d'abord, l'appauvrissement involontaire n'est pas anormal pour le droit fiscal. Ce dernier ne sanctionne pas les erreurs de gestion.

Ensuite, l'appauvrissement, bien que volontaire, peut ne pas être anormal, dès lors qu'il est accompagné de contreparties. Cette assertion oxymorique ne manquera pas d'interpeller toute personne non habituée aux rouages du droit fiscal. En effet, à l'évidence, si l'acte s'accompagne de contreparties, il ne peut conduire à l'appauvrissement. Mais c'est méconnaître ce que le droit fiscal reconnaît comme étant une contrepartie. À quoi cette dernière correspond-elle ? Est-elle celle évoquée à l'article 1169 du Code civil ? Finalement, la notion même de contrepartie ne manifeste-t-elle pas, en elle-même, une certaine vision du risque ?

32. **Comparaison.** Afin de bien saisir la façon dont le droit fiscal appréhende la normalité des actes de gestion, il nous apparaît utile de confronter le droit fiscal et le droit des contrats. Fondamentalement, ces deux branches du droit partagent la même difficulté. Le droit des contrats, qui régit les obligations « librement consenties[51] », encadre les relations humaines avec un certain libéralisme, pour n'entraver ni la liberté contractuelle ni la force obligatoire des contrats. Toutefois, il est parfois soucieux d'assurer une certaine justice commutative, un certain équilibre des obligations réciproques.

Le droit fiscal, quant à lui, gagne à encourager l'esprit d'entreprise, l'initiative économique, source d'impôt. Néanmoins, il ne peut pas accepter l'érosion de la matière imposable au nom de la liberté d'entreprendre. Il doit également assurer un principe constitutionnel d'égalité de tous devant l'impôt. S'entremêlent, comme nous l'avons dit, le principe de non-immixtion dans la gestion[52] et la théorie de l'acte anormal de gestion.

Pour atteindre leurs objectifs respectifs, droit civil et droit fiscal considèrent les contreparties – c'est-à-dire l'équilibre des obligations réciproques – mais d'une façon différente, ce qui manifeste leurs attachements respectifs (et différents) à l'égard du risque.

---

[51] Selon l'expression de M. FAVRE-MAGNAN, *Le droit des contrats*, PUF, coll. Que sais-je ?, 2018, p. 3.

[52] CE, 8e s.-s., 20 déc. 1963, n° 52308 : *Dr. fisc.* 1964, n° 13, comm. 156, concl. M. MARTIN.

a. Le risque de déséquilibre des obligations réciproques vu par le droit des contrats

33. **Contrepartie**. Le droit des contrats se désintéresse généralement du fait que les parties prennent un risque en contractant. Pour preuve, l'erreur sur la valeur d'une chose (art. 1136 du Code civil), de la même manière que l'erreur sur un simple motif (art. 1135 du Code civil)[53], n'est jamais un vice du consentement, sauf le cas particulier des rescisions pour lésion. Celui qui achète les titres d'une société à un prix trop élevé pour avoir mal apprécié leur valeur, et qui en conséquence réalise un investissement malheureux, n'est pas protégé par le droit civil. Ce dernier ne préserve pas des mauvaises affaires. Ce n'est qu'exceptionnellement[54] que cette branche du droit civil considère les déséquilibres des obligations réciproques[55], renvoyant nécessairement aux contrats réalisés à titre onéreux. En effet, lorsque le contrat est conclu à titre gratuit, c'est-à-dire lorsqu'une des parties procure à l'autre un avantage sans rien attendre en retour, le défaut d'équivalence est souhaité. En revanche, lorsque chacune des parties reçoit de l'autre un avantage en contrepartie de celui qu'elle procure, il peut exister un risque de déséquilibre. Ce risque est total si la contrepartie n'existe finalement pas (i). Il n'est que partiel si les obligations réciproques deviennent déséquilibrées (ii).

i. Le défaut de contrepartie

34. **Risque**. Il convient ici de distinguer deux hypothèses. En premier lieu, si la contrepartie n'existe pas *ab initio* – pour être illusoire ou dérisoire dès l'échange des consentements – alors le contrat est tout simplement nul[56]. Le droit civil protège ici de la simulation, de la fictivité.

En second lieu, même si la contrepartie existe – elle n'est ni dérisoire ni illusoire – les parties risquent l'inexécution des obligations réciproques. Elles sont toutefois protégées.

---

[53] Il convient de souligner que les parties peuvent toujours qualifier un motif d'essentiel en le mentionnant explicitement comme tel dans le contrat (v. G. CHANTEPIE, M. LATINA, *Le nouveau droit des obligations*, Dalloz, 3e éd., 2024, p. 300 et s.).

[54] Nous pouvons citer, par exemple, l'erreur concernant la rentabilité économique des contrats de franchise. Ce type d'écueil, à la croisée de l'erreur sur la valeur et de l'erreur liée à un simple motif, est généralement sans incidence sur la validité du contrat. Toutefois, les juges le considèrent comme pertinent notamment lorsque le chiffre d'affaires prévisionnel est communiqué par le franchiseur, la rentabilité espérée devenant alors une qualité essentielle du contrat (Cass. com., 10 juin 2020, n° 18-21.536 F-D : *RJDA* 8-9/20, n° 417 ; Cass. com., 4 oct. 2011, n° 10-20.956 F-D : *RJDA* 12/11, n° 1018).

[55] Selon l'article 1108 du Code civil : « Le contrat est commutatif lorsque chacune des parties s'engage à procurer à l'autre un avantage qui est regardé comme l'équivalent de celui qu'elle reçoit ».

[56] Art. 1169 du Code civil.

Primo, selon l'article 1219 du Code civil, une partie peut refuser d'exécuter son obligation, alors même que celle-ci est exigible, si l'autre n'exécute pas la sienne et si cette inexécution est suffisamment grave.

Secundo, il n'est pas rare que les parties prévoient une clause pénale dans le contrat. Dans ce cas, la partie qui n'exécutera pas son obligation devra alors payer une indemnité forfaitaire. Notons que les clauses limitatives de responsabilité qui auraient pour effet de priver de sa substance l'obligation essentielle du débiteur sont réputées non écrites[57]. L'article 1171 complète ce dispositif pour les contrats dit d'adhésion : « toute clause non négociable, déterminée à l'avance par l'une des parties, qui crée un déséquilibre significatif entre les droits et obligations des parties au contrat est réputée non écrite ». Néanmoins, l'appréciation du déséquilibre significatif ne peut porter ni sur l'objet principal du contrat ni sur l'adéquation du prix à la prestation.

Tercio, la partie défaillante engagera sa responsabilité contractuelle.

35. **Théorie des risques**. Il existe néanmoins une situation dans laquelle une partie ne pourra pas exécuter son obligation, sans pour autant que cela engage sa responsabilité contractuelle : le cas de force majeure. Celui-ci désigne un événement dont la survenance est imprévisible et les effets irrésistibles. Il est susceptible de dégager une personne de sa responsabilité ou de la délier de ses engagements contractuels.

La théorie des risques (en matière de responsabilité contractuelle cette fois-ci) soulève la question de savoir qui, du débiteur ou du créancier, doit subir l'inexécution d'un contrat du fait de la survenance d'un événement fortuit, ne relevant d'aucune faute. Ainsi, une partie est-elle tenue de payer une prestation dont elle n'a jamais bénéficié, dès lors que l'inexécution de la part de l'autre partie provient d'un cas de force majeure ?

36. ***Res perit debitori.*** L'adage *res perit debitori* est une maxime qui renvoie à l'idée que le risque pèse sur le débiteur. Ce principe « ne figure pas dans les règles applicables aux contrats en général, mais dans des dispositions régissant des contrats spéciaux[58] ». Par exemple, conformément à l'article 1722 du Code civil : si, pendant la durée du bail, la chose louée est détruite en totalité par cas fortuit, le bail est résilié de plein droit. Le risque pèse sur le débiteur lorsque l'obligation devient impossible à exécuter. En conséquence, la personne qui n'a pas bénéficié de la prestation est dispensée de son obligation de paiement.

Si cette règle semble assurer une certaine justice commutative, cela n'est vrai que pour les prestations à exécution successive. En effet, celui qui a engagé des dépenses en vue de réaliser une prestation à exécution instantanée devra les supporter, sans pouvoir espérer recouvrer le prix de sa prestation (même partiellement), celle-ci ne pouvant se réaliser, se finaliser. Cette règle n'efface pas pour lui tout risque économique. Notons également que « la force

---

[57] Art. 1170 du Code civil.

[58] S. GOLTZBERG, *100 principes juridiques*, PUF, 2e éd., 2021.

majeure financière », selon l'expression de L. Thibierge[59], n'existe tout simplement pas. En ce sens, une partie ne peut pas se soustraire à son obligation de payer sous prétexte qu'elle n'en a plus la capacité. La Cour de cassation l'exprime autrement : « le débiteur d'une obligation contractuelle de somme d'argent inexécutée [en l'espèce, le dirigeant d'une société s'était porté caution solidaire du remboursement d'un prêt bancaire] ne peut s'exempter de cette obligation en invoquant un cas de force majeure [le débiteur soutenait qu'à raison de sa maladie, il n'était plus dans la capacité de payer][60] ». En somme, pour la haute juridiction judiciaire, le cas de force majeure ne peut être invoqué lorsque l'obligation consiste à débourser une somme d'argent. C'est dans ce droit fil que la Cour de cassation considère qu'un locataire ne peut invoquer la crise sanitaire du Covid 19 comme étant un cas de force majeure, pour ne pas payer ses loyers. Selon la Cour : « le débiteur d'une obligation contractuelle de somme d'argent inexécutée ne peut s'exonérer de cette obligation en invoquant un cas de force majeure. Il en résulte que l'impossibilité d'exercer une activité du fait des mesures gouvernementales prises pour lutter contre la propagation du virus covid-19, ne pouvait exonérer la locataire du paiement des loyers échus […][61] ». Il convient donc de ne pas confondre le cas de force majeure et l'imprévision.

37. **Transfert *solo consensu*.** Il convient ensuite de distinguer le principe précédemment exposé, qui concerne plus spécifiquement certaines prestations de service, et le transfert des risques qui pèsent sur un bien dont la propriété est transférée. L'échange des consentements sur la chose et sur le prix transfère la propriété de ladite chose et les risques pesant sur elle[62], sauf si les parties en ont décidé autrement. Ainsi, lorsque l'échange des consentements s'est réalisé, l'acquéreur devient propriétaire de la chose, quand bien même celle-ci n'a pas encore été délivrée et que le prix n'a pas encore été versé. Si la chose périt, l'acheteur en supporte le coût puisque le transfert de propriété et des risques s'opèrent simultanément. En somme, seul le propriétaire assume les risques pesant sur la chose, conformément à l'adage « *res perit domino* » relatif aux contrats ayant un effet translatif de propriété. Cependant, la personne tenue de délivrer la chose doit la conserver jusqu'à sa délivrance, en y apportant tous les soins d'une personne raisonnable (article 1197 du Code civil).

Il existe des exceptions à ce principe. Tout d'abord les parties peuvent convenir que le transfert des risques interviendra à la livraison du bien.

[59] L. THIBIERGE, *le contrat face à l'imprévu*, Economica, 2011.

[60] Cass. com., 16 sept. 2014, n° 13-20.306, *Cappellitti : RJDA* 12/14, n° 886.

[61] Cass. 3e civ., 15 juin 2023, n° 423 FS-B 119, inédit.

[62] Selon l'article 1196 du Code civil : « Dans les contrats ayant pour objet l'aliénation de la propriété ou la cession d'un autre droit, le transfert s'opère lors de la conclusion du contrat. Ce transfert peut être différé par la volonté des parties, la nature des choses ou par l'effet de la loi. Le transfert de propriété emporte transfert des risques de la chose […] ».

Ensuite, lorsque l'acquéreur met en demeure le vendeur de délivrer le bien, cela a pour effet de transférer les risques de la chose au vendeur[63].

Ce principe est inapplicable dans les contrats de vente conclus entre les professionnels et les consommateurs. En effet, selon l'article 216-4 du Code de la consommation : « tout risque de perte ou d'endommagement des biens est transféré au consommateur au moment où ce dernier ou un tiers désigné par lui, et autre que le transporteur proposé par le professionnel, prend physiquement possession de ces biens ». Le transfert des risques et la prise de possession physique coïncident exceptionnellement dans ce cas.

ii. Le déséquilibre des contreparties

38.**Libéralisme**. Les obligations, bien qu'exécutées, peuvent être déséquilibrées. Toutefois, cette branche du droit civil, empreinte de libéralisme, refuse de porter atteinte à la fois à la liberté contractuelle et à la force obligatoire des contrats. En conséquence, sous réserve d'un vice de consentement, les parties conviennent librement du contenu du contrat. Elles décident de l'équilibre de leurs échanges. À ce titre, l'article 1168 du Code civil affirme que « dans les contrats synallagmatiques, le défaut d'équivalence des prestations n'est pas une cause de nullité du contrat, à moins que la loi n'en dispose autrement ».

De la même manière, l'erreur portant sur la valeur d'un bien ou d'une prestation de services – relevant d'une appréciation économique inexacte – n'est pas considérée comme un vice du consentement susceptible de conduire à la nullité du contrat. Le droit ne protège pas contre les mauvaises affaires, entendues comme l'erreur d'appréciation de la valeur d'une chose. Seules les erreurs portant sur les caractéristiques essentielles de la chose conduisent à la nullité de la convention. Le droit des contrats s'assure seulement que les parties qui se sont engagées s'exécutent. À défaut, toute perte de confiance des agents économiques les uns envers les autres paralyserait les échanges commerciaux.

La nullité des contrats, pour cause de déséquilibre économique des obligations, ne concerne que quelques cas particuliers. C'est ainsi que la rescision pour lésion ne peut être invoquée que par le vendeur d'un bien immobilier lorsque le prix de vente est inférieur à 7/12 de la valeur réelle dudit bien.[64]

Hormis ces quelques cas particuliers, un contrat à titre onéreux est nul uniquement en l'absence de contrepartie, ou lorsque celle-ci est dérisoire ou illusoire.

39. **Tempérament.** Cela étant dit, soulignons que la théorie de l'imprévision est soucieuse d'apporter une certaine justice commutative. N'est

[63] *Ibid.*

[64] Article 1674 du Code civil.

pas ici en cause un défaut d'équivalence à l'origine, au moment de la conclusion du contrat (ce n'est pas une erreur d'appréciation économique), mais un changement de circonstance en cours d'exécution dudit contrat, générant un déséquilibre des obligations réciproques, des contreparties. L'ordonnance n° 2016-131 du 10 février 2016, et sa loi de ratification n° 2018-287 du 20 avril 2018, ont introduit l'article 1195 du Code civil. Selon ce dispositif : « si un changement de circonstances imprévisible lors de la conclusion du contrat rend l'exécution excessivement onéreuse pour une partie qui n'avait pas accepté d'en assumer le risque, celle-ci peut demander une renégociation du contrat à son cocontractant. Elle continue à exécuter ses obligations durant la renégociation. En cas de refus ou d'échec de la renégociation, les parties peuvent convenir de la résolution du contrat, à la date et aux conditions qu'elles déterminent, ou demander d'un commun accord au juge de procéder à son adaptation. À défaut d'accord dans un délai raisonnable, le juge peut, à la demande d'une partie, réviser le contrat ou y mettre fin, à la date et aux conditions qu'il fixe ». Ce faisant, et sous certaines conditions, le juge peut mettre fin au contrat lorsque le déséquilibre économique provient d'un changement de circonstances imprévisible, pour autant que la partie qui les subit n'a pas expressément accepté de les assumer.

40. **Cas particulier.** Notons néanmoins que si la théorie s'applique aux opérations concernant des parts sociales, elle demeure inapplicable lorsque le contrat porte sur des actions. Le Conseil constitutionnel, interrogé sur cette différence de traitement dans le cadre d'une question prioritaire de constitutionnalité (QPC), nous rappelle traditionnellement que le principe d'égalité (la loi est la même pour tous) ne s'oppose ni à ce que le législateur règle de façon différente des situations différentes, ni à ce qu'il déroge à l'égalité pour des raisons d'intérêt général, pourvu que, dans l'un et l'autre cas, la différence de traitement qui en résulte soit en rapport direct avec l'objet de la loi qui l'établit. Cela étant rappelé, il relève que « le législateur a entendu assurer la sécurité juridique d'opérations qui, eu égard à la nature des instruments financiers, intègrent nécessairement un risque d'évolutions imprévisibles de leur valorisation. Au regard de cet objet, la cession des titres de capital émis par les sociétés par actions, qui se caractérisent par leur négociabilité, se distingue de la cession des parts sociales des sociétés de personnes, qui ne peuvent être représentées par des titres négociables. Elle ne se confond pas non plus avec les contrats aléatoires, pour lesquels les parties font dépendre leurs effets d'un événement incertain. Ainsi, le législateur a pu exclure du champ de la révision pour imprévision les obligations qui résultent d'opérations sur les [actions] et les contrats financiers, sans prévoir une telle exclusion pour les cessions de parts sociales ou les contrats aléatoires. Dès lors, la différence de traitement résultant des dispositions contestées, qui est fondée sur une différence de situation, est en rapport avec l'objet de la loi[65] ».

---

[65] Cons. const., 26 mai 2023, n° 2023-1049 QPC, *Sté Nexia 2022*, inédit.

41. **Spécificité**. D'autres dispositifs visent à sanctionner le déséquilibre significatif des obligations réciproques, dans le but de protéger la partie la plus vulnérable.

L'article L 212-1 du Code de la consommation dispose que « dans les contrats conclus entre professionnels et consommateurs, sont abusives les clauses qui ont pour objet ou pour effet de créer, au détriment du consommateur, un déséquilibre significatif entre les droits et obligations des parties au contrat ». Les articles R 212-1 et R 212-2 du même Code complètent la mesure en énumérant les clauses qui sont abusives (présomption irréfragable) et celles qui ne sont que présumées (simplement) l'être. Le déséquilibre ne peut néanmoins porter ni sur l'objet du contrat, ni sur le prix.

La loi de modernisation de l'économie (dite LME) du 4 août 2008 a instauré dans le Code de commerce l'article L 442-6, selon lequel « engage la responsabilité de son auteur et l'oblige à réparer le préjudice causé le fait, par tout producteur, commerçant, industriel ou personne immatriculée au répertoire des métiers : d'obtenir ou de tenter d'obtenir d'un partenaire commercial un avantage quelconque ne correspondant à aucun service commercial effectivement rendu ou manifestement disproportionné au regard de la valeur du service rendu [...] ». L'article interdit également « de soumettre ou de tenter de soumettre un partenaire commercial à des obligations créant un déséquilibre significatif dans les droits et obligations des parties, d'obtenir ou de tenter d'obtenir un avantage, condition préalable à la passation de commandes, sans l'assortir d'un engagement écrit sur un volume d'achat proportionné et, le cas échéant, d'un service demandé par le fournisseur et ayant fait l'objet d'un accord écrit [...] ». Ce dispositif vise à sanctionner les abus de pouvoir afin de protéger les petites entreprises, souvent dépendantes des plus grandes. En effet, certaines entreprises, en raison de leur puissance économique, peuvent en abuser, ce qui nuit à la liberté contractuelle. C'est pourquoi, contrairement à la théorie de l'imprévision en droit des contrats, l'article L 442-6 du Code de commerce est d'ordre public, les parties ne pouvant logiquement – compte tenu du rapport de forces disproportionné – y déroger conventionnellement. Soulignons ici que le déséquilibre significatif peut tout à fait concerner le prix, comme l'a confirmé le Conseil constitutionnel[66] à la suite d'un arrêt de la chambre commerciale de la Cour de cassation de 2017[67].

b. Le risque de déséquilibre des contreparties vu par le droit fiscal

42. **Divergences**. Le droit des contrats s'intéresse à la contrepartie immédiate et objective afin de combattre la fictivité des contrats à titre

[66] Cons. const., 30 nov. 2018, n°2018-749 QPC : *RJDA* 2/19, n° 139.
[67] Cass. com., 25 janv. 2017, n° 15-23.547 : *RJDA* 4/17, n° 286.

onéreux. Il délaisse en revanche l'économie du contrat. Son objectif n'est pas d'encourager le risque, mais de garantir que l'engagement donné (le consentement) s'exécute. Ce n'est qu'à titre exceptionnel qu'il considère les déséquilibres significatifs en cas de survenance d'événements fortuits apparaissant après l'échange des consentements. En ce sens, il défend parfois la partie la plus faible, pouvant se trouver en difficulté économique du fait de circonstances imprévisibles.

Le droit fiscal adopte une approche différente de la notion de contrepartie. Il s'intéresse principalement à la raison pour laquelle le contribuable a effectué l'acte de gestion. Afin d'illustrer cette divergence, imaginons qu'un chef d'entreprise engage d'importantes dépenses de déplacement, qu'il déduit des bénéfices de son entreprise. Le contribuable bénéficie d'une prestation d'hébergement. La contrepartie qu'il reçoit n'est ni dérisoire, ni illusoire. Pourtant, cet acte de gestion peut tout à fait être anormal sur le plan fiscal, dès lors que la raison qui anime son auteur n'est pas la conquête de la richesse, mais plutôt la satisfaction d'un besoin personnel. Ce simple exemple montre que la contrepartie des contrats à titre onéreux ne correspond pas à celle que le droit fiscal attend des actes de gestion. La fiscalité des entreprises s'attache à la cause subjective, à la contrepartie indirecte de ceux-ci (des actes de gestion), donc aux motifs de leur réalisation. Si bien qu'un même acte peut tout à fait être considéré comme anormal sur le plan fiscal pour une entreprise, et normale pour une autre. Ce n'est que par exception que les actes de gestion sont anormaux par nature, comme les charges dites somptuaires.

43. **Risque économique**. Cette divergence entre le droit des contrats et le droit fiscal amène plusieurs remarques.

En premier lieu, le droit des contrats protège parfois les parties contre la survenance d'un risque subi, qu'elles n'ont pas convenu d'assumer. Tel est le cas de la théorie de l'imprévision. Alors qu'en matière fiscale, seul le déséquilibre délibéré, volontaire, est constitutif d'une libéralité. À défaut d'intention libérale, il s'agit d'une erreur d'appréciation, d'une erreur de gestion.

En second lieu, un acte de gestion n'est pas forcément un contrat. Un abandon de créance est un acte unilatéral. Pourtant, celui qui le consent peut rechercher son propre intérêt. Le droit fiscal y voit une contrepartie, là où, en revanche, pour le droit des contrats, il n'en existe aucune, en l'absence de contrat à titre onéreux.

Finalement, le droit fiscal poursuit un objectif qui lui est propre. Il n'en est pas pour autant autonome. Un contrat nul pour défaut de contrepartie ne produira aucun effet fiscal, sauf exception. En témoignent les contentieux portant sur les refacturations des frais de direction (dits également « *management fees* »). Lorsque le contrat est dénué de contrepartie (directe ou indirecte), le contrat est nul ; la charge non déductible des bénéfices, car fictive.

44. **TVA**. Remarquons qu'en matière de TVA, la contrepartie fiscale se confond avec celle des contrats à titre onéreux[68]. En effet, selon l'article 256 du Code général des impôts, « sont soumises à la taxe sur la valeur ajoutée les livraisons de biens et les prestations de services effectuées à titre onéreux par un assujetti agissant en tant que tel ». Ce faisant, dès lors que le prix de vente est dérisoire ou illusoire, l'opération n'est tout simplement pas économique. N'étant pas réalisée à titre onéreux, elle reste hors du champ d'application de la TVA. Le célèbre arrêt *Apple and Pear* de la Cour de justice de la Communauté européenne[69] nous rappelle la nécessité d'un lien direct entre le service rendu (ou le bien livré) et la contre-valeur reçue. C'est ainsi, par exemple, que les subventions, qu'elles soient versées par une collectivité territoriale ou par une société holding au profit d'une de ses filiales, ne sont généralement pas imposables à la TVA, à la condition qu'elles ne correspondent pas à un complément de prix ou à une action de promotion, de publicité[70].

Néanmoins, l'acte anormal de gestion ne trouvant aucun terrain d'application en matière de TVA, il n'y a pas lieu ici de se soucier des intentions poursuivies par les opérateurs[71], ni des risques qu'ils supportent. C'est pourquoi la contrepartie des opérations réalisées à titre onéreux n'est pas la cause subjective ayant motivé les actes de gestion. La TVA est un impôt dit « réel » qui ne se préoccupe que de la réalité matérielle des opérations. Elle n'est perméable ni aux buts ni aux résultats des opérations imposables, pour ne se référer aucunement aux intentions des opérateurs. L'appauvrissement volontaire reste, en ce domaine, sans incidence.

45. **Conséquences**. Cette confrontation de deux branches du droit (droit des contrats et droit fiscal), au regard de la notion de contrepartie, est éclairante. Elle montre que le droit fiscal, lorsqu'il apprécie les actes de gestion et leurs effets sur la matière imposable (sur les bénéfices), a une tout autre considération de la notion de contrepartie ; *ce qui traduit une vision différente du risque*. Le droit des contrats n'est pas tant soucieux d'assurer une

---

[68] Pour autant, selon le principe d'autonomie de la TVA par rapport au droit civil national, la nullité d'un contrat sur le plan juridique ne permet pas d'écarter d'office le droit à déduction de la taxe. Encore faut-il prouver que l'opération n'a pas été effectivement réalisée. Tel sera le cas en l'absence de livraison ou d'exécution d'une prestation. Pour la CJUE (CJUE, 25 mai 2023, aff. 114/22 : *RJF* 8-9/23 n° 685) : « l'examen de la fictivité d'une opération est autonome en droit de la TVA ».

[69] CJCE, 8 mars 1988, aff. 102/86, *Apple and Pear Development Council* : *RJF* 8-9/88 n° 970.

[70] CAA Nantes, 14 avril 2023, n° 21NT03660, *Association Equipe Bretagne Cyclisme : RJF* 10/23, n° 707, concl. H. BRASNU.

[71] La TVA ne se désintéresse pas totalement des intentions. La déduction de la TVA grevant les achats est possible dès l'intention de réaliser des opérations donnant lieu à une TVA collectée. C'est ainsi que, par exemple, la TVA sur les frais d'acquisition de titres est déductible dès l'intention par l'acquéreur de développer des opérations économiques avec la filiale dont les actions sont achetées (CE, 22 mai 2017, n° 396945). Autrement dit, le droit à déduction n'est pas subordonné à la réalisation immédiate et préalable de prestations soumises à la TVA.

certaine justice commutative que de garantir l'exécution de l'engagement donné. C'est pourquoi il ne préserve aucunement des mauvaises affaires, des erreurs d'évaluation.

Quant à notre système fiscal, celui-ci frappe l'enrichissement tout en prenant soin de ne pas refreiner la liberté d'entreprendre. De quelle façon ? En appréciant les actes de gestion au travers des intentions de leurs auteurs, il encourage à sa façon le risque économique. Il refuse toutefois le risque simulé menant à l'appauvrissement volontaire dénué de contrepartie.

Par conséquent, la contrepartie fiscale correspond *a minima* à un espoir d'enrichissement. Le concept d'acte anormal de gestion prend ici toute sa signification. Il s'agit d'un appauvrissement volontaire dénué d'espoir d'enrichissement futur. Ainsi, le moyen le plus efficace de reconnaître et d'encourager le risque sincère n'est-il pas de l'associer à l'intention, à l'espoir, sans jamais évaluer *a posteriori* les effets des actes de gestion ?

46. **Des abus ?** Néanmoins, l'appréciation du risque au travers du seul prisme de l'intention ne favorise-t-elle pas les abus ? À l'évidence, il ne suffit pas de se contenter des dires des contribuables. Ceux-ci peuvent toujours mettre en exergue des motifs factices, des intentions simulées. Or, il n'est pas d'exercice plus compliqué que de sonder les esprits. Cela ne justifie-t-il pas le développement des présomptions d'appauvrissement volontaire ? À ce titre, voyez comment le Conseil d'État en a créé une nouvelle avec son arrêt *Sté Croë Suisse*[72]. Dans cette affaire, un château a été vendu pour un prix significativement inférieur à sa valeur réelle. Pourtant, l'administration fiscale ne démontrait pas l'intention libérale, car les parties en cause – en l'occurrence des sociétés détenues par des personnes de nationalité russe – n'étaient pas, en tout cas en apparence, liées par un intérêt commun[73]. Pour la haute assemblée, de manière inédite, le caractère délibéré de l'appauvrissement se présume de ce seul écart significatif (entre le prix de vente et la valeur réelle de l'immobilisation). Il ne faudrait pas qu'une apparente liberté contractuelle permette l'évasion fiscale.

47. **Dangers**. Cependant, les présomptions d'appauvrissement volontaire ne doivent pas porter atteinte à la liberté des chefs d'entreprises et à leur droit à l'erreur. Si l'on comprend leur nécessité face à une intention qu'il est parfois simple de simuler, elles ne doivent pas, pour autant, réprimer les véritables investissements et l'incertitude à laquelle ils conduisent. Pourtant, présumer le caractère délibéré (de l'appauvrissement) d'un écart significatif de valeur des immobilisations nous paraît dangereux : l'écart, significatif à l'origine, s'est rapidement réduit à une proportion de 20 %, selon la proposition de

---

[72] CE, plén., 21 déc. 2018, n° 402006, *Sté Croë Suisse : Dr. fisc.* 2019, n° 9, comm. 176, concl. A. BRETONNEAU, note F. DEBOISSY et G. WICKER ; *RJF* 3/19, n° 246, chron. V. VILETTE, p. 303.

[73] Le caractère volontaire de l'appauvrissement se présume des relations particulières entre les parties (relation familiale, d'affaires…). Voir en ce sens : CE, 27 janv. 1989, n°61.422, *Hermès* : *RJF* 3/89, n° 306.

certains rapporteurs publics[74]. La référence à ce pourcentage est apparue pour la première fois en 2009 dans les conclusions de L. Olléon. Ce dernier considérait qu'un écart était significatif s'il s'élevait à au moins 20 %. Toutefois, sa proposition intervenait dans des circonstances bien différentes, à une époque où l'administration fiscale devait toujours démontrer l'intention libérale. Néanmoins, certains ont fait régulièrement référence à ce seuil[75] et notamment A. Bretonneau dans ses conclusions sur la décision *Sté Croë Suisse*[76].

Pourtant, il nous semble qu'il s'agit d'un écart bien insuffisant pour présumer une absence de sincérité, ce qui condamnerait, *in fine*, les bonnes affaires. Fixer un seuil de 20 % pour confondre un appauvrissement est une chose, le retenir pour décréter son caractère intentionnel en est une autre. L'administration fiscale s'y engouffre néanmoins, ce qui fait peser sur le contribuable le risque de se retrouver sanctionné pour de simples erreurs d'appréciation. Toutefois, nous avons le sentiment que la jurisprudence *Sté Croë Suisse* est une décision exceptionnelle face à une situation exceptionnelle. Mais, c'est également ainsi qu'avait été qualifié la jurisprudence *Loiseau*[77], laquelle consacrait la théorie du risque manifestement excessif. Pourtant, cette dernière théorie a échappé à son créateur, conduisant ce dernier à y renoncer. Ne risquons-nous pas de voir réapparaître certaines déviances de la part de l'administration fiscale, les mêmes qui ont conduit à l'abandon de la théorie du risque manifestement excessif ?

4. Un espace de liberté qui encourage le développement économique

48. **Dispositifs.** De nombreux dispositifs encouragent la prise de risque. Citons-en quelques-uns, sans prétendre être exhaustif.

a. Choisir son régime d'imposition

49. **Libéralisme.** Avant d'entrer dans les détails de la législation fiscale, il convient de noter que la loi n° 2022-172 du 14 février 2022, en faveur de l'activité professionnelle indépendante, a instauré un statut unique pour les entrepreneurs individuels marqué par la mise en place d'une « séparation

[74] CE, 8e et 3e s.-s., 3 juill. 2009, n° 301299, *Hérail* : *RJF* 11/09, n° 940, concl. L. OLLEON.

[75] Y. BENARD, concl. sur CE, plén., 9 mai 2018, n° 387071, *Sté Cérès* : *RJF* 7/18, n° 726, p. 1014 (C 726) ; A. BRETONNEAU, concl. sur CE, plén., 21 déc. 2018, n° 402006, *Sté Croë Suisse* : *RJF* 3/19, n° 246, p. 390 (C 246).

[76] *Ibid.*

[77] CE, 7e-8e s.-s., 17 oct. 1990, n° 83310, *Loiseau* : *RJF* 11/90, n° 1317, chron. J. TUROT, p. 735.

automatique de leurs patrimoines personnels et professionnels[78] ». Une telle mesure favorise indéniablement la prise de risque économique.

Par ailleurs, sur le plan fiscal, l'entreprise individuelle peut désormais bénéficier d'un traitement similaire à celui d'une société, ce qui lui permet d'opter pour le régime de l'IS. En somme, cette forme de libéralisme fiscal offre aux chefs d'entreprise la possibilité de choisir le régime d'imposition qui correspond le mieux à leur situation. Ce faisant, un exploitant individuel qui relève d'un régime réel d'imposition – de droit ou par choix – peut désormais opter pour cet impôt[79], afin de bénéficier d'un taux d'imposition proportionnel, tout en écartant le paiement des charges sociales sur les bénéfices réinvestis. Ce régime d'imposition des bénéfices n'est-il pas celui qui favorise le risque ? N'est-il pas celui qui encourage le réinvestissement ?

Les sociétés de capitaux peuvent opter momentanément, et sous certaines conditions, pour la semi-transparence fiscale, dans l'unique but de faire bénéficier – fiscalement parlant – ses créateurs des déficits qu'elles envisagent de dégager en début d'activité. N'est-ce pas une façon de reconnaître les effets immédiats d'une prise de risque ?

Cette multitude d'options ne permet-elle pas d'optimiser le traitement fiscal des risques ?

50. **Bouleversement**. Les principes fiscaux que nous connaissons sont progressivement renversés. Il y a peu encore, il était inconcevable que les sociétés de capitaux puissent bénéficier de la semi-transparence fiscale. Il leur est possible aujourd'hui de la choisir temporairement[80]. Au même titre qu'un exploitant individuel peut dorénavant choisir d'imposer ses bénéfices selon le régime de l'impôt sur les sociétés[81]. Une telle option n'est d'ailleurs plus irrévocable[82]. Si bien que le régime fiscal applicable ne dépend plus totalement de la forme juridique de l'entreprise, ni de l'étendue de la responsabilité de son créateur. Cela génère plusieurs conséquences.

51. **Déconnexion fiscale.** En premier lieu, la traditionnelle classification qui oppose les sociétés de capitaux à celles de personnes n'a plus guère de sens en matière fiscale, puisque le régime fiscal qui leur est réservé se détache progressivement de leur forme juridique.

En second lieu, le traitement fiscal des déficits ne suit plus le niveau de responsabilité supporté par les chefs d'entreprises (au regard des dettes professionnelles). Il permet simplement à celui qui est imposé, s'il s'enrichit, de pouvoir déduire, en contrepartie (de manière symétrique), les pertes qu'il

---

[78] J.-F. HAMELIN et N. JULLIAN, *la réforme du statut de l'entrepreneur individuel*, LGDJ, 2022, p. 19.

[79] M. SADOWSKY, « Que reste-t-il de l'impôt sur les sociétés ? », *REIDF* 2023, n° 3, p. 361.

[80] Cette faculté est inscrite à l'article 239 bis AB du Code général des impôts.

[81] L'option pour le régime de l'impôt sur les sociétés est prévue par les articles 206, 239 et 1655 sexies (pour les entreprises individuelles) du Code général des impôts.

[82] La renonciation à l'option pour le régime de l'IS est prévue à l'article 239 du Code général des impôts.

subit sur ses autres revenus ; et ce indépendamment de son niveau de responsabilité. Par exemple, le gérant et associé unique d'une société à responsabilité limitée n'ayant pas opté pour le régime de l'IS pourra déduire les déficits générés par la société sur les autres revenus de son foyer fiscal, quand bien même il n'est responsable du passif social que de manière limitée. *A contrario*, les associés d'une société en nom collectif, ayant opté pour l'impôt sur les sociétés, ne pourront pas bénéficier – fiscalement parlant – des déficits de la société, même s'ils demeurent indéfiniment et solidairement responsables des dettes de la société.

Cette dissociation du risque fiscal et des responsabilités au regard des dettes sociales nous interpelle. Est-il normal qu'un contribuable puisse bénéficier d'un déficit fiscal alors même qu'il n'est pas personnellement responsable des dettes de l'entreprise ?

b. Des dispositifs encourageant les opérations intercalaires

i. Favoriser la création des entreprises

52. **Droit de mutation**. La théorie de la mutation conditionnelle est au service de l'esprit d'entreprise. En effet, afin de soutenir l'investissement, le législateur écarte, sur le plan fiscal, le transfert de propriété que génèrent les opérations d'apport. Il les exonère de droit de mutation à la condition que les biens apportés ne soient pas repris par les associés de manière croisée. En d'autres termes, ce n'est que lorsqu'un apport est attribué à un associé qui ne l'a pas réalisé que les droits de mutation deviennent exigibles. Ce procédé assure un caractère intercalaire aux opérations d'apport, considérant que celles-ci ne confèrent aux autres associés qu'un droit de propriété éventuel sur les biens apportés. Par conséquent, dans l'attente de leur reprise, les apports à titre pur et simple sont fiscalement « en suspens ». Le législateur ne souhaite ainsi pas entraver la création des sociétés par un coût fiscal rédhibitoire. De la sorte, l'apport d'un immeuble par un particulier à une société non soumise à l'IS ne fait l'objet d'aucun droit de mutation[83]. En second lieu, cette neutralité conditionnelle permet de lutter contre les abus. Imaginons que deux personnes s'associent pour créer une société. La première apporte un bien immobilier, la seconde une somme d'argent de même valeur. Peu après sa constitution, la personne morale est dissoute et chacun reprend l'apport de l'autre. Un tel montage dissimule, en réalité, une vente. Ce à quoi s'oppose le législateur.

53. **Bénéfice**. De la même manière, l'article 38-2 du Code général des impôts définit le bénéfice fiscal par la différence entre les valeurs de l'actif net à la clôture et à l'ouverture de la période dont les résultats servent de base à l'impôt. Bien heureusement, le législateur prend soin d'écarter les apports, afin que ceux-ci ne soient pas imposés. Par conséquent, ces derniers demeurent

[83] La taxe de publicité foncière de 0,71% reste néanmoins à acquitter.

sans incidence sur la détermination du bénéfice imposable. Il existe, néanmoins, une exception à ce principe : les apports dont la valeur est volontairement minorée[84].

ii. Ne pas décourager le changement de régime fiscal

54. **Traitement fiscal.** Le chef d'entreprise doit être libre de choisir le régime d'imposition qui lui convient le mieux. À ce titre, la généralisation de l'impôt sur les sociétés est un choix politique pertinent, car il favorise le réinvestissement des bénéfices. Or, un changement de régime fiscal conduit (sur le plan fiscal) aux mêmes effets qu'une cessation d'activité. Ce faisant, l'entreprise est imposée sur ses plus-values latentes, sur ses bénéfices non encore imposés et sur ceux en sursis d'imposition comme une reprise de provision. Un tel traitement fiscal est inadapté tant il est contraignant. Afin de ne pas entraver la vie économique, le législateur met en œuvre des mesures dites d'atténuation conditionnelle. Ainsi, une entreprise qui change de régime fiscal – en optant, par exemple, pour l'impôt sur les sociétés – bénéficie d'une neutralité fiscale – c'est-à-dire d'une absence d'imposition – si elle respecte deux conditions cumulatives.

55. **Les conditions**. En premier lieu, en l'absence de création d'une personne morale nouvelle, les bénéfices en sursis d'imposition, les plus-values latentes incluses dans l'actif social et les profits non encore imposés sur les stocks ne font l'objet d'aucune imposition immédiate, à la condition qu'aucune modification ne soit apportée aux écritures comptables. À ce titre, les valeurs inscrites au bilan de l'entreprise ne doivent pas être réévaluées.

En second lieu, « [...] l'imposition desdits bénéfices, plus-values et profits [doit] demeure[r] possible sous le nouveau régime fiscal applicable à la société [...] [85]». Par exemple, une société civile immobilière – qui passe de l'impôt sur les sociétés aux revenus fonciers – ne peut pas surseoir au paiement de l'impôt sur ses plus-values latentes. En effet, celles-ci se calculent, avant le changement de régime fiscal, par différence entre le prix de vente et la valeur nette comptable. Or, elles se déterminent désormais, après option, en ne retenant que le prix d'acquisition des actifs immobiliers.

iii. Favoriser les opérations d'apport et de fusion

56. **Les apports**. L'apport des éléments d'actif et de passif constitutifs d'une entreprise individuelle au profit d'une société bénéficie d'un régime particulier. Il en sera de même des apports de titres au profit d'une société soumise à l'IS. L'apporteur bénéficiera, selon les cas, d'un report ou d'un sursis d'imposition.

---

[84] V. *infra* n° 589 et s.

[85] Article 202 ter du Code général des impôts.

57. **Fusions.** S'il existe un régime qui assure une parfaite neutralité des opérations nécessaires au développement économique, c'est bien celui de l'article 210 A du Code général des impôts. La restructuration des entreprises est nécessaire à la vie économique. Les sociétés croissent, se transforment, fusionnent afin de s'adapter à la concurrence, aux contraintes de leurs activités. La fiscalité ne doit pas entraver leur développement. C'est pourquoi le législateur opte ici encore pour la neutralité fiscale. Le régime fiscal de faveur de l'article 210 A du Code général des impôts donne à l'opération de fusion son caractère intercalaire. Le législateur admet ainsi que la société absorbée continue de vivre au travers de la société absorbante.

58. **Avantage fiscal.** Lorsque l'opération de fusion est placée sous le régime de l'article 210 A du Code général des impôts, les avantages fiscaux sont de deux ordres.

En premier lieu, les associés de la société absorbée reçoivent gratuitement des titres de la société absorbante. La plus-value d'échange est placée en sursis d'imposition. L'opération est alors totalement neutre pour les associés puisqu'ils n'ont aucune plus-value à déclarer. Lorsqu'ils céderont les titres reçus, ils devront simplement retenir les valeurs d'acquisition ou de souscription des titres de la société absorbée et non celles existant au moment de l'opération de fusion.

En second lieu, les éléments d'actif et de passif de la société absorbée sont repris par la société absorbante. La première est réputée poursuivre sa vie à travers la seconde. Si bien que les provisions (au bilan de l'entreprise absorbée) sont reconduites chez la société absorbante. Les éventuelles créances de carry-back lui sont également transmises. En revanche, la société absorbante ne bénéficiera des déficits de l'absorbée que si un agrément lui est accordé[86]. L'administration fiscale y consentira si l'opération de fusion se réalise pour des raisons économiques et sous réserve que la société absorbante poursuive l'activité pendant au moins trois années.

iv. L'encouragement (excessif) de la recherche

59. **Avantage fiscal.** Le droit fiscal encourage la recherche et l'innovation, sources de richesses et d'emplois. Pour ce faire, il autorise l'amortissement des brevets sur une durée de cinq années[87], alors même que leur protection juridique est de vingt ans. Ensuite, les cessions et concessions de brevets et droits assimilés profitent d'un taux d'imposition de 10 % sous certaines conditions (1). À ce titre, le récent ratio « nexus » corrèle avantage fiscal et substance (2). Finalement, les entreprises peuvent bénéficier d'un crédit d'impôt recherche ou innovation (3). Néanmoins, le système français

[86] Selon le 2 du II de l'article 209 du Code général des impôts, le transfert des déficits antérieurs est dispensé d'agrément lorsque leur montant est inférieur à 200 000 €.
[87] BOI-BIC-AMT-10-20, § 380, 1er mars 2017.

n'est-il pas trop généreux, en permettant à la fois la déduction des dépenses, l'imposition des revenus à un taux d'impôt de 10 % et la possibilité de bénéficier d'un crédit d'impôt recherche (4) ?

(1) Cession et concession de brevets et droits assimilés

60. **Régime antérieur**. La loi de finances pour 2019[88] a profondément modifié le régime fiscal de la propriété intellectuelle. L'ancien régime, visé à l'article 39 terdecies du Code général des impôts, datait de 1965. Il était d'une application très simple : les gains bruts[89] résultant des cessions et concessions[90] de brevets – ou d'inventions brevetables – étaient imposables à un taux propre de 15 %. Les dépenses de recherche et de développement étaient, quant à elles, déductibles des bénéfices imposés au taux de droit commun. Ce régime concernait les brevets (et droits assimilés) créés ou ceux acquis à titre onéreux depuis plus de deux ans. Aucun lien ne devait exister entre le concédant et le concessionnaire. À défaut, ce dernier ne pouvait déduire de ses bénéfices qu'une fraction des redevances versées correspondant au rapport existant entre le taux des plus-values à long terme auquel elles ont été imposées chez le concédant et le taux normal de l'impôt sur les sociétés.

61. **Nouveau régime.** Le régime antérieur de l'article 39 terdecies du Code général des impôts, précédemment décrit, a été abrogé. Depuis le 1er janvier 2019[91], l'article 238 du Code général des impôts dispose que les entreprises soumises à un régime réel d'imposition peuvent choisir d'imposer au taux de 10 % le résultat net des cessions et concession de licences d'exploitation de brevets, de certificats d'utilité, de certificats complémentaires de protection rattachés à un brevet, de logiciels protégés par des droits d'auteur et de procédés de fabrication industriels. Les marques, dessins et modèles ne sont pas admissibles à ce régime. Lorsque l'entreprise n'opte pas pour le taux réduit de 10 %, les gains seront alors imposés au taux de droit commun.

(2) Un régime de faveur qui corrèle avantage fiscal et risque

62. **Recommandations**. L'approche « nexus », utilisée par le nouvel article 238 du Code général des impôts, avait été recommandée par l'Union

[88] Loi 2018-1317 du 28 déc.2018, art. 37.

[89] Les redevances brutes – sans aucune déduction des dépenses de recherche et développement – bénéficiaient d'un taux de 15 % sous certaines conditions.

[90] La concession d'une licence d'exploitation est le contrat par lequel le titulaire d'un actif incorporel (brevet, logiciel…) concède à une personne dénommée concessionnaire, en tout ou partie, la jouissance de son droit d'exploitation moyennant la perception d'une redevance.

[91] Loi de finances pour 2019 n°2018-1317 du 28 décembre 2018, art. 35.

européenne et l'OCDE afin d'éviter certaines pratiques fiscales dommageables pour les États.

Selon le rapport d'étape de 2018 de l'OCDE (action 5 du plan BEPS) sur les régimes préférentiels, l'OCDE recommande aux États de ne pas octroyer à un contribuable un avantage fiscal « au titre de revenus d'actifs de la propriété intellectuelle en l'absence d'activités de recherche et développement sous-jacentes menées pour créer ces actifs ». Il convient alors de corréler l'avantage fiscal avec « la substance »[92], c'est-à-dire avec le lieu d'où l'entreprise créée véritablement de la valeur (le lieu de la prise de risque), afin d'éviter de faire porter le brevet par une entreprise française alors que les efforts de recherche et de développement se réalisent ailleurs (dans une autre entreprise d'un autre État). La récente réforme de la fiscalité des brevets et droits assimilés suit précisément cette recommandation.

63. **L'approche du lien : ratio « nexus[93] ».** Selon cette approche, les dépenses de recherche et de développement servent « d'indicateur approximatif des activités substantielles ». Dans un contexte économique international, l'avantage fiscal doit être consenti à celui qui réalise lui-même les efforts de recherche en vue de créer de la valeur ajoutée, de la richesse et non à celui qui ne s'implante (artificiellement) dans un État que dans le but de profiter d'un avantage fiscal. Selon l'OCDE : « l'approche du lien permet à un régime d'accorder un taux préférentiel au revenu lié à la propriété intellectuelle dans la mesure où il a été généré par des dépenses éligibles. Sa finalité est de réserver les avantages au revenu émanant de la propriété intellectuelle uniquement aux activités de recherche et développement effectuées par le contribuable lui-même. L'objectif est atteint en définissant les dépenses éligibles de façon à empêcher un simple apport de capitaux ou des dépenses au titre d'activités substantielles de recherche et développement par des parties autres que le contribuable, de rendre le revenu subséquent éligible à des avantages en vertu d'un régime de propriété intellectuelle. [...] ». Cette approche favorise les entreprises qui réalisent elles-mêmes les dépenses de recherche et de développement ou qui les sous-traitent à des entreprises non liées (sous-traitants indépendants). *A contrario*, elle pénalise les entreprises qui sous-traitent leur recherche à des entreprises liées[94].

64. **Risque et enrichissement.** Par conséquent, l'avantage fiscal doit être accordé à celui qui réalise les efforts et qui en supporte les risques en vue de

[92] Lutter plus efficacement contre les pratiques fiscales dommageables, en prenant en compte la transparence et la substance, Action 5 - Rapport final 2015.

[93] Nexus signifie « lien ». Cette approche relie l'avantage fiscal aux efforts de recherche et de développement.

[94] Une société est réputée être liée à une autre (au sens de l'article 39, 12 du Code général des impôts) si elle détient directement ou par personne interposée la majorité du capital social de l'autre ou y exerce – en droit ou en fait - le pouvoir de décision. Il en sera de même lorsque les sociétés sont placées l'une et l'autre sous le contrôle d'une même tierce entreprise.

s'enrichir et non à la société qui ne serait qu'un véhicule portant un brevet alors même qu'elle n'aurait, en réalité, réalisé elle-même aucun effort de recherche. C'est pourquoi, le résultat net de la cession ou de la concession ne bénéficiera du taux réduit qu'après application d'un ratio qui correspond aux dépenses non suspectes majorées de 30 % – c'est-à-dire aux dépenses de recherche et de développement réalisées par l'entreprise elle-même ou sous-traitées à des entreprises non liées – divisées par le total des dépenses engendrées pour créer le produit breveté. Lorsqu'une société engage elle-même toutes les dépenses de développement d'un actif admissible (brevet), elle peut bénéficier du régime de faveur sur la totalité du revenu net.

(3) Le crédit d'impôt recherche et innovation

65. **Recherche.** Le crédit d'impôt recherche a été instauré en 1983. Selon l'article 244 quater B du Code général des impôts : « les entreprises industrielles et commerciales ou agricoles imposées d'après leur bénéfice réel ou exonérées […] peuvent bénéficier d'un crédit d'impôt au titre des dépenses de recherche qu'elles exposent au cours de l'année. Le taux du crédit d'impôt est de 30 % pour la fraction des dépenses de recherche inférieure ou égale à 100 millions d'euros et de 5 % pour la fraction des dépenses de recherche supérieure à ce montant […] ».

66. **Innovation**. Le crédit d'impôt innovation est plus récent. Les dépenses d'innovation ouvrent également droit à un crédit d'impôt, jusqu'au 31 décembre 2024. Il s'agit des dépenses relatives à la conception de prototypes de nouveaux produits qui ne sont pas encore mis à disposition sur le marché ou qui se distinguent de ceux existants ou précédents par des performances supérieures sur le plan technique.

(4) Une générosité excessive ?

67. **Un coût abyssal**. Nous vivons dans une économie de la connaissance, où l'innovation est vitale ; la France a donc raison d'encourager la recherche. Celui qui n'innove pas, se condamne. Néanmoins, n'est-elle pas trop généreuse au regard des résultats ?

Le coût du crédit d'impôt recherche est abyssal pour atteindre plus de 6 milliards d'euros, soit les trois cinquièmes de l'ensemble des soutiens publics à l'innovation en France. Ce crédit d'impôt est la première dépense fiscale de notre pays. Or, le rapport de la commission nationale d'évaluation des politiques d'innovation[95] (CNEPI) montre que les effets de ce choix politique sur l'économie ne semblent pas être à la hauteur du coût qu'il génère. Ce dispositif est le plus généreux des pays de l'OCDE. Pourtant le volume des dépenses de recherche en France est loin d'être le plus important

[95] Avis de la CNEPI 2021, www.strategie.gouv.fr.

comparativement aux autres pays. Par conséquent, si cette dépense est incontestablement stratégique, sa générosité n'est-elle pas excessive ? D'autant plus que l'efficacité de ce dispositif n'est pas avérée tant il est complexe d'identifier son utilité. Les entreprises auraient-elles moins investi dans la recherche et le développement si le crédit d'impôt avait été moins généreux ? Cela n'est pas évident tant il nous semble que les sociétés poursuivent avant tout l'enrichissement et non un simple avantage fiscal. Quoi qu'il en soit, selon le rapport du CNEPI : « cette facilité fiscale [que constitue le crédit d'impôt recherche] n'a pas été accompagnée d'un accroissement tendanciel [des] activités industrielles en France[96] ».

68. **Un avantage fiscal contesté**. Le crédit d'impôt recherche, tel qu'il existe aujourd'hui, est de plus en plus décrié. Les propositions visant à modifier ce dispositif se multiplient. L'une d'elles consiste à « fixer une conditionnalité territoriale dans l'usage de ce crédit d'impôt [puisque] l'absence de conséquences, en cas de délocalisation, pour prétendre au bénéfice de cet avantage fiscal, engageant l'argent du contribuable français[97] ». Selon cette proposition, les sociétés qui délocaliseraient à l'étranger leur activité ou une partie seulement seraient dans l'obligation de rembourser l'allégement d'impôt dont elles ont bénéficié au cours des 3 dernières années. Dans le même ordre d'idées, certains députés ont proposé de « verdir » le crédit d'impôt dans le cadre du projet de loi relatif à l'industrie verte. Cet amendement, qui n'a finalement pas été adopté, conditionnait l'octroi du crédit d'impôt au respect d'une empreinte écologique restreinte. D'autres proposent d'exclure du dispositif les entreprises du secteur financier[98] ou encore de réduire le coût de cette dépense fiscale en instaurant un taux de crédit d'impôt régressif : 30 % pour la fraction des dépenses de recherche inférieure à 50 M€, 15 % pour la fraction des dépenses de recherche compris entre 50 M€ et 100 M€ et de 5 % pour la fraction des dépenses de recherche supérieure à 100 M€[99].

69. **Un cumul déraisonnable d'avantages**. Quoi qu'il en soit, le coût fiscal de cette dépense fiscale nous apparaît d'autant moins acceptable que les entreprises bénéficient d'un cumul déraisonnable d'avantages fiscaux. Elles profitent en effet de la déduction des dépenses de leurs bénéfices, de l'imposition des revenus relatifs à la propriété intellectuelle à un taux d'impôt de 10 %, et de la possibilité de bénéficier du crédit d'impôt recherche. Une telle générosité ne nous semble plus aujourd'hui opportune. D'autant plus qu'une trop grande générosité fiscale conduit toujours à des abus.

---

[96] *Ibid.*

[97] Proposition de loi n°1470.

[98] Amendement n° I-CF162 au projet de loi de finances pour 2024.

[99] Amendement n° I-CF2338 au projet de loi de finances pour 2024.

Malgré de nombreux dispositifs incitant à l'initiative économique, n'existent-ils pas encore aujourd'hui des entraves à la pleine assomption du risque économique ?

C. Les entraves à la pleine acceptation du risque

70. **Une construction entravée**. La fiscalité des entreprises s'est construite de façon à favoriser pleinement le risque. Tout d'abord, en ne limitant pas la déduction des charges selon leur nature, elle ne freine aucunement les initiatives, même si celles-ci ne sont pas toujours licites[100] (v. n° 29 et s.). C'est ainsi par exemple que les intérêts moratoires qu'une banque est tenue de payer à la Banque de France, faute d'avoir respecté la réglementation bancaire, demeurent déductibles des bénéfices. Pour le Conseil d'État : « ne relèvent pas nécessairement d'une gestion anormale tous les actes ou opérations que l'exploitant décide de faire, en n'ignorant pas qu'il expose ainsi l'entreprise, en vertu d'obligations assorties de sanctions pécuniaires à devoir supporter de ce chef certaines charges ou dépenses ; [...] c'est seulement si de telles opérations ont été décidées à des fins étrangères aux intérêts de l'entreprise qu'elles peuvent être réputées relever d'une gestion anormale[101] ».

Ensuite, en appréciant la normalité des actes de gestion au travers des seules intentions, elle ne sanctionne pas les échecs économiques, les erreurs de gestion (v. n° 28 et s.). Par exemple, une société qui lance une campagne publicitaire d'ampleur ne commet aucun acte anormal de gestion, même si la campagne demeure sans aucun effet sur le volume d'activité de l'entreprise. Un tel acte de gestion n'est mu que par la conquête de la richesse. Il n'est donc aucunement contestable[102], même s'il ne produit pas les effets escomptés.

Finalement, en admettant le caractère intercalaire (et nécessaire) de certaines opérations (v. *supra* n° 58 et s.), le droit fiscal élabore des dispositifs qui ne découragent pas le développement économique. Néanmoins, une limitation à cette pleine reconnaissance du risque apparaît : la lutte exacerbée contre l'évasion fiscale. Cette dernière est d'une acuité telle, qu'elle finit par ne plus distinguer l'abus (l'évasion fiscale) de l'investissement. C'est ainsi que deux difficultés surgissent.

---

[100] Soulignons néanmoins que les sanctions pécuniaires infligées aux contrevenants pour non-respect des obligations légales ne sont plus admises en déduction (art. 39, 2 du Code général des impôts).

[101] CE, sect., 1er juill. 1983, n° 28315 : *RJF* 10/83, n° 1108.

[102] CE, 9e et 10e s.-s., 23 janv. 2015, n° 369214, *SAS Rottapharm : RJF* 03/15, n° 300.

1. L'intention et la temporalité des actes de gestion

71. **Interprétation**. La première difficulté a trait à la temporalité des actes de gestion. Pour tenir compte des intentions que poursuivent les contribuables, il est nécessaire d'apprécier la normalité des actes de gestion en se (re)plaçant au moment de leur accomplissement. Or, face à des opérations qu'il est parfois complexe de saisir, donc suspectes, il est plus aisé de ne retenir que de leurs effets sur la matière imposable. Or, un tel raisonnement déconstruit le cadre normatif fondé sur la volonté. Pour préserver ce cadre qui encourage le risque économique, il ne faut pas confondre l'intention (au moment de l'accomplissement) et ses effets.

2. Des dispositifs qui généralisent l'abus

71-1. **Dispositifs**. La seconde difficulté a trait à la loi elle-même. Il est regrettable que le législateur adopte généralement des mesures radicales, qui se placent en amont des intentions des contribuables afin de combattre l'évasion fiscale « à la source ». Un tel procédé ne distingue aucunement l'abus de l'investissement. Il s'élabore au détriment de la recherche sincère du profit. Illustrons notre propos.

72. **Illustration.** La théorie de la mutation conditionnelle que nous avons présentée précédemment (v. n° 54), est au service de l'esprit d'entreprise103. Si le dispositif nous semble pertinent, il se complique néanmoins lorsque le 3° du I de l'article 809 du Code général des impôts dispose que certains apports pourtant réalisés à titre pur et simple sont assimilés à des mutations à titre onéreux. Tel est le cas des apports – au profit d'une personne morale passible de l'impôt sur les sociétés par une personne non soumise à cet impôt – d'immeubles ou de droits immobiliers, de fonds de commerce, de clientèles, de droits au bail ou des promesses de bail. L'objectif est, encore une fois, de lutter contre les abus. Imaginons qu'un contribuable apporte un immeuble à

[103] Pour ceux qui en doutent : G. LAVAL écrit dans son fascicule (Jurisclasseur, Fasc. 20 : SOCIÉTÉS. – Constitution des sociétés. – Droits d'enregistrement sur apports purs et simples) « qu'au XIXe siècle, *en vue de faciliter la création des sociétés*, la doctrine administrative s'inspirant de Pothier pour interpréter la loi du 22 frimaire an VII *(art. 68, [sect] 3, n° 4)* a élaboré une théorie fiscale originale, validée par la jurisprudence *(Cass. ch. réunies, 6 juin 1842 : S. 1842, 1, p. 484. - 22 déc. 1904 : D. 1905, 1, p. 209. - Rappr. Pilon, Principes des droits d'enregistrement 1929, t. I, n° 573 s.)*, qui analyse l'apport pur et simple comme conférant aux coassociés de l'apporteur un droit éventuel sur la propriété des biens apportés. Ce droit éventuel est subordonné à la condition de l'attribution ultérieure desdits biens à leur profit lors d'un partage partiel de l'actif social en cours de société ou d'un partage en fin de société. La théorie dite "de la mutation conditionnelle des apports", en vertu de laquelle l'apport d'un corps certain reste, au plan fiscal, considéré comme non immédiatement translatif de propriété au profit de la société (bénéficiaire de l'apport en droit privé) est ainsi à l'origine des règles de perception actuelles caractérisées par l'application d'une exonération qui s'est substituée, à compter du 1er janvier 2000, au droit fixe qui était exigible depuis le 1er janvier 1992 [...] ».

une société par actions simplifiée puis qu'il en cède les titres. Ce faisant, il a changé la nature de l'objet de la vente : il ne cède pas un bien immobilier, mais des actions. Or, les droits de mutation à titre onéreux différent selon qu'il s'agit d'un fonds de commerce (de 3 à 5 %), d'actions (0,1 %), de parts sociales (3 %) ou encore de biens immobiliers (généralement de 5,80 %). En achetant les actions, et non directement l'immeuble, l'acquéreur a réalisé une économie d'impôt.

73. **Critiques.** Néanmoins, face à cette possibilité d'abus, le législateur prend alors (trop) les devants : certains apports à titre pur et simple – ceux visés par la loi – sont assimilés *systématiquement* à des mutations à titre onéreux. Dans notre exemple, la société soumise à l'IS, qui reçoit un immeuble de la part d'un particulier, est redevable des droits de mutation au taux de 5,80 %. Malheureusement, l'ingéniosité déployée pour élaborer une exonération conditionnelle des droits de mutation se voit aujourd'hui contrecarrée par des mesures générales, visant à prévenir les abus fiscaux, appliquées de manière automatique et ne faisant aucune distinction entre l'insincérité (l'abus) et l'authenticité (l'investissement). Tous les apports, notamment ceux portant sur des biens immobiliers, ne visent pas à minimiser les impôts. La plupart sont le fruit d'un véritable projet d'entreprise.

73.1. **Exemple**. L'article 809 du Code général des impôts génère un traitement inéquitable. Imaginons qu'un contribuable apporte son activité professionnelle et un immeuble qui lui est affecté à une société soumise à l'IS. S'il s'engage à conserver les titres au moins 3 ans, l'apport est exonéré de droit de mutation. Si maintenant il apporte le seul immeuble à la même société qui exerce la même activité opérationnelle, les droits de mutation sont exigibles. L'apporteur n'a pas la faculté de s'engager à conserver les titres pendant 3 ans, alors même qu'il s'agit d'un véritable investissement. Parce que certaines opérations d'apport à titre pur et simple ont effectivement donné lieu à des abus, le législateur a décidé de les traiter toutes de la même manière, en les assimilant à des mutations à titre onéreux. Cette opposition systématique est regrettable puisqu'elle condamne les opérations sincères en ne distinguant plus l'abus de l'investissement.

§2. Le risque pour départir les montages abusifs de ceux utiles

74. **Distinction raisonnée**. Le droit fiscal n'est économiquement vertueux que s'il est dans la capacité de distinguer clairement les montages utiles à notre économie de ceux abusifs, cherchant à éluder l'impôt. Il ne faudrait pas condamner les schémas seulement pour les avantages fiscaux qu'ils procurent. Or, l'instauration dans notre législation du but « principalement fiscal » ne conduit-elle pas à une insécurité juridique préjudiciable à l'initiative économique ?

75. **Solution.** L'appréciation des actes de gestion à travers les motivations que poursuivent leurs auteurs permet une pleine reconnaissance du risque.

Toutefois, la réciproque n'est-elle pas tout aussi vraie, c'est-à-dire que l'existence d'une véritable prise de risque ne valide-t-elle pas les intentions sincères des contribuables ? Pour le législateur, soucieux de ne pas entraver la liberté d'entreprendre, les contribuables ne commettent une fraude à la loi qu'en présence d'un montage malintentionné, à la recherche exclusive ou principale d'une économie d'impôt. En somme, les motivations poursuivies départissent les schémas louables de ceux abusifs. Si cela est pertinent, encore faut-il ne pas confondre le motif d'un montage de ses effets. Si un schéma procure des économies d'impôts, en est-il pour autant condamnable ? L'avantage fiscal ne pourrait-il pas être au service du développement économique ? Le critère du risque ne pourrait-il pas être le remède à ce mal que constitue l'insécurité juridique de la notion « de but principalement fiscal » ?

76. **Charge de la preuve**. Remarquons que le risque trouve, sur le terrain de la fraude à la loi fiscale, une autre nature, car il n'est plus celui exclusivement financier. Autrement dit, il peut être juridique sans aucune correspondance économique immédiate. À ce titre, les montages consistant à apporter à une société civile la nue-propriété d'un immeuble, puis à donner la pleine propriété des titres aux ascendants ne sont pas forcément abusifs, bien qu'ils procurent des économies de droits de donation et de succession. Le contribuable qui cherche à se prémunir (et à prémunir ses enfants) contre un risque d'indivision avéré – laquelle indivision est un mode de détention précaire car « nul n'est contraint [d'y] demeurer [...][104] » – ne poursuit-il pas un but autre que fiscal ? Néanmoins, l'instauration dans notre droit fiscal de la notion de « but principalement fiscal » est problématique lorsqu'il s'agit de comparer des arguments patrimoniaux non chiffrables avec les avantages fiscaux que le montage procure. Que valent désormais les motifs patrimoniaux face à la notion de but « principalement fiscal » ? La volonté de se prémunir contre un risque avéré pèsera-t-elle plus que les économies d'impôts pour l'administration fiscale et le juge de l'impôt ? Il est vrai que, selon une jurisprudence bien établie du Conseil d'État[105], le contribuable n'a pas à démontrer que le montage incriminé est le seul capable d'atteindre l'objectif patrimonial qu'il poursuit. Néanmoins, la subjectivité de la notion de but principalement fiscal en présence d'arguments non chiffrables ne va-t-elle pas conduire à la nécessité de le démontrer ? Autrement dit, face aux dires de l'administration fiscale, le contribuable ne devra-t-il pas justifier que le montage qu'il a choisi, bien que procurant des avantages fiscaux, fût le seul susceptible de limiter un risque juridique avéré ?

---

[104] Article 815 du Code civil.

[105] *CE*, 10e et 9e ch., 19 juin 2020, n° 418452, *Kemoun : RJF* 10/20, n° 812, concl. ANNE ILJIC (C812) ; *Dr. fisc.* 2020, n° 46, comm. 438, note F. DEBOISSY.

Approche du sujet et plan de la thèse

77. **Approche du sujet**. Avant de présenter et de justifier le plan de la thèse, certaines précisions doivent être ici faites. Soulignons que nous intéressons, dans cette thèse, à l'incidence que peut avoir le risque sur la détermination et la qualification de la matière imposable.

En premier lieu, l'étude ne nous semble exhaustive que si nous prenons en compte à la fois l'émergence du risque (la prise de risque) et sa concrétisation. En effet, la façon dont le droit fiscal traite les échecs économiques révèle sa perception des efforts déployées pour s'enrichir, indépendamment du fait que ces efforts n'aient pas produit les résultats escomptés. Par conséquent, nous ne nous limiterons pas à la seule prise de risque, nous étudierons également sa réalisation malheureuse.

En second lieu, l'émergence d'un risque économique implique une dépense, l'engagement d'une charge, un investissement, en somme un effort financier visant un enrichissement. Le risque peut également résulter d'une obligation à l'égard d'un tiers susceptible de conduire probablement à un appauvrissement. Quant à sa concrétisation négative, elle se manifeste par une perte financière pour une opération donnée, comme un déficit ou encore une moins-value. Bien que tous les déficits ne résultent pas d'une prise de risque (ceux-ci sont parfois recherchés), bon nombre d'entre eux traduisent tout de même soit un risque en cours, soit un échec économique. Illustrons notre propos par un exemple. Monsieur X se lance dans le commerce de véhicules d'occasion en démarrant son activité avec l'achat de plusieurs véhicules et des dépenses importantes de publicité. Le premier exercice se solde par un déficit : aucun des véhicules n'a été vendu (ils sont en stock), tandis que les dépenses de publicité sont comptabilisées en charges de l'exercice. Ce déficit reflète un risque en cours : l'entreprise a investi[106] financièrement dans l'espoir de générer des bénéfices. Lors du second exercice, les véhicules en stock sont vendus, mais la marge commerciale réalisée ne suffit pas à couvrir toutes les charges de l'entreprise. Ce déficit représente finalement une perte financière, résultant de la concrétisation d'un risque pour cette opération spécifique. Il est donc crucial d'analyser le traitement fiscal des charges engagées et des déficits, car cela informe sur la manière dont le droit fiscal perçoit les prises de risques et les échecs économiques résultant de celles-ci.

En troisième lieu, certains pourraient estimer que le sujet du risque, abordé du point de vue de la fiscalité des entreprises, nécessite inévitablement de traiter des provisions. D'autres penseront peut-être que le risque se limite exclusivement aux provisions, puisqu'elles sont destinées à prendre en compte les risques économiques d'une entreprise, qu'il s'agisse de la probable perte de

---

[106] L'investissement ne se résume pas à une immobilisation sur le plan comptable. Il englobe ici tous les efforts financiers réalisés dans le but de générer des bénéfices. Tel est le cas ici des dépenses de publicité.

valeur des actifs, comme la dépréciation d'une créance, ou encore d'un risque de charge ou de perte, tel qu'un litige dans lequel l'entreprise sera probablement condamnée. Le sujet des provisions est lié aux risques du contrôle fiscal, que nous ne traiterons pas, et qui mériterait une thèse à part entière. De plus, bien que les provisions permettent de prendre en compte certains risques, se limiter à ce seul aspect omettrait une grande partie du risque entrepreneurial, et ce, pour plusieurs raisons.

Primo, une provision n'est finalement qu'une charge, dont le but est de prendre en compte un probable appauvrissement. Mais n'est-ce pas le cas de la plupart des charges ? Reprenons l'exemple précédent : l'engagement de dépenses de publicité est en elle-même une prise de risque, sans qu'une aucune provision ne soit comptabilisée.

Secundo, les entreprises relevant des bénéfices non commerciaux ne peuvent pas comptabiliser de provisions. Cela signifie-t-il qu'elles ne prennent aucun risque ? Assurément non.

Par conséquent, il nous semble qu'il est possible d'étudier le sujet du risque professionnel de la manière la plus globale possible[107] et à une échelle la plus petite possible : l'acte de gestion. En fin de compte, étudier le risque professionnel selon notre approche revient à examiner la déductibilité des charges et le traitement des déficits. Il s'agit également d'élaborer une théorie générale concernant la déductibilité des charges à l'aune du risque économique, faisant écho aux principes de liberté de gestion des entreprises et d'actes anormaux de gestion. Ce sujet soulève de nombreuses questions : jusqu'où les chefs d'entreprise peuvent-ils prendre des risques ? Nous aurons l'occasion de réfléchir sur les raisons du renoncement à la théorie du risque manifestement excessif par son créateur, le juge. Quelles en sont les raisons ? Cet abandon est il opportun ? Cette théorie pourrait-elle resurgir ?

78. **Plan.** Nous pensons que le sujet du risque – la façon dont le droit fiscal l'appréhende – prend tout son sens lorsque l'on compare le risque privé et celui professionnel. L'histoire est d'une particulière importance pour, d'une part, comprendre les raisons d'une telle divergence de traitement entre ces deux types de risque, et d'autre part, pour comprendre que le droit fiscal n'accepte le risque que lorsqu'il est associé à la recherche sincère et continue de l'enrichissement. Plus précisément, la pleine reconnaissance du risque sur le plan fiscal est conditionnée *in fine* à *la possibilité de sanctionner tout changement d'intention de la part des contribuables*. Si bien que le cantonnement des déficits générés par les investissements privés constitue pour les particuliers ce qu'est la théorie prétorienne des actes anormaux de gestion pour les professionnels : une sécurité face à un possible changement d'intention dans la conquête de l'enrichissement. Autrement dit, c'est la reconnaissance de l'intention de s'enrichir d'une part, et sa méconnaissance,

---

[107] Les actes de gestion concernent toutes les entreprises, indépendamment de leurs formes juridiques. Nous traiterons tant des entreprises individuelles que des sociétés.

d'autre part, qui distinguent le traitement fiscal du risque professionnel de celui privé. *La notion d'intention est ici décisive* : le risque ne peut s'apprécier qu'à travers elle. L'acte anormal de gestion se définit d'ailleurs comme la réunion d'un élément objectif (un appauvrissement) et d'un élément subjectif (la volonté de s'appauvrir). À défaut de mauvaise intention, il s'agit d'une erreur de gestion, dont les effets sur la matière imposable ne sont pas à écarter. Réciproquement, les motivations des montages, pierre angulaire de la fraude à la loi, peuvent se révéler au travers des prises de risque.

Pour toutes ces raisons, nous développerons nos propos en mêlant les notions de risque et d'intention. Toutes les deux sont consubstantielles : elles constituent les deux faces d'un même édifice fiscal. C'est pourquoi, la première partie de la thèse traitera du risque au travers du prisme de l'intention, ce qui renvoie à la théorie de l'acte anormal de gestion. Réciproquement, la seconde partie montrera que la motivation du contribuable auteur d'un montage peut tout à fait s'apprécier au travers du prisme du risque, renvoyant ici à la notion de fraude à la loi fiscale.

PREMIERE PARTIE : L'ACTE ANORMAL DE GESTION AU PRISME DU RISQUE ECONOMIQUE

79. **Plan.** Le législateur et le juge de l'impôt ont créé un cadre normatif qui encourage le risque professionnel mais qui méconnaît partiellement le risque privé. Nous regretterons, en effet, l'instauration d'un principe « de remploi des revenus » qui enferme le risque privé et en empêche sa pleine reconnaissance (titre I). *A contrario*, nous montrerons que la fiscalité des entreprises s'est construite de façon à accepter pleinement le risque, même s'il existe encore aujourd'hui des entraves à cette pleine assomption (titre II).)

DEUXIEME PARTIE : LA FRAUDE A LA LOI FISCALE AU PRISME DU RISQUE ECONOMIQUE ET JURIDIQUE

80. **Plan.** Dans la seconde partie de cette thèse, nous développerons le thème de l'abus de droit fiscal. Nous montrerons que le risque économique en est parfois le remède (titre I). Ensuite, le risque juridique, même sans correspondance économique, pourra également infirmer la nature malintentionnée d'un montage (titre II).

PREMIERE PARTIE : L'ACTE ANORMAL DE GESTION AU PRISME DU RISQUE

TITRE I. NAISSANCE D'UNE DICHOTOMIE ARTIFICIELLE : LA MEFIANCE A L'EGARD DU RISQUE PRIVE

CHAPITRE 1. UNE DOUBLE APPRECIATION DU RISQUE ECONOMIQUE

Introduction

81. **Échecs économiques**. De toute évidence, la façon dont le droit se saisit du risque se révèle notamment au travers du sort réservé aux efforts et aux échecs économiques. En matière fiscale, force est de constater que la pleine assomption du risque ne dépend plus aujourd'hui de la seule conquête de l'enrichissement, mais de sa recherche systématique et continue, laquelle constitue la marque de l'entreprise. Cette solution n'est que le résultat d'une lente construction législative et jurisprudentielle contrecarrant l'imagination débordante des contribuables. Comme nous le verrons, ces derniers n'ont en effet pas hésité à dénaturer certains de leurs investissements.

82. **Plan.** Le législateur et la jurisprudence ont instauré ce que nous appellerons le principe de remploi des revenus. Ce principe peut se définir comme un mécanisme fiscal qui, par un effet de cliquet, empêche le retour en arrière et force la marche en avant. Ce qui signifie que l'avènement du risque privé – en somme les pertes financières – ne peut influer immédiatement sur la matière imposable[108], sauf rares exceptions. Ainsi, les déficits et les moins-values générés par les investissements privés ne pourront s'imputer au mieux que sur des revenus futurs de même nature, selon le mode du cloisonnement, forçant la marche en avant. Nous montrerons dans ce chapitre que ce mécanisme s'est construit en deux étapes. En premier lieu, le législateur a lutté contre certains abus des contribuables. À ce titre, il a combattu les investissements simulés. Ceux qui ne visent que la réduction de la matière imposable, mais sans recherche véritable de l'enrichissement (Section 1). En second lieu, ce principe, qui ne concernait à l'origine que le risque artificiel, a été ensuite étendu à l'ensemble des investissements privés, et ce au travers de la détermination de la matière imposable (Section 2).

SECTION 1. LA LUTTE CONTRE LE RISQUE ARTIFICIEL

83. **Frontière**. Tous les dispositifs qui régissent aujourd'hui le sort fiscal des échecs économiques ont été construits en réponse à certains agissements abusifs (§1). Ils ne servent *in fine* qu'un seul intérêt : déterminer le mieux

---

[108] Pour la relation entre les déficits et le risque, le lecteur peut se reporter au § 80, al. 3.

possible la frontière entre le véritable investissement et celui qui n'est que simulé (§2).

§1. Histoire du traitement des déficits

84. **Plan**. En matière de traitement des déficits, le législateur a instauré deux mécanismes antagonistes. Tous les deux sont révélateurs d'une certaine conception du risque. Pour le premier, le plus ancien, les déficits ne sont imputables que sur les revenus futurs de même nature (A). Ce faisant, le risque n'affecte la matière imposable qu'à rebours, lors de l'enrichissement effectif.

Le législateur a ensuite décompartimenté, décloisonné les déficits, d'une manière favorable à la prise de risque puisque seule importait l'intention de s'enrichir (B). C'était toutefois sans compter sur l'imagination débordante des contribuables, lesquels ont parfois simulé cette recherche de l'enrichissement. Ce qui a conduit le législateur à adopter une solution intermédiaire : border, par le mécanisme du cloisonnement des déficits, les effets sur la matière imposable des investissements privés.

A. Le cloisonnement originel du risque

85. **Le principe avant 1960.** À cette époque, les déficits étaient des charges (catégorielles) s'imputant sur les revenus ou bénéfices de même nature des années suivantes, jusqu'à la cinquième inclusivement. Chaque revenu catégoriel, chaque cédule, était alors hermétique, puisque aucun déficit catégoriel ne pouvait réduire les revenus ou bénéfices d'une autre catégorie.

86. **Les limites**. Toutefois, ce traitement du risque souffrait d'un inconvénient majeur : les pertes pouvaient ne jamais s'imputer. Tel était le cas lorsque l'activité cessait avant de (re)devenir bénéficiaire. Le risque pouvait alors ne jamais être considéré. L'investisseur privé et le chef d'entreprise étaient en quelque sorte fiscalement condamnés à s'enrichir dans les cinq années qui suivaient leurs prises de risque.

En d'autres termes, de manière quelque peu cynique, le risque n'opérait sur la matière imposable que lorsqu'il conduisait effectivement à l'enrichissement. Sans revenus futurs, les pertes passées ne pouvaient effectivement pas s'imputer.

87. **Méconnaissance**. Ce traitement fiscal était d'autant plus inopportun qu'il méconnaissait, *in fine*, l'intention de s'enrichir. Or le risque, dont le propre est l'incertitude, est inhérent à toute recherche de l'enrichissement. Un droit fiscal, qui taxe l'enrichissement sans permettre la déduction immédiate des pertes, n'incite que faiblement à l'initiative économique.

B. Le décloisonnement total du risque

88. **Porosité**. À compter de 1960, la loi n° 59-1472 du 28 décembre 1959 a permis l'imputation sans restriction sur le revenu global des déficits, quelle que soit la catégorie de revenu dont ils étaient issus.

89. **Intérêt.** L'intérêt est évident. La réalisation du risque, en somme l'avènement de déficits, affecte immédiatement la matière imposable (le revenu global), sans attendre que l'activité génératrice des pertes ne (re)devienne bénéficiaire. En somme, une perte quelle qu'elle fût pouvait réduire le revenu global. Par exemple, un déficit foncier s'imputait sans restriction sur un bénéfice commercial. Cette solution favorable à l'investissement (professionnel ou privé) était logique. L'impôt frappe les richesses. Or, le risque est inhérent à leur conquête. Il est donc de circonstance, par un raisonnement *a pari*, que les déficits issus des efforts ou des échecs de cette tentative d'enrichissement soient immédiatement déductibles.

90. **Solution intermédiaire**. Le décloisonnement total du risque, s'il apparaissait tout à fait à propos, avait connu ses limites : les investissements factices permettant la réduction de la matière imposable, mais sans véritable conquête du profit. La reconnaissance du risque, quel qu'il fût, était fondé sur l'intention de s'enrichir. Or, cette recherche est parfois simulée. Si bien que le législateur a dû recourir à une solution intermédiaire : restreindre partiellement les effets économiques de certaines prises de risque. Ce qu'il consacra en interdisant l'imputation sur le revenu global de certains déficits : agricoles (1), fonciers (2), et ceux industriels et commerciaux non professionnels (3).

1. Les fausses exploitations agricoles

91. **Les déficits agricoles artificiels**. Le décloisonnement des déficits de 1960 fit naître un inattendu engouement pour l'agriculture. Certains contribuables fortunés n'avaient en effet pas hésité à imputer sur leurs revenus des déficits agricoles, dont l'origine provenait en réalité plus d'une activité accessoire, structurellement déficitaire, que d'une véritable exploitation.

L'activité agricole était bien souvent adossée à l'acquisition d'un bien immobilier dans lequel résidait le contribuable. Les déficits agricoles, construits de toutes pièces, s'imputaient sur les autres revenus du foyer fiscal. L'activité était structurellement et surtout volontairement déficitaire. En se comportant de la sorte, le contribuable n'avait aucune intention de s'enrichir. Ce faisant, il ne se livrait pas à une véritable activité. En ne recherchant que les déficits, il ne supportait réellement aucun risque.

92. **La réponse du législateur.** La réponse du législateur ne tarda pas. Il interdit, depuis 1965[109], l'imputation des déficits agricoles sur le revenu

[109] Loi n° 64-1279 du 23 décembre 1964 de finances pour 1965.

global, lorsque les revenus nets d'autres sources d'un foyer fiscal excèdent un certain seuil (125 419 € en 2023[110]). Cette disposition, fixée dorénavant à l'article 156 du Code général des impôts et connue sous le nom d'amendement « Gabin », apparaît quatre années seulement après que le législateur eut autorisé l'imputation sans restriction des déficits. En d'autres termes, par une sorte de mécanisme préventif, lorsque les revenus du foyer fiscal excèdent un certain niveau[111] (en dehors de ceux agricoles), le législateur considère que le contribuable est suffisamment fortuné pour s'adonner et supporter « une activité » agricole de loisir, délibérément déficitaire. Dans ce cas, les déficits agricoles ne sont pas imputables sur les autres revenus du foyer fiscal.

93. Cela dit, ce n'est pas parce que le seuil précité est respecté que les déficits agricoles s'imputent inévitablement sur les autres revenus du foyer fiscal. Pour ce faire, encore faut-il que le professionnel se comporte comme tel, en recherchant le profit de manière habituelle. C'est ainsi qu'un contribuable, se prétendant agriculteur, ne peut pas déduire les pertes de son revenu global dès lors que « son activité » n'a généré aucun revenu au cours des exercices vérifiés. Le Conseil d'État retient surtout la circonstance que le requérant travaille à plus de 100 km du lieu de l'exploitation et qu'il n'a embauché aucun salarié. Le contribuable ne justifie d'aucune démarche, ni d'aucun investissement, établissant une quelconque intention lucrative. À défaut, l'élevage de chevaux, dont il est question ici, ne relève que d'une « activité de loisir », insusceptible de générer des déficits [112].

2. Les déficits fonciers artificiels

94. **Investissement dénaturé.** Les abus les plus nombreux concernaient les déficits fonciers. L'investissement immobilier présente une particularité : le contribuable peut utiliser l'immeuble pour lui-même. La frontière entre l'investissement et l'utilisation à titre privé est parfois ténue. Les abus des contribuables (a) ont conduit le législateur à interdire l'imputation des déficits fonciers sur les autres revenus du contribuable (b). Il fallut attendre 1993 pour que le législateur permette leur imputation sur le revenu global dans la limite (aujourd'hui) de 10 700 euros (c).

---

[110] La limite légale est prévue au 1° du I de l'article 156 du CGI. Cette limite est révisée chaque année selon les mêmes modalités que la limite supérieure de la première tranche du barème de l'impôt sur le revenu. Loi 2023-1322 du 29 déc. 2023 de finances pour 2024 art. 2, I-B : *FR* 2/24 inf. 1 n° 4 p. 11.

[111] Les dividendes sont également pris en compte, car l'objectif de ce dispositif est d'interdire l'imputation des déficits agricoles pour les foyers fiscaux les plus fortunés. Ainsi, tous les revenus (à l'exception de ceux agricoles) sont considérés, afin de tenir compte de la capacité contributive (CE, 3e ch., 21 mars 2024, n° 475977 : *RJF* 06/24, n° 424).

[112] CE, 3e ch., 14 fév. 2023, *n°* 466607 : *RJF* 05/23, n° 347, concl. T. PEZ-LAVERGNE.

a. Les abus : contourner l'article 15, II du CGI

95. **Contournement.** Afin de bénéficier de l'imputation des déficits fonciers sur le revenu global (en totalité avant 1976 puis dans la limite de 10 700 euros à compter de 1993), les contribuables ont usé de plusieurs stratagèmes. L'objectif était de contourner l'article 15, II du Code général des impôts. Ce dispositif, issu de la loi n° 64-1279 du 23 décembre 1964, permettait aux propriétaires de se réserver la jouissance gratuite de leurs logements sans être imposés sur la valeur locative de ceux-ci. Rappelons qu'à l'époque les revenus fonciers étaient fondés, non pas sur la perception de loyers, mais sur la capacité de l'immeuble à en générer (en somme sur la valeur locative). En contrepartie de cette absence d'imposition, les charges n'étaient alors plus déductibles. Le sort fiscal de la mise à disposition gratuite d'un immeuble dépend néanmoins de son usage.

96. **Gratuité impossible.** Si le bien est à usage professionnel, la mise à disposition gratuite n'est pas permise sur le plan fiscal. La valeur locative, c'est-à-dire la capacité de l'immeuble à produire des revenus, devra alors être imposée. En effet, la jouissance gratuite de l'article 15, II du Code général des impôts ne concerne que les logements.

97. **Gratuité possible.** Si l'immeuble est à usage d'habitation, le propriétaire peut se réserver la jouissance gratuite sans qu'il soit imposable sur la valeur locative. Rappelons que la cause juridique des revenus fonciers n'est pas la perception de loyers, mais la capacité de la propriété immobilière[113] à en générer. L'article 15, II du Code général des impôts y déroge pour consacrer la liberté du propriétaire de disposer de ses biens pour lui-même. Pour le Conseil d'État[114], une personne est réputée conserver la jouissance de l'immeuble si elle le met, temporairement et gratuitement, à la disposition d'un tiers. Dans ce cas, elle conserve la possibilité de l'utiliser pour elle-même. C'est pourquoi l'administration fiscale considère, à juste titre, que le propriétaire ne peut plus disposer du bien en présence d'un bail formel. En effet, le bailleur se doit de respecter les termes du contrat. Par conséquent, il ne peut reprendre, à tout instant, l'immeuble, sauf si la location est fictive. Toutefois, si le bien est utilisé par son propriétaire (qui en a alors la jouissance gratuite), aucune charge ne peut, en contrepartie, être déduite. Inévitablement, aucun déficit ne peut apparaître.

b. Les stratagèmes mis en œuvre

98. **Trois stratagèmes.** Pour contourner l'article 15-II du Code général des impôts et produire artificiellement des déficits fonciers, les contribuables

---

113 V. article 30 du Code général des impôts.

114 CE, 7e et 8e s.-s., 30 juin 1982, n° 30376 : *RJF* 10/82, n° 945 ; CE, 8e et 9e s.-s., 8 oct.1990, n° 81240 : *RJF* 12/90, n° 1424.

ont usé de trois stratagèmes : prétendre que l'immeuble est affecté à la location (i), recourir à un bail fictif (ii) ou pratiquer des loyers d'un montant anormalement faible (iii).

i. La prétendue intention locative

99. **Mensonge**. Le premier stratagème consiste à prétendre que le bien est destiné à la location. Le Conseil d'État exige, dans ce cas, que le propriétaire démontre sa volonté de louer l'immeuble. La charge de la preuve lui incombe. La circonstance qu'un appartement a été loué une partie de l'été d'une année (en l'espèce 1968) ne suffit pas à établir que le bien était offert à la location l'année précédente. Ce faisant, les intérêts d'emprunt (payés au cours de l'année 1967) ne sont pas déductibles des revenus fonciers[115]. Lorsque le propriétaire est dans l'incapacité de justifier de diligences en vue de louer, il est réputé s'être réservé la jouissance de l'immeuble. Aucune charge n'est alors déductible.

100. **Illustration.** De la même manière, un contribuable entendait déduire de ses revenus fonciers des dépenses d'entretien et de réparation qu'il avait supportées sur une maison d'habitation. L'intéressé ne pouvant justifier que l'immeuble était destiné à la location, l'administration fiscale s'est opposée à la déduction des dépenses. Pour le Conseil d'État, « Monsieur X a acquis à la date du 6 avril 1963 une maison d'habitation [...], qu'au cours des années d'imposition [...], cette maison n'était pas donnée en location et n'a pas produit de revenus, que le sieur X ne justifie pas avoir fait des diligences suffisantes pour parvenir à louer cet immeuble [...] qu'ainsi, il doit être regardé comme s'en étant réservé la jouissance [...][116] ». En l'occurrence, faute de justifier d'une authentique intention locative, les dépenses d'entretien et de réparation n'ont pu s'imputer sur le revenu global.

ii. Le bail fictif

101. **Fiction (du contrat de location).** Le second stratagème recourt à une location fictive. L'administration fiscale écartera l'acte juridique (le bail) comme ne lui étant pas opposable, sur le fondement de l'abus de droit fiscal de l'article L 64 du Livre des procédures fiscales (simulation).

---

[115] CE, plén., 29 avril 1977, n° 92.446 : *RJF* 6/77, n° 360.

[116] CE, 7e et 8e s.-s., 20 déc. 1978, n° 8716 : *RJF* 2/79, n° 73. Dans le même sens : CE, 7e et 8e s.-s., 7 juillet 1982, n° 30975 : *RJF* 10/82, n° 944.

102. **Les preuves.** La fictivité du bail ne se présume pas en raison de loyers anormalement faibles ou des liens particuliers entre bailleur et locataire[117]. En revanche, le Conseil d'État appréciera la fictivité du contrat selon un faisceau d'indices. Tel sera le cas si le locataire n'a quasiment pas séjourné dans l'immeuble qu'il est censé louer, qu'il n'a jamais déclaré l'immeuble au titre de la taxe d'habitation, qu'il n'a souscrit aucun contrat à son nom de fourniture d'eau et d'électricité et a résilié le bail juste après la fin des travaux, sans que le propriétaire ne puisse prouver qu'il a recherché un nouveau locataire au départ du précédent[118]. Il en sera de même si l'immeuble (un château) est loué seulement pendant l'année des travaux (1970) à la mère du propriétaire, mère et fils vivant dans le château en cause[119]. De la même manière, la simulation est établie lorsque l'immeuble est loué à la mère du propriétaire pendant la période des travaux (1971, 1973 et 1974), alors qu'un rapport d'expertise avant l'acquisition avait démontré que le bien n'était pas habitable en l'état et que la prétendue locataire avait continué de vivre ailleurs[120].

103. **Location à « soi-même ».** Le stratagème peut également se révéler par une location « à soi-même ». Dans ce cas, les propriétaires de biens immobiliers n'optent pas pour la jouissance gratuite de l'article 15, II du Code général des impôts, mais pour la location. Cette stratégie est d'autant plus à éviter lorsqu'elle concerne la résidence principale des associés puisque le Conseil d'État conclut sans mal à l'abus de droit. Celui-ci se déduira d'un faisceau d'indices tel que le contrôle de la société par le résident, ou la détention par la société d'un unique bien (celui loué). À noter qu'il pourrait y avoir location « à soi-même », fiscalement parlant, sans l'interposition d'une société. Tel sera le cas du propriétaire qui loue l'immeuble rénové à son propre fils, fiscalement à sa charge (le fils faisait partie du foyer fiscal parental). Dans ce cas, la haute juridiction administrative conclut à la fictivité du bail[121]. Il en sera de même concernant la location d'une maison en faveur d'une société, laquelle, *in fine*, ne l'utilisera pas. Son propriétaire, par ailleurs gérant majoritaire de la société locataire, a continué d'y vivre[122].

104. **Normalité des loyers.** Certains considéreront peut-être que la normalité des loyers suffit à valider la réalité de l'investissement, quand bien même il s'agirait d'une location « à soi-même ». Il est vrai que face aux dépenses déductibles (travaux d'entretien…), le contribuable sera imposable

---

[117] CE, 8e et 9e s.-s, 29 décembre 1995, n° 1995 : *RJF* 2/96, n° 231. La fictivité du bail ne se déduit pas des liens étroits entre bailleur et locataire, ni de loyers faibles par rapport à ceux du marché. L'administration fiscale peut redresser des loyers trop faibles, mais elle ne peut pas en l'espèce revendiquer la fictivité du bail. Dans le même sens CE, 9e et 7e s.-s., 31 oct. 1984, n° 40408 : *RJF* 1/85, n° 72.

[118] CE, 7e et 8e s.-s., 22 fév. 1978, n°3931 : *RJF* 4/78, n° 184. Toutes ces circonstances ont conduit le Conseil d'État à considérer le bail comme fictif.

[119] CE, 8e et 9e s.-s., 11 oct. 1978, n° 06744 : *RJF* 11/78, n° 475.

[120] CE, 7e et 9e s.-s., 15 janv. 1982, n° 16110 et 17057 : *RJF* 3/82, n° 256.

[121] CE, 8e et 9e s.-s., 31 juillet 1992, n° 73334 : *RJF* 11/92, n° 1511.

[122] CE, sect., 3 nov. 1978, n° 3421 : *RJF* 12/78, n° 543.

sur les loyers. Toutefois, cela s'avère, selon nous, insuffisant. De la même manière qu'il est impossible de contracter avec soi-même sur le plan civil, on ne peut pas procéder à un véritable investissement en étant à la fois l'investisseur propriétaire et le locataire. Dans ce cas, le contribuable, par ailleurs bailleur, peut en effet résilier le contrat de bail quand il le souhaite (lorsqu'il est lui-même le locataire). En somme, il a la complète maîtrise du risque de son « investissement » en pouvant y mettre un terme à tout moment. Un tel raisonnement néglige la personnalité morale de la société interposée, ce qui est justement l'objectif de la fraude à la loi fiscale : écarter les actes juridiques lorsque l'objectif poursuivi est exclusivement fiscal.

105. **Illustration**. Lorsque des époux apportent un immeuble à une société en vue de le louer, l'administration établit la preuve d'un abus de droit nonobstant le caractère normal des loyers versés par les époux à la société civile[123]. Le caractère normal du loyer ne dissimule pas l'absence d'un investissement réel. Ce montage constitue un abus de droit visant à contourner l'article 15, II du Code général des impôts, afin de bénéficier d'un déficit artificiel. L'argument selon lequel la société contribuait à préserver les intérêts de la conjointe, en présence d'un enfant né d'un précédent mariage, est resté sans incidence sur le sort du litige. En effet, la location n'apporte aucune sécurité supplémentaire pour la conjointe, puisque l'administration fondait ses prétentions sur la fictivité du bail et non sur celle de la société.

iii. Les loyers anormalement faibles

106. **Insuffisance**. Le dernier stratagème consiste à pratiquer des loyers d'un montant anormalement faible, afin de générer artificiellement des déficits. L'administration fiscale est en droit de les réévaluer sur le fondement de l'article 30 du Code général des impôts. N'oublions pas que l'article 15, II du Code général des impôts déroge au principe selon lequel la cause juridique des revenus fonciers est la capacité de l'immeuble à produire normalement des revenus. Dans ce cas, les charges demeureront déductibles des revenus bruts redressés.

c. Le retour en arrière de 1977

107. **Risque artificiel.** Les contribuables, à travers leurs stratagèmes, ne visaient pas la recherche du profit, seulement la réduction de leurs impôts. Cela ne procédait pas d'un véritable investissement. Leurs dépenses, génératrices de déficits fonciers, ne permettaient pas la production de revenus futurs, mais l'amélioration ou la réparation d'immeubles qui, *in fine*, étaient utilisés à des fins privées. En somme, risque et déficits étaient artificiels. Les contribuables joignaient alors l'utile (réduction de l'impôt par l'imputation

---

[123] CE, 8e et 7e s.-s., 11 oct. 1991, n° 65 144, *de Brion* : *RJF* 12/91, n° 1576.

des déficits fonciers) à l'agréable (amélioration ou réparation d'immeubles dans lesquels ils résidaient). Ce faisant, le Trésor public finançait de manière contestable une partie de l'accroissement des patrimoines privés.

108. **Re cloisonnement du risque**. Par la loi du 29 décembre 1976[124], soit seize années après l'avoir autorisé, le législateur prohibe le principe de l'imputation sur le revenu global des déficits fonciers[125]. Il existait néanmoins trois exceptions à cette interdiction.

En premier lieu, le nu-propriétaire pouvait déduire les dépenses de grosse réparation qui lui incombaient en vertu de l'article 605 du Code civil, alors même qu'il ne percevait pas les fruits. Cette possibilité n'existe plus aujourd'hui.

En second lieu, les contribuables pouvaient imputer leur déficit foncier sur leur revenu global lors des opérations groupées de restauration immobilière (Loi Malraux du 4 août 1962). Enfin, les déficits fonciers concernant les monuments historiques inscrits à l'inventaire supplémentaire, ou ayant fait l'objet d'un agrément ministériel, restent déductibles du revenu global afin de préserver le patrimoine national.

109. **Limite des 10 700 euros**. Ce n'est qu'en 1993 (par l'article 23 de la loi n° 93-859 du 22 juin 1993) que le législateur autorise une imputation limitée des déficits fonciers sur le revenu global – aujourd'hui de 10 700 euros – à la double condition qu'ils ne proviennent pas des intérêts d'emprunt et que le bien soit loué pendant au moins trois ans. En effet, l'objectif de la règle des trois ans est d'empêcher les contribuables de réaliser des travaux coûteux dans le bien qu'ils mettent en location, de générer des déficits, puis de reprendre le bien à des fins résidentielles. Un investissement qui engendre des déficits imputés sur le revenu global doit demeurer dédié à la location. Le législateur, conscient des abus passés, impose dorénavant la continuité, c'est-à-dire la poursuite de l'investissement.

3. La lutte contre les « faux » professionnels

a. Les abus

110. **Produit de défiscalisation.** Certains contribuables, ayant investi dans des sociétés semi-transparentes exerçant une activité commerciale, « bénéficiaient » de déficits qu'ils imputaient sur leurs revenus. Ce faisant, ils ne participaient pas à l'activité de l'entreprise et ne supportaient pas les risques inhérents à l'exploitation. Autrement dit, ils encouraient les risques de leurs

[124] Loi du 29 déc. 1976 n° 76-1232, art. 3 : *Dr. fisc.* 1977, n° 1-2, comm. 2.

[125] Les revenus fonciers ont une histoire particulière expliquant que la cause juridique de ces revenus est l'utilisation du bien et non sa location. Ce n'est qu'en 1964 que l'article 15, II du CGI [issu de l'article 11 de la loi de finances pour 1965 (L. n° 64-1279, 23 déc. 1964)] a prévu que les revenus des logements dont le propriétaire se réserve la jouissance ne sont pas soumis à l'impôt sur le revenu (BOI-RFPI-CHAMP-20-20, 25/02/13, § 5).

investissements et éventuellement, pouvaient être responsables des dettes de la société de manière illimitée. Toutefois, ils ne supportaient aucun risque rattaché à une fonction de direction de droit ou de fait. En somme, ils ne participaient qu'au financement de l'activité et restaient passifs en attendant un éventuel profit. Il s'agissait de simples *investisseurs*, même s'ils bénéficiaient, du point de vue fiscal, d'une part des profits d'une entreprise. Leur objectif n'était parfois pas l'enrichissement, mais plutôt la recherche de déficits pour diminuer leurs impôts. Dans de tels cas, l'investissement se transformait en réalité en une opération de défiscalisation.

111. **Illustration.** Avant l'intervention du législateur, l'investisseur faisant l'acquisition de parts sociales d'une société semi-transparente, laquelle exerçait, notamment, l'activité de résidence hôtelière. La déduction de l'amortissement des investissements, des intérêts d'emprunt et des charges de fonctionnement générait un déficit imputable sur le revenu global. La mise de fonds de l'investisseur – en somme le capital social – était bien souvent perdue lorsque la société avait pour seule vocation la génération de déficits. Toutefois, ces derniers, imputables sur les autres revenus, étaient plus importants que le montant du capital investi.

b. La réponse du législateur

i. Les bénéfices non-professionnels

112. **Démasquer les faux investissements**. Le législateur a créé, en 1995, la notion de bénéfice commercial non professionnel. L'objectif est d'interdire l'imputation de déficits, parfois artificiels, pour des contribuables qui ne sont que des investisseurs. Il y a toutefois un autre intérêt. Par la création du concept de bénéfice non professionnel, le droit fiscal distingue deux types d'investissements. Le premier est patrimonial et produit des revenus fonciers ou mobiliers. Le second est économique et génère des quotes-parts de bénéfice. Cet investissement se caractérise par la participation *financière* aux activités opérationnelles relevant des bénéfices industriels et commerciaux, des bénéfices non commerciaux ou encore agricoles.

113. **Définition fiscale.** Depuis lors, pour qu'un déficit commercial puisse s'imputer sur le revenu global, le législateur exige, à l'article 156 du Code général des impôts, une participation personnelle, directe et continue aux actes nécessaires à l'activité. Les déficits non-professionnels ne sont plus imputables que sur les revenus de même nature des six années suivantes. Les revenus de même nature sont entendus comme ceux provenant d'autres investissements privés (patrimoniaux), quels qu'ils soient. La seule exception concerne les locations meublées, dont les déficits non professionnels ne peuvent s'imputer que sur les revenus (au cours des dix années suivantes) générés par une opération (un investissement) strictement identique (de même nature), c'est-à-dire de location meublée. Ce faisant, la dichotomie fiscale du

risque se renforce par la distinction des professionnels, ceux exerçant l'activité, de ceux qui ne font « que » participer à leur financement, peu importe la nature des bénéfices qu'ils perçoivent. À ce titre, un associé, bien qu'imposé au titre de bénéfices commerciaux, ne sera pas professionnel s'il ne participe pas aux actes nécessaires à l'activité.

114. **Exception au principe**. Certaines opérations peuvent mettre en difficulté les investisseurs privés lorsqu'ils sont associés de sociétés de personnes. Le législateur, préoccupé par leurs responsabilités illimitées, autorise l'imputation de leurs déficits non professionnels sur le revenu global (article 156, I-1° bis du CGI) sous certaines conditions.

En premier lieu, les déficits doivent provenir d'activités opérationnelles. La gestion d'un patrimoine immobilier ou mobilier propre est alors exclue de ce dispositif. En second lieu, sont concernés les associés (ou l'un des membres de leur foyer fiscal) qui font l'objet d'une procédure de liquidation judiciaire à raison de l'activité génératrice des déficits. Finalement, les éléments d'actif affectés à l'activité déficitaire doivent cesser d'appartenir directement ou indirectement aux associés.

ii. L'article 39 C du CGI

115. **Déficits et amortissements**. Le régime des revenus fonciers peut toujours être contourné. Il suffit pour cela de donner à bail un bien immobilier loué ou équipé. Ce faisant, le contribuable adopte un régime fiscal – réservé à l'origine aux professionnels – lui permettant d'amortir comptablement le coût de son investissement (hors terrain). Soulignons qu'en matière de location meublée, le professionnel (le seul à pouvoir déduire certains déficits sur ses autres revenus) ne s'identifie pas par sa participation directe, continue et personnelle aux actes nécessaires à l'activité, mais par le dépassement de certains seuils. Cet investissement bénéficie en effet d'un traitement fiscal distinct et autonome. Or, admettre la déduction de l'amortissement sur le revenu global permettait indirectement d'imputer le coût dudit investissement sur les revenus du contribuable. Dans ce contexte, le Trésor public contribuait au financement d'immeubles au sein de schémas douteux, où il était établi, par exemple, que ces biens n'étaient pas loués à l'année dans le but d'être utilisés par leur propriétaire. C'était notamment le cas de certains investissements immobiliers caractérisés par des locations meublées à usage saisonnier.

116. **Plafonnement.** C'est pourquoi, depuis 1999, les déficits ne peuvent plus provenir des amortissements. L'article 39 C l'interdit désormais expressément afin de lutter contre les montages motivés par la seule défiscalisation. Le dispositif concerne exclusivement les biens loués par des entrepreneurs individuels ou par des sociétés semi-transparentes dont les associés sont des personnes physiques. Tous les biens sont concernés : immeubles, fonds de commerce, véhicules. Il s'agit d'éviter que le Trésor public finance le patrimoine privé. En revanche, la mesure ne concerne pas les

sociétés soumises à l'IS, puisque leurs déficits ne bénéficieront jamais aux associés.

§2. Naissance d'une dichotomie fiscale du risque économique

117. **Plan.** Les mécanismes de cloisonnement total (v. *supra* n° 85) et de décloisonnement total des pertes (v. *supra* n° 88), s'ils ne distinguent aucunement l'activité professionnelle de l'investissement privé, s'opposent en revanche sur les effets immédiats qu'il convient de donner ou non à une prise de risque. Ce qui, en creux, esquisse un dissentiment, voire un dilemme, entre d'une part, la constatation (l'effectivité) de l'enrichissement et d'autre part, l'intention de s'enrichir (A). Quant au cloisonnement partiel, celui-ci a amorcé une véritable dichotomie du risque économique (B).

A. Effectivité versus intention

118. **Deux méthodes.** Le législateur a adopté, au cours de l'histoire du droit fiscal, deux méthodes d'appréhension du risque. Celles-ci se rejoignent sur un point. Elles sont centrées sur l'enrichissement, sans distinguer si celui-ci provient d'une activité professionnelle ou d'un investissement privé (1). Elles divergent, en revanche, quant à la nécessité de considérer immédiatement ou non l'intention de s'enrichir (2).

1. Point commun : l'enrichissement

119. **Traitement identique**. Les deux méthodes ne distinguaient pas l'activité professionnelle de l'investissement privé. En effet, lorsque les déficits étaient cantonnés aux revenus futurs, la nature de ces pertes n'importait pas. Le déficit d'une activité professionnelle suivait le même régime que celui d'un investissement privé. Il en était de même lorsque le législateur a adopté la méthode du décloisonnement. Par exemple, un déficit foncier pouvait, *in fine*, s'imputer, sans restriction, sur les profits d'une entreprise.

120. **L'enrichissement.** Seul importait en réalité l'enrichissement, qu'il provienne d'une activité professionnelle ou d'un investissement privé. Le législateur aurait pu choisir une troisième voie : ne pas tenir compte des pertes, comme c'est le cas aujourd'hui pour les moins-values immobilières. Notre droit fiscal serait alors totalement insensible à toute prise de risque. Or, ce n'est pas la solution adoptée. Ainsi, dans les deux cas (cloisonnement et décloisonnement), le risque est fiscalement admis s'il vise l'enrichissement quel qu'il soit, comme l'a souligné M. Cozian en affirmant que « déduction et

imposition vont de pair [...][126] ». Néanmoins, les deux hypothèses diffèrent concernant la date à laquelle l'avènement d'un risque doit opérer une conséquence sur la matière imposable.

2. Opposition concernant l'intention de s'enrichir

121. **Intention versus effectivité.** Le raisonnement du décloisonnement est fondamentalement différent du précédent (cloisonnement). Certes, tous les deux ne distinguent pas l'activité professionnelle de l'investissement privé. Ils s'opposent en revanche concernant la temporalité, c'est-à-dire la date à laquelle le risque doit opérer.

Pour le premier (le décloisonnement), la reconnaissance du risque est immédiate, sans attendre l'enrichissement effectif, si bien que seule l'intention de s'enrichir est retenue. Par conséquent, les déficits affectent directement les autres revenus, sans attendre que l'activité ou l'investissement générateur des pertes ne (re)devienne bénéficiaire.

Pour le second (le cloisonnement), le risque n'est saisi qu'à rebours lorsque les revenus ou bénéfices apparaissent. L'intention est alors momentanément occultée, méconnue. Si bien que le mécanisme du cloisonnement exige un enrichissement effectif puisque les pertes ne s'imputeront que sur les revenus futurs de même nature. À défaut, le risque restera sans effet.

122. **Exception.** Cela dit, même dans cette dernière hypothèse, le risque privé peut parfois opérer immédiatement sur la matière imposable : l'investisseur peut déduire ses déficits fonciers sur les loyers qu'il perçoit d'autres biens immobiliers. Le contribuable peut trouver ici un intérêt réel à fabriquer des déficits. Ces derniers, en s'imputant d'emblée sur des revenus de même nature, génèreront un effet immédiat sur l'impôt du contribuable. Le législateur a effectivement cloisonné le risque privé, mais il n'a pas choisi de rattacher chaque déficit à un immeuble en particulier (v. *infra* n° 130 et s.).

123. **Tempérament.** Ensuite, si les effets de l'intention lucrative des investisseurs privés sont aujourd'hui très largement atténués par le cloisonnement des déficits, cette intention n'est pas pour autant totalement méconnue. Reprenons les faits d'une affaire récente tout à fait à propos, puisqu'il s'agit du même type d'abus qui avait conduit le législateur à intervenir (v. *supra*. n° 98 et s.). Monsieur X entendait générer un déficit foncier au travers des dépenses de réparation et d'entretien qu'il avait payées sur un immeuble initialement destiné à la location, mais qu'il avait fini par habiter[127]. Le tribunal administratif, s'il a finalement refusé la déduction des travaux d'amélioration sur un bien qui, à l'origine, était à usage commercial, retient néanmoins la volonté de s'enrichir du contribuable. En effet, ce dernier

---

[126] M. COZIAN, *Les grands principes de la fiscalité des entreprises*, LexisNexis, 4e éd., 1999, p. 200.

[127] TA Paris, 1er juin 2023, n° 2020983 : *RJF 10/23*, n° 727, concl. X. POTTIER.

avait la possibilité de justifier d'efforts suffisants, comprenant par exemple 22 visites, ainsi que d'un loyer conforme aux normes, démontrant ainsi la véritable intention lucrative de sa part. Malgré la séparation des risques entre la sphère privée et professionnelle, la prise en compte ou non des intentions, comme dans ce cas précis l'intention de louer, continue de poser des défis actuellement, surtout lorsque le contribuable dispose de revenus de nature similaire (v. *supra.* n° 122). Le rapporteur public, X. Potier, recommandait également de ne pas prendre en considération les intentions ou les perspectives avancées par le contribuable, notamment en raison de la possibilité pour l'investisseur privé d'utiliser ses logements de manière gratuite. Cela souligne clairement que le droit fiscal demeure encore aujourd'hui confronté à la difficulté de traiter les éventuels changements d'intention de la part des investisseurs immobiliers.

3. L'écueil : la conquête simulée de la richesse

124. **Absence de risque**. L'enrichissement effectif, qui était une exigence de la défunte méthode du cloisonnement total (v. *supra* n° 85) a été remplacé par la simple recherche de l'enrichissement (v. *supra* n° 88). Ainsi, le législateur consacre désormais l'intention de s'enrichir au lieu d'une constatation matérielle de la richesse. Bien que cette approche favorise fiscalement tout type d'investissement, elle présente néanmoins une faiblesse, une lacune. En effet, la quête de la richesse, et par conséquent le risque, peut être simulée. Le risque se caractérise par la probabilité, c'est-à-dire l'incertitude, tant en termes d'enrichissement que d'appauvrissement. Cependant, en se limitant à la recherche des pertes, toute incertitude est éliminée, rendant le risque artificiellement inexistant. Ainsi, une solution intermédiaire, consistant à recloisonner partiellement le risque, se révèle nécessaire, notamment en ce qui concerne certains investissements privés susceptibles d'être altérés dans leur nature.

B. De l'enrichissement à l'appauvrissement volontaire

125. **Les effets**. Le législateur a involontairement instauré deux types de risques. Le premier risque découle de l'activité professionnelle et, lorsqu'il se concrétise influe directement sur la matière imposable. Son avènement opère ici immédiatement en réduisant l'impôt.

Le second concerne les investisseurs privés. Ceux-ci sont fiscalement condamnés à s'enrichir effectivement, pour ne pouvoir imputer leurs déficits que sur des revenus futurs de même nature. C'est ainsi que celui qui procède à un investissement immobilier, bien que recherchant l'enrichissement, subit le cloisonnement (le cantonnement) du risque qu'il supporte, contrairement à un professionnel.

Par conséquent, la reconnaissance immédiate (de la réalisation) du risque ne dépend plus de l'intention de s'enrichir. Sa pleine assomption est aujourd'hui inhérente à l'impossibilité de s'appauvrir volontairement. Ce qui esquisse en creux un principe de recherche systématique du profit destiné exclusivement aux entreprises.

125.1. **Plan.** Cette dichotomie du risque économique révèle un aspect fondamental du droit fiscal : la pleine assomption du risque repose *in fine* sur la capacité de ce droit à sanctionner tout changement d'intention. Ainsi, en raison de l'incapacité de cette branche du droit à contraindre à la persévérance ou la poursuite des investissements privés, le législateur a alors adopté la méthode du cloisonnement (1). En fin de compte, ce procédé constitue une réponse à l'éventuel appauvrissement délibéré des particuliers. En revanche, la fiscalité contient de nombreux dispositifs permettant d'exiger des entreprises le respect des raisons qui ont motivé leurs créations (2). Ce qui permet alors d'accepter pleinement les risques que celles-ci supportent. N'oublions pas toutefois que ce raisonnement ne concerne que le risque artificiel (3) et qu'il n'a donc pas à être généralisé.

1. Un cloisonnement préventif palliant une impossibilité

126. **Méfiance naturelle**. Reprenons l'exemple des déficits fonciers. Leur cantonnement traduit une certaine méfiance à l'égard des investissements immobiliers. Cette défiance semble trouver sa source dans le droit de propriété (le droit d'user, de profiter et de disposer d'une chose). Les particuliers peuvent disposer de leurs biens comme ils l'entendent et ne sont pas tenus de rechercher le profit. Si bien qu'un investissement immobilier pourra se convertir en utilisation privée (en droit d'user), sans que ce changement d'affectation ne produise de conséquence fiscale. En d'autres termes, le particulier pourra résider dans l'immeuble. Hormis la règle des trois ans (v. *infra*. n° 129), rien n'oblige l'investisseur, sur le plan fiscal, à poursuivre la location.

126.1. **Illustration.** Pour illustrer nos dires, prenons un exemple. Un investisseur privé décide finalement de résider dans un immeuble qu'il destinait à la location (sans jamais l'avoir loué) Ce contribuable avait réalisé d'importants travaux d'entretien et d'amélioration générateurs de déficits fonciers. Sans principe du remploi des revenus (en somme, sans cloisonnement des déficits), ceux-ci peuvent s'imputer sur ses autres revenus. Ce qui n'est pas contestable si l'investissement est destiné à produire des revenus imposables au cours des années suivantes. Toutefois, si le contribuable modifie la destination de l'immeuble en ne l'affectant plus à la location, mais en s'en réservant la jouissance, l'opération ne constitue plus un investissement. Ce faisant, le Trésor public, par l'érosion de la matière imposable, finance, en partie, l'accroissement des patrimoines privés. En effet, la déduction des travaux génère un déficit foncier qui s'impute sur les autres revenus du contribuable, réduisant l'impôt. Le report en avant des déficits fonciers vise précisément à éviter cette situation (c'est-à-dire le changement d'intention, de destination). Le risque, dans ses effets, ne peut être fiscalement admis que s'il est une source potentielle d'enrichissement, en somme s'il résulte d'un véritable investissement. Or, dans notre exemple, l'immeuble, en perdant cette qualité (d'investissement), ne produira plus de revenus imposables. En d'autres termes, l'investissement immobilier connaît une particularité dont les contribuables ont parfois abusé : l'immeuble pourra être aisément détourné de la recherche du profit par son utilisation à titre privé.

127. **Conséquence**. L'incertitude quant à la production de revenus futurs, ainsi que l'absence de conséquence fiscale en cas de changement d'intention, justifie la méfiance du législateur à l'égard de certains risques privés. C'est pourquoi le droit fiscal méconnaît ici, au moins partiellement, les volontés, en ce sens qu'il considère l'intention locative mais refuse que celle-ci opère immédiatement sur l'impôt. Pour toutes ces raisons, il nous semble que le principe du remploi des revenus, conduisant à l'hermétisme du risque privé, constitue le corollaire d'une recherche non systématique de l'enrichissement par les particuliers. Ce faisant, le législateur remédie à la possibilité pour eux (les investisseurs privés) de s'appauvrir volontairement. En effet, le (re)cloisonnement partiel du risque constitue la réponse du législateur face à une possible dénaturation de l'investissement immobilier par son utilisation à titre privé. Face à l'impossibilité de contraindre les particuliers à poursuivre leur conquête de la richesse, le législateur a adopté une méthode radicale, mais efficace.

➢ Le cloisonnement préventif.

128. **Dispositif préventif**. En premier lieu, en confinant les déficits des investissements privés, le droit fiscal s'assure que le risque (dans ses effets) résulte d'un véritable investissement. C'est pourquoi les déficits fonciers ne pourront s'imputer que sur les revenus de même nature des années suivantes. À défaut, en l'absence de revenus, le risque n'opère aucunement sur la matière imposable. Le risque de l'investissement immobilier affectera la matière imposable à rebours lorsque le contribuable aura confirmé son intention de s'enrichir par la constatation des revenus imposables.

➢ La règle des trois années et la remise en cause rétroactive.

129. **Traitement rétroactif**. En second lieu, seule une faible part des déficits fonciers (dans la limite de 10 700 euros) pourra s'imputer sur le revenu global. Cette imputation ne sera définitive que lorsque le contribuable aura prouvé sa volonté de rechercher l'enrichissement. C'est pourquoi le législateur exige que l'immeuble soit affecté à la location pendant les trois années qui suivent l'imputation du déficit sur le revenu global, dans la limite

de 10 700 euros. Cette règle des trois ans a pour but d'éviter que le contribuable réalise des travaux coûteux dans l'immeuble donné à bail, dégage des déficits, puis reprenne le bien pour sa résidence. Devant l'incertitude relative à la persistance de l'investissement immobilier, le droit fiscal a opté pour une mesure drastique : il contraint à la continuation de l'investissement.

130. **Illustration.** L'administration fiscale a longtemps considéré que le non-respect de la règle des trois ans conduisait à une double conséquence. Le premier effet est connu et conforme à la loi : l'imputation des pertes sur le revenu global est rétroactivement remise en cause. La seconde conséquence était contestable : elle réputait perdu les déficits de l'immeuble dont la location avait cessé. Autrement dit, les déficits de l'immeuble cédé ne pouvaient plus s'imputer sur les revenus futurs de même nature. L'administration fiscale rattachait les déficits fonciers à l'immeuble qui les avait générés (et non sur les autres biens donnés à bail). Elle a ensuite modifié sa doctrine, pour se conformer à la jurisprudence.

131. **Solution.** Le Conseil d'État, en effet, considère que les déficits des immeubles cédés restent imputables sur les revenus fonciers des dix années suivantes. Selon la haute juridiction administrative : « il résulte de ces dispositions [celles du 3° du I de l'article 156 du CGI], éclairées par les travaux préparatoires de l'article 23 de la loi du 22 juin 1993 de finances rectificative pour 1993 dont elles sont issues, que, lorsque l'immeuble n'est plus mis en location [...], les déficits indûment imputés sur le revenu global des trois années précédentes peuvent alors être imputés sur l'ensemble des revenus fonciers de l'année au cours de laquelle ces déficits ont été réalisés et viennent augmenter le déficit reportable de cette année[128] ». L'administration fiscale commet une erreur de droit en refusant que le requérant impute sur ses revenus fonciers de 2008 des déficits générés par un immeuble vendu en 2005. En d'autres termes, les déficits fonciers reportables ne sont pas rattachés à l'immeuble qui les a générés. Si bien que lorsque celui-ci est cédé, les déficits fonciers qu'il a produits restent reportables sur les revenus futurs de même nature générés par d'autres biens immobiliers. Dès lors, la dénégation du risque n'est pas totale en cas de cessation de la location dans le délai des trois ans, puisque les déficits fonciers restent imputables sur les revenus de même nature. En somme, le risque est accepté, mais il reste toutefois cantonné.

Le droit fiscal ne peut contraindre les particuliers à maintenir leurs investissements. Voyons maintenant que la situation diffère en ce qui concerne les entreprises.

[128] CE, 10e et 9e ch., 26 avril 2017, n° 400441 : *FR* 24/17, inf. 6 p. 9.

2. Principe de recherche systématique du profit

a. Un principe qui ne concerne que les entreprises

132. **Appauvrissement interdit.** La distinction fondamentale, sur le plan fiscal, entre le professionnel (l'entreprise) et l'investisseur privé n'est pas la recherche de l'enrichissement. Tous les deux prennent des risques en vue de l'atteindre. En revanche, ils s'opposent sur un point. Seule l'entreprise est tenue de rechercher le profit, si bien que tout appauvrissement volontaire lui sera reproché. Il lui est alors fiscalement interdit de s'appauvrir de manière intentionnelle. En effet, le droit fiscal contraint l'entreprise à respecter les raisons qui ont motivé sa création, à savoir la conquête de la richesse (v. *infra* n° 132, n° 277 et s.). Cette exigence fiscale se manifeste par les contraintes qui pèsent sur elle et qui ne concernent pas les particuliers. La fiscalité s'est en effet dotée de mécanismes permettant de sanctionner les entreprises qui se détournent de cette recherche. Par exemple, toute modification ou arrêt d'activité emportera les conséquences fiscales de la cessation d'activité et, notamment, l'imposition des plus-values latentes. Dans le même ordre d'idées, selon la théorie de l'acte anormal de gestion, la générosité, telle que les libéralités, est considérée comme incompatible avec l'environnement entrepreneurial. C'est ainsi que l'utilisation à des fins privés d'un bien immobilier d'une société soumise à l'IS nécessitera la réintégration dans les bénéfices d'un loyer fictif, ceci afin d'éviter que la matière imposable soit réduite par un « manque à gagner ». N'oublions pas également que le patrimoine professionnel de l'exploitant d'une entreprise individuelle doit être utile à l'activité de celle-ci. Tout transfert du patrimoine professionnel à celui privé peut générer une plus-value professionnelle.

133. **Amortissement.** En outre, la possibilité d'amortir ou non le coût d'un investissement marque cette différence entre, d'une part, les professionnels et, d'autre part, les investisseurs privés. Les premiers peuvent amortir leur outil de production (leurs immobilisations) puisque dans leur conquête perpétuelle du profit ils seront amenés inévitablement à devoir le remplacer. En somme, leur statut les condamne à devoir constamment investir. Quant aux seconds, ils ne peuvent jamais, *a contrario*, déduire de leurs revenus le coût de leurs investissements. C'est ainsi que les dépenses de construction ne sont jamais déductibles des revenus fonciers. Le Professeur Cozian résumait cette situation en affirmant que, contrairement à ce qui se passe dans la fiscalité des ménages, aucune distinction n'est faite pour les entreprises entre les charges liées au capital lui-même et celles liées à sa gestion[129].

134. **Risque accepté**. Par conséquent, l'acceptation totale du risque de l'entreprise, régi par le mécanisme du décloisonnement des déficits, se justifie

---

[129] M. COZIAN, *Les grands principes de la fiscalité des entreprises*, LexisNexis, 4e éd., 1999, p. 195.

par la recherche systématique du profit. Non pas que le professionnel soit assuré de réaliser des bénéfices, mais son comportement doit être orienté dans ce seul but. La confiance du droit fiscal à l'égard des professionnels peut être absolue, car il contient des dispositifs permettant de se prémunir contre leurs changements d'intention. Autrement dit, il peut sévir lorsque ceux-ci (les professionnels) cessent finalement de se comporter comme tel, en s'appauvrissant intentionnellement sans aucune perspective de contrepartie.

b. Un principe inapplicable aux particuliers

135. **Principe inopérant**. Le principe de recherche systématique du profit, qui se définit comme l'impossibilité fiscale de s'appauvrir volontairement, n'existe pas pour les particuliers. En effet, la fiscalité des entreprises méconnaît totalement le concept de désintéressement (la gratuité). Alors qu'un particulier peut *a contrario* faire preuve de générosité, sans restriction. Notons d'ailleurs, en ce sens, que l'acte anormal de gestion sanctionne l'entreprise qui s'appauvrit délibérément, alors que, dans le champ des particuliers, c'est le donataire qui est imposé sur l'enrichissement dont il bénéficie, sans que le donateur ne subisse une quelconque fiscalité. Le particulier peut être généreux, alors que l'entreprise ne pourra l'être que de manière très limitée.

Le cloisonnement des déficits (des investissements privés) est la réponse à cette possibilité de s'appauvrir volontairement sans que cela ne génère de conséquence fiscale. Finalement, le procédé équivaut, pour les particuliers, à ce que la théorie de l'acte anormal de gestion représente pour les professionnels : un moyen de prévenir l'appauvrissement intentionnel. Néanmoins, ces deux dispositifs ne se confondent pas, comme en témoignent deux exemples.

i. Libre disposition

136. **Jouissance gratuite.** Rappelons le principe fondamental : d'après l'article 15 du Code général des impôts : « les revenus des logements dont le propriétaire se réserve la jouissance ne sont pas soumis à l'impôt sur le revenu ». Le Conseil d'État étend la mesure (cette possibilité de gratuité) au cas où le propriétaire mettrait à disposition le logement au profit d'une autre personne[130]. En effet, selon le juge : « la disposition d'un bien doit être entendue de façon juridique et abstraite, indépendamment d'une utilisation effective et directe du bien par un tiers[131] ». C'est ainsi qu'une société civile

[130] CE, 7e et 8e s.-s., 7 juill. 1982, n° 30975 : *RJF* 10/82, n° 944 ; CE, 9e et 8e s.-s., 27 oct. 1999, n° 172940 : *RJF* 12/99, n° 1597.
[131] CE, 9e et 10e ch., 19 déc. 2007, n° 270934 : *Dr. fisc.* 2028, n° 11, comm. 206, concl. LANDAIS, note J.-P. MAUBLANC.

immobilière (SCI), relevant des revenus fonciers, peut mettre gratuitement à disposition le bien immobilier qu'elle détient au profit de monsieur et madame A, eux-mêmes propriétaires de 1 % du capital de ladite SCI[132]. En contrepartie aucune charge n'est évidemment déductible.

136-1. « **Manque à gagner** ». La possibilité pour les particuliers de bénéficier gratuitement de logements entraîne une exonération fiscale des "manques à gagner". Cependant, les articles 15 et 30 du Code général des impôts[133] atténuent ce principe pour plusieurs raisons.

Tout d'abord, la jouissance gratuite concerne uniquement les logements. La distinction entre la liberté d'un particulier à disposer gratuitement d'un logement et l'impossibilité de faire de même avec un bien destiné à une activité professionnelle, comme un local commercial, est difficile à comprendre. Pourtant, ces deux types de biens sont considérés comme faisant partie intégrante du patrimoine privé.

Ensuite, l'article 30 s'applique dès qu'un immeuble, y compris un logement, est mis en location. Récemment, la cour administrative d'appel de Bordeaux a confirmé cette application, affirmant que l'administration fiscale peut redresser les loyers minorés (c'est-à-dire le manque à gagner) qu'un couple verse à la société dont ils sont les associés et qui détient le logement dans lequel ils résident[134].

Enfin, cette mesure n'a pas pour but de contraindre les particuliers à s'enrichir, comme dans le cas de l'acte anormal de gestion, mais plutôt de lutter contre les déficits crées artificiellement.

137. **Illustration.** Dans une espèce[135], le ministre a remplacé — par une substitution de base légale — le fondement juridique du redressement initial, celui de l'acte anormal de gestion qui n'était pas applicable dans ce cas, par l'application de l'article 30 du Code général des impôts.

Pour être plus précis, le contribuable, M. Coyola, a consenti, au profit d'une société civile immobilière, un commodat sur le bâtiment à usage de supermarché, assorti d'une convention d'occupation du terrain, pour un loyer annuel déclaré de 84 000 F. Le preneur a transféré immédiatement ses droits à une société commerciale moyennant le paiement d'un loyer annuel de 180 000 F.

Le vérificateur s'y oppose en réintégrant, dans le revenu brut foncier de M. Coyola, la différence entre le « loyer » de 84 000 F consenti à la société civile immobilière et celui de 180 000 F fixé pour la sous-location. Le Conseil d'État valide la thèse de l'administration fiscale, non pas sur le fondement de

---

[132] CAA Lyon, 5e ch., 29 oct. 2010, n° 09LY02326, inédit.

[133] Selon cet article : « sous réserve des dispositions de l'article 15-II, le revenu brut des immeubles ou parties d'immeubles dont le propriétaire se réserve la jouissance est constitué par le montant du loyer qu'ils pourraient produire s'ils étaient donnés en location […] ».

[134] CAA Bordeaux, 5e ch., 19 déc. 2023, 21BX03862, inédit.

[135] CE, 10e et 9e s.-s., 19 déc. 2007, n° 270934 : *Dr. fisc.* 2008, n° 11, comm. 206, concl. C. LANDAIS, note J.-P. MAUBLANC.

la théorie de l'acte anormal de gestion, mais sur la base de l'article 30 du Code général des impôts.

138. **Critiques.** Cet article 30, bien qu'ayant une origine légale, suscite des critiques pour dater d'un système fiscal ancien, dans lequel la valeur locative des biens immobiliers était imposée, qu'ils soient loués ou non.

Selon J.-P. Maublanc, dans sa note sous l'arrêt précité, « cette taxation méconnaît la définition même du droit de propriété qui n'a jamais prohibé celui de ne pas tirer le maximum de profit d'un bien dont la libre disposition est conservée pour une jouissance personnelle. Sur le plan fiscal, le principe de l'imposition de la réserve personnelle de jouissance en l'absence de location n'est guère éloigné de l'imposition des libéralités consenties, moyennant des loyers anormalement bas ; les deux jurisprudences participant d'une conception dirigiste du droit de propriété et d'une extension à la gestion patrimoniale de la théorie de la gestion commerciale normale ».

Dans ses effets, l'article 30 du Code général des impôts conduit effectivement à exiger d'un particulier qu'il recherche le profit de manière très exceptionnelle. Cette exigence ne trouve pas sa source dans un principe cardinal qui ne s'impose qu'aux professionnels, mais par l'application d'une mesure désuète héritée d'un système fiscal ancien.

ii. Appauvrissement versus disponibilité d'un revenu

139. **Disposition versus remploi**. De toute évidence, on ne peut renoncer qu'aux choses dont on dispose. Ainsi, la mise à disposition gratuite d'un bien immobilier par un particulier n'est pas un revenu disponible. Et ce, dès lors qu'il n'a jamais été décidé, entre les parties, — le propriétaire et l'occupant — d'un prix. Le particulier n'est pas tenu de tirer profit de son patrimoine, contrairement à une entreprise.

En revanche, dès qu'une contrepartie est convenue, sa renonciation relève d'un revenu disponible.

140. **Illustration.** Selon le Conseil d'État[136] : « si les loyers dus par la société Y à Monsieur X n'ont pas été versés sur le compte courant d'associé de ce dernier, mais portés en charges sur un compte de "frais à payer", il résulte de l'instruction que c'est dans l'intérêt de ladite société, qui connaissait à l'époque des difficultés de trésorerie, que Monsieur X, détenteur avec son épouse de 76 % du capital social de la société, a volontairement laissé à la disposition de la société les sommes versées dont il s'agit, et que ces sommes doivent donc être réputées avoir été perçues et à bon droit incluses dans ses revenus imposables ». Il ne faut pas confondre l'absence d'enrichissement et la renonciation à celui-ci. Un revenu ne peut être abandonné que s'il existe. Et s'il existe, sa renonciation est la marque d'un acte de disposition.

[136] CE, 7e et 8e s.-s., 6 juill. 1983, n° 37122 : *RJF* 10/83, n° 1084.

Cependant, si un particulier souhaite mettre gratuitement à disposition un logement, il n'est pas tenu d'exiger une rémunération. Aucune obligation ne demande la recherche d'une contrepartie. Un revenu qui n'existe pas ne peut être abandonné. Du reste, en enregistrant les loyers en tant que charges à payer, cela n'implique pas l'indisponibilité d'un revenu, étant donné que la personne destinée à le recevoir est également celle qui prend la décision de cette comptabilisation. Plus récemment, un contribuable qui renonce à percevoir des loyers en affirmant que les locataires étaient en difficulté financière, sans toutefois en fournir la preuve ni entreprendre des démarches juridiques pour recouvrer les fonds, est imposé sur les loyers abandonnés. Selon la cour administrative d'appel de Nancy, cela est considéré comme un acte de disposition[137].

141. **Engagement**. En résumé, le droit fiscal impose le respect des relations contractuelles. En effet, dans le scénario où le locataire et le bailleur sont totalement indépendants, le propriétaire pourrait recourir à la justice pour récupérer les loyers, même sans intervention du droit fiscal. Il est donc crucial de ne pas confondre la théorie de l'acte anormal de gestion, qui ne s'applique pas aux particuliers, avec la notion de disponibilité des revenus.

3. Une lutte ciblée : le risque artificiel

142. **Pas de généralisation**. À ce stade, avec le début du cloisonnement partiel dans les années 1970 (v. *supra* n° 107 et s.), le législateur n'avait pas expressément cherché à généraliser le principe de cloisonnement du risque des investissements privés. Il avait dû intervenir très rapidement pour mettre un terme à l'érosion de la matière imposable, dans des cas où l'investissement immobilier n'en était finalement pas un. Néanmoins, cela ne présageait en rien une systématisation de la méthode. En effet, il n'y avait pas lieu de se méfier des investissements financiers qui, au contraire d'un bien immobilier, ne peuvent que difficilement être utiles à autre chose que la recherche de l'enrichissement. De plus, le régime de l'impôt sur les sociétés est une entrave à toute construction artificielle de déficits puisque les pertes sociales ne pourront jamais bénéficier, fiscalement parlant, aux associés. Pourtant, nous allons voir dans la section 2 que le Conseil d'État va, dès 1971[138], véhiculer l'idée selon laquelle le patrimoine privé, donc l'investissement privé, n'a pas pour vocation première de générer des revenus. Ce qui conduira – par la détermination de la matière imposable – à généraliser un principe de remploi des revenus.

---

[137] CAA Nancy, 9 nov. 2023, n° 21NC00814, inédit.

[138] CE, sect., 20 juill. 1971, n° 81146 : Dupont p. 344, GA 4e éd. Th. n° 14, concl. J. DELMAS-MARSALET *Dr. fisc.* 1972, n° 50, comm. 1821.

SECTION 2. LA CONSECRATION D'UN PRINCIPE DE REMPLOI DES REVENUS

143. **Thèse**. Le législateur n'avait pas envisagé d'étendre le cloisonnement du risque à l'ensemble des investissements privés, se contentant plutôt de cloisonner les déficits fonciers, agricoles et les bénéfices non professionnels. Nous soutenons cependant que le Conseil d'État s'est chargé de généraliser cette approche à travers sa détermination de la matière imposable.

144. **De quelle manière ?** Alors que le législateur s'est simplement attelé à ajuster la loi pour contrer les abus des contribuables, le Conseil d'État semble avoir adopté une approche plus radicale. Le juge a véhiculé l'idée que l'investissement privé ne vise pas principalement à générer des revenus imposables. Cette thèse semble avoir été avancée dans le but spécifique de rejeter les déficits fonciers et mobiliers à une époque où le cloisonnement partiel du risque privé n'était pas encore en place. Ainsi, afin de limiter l'imputation des déficits mobiliers sur le revenu global, la haute juridiction administrative a tout simplement refusé la déduction de certaines dépenses de cette catégorie de revenus. Par conséquent, le raisonnement qui concernait initialement principalement les investissements immobiliers, susceptibles d'être dénaturés, a été étendu aux investissements financiers.

145. **Quelles conséquences ?** Ce faisant, le risque de l'ensemble des investissements privés, quels qu'ils soient, ne prendra effet (au mieux) qu'à rebours, c'est-à-dire lors de la constatation des revenus imposables. Le procédé relègue l'investissement privé non pas à une recherche de l'enrichissement, mais au simple remploi des revenus. Néanmoins, cette approche n'est pas sans conséquences : les dépenses d'acquisition ne sont pas déductibles, même si un enrichissement effectif est constaté. Mais surtout, ce raisonnement a fini par opposer le travail (le risque professionnel) et le capital (investissement privé). Cette distinction, cette frontière, est d'autant plus spécieuse que l'investisseur privé n'est identifié qu'au travers de la seule nature des revenus qu'il perçoit.

146. **Plan**. Nous exposerons ici comment ce raisonnement s'est progressivement ancré dans notre droit fiscal positif.

En premier lieu, la haute juridiction administrative n'a pas admis la déduction des droits de mutation à titre gratuit ou onéreux des revenus fonciers (A).

En second lieu, elle s'est opposée à l'imputation des dépenses (sur les revenus de capitaux mobiliers) dans l'unique but de nier l'existence des déficits mobiliers, par peur des effets que ceux-ci peuvent générer sur l'impôt. Nous illustrerons nos dires par deux exemples : celui des intérêts d'emprunt (B), et celui des dettes sociales prises en charge en exécution d'un engagement de caution (C).

La justification de toutes ces jurisprudences du Conseil d'État repose, nous semble-t-il, sur la volonté de ne pas permettre l'imputation des déficits fonciers et mobiliers sur le revenu global, à un moment où foisonnaient les abus. (D).

Cette généralisation, bien que réaffirmée à plusieurs reprises, est contestable, d'autant plus que le législateur est intervenu entre-temps pour cloisonner partiellement le risque, il n'a alors combattu que le risque artificiel. Or, il est difficile, voire impossible, de dénaturer un investissement financier.

A. Les droits de mutation et les revenus fonciers

1. Le principe : l'arrêt du Conseil d'État de 1969

147. **Prémices.** Avant de sceller le sort (des dépenses déductibles) des revenus de capitaux mobiliers en 1971 (v. *infra* n° 150 et s.), le Conseil d'État avait déjà statué, en 1969, sur le traitement fiscal de certaines dépenses relatives à des investissements immobiliers.

148. **Les faits et la solution**. Un contribuable entendait déduire de ses revenus fonciers les droits de mutation à titre onéreux acquittés lors de l'acquisition d'un bien immobilier donné en location.

La haute juridiction administrative observe tout d'abord que l'article 31 du Code général des impôts ne prévoit pas la déduction de tels droits des revenus fonciers. Il reconnaît néanmoins que l'énumération des charges déductibles par ce dispositif n'est pas limitative. Il se reporte alors à l'article 13 du même Code. Toutefois, selon le juge, les dépenses du requérant ne sont pas déductibles dans la mesure où « les frais litigieux ont été exposés par le contribuable [...] en vue de la constitution d'un capital immobilier et non en vue de l'acquisition ou de la conservation du revenu, qu'ainsi, ils ne répondent pas à la définition des charges déductibles énoncées à l'article 13,1 précité [...] ».

2. La portée de la décision

149. **Le contexte de la décision.** Cet arrêt est précurseur. Il présage un raisonnement selon lequel les frais d'acquisition d'un investissement privé se rapportent au capital, et non aux revenus que celui-ci va générer. Le contexte de cette affaire n'est pas neutre. Cette solution intervient en 1969, lorsque les déficits fonciers pouvaient encore s'imputer sans restriction sur le revenu global des contribuables. Le Conseil d'État nia, nous semble-t-il, le principe du déficit foncier à un moment où les abus foisonnaient. Il intervint ainsi, avant même le législateur, puisque celui-ci interdira l'imputation des déficits fonciers sur le revenu global à compter de 1976 (v. *supra* n° 107).

B. Les intérêts d'emprunt et les RCM

1. Le principe : l'arrêt du Conseil d'État de 1971

150. **Les faits**. Un contribuable entendait, sur le fondement de l'article 13, 1 du Code général des impôts, déduire de ses revenus de capitaux mobiliers les intérêts d'un emprunt souscrit pour acquérir des valeurs mobilières. L'opération constituait pour lui un investissement financier.

151. **La solution de principe**. Pour la haute juridiction administrative, sont considérées comme des dépenses nécessaires à l'acquisition des revenus « les intérêts des emprunts contractés pour acquérir ou conserver les éléments d'actif qui sont affectés aux entreprises exploitées ou aux professions exercées par le contribuable ; qu'en revanche, et sauf disposition contraire expresse, les frais engagés pour maintenir ou accroître le patrimoine privé du contribuable ne peuvent être déduits des revenus retirés de certains éléments de ce patrimoine ; qu'il en est ainsi notamment des intérêts des emprunts contractés par des particuliers en vue de maintenir ou accroître leur portefeuille privé de valeurs mobilières, lorsque les produits éventuellement retirés par le contribuable d'opérations de bourse réalisées à titre non habituel n'entrent pas dans la catégorie des bénéfices non commerciaux définis à l'article 92, 2 du Code [139]».

En d'autres termes, les intérêts des emprunts contractés pour l'acquisition de valeurs mobilières ne sont pas déductibles des revenus générés par l'investissement financier. La déduction des intérêts d'emprunt est ainsi soumise à la condition de l'exercice d'une activité (professionnelle). En somme, cette faveur fiscale est réservée aux entreprises. À défaut, la haute assemblée rattache ou attribue les intérêts d'emprunt prioritairement à l'acquisition d'un patrimoine privé (un investissement privé), plutôt qu'à la réalisation de revenus. Le professeur Cozian soulignait que cette solution était « sévère à l'excès », notamment parce que les intérêts, bien que considérés ici comme « des frais d'acquisition du capital », n'étaient pas « pris en compte pour le calcul de la plus-value imposable en cas de cession [...][140] ». Quoi qu'il en soit, en opposant l'entreprise et l'investisseur privé, le juge de l'impôt nous rappelle, de façon subreptice, que seul le professionnel est contraint de rechercher le profit.

---

[139] Le Conseil d'État, le 8 décembre 1971 (n° 78566, Lebon, p. 749, Dupont 1972, p. 73), avait jugé que des moins-values constatées à la suite des opérations boursières réalisées par un contribuable « se rattachent à l'exercice d'une activité non commerciale dont elles constituent le résultat déficitaire » et qu'elles devaient par suite, en application de l'article 156-1° du Code, être admises en déduction du revenu total de l'intéressé.

[140] M. COZIAN, *Les grands principes de la fiscalité des entreprises*, LexisNexis, 4e éd., 1999, p. 196.

2. La confirmation du principe

a. Une application devenue systématique

152. **Confirmation.** Le principe énoncé en 1971 a été confirmé à plusieurs reprises[141]. De manière contestable, le Conseil d'État se contente de la seule nature des revenus perçus sans regarder leur origine, sans égard pour leur destination économique. De cette manière, il s'oppose à ce que des dépenses soient déduites des revenus de capitaux mobiliers, que le détenteur des titres soit un véritable investisseur, ou un professionnel exerçant par le truchement d'une société soumise à l'IS[142].

153. **Illustration.** Ainsi, ne sont pas déductibles des revenus de capitaux mobiliers, les intérêts des emprunts qu'un contribuable a contractés « pour la souscription d'actions émises en vue de l'augmentation du capital de la SA X [même si le contribuable fait valoir que] ces emprunts ont été souscrits pour assurer à la fois la survie de l'entreprise et le maintien de l'intéressé dans ses fonctions de PDG de la société ». Pour la haute juridiction administrative, le contribuable « n'établit pas que ces emprunts, souscrits personnellement par lui, ont été contractés pour la conservation de son revenu, et non pour l'accroissement de son portefeuille privé de valeurs mobilières[143] ».

154. **Article 151 *nonies*.** L'impossibilité de déduire les intérêts d'emprunt sur les revenus de capitaux mobiliers concernait toutes les formes juridiques de sociétés et tous les régimes d'imposition. Toutefois, le législateur, soucieux de traiter de manière égale l'entrepreneur individuel et l'associé actif d'une société semi-transparente, a instauré l'article 151 nonies du Code général des impôts. Toutefois, il convient de ne pas se méprendre. Cette mesure ne déroge pas au principe posé en 1971. C'est d'ailleurs tout le contraire. En effet, en vertu de cette disposition (l'article 151 nonies), les titres d'une société semi-transparente qu'un associé détient et dans laquelle il exerce son activité professionnelle, constituent un élément de son patrimoine professionnel. Ce qui ouvre droit à la déduction des intérêts d'emprunt souscrit par acquérir les titres. Toutefois, le décompte ne porte pas ici sur des revenus de capitaux mobiliers, mais bel et bien sur une quote-part de bénéfice.

---

[141] La haute juridiction avait également évacué quelques fois le problème en l'absence de justification de l'investisseur privé, lequel devait démontrer son intention de percevoir des revenus.

[142] Sur le sujet, le lecteur pourra se reporter au chapitre 2 développant la notion d'outil professionnel.

[143] CE, 9e et 7e s.-s., 4 juillet 1984, n° 34988 : *RJF 10/84*, n° 1133.

b. Réitération du principe

155. **Les faits.** Le principe énoncé a été réitéré en 2008[144]. Dans cette affaire, deux experts-comptables ont cherché à déduire de leurs revenus de capitaux mobiliers les intérêts des emprunts qu'ils avaient souscrits pour acquérir les actions de la société dans laquelle ils étaient salariés. Ils soutenaient que la détention d'une partie du capital de la société qui les employait était « directement utile à la rémunération [par des dividendes] de leurs nouvelles fonctions d'associé et dirigeant du cabinet d'expertise comptable ainsi qu'à la poursuite de [leur] activité au sein de ce cabinet ». À noter que les deux protagonistes demandaient l'imputation des intérêts d'emprunt sur les dividendes perçus et non sur leurs salaires, puisque ceux-ci donnaient déjà lieu à l'abattement de 10 % afin de tenir compte, forfaitairement, des frais professionnels.

156. **Confirmation du principe**. Le Conseil d'État réitéra sa position en considérant que les titres acquis « ne constituaient pas les éléments d'un actif affecté à une activité professionnelle [lesdits titres] procurant des rémunérations relevant de la catégorie des revenus de capitaux mobiliers [...] ». Ainsi, « les intérêts d'un emprunt contracté par un particulier en vue de maintenir ou d'accroître son portefeuille de valeurs mobilières ne peuvent être déduits des revenus de capitaux mobiliers, alors même que ces valeurs sont productives de revenus imposables ou que leur acquisition serait, comme le soutiennent les requérants, de nature à permettre au contribuable d'accéder à un mandat de participation aux organes de direction de la société émettrice [...] ».

La haute juridiction administrative confirmait donc le principe posé, en s'attachant à la seule nature juridique des dividendes, sans égard pour leur destination. Ce faisant, pour le Conseil d'État, les dividendes ne rémunèrent pas le travail. Ils sont, par essence, les fruits de la simple propriété privée.

157. **Critiques**. Cette solution est contestable à double titre. En premier lieu, elle occulte la recherche de revenus imposables, en somme l'intention. L'acquisition des titres par les deux protagonistes n'est dictée que par la conquête de l'enrichissement. Or, rappelons que l'article 13 du Code général des impôts dispose que les dépenses sont déductibles si elles visent l'acquisition ou la conservation des revenus. C'est bel et bien le cas ici. Ce faisant, le Conseil d'État réitère sa lecture particulière de l'article précité. En second lieu, les dividendes perçus résultent directement du travail fourni par les deux contribuables. La frontière fiscale entre le travail et le capital nous apparaît donc spécieuse.

---

144 CE, 3e et 8e s.-s., 30 juin 2008, n° 274480, *Henri* : *RJF* 10/08, n° 1040, concl. E. GLASER (C1040).

C. Les engagements de caution

158. **Plan**. Le Conseil d'État, après avoir admis l'imputation sur les revenus de capitaux mobiliers des dettes sociales prises en charge par condamnation (1), s'est ensuite ravisé, confirmant le principe posé en 1971 (2).

1. Première évolution (faux espoir)

159. **Les faits.** En 1977, le Conseil d'État a dû statuer, pour la première fois[145], sur la possibilité qu'un déficit mobilier provienne de dettes prises en charge par condamnation. En l'espèce, un administrateur d'une société anonyme avait été condamné par le tribunal de commerce à combler l'insuffisance d'actif. L'intéressé avait tenté de déduire ces dépenses de ses revenus de capitaux mobiliers (qu'il avait perçus auparavant, bien avant la dépense dont il demandait la déduction).

160. **La solution**. La haute juridiction administrative accède aux prétentions du requérant. Cette décision est audacieuse (et louable) à double titre. Elle autorise, en premier lieu, l'imputation de dépenses nées d'une condamnation sur les revenus de capitaux mobiliers. Un comportement guidé par la recherche du profit n'est que rarement fiscalement répréhensible. Sur ce plan, l'administrateur n'avait pas démérité.

Elle accepte, en second lieu, qu'un déficit mobilier s'impute sur le revenu global[146]. Le déficit naissait mécaniquement du fait d'une perception des revenus bien avant la condamnation. Cet arrêt n'est pas en contradiction, nous semble-t-il, avec le principe posé en 1971. Il le complète : l'administrateur n'était pas dans la même position que le simple investisseur. Le premier était actif, comme en témoigne sa faute de gestion, alors que le second demeurait passif. Malheureusement, cette solution ne tarda pas à être infirmée quelques années plus tard.

2. Infirmation de l'avancée : le retour en arrière de 1986

161. **Nature des revenus**. Le Conseil d'État, en 1986, a rendu le même jour deux décisions contradictoires ; tout du moins en apparence. Mais surtout, l'une d'elles infirme l'avancée heureuse de 1977 (v. *supra* n° 159 et s.).

---

[145] En 1971, le Conseil d'État s'est opposé à la naissance d'un déficit dans la catégorie des revenus de capitaux mobiliers par la déduction des intérêts d'emprunt.

[146] L'imputation d'un tel déficit mobilier ne serait plus possible aujourd'hui : l'article 156 du Code général des impôts l'interdit depuis 2005.

a. Les deux affaires

162. **Rémunérations professionnelles**. Dans la première espèce[147], la gérante d'une société à responsabilité limitée (qui détenait 50 % du capital de la société) entendait déduire de ses rémunérations de dirigeante salariée les dettes sociales prises en charge en exécution d'un engagement de caution[148]. Pour la haute juridiction administrative, l'engagement souscrit par la gérante permettait de préserver ses revenus professionnels. Par conséquent, les sommes déboursées (les dettes prises en charge) étaient déductibles des rémunérations perçues, en vertu de l'article 13 du Code général des impôts.

163. **Revenus de capitaux mobiliers**. Dans le second contentieux[149], trois administrateurs s'étaient portés caution au profit d'une société anonyme. Les trois protagonistes ont entendu déduire de leurs revenus de capitaux mobiliers les dettes prises en charge, ce que refusa le Conseil d'État. Ce dernier a-t-il infirmé son unique jurisprudence antérieure de 1977 ? La portée de cette décision interpelle.

b. Un traitement contradictoire

164. **Apparente contradiction**. Une partie de la doctrine s'est étonnée de cette contradiction : le Conseil d'État accepte la déduction des dettes pour une gérante et non pour des administrateurs. Mais plus encore, la solution concernant les administrateurs est-elle une remise en cause du principe fixé en 1977 ? De toute évidence, la cause juridique des dépenses ne peut pas justifier cette différence de traitement. Rappelons en effet que la décision de 1977 portait sur une condamnation, alors que les dettes sociales prises en charge, dans l'affaire étudiée ici, l'étaient par engagement de caution. Cela ne devrait pas avoir d'incidence sur leur déductibilité. Le droit fiscal ne doit pas appliquer des traitements différents selon qu'il s'agisse d'une condamnation ou d'un engagement de caution. Aucun fondement juridique ne le justifie. À défaut, il semblerait préférable d'être condamné plutôt que de se porter caution. Par conséquent, nous estimons qu'il faut comprendre la décision de 1986 comme une infirmation de l'avancée de 1977.

165. **L'absence de rémunération ?** Ensuite, se pose la question de l'absence de revenus pour les administrateurs. P. Crouzet, dans sa chronique sous les deux arrêts précités de 1986, nous rappelle « qu'en revanche, dans les affaires [des administrateurs], le commissaire du gouvernement avait indiqué – c'était la thèse du ministre en défense – que les trois intéressés n'avaient

---

147 CE, plén., 9 avril 1986, n° 4992 et 68863 : *RJF* 6/86, n° 565, concl. M.-A. LATOURNERIE : *Dr. fisc.* 1986, n° 25, comm. 1213.

148 L'engagement, intervenant alors que la société avait été placée en liquidation judiciaire, avait été pris en faveur de la masse des créanciers et permettait la poursuite de l'activité et le maintien des rémunérations.

149 CE, plén., 9 avril 1986, n° 54466 et 66869 : *RJF* 6/86, n° 565, chron. P. CROUZET.

perçu aucune rémunération pendant la période d'activité de la société. Malgré le caractère quelque peu sibyllin de la rédaction commune des trois décisions, c'est cette circonstance qui, pensons-nous, a déterminé la solution contraire aux conclusions du commissaire au gouvernement[150] ». À notre avis, cet argument est inopérant. L'absence de rémunération des administrateurs ne justifie pas la solution pour plusieurs raisons.

166. **L'espoir occulté**. Tout d'abord, il est vrai, comme le relève P. Crouzet, que les trois protagonistes n'avaient pas été rémunérés (et n'avait perçu aucun jeton de présence). La société avait été rapidement mise en liquidation judiciaire : à peine plus d'un an après sa constitution[151]. Cet axe de défense, basé sur l'insuffisance des rémunérations, était sans doute le plus aisé, écartant toute autre argumentation. D'autant qu'il ne semble pas que le Conseil d'État se soit efforcé d'identifier un espoir de rémunération, alors qu'il le fait naturellement dans d'autres contentieux. Or, il est évident que les administrateurs, en se comportant de la sorte, recherchaient le profit.

166.1. **Silence.** Pour autant, en présence d'une rémunération (jetons de présence relevant des revenus de capitaux mobiliers), le Conseil d'État aurait-il confirmé son unique jurisprudence de 1977 ? Nous ne le pensons pas. Le juge suprême ne relève pas expressément l'absence de rémunération comme une circonstance l'ayant conduit à refuser toute déduction. À notre sens, s'il avait souhaité confirmer sa jurisprudence de 1977, en formation plénière, il n'aurait pas omis de l'indiquer[152]. D'ailleurs, comme le rappelle P. Crouzet, le Conseil d'État en 1977 (jurisprudence abandonnée en 1986) avait « pris soin de relever l'existence d'une telle rémunération perçue par les administrateurs appelés en comblement de passif de leur société ». Nous considérons donc que le juge, en 1986, n'aurait pas omis, pour justifier de sa décision, de révéler l'absence ou l'insuffisance de revenus de capitaux mobiliers. *A contrario*, en l'indiquant, il s'écartait du principe du remploi des revenus[153] et ouvrait une brèche dans l'hermétique frontière entre le travail et

---

[150] *Ibid.*

[151] Selon les conclusions du commissaire du gouvernement, la société avait vécu du 13 août 1974 jusqu'au 1er décembre 1975, date à laquelle elle a été déclarée en liquidation de biens.

[152] Reprenons le considérant du Conseil d'État : « considérant qu'il résulte de l'instruction que Monsieur X – alors qu'il était administrateur de la société anonyme « Ussonnaise de Cartonnage » – a souscrit, le 04/09/74, à concurrence de 50 000 francs pour sa part, un engagement de caution solidaire avec quatre autres administrateurs, au profit de cette société, en garantie d'un contrat de fourniture d'équipement conclu entre celle-ci et une tierce entreprise […]. Il a été condamné à payer la somme de 50 000 francs […]. Mais, contrairement à ce que soutient Monsieur X, ce versement ne peut être regardé comme une dépense effectuée en vue de l'acquisition ou de la conservation d'un revenu, qui en vertu des dispositions précitées aurait fait naitre dans la catégorie des revenus de capitaux mobiliers un déficit déductible de son revenu global, mais constitue en réalité une perte en capital, dont aucun texte ne permet la déduction… ». L'absence de rémunération n'est pas expressément relevée.

[153] L'indication dans le considérant de l'absence ou insuffisance de revenus de capitaux mobiliers aurait laissé penser qu'en leur présence, les dettes prises en charge auraient été déductibles.

l'investissement privé. Par conséquent, le silence du considérant (de 1986) sur l'absence de rémunération n'était pas une omission.

167. **Conclusions contraires**. Ensuite, cette décision a été rendue dans le sens contraire des conclusions de M-A. Latournerie, qui conseillait de confirmer la décision de 1977 et soulignait d'ailleurs que « quoi qu'il en soit, il nous semble que, sur ce point encore, vous êtes contraints logiquement de ne pas vous arrêter à la circonstance que l'intéressé n'a pas encore perçu de rémunération de sa fonction de dirigeant social lorsqu'il s'engage comme caution pour faciliter l'obtention de crédits par la société, puisque l'article 13 du Code général des impôts permet la déduction des dépenses nécessaires non seulement à la conservation, mais à l'acquisition du revenu et que vous avez déjà fait l'effort d'admettre le lien direct de cause à effet entre l'engagement de caution qui s'avère nécessaire à la poursuite de l'exploitation sociale et le niveau de rémunération du dirigeant que pourra permettre la poursuite de cette exploitation. Au surplus, la solution contraire qui pénaliserait le démarrage de l'activité sociale ou la reprise d'une affaire par un nouveau dirigeant ne nous paraîtrait pas particulièrement opportune[154] ». Pourtant, la haute juridiction administrative a préféré refuser l'imputation du déficit mobilier.

168. **Critiques**. Cette solution est donc contestable à double titre.

En premier lieu, le Conseil d'État omet l'espoir d'une rémunération alors même qu'il la retient régulièrement dans d'autres affaires. Par exemple, les intérêts des emprunts sont déductibles des revenus fonciers alors même que le bien n'est pas effectivement loué. Il suffit que le contribuable démontre qu'il a bien proposé l'immeuble à la location. Seule importe ici l'intention de réaliser des revenus.

En second lieu, les administrateurs semblent être les victimes collatérales d'un problème de taxinomie. Qu'en serait-il si les jetons de présence n'avaient pas été imposés au titre des revenus de capitaux mobiliers ?

c. La véritable justification

169. **Justification.** Nous pensons que la solution se justifie simplement : l'investisseur privé, pour qui l'article 13 du Code général des impôts ne s'applique pas, est tout simplement identifié par la seule nature des revenus qu'il perçoit. Or, le gérant de société perçoit une rémunération professionnelle (relevant de l'article 62 du Code général des impôts), alors que les administrateurs perçoivent des jetons de présence imposés en revenus de capitaux mobiliers, lesquels relèvent du patrimoine. Une telle solution, retenue en fonction uniquement de la seule nature des revenus, distingue artificiellement le travail et l'investissement privé. En effet, l'administrateur n'est pas un simple investisseur, il s'implique dans la vie sociale tout comme

---

[154] M.-A. LATOURNERIE, conclusions sur l'arrêt du CE, plén., 9 avril 1986, n° 4992 et 68863 : *RJF* 6/86, n° 565.

le fait le gérant ; au point d'ailleurs de pouvoir commettre une faute de gestion. Or, malheureusement, les jetons de présence des administrateurs relèvent des revenus de capitaux mobiliers. En aurait-il été différemment si ceux-ci étaient imposés dans une autre catégorie ?

170. **Rejet des déficits mobiliers**. Par conséquent, ce n'est pas l'absence ou l'insuffisance de revenus de capitaux mobiliers qui explique la différence de traitement fiscal de la part du Conseil d'État, mais le principe du remploi des revenus. Pour les mêmes raisons qui l'ont conduite en 1971 à interdire la déduction des intérêts d'emprunt des revenus de capitaux mobiliers, la haute juridiction ne pouvait permettre la déduction d'un déficit de la catégorie des revenus de capitaux mobiliers sur le revenu global. D'ailleurs, le considérant de 1971, tout comme celui de 1986, concernant les administrateurs, n'omet pas d'indiquer que « la déduction [des dettes prises en charge] aurait fait naître dans la catégorie des revenus de capitaux mobiliers un déficit déductible [du] revenu global [...] ». Qu'en aurait-il été si l'article 156 du Code général des impôts interdisait l'imputation des déficits sur le revenu global [155]? Dans ce contexte, en présence d'un cantonnement des déficits mobiliers, les juges auraient-ils interprété différemment l'article 13 du CGI, permettant la déduction des dépenses en question ?

171. **Synthèse**. En conclusion, les deux arrêts du Conseil d'État rendus le même jour ne sont pas incohérents. En effet, pour le juge de l'impôt, permettre la naissance d'un déficit dans la catégorie des revenus de capitaux mobiliers imputable (avant 2005) sur le revenu global était un retour en arrière : c'était revenir à la situation qui avait conduit à des pratiques abusives. Or, cette décision sévère pour les administrateurs s'applique à tous les contribuables dès qu'ils perçoivent des revenus de capitaux mobiliers[156]. Cette solution est peu satisfaisante puisque le Conseil d'État aurait pu distinguer le simple investisseur (l'arrêt de principe de 1971 concernant les intérêts d'emprunt) du contribuable associé, qui s'implique dans la société au point d'en devenir un de ses dirigeants et de se porter caution.

Nous ne pouvons que faire nôtre les propos de J. Turot[157], selon lequel : « c'est cette distinction [entre revenus professionnels et revenus non professionnels] qui inspire la jurisprudence, qui, pour les administrateurs ou membres de conseil de surveillance, et *a fortiori* pour les simples actionnaires, n'admet pas dans tous les cas la déduction de sommes mises à leur charge. Mais l'état actuel de la jurisprudence n'est pas, à notre sens, satisfaisant ».

---

[155] L'intérêt économique aurait été moindre à l'évidence et les protagonistes n'auraient sans doute pas poussé le contentieux jusque devant la haute juridiction administrative. Ce n'est que depuis 2005 que l'article 156 dispose que les déficits de la catégorie des revenus de capitaux mobiliers ne sont pas imputables sur le revenu global.

[156] L'investisseur est ici identifié par la nature juridique des revenus qu'il perçoit sans analyser son comportement, son implication. C'est précisément ce que nous réfutons dans la partie 2.

[157] CE, 7e et 9e s.-s., 4 nov. 1988, n° 56620, *Joly Lyantey de Colombe* : *RJF* 1/89, n° 41, chronique J. TUROT.

3. Confirmation : le principe d'attractivité

172. **Confirmation.** Le Conseil d'État, peu après les deux arrêts précédents d'avril 1986, a pris une décision[158] qui, semble-t-il, confirme sa ligne directrice.

a. Première confirmation

173. **Les faits.** Monsieur X, qui détient 25 % des actions de la société anonyme Y, ne perçoit aucune rémunération professionnelle significative de la part de ladite société, l'empêchant ainsi de déduire de ses revenus de capitaux mobiliers les sommes versées en exécution d'une caution.

174. **La solution.** La solution de l'arrêt n'est plus surprenante. Selon le Conseil d'État, les dépenses litigieuses ne peuvent être regardées comme « effectuées en vue de l'acquisition ou de la conservation d'un revenu qui, en vertu des dispositions précitées, aurait fait naître dans la catégorie des revenus de capitaux mobiliers un déficit déductible de son revenu global, mais constitue en réalité une perte en capital, dont aucun texte ne permet la déduction[159] ». Pour la haute juridiction administrative, seule la catégorie fiscale des rémunérations professionnelles (ici de dirigeant salarié) peut dégager un déficit imputable sur le revenu global. Par conséquent, l'investisseur privé est bel et bien identifié ici par la seule nature des revenus qu'il perçoit.

175. **Insuffisance des revenus.** La haute juridiction administrative n'a d'ailleurs pas manqué de relever, par son considérant quelque peu particulier, que les rémunérations – au titre des traitements et salaires – étaient insuffisantes ; sans jamais évoquer toutefois le montant perçu au titre des revenus de capitaux mobiliers. Il semble que l'insuffisance des rémunérations professionnelles conduise à imputer par défaut les dépenses sur les revenus de capitaux mobiliers, c'est-à-dire sur des revenus propres à l'investisseur. Autrement dit, si le contribuable n'est pas un professionnel, il est alors un investisseur (par attractivité) : en ralliant la catégorie des revenus de capitaux mobiliers, la haute juridiction le relègue à ce rang (d'investisseur). Par conséquent, le versement ne peut être regardé comme une dépense effectuée en vue de conserver un revenu, mais comme une perte en capital. Ce raisonnement a le mérite d'amorcer le principe d'attractivité du risque professionnel tel qu'il sera consacré par l'arrêt *Joly Lyantey de Colombe*[160] (deux ans plus tard en 1988*)* puisque le contribuable est ici un investisseur, (en l'absence de rémunération.

---

[158] CE, 7e et 9e s.-s., 21 mai 1986, n° 50833 : *RJF* 07/86, n° 667.

[159] *Ibid.*

[160] Le Conseil d'État admet qu'un dirigeant puisse déduire des dettes même s'il est par ailleurs actionnaire majoritaire. Le risque professionnel supplante alors celui de l'investisseur (CE, 7e et 9e s.-s., 4 nov. 1988, n° 56620, *Joly Lyantey de Colombe*, concl. MARTIN-LAPRADE : *RJF* 1/89, n° 41, chron. J. TUROT).

b. Confirmations ultimes

176. **Désespoir**. En 1989, le Conseil d'État[161], en refusant une nouvelle fois la déduction des dettes sociales prises en charge lors de l'exécution d'un engagement de caution, entérine définitivement le sort fiscal des administrateurs de SA ; lesquels n'ont eu pour seul tort que d'être rémunérés en revenus de capitaux mobiliers. De telles dépenses ne peuvent être regardées « comme [...] effectuée en vue de l'acquisition ou de la conservation d'un revenu faisant naître un déficit dans la catégorie des revenus de capitaux mobiliers ». Ce faisant, un tel versement correspond à une perte en capital dont aucun texte ne permet la déduction.

177. **Confirmation ultime.** Ces solutions font écho à celle de 2008 (v. *supra* n° 155) dans laquelle le Conseil d'État refusa l'imputation des intérêts d'emprunt sur les dividendes perçus par deux experts-comptables[162]. Pour la haute juridiction administrative, les dividendes ne sont que le fruit de la simple propriété.

D. Le refus à tout prix des déficits mobiliers

178. **Rejet du déficit**. Avant de présenter les raisons (2) qui ont conduit, selon nous, au principe posé en 1971, maintes fois réaffirmé, analysons préalablement l'argumentation de l'époque (1).

1. Les justifications officielles de 1971 :

a. Fongibilité du patrimoine privé

179. **Fongibilité.** Selon le commissaire du gouvernement de l'époque (en 1971[163]), les intérêts d'emprunt ne sont pas déductibles des revenus de capitaux mobiliers, car « [ils] ne peuvent être affectés à l'acquisition d'un bien déterminé productif de revenu ». Ce faisant, par une sorte de « principe de fongibilité des éléments du patrimoine privé », un emprunt ne peut pas être affecté à une opération particulière. Dès lors, on ne saurait pas si l'emprunt souscrit permet l'acquisition d'un investissement générateur de revenus ou s'il finance un autre élément du patrimoine privé. En d'autres termes, les emprunts financeraient le patrimoine privé dans son ensemble sans qu'il soit possible de les affecter à des opérations précises. Prenons l'exemple d'un contribuable fortuné qui autofinancerait sa résidence principale, mais qui souscrirait un

---

[161] CE, 7e et 8e s.-s., 14 juin 1989, n° 74223, *Quintin* : *RJF* 8-9/89, n° 916.

[162] CE, 3e et 8e s.-s., 30 juin 2008, n° 274480, *Henri* : *RJF* 10/08, n° 1040, concl. E. GLASER (C1040).

[163] J. DELMAS-MARSALET concl. sur CE, sect., 20 juillet 1971, *Dr. fisc.* 1972, n° 50, comm. 1821.

emprunt pour la réalisation d'un investissement privé. Il pourrait tout à fait procéder de manière inverse : souscrire un emprunt pour l'acquisition de son logement. Dans ce cas, la question de la déduction des intérêts d'emprunt ne se pose plus. C'est en ce sens que le principe de la fongibilité du patrimoine privé est ici posé.

Cet argument nous semble contestable pour plusieurs raisons.

180. **Incohérence**. En premier lieu, la solution de l'arrêt du Conseil d'État de 1971 nous apparaît avoir une portée générale puisque « sauf disposition contraire expresse, les frais engagés pour maintenir ou accroître le patrimoine privé du contribuable ne peuvent être déduits des revenus retirés de certains éléments de ce patrimoine, qu'il en est ainsi des intérêts d'emprunt contractés par des particuliers [...] ». Ainsi, la haute juridiction administrative semble sceller le sort des dépenses (quelles qu'elles soient) engagées par les investisseurs privés, et non spécifiquement celui des intérêts d'emprunt.

181. **Raisonnement par analogie**. En second lieu, cet argument de la fongibilité du patrimoine privé est, nous semble-t-il, inopérant. Pour le démontrer, prenons l'exemple des intérêts d'emprunt déductibles des revenus fonciers. L'emprunt contracté est affecté ici à l'acquisition d'un bien productif de revenus fonciers. Il est alors possible, en pratique, pour un particulier, d'affecter un emprunt à l'acquisition d'un investissement déterminé. D'ailleurs, il ne nous semble pas, concernant l'impôt sur la fortune immobilière, qu'un contribuable soit sanctionné s'il décide d'emprunter plutôt que de s'autofinancer (s'il s'agit d'un emprunt véritable, pas celui contracté auprès du conjoint, ou d'une société contrôlée par le contribuable). L'emprunt restera déductible de la valeur de l'immeuble, sans rechercher si le contribuable avait les moyens d'autofinancer l'acquisition. L'emprunt est donc bien affecté à une opération particulière, que ce soit pour la déduction des intérêts d'emprunt des revenus fonciers ou encore pour la détermination de la fortune immobilière. Par conséquent, l'argument de la fongibilité du patrimoine privé est, nous semble-t-il, inopérant.

b. Un champ de déduction restreint

182. **Sous-entendu.** Selon M. Delmas-Marsalet[164], l'article 13 du Code général des impôts sous-entend que les intérêts d'emprunt ne sont pas déductibles des revenus de capitaux mobiliers par principe. C'est pourquoi le législateur était dans l'obligation de préciser qu'ils étaient déductibles des revenus fonciers par exception à ce principe. Ce raisonnement est contestable pour plusieurs raisons.

183. **Revenu net.** Tout d'abord, il ne nous semble pas, à la lecture de cet article 13, que le législateur ait entendu interdire cette déduction. C'est d'ailleurs tout le contraire, les dépenses déductibles sont celles qui visent

---

[164] *Ibid.*

l'acquisition ou la conservation des revenus, quels qu'ils soient. Les revenus de capitaux mobiliers doivent donc bénéficier d'une imposition sur le revenu net. L'absence de disposition particulière les concernant n'y changera rien. Cela ne restreint en rien la portée générale de l'article 13 du Code général des impôts. À défaut, si nous suivons le raisonnement contesté, cela signifie-t-il qu'il n'y aurait aucune dépense déductible sur cette catégorie de revenus ? Or, même si ces dépenses sont peu nombreuses, il en existe quelques-unes, tels que les frais de garde de titres.

184. **Particularité**. Ensuite, le législateur a été attentif à délimiter le traitement des investissements immobiliers en raison du nombre important d'abus dans ce domaine. Ce type d'investissement, contrairement à d'autres, est plus facilement sujet à dénaturation. La loi a saisi cette opportunité pour réaffirmer le traitement des intérêts d'emprunt (à l'article 31), mais cette précision n'altère pas le principe énoncé à l'article 13 du Code général des impôts. En résumé, bien que l'article 31 du Code général des impôts soit très détaillé, il ne restreint en aucun cas la portée de l'article 13 du même Code.

2. La véritable justification

185. **La raison.** Quelle que ce soit la nature des dépenses en cause (intérêts d'emprunt ou prise en charge des dettes sociales), le Conseil d'État refuse le principe du déficit mobilier ; précisément car celui-ci aurait pu s'imputer sur le revenu global.

186. **Refus.** La lecture particulière de l'article 13 du Code général des impôts, de la part de la haute juridiction, a suscité de nombreuses critiques. En occultant les revenus générés par l'investissement privé, le Conseil d'État fait preuve d'une « conception étroite de l'annualité de l'impôt », et d'un « réalisme excessif [pour ne pas tenir compte] des intentions du contribuable[165] ».

La justification de cette décision du Conseil d'État a parfois été mal comprise. En réalité, le juge suprême s'est surtout opposé à la reconnaissance d'un déficit dans la catégorie des revenus de capitaux mobiliers, puisqu'un tel déficit pouvait (avant 2005) s'imputer sur le revenu global.

187. **Déficit mobilier.** En effet, de l'aveu même du rapporteur public E. Glaser[166], dans l'affaire des experts-comptables de 2008, la haute juridiction administrative ne pouvait pas ouvrir la boîte de Pandore. Accepter la déduction des intérêts d'emprunt des revenus de capitaux mobiliers revenait à admettre, dans les contentieux qu'il devait juger, l'imputation des déficits mobiliers sur le revenu global, ce qui en l'occurrence était possible jusqu'en

---

[165] C. David, O. Fouquet, B. Plagnet, P.-F. Racine, *les grands arrêts de la jurisprudence fiscale*, Dalloz, 2009, 5ième édition. Thème 14, p. 321

[166] CE, 3e et 8e s.-s., 30 juin 2008, n° 274480, *Henri et Maurice*, concl. E. Glaser : *RJF* 10/08, n° 1040. Dans cette affaire, les faits étaient antérieurs à 2005.

2005, à défaut de disposition contraire de l'article 156 du Code général des impôts[167]. Reprenons les dires du rapporteur public : « en autorisant la déduction des dépenses encourues pour l'acquisition d'un patrimoine privé, vous ouvrez, en effet, la voie à des montages que vous imaginez facilement. Il deviendrait possible d'emprunter pour financer l'acquisition de son patrimoine privé, ce qui avec un minimum de connaissances en matière de fiscalité et de bourse, ou de bons conseils, permettrait de s'enrichir aux frais de l'État, avec un effet de levier non négligeable *et la possibilité de créer un déficit dans cette catégorie déductible du revenu global*. Nous ne sommes pas vraiment convaincus que ce soit le meilleur emploi possible des deniers publics. Enfin, nous sommes persuadés qu'un tel revirement n'aurait qu'une durée de vie très limitée, car le législateur viendrait immédiatement refermer la porte que vous auriez ouverte. Il nous semble, d'ailleurs, qu'une telle avancée relève, d'abord, du législateur lui-même, auquel il appartient de décider s'il veut favoriser à ce point les placements mobiliers[168] ».

188. **Carence législative**. Le raisonnement énoncé permet de comprendre, même si elle reste contestable, l'opposition systématique du Conseil d'État. Il est clair que par crainte des effets des déficits mobiliers sur l'impôt, le Conseil d'État s'est opposé sans cesse à l'imputation des dépenses sur les revenus de capitaux mobiliers. Il s'agit de la normalisation malheureuse d'un raisonnement qui, à l'origine, ne condamnait que les montages artificiels. La méfiance à l'égard des investissements immobiliers s'est alors étendue à l'ensemble des investissements privés. C'est ainsi que le juge suprême préfère constater les revenus plutôt que de les espérer. À ce titre, il n'accepte pas la déduction des dépenses d'acquisition, celles permettant d'amorcer la production des revenus.

189. **Contestation.** Néanmoins, l'argumentation précitée du rapporteur public E. Glaser ne nous convainc pas. En premier lieu, la carence législative évoquée en creux n'existe pas. Il nous semble que le législateur n'a pas souhaité généraliser le sort réservé aux déficits fonciers. Son silence en la matière ne vaut pas omission.

En second lieu, la haute juridiction administrative n'a pas à se substituer au législateur. Or, celle-ci tient un raisonnement qui n'existait pas à l'origine dans la loi.

---

[167] CE, plén., 9 avril 1986, n° 49992 : *RJF* 06/86, n° 366, concl. E. GLASER, chron. CROUZET : « le versement ne peut être regardé comme une dépense […] qui, en vertu des dispositions précitées (article 13 et 156 I du Code général des impôts) aurait fait naitre dans la catégorie des revenus de capitaux mobiliers un déficit déductible de son revenu global […] ». C'est d'ailleurs ce que le contribuable prétendait dans l'affaire jugée en 1971.

[168] Conclusions E. GLASER sur l'arrêt CE, 3e et 8e s.-s., 30 juin 2008, n° 274480, *Henri et Maurice* : *RJF* 10/08, n° 1040.

3. Les conséquences : l'utilité occultée

190. **Méconnaissance.** En agissant ainsi, le Conseil d'État se focalise sur la propriété, c'est-à-dire sur la nature du bien, et non sur l'utilité que celui-ci procure, à savoir les revenus. Par conséquent, l'acquisition d'un bien productif de revenus (l'investissement privé) n'est pas considérée comme une acquisition de revenus. L'intention de s'enrichir de l'investisseur privé est alors occultée. Ceci n'est pas sans conséquence.

a. Les frais d'acquisition

191. **Non déduction.** En rattachant les intérêts d'emprunt à l'acquisition d'un patrimoine privé plutôt qu'à la possibilité de percevoir des revenus, la haute juridiction prohibe toute déduction des frais d'acquisition des investissements privés, même si le bien est acquis dans l'unique but de rechercher le profit. Le considérant de 1969 (v. *supra* n° 147) concernant les investissements immobiliers, et celui de 1971 (v. *supra* n° 150) relatif aux investissements financiers, sont exempts d'équivoques : ils généralisent le raisonnement à l'ensemble des dépenses. Celles-ci, quelles qu'elles soient, sont sans cesse regardées comme de nature à seulement accroître le patrimoine privé. Ainsi, les droits de mutation, que ce soit à titre gratuit ou à titre onéreux, ne sont pas déductibles des revenus fonciers, ni des revenus mobiliers. Cette non-déductibilité s'applique également aux honoraires de notaires, de conseils, d'intermédiaires.

b. L'exception : les biens professionnels par nature

192. **Le principe**. Cette exclusion systématique de la déduction des frais d'acquisition pour un investissement privé ne s'applique pas aux biens qui ont un caractère professionnel par nature. Par exemple, les droits de mutation à titre gratuit payés par un héritier ou un donataire lors de la transmission de biens ou de droits de nature professionnelle sont considérés comme des dépenses déductibles des bénéfices.

193. **Cas particulier.** Les droits de succession ou de donation relatifs à une entreprise sont aujourd'hui déductibles des revenus professionnels des héritiers ou donataires[169], à condition que les éléments transmis soient affectés par nature à l'exercice d'une profession. Cette solution renvoie directement à la jurisprudence du Conseil d'État de 2003[170] (jurisprudence que nous

---

[169] Depuis l'abrogation de l'article 39-1-4° quater du Code général des impôts, ces derniers n'ont plus à s'engager formellement à ce que l'un d'eux poursuive l'activité personnellement, directement et de manière continue pendant au moins cinq ans.

[170] CE, 3ᵉ et 8ᵉ s.-s., 19 février 2003, n° 229373, *Tornay* : *RJF* 5/03, n° 573, concl. S AUSTRY, *BDCF* 5/03, n° 65.

détaillons un peu plus loin, v. *infra.* n° 196). Avant cela, les contribuables ne pouvaient pas déduire les droits de succession afférents à un fonds de commerce dont ils étaient les héritiers, car cette acquisition relevait d'un patrimoine privé. Pour le Conseil d'État[171], le fonds de commerce rentrait « un instant de raison » dans le patrimoine privé, ce qui suffisait à écarter une possible déduction des droits de succession sur les revenus professionnels. Ce faisant, la haute juridiction administrative s'attachait à la nature privée du capital, sans retenir sa capacité à générer des revenus imposables.

i. Première illustration

194. **Les faits.** Monsieur Nicollet avait donné, à ses deux enfants, son entreprise, moyennant une rente viagère. Cette donation avec charge imposait alors aux donataires le versement d'une rente jusqu'au décès du donateur. Les droits de donation se déterminent sur la base de la valeur vénale du bien transmis, indépendamment des rentes qui seront payées.

Dans cette affaire, les deux enfants poursuivaient l'activité d'agent d'assurance de leur père. Ils entendaient déduire de leurs revenus professionnels les arrérages de la rente.

195. **La solution.** Pour le Conseil d'État : « lorsque la donation porte sur un bien ou des droits qui ont, par nature, un caractère professionnel et sont compris dans les éléments d'actif de l'entreprise exploitée par le donataire, les charges de la donation supportées par celui-ci sont la contrepartie de l'acquisition ou d'un accroissement de ces éléments ; qu'en pareil cas, il y a lieu d'admettre que les sommes payées au donateur, sous forme de rente viagère, en exécution de l'acte de donation, par le donataire constituent, pour ce dernier, une charge financière déductible de ses revenus professionnels dès que leur montant cumulé vient à excéder la valeur du bien ou des droits stipulée dans l'acte, et ce jusqu'au décès du donateur [...][172] ». Ainsi, les arrérages de la rente sont déductibles des revenus professionnels pour la part qui excède la valeur de l'entreprise transmise. Les biens professionnels par nature n'intègrent pas, même un instant de raison, le patrimoine privé.

ii. Seconde illustration

196. **Les faits[173].** Monsieur Tornay entendait déduire de ses bénéfices agricoles les droits de succession qu'il avait supportés au décès de son épouse. Il était l'héritier de l'usufruit d'une exploitation viticole constituée de terres

[171] CE, plén., 26 juillet 1985, n° 41798 et 41799 : *RJF* 10/85, n° 1268, concl. PH. BISSARA, p. 662.
[172] CE, 9e et 8e s.-s., 2 fév.1998, n° 133845, *Nicollet* : *RJF* 3/98, n° 263.
[173] CE, 3e et 8e s.-s., 19 fév. 2003, n° 229373, *Tornay* : *RJF* 5/03, n° 573, concl. S. AUSTRY, *BDCF* 5/03, n° 65.

agricoles, de vignes, de bois, de bâtiments d'exploitation, de stocks de vins et de créances professionnelles.

197. **La solution.** La haute juridiction administrative réitère son considérant de 1995 (arrêt *Nicollet* précité) en précisant que les droits de mutation à titre gratuit acquittés par un contribuable en qualité d'héritier ou de donataire de l'usufruit de biens ou de droits qui ont, par nature, un caractère professionnel, constituent, pour ce dernier, une charge déductible des bénéfices agricoles qu'il perçoit.

E. Une lecture particulière de l'article 13 du CGI

198. **Plan**. Le raisonnement du Conseil d'État précédemment exposé est d'autant plus contestable qu'il donne à l'article 13 du Code général des impôts une portée restreinte. Or, il nous semble, qu'au contraire, cet article complète des dispositions particulières (1). Si bien que ces dernières ne sont pas limitatives, c'est-à-dire que même si une dépense n'est pas citée expressément dans un article du Code général des impôts, elle demeure néanmoins déductible si elle permet l'acquisition ou la conservation des revenus. Toutefois, le Conseil d'État ne l'entend pas ainsi concernant les investissements privés.

1. Une portée générale...

a. Les doutes

199. **Préambule**. Notons au préalable qu'une dépense déductible selon l'article 13 du Code général des impôts le sera sur un revenu catégoriel et non sur le revenu global[174]. Les seules dépenses déductibles du revenu global (sans passer par une déduction d'un revenu catégoriel) sont celles énumérées limitativement par l'article 156, II du Code général des impôts, or elles ne permettent pas d'acquérir ou de conserver des revenus. Le professeur M. Cozian le résumait parfaitement : « les premières [les charges déductibles des revenus catégoriels selon l'article 13 du Code général des impôts] sont prises en compte au moment de l'évaluation de chaque catégorie de revenu imposable. Les secondes [les charges déductibles du revenu global conformément à l'article 156 du même Code] s'imputent sur le revenu global composé de la réunion des revenus nets catégoriels. En réalité il s'agit là non de charges d'acquisition du revenu, mais au contraire d'emplois du revenu ou

[174] La dépense est d'abord déduite d'un revenu catégoriel sur le fondement de l'article 13 du Code général des impôts.

[…] de dépenses fiscales[175] ». Cela étant précisé, attardons-nous maintenant sur la portée de cet article 13.

200. **Quelle portée ?** La portée de l'article 13 du Code général des impôts interpelle puisque la loi, après avoir édicté le principe selon lequel les revenus nets le sont sous déduction des dépenses permettant la conservation ou l'acquisition des revenus imposables, poursuit en précisant que les revenus nets catégoriels se déterminent selon leurs règles propres. La difficulté réside alors dans l'articulation de ces différentes dispositions. L'article 13 a-t-il une portée générale en complétant les autres dispositions spécifiques ? Ou ne s'applique-t-il que dans le cas où il n'existe aucune disposition particulière[176] ? S'agit-il d'un article sans véritable portée pratique, ne faisant que renvoyer aux dispositions spécifiques de chaque revenu catégoriel ?

Cette difficulté d'interprétation ne concerne pas les bénéfices (industriels et commerciaux, non-commerciaux et agricoles). En effet, l'article 39 du Code général des impôts, relatif aux activités commerciales au sens large, dispose que « le bénéfice net est établi sous déduction de toutes charges […] notamment […] ». L'article 93 du même Code autorise la déduction « des dépenses nécessitées par l'exercice de la profession » non commerciale. L'article 83 permet, quant à lui, la déduction « des frais inhérents à l'emploi » des traitements et salaires. Toutes ces précisions (concernant les revenus catégoriels issus d'activités professionnelles) valident-elles la portée restreinte de l'article 13 du Code général des impôts ?

201. **Incertitude**. Cette incertitude d'application a été accentuée par le considérant du Conseil d'État, en 1971. Selon celui-ci, le dispositif fixé à l'article 13 s'applique « à défaut de dispositions *contraires* pour la détermination du revenu net des différentes catégories[177] ». Que fallait-il comprendre ? Cette solution n'avait pas été comprise par tous de la même façon. Pour M. Racine[178], l'article 13 du Code général des impôts n'était applicable qu'en l'absence de disposition particulière propre à chaque catégorie de revenu. Selon cette conception, cet article n'aurait qu'une portée supplétive et ne pourrait donc élargir la portée des dispositions particulières propres à une catégorie de revenus. En somme, il ne s'appliquerait qu'aux revenus de capitaux mobiliers, puisqu'il s'agit du seul revenu catégoriel qui

---

[175] M. Cozian, *Les grands principes de la fiscalité des entreprises*, LexisNexis, 4e éd., 1999, p. 194.

[176] Il s'agirait alors, dans ce cas, d'une portée dite supplétive.

[177] CE, sect., 20 juill. 1971, n° 81146 : Dupont p. 344, GA 4e éd. Th. n° 14, concl. J. Delmas-Marsalet *Dr. fisc.* 1972, n° 50, comm. 1821.

[178] CE, plén., 22 déc. 1989, n° 56905, *Biau* : *RJF* 02/90, n° 105, concl. P.-F. Racine. Pour le commissaire du gouvernement : « cela implique qu'on ne peut pas déduire sur la base de l'article 13 du Code des dépenses auxquelles l'article 83-3° interdirait de reconnaître le caractère de frais inhérents à l'emploi ou à la fonction. Il en résulte qu'il est contraire à la loi de s'appuyer sur l'article 13 pour s'affranchir des rigueurs de l'article 83, 3° du CGI, en tant que ce dernier exige que la dépense soit inhérente à l'emploi ».

ne connaît pas de disposition propre (ce que nous nommons les dispositions particulières).

202. **Opinion**. Nous pensons, au contraire, que le considérant de 1971 ne doit pas s'entendre dans ce sens. Pour le montrer, reprenons une affaire dans laquelle le commissaire du gouvernement de l'époque, M. Racine, s'opposait à la déduction des dettes prises en charge par un dirigeant salarié (le président du directoire d'une société coopérative) puisque de telles dépenses n'étaient pas inhérentes à son emploi (article 83 du Code général des impôts). Selon M. Racine, l'article 13 n'ayant qu'une portée supplétive, ne pouvait pas constituer le fondement de cette déduction. La haute juridiction, en formation plénière[179], rendit une décision contraire aux conclusions du commissaire du gouvernement. Elle accepta que des dettes prises en charge par un garant (par ailleurs associé et salarié) soient déductibles de ses rémunérations.

203. **Deux possibilités**. Or, pour accepter la déduction des dettes prises en charge par un garant, le juge de l'impôt pouvait emprunter deux voies.

La première consistait à accepter l'imputation sur le fondement de l'article 83 du Code général des impôts. Rappelons que selon cet article, les dépenses déductibles sont celles inhérentes à l'emploi qui a généré les revenus. Toutefois, il ne semble pas qu'un engagement de caution soit inhérent à un quelconque emploi. En d'autres termes, si l'article 13 ne connaît pas une portée générale, la seule façon d'admettre la déduction des dettes prises en charge par un garant est de considérer qu'elles le sont sur le fondement de l'article 83 du Code général des impôts.

La seconde solution reposait sur le fondement de l'article 13 du Code général des impôts. Une dépense est déductible si elle permet l'acquisition ou la conservation des revenus.

204. **Portée générale**. Pour le Conseil d'État, de telles dépenses ont pu être déduites sur le fondement d'une combinaison des articles 13 et 83 du Code général des impôts (et non sur la base du seul article 83). Nous pensons que cette combinaison des deux fondements suffit à infirmer le caractère supplétif, accessoire, de l'article 13. Par conséquent, le dispositif général de l'article 13 complète toutes les dispositions particulières, sans qu'il ne puisse pour autant permettre la déduction d'une dépense si celle-ci est expressément interdite par les règles propres à un revenu catégoriel. Prenons l'exemple des dépenses de reconstruction. Ainsi, même si on pourrait admettre que de telles dépenses puissent permettre la conservation des revenus, l'article 31 du Code général des impôts exclut expressément leur déduction [180]. Dès lors, elles ne sont pas

---

[179] *Ibid.* Dans cette affaire, le commissaire du gouvernement M. RACINE s'opposait à la déduction des dettes prises en charge par un dirigeant salarié (le président du directoire d'une société coopérative) puisque de telles dépenses n'étaient pas inhérentes à l'emploi (article 83 du Code général des impôts) ; selon lui, l'article 13 n'ayant qu'une portée supplétive, ne pouvait pas constituer le fondement de cette déduction.

[180] En ce sens : CE, 9e et 10e s.-s., 15 févr. 2012, n° 323895, *Witaze Thezy* : *RJF* 05/12, n° 475. Voir également : CAA Nancy, 2e ch., 9 mars 1994, n° 93-325, *Faure*, *RJF* 07/94, n° 764.

déductibles des revenus fonciers, quand bien même elles permettent l'acquisition ou la conservation des revenus. Remarquons qu'en effet, ces dépenses accroissent la valeur du patrimoine et permettent de demander un loyer plus élevé.

b. Les confirmations

205. **Confirmation d'application**. C'est dans ce sens qu'il nous faut comprendre la portée de l'article 13 du Code général des impôts. Le rapporteur public E. Glaser écrit d'ailleurs dans ses conclusions sur un arrêt de 2008 : « on peut chercher à donner une portée à l'article 13, 1, ce qui, là encore, peut se faire de plusieurs façons : soit l'on considère que cet article n'est applicable qu'en l'absence totale de dispositions catégorielles, comme dans le cas des revenus des capitaux mobiliers, ce qui lui donnerait une valeur purement supplétive, soit l'on estime qu'il peut compléter les dispositions catégorielles en autorisant des déductions qui ne sont ni prévues ni interdites, soit l'on s'autorise une lecture combinée de la disposition générale et de la disposition catégorielle, ce qui, compte tenu de la formulation très large de l'article 13, 1, conduit nécessairement à un assouplissement de la disposition catégorielle. L'examen de votre jurisprudence, depuis la décision de 1971, montre que vous n'avez jamais opté pour la première solution et que vous êtes progressivement arrivé à cette dernière approche[181] ».

206. **Énumération non limitative.** De la même manière, la question de l'exhaustivité des dispositions particulières concerne directement la portée de l'article 13 du Code général des impôts. Or, le Conseil d'État admet, sur le fondement de l'article 13, la déduction des indemnités d'éviction des revenus fonciers, alors même qu'elles ne sont pas énumérées par l'article 31 du Code général des impôts[182] (v. *infra* n° 209). Une telle solution infirme ainsi la portée supplétive de l'article 13 du Code général des impôts. Autrement dit, les dispositions particulières (en l'occurrence l'article 31 du Code général des impôts) ne peuvent donc être exhaustives[183].

---

[181] CE, 3e et 8e s.-s., 30 juin 2008, n° 274480, *Henri* (1ère espèce) ; CE, 3e et 8e s.-s., 30 juin 2008, n° 307163, *Maurice* (2e espèce) : *RJF* 10/08, n° 1040, concl. E. GLASER (C115).

[182] La portée générale se caractérise par une application à tous les revenus y compris ceux bénéficiant de dispositions particulières. CAA Lyon, 1e ch., 6 nov. 1991, n° 541, *Allais* : *RJF* 02/92, n° 164 : si un salarié ne peut déduire de son revenu catégoriel des frais non inhérents à la fonction ou à l'emploi au sens des dispositions de l'article 83-3° du CGI, de tels frais sont cependant déductibles du revenu global s'ils correspondent à des dépenses effectuées en vue de la conservation du revenu (CGI art. 13-1).

[183] Sur ce sujet, le lecteur peut se reporter au chapitre 2 (§1. L'exemple des indemnités d'éviction).

2. … sauf pour les investissements privés

207. **Critiques.** La généralisation du cloisonnement du risque privé est d'autant plus contestable que le Conseil d'État restreint considérablement les effets de l'article 13 du Code général des impôts, alors même qu'il reconnaît par ailleurs sa portée générale. Ce qui *in fine* est contradictoire à plusieurs titres.

208. **Revenu net**. En premier lieu, le Conseil d'État, qui s'oppose à la déduction des dépenses d'acquisition des investissements privés, tient un raisonnement contestable, car contraire à l'esprit et à la lettre de la loi.

Cette dernière ne vise aucunement à asseoir l'effectivité du principe du remploi des revenus, puisque l'article 13 du Code général des impôts a une portée générale et non supplétive. En d'autres termes, cet article complète toutes les dispositions particulières, si bien que la déduction d'une dépense non prévue par la loi pourra être invoquée sur son fondement. Selon M. Cozian : « que des mesures de détail soient prévues ou non, il est toujours nécessaire de remonter au principe tel qu'il est énoncé à l'article 13, 1 du Code général des impôts[184] ».

209. **À l'envers**. En second lieu, à part quelques exceptions (v. *infra* n° 220 et s.), le procédé conduit, *in fine*, à n'accepter la déduction des dépenses que si celles-ci sont expressément énumérées par des dispositions particulières (article 31 du Code général des impôts). Ainsi, les intérêts d'emprunt seraient alors déductibles des revenus fonciers uniquement car l'article 31 le prévoit. Or le législateur avait instauré un dispositif volontairement étendu, afin d'associer les dépenses déductibles à un enrichissement imposable. En défendant le principe du remploi des revenus, la haute juridiction s'est enfermée dans un raisonnement restreignant l'application de l'article 13 du Code général des impôts, qui, pourtant, est censé bénéficier d'une portée générale. En somme, l'application de l'article 13 est si restreinte par la jurisprudence qu'elle conduit, sauf exceptions, à rendre les dispositions particulières quasiment limitatives concernant l'investissement privé.

210. **Incompréhension**. On saisit donc mal ce raisonnement persistant qui conduit à ne pas accepter la déduction des dépenses d'acquisition sur les seuls revenus générés par l'investissement, *surtout depuis que les déficits patrimoniaux demeurent cantonnés aux revenus de même nature*. Nous entendons bien qu'il est normal qu'en l'absence de revenu imposable (ou plus

---

[184] M. COZIAN, *les grands principes de la fiscalité des entreprises*, Lexis Nexis, 4e éd., 1999, p. 194.

précisément d'intention lucrative) les dépenses ne puissent être déductibles[185]. Toutefois, n'oublions pas qu'une charge ou une dépense n'est déductible que si elle vise l'acquisition ou la conservation de revenus imposables. Or, n'est-ce pas précisément le cas des frais d'acquisition d'un immeuble destiné à la location ? Le Conseil d'État refuse de franchir le pas : ces frais sont rattachés à l'acquisition d'un patrimoine privé et non aux revenus qu'il pourrait générer. Le champ d'application de l'article 13 est alors strictement – et trop sévèrement – circonscrit. En somme, la haute juridiction administrative n'a pas refusé la déduction d'une dépense sur le fondement explicite d'une portée supplétive de l'article 13 du Code général des impôts. Elle renvoie, en revanche, à la qualité d'investisseur privé, laquelle ne permet pas la déduction des dépenses accroissant la valeur du patrimoine privé. Néanmoins, cela revient *in fine* à la même conséquence. Bien que l'article 13, 1 du Code général des impôts soit d'application générale, la haute assemblée a restreint considérablement, et de manière paradoxale, sa portée pour les investisseurs privés.

211. **Illustration.** Ce principe de séparation du patrimoine privé et professionnel est aujourd'hui très largement ancré dans notre droit positif. En témoigne une espèce récente[186].

Monsieur X, notaire de profession, est associé d'une société civile professionnelle (SCP). En février 1997, il fait valoir ses droits à la retraite, mais refuse de céder ses titres. Par conséquent, bien que retraité, le contribuable continue à percevoir une quote-part des bénéfices. Ce dernier est néanmoins condamné à indemniser ses coassociés pour refuser de se retirer de la société. Le contribuable entend déduire la somme versée de 630 000 euros de sa quote-part de bénéfices. L'administration fiscale s'y oppose toutefois.

212. **Solution**. Le Conseil d'État considère que « les dépenses mentionnées à l'article 13 du Code général des impôts s'entendent uniquement, sous réserve des dépenses reconnues déductibles du revenu global par l'article 156 du même Code, de celles qui ont été nécessaires pour acquérir ou conserver les produits bruts retenus pour le calcul du revenu de la catégorie envisagée. Ainsi doivent être regardés comme tels les frais engagés pour acquérir ou conserver des éléments d'actif qui sont affectés aux entreprises ou aux professions exercées par le contribuable. En

[185] À notre connaissance, il n'existe plus qu'une seule exception à ce principe. Le nu-propriétaire d'un immeuble ne peut plus déduire de ses revenus globaux (dans la limite de 25 000 euros) les travaux de grosse réparation que la loi mettait à sa charge (en vertu de l'article 605 du Code civil). Ce régime prévu à l'article 156, II-2° quater du Code général des impôts a été abrogé par l'article 32, I-4° de la loi n° 2016-1917 du 29 déc. 2016. En revanche, les propriétaires d'immeubles classés « monuments historiques » non productifs de loyers pourront déduire de leur revenu global les charges foncières (article 156, II 1 ter et article 156 bis du Code général des impôts).

[186] CE, 9e et 10e ch., 22 mars 2023, n° 464167 : *RJF* 06/23, n° 459, concl. E. BOKDAM-TOGNETTI ; CAA Nantes, 12 déc. 2023, n° 23NT00788.

revanche, et sauf disposition contraire expresse, les frais engagés pour maintenir ou accroître le patrimoine privé du contribuable ne sont pas déductibles, *alors même que des revenus sont ou pourront être retirés de certains éléments de ce patrimoine* ». Il s'ensuit que l'indemnité versée est regardée comme permettant de conserver un élément du patrimoine privé, mais aucunement une quote-part de bénéfice. C'est pourquoi, cette dépense ne peut être déduite desdits bénéfices.

213. **Opinion.** La solution n'est pas étonnante puisqu'elle est conforme à la droite ligne tenue par le Conseil d'État. Elle n'en demeure pas moins sévère. Sur le plan financier, à quoi bon s'entêter à conserver des titres si ce n'est pour continuer à recevoir une part de bénéfices ? Si l'indemnité versée sert assurément à conserver un élément du patrimoine privé, elle peut tout autant être regardée comme permettant la conservation de bénéfices. La haute juridiction administrative persévère dans la portée restreinte qu'elle souhaite conférer à l'article 13 du Code général des impôts. En faisant primer la nature juridique de l'investissement sur son utilité (c'est-à-dire sur sa capacité à générer des revenus), la haute juridiction administrative ignore tout simplement le risque.

Conclusion du chapitre

214. **Frontière.** Le Conseil d'État nous rappelle, à travers les différentes jurisprudences énoncées, que l'activité professionnelle est celle qui génère les revenus (plus précisément des bénéfices s'agissant d'entreprises). Alors que le patrimoine privé ne provient que de l'emploi desdits revenus. Cela traduit également une application du principe de recherche systématique du profit qui ne concerne que les professionnels. Le corolaire du principe du remploi des revenus est celui de la recherche non systématique du profit par les particuliers[187], ce qui fait écho à la possibilité pour eux de s'appauvrir volontairement. En somme, puisque les particuliers ne sont pas tenus de rechercher le profit, le patrimoine privé n'est pas destiné à en produire.

La haute juridiction administrative a ainsi systématisé un raisonnement selon lequel les opérations portant sur le patrimoine privé ne doivent pas influer immédiatement sur la matière imposable (c'est-à-dire sur les revenus autres que ceux que l'investissement privé génère). Au mieux, leurs pertes s'imputeront sur les revenus futurs de même nature. Ce faisant, le juge suprême a instauré un principe du remploi des revenus se définissant par son effet de cliquet. Celui-ci empêche le retour en arrière (les opérations privées ne doivent pas influer sur les revenus) et force la marche en avant (au mieux, les pertes sur le capital privé s'imputent sur les revenus futurs de même

---

[187] On pourrait également affirmer que l'antithèse du principe de l'emploi des revenus est le principe de recherche systématique du profit par les professionnels.

nature). En somme, le revenu peut devenir capital, mais ce dernier (le capital) n'a pas pour vocation première de générer des revenus.

215. **Critiques**. Le principe énoncé, qui refuse systématiquement la déduction des dépenses accroissant le patrimoine privé, occulte les intentions des investisseurs privés. Ce manque de discernement fait perdre à la notion de risque tout son sens. Pour le juge suprême, le patrimoine privé n'a pas pour vocation première de générer des revenus, contrairement à celui professionnel (lequel d'ailleurs n'existe précisément qu'en présence d'une activité habituelle recherchant le profit). C'est oublier toutefois qu'un particulier peut prendre des risques pour s'enrichir, sans pour autant que ce soit dans le cadre d'une activité professionnelle. Si l'interdiction de déduction des frais liés à l'acquisition d'un patrimoine privé se conçoit tout à fait lorsque ce dernier n'a pas vocation à générer des revenus, elle devient contestable lorsque le bien est acquis à cette fin et non en vue d'une utilisation privative. Or, en se focalisant sur la nature du bien plutôt que sur son utilité, le Conseil d'État méconnaît l'intention de l'investisseur privé. Ce faisant, il ignore tout simplement le risque.

CHAPITRE 2. UNE EVOLUTION JURISPRUDENTIELLE INSUFFISANTE

216. **Introduction**. Nous avons exposé, dans le chapitre précédent, l'enracinement dans notre droit fiscal d'un principe du remploi des revenus. Alors que la loi ne combattait que les montages artificiels, la haute juridiction administrative a normalisé, pour ne pas dire systématisé, un principe qui nous apparaît inopportun, pour méconnaitre les risques supportés par les particuliers. La frontière artificielle entre le travail et le capital, à laquelle ce raisonnement conduit, est d'autant plus contestable que l'investisseur privé s'identifie aujourd'hui par la seule nature des revenus perçus et, pas toujours, par son absence d'implication (par sa passivité).

217. **Évolution jurisprudentielle**. Néanmoins, le Conseil d'État, par une longue évolution jurisprudentielle, concède que le patrimoine privé puisse parfois générer des revenus, y compris professionnels. Autrement dit, dans certains cas, un élément du patrimoine privé peut être considéré comme un investissement dont le seul objectif est l'enrichissement. Cette conception permet d'admettre la déduction de certaines dépenses. Nous étudierons à ce titre le cas des indemnités d'éviction. Toutefois, les conditions de leur imputation sur les revenus fonciers sont si contraignantes que cet exemple n'est en rien annonciateur de la possibilité de déduire les frais d'acquisition des investissements privés. Une avancée plus notable concerne, en revanche, les actions ou parts sociales de sociétés soumises à l'IS. La haute assemblée s'écarte quelquefois de leur nature juridique (patrimoine privé), pour s'attacher aux motivations de leur acquisition, à savoir la recherche du profit. Elle reconnaît en ce sens qu'un élément du patrimoine privé puisse être acquis dans le but de conquérir, voire de conserver, des revenus professionnels. Pour ce faire, le juge exige un rapport direct, un lien d'utilité entre l'acquisition des titres et la conquête des revenus *professionnels*. Ce raisonnement, qui est une alternative intéressante à la traditionnelle opposition entre le patrimoine privé et celui professionnel, ouvre la voie à la constitution d'un outil professionnel.

218. **Plan.** Cette progression positive tient au fait que le Conseil d'État a su tenir compte de l'intention de s'enrichir des contribuables. Cette considération du risque économique s'est concrétisée, en plus du cas particulier des indemnités d'éviction (§ 1), par le traitement fiscal des intérêts d'emprunts contractés pour l'acquisition de titres de sociétés soumises à l'IS (§ 2), puis par la déduction (sur les revenus professionnels) des dettes sociales qu'un contribuable peut être amené à prendre en charge, que ce soit au titre d'une condamnation ou lors de l'exécution d'un engagement de caution (§ 3).

Il n'en demeure pas moins que l'état de notre jurisprudence reste, malgré cela, insatisfaisant, pour méconnaître encore totalement l'application de l'article 13 du Code général des impôts en présence de revenus patrimoniaux. Ce faisant, notre législation fiscale accorde encore trop peu d'attention au risque résultant d'investissements privés.

SECTION 1. L'EXEMPLE DES INDEMNITES D'EVICTION

219. **Revirement**. L'étude du sort fiscal des indemnités d'éviction nous révèle que le juge de l'impôt a fini par considérer les intentions des investisseurs privés (A). En effet, la haute juridiction administrative a infirmé sa jurisprudence antérieure[188], pour accepter que les investisseurs privés puissent déduire les montants acquittés (les indemnités) sur leurs revenus fonciers. Pour ce faire, la haute assemblée a su s'écarter de la nature juridique de cette dépense, pour ne s'attacher qu'aux motivations des opérations. Cette évolution peut-elle donner quelques espoirs sur l'opportunité d'appréhender le patrimoine privé comme un investissement générateur de revenus, donc sur la faculté d'étendre la portée de l'article 13 du Code général des impôts aux investissements privés (B) ?

A. La considération des motivations

220. **L'avancée heureuse**. Soulignons qu'autrefois, le Conseil d'État refusait systématiquement que les contribuables puissent déduire sur leurs revenus fonciers les indemnités d'éviction. Ces dernières constituaient toujours la contrepartie d'une augmentation de valeur d'un bien immobilier qui retrouve sa libre utilisation[189]. La haute juridiction administrative a néanmoins fait évoluer sa jurisprudence en reconnaissant que certaines de ces dépenses ne sont pas exclusivement rattachées à la propriété. Elles peuvent également servir à acquérir ou à maintenir des revenus imposables. Cela se produit notamment lorsque le propriétaire reprend possession de son immeuble (moyennant versement d'une indemnité) en vue de le louer à nouveau, après travaux, dans de meilleures conditions[190]. Le Conseil d'État procède ainsi à l'analyse économique des opérations, en tenant compte des circonstances et des intentions du contribuable. Si le propriétaire reprend les biens donnés en location à des fins personnelles, ou pour les vendre libres de toute occupation, l'indemnité n'est pas déductible[191]. En revanche, elle peut réduire les revenus fonciers si elle contribue, par exemple, à la transformation des locaux commerciaux en logements, générant des loyers bien *supérieurs* à

---

[188] En 1978, le Conseil d'État a accepté d'analyser les raisons économiques du « pas-de-porte » ou droit au bail, il accepta que leur perception puisse être la contrepartie de la perte de valeur de l'immeuble puisque le locataire professionnel a droit au renouvellement du bail.

[189] CE, sect., 24 fév. 1978, n° 97347 : *RJF* 4/78, n° 160 ; CE, plén., 20 oct. 1978, n° 7157 : *RJF* 10/78, n° 544, chron. J.-F. VERNY ; CE, plén., 4 nov. 1974, n° 91.434 : *RJF* 1/75, p. 29.

[190] CE, 3e et 8e s.-s., 8 juillet 2005 n° 253291, *Delon* : *RJF* 11/05, n° 1194, concl. E. GLASER *BDCF* 11/05 n° 132. Dans le cas d'espèce, commet une erreur de droit la cour administrative d'appel qui rattache l'indemnité à l'acquisition (à l'accroissement de valeur) d'un bien immobilier, alors même qu'elle reconnaît que l'immeuble reconstruit a permis une augmentation substantielle des loyers.

[191] CE, 7e et 9e s.-s., 15 janv. 1982, n° 12118 : *RJF* 3/82, n° 241 ; CE, 9e et 8e s.-s., 6 janv. 1988, n° 46658 : *RJF* 3/88 n° 284 ; CE, 9e et 8e s.-s., 10 juill. 1989 n° 41069 : *RJF* 10/89, n° 1075.

ceux pratiqués antérieurement[192]. Cette approche démontre que le juge de l'impôt peut parfois étendre la portée de l'article 13 du Code général des impôts aux investissements immobiliers, puisque la dépense dont il est question ici (l'indemnité d'éviction) ne compte pas parmi celles énumérées à l'article 31 du Code général des impôts. Illustrons notre propos.

221. **Illustration**. Les époux X acquièrent deux biens à usage commercial, sous la condition suspensive qu'ils parviennent à obtenir le départ des locataires actuels, moyennant le versement d'indemnités d'éviction. Quelques mois plus tard, parvenant à leurs fins, les consorts X versent les indemnités, puis les imputent sur leurs revenus fonciers. L'administration fiscale s'y oppose.

222. **La solution**. La cour administrative d'appel de Paris[193] observe tout d'abord que le versement des indemnités a bien permis de libérer les locaux. Elle constate ensuite que les biens immobiliers ont été loués à *des conditions plus favorables*, l'administration ne contestant pas les augmentations très significatives des loyers pratiqués. Pour le juge du fond, « la circonstance que [le contribuable] se soit rendu [débiteur] de ces sommes, alors même [qu'il] n'avait pas la qualité de bailleur aux dates de la signature de chacun des actes de ventes, est restée sans incidence sur l'objectif poursuivi et la contrepartie attendue, dès lors que *le versement de ces indemnités a permis [au contribuable] de valoriser la rentabilité locative* [et] *d'accroître son revenu imposable »*. Les montants acquittés constituent donc bien des charges déductibles des revenus fonciers des époux, en application des dispositions du 1 de l'article 13 du Code général des impôts.

223. **Cas particulier.** Les indemnités d'éviction se répartissent parfois entre dépenses déductibles liées à l'acquisition de revenus et dépenses non déductibles augmentant la valeur du patrimoine privé[194]. Tel est le cas lorsque le bail résilié porte à la fois sur un local commercial au rez-de-chaussée (boucherie) et sur un logement au premier étage. Après avoir repris la libre disposition d'un local commercial, et du logement attenant, en versant une indemnité à un même locataire, le propriétaire, exerçant lui-même l'activité de boucher, avait reloué le local commercial, mais en excluant toute activité concurrente à la sienne. Le nouveau bail commercial prévoyait en effet une clause de non-concurrence. Il interdisait que le local commercial puisse servir une activité de boucherie, concurrente à la sienne. Par ailleurs, il avait reloué l'appartement transformé en studios, ce qui lui avait procuré des loyers cinq fois supérieurs. Le Conseil d'État a considéré que, pour moitié, l'indemnité permettait une augmentation des loyers du logement transformé en plusieurs studios (indemnité déductible des revenus fonciers) ; que l'autre moitié de

---

[192] CE, 7e et 9e s.-s., 29 mars 1989, n° 81836 : *RJF* 5/89, n° 570.

[193] CAA Paris, 9e ch., 3 févr.2023, n° 22PA00288, inédit.

[194] CE, 7e et 9e s.-s., 31 mars 1989, n° 80712, *Comptoir de la viande* : *RJF* 5/89, n° 539, chron. J. TUROT p. 611, concl. O. FOUQUET *AJPI* 6/89 p. 464.

l'indemnité avait permis de valoriser le fonds de commerce de boucherie que le contribuable exploitait personnellement, pour avoir écarté un concurrent (indemnité non déductible des revenus fonciers).

B. Une impossible généralisation

224. **Quelle évolution ?** Cette évolution de la jurisprudence est estimable, car le juge de l'impôt s'attache ici aux circonstances et aux intentions du contribuable. Ce faisant, il reconnaît l'investissement et le risque que celui-ci représente. Toutefois, cette solution ne semble pas pouvoir s'étendre aux dépenses d'acquisition des investissements patrimoniaux, pour une simple et bonne raison : les indemnités d'éviction ne concernent que les locaux commerciaux (déjà) loués. La recherche du profit se manifeste ici, et cela se confirme, par l'augmentation de revenus *déjà existants* pour un même bien. C'est pourquoi la méfiance naturelle de la haute juridiction administrative à l'égard des investisseurs privés, semble ici s'estomper, voire s'effacer. Cette circonstance si particulière – que constitue *l'accroissement, pour un même bien, de loyers préalablement perçus* – ne laisse alors présager aucun revirement jurisprudentiel. Le Conseil d'État n'étendra pas la portée de l'article 13 du Code général aux dépenses d'acquisition des biens immobiliers puisque ces derniers n'ont pas encore généré de loyers pour l'acquéreur, s'agissant pour lui d'investissements nouveaux.

Après avoir examiné la situation fiscale des indemnités d'éviction, explorons à présent celle des intérêts d'emprunt.

SECTION 2. LA DEDUCTION DES INTERETS D'EMPRUNT DES REMUNERATIONS PROFESSIONNELLES

225. **Introduction**. Nous avons vu que le Conseil d'État s'oppose depuis 1971[195] (v. *supra* n° 150 et s.) à ce que les intérêts d'emprunts souscrits pour l'acquisition de titres se déduisent des revenus (A). La haute juridiction administrative a toutefois fait évoluer sa jurisprudence en acceptant, sous certaines conditions, que ceux-ci minorent les revenus professionnels (B).

A. Au commencement : l'interdiction de principe

226. **Les faits.** Rappelons brièvement, à travers un exemple idoine, le raisonnement tenu par la haute juridiction administrative, raisonnement que nous avons longuement développé dans le chapitre précédent. Dans cette affaire, le Conseil d'État, en formation plénière[196], rejetait en bloc les prétentions d'un contribuable. Celui-ci avait acquis les titres d'une société.

[195] CE, sect., 20 juill. 1971, *Dr. fisc.* 1972, n° 50, comm. 1821.
[196] CE, plén., 4 juin 1976, n° 97732 : *RJF* 09/76, n° 370.

L'essentiel du prix de cession avait été transformé en rente viagère. Le contribuable entendait alors déduire de ses rémunérations de gérant, sur le fondement de l'article 13 du Code général des impôts, les arrérages (les intérêts des rentes) qu'il versait pour l'acquisition des parts de la personne morale dont il était devenu le représentant légal et associé majoritaire.

227. **Solution.** Pour la haute juridiction administrative, l'investissement du requérant n'avait permis que de constituer un portefeuille de valeurs mobilières. Selon le Conseil d'État, « *la nomination ultérieure de l'intéressé aux fonctions de gérant de la société n'a pas été la conséquence nécessaire de cet achat, la propriété de parts sociales n'étant pas une condition de la nomination aux fonctions de gérant* [...] ». Ainsi, les dépenses exposées ne pouvaient être regardées comme effectuées dans le but d'acquérir des revenus professionnels.

228. **Critiques.** En somme, bien qu'empruntant pour acquérir les parts d'une société pour y exercer son activité professionnelle, le contribuable était réputé ne réaliser qu'une opération patrimoniale. Cette décision sévère ne retenait alors que la nature juridique des titres – en l'occurrence ceux d'une société soumise à l'IS relevant du patrimoine privé – sans égard pour leur utilité. Le Conseil d'État occultait, de la sorte, les motivations de l'opération. Nous ne pouvons qu'adhérer aux propos du professeur Cozian : « lorsque pour acquérir un capital productif de revenus imposables, le contribuable contracte un emprunt, les intérêts qu'il doit payer ont-ils la nature de « dépenses effectuées en vue de l'acquisition et de la conservation du revenu » au sens de l'article 13 précité ? Le bon sens et la science financière s'accordent pour donner une réponse affirmative. Malheureusement, l'administration et le juge interprètent cet article avec une certaine myopie. Ils y découvrent une distinction qui échappe à la vue du commun des mortels [...][197] ».

B. La reconnaissance de l'utilité

229. **Avancée.** Le Conseil d'État a fini par s'écarter du principe ainsi énoncé, en se détachant de la stricte nature juridique des titres pour se concentrer sur leur utilité. En premier lieu, de manière notable, le lien d'utilité entre l'achat des titres et la conquête des revenus professionnels a fait émerger la notion d'outil professionnel (1). En second lieu, le procédé a permis d'étendre le concept de patrimoine professionnel (2). Un actif n'est plus seulement professionnel par nature, il peut le devenir sur option.

[197] M. COZIAN, *Les grands principes de la fiscalité des entreprises*, LexisNexis, 4e éd., 1999, p. 204.

1. La naissance du concept d'outil professionnel

230. **Concept**. Reconnaître que des éléments du patrimoine privé peuvent générer des revenus professionnels a conduit à l'émergence de la notion d'outil professionnel. Cette approche offre une alternative au concept traditionnel de patrimoine professionnel. Selon cette perspective, les titres d'une société soumise à l'IS, bien qu'étant partie intégrante du patrimoine privé, peuvent être considérés comme générant des revenus professionnels. Examinons cette heureuse évolution.

a. L'arrêt de principe

231. **Les faits et solution.** Un expert-comptable entendait déduire de ses salaires les intérêts d'un emprunt souscrit pour acquérir les titres de la société dans laquelle il travaillait. Pour la première fois, le Conseil d'État considère qu'un salarié « peut déduire de ses revenus les dépenses qui, eu égard à leur objet et à leur ampleur, peuvent être regardées comme *directement utiles* à l'acquisition ou la conservation de ses revenus, alors même que ni les circonstances de fait ni aucun texte ne les rendraient obligatoires [...][198] ». Ainsi la cour administrative d'appel commet une erreur de droit en retenant, pour écarter la déduction, que « ni la loi sur les sociétés anonymes d'expertise comptable, ni les statuts de la [société] ne subordonnaient la poursuite du contrat de travail du contribuable à la condition qu'il devienne actionnaire de cette société [...] ». Pour la haute juridiction administrative, la souscription au capital de la société, « dont les deux tiers du capital doivent, en vertu de l'article 7 de l'ordonnance du 19 septembre 1945, être détenus par des experts-comptables » est de nature à « faciliter directement la poursuite du contrat de travail de l'intéressé »[199]. Par cette décision, la haute assemblée infirme la doctrine administrative et les décisions des cours administratives d'appel.

232. **Les incertitudes**. Ce faisant, la primauté est désormais accordée à l'utilité des titres (de sociétés soumises à l'IS) plutôt qu'à leur simple appartenance au patrimoine privé. De plus, cette utilité prévaut également sur leur caractère indispensable : la détention des parts sociales *facilite* la poursuite des fonctions salariées du requérant. Néanmoins, la précision, par le considérant précité, de règles particulières de détention du capital pour une profession réglementée pouvait réduire la portée de cet arrêt. En effet, le juge n'avait pas manqué de relever que les deux tiers du capital doivent, en vertu de l'article 7 de l'ordonnance du 19 septembre 1945, être détenus par des experts-comptables, ce qui est de nature à favoriser la conservation des salaires. Toutefois, qu'en serait-il en dehors des professions

---

[198] CE, 3e et 8e s.-s., 25 oct. 2004, n° 255093 et n°255092, *Boutourlinsky* : *RJF* 1/05, n° 27.
[199] Ce lien d'utilité entre les titres détenus et l'activité professionnelle n'est pas sans rappeler la jurisprudence des cliniques que nous développerons dans ce chapitre (v. *infra* n° 237 et s.).

réglementées lorsque les statuts de la société ou la loi n'exigent aucune compétence ou diplôme particulier ? Dans ce cas, la filiation entre l'acquisition des titres et l'acquisition (ou conservation) d'un revenu professionnel est ici moins évidente.

b. L'intervention du législateur[200]

233. **Dispositif.** En réponse à la portée incertaine de la jurisprudence *Boutourlinsky*, le législateur est intervenu. La loi n° 2008-1143 du 30 décembre 2008 complète l'article 83 du Code général des impôts de la façon suivante : « les frais, droits et intérêts d'emprunt versés pour acquérir ou souscrire des parts ou des actions d'une société ayant une activité industrielle, commerciale, artisanale, agricole ou libérale dans laquelle le salarié ou le dirigeant exerce son activité professionnelle principale sont admis, sur justificatifs, au titre des frais professionnels réels dès lors que ces dépenses sont *utiles à l'acquisition ou à la conservation de ses revenus*. Les intérêts admis en déduction sont ceux qui correspondent à la part de l'emprunt dont le montant est proportionné à la rémunération annuelle perçue ou *escomptée* au moment où l'emprunt est contracté […] ».

234. **Professions réglementées.** L'administration fiscale a construit sa doctrine sur la base de la jurisprudence *Boutourlinski* de 2004 précitée[201]. C'est pourquoi le rapport (le lien) entre l'acquisition des titres et l'acquisition ou conservation des revenus professionnels est présumé pour les salariés ou dirigeants des professions réglementées. Pour eux, les statuts ou la loi imposent que le capital soit détenu en totalité ou en partie par des associés disposant d'une qualification professionnelle spécifique.

235. **Création**. Pour le fisc, le traitement est similaire concernant le salarié ou dirigeant qui « acquiert des actions ou parts d'une société déjà existante en vue d'y exercer son activité professionnelle principale en qualité de salarié ou dirigeant, et que l'exercice de cette activité découle directement de cette acquisition. Tel est notamment le cas lorsque l'acquisition des titres permet la reprise d'une entreprise par une personne qui en prend le contrôle, en devient le dirigeant et y exerce son activité professionnelle principale (acquisition d'un « outil professionnel »). Il en est de même lorsque la souscription des titres permet la création d'une entreprise dans les mêmes conditions[202] ».

---

[200] Loi n° 2008-1143, 30 déc. 2008, art. 37. À noter que les salariés avaient la possibilité de déduire de leurs rémunérations les intérêts des emprunts contractés jusqu'au 31 décembre 2016, pour la souscription au capital des sociétés nouvelles soumises à l'IS et exerçant une activité opérationnelle (CGI, ancien art. 83, 2° quater). La déduction des intérêts d'emprunt était également possible lors de l'acquisition de parts de sociétés coopératives de production issues de la transformation de sociétés préexistantes (CGI, ancien art. 83, 2° quinquies).

[201] CE, 3e et 8e s.-s., 25 oct. 2004, n° 255093 et n° 255092, *Boutourlinsky* : *RJF* 1/05, n° 27.

[202] BOI-RSA-BASE-30-50-30-30, § 230.

236. **Charge de la preuve.** Dans les autres hypothèses, le lien d'utilité devra être démontré par le contribuable. Toujours selon la doctrine administrative[203] : « le seul fait pour un salarié ou un dirigeant d'exercer son activité professionnelle dans une société n'est pas suffisant pour établir l'utilité de l'acquisition des titres de cette société à l'acquisition ou la conservation de la rémunération versée par cette société ».

En revanche, l'utilité sera démontrée lorsque, notamment, « l'acquisition ou la souscription des titres et par voie de conséquence l'emprunt a pour objet d'assurer la pérennité de la société confrontée à des difficultés financières, constatées par l'ouverture d'une procédure collective, et donc, en définitive, de permettre à l'intéressé de préserver son revenu » ou encore lorsque l'acquisition des titres a permis « d'accéder à de nouvelles fonctions dans la société dans laquelle l'activité est exercée[204] » telles que des fonctions de direction. D'autre part, si l'achat des titres n'influe en rien sur la situation professionnelle de l'acquéreur, les intérêts ne sont pas déductibles. Cela s'explique par le fait que l'opération est exclusivement motivée par la constitution d'un patrimoine privé, se traduisant essentiellement par une épargne sous la forme d'un portefeuille de valeurs mobilières.

Explorons maintenant le second effet de la considération de l'utilité des investissements qualifiés de privés.

2. L'extension de la notion de patrimoine professionnel

237. **Plan.** Le désengagement par rapport au concept traditionnel de patrimoine professionnel résulte de la réflexion sur l'utilité des divers éléments composant un patrimoine privé. Il en découle une seconde conséquence : l'extension de la notion de patrimoine professionnel. Un actif n'est pas professionnel seulement par nature (a), il peut l'être sur option dès lors qu'il est utile à une activité professionnelle (b).

a. Les actifs professionnels par nature

238. **Les prémices**. Afin d'observer les avancées permises par la prise en compte d'un rapport d'utilité, illustrons préalablement ce que sont les actifs professionnels par nature. Le Conseil d'État a reconnu en 1988 le caractère professionnel des titres d'une clinique détenus par un médecin. Un chirurgien entendait déduire de ses bénéfices non commerciaux les intérêts de l'emprunt contracté pour l'acquisition d'actions d'une clinique et la moins-value constatée lors de leur revente. Il est important de souligner que les titres en question n'avaient jamais été inscrits au registre des immobilisations. Néanmoins, la détention d'un minimum d'actions était une condition

---

[203] BOI-RSA-BASE-30-50-30-30, §190.

[204] *Ibid.*

obligatoire, selon les statuts et règlement intérieur de la clinique, afin de pouvoir exercer au sein de celle-ci.

239. **La solution.** Selon la haute juridiction administrative, l'acquisition des titres était « une condition nécessaire à l'exercice de la profession de chirurgien [...] ». Il s'ensuit que « lesdites actions constituaient un élément d'actif incorporel affecté, en raison de sa nature même, à l'exercice de la profession de l'intéressé, sans qu'y fasse obstacle la circonstance qu'il n'en avait pas fait mention sur le registre de ses immobilisations [...][205] ». Par conséquent, les intérêts d'emprunt acquittés pour l'acquisition des titres ainsi que la perte subie lors de leur revente sont déductibles des bénéfices non commerciaux.

240. **Nécessité.** La haute assemblée admet ainsi que la détention des titres de la clinique n'était pas un simple investissement patrimonial. Elle les juge nécessaire à l'exercice d'une activité professionnelle, eu égard aux obligations juridiques (de détention) qui pesaient sur le contribuable. Lesdites actions constituent donc un actif professionnel par nature. Ainsi, naissait le rapport, la filiation obligatoire, entre l'acquisition du patrimoine et les revenus professionnels. Dans ce contexte, les tribunaux[206] et la doctrine administrative[207] n'admettaient alors la déduction des dépenses acquittées pour acquérir des droits sociaux, que si cet achat était une condition *obligatoire* à la conquête de revenus professionnels.

b. Les actifs professionnels sur option

241. **Actif utile**. Une avancée significative eut lieu quelques années plus tard, en 1989. Pour la première fois, le Conseil d'État a reconnu que des titres pouvaient être utiles à l'exercice d'une activité professionnelle, sans pour autant être considérés comme totalement indispensables.

242. **Absence d'obligation**. Dans cette affaire, un chirurgien acquiert les titres d'une clinique[208] pour s'assurer d'un droit d'exercice privilégié. Il détenait déjà quelques actions et opérait déjà dans la clinique. Ni les statuts ni le règlement intérieur n'exigeaient une détention minimale pour exercer en son sein. La haute juridiction n'a pas admis la qualification professionnelle par nature des titres. *Elle accepte toutefois qu'ils le soient sur option*, par leur inscription sur le registre des immobilisations. Ce faisant, elle distingue d'une part les actifs professionnels par nature, et d'autre part ceux simplement utiles. Les premiers sont relatifs à l'activité elle-même : fonds de commerce, ou fonds libéraux. Sans eux, l'activité ne peut être exercée. En revanche,

---

205 CE, 9e et 7e s.-s., 22 juin 1988, n° 60228 : *RJF* 8-9/88, n° 979.

206 CAA Nancy, 1e ch., 12 déc. 1991, n° 271, *Cornu* : *RJF* 6/92, n° 820.

207 Rép. MAUJOÜAN DU GASSET : AN 16 juin 1980, p. 2439, n° 23167 ; BO 5 F-24-80 ; D. adm. 5 F-2512 n° 9 ; Rép. JACQUOT : AN 16 juin 99 p. 4947 n° 29709.

208 CE, 7e et 8e s.-s., 21 avril 1989, n° 60502, *Patrice* : *RJF* 06/89, n° 677.

concernant les seconds, leur détention apporte une utilité, un intérêt pour l'activité. Dans ce cas, le caractère professionnel est une option, une décision de gestion que le contribuable manifeste en les inscrivant (les actifs concernés) sur son registre des immobilisations. La haute juridiction administrative admet alors, qu'en dehors d'une détention rendue obligatoire par les règles de fonctionnement d'une société (statuts ou règlement intérieur), la propriété d'actions ou de parts sociales peut être seulement salutaire (en somme utile) à l'exercice d'une activité professionnelle.

243. **Les faits.** Un arrêt récent confirme l'enracinement dans notre droit fiscal de ce raisonnement fondé sur la filiation entre l'action d'acquérir un actif et la conquête, voire la conservation, d'un revenu professionnel. Monsieur A[209] exerce trois professions : expert-comptable, commissaire aux comptes et expert-judiciaire. Il apporte, en 1996, la première de ses activités à une société selon le régime de l'article 151 octies du Code général des impôts. La plus-value d'apport est alors placée en report d'imposition. Il inscrit les titres reçus en échange de son apport au registre des immobilisations de son entreprise individuelle (commissaire aux comptes et expert-judiciaire). En 2008, les titres sont cédés et la plus-value exonérée en vertu de l'article 151 septies du Code général des impôts. Rappelons que ce régime de faveur ne bénéficie qu'aux professionnels (pour autant qu'ils vendent des actifs professionnels).

Selon le vérificateur, les titres ne peuvent pas être inscrits au registre des immobilisations puisqu'ils ne sont pas utiles aux activités conservées à titre individuel. Cette thèse a été confirmée par la cour administrative d'appel.

244. **Les moyens**. Le contribuable faisait valoir que si les titres de la société n'étaient pas nécessaires, ils étaient néanmoins bénéfiques, utiles à l'exercice individuel des activités.

Il invoquait, à ce titre, l'existence de conventions de prestations en vertu desquelles la société lui fournissait les moyens matériels nécessaires à ses missions. Le juge du fond estimait quant à lui que ces éléments étaient insuffisants pour apporter la preuve d'un effet de synergie entre les différentes activités. D'autant plus que les activités exercées à titre individuel l'étaient avant même la création de la société d'expertise-comptable.

245. **La solution**. Le Conseil d'État retient une conception de l'utilité beaucoup plus libérale que la cour administrative d'appel. Selon la haute juridiction : « il résulte de l'instruction, d'une part, que monsieur A. avait, dès leur acquisition, inscrit les titres de la société [d'expertise-comptable], qu'il avait reçus en contrepartie de [son] apport [...], au registre de ses immobilisations professionnelles, d'autre part, que la participation majoritaire qu'il détenait dans le capital de la société d'expertise comptable au sein de laquelle il continuait d'exercer une activité, et dont il était gérant, lui a permis de maintenir son activité individuelle de commissaire aux comptes et d'expert

[209] CE, 9e et 10e ch., 27 nov. 2020, n° 425986 : *RJF* 2/21, n° 145, concl. C. GUIBE (C 145).

judiciaire, laquelle s'exerçait dans les locaux, avec le personnel et le matériel de la société. Dès lors, [le requérant] doit être regardé comme justifiant, pour l'application de l'article 151 septies du Code général des impôts et du 1 de l'article 93 du même Code, que les titres de la société [d'expertise-comptable] étaient utiles à son activité individuelle d'expert judiciaire et de commissaire aux comptes ».

246. **Lien indirect.** Cette solution apporte une véritable extension de la notion d'utilité. La jurisprudence la concevait comme devant produire un effet de synergie : la détention de l'actif permettait le maintien ou l'accroissement direct de l'activité. C'était notamment le cas des titres des cliniques dont la détention permettait d'exercer une influence sur la marche de l'établissement[210]. Cette influence a un rapport direct avec le niveau de l'activité exercée à titre individuel. De même, cela s'appliquait aux titres dont l'acquisition permettait à un architecte d'être désigné comme tel dans les opérations entreprises par les sociétés en question[211].

En revanche, dans le cas spécifique qui nous concerne, à savoir celui de l'expert-comptable, le partage des locaux, du personnel et des moyens matériels a suffi à démontrer un lien d'utilité. Or, il est important de souligner que les trois professions impliquées connaissent des règles d'indépendance si rigoureuses qu'il est peu probable qu'un véritable effet de synergie existe entre elles.

Le sort fiscal des intérêts d'emprunt étant exposé, abordons à présent la question de la prise en charge des dettes sociales.

SECTION 3. LA DEDUCTION DES DETTES SOCIALES DES REVENUS PROFESSIONNELS

247. **Principe.** Le traitement fiscal des dettes prises en charge, que ce soit pour le garant ou du fait d'une condamnation, n'allait pas de soi. Il est le fruit d'une longue évolution jurisprudentielle. La haute juridiction administrative, après avoir privilégié la propriété, a su s'en écarter pour ne retenir que le risque, tout du moins lorsque celui-ci vise l'enrichissement (C).

248. **Plan.** Le principe énoncé s'est construit progressivement. Le Conseil d'État a fait évoluer sa jurisprudence en deux temps.

En premier lieu, il a accepté la déduction des dettes prises en charge pour les seuls associés minoritaires. Le caractère majoritaire de la participation conférait une connotation capitalistique. En effet, dans le cas d'une détention majoritaire, la haute juridiction administrative considérait que l'engagement de caution ne visait qu'à soutenir la valeur des titres détenus. Les dépenses – en l'occurrence le paiement des dettes sociales – n'étaient donc pas regardées comme permettant l'acquisition ou la conservation des revenus imposables,

---

210 CE, 8 et 3e s.-s., 10 fév. 2006, n° 265117 et n° 265122 : *RJF* 5/06, n° 528.

211 CE, 8e et 3e s.-s., 30 avril 2004 n° 247436, *Paulin : RJF* 07/04, n° 714.

mais comme des compléments d'apport. C'est ce que nous appellerons l'attractivité de la propriété (A).

La haute assemblée admit, en second lieu, la déduction des dettes prises en charge quel que soit le niveau de détention du garant dans le capital de la société pour laquelle il s'est porté caution. C'est que nous appellerons l'attractivité du risque économique (B).

A. Prédominance de la propriété sur le risque

249. **Les prémices.** Les dettes sociales prises en charge en exécution d'un engagement de caution par un gérant possédant la moitié du capital social n'étaient pas déductibles, pour ne pas être pas regardées comme des dépenses effectuées en vue de l'acquisition ou de la conservation du revenu au sens de l'article 13-I du Code général des impôts. Dans un arrêt de 1974[212], le Conseil d'État a jugé que ces dettes constituaient, en réalité, une perte en capital dont aucun texte ne permettait la déduction. Il en était de même de la perte des apports (capital social et compte courant d'associé). Pour le commissaire du gouvernement de l'époque, M.-A. Latournerie, l'engagement de caution est un « apport conditionnel en cas d'insuffisance d'actif » justifiant la non-déduction des dettes sociales prises en charge. À défaut, cela conduirait à une solution incohérente et inégale : puisque la perte des apports[213] des associés n'est pas déductible, les dettes prises en charge ne peuvent l'être s'agissant d'apports conditionnels. À défaut, il est préférable de se porter caution plutôt que de réaliser un apport. Il est vrai que cet argument est particulièrement pertinent, mais la haute juridiction administrative doit également tenir compte de l'aléa qui distingue l'apport de l'engagement de caution. En effet, le cautionnaire ne sait ni quand ni combien il devra payer, alors que l'apporteur connaît précisément le montant de son investissement initial.

250. **Attraction de la propriété**. Cela dit, le Conseil d'État acceptait, en 1983[214], la déduction des rémunérations professionnelles, des dettes prises en charge en exécution d'un engagement de caution par un dirigeant, en l'occurrence le président-directeur général d'une SA. Pour le juge, le contribuable « avait *professionnellement intérêt* à la poursuite des activités de cette société. [L'engagement] constituait un acte qui entrait dans l'exercice normal de ses fonctions ; qu'ainsi, et alors qu'il n'est allégué aucune faute

---

[212] CE, 7e et 9e s.-s., 27 févr. 1974, n° 88191 : *RJF* 6/86, chronique P. Crouzet, *Dr. fisc.* 1974, n° 27, comm. 832.

[213] Les pertes relatives aux apports en compte courant d'associé ou en capital ne sont pas déductibles des revenus catégoriels dès lors qu'elles constituent une perte en capital.

[214] Il y avait eu un précédent puisqu'en 1976 le Conseil d'État avait accepté qu'un dirigeant puisse déduire de ses rémunérations les dettes correspondant à des cotisations sociales qu'il a été condamné à prendre en charge (CE, 6 oct. 1976, n° 1.163 : *RJF* 11/76, p. 342). C'était toutefois la première fois, en 1983, que la haute juridiction administrative acceptait une telle déduction dans le cadre d'un engagement de caution.

personnelle de l'intéressé dans la gestion de l'entreprise, la dépense qu'il a dû exposer [...] en exécution de ses engagements doit être regardée comme correspondant à des frais inhérents à la fonction qu'il occupait précédemment et doit venir en déduction de ses revenus imposables dans la catégorie des traitements et salaires ; que, si l'intéressé n'a pas déclaré de revenus imposables, au titre de l'année 1976, dans la catégorie des traitements et salaires, ladite somme constitue un déficit dans la catégorie dont s'agit, déductible du revenu global de ladite année ou, éventuellement, reportable sur le revenu global des années suivantes dans les conditions prévues à l'article 156 du Code général des impôts[215] ».

251. **Atténuation.** La solution est louable, même s'il faut avouer que l'argumentation du juge de l'impôt ne nous convainc pas totalement puisqu'il ne nous semble pas qu'un engagement de caution soit inhérent à la fonction de dirigeant. Quoi qu'il en soit, le considérant ne manquait pas de préciser que le contribuable ne détenait que 15 % du capital. Cette circonstance atténuait fortement la portée de cet arrêt. D'ailleurs l'administration fiscale, dans sa doctrine, excluait expressément que cette décision puisse être étendue aux dirigeants associés majoritaires[216].

B. L'attraction[217] du risque (1988)

252. **Attraction du risque**. Une avancée notable eut lieu en 1988[218]. La jurisprudence *Joly Lyantey de Colombe* précise le sort des dettes sociales prises en charge par un dirigeant par ailleurs associé majoritaire.

253. **Les faits et la solution**. Le président-directeur général d'une SA, détenant la majorité du capital, s'était porté caution de dettes sociales.

La haute juridiction administrative – afin de juger que le déficit dans la catégorie des traitements et salaires (déficit né d'un engagement de caution) pouvait être déductible des autres revenus du foyer fiscal – a constaté que cet engagement se rattachait directement à la qualité de mandataire social, qu'il était pris dans l'intérêt de la société et n'était pas hors de proportion eu égard aux rémunérations imposables que le statut de représentant légal conférait. Considérant ces trois circonstances, le Conseil d'État a jugé que cet engagement avait été pris pour acquérir et conserver les revenus imposables au sens de l'article 13 du Code général des impôts.

---

215 CE, 7e et 8e s.-s, 22 juin 1983, n° 32531 : *RJF* 8-9/83, n° 965, concl. M. Riviere, p. 426.

216 Dans cet arrêt, le Conseil d'État précisait que le dirigeant « ne détenait que 15 % du capital ». L'administration fiscale en avait alors fait la base de sa doctrine, en s'opposant à la déduction des dettes prises en charge par les associés majoritaires.

217 Le risque de l'exercice d'une activité (fonction de direction) supplante la propriété des titres. Ce faisant, celui qui s'implique est d'abord un professionnel et subsidiairement un investisseur.

218 CE, 7e et 9e s.-s., 4 nov. 1988, n° 56620, *Joly Lyantey de Colombe* : *RJF* 1/89, n° 41, concl. M. Laprade, chron. J. Turot.

La haute assemblée – bien que n'omettant pas de constater que le contribuable, en se comportant de la sorte, contribuait également à la conservation de la valeur de ses titres – préfère se tourner du côté de la dépense utile à la réalisation d'un revenu. Le risque économique prime dorénavant sur la propriété. La haute juridiction abandonne ainsi sa jurisprudence antérieure (celle de 1974) et complète celle de 1983, laquelle était incertaine concernant le sort des dirigeants majoritaires.

254. **Avancée**. Depuis cette solution, la fonction de dirigeant ou de salarié présente un caractère « attractif »[219] supplantant la qualité de simple investisseur. Ainsi, l'engagement de caution est avant tout regardé comme contribuant à acquérir ou à conserver des revenus imposables. En d'autres termes, l'acquisition ou la conservation des revenus professionnels, toutes les autres conditions étant remplies, permet la déductibilité des dettes prises en charge, peu important le pourcentage de détention du capital dans la société bénéficiaire de l'engagement. Seules comptent les fonctions professionnelles rémunérées ; il est alors indifférent que le cautionnaire soit associé majoritaire, minoritaire ou encore non associé. Cet arrêt, qui consacre la prédominance de la recherche de l'enrichissement sur la propriété, est une avancée certaine dans la reconnaissance du risque économique.

L'évolution jurisprudentielle présentée conduit à l'établissement d'un droit positif qui associe le risque à la quête du profit.

C. Le droit positif : le risque affilié à la recherche de l'enrichissement

255. **Droit positif**. Le juge de l'impôt a fini par poser les conditions de la déduction des dettes sociales prises en charge, que ce soit du fait d'un engagement de caution (1) ou à raison d'une condamnation judiciaire (2). Dans les deux cas, le risque n'est reconnu que s'il est connecté à la recherche de l'enrichissement.

1. L'exécution d'un engagement de caution

256. **Conditions**. La jurisprudence du Conseil d'État a posé trois conditions[220] dont le respect autorise la déduction des sommes versées en exécution d'un engagement de caution.

a. Les conditions de déduction

257. **Intention lucrative**. En premier lieu, le risque du cautionnaire n'est fiscalement admis que s'il vise l'acquisition ou l'accroissement des revenus

[219] Nous reprenons le terme du rapporteur public MARTIN-LAPRADE.

[220] CE, sect., 22 juin 1983, n° 32531 : *RJF* 8-9/83, n° 965, concl. RIVIERE.

professionnels. N'oublions pas que le risque n'est accepté que s'il a pour but l'enrichissement.

258. **Des intérêts convergents**. En second lieu, l'engagement personnel doit être pris dans l'intérêt de la société. Généralement, les intérêts de la société et ceux du cautionnaire sont convergents. La première souhaite développer ses activités économiques alors que le second espère acquérir ou conserver des revenus professionnels. Les intérêts du cautionnaire dépendent donc de ceux de la société. Toutefois, retenir l'intérêt de celle-ci conduit à lutter contre les abus.

259. **Illustration**. Ainsi, et par exemple, les dettes prises en charge ne sont pas déductibles des revenus du contribuable dès lors que l'engagement couvrait un emprunt et un découvert bancaires finançant les actifs d'une société (des biens immobiliers) dont il est avéré qu'ils étaient utilisés à titre privé par le garant[221], puisque celui-ci y résidait. À l'évidence, l'engagement du dirigeant ne servait que ses propres intérêts et non ceux de la société. Il aurait été inopportun d'autoriser la déduction des dettes sociales prises en charge alors même, qu'en réalité, il s'agissait de dettes qui n'étaient utiles qu'au dirigeant et ne permettaient pas l'enrichissement de la société. Le contraire aurait permis la déduction de dépenses qui, *in fine*, étaient personnelles, pour ne relever d'aucune activité professionnelle.

260. **Engagement non excessif**. Au final, l'engagement doit être proportionnel aux espoirs de rémunérations. Cette exigence n'est pas sans rappeler la théorie du risque manifestement excessif, aujourd'hui disparue. La prise de risque du cautionnaire ne doit pas être excessive eu égard au montant garanti et aux espoirs de contreparties. Et ce, afin d'éviter que les efforts consentis pour conserver un revenu ne se transforment en perte en capital. La jurisprudence semble fixer le plafond de l'engagement à trois fois le montant des salaires annuels escomptés[222]. En présence d'un engagement illimité, le Conseil d'État apprécie la contrepartie espérée au moment de la prise de l'engagement. Lorsque celui-ci est exécuté très longtemps après vingt ans dans le cas d'espèce [223], la haute juridiction projette l'évolution des rémunérations professionnelles depuis la date de l'engagement.

Cette heureuse avancée est néanmoins contrariée par le sort qui est réservé aux actes de disposition.

---

[221] CE, 8e et 9e s.-s, 20 mars 1996, n° 124957, *Echasseriau* : *RJF* 05/96, concl. P. MARTIN.

[222] CE, 9e et 7e s.-s., 29 avril 1985, n° 44.737 : *RJF* 6/85, n° 826 ; CE, sect., 4 déc. 1989, n° 89712 : *RJF* 2/90, n° 143.

[223] CE, 8e et 9e s.-s., 28 avril 1993, n° 89734, *Besancenot* : *RJF* 06/93, n° 827.

b. L'écueil de l'acte de disposition (ou les avantages accordés à l'aléa)

261. **Supporter un risque.** Celui qui se porte caution s'engage à payer les dettes de la société. Il supporte alors un risque puisqu'il ne sait pas, au moment de son engagement, s'il va devoir effectivement se substituer à la société. C'est ainsi, pour le juge de l'impôt, que la prise en charge volontaire des dettes sociales – sans obligations ni aléas – n'est pas une dépense déductible des revenus[224]. Le contribuable a disposé d'un revenu puis l'a remployé volontairement, librement. Par exemple, la prise en charge par un salarié des dettes de la société qui l'emploie, alors que rien ne l'y oblige, « constitue un emploi du revenu dont aucun texte ne prévoit la déduction[225] ». Celui qui prend volontairement en charge une dépense réalise un acte de disposition. Afin d'illustrer nos dires, prenons l'exemple d'un arrêt du Conseil d'État particulièrement intéressant, puisqu'il développe le sort fiscal de trois dépenses d'un même contribuable.

262. **Les faits**. Monsieur X, gérant et associé minoritaire d'une SARL, entendait déduire de ses rémunérations de représentant légal, trois types de dépenses. La première était relative à un abandon de compte courant d'associé. La seconde concernait des dettes sociales prises en charge de manière volontaire. La dernière intéressait la prise en charge de dettes sociales du fait d'un engagement de caution.

263. **La solution.** Pour le Conseil d'État, l'abandon d'un compte courant d'associé est un acte de disposition. Rien n'oblige l'associé à abandonner une somme dont il a la disposition. Il en sera de même des dettes sociales prises en charge de manière volontaire. Le considérant du Conseil d'État est fort clair sur ce sujet : les sommes que « monsieur X a spontanément acquittées [...] ne peuvent davantage être regardées comme correspondant à des dépenses effectuées en vue de l'acquisition ou de la conservation du revenu au sens des dispositions précitées de l'article 13-1 du Code général des impôts ; que le règlement dont [il] s'agit a, dès lors, constitué un emploi de ce revenu dont aucun texte ne permet la déduction [...] ». Ce faisant, la haute juridiction administrative relaie la prise en charge volontaire des dettes au simple remploi des revenus. En d'autres termes, les dépenses en cause ne sont pas réputées permettre l'acquisition ou la conservation de revenus professionnels. Ce n'est qu'en présence d'un risque préalable, d'un aléa, que de telles dépenses pourront être déductibles des revenus. C'est d'ailleurs pourquoi, contrairement aux deux dépenses précédentes, la haute juridiction administrative admet la déduction de celles qui sont le fait, non d'un acte de disposition, mais d'une obligation. Tel est le cas des sommes que « monsieur

---

[224] CE, 9e et 10e s.-s., 31 mai 2000, n° 181432, *Bouyer*, concl. G. GOULARD : *Dr. fisc.* 2001, n° 6, comm. 94, concl. G. GOULARD.

[225] CE, 7e s.-s., 15 janvier 1992, n° 102223, *Cote* : *RJF* 03/92, n° 283.

X a également supportées, en exécution d'engagements de caution qu'il avait souscrits en sa qualité de gérant vis-à-vis de certains établissements financiers […]. Lesdites charges peuvent donner lieu, le cas échéant, à imputation du déficit qu'elles entraînent dans la catégorie de revenus concernée sur le revenu global de l'année d'imposition et à report de l'excédent de ce déficit sur le revenu global des années suivantes, en vertu des dispositions sus analysées de l'article 156 du Code général des impôts […] ».

264. **Une frontière artificielle.** Bien entendu, la prise en charge spontanée des dettes sociales ne peut pas, par principe, constituer une charge déductible des revenus. Le contraire permettrait les abus, tout comme l'imputation des déficits fonciers l'a été avant l'intervention du législateur. Pour réduire l'impôt des investisseurs, il suffirait alors de sous-capitaliser une société puis d'acquitter certaines de ses dettes.

Néanmoins, la prise en charge ne nous semble pas tout à fait volontaire lorsque des difficultés économiques l'imposent. C'est ici que la frontière entre la prise de risque et l'acte de disposition apparaît être spécieuse, voire artificielle. Le salarié ou le dirigeant qui paye de son propre chef les dettes de l'entreprise qui l'emploie, ne le fait que pour maintenir ses revenus. Il prend un risque, celui de payer, en espérant pouvoir ainsi préserver ses fonctions, donc ses revenus. En négligeant le risque économique, le Conseil d'État assoit ici encore un peu plus le principe du remploi des revenus. En ce sens que les efforts en vue de conserver des revenus professionnels ne sont pas toujours considérés. Cela a des répercussions sur le traitement des déficits et, plus généralement, sur la détermination de la base imposable. Une espèce récente[226], mentionnée aux tables du recueil Lebon, illustre parfaitement la problématique. Dans cette affaire, monsieur B, actionnaire et dirigeant de la société X, avait contracté deux emprunts personnels qu'il a ensuite apportés à la société en compte courant d'associé. À la suite d'un défaut de paiement, la banque a saisi et vendu la résidence secondaire de monsieur B. Ce dernier a tenté de déduire le montant remboursé (via la vente de sa résidence secondaire) de ses autres revenus, comme s'il avait agi en tant que garant pour la société. Cependant, le Conseil d'État a jugé autrement : « les sommes exposées à raison du remboursement d'un prêt souscrit à titre personnel par un dirigeant aux fins de consentir un apport en compte courant à sa société ne sont pas déductibles de son revenu imposable […], dès lors qu'un tel apport, qu'il soit ou non spontané, le rend titulaire d'une créance sur la société et revêt donc un caractère patrimonial ».

Après avoir abordé le traitement fiscal des dettes prises en charge dans le cadre d'un engagement de caution, venons-en à présent à la question des condamnations.

---

226 CE, 9e et 10e ch., 11 juin 2024, n° 471998, inédit.

2. Le sort des dettes sociales prises en charge par condamnation

265. **Condamnation**. Le Conseil d'État accepte la déduction des dettes sociales prises en charge même si elles sont le fait d'une condamnation judiciaire (et non plus par exécution d'un engagement de caution). La haute juridiction administrative occulte les fautes de gestion[227] et ne retient que la recherche du profit. Illustrons le principe énoncé.

266. **Illustration**. En 1976[228], le Conseil d'État admettait la déduction des cotisations sociales que le dirigeant d'une société était condamné à payer personnellement, mais seulement en « l'absence de faute personnelle de l'intéressé ». En 1977[229], le considérant rendu en formation plénière ne reprenait pas la formulation de l'arrêt rendu un an plus tôt, ni d'ailleurs l'arrêt du 7 décembre 1987[230] qui installa définitivement une jurisprudence fiscale fondée sur l'unique recherche du profit. En effet, le commissaire du gouvernement de l'époque, M. Martin-Laprade, dans ses conclusions sur l'arrêt du 7 décembre 1987 précité, faisait le parallèle entre l'évolution de la jurisprudence relative à l'acte anormal de gestion et celle se rapportant aux condamnations mettant à la charge des dirigeants les dettes sociales. La jurisprudence fiscale s'est écartée des fautes et erreurs sanctionnées par les autres branches du droit, pour ne retenir que la recherche du profit et les risques qui y sont associés. M. Martin-Laprade ne manquait pas de remarquer que « autrement dit, dès lors que la charge n'est pas dépourvue de tout lien avec la poursuite du but lucratif de l'entreprise, elle reste en principe déductible ». Il complète ses dires par le constat suivant : « [Le Conseil d'État a eu] la sagesse d'admettre *que la prise de risque*, voire l'immoralité ou l'illégalité, font partie du métier de l'entrepreneur : si le fisc bénéficie des profits de l'audace heureuse, il est logique qu'il convienne en contrepartie de reconnaître les pertes en cas de malheur. Il existe des législations qui sanctionnent par ailleurs civilement ou pénalement les écarts de comportements, les imprudences, les illicéités ; ces législations – sauf disposition expresse contraire – n'interfèrent pas avec la fiscalité qui se borne

227 CE, 9e et 8e s.-s., 27 mai 1987, n° 46529 : *RJF* 07/87, n° 722.

228 CE, 7e et 9e s.-s., 6 oct. 1976, n° 1163 : *RJF* 11/76, n° 471 ; chron. M. D. HAGELSTEEN, p. 323 ; concl. B. MARTIN LAPRADE, *Dr. fisc.* 1976, n° 50, comm. 1855. « Les sommes [qu'un dirigeant de société] a ainsi été amené à payer en 1969 constituaient des frais inhérents à son emploi de président-directeur général salarié de la société Y et pouvaient donc être prises en compte pour la détermination de son revenu imposable, au titre de l'année 1969, dans la catégorie des traitements et salaires, bien qu'il n'ait plus occupé alors de fonctions dans ladite société ». À noter que le contribuable a vu sa demande rejetée, car il fondait ses prétentions sur l'article 156, II du Code général des impôts, or la déduction n'était possible que sur un revenu catégoriel et non sur le revenu global.

229 CE, plén., 29 avril 1977, n° 808 : *RJF* 7-8/77, p. 239, chron. M.-D. HAGELSTEEN.

230 V. *infra* n° 232.

à constater l'existence matérielle des profits ou des pertes[231] ». En somme, l'entreprise bénéficie d'une grande liberté sur le plan fiscal, tant qu'elle agit dans son propre intérêt. Les autres branches du droit interviendront pour la sanctionner si nécessaire. Le législateur tempère rarement ce principe fiscal. Parmi les exceptions notables, citons les dépenses somptuaires et la non-déductibilité de certaines sanctions pécuniaires.

267. ***A contrario***. En revanche, si le dirigeant n'agit pas dans l'intérêt de l'entreprise, il ne pourra pas déduire les dépenses. Tel est le cas lorsqu'il a « usé des biens de la société [...] et de ses pouvoirs [de direction] d'une manière qu'il savait contraire à l'intérêt de cette société, à des fins personnelles ou pour favoriser d'autres sociétés dans lesquelles il était intéressé[232] ». En ne recherchant que son enrichissement personnel, au détriment de la société, le dirigeant se voit refuser l'imputation sur ses revenus des dettes qu'il a été condamné à prendre en charge.

D. Conclusion

1. Insuffisances concernant les professionnels

268. **Prédominance du risque**. Le Conseil d'État, bien qu'il ait toujours défendu avec ferveur le principe du remploi des revenus, a su faire évoluer sa jurisprudence. Au commencement sévère puisqu'elle ne retenait que la nature des titres et non leur utilité, son analyse s'est progressivement adaptée aux réalités économiques. La haute juridiction administrative a fini par accepter la déduction des intérêts d'emprunts souscrits pour acquérir des droits sociaux. De la même manière, elle a admis l'imputation des dettes prises en charge par un cautionnaire dès lors que toutes ces opérations n'étaient motivées que par la recherche d'une rémunération professionnelle.

La haute assemblée a ainsi reconnu qu'il pouvait exister, dans certains cas, un lien étroit entre le patrimoine privé et l'acquisition ou la conservation des revenus professionnels. Ce faisant, le juge suprême, en s'écartant de la simple nature des titres et en retenant leur utilité, a créé le concept d'outil professionnel : un patrimoine qui ne relèvera jamais des plus-values professionnelles, mais dont il peut résulter des revenus professionnels. Cette notion est une alternative à celle de patrimoine professionnel.

Ce raisonnement est particulièrement propice aux titres des personnes morales soumises à l'IS. De telles actions ou parts sociales relèvent du patrimoine privé, or la société peut constituer un véritable outil professionnel. En effet, un contribuable qui emprunte pour acquérir les titres d'une société,

---

[231] CE, 7e et 9e s.-s., 6 oct. 1976, n° 1163 : *RJF* 11/76, n° 471, chron. M. D. HAGELSTEEN, p. 323, concl. B. MARTIN LAPRADE, *Dr. fiscal* 1976, comm. 1855.

[232] CE, 7e et 8e s.-s., 7 déc. 1987, n° 65.891 : *RJF* 2/88, n° 174, concl. B. MARTIN LAPRADE, p. 88.

dans laquelle il va travailler, s'est véritablement construit sa propre activité professionnelle.

269. **Confusion**. La reconnaissance de l'outil professionnel est une avancée certaine pour admettre l'intention lucrative (le risque économique) et se détacher de la simple propriété privée. Néanmoins, la traditionnelle et vieillissante opposition entre le capital et le travail demeure contestable, car l'investisseur privé s'identifie aujourd'hui par la seule nature des revenus perçus. En ce sens, dans les petites et moyennes entreprises, il existe une véritable confusion, voire une dénaturation, entre les dividendes et les revenus du travail. Si bien qu'aujourd'hui les dividendes peuvent rémunérer le travail du chef d'entreprise. Cette circonstance a d'ailleurs conduit le droit social à assujettir les dividendes aux charges sociales lorsqu'ils sont versés au gérant majoritaire de Sarl pour la part excédant 10 % du capital social, des primes d'émission et des sommes versées en compte courant d'associé[233].

270. **Jurisprudence sociale**. D'ailleurs, concernant l'assiette des cotisations sociales, la Cour de cassation tient un raisonnement économique qui supplante la qualification juridique des revenus. C'est ainsi qu'un chirurgien-dentiste a dû s'acquitter de charges sociales calculées sur des dividendes[234]. Dans cette affaire, la haute juridiction judiciaire observe que monsieur X exerce seul sa profession dans la société d'exercice libérale Y. Cette dernière est détenue à 90 % par une société holding Z et à 10 % par lui-même (monsieur X). La société holding Z est détenue en totalité par monsieur X. Pour la Cour, les dividendes versés par la société X ne peuvent être que le fruit du travail du requérant (celui-ci travaillant seul). Par conséquent, les dividendes composent l'assiette des charges sociales, y compris ceux perçus par la société holding. La haute assemblée se détache ici de la nature juridique des revenus pour ne retenir que leur source économique.

271. **Contestation**. Cette identification fiscale de l'investisseur à travers la seule nature de ses rémunérations, sans même analyser son implication dans l'entreprise, n'est pas pertinente. Ceci empêche d'ailleurs les administrateurs de SA ou, de manière générale, les dirigeants rémunérés par des revenus de capitaux mobiliers (dividendes) de déduire de leurs revenus les intérêts d'emprunt souscrits pour acquérir les titres de la société dans laquelle il exerce leur activité, ou encore les dettes sociales prises en charge en exécution d'un engagement de caution. Leur seul tort est d'avoir été rémunérés en revenus de capitaux mobiliers (RCM). Cette qualité d'investisseur n'a pas permis la déduction des dépenses en cause sur le fondement du principe du remploi des revenus. Or cette qualité n'a été déterminée que sur la seule nature fiscale de leurs revenus (RCM). Ce qui est d'autant plus contestable que le législateur distingue les bénéfices (industriels et commerciaux) professionnels de ceux non professionnels, sur la base de l'implication de l'associé qui les perçoit.

---

233 Article L 136-1 du Code de la sécurité sociale.

234 Cass. civ., 19 oct. 2023, n° 21-20366, inédit.

Finalement, ce qui est regrettable ce n'est pas tant le choix de traiter différemment le risque du professionnel par rapport à celui de l'investisseur privé, mais le fait de classer certains contribuables dans le champ des investisseurs privés, notamment sur la seule nature des revenus perçus, alors même qu'ils s'impliquent professionnellement. Tel sera le cas, parfois, des dirigeants de sociétés soumises à l'IS et percevant principalement des revenus de capitaux mobiliers.

272. **RCM professionnels.** Afin de contourner cette problématique de taxinomie fiscale (et sans aller jusqu'à prôner l'application de charges sociales sur les dividendes), ne pourrait-on pas créer une catégorie des revenus de capitaux mobiliers professionnels comme il existe des bénéfices professionnels et non professionnel ? Le contribuable, qui a emprunté et s'est porté caution pour acquérir les titres de la société dans laquelle il exerce son activité, a construit sa propre activité professionnelle. Il a la capacité de choisir entre revenus du travail et revenus du capital. Ne serait-il pas en droit de déduire les intérêts d'emprunt et les dettes prises en charge en cas d'exécution d'un engagement de caution de ses rémunérations de mandataire social, mais également des dividendes perçus ? Le principe du remploi des revenus est louable lorsqu'il permet de lutter contre les abus, et de distinguer les investisseurs des professionnels. Il devient toutefois inadapté dans le cas où les titres des sociétés soumises à l'IS constituent de véritables outils professionnels.

2. Insuffisances concernant les investisseurs privés

273. **Quelle évolution ?** Les investisseurs privés ne bénéficient d'aucune des avancées que nous avons exposées. C'est ainsi que les intérêts d'emprunts ou encore les dettes sociales prises en charge ne sont jamais déductibles des revenus de capitaux mobiliers. De la même manière que les frais d'acquisition d'un bien immobilier ne sont jamais déductibles des revenus fonciers. Il semble en effet que la haute juridiction administrative ne l'ait pas admis à l'époque, car cela aurait conduit à imputer un déficit foncier et mobilier sur le revenu global. Le revirement de jurisprudence tant attendu pourrait-il se réaliser depuis que la loi exclut l'imputation des déficits fonciers (pour partie) et mobiliers sur le revenu global ? Cela permettrait-il *in fine* au Conseil d'État d'accepter, parfois, que les frais d'acquisition d'un investissement privé permettent l'acquisition de revenus imposables ?

Pour que notre système fiscal gagne en cohérence, nous ne pouvons que faire nôtres les propositions des auteurs de l'ouvrage *Les grands arrêts de la jurisprudence fiscale*. Selon ceux-ci, il convient d'aménager les règles de preuve de façon à ce que « les charges liées à l'acquisition d'un patrimoine professionnel [soient] présumées déductibles [...] ». Alors que « s'agissant de celles [les dépenses] liées à l'acquisition d'un patrimoine privé, il appartiendrait au contribuable d'établir que le bien acquis rapporte ou doit rapporter des gains imposables[235] », ceci pour que les dépenses exposées puissent être déduites des revenus de l'intéressé.

274. **Espoir.** Gardons l'espoir. Un récent rapport d'information[236] relatif à la fiscalité du patrimoine propose l'instauration d'un statut d'investisseur immobilier. Ce statut permettrait de contourner le traditionnel régime des revenus fonciers pour bénéficier, sous certaines conditions, d'un prélèvement forfaitaire unique de 30 %. L'objectif est de favoriser l'investisseur qui s'engage notamment à louer le bien immobilier pendant une certaine durée. Cette proposition a été suivie d'un amendement[237] au projet de loi de finances pour 2024. Ce statut n'a aucune incidence sur l'assiette de l'impôt. Les frais d'acquisition d'un bien immobilier demeureront malheureusement non déductibles des revenus que cet investissement dégagera. En revanche, le procédé écarterait la progressivité de l'impôt de revenu, pour lui préférer un taux proportionnel. Cela pourrait être interprété, en fin de compte, comme la reconnaissance, voire l'encouragement, d'un risque économique.

275. **Transition**. Jusqu'à présent, nous avons mis en évidence l'incapacité du droit fiscal à contraindre la continuité des investissements privés, conduisant à l'émergence d'une appréciation duale, donc contestable, du risque économique. Examinons maintenant comment la fiscalité des entreprises s'est construite de manière à encourager le risque professionnel, même si le législateur, par une lutte exacerbée contre les abus, peut parfois négliger cette considération.

---

[235] C. DAVID, O. FOUQUET, B. PLAGNET, P.-F. RACINE, *Les grands arrêts de la jurisprudence fiscale*, Dalloz, 2009, 5e édition, Thème 14, p. 321.

[236] Rapport d'information n° 1678 déposé en application de l'article 145 du règlement de l'Assemblée nationale, par la commission des finances, de l'économie générale et du contrôle budgétaire, en conclusion des travaux d'une mission d'information sur la fiscalité du patrimoine (J.-P. MATTEI et N. SANSU).

[237] N° I-CF2838. Selon cet amendement, le Code général des impôts serait ainsi modifié : 1° Après l'article 14, il est inséré un article 14-0 A ainsi rédigé : « Art. 14-0 A. – Sur option expresse du contribuable exprimée lors de sa déclaration annuelle de revenus, les revenus fonciers des personnes physiques qui donnent un logement à bail pour un usage d'habitation à des personnes avec qui elles n'entretiennent pas de lien de parenté ou d'alliance et à la triple condition, que le loyer soit fixé en application du o du 1° du I de l'article 31 du présent code et, selon les plafonds fixés à l'article 2 terdecies G de l'annexe 3 du même code, que la catégorie énergétique de ce bien soit référencée de A à D au sens de l'article L 173-1-1 du code de la construction et de l'habitation et que le bail soit consenti pour une durée supérieure ou égale à douze mois, sont imposés selon le régime fixé par l'article 200 A du présent code ».

TITRE II. LA PLEINE ACCEPTATION DU RISQUE PROFESSIONNEL

276. **Introduction**. Le droit fiscal oppose le risque privé et le risque professionnel. Les effets du premier sont fiscalement limités. En effet, sans revenus au cours des exercices suivants, les déficits seront privés de toute base d'imputation. Le second affecte immédiatement la matière imposable. Ceci se traduit pratiquement par la possibilité d'imputer sans délai les déficits professionnels sur les autres revenus du foyer fiscal. En ce sens, le droit fiscal n'attend pas de constater l'enrichissement. Il considère l'entreprise dès son engagement, dès sa création, sans se soucier de savoir si elle aboutira au succès ou à l'échec. En somme, cette branche du droit accepte le risque professionnel à travers la seule volonté de s'enrichir. D'autant plus que les premières années d'activité sont souvent déficitaires. Par conséquent, seul l'appauvrissement délibéré, ce que nous nommons le risque simulé, restera sans effet sur le plan fiscal pour ne certainement conduire à aucun enrichissement.

276-1. **Le cas des sociétés**. Nous avons évoqué jusqu'à présent le cas des contribuables personnes physiques en mettant en évidence la distinction fiscale entre le risque professionnel et le risque privé. Qu'en est-il des sociétés soumises à l'IS ? La problématique y est différente : le régime de l'IS est un ogre fiscal qui ne considère pas la nature de l'activité. Tout est considéré comme professionnel et traité en conséquence. Une société soumise à l'IS, en tant que sujet de droit fiscal, peut exercer simultanément plusieurs activités et imputer les pertes d'une activité sur les bénéfices d'une autre. La limitation des risques (c'est-à-dire ici le cantonnement des déficits) n'existe que dans le cadre de concentrations ou de changements d'activités, le législateur cherchant à éviter la création d'un marché d'entreprises déficitaires.

277. **Plan**. Les principales caractéristiques du risque privé, exposées au chapitre précédent, permettent de mettre en exergue celles du risque professionnel. Le droit fiscal peut sanctionner les professionnels qui s'appauvrissent volontairement (le risque simulé). C'est pourquoi, les concernant, il considère sans restriction l'intention de s'enrichir ; ce que précisément il occulte, désormais, pour les investisseurs privés.

Nous avancerons ici deux idées. En premier lieu, la fiscalité des entreprises ne méconnaît pas le risque économique. Nous montrerons, qu'au contraire, elle s'est édifiée de façon à le saisir et à l'encourager pleinement (chapitre 1). Tout d'abord parce que la contrepartie qu'elle exige pour admettre la normalité des actes de gestion n'est pas de nature matérielle, mais intentionnelle. C'est là que le risque acquiert sa pleine assomption fiscale. En effet, admettre fiscalement le risque professionnel au travers de l'unique conquête du profit induit à l'évidence l'approbation des erreurs d'appréciation. Autrement dit, si les seules volontés sont examinées (pour soutenir le risque), la constatation matérielle d'un enrichissement effectif n'importe pas, elle devient inévitablement inutile, vaine. Cela confirme que l'espoir, c'est-à-dire la perspective de s'enrichir, est une contrepartie bel et bien admise sur le plan fiscal. Le contraire, l'exigence d'un enrichissement effectif lors de chaque acte, condamnerait toutes les activités déficitaires et proscrirait tout droit à l'erreur. Or, les critères consubstantiels du risque et de l'intention n'ont d'intérêt que si notre système fiscal reconnaît l'appauvrissement, c'est-à-dire les (efforts et les) échecs auxquels peuvent conduire toute conquête du profit.

Dans la continuité d'un droit fiscal qui encourage le risque, nous montrerons ensuite que la flexibilité des options fiscales aménage un espace de liberté propice à l'esprit d'initiative.

En second lieu, nous exposerons le paradoxe suivant : alors que le droit fiscal s'est construit de façon à favoriser le risque – notamment en s'attachant aux buts qui motivent les actes de gestion - la lutte contre l'évasion fiscale se réalise toujours de manière excessive en ne distinguant plus l'investissement de l'abus. Le procédé porte préjudice, nous semble-t-il, à l'esprit d'entreprise, pour méconnaitre totalement les motivations des contribuables (chapitre 2).

CHAPITRE 1. LA FISCALITE DES ENTREPRISES S'EST EDIFIEE DE FAÇON A SOUTENIR LE RISQUE

278. **Plan.** La fiscalité des entreprises favorise activement la prise de risque en évaluant la normalité des actes de gestion en fonction des intentions que poursuivent leurs auteurs. Cette approche aboutit, en fin de compte, à accepter l'incertitude induite par le risque (section 1). Ensuite, elle permet aux chefs d'entreprise d'adapter leur régime d'imposition à l'intensité du risque qu'ils envisagent de supporter (section 2). Les dirigeants pourront préférer le régime de l'impôt sur les sociétés s'ils réinvestissent sans cesse les bénéfices que leurs exploitations génèrent. Ils opteront, en revanche, pour la semi-transparence fiscale – quand cela leur est possible – s'ils estiment que leur début d'activité sera générateur de déficits. Finalement, la fiscalité ne doit pas entraver les opérations nécessaires au développement des entreprises. Celles-ci doivent pouvoir se restructurer sans que l'impôt ne soit une entrave.

SECTION 1. L'ENCOURAGEMENT DU RISQUE ECONOMIQUE AU TRAVERS DU PRISME DE L'INTENTION

279. **Quel risque ?** Précisons la notion de risque. Nous défendons l'idée que le risque n'est accepté sur le plan fiscal que s'il est susceptible de générer des profits. Tel qu'il est étudié ici, sous l'angle de la théorie de l'acte anormal de gestion, le risque est nécessairement d'ordre économique, car il doit découler de la volonté de s'enrichir pour qu'il puisse opérer ou produire ses effets sur la matière imposable. Par conséquent, le risque peut ici se définir comme la probabilité, c'est-à-dire l'incertitude, d'enrichissement ou d'appauvrissement que porte chaque acte de gestion.

Contrairement au chapitre consacré à la fraude à la loi fiscale, dans lequel nous montrerons que le risque peut prendre des formes diverses car il est utile pour identifier les véritables intentions des auteurs d'un montage[238], il est ici uniforme.

280. **Comment l'apprécier ?** Le risque économique ne peut s'apprécier qu'au travers des intentions. En témoignent deux exemples.

En premier lieu, l'anormalité des actes de gestion se caractérise par *la volonté* de s'appauvrir de leurs auteurs. L'exigence d'un élément intentionnel, lequel distingue l'erreur de gestion de la libéralité, est la marque d'un droit fiscal qui favorise le risque (§ 1). Conséquemment, pour accepter les effets des actes de gestion sur la matière imposable, ce n'est pas tant l'existence d'une contrepartie effective (matérielle) qui est exigée, que la perspective de s'enrichir. Le contraire ne concéderait aucun droit à l'erreur.

[238] Nous défendrons l'idée qu'un contribuable, qui réalise un montage en vue de se prémunir contre un risque avéré – de quelle que nature qu'il soit –, ne poursuit pas un but exclusivement ni principalement fiscal.

Le procédé fait écho au principe exposé précédemment (chapitre 1 du titre I), à savoir que la prise de risque ne peut être acceptée sur le plan fiscal que si elle s'inscrit dans une recherche (une intention) sincère et continue de l'enrichissement. L'assomption immédiate du risque – par l'imputation des déficits professionnels sur les autres revenus – nécessite que celui qui réalise l'investissement ne puisse pas changer d'intention (en ne poursuivant plus sa conquête de la richesse) sans supporter de conséquences fiscales. En ce sens, l'exemple du décloisonnement des déficits catégoriels traduit le fait que le risque ne peut opérer immédiatement sur la matière imposable que si les contribuables recherchent sincèrement et continuellement le profit. Le législateur a préféré ne pas maintenir le décloisonnement du risque privé, qu'il avait lui-même instauré, faute de ne pas pouvoir contraindre les particuliers à poursuivre durablement leur quête de l'enrichissement.

En second lieu, le cadre conceptuel définissant les actes de gestion considérés comme normaux, et donc ayant une incidence sur la matière imposable, induit nécessairement une certaine conception de la notion de contrepartie (§2). Nous verrons que cette dernière peut tout simplement se définir comme la perspective de s'enrichir, ce qui n'est pas sans conséquences lors de la détermination des bénéfices.

Enfin, il existe une exception à cette construction : les relations d'intérêt (§3). Nous montrerons que lorsque les parties ne sont pas indépendantes, l'entreprise peut commettre un acte anormal de gestion tout en s'enrichissant.

§ 1. L'ENCOURAGEMENT DU RISQUE PAR LA NORMALITE FISCALE DES ACTES DE GESTION

281. **Plan**. Le droit fiscal, en sondant les intentions (A), accepte le risque que porte chaque acte de gestion (B).

A. L'intention de s'enrichir : cadre conceptuel de la normalité fiscale

282. **Cadre conceptuel**. La normalité se réfère toujours à un cadre conceptuel – normatif – qui dirige les comportements. Les chefs d'entreprise disposent ici d'une certaine liberté de gestion. Toutefois, celle-ci est circonscrite à la recherche du profit (1) ; ceci de façon à offrir aux dirigeants la plus grande latitude possible dans la conduite de leurs affaires, tout en condamnant l'évasion fiscale. Nous montrerons ensuite que le principe de liberté de gestion est nécessairement contraint par la structuration cédulaire de notre système fiscal (2).

1. Le champ d'action : la recherche du profit

a. Un principe directeur pour défendre la matière imposable…

283. **Recherche.** Le droit fiscal ne considère l'entreprise que sous ses aspects financiers puisque seul lui importe la richesse, afin de l'imposer. C'est pourquoi il exige que chacun des actes de l'entreprise soit porteur d'un espoir d'enrichissement. En somme, le risque est fiscalement admis s'il vise le profit. Ce principe – de recherche systématique de l'enrichissement, propre aux entreprises – est à la fois directeur (i) et supérieur (ii) puisqu'il relègue la liberté de gestion à un second plan.

i.Un principe directeur

284. **Boussole.** Cette conquête de la richesse est un principe cardinal – en quelque sorte une boussole – qui oriente le comportement du chef d'entreprise. Ce dernier ne peut qu'y adhérer, sauf à subir les foudres de l'acte anormal de gestion. Il dispose néanmoins d'une marge de manœuvre puisqu'il n'est pas tenu de choisir la solution la plus optimale, d'autant plus que celle-ci n'est parfois identifiée qu'*a posteriori*. En somme, il n'est pas tenu de maximiser ses profits et il bénéficie d'un droit à l'erreur. Il ne doit simplement pas oublier que tous ses actes doivent être porteurs, *a minima*, d'un espoir d'enrichissement. Ce principe de recherche systématique du profit est alors directeur : il fonde la ligne directrice d'un comportement qualifié de normal sur le plan fiscal. Selon M. Collet, bien que l'entreprise ait la liberté d'agir selon ses propres choix, elle ne peut en revanche définir son intérêt à sa guise. Ainsi, le juge et l'administration agissent en tant que « porte-parole auto-institués[239] ». Nous soutenons l'idée que le principe auto-institué que le juge et l'administration fiscale défendent sans condition est la recherche systématique du profit, ainsi que son corollaire, à savoir l'interdiction de s'appauvrir volontairement sans contrepartie. Ainsi, lorsque l'on examine le droit fiscal à travers le prisme du risque, il semble émerger un cadre normatif cohérent, fondé sur l'intention de s'enrichir. Le critère du risque devient alors l'élément crucial, voire causal, car comme le souligne P. Serlooten, « en réalité, un comportement n'est pas justifié parce qu'il est celui de la majorité, mais par rapport *à son objectif*, ou son résultat. On ne peut donc juger de la normalité d'un comportement que par rapport à sa cause ou à son objet[240] ». Par conséquent, l'authenticité d'une recherche du profit, et donc la normalité fiscale, se mesure notamment au risque que le contribuable supporte.

---

239 M. Collet, *Droit fiscal* : PUF, coll. Thémis, 2016, 6e éd., n° 377.

240 P. Serlooten, « Liberté de gestion et droit fiscal : la réalité et le renouvellement de l'encadrement de la liberté », *Dr. fisc.* 2007, n° 12, étude 301.

285. **Capacité contributive**. Certains se sont interrogés sur la constitutionnalité du concept prétorien de l'acte anormal de gestion, issu de la combinaison des articles 38 et 209 du Code général des impôts. En effet, la déclaration de 1789 stipule que « la liberté consiste à pouvoir faire tout ce qui ne nuit pas autrui ». Or, il est vrai qu'à première vue, « en mobilisant le critère de l'intérêt de l'exploitation, le juge et l'administration – organes d'application de la loi – se détournent résolument de ce qui, dans l'acte anormal de gestion, peut effectivement nuire à la liberté d'autrui, aux intérêts de la société civile : ils entendent défendre à l'entreprise de se nuire à elle-même[241] ». Or, il nous semble que la définition négative de la liberté fait écho à l'intérêt général (à l'ordre public) et au principe d'égalité devant l'impôt. Un chef d'entreprise audacieux qui tente de déduire des charges qui n'ont pas de lien avec sa recherche du profit (avec son exploitation) porte atteinte aux autres contribuables, donc à autrui, en payant un impôt moindre pour un abaissement artificiel de sa capacité contributive.

Cette exigence fiscale de recherche de l'enrichissement contribue ainsi à garantir le principe d'égalité devant l'impôt. Ce principe, à valeur constitutionnelle, est inscrit dans la Déclaration des droits de l'homme et du citoyen de 1789 (DDHC). Le Conseil constitutionnel analyse, *a priori* ou *a posteriori* (QPC), les lois fiscales à la lumière du « bloc de constitutionnalité » que sont principalement la Constitution et la DDHC. Selon l'article 13 de la DDHC, les impôts doivent être répartis entre les citoyens en fonction de leur capacité contributive. Ce dernier concept, dont il n'existe aucune définition, a été et reste toujours sujet à controverse. Il est, en revanche, admis que cette capacité se mesure, à travers un revenu qui se doit d'être net. Ainsi, tous les contribuables doivent être traités de manière identique quant à la mesure de la matière imposable. Il serait donc contraire à ce principe qu'un chef d'entreprise audacieux puisse, au détriment des autres, réduire ses bénéfices – en somme ses capacités contributives – par la déduction de charges qui ne sont pas utiles à son activité. Il serait également inopportun de refuser la déduction des pertes d'un professionnel de ses autres revenus, alors même qu'il a pris des risques utiles en vue de s'enrichir. C'est pourquoi, le principe de recherche systématique du profit ménage la liberté de gestion tout en respectant le principe d'égalité et de nécessité de l'impôt.

ii. Un principe supérieur

286. **Cadre normatif**. Le principe prétorien de non-immixtion dans la gestion[242] affirme que le chef d'entreprise n'est pas tenu de maximiser ses

[241] M. Collet, « Ouverture du colloque, in Retour(s) sur l'acte anormal de gestion : évolutions et potentialités », *Dr. fisc.* 2019, n° 41, étude 392.

[242] CE, 7e s.-s., 7 juillet 1958, n° 35977 : *Dr. fisc.* 1958, n° 44, comm. 938 ; CE, 8e s.-s., 20 déc. 1963, n° 52308 : *Dr. fisc.* 1964, n° 13, comm. 156, concl. M. Martin.

profits, mais ne dit pas qu'il peut s'appauvrir délibérément. Pour P. Serlooten : « L'acte anormal de gestion n'a donc d'autre but que de vérifier que la dépense en cause avait bien un lien avec le bénéfice. Elle était nécessaire (ou au moins utile) pour acquérir ou conserver le bénéfice. Si la dépense n'est pas causée par cet objectif, elle n'est pas déductible car elle n'a pas de lien avec le bénéfice[243] ». En somme, le dirigeant doit poursuivre l'enrichissement. Il n'est toutefois pas tenu de maximiser ses bénéfices. Par un contrôle de régularité, l'administration fiscale vérifiera que l'entreprise respecte cette conquête de la richesse et, à défaut, redressera toute forme d'appauvrissement délibéré, en somme toute évasion fiscale. Ainsi, la liberté de gestion est un principe de portée toute relative qu'il convient d'inscrire dans cette quête (du profit). C'est pourquoi, la théorie prétorienne de l'acte anormal de gestion ne nous semble pas contredire le principe de liberté de gestion. Elle sanctionne l'appauvrissement intentionnel alors que le principe de non-immixtion donne toute liberté au chef d'entreprise dans la recherche du profit. Ce principe de liberté de gestion n'opère que subsidiairement, c'est-à-dire dans un second temps. Le chef d'entreprise sera libre de l'opportunité des choix de gestion tant qu'il ne s'écarte pas de la conquête de la richesse. Par conséquent, le principe de non-immixtion dans la gestion n'a qu'une application relative (subsidiaire) pour s'effacer devant un principe supérieur : celui de la recherche systématique du profit.

287. **Un espace de liberté**. Cette relative liberté de gestion reconnue à l'entreprise doit conduire inévitablement à négliger l'intensité du risque. L'acuité de celui-ci ne doit en effet pas être considérée, sauf à s'ingérer, à s'immiscer dans la gestion des affaires. Le procédé admet le libre choix des moyens pour réaliser une opération économiquement justifiée. L'administration ne peut donc pas refuser la déduction de charges en invoquant le fait que l'entreprise aurait pu parvenir au même résultat en engageant des frais moindres (donc en supportant un risque plus faible). Pratiquement, l'entreprise a le choix entre un abandon de créances et une augmentation de capital pour venir en aide à une filiale en difficulté[244], entre un abandon de créances et une opération de « coup d'accordéon » pour assainir la situation d'une filiale[245]. Il en sera de même concernant le financement de son activité ou ceux de ses filiales. Elle pourra librement recourir à l'emprunt, sauf à ne pas dépasser certaines limites, ou financer sur fonds propres ses investissements.

---

[243] P. SERLOOTEN, « Liberté de gestion et droit fiscal : la réalité et le renouvellement de l'encadrement de la liberté », *Dr. fisc.* 2007, n° 12, étude 301.

[244] CE, 8e et 9e s.-s., 11 mars 1988, n° 46846 : *RJF* 5/88, n° 565.

[245] CE, 9e et 8e s.-s., 20 mars 1989, n° 56087 : *RJF* 5/89, n° 548.

b. … Qui se manifeste au travers du fait que l'entreprise est une enclave de lucrativité

288. **L'imposition de tout enrichissement**. Selon l'article 38-2 du Code général des impôts, le bénéfice imposable d'une entreprise (soumise à l'IS, ou relevant des bénéfices commerciaux au sens large, ou encore agricole) se définit comme la variation de son actif net. Dès lors, tout accroissement de son patrimoine constituera un enrichissement imposable. Cette définition consacre la théorie de l'enrichissement au détriment de celle de la source. L'objectif d'une entreprise étant la conquête de la richesse, tout enrichissement se doit alors d'être imposé. La théorie du bilan a donc instauré une enclave de lucrativité qui traduit le principe de recherche du profit. Toute sortie du bilan sera génératrice d'une plus ou moins-value professionnelle, y compris lors du retour dans la partie privée du patrimoine de l'exploitant individuel. De plus, l'entrée dans l'arène du profit – autrement dit le bilan comptable –, que ce soit par apport ou cession, doit se faire en valeur réelle. À défaut, la minoration de valeur au bénéfice de l'acquéreur, est immédiatement imposé[246]. En témoigne la jurisprudence *Raffipack*[247], désormais étendue aux apports[248].

289. **Faits générateurs des plus-values**. La différence, quant aux faits générateurs des plus-values professionnelles et privées, démontre que le désintéressement, la gratuité n'existe pas pour les entreprises. Une donation ne sera génératrice d'aucune plus-value pour le particulier, contrairement à toute sortie du bilan pour un professionnel. Par exemple, lorsqu'un entrepreneur individuel sort un immeuble du bilan pour le donner à l'un de ses enfants, ce transfert vers la partie privée de son patrimoine génère une plus-value professionnelle alors même qu'aucune contrepartie n'existe. Dès lors, tout appauvrissement de l'entreprise qui ne vise pas un enrichissement futur est sanctionné, en donnant lieu à une imposition.

290. **Illustration**. L'apport d'un bien immobilier inscrit au bilan d'une entreprise individuelle est générateur d'une plus-value professionnelle. En témoigne une espèce[249] : monsieur X fait l'apport d'un bien immobilier au profit d'une société commerciale qu'il dirige. Préalablement, ce bien avait été donné en location à cette société. L'activité de location équipée relevait des bénéfices industriels et commerciaux. Si bien que l'immeuble apporté était inscrit à l'actif du bilan de l'entreprise pour une valeur nette comptable de 392 088 francs. L'apport en nature a permis une augmentation de capital social (de la société bénéficiaire de l'apport), celui-ci passant de 550 000

---

[246] Cette jurisprudence contestable est développée dans le chapitre 2.

[247] CE, 3e et 8e s.-s., 5 janv. 2005, n° 254556, *Sté Raffypack* : *RJF* 3/05, n° 213, concl. E. GLASER, *BDCF 3/05*, n° 25, chron. F. BEREYZIAT, *RJF* 5/05, p. 314, obs. H. DE FEYDEAU, *BGFE* 2/05 p. 8.

[248] CE, plén., 9 mai 2018, n° 387071, *Sté Cérès* : *RJF* 7/18, n° 726, concl. Y. BENARD (C 726).

[249] CE, 7e et 8e s.-s, 14 juin 1978, n° 9403 : *RJF* 7-8/78, n° 14, concl. B. MARTIN-LAPRADE.

francs à 1 736 000 francs. Concomitamment à cette opération d'apport, la société procéda à une réduction de capital en vue d'apurer les pertes passées. Ainsi, le capital social passa de 1 736 000 francs à 490 000 francs.

Le contribuable entendait calculer la plus-value d'apport par différence entre la valeur des titres reçus, soit un montant de 490 000 francs, et la valeur nette comptable. L'administration s'opposa à ce raisonnement estimant que la valeur d'apport devait être la valeur vénale du bien[250], peu important l'opération de réduction de capital concomitante.

Le prix de « cession » du bien était bien de 1 186 000 francs. La réduction de capital est une opération indépendante qui ne doit pas affecter la valeur vénale du bien. Pour le contribuable, les titres reçus en échange avaient intégré le bilan en lieu et place du bien apporté.

291. **La solution**. Pour le Conseil d'État, l'activité professionnelle a cessé immédiatement après l'apport de l'immeuble, si bien que les titres ont intégré le patrimoine privé. Ainsi, en admettant que la réduction de capital ait conduit à générer une moins-value, celle-ci relève de la sphère personnelle et non professionnelle. Une telle moins-value ne peut s'imputer ni sur des revenus professionnels, ni sur les autres revenus du foyer fiscal. En réalité, en acceptant de ne recevoir qu'une valeur de 490 000 euros en lieu et place de la valeur réelle du bien, qui d'ailleurs n'est pas contestée, l'entreprise n'a pas agi dans le cadre du principe de la recherche du profit. Elle a omis, un temps, les motivations qui ont conduit à sa création afin de favoriser Monsieur X.

Le considérant de la haute juridiction administrative est éclairant et mérite d'être reproduit : « la différence ainsi constatée [la moins-value] doit être regardée comme une renonciation à la réalisation de la plus-value correspondante, et par suite comme une libéralité consentie par l'entreprise individuelle à la société [...] qu'une telle libéralité, si elle répondait au souci du sieur X, fût-ce au prix d'un appauvrissement de son patrimoine personnel, de rétablir la situation financière de la société et de permettre à cette dernière de poursuivre ses activités, n'en était pas moins étrangère à l'intérêt commercial de sa propre entreprise ».

En d'autres termes, le bien immobilier, inscrit à l'actif et support d'une activité professionnelle, doit être cédé au prix du marché dans le cadre du principe que nous défendons. Le contribuable peut souhaiter favoriser l'entreprise, mais cela ne peut se faire au détriment du Trésor public.

---

[250] Soit un montant de 1 186 000 francs (1726 000 – 550 000).

c. … Qui se manifeste au travers de la nouvelle définition de l'acte anormal de gestion

292. **Le cadre**. Le principe de recherche du profit fait évidemment écho à la théorie de l'acte anormal de gestion[251]. La définition fiscale de ce dernier a évolué dans le temps. Ce concept prétorien avait été considéré préalablement comme un acte contraire à l'intérêt social. P-F. Racine l'avait décrit « comme le fruit de l'acclimatation ou de la transplantation en droit fiscal du concept commercial d'acte non conforme à l'intérêt social, mais avec deux différences de taille : seule l'administration peut l'invoquer et elle peut agir d'office[252] ».

Le Conseil d'État définit aujourd'hui l'acte anormal de gestion comme un appauvrissement délibéré dénué de contrepartie suffisante[253]. Si cela n'entache en rien la jurisprudence antérieure, il nous semble que la haute juridiction administrative aligne l'intérêt de l'entreprise sur le profit, en somme sur ce qui intéresse le droit fiscal : la matière imposable. Pour P. Collin : « la raison [pour laquelle le Conseil d'État] a tenté de redonner une définition de l'acte anormal de gestion […] n'est pas qu'[il] aurait eu l'impression que la définition était auparavant floue. Il a plutôt eu le sentiment que tous les éléments étaient dans le paysage, mais qu'il était peut-être nécessaire de les synthétiser dans une formule unique [254] ».

Ce recentrage, qui peut paraître anodin, nous semble, au contraire, confirmer l'existence d'un principe supérieur de recherche systématique du profit, dont le but est la préservation de la matière imposable. Finalement, il circonscrit le principe de liberté de gestion, lequel ne s'applique que dans le cadre de la conquête de l'enrichissement.

293. **Conséquences.** En se centrant sur la matière imposable, la nouvelle définition de l'acte anormal de gestion met un terme, nous semble-t-il, à deux débats doctrinaux. Elle confirme tout d'abord, sans ambiguïté, ce qu'est la vision fiscale de l'intérêt d'une entreprise (i). Elle précise ensuite ce qu'est un acte de gestion (ii).

d. Le droit fiscal a-t-il sa propre vision de l'entreprise ?

294. **Matière imposable**. Le droit fiscal est un droit de superposition qui ne s'intéresse *in fine* qu'à l'argent, aux richesses. En somme, cette branche du droit se préoccupe de la matière imposable, que l'entreprise soit constituée sous la forme individuelle ou en société. À ce titre, O. Fouquet, commissaire

---

[251] Nous pensons plus précisément que la théorie de l'acte anormal de gestion est le bras armé au service du principe de recherche systématique du profit.

[252] P-F. RACINE, concl. sur CE, 7, 8 et 9e s.-s., 27 juill. 1984 : *RJF* 10/84, n° 10.

[253] CE, plén., 21 déc. 2018, n° 402006, *Sté Croë Suisse : Dr. fisc.* 2019, n° 9, comm. 176, concl. A. BRETONNEAU, note F. DEBOISSY et G. WICKER *; RJF* 3/19, n° 246, chron. V. VILETTE, p. 303.

[254] P. COLLIN, « L'acte anormal de gestion : un champ d'application en évolution ? » : *Dr. fisc.* 2019, n° 41, comm. 393.

du gouvernement, écrivait dans ses conclusions sur un arrêt du 10 juillet 1992[255] que : « [...] l'entreprise est un patrimoine propre dont l'exploitation a vocation à produire un profit, et le juge, pas plus que l'administration, ne saurait admettre que ce profit, plus ou moins important selon la qualité de la gestion, soit détourné dans l'intérêt d'un tiers. Autrement dit, la matière imposable qui est propre à l'entreprise doit y rester [...] ». Le principe de recherche systématique du profit – gardien du principe d'égalité devant l'impôt – défend ladite matière (imposable). C'est en ce sens que les actes de gestion n'opèrent sur elle que lorsqu'ils sont réalisés *en vue* d'acquérir ou de conserver des bénéfices, comme le résume parfaitement l'article 13 du Code général des impôts. Le comportement du chef d'entreprise est donc clairement encadré afin de préserver la matière imposable *de l'entreprise,* pour que celle-ci y demeure.

295. **Postulat**. En se focalisant sur la seule matière imposable, l'objet des entreprises, c'est-à-dire leur raison d'être, se résume *sur le plan fiscal* à la poursuite des bénéfices. Afin d'emporter la conviction de nos contradicteurs, voyons la façon avec laquelle le droit fiscal poursuit ses propres objectifs.

296. **En premier lieu**, le droit fiscal a instauré un cadre normatif qui rappelle aux entreprises qu'elles se sont constituées dans l'unique but de s'enrichir (la théorie de l'acte anormal de gestion en constitue d'ailleurs le principal instrument, « le bras armé », pourrait-on dire). Ceci afin qu'elles ne confondent pas, d'une part, les actes utiles à l'acquisition ou à la conservation de leurs bénéfices (qui constituent la matière imposable) avec, d'autre part, l'emploi (c'est-à-dire l'utilisation à des fins privés) desdits bénéfices. L'entrepreneur n'a d'ailleurs pas d'autre choix que d'adhérer à cette conception fiscale de l'entreprise. Le procédé ne sert qu'à défendre la matière imposable.

Pour autant, le droit fiscal ne force pas les contribuables à entreprendre. Ce n'est que lorsqu'il identifie, à la fois une intention de s'enrichir dès l'acquisition de biens immobiliers (une intention de revendre dès l'achat) et une récurrence, qu'il peut, par exemple, requalifier les plus-values immobilières en bénéfices commerciaux. Dans ce cas, le contribuable qui prétend agir en tant qu'investisseur privé se comporte, en réalité, comme un véritable professionnel, un marchand de biens. De la même manière, les associations à but non lucratif ne sont pas soumises aux impôts dits « commerciaux ». Ce n'est que si elles se comportent comme une entreprise, en poursuivant l'enrichissement, que leurs bénéfices seront imposés.

297. **En second lieu**, le principe de recherche systématique du profit doit s'entendre comme une exigence qui circonscrit le comportement des chefs d'entreprises. Non pas que ces derniers ne soient pas libres de faire ce qu'ils

[255] CE, sect., 10 juill. 1992, n° 110213, *Musel SBP* : *RJF* 8-9/92, n° 1249, concl. O. FOUQUET, p. 673.

souhaitent, mais les actes de gestion n'auront d'effet sur la matière imposable que si leurs auteurs visent l'enrichissement.

Toutefois, le droit fiscal n'exige aucunement que les entreprises s'enrichissent à tout prix. Le principe de liberté de gestion leur permet de ne jamais tirer le maximum de profits que les circonstances leur auraient permis de faire. Elles peuvent tout à fait s'abstenir de réaliser un acte de gestion qui aurait permis un enrichissement supplémentaire. Seul l'appauvrissement délibéré (dénué de contrepartie) leur sera reproché.

i. La problématique de l'intérêt des associés d'une société

298. **Problématique**. Cette conception fiscale de l'entreprise, fondée sur la recherche du profit, est un sujet de controverse. Par exemple, les personnes morales connaissent une particularité, en ce qu'elles naissent de la volonté d'associés qui mettent en commun des apports afin de se partager des bénéfices. L'intérêt de la société peut-il être en contradiction avec ceux de ses créateurs ? En d'autres termes, le raisonnement fiscal portant sur la seule matière imposable de l'entreprise n'est-il pas incompatible avec l'article 1833 du Code civil, selon lequel toute société doit avoir un objet licite et être constituée dans l'intérêt commun des associés ? En somme, l'intérêt de ces derniers correspond-il à celui de la société ?

Deux perspectives divergentes sur l'intérêt social se confrontent, conférant à cette notion une nature polymorphe. Selon J.-L. Médus, cette divergence s'articule autour d'une opposition classique. D'une part, la vision contractuelle issue des articles 1832 et 1833 du Code civil réduit l'intérêt social à la satisfaction des intérêts communs des associés. D'autre part, selon l'approche institutionnelle, l'intérêt social représente la primauté de l'entreprise en tant qu'entité économique autonome. Dans cette optique, la personne morale poursuit ses propres objectifs distincts de ceux de ses parties prenantes. Cette analyse met en lumière la complexité inhérente au concept d'intérêt social[256]. Pour autant, il nous semble que le droit fiscal ait définitivement pris position, comme en témoigne une jurisprudence bien établie.

299. **Illustration**. Les opérations consistant à faire racheter des titres par la personne morale qui les a émis illustrent particulièrement la problématique puisque, lorsqu'elles sont financées par l'emprunt, elles concernent, à la fois, les associés et la matière imposable de l'entreprise. Trois associés, qui détiennent chacun 3 502 parts, décident le rachat par la société de ses propres titres[257]. L'un d'eux cède la totalité des siens, les deux autres 3 260 parts chacun. L'opération est financée par un emprunt bancaire. L'administration

[256] J.-L. MEDUS, « Gestion des fonds propres et stratégies d'endettement ; pour une vision renouvelée de l'intérêt social », *Dr. fisc.* 2017, n° 10, étude 192.
[257] CE, 9e et 10e s.-s, 15 fév. 2016, n° 376739, *SNC Pharmacie St Gaudinoise* : *RJF* 05/16, n° 406, concl. F. ALADJIDI.

fiscale refuse, au cours d'une vérification de comptabilité, la déduction des intérêts sur le fondement de l'acte anormal de gestion. Elle considère que la prise en charge de l'emprunt par la personne morale ne se réalise pas dans l'intérêt de celle-ci, mais dans celui exclusif de ses fondateurs.

300. **Les prétentions.** Pour une partie de la doctrine[258], les décisions des associés sont hors du champ d'application de la théorie de l'acte anormal de gestion, sur le fondement de deux principaux arguments juridiques.

En premier lieu, les auteurs estiment que les intérêts des associés se confondent avec ceux de la société puisque, selon l'article 1833 du Code civil, cette dernière doit être constituée dans l'intérêt commun de ses créateurs.

En second lieu, une décision des organes sociaux n'est pas, pour ces auteurs, une décision de gestion. Dès lors, elle n'a pas à respecter un quelconque intérêt social, mais seulement un principe d'égalité entre associés[259].

301. **La solution**. Pour le Conseil d'État, l'administration fiscale n'est pas fondée à réintégrer dans le bénéfice imposable les intérêts de l'emprunt que la société a contracté au seul motif que cette opération de rachat, suivie d'une réduction du capital social, constitue un prélèvement au profit des associés. Elle doit rechercher si la personne morale en avait également retiré un avantage.

La cour d'appel administrative de Bordeaux, qui juge l'affaire après renvoi par la haute juridiction administrative[260], fait face à un nouvel argument de la part du requérant (la société). Ce dernier soutient que l'opération incriminée a été réalisée dans son intérêt, dans la mesure où il existait, entre l'associé dont toutes les parts ont été rachetées et les deux autres, une profonde mésentente préjudiciable à la bonne marche de ses affaires. Pour la cour, l'existence d'une telle discorde ne résulte pas de l'instruction. Elle considère donc que l'opération n'a pas été réalisée dans l'intérêt de la personne morale.

302. **Opinion.** La société a bien compris qu'elle ne pouvait pas considérer que l'intérêt de ses associés correspondait au sien. Elle a donc invoqué un contexte conflictuel pouvant lui porter préjudice. Elle prétendait que la prise en charge du financement était réalisée afin de lui permettre d'assurer la continuité paisible de son exploitation. La jurisprudence avait déjà accepté, par le passé, qu'une même opération de rachat, financée par un emprunt, puisse être justifiée par une réorganisation de la société utile à sa recherche du profit[261].

La solution a été vivement critiquée. Pour J.-L. Médus, refuser sur le plan fiscal qu'un emprunt finance une réduction de capital revient à assimiler « la

---

[258] J.-P. Bidegainberry et M. Gauthier, « Charges financières : rachat par une société de ses propres actions », *FR* 20/12, page 9.

[259] Ce raisonnement est étudié dans la partie suivante, relative à la définition de l'acte de gestion.

[260] CAA Bordeaux, 3e ch., 5 juill. 2016, n° 16BX00662, Inédit.

[261] CAA Versailles, 1er ch, 24 janv. 2012, n° 10VE03601, *SAS Yoplait* : *RJF* 5/12, n° 445. L'administration fiscale ne s'est pas pourvue en cassation

satisfaction de l'intérêt de l'entreprise à la maximisation de ses fonds propres ». Cela revient notamment à ignorer le fait que le recours à l'endettement entraîne une réduction du coût moyen pondéré du capital (CMPC) et, par conséquent, du coût des ressources de financement, « rendant ainsi plus aisée la réalisation d'investissements de plus faibles rentabilités[262] ». Selon cet auteur, « l'abaissement du coût moyen pondéré du capital est certainement l'un de ses concepts pratiques qui devrait permettre de concilier, et satisfaire, les deux définitions de l'intérêt social[263] ». En réalité, le CMPC représente le coût des fonds investis, ou prêtés, à la société, que ce soit par ses fondateurs ou par des institutions financières telles que les banques. Chaque investisseur, quelle que soit sa nature, recherche une rémunération équitable en échange de son soutien financier. Plus ce taux est bas, moins la société doit débourser de trésorerie pour rétribuer ses bailleurs de fonds. En d'autres termes, en conservant ses liquidités et ses capitaux propres, la société peut envisager d'autres investissements à l'avenir. Le financement du rachat de ses propres parts par emprunt, méthode permettant notamment de réduire le CMPC, se réalise donc également dans l'intérêt de la société, en plus de l'être pour les associés restants. Malheureusement, cette logique n'est pas conforme à celle adoptée par le droit fiscal positif.

Quoi qu'il en soit, si d'aucuns considèrent encore, sur le plan fiscal, que l'intérêt social peut prêter à discussion, en raison de la mise en commun d'apports par les associés en vue de se partager les bénéfices, il semble que la nouvelle définition de l'acte anormal de gestion, à savoir un appauvrissement délibéré dénué de contrepartie suffisante (pour l'entreprise), soit désormais claire et dépourvue d'ambiguïté. Le droit fiscal définit l'intérêt d'une entreprise selon sa propre conception, selon ses propres objectifs, en mettant l'accent sur la recherche du profit intrinsèque à l'entreprise, dans le but de protéger et de préserver la matière imposable, au nom d'un ordre public fiscal.

ii. La problématique des considérations sociales et environnementales (Art. 1833 du Code civil)

303. **Cynisme ?** Cette conception fiscale de l'entreprise, axée sur une recherche inconditionnelle du profit, est d'autant plus contestée aujourd'hui que la loi dit « Pacte »[264] a modifié l'article 1833 du Code civil en intégrant, dans les raisons d'être des sociétés, des considérations sociales et environnementales. À la suite de cela, le sénateur Bascher a posé une question intéressante au gouvernement[265], qui peut se résumer de la façon suivante : la

---

[262] J.-L. MEDUS, « Gestion des fonds propres et stratégies d'endettement ; pour une vision renouvelée de l'intérêt social », *Dr. fisc.* 2017, n° 10, étude 192.
[263] J.-L. MEDUS, « Valeur d'une obligation convertible et d'une option de conversion », *Dr. fisc.* 2024, n° 10, étude 196.
[264] Loi n° 2019-486, 22 mai 2019 : JO 23 mai 2019.
[265] Question n° 25359 : JO Sénat 11 nov. 2021, p. 6288.

normalité des actes de gestion, sur le plan fiscal, pourrait-elle être aujourd'hui étendue à ces considérations (sociales et environnementales) ? L'administration répond ainsi[266] : « le fait pour une entreprise de choisir d'allouer une fraction de son bénéfice à des actions socialement ou écologiquement responsables ne justifie pas, en soi, que le montant des dépenses réalisées soit déduit du résultat imposable ». Elle complète sa réponse en précisant qu'une entreprise « ne peut procéder à la déduction de charges qui ne correspondent pas à une gestion normale, c'est-à-dire une gestion qui apparaît étrangère à ses propres intérêts économiques ».

En revanche, comme l'écrit O. Debat : « Il ne s'agit pas ici de dire que l'entreprise ne doit pas être animée par le souci de générer un bénéfice, mais simplement de considérer celui-ci dans une perspective de plus long terme – ce qui peut l'inciter à « renoncer à des profits de court terme pour viser une création de valeur durable » en conformité avec son intérêt social et ses principes statutaires, étant rappelé que les entreprises ne sont pas tenues de tirer des affaires qu'elles traitent le maximum de profit[267] ». Invoquer les seules raisons sociales et environnementales restera, donc, sans effet fiscal. En revanche, revendiquer qu'elles puissent, à terme, générer de la matière imposable est un argument tout à fait pertinent qui retiendra sans doute l'attention de l'administration fiscale.

304. **Opinion**. La réponse du fisc n'est pas étonnante.

En premier lieu, le droit fiscal, en défendant la matière imposable, poursuit ses propres objectifs. Il refuse qu'une charge qui n'est pas engagée en vue de générer des bénéfices puisse être déduite de ceux-ci. Par conséquent, il ne peut pas sacrifier la matière imposable quand bien même le contribuable est mu par une noble cause. Le droit fiscal devra toujours, de manière quasi-mécanique, opérer une distinction entre d'une part, les actes de gestion nécessaires à l'acquisition ou à la conservation des profits, et d'autre part, l'emploi de ces profits. Il n'interdit pas qu'une entreprise fasse preuve de générosité en employant ses profits, ou qu'elle soit animée par des considérations environnementales, mais il refusera tout simplement d'en tenir compte lors de la détermination de la matière imposable.

En second lieu, notons que le droit fiscal s'écarte déjà de l'article 1833 du Code civil en ne confondant pas les intérêts de la société avec ceux de ses créateurs (v. *supra* n° 298 et s.).

305. **Objet social.** Le Conseil d'État semble confirmer, dans un arrêt récent, cette conception fiscale de l'intérêt de l'entreprise. Il considère que la conformité d'un acte de gestion à l'objet social d'une société n'est pas à elle seule « de nature à faire regarder [l'acte en cause] comme étant [intervenu]

---

[266] Rép. min., n° 25359, BASHER : JO Sénat 10 févr. 2022, p. 769 ; *BJS* 4/2022, p. 60 ; obs. R. VABRES.

[267] O. DEBAT, « La raison d'être, une apparence sans substance *? », RFP 2022*, n° 4, comm. 4, p. 1.

dans l'intérêt propre de l'entreprise[268] ». Il s'agit en l'espèce d'une personne morale de droit suisse qui a renoncé à percevoir des loyers. L'objet social de celle-ci consiste à mettre gratuitement à la disposition de ses créateurs les immeubles qui figurent à son actif. L'administration fiscale y voit un acte anormal de gestion. La société soutient, quant à elle, que l'acte ne peut être anormal puisqu'il est conforme à son objet social. Pour la haute juridiction administrative, cela ne suffit pas à justifier le manque à gagner pour une société qui, bien qu'étant de droit suisse, est regardée comme étant l'équivalent français d'une société anonyme soumise à l'IS. Par conséquent, pour la haute juridiction administrative, une renonciation à recettes n'a pas un caractère normal du seul fait de sa conformité à l'objet de la société qui y consent.

306. **Préambule.** Afin de bien saisir l'enjeu de la jurisprudence *Sté Phoenix Union*, revenons sur deux aspects fondamentaux qui justifient la solution. En premier lieu, soulignons que la majorité des conventions fiscales internationales établies sur le modèle de l'OCDE ne considère pas les revenus immobiliers comme des bénéfices des entreprises, même si l'immeuble est détenu par une société. Généralement de tels revenus immobiliers sont imposés dans l'État d'implantation de l'immeuble, sans que la notion d'établissement stable (propre aux entreprises) ne rentre en jeu. Par conséquent, lorsqu'un bien immobilier est détenu par une personne étrangère, les revenus qu'il génère – lorsque l'immeuble est exploité – sont imposés en France.

En second lieu, lorsque l'immeuble situé en France ne procure aucun revenu, il convient de vérifier (sur le plan fiscal) si son propriétaire est en droit de renoncer à percevoir des loyers. Si le bien est détenu par une personne physique étrangère, cette dernière peut l'utiliser gratuitement sur le plan fiscal, tout comme le ferait un particulier français. En revanche, si l'immeuble est détenu par une société, il convient de s'assurer que celle-ci n'est pas tenue de rechercher le profit. Pour ce faire, l'administration fiscale examine les caractéristiques de la personne morale afin de l'assimiler à la forme juridique française qui lui correspond le plus. En somme, elle ne regarde pas dans un premier temps si l'intention est lucrative ou non lucrative, mais uniquement la forme juridique, car c'est cette dernière qui détermine le régime fiscal. La considération de l'activité et de ses motivations n'intervient que dans un second temps. Autrement dit, une société (qui est assujettie de droit à l'IS) sera imposée selon les règles de l'IS même si elle ne poursuit aucun but lucratif. Disons qu'à ce stade, le choix du régime fiscal, dicté par la forme juridique, démontre à lui seul l'intention du contribuable. Celui qui choisit d'être imposé selon le régime de l'IS est réputé rechercher le profit. En contrepartie, il peut déduire de ses bénéfices l'intégralité des charges utiles à cette conquête. Un tel procédé est finalement en accord avec les dispositions

---

[268] CE, 9e et 10e ch., 22 juill. 2022, n° 444942 B, *Sté Phoenix Union : FR* 36/22, p. 1.

de l'article 206 du Code général des impôts : les sociétés de capitaux, *quel que soit leur objet social*, et toutes les autres entités se livrant à une exploitation lucrative sont soumises à l'IS.

Cela étant précisé, la décision *Sté Phoenix Union* est particulièrement intéressante pour présager ce que pourrait être la position du Conseil d'État à l'avenir s'agissant d'intégrer (ou non) les considérations sociales et environnementales lors de l'appréciation de la normalité des actes de gestion.

307. **Opinion.** La décision nous confirme que le régime de l'IS est celui des professionnels, en somme celui des entreprises. Le contribuable qui opte pour cet impôt doit avoir conscience qu'il souscrit également à une certaine vision fiscale de l'entreprise. Dans ce cas, il doit rechercher le profit, sans être obligé de le maximiser. Plus précisément, il ne peut s'appauvrir de manière volontaire, sauf s'il s'agit d'un comportement qui n'est pas dénué de contrepartie pour lui. Par exemple, rappelons simplement qu'une société civile n'ayant pas opté pour l'IS peut mettre les biens immobiliers qu'elle détient à la libre disposition de ses associés[269]. Ce qu'elle ne pourra pas faire sur le plan fiscal si elle opte pour l'IS : la renonciation à recevoir des loyers sera un acte anormal au regard de la fiscalité des entreprises.

Malheureusement, le contribuable suisse de la jurisprudence *Sté Phoenix Union* n'avait sans doute pas conscience d'avoir fait ce choix fiscal. Il n'a pas décidé directement d'être imposé selon ce régime fiscal. C'est sans doute pourquoi il se raccroche à l'objet de la société, lequel démontre une intention non lucrative.

Or, le Conseil d'État avait d'ores et déjà fixé la règle. Il ne considère pas les intentions du contribuable pour en déduire la forme juridique qu'il conviendrait d'adopter en France. Il se fonde, en revanche, sur les caractéristiques et les règles de fonctionnement de la société étrangère pour, ensuite, l'assimiler à la forme juridique française qui lui correspond le plus ; ici une société anonyme, laquelle est (de droit) soumise à l'IS. À partir de là, le sort fiscal semble scellé. Par conséquent, une entreprise ne peut s'appauvrir délibérément sans contrepartie, quand bien même l'acte incriminé respecterait son objet social. En revanche, si la personne morale étrangère n'est pas considérée comme une société française soumise à l'IS (en somme elle équivaut à une SCI non soumise à cet impôt), comme les « Limited Liability Company [270] », alors l'examen de la nature de l'activité devient déterminant. Dans ce cas, par exemple, la mise à disposition gratuite d'un bien immobilier

---

[269] Il est également important de noter que les statuts de la société doivent inclure une clause permettant au gérant de décider seul de la mise à disposition gratuite. À défaut, cette décision devra être prise par l'assemblée des associés, conformément aux conditions requises pour la modification des statuts (Cass., 3e ch. Civ., 2 mai 2024, n° 22-24.503 : *RJDA* 07/24, n° 404).

[270] Une LLC, abréviation de « société à responsabilité limitée », représente une forme d'entreprise aux États-Unis fusionnant les caractéristiques des sociétés par actions et celles des entreprises individuelles ou des sociétés de personnes.

par la société au profit des parents des associés ne constitue en aucun cas une activité lucrative[271].

308. **Réitération.** La solution retenue par la haute assemblée dans l'affaire *Sté Phoenix Union* a été réitérée par la cour administrative d'appel de Marseille[272]. Les faits de l'espèce sont similaires. La SA B, société anonyme de droit belge, met à disposition gratuite de ses associés la villa qu'elle détient. Ce que l'administration fiscale considère comme un acte anormal de gestion.

La cour confirme que le caractère civil ou commercial de l'objet de la société étrangère n'est pas retenu pour savoir à quelle forme sociale française cette personne morale correspond. Ensuite, si celle-ci est assimilée à une société française soumise à l'IS, elle ne peut pas mettre gratuitement à disposition un immeuble qu'elle détient. L'anormalité de l'acte de gestion est avérée, alors même que l'acte est conforme à l'objet social. Il est à noter que cette même cour administrative d'appel a récemment adopté un raisonnement quelque peu différent en ne cherchant pas à déterminer la forme sociale française à laquelle une société suisse pouvait être assimilée[273]. Le juge a donc directement considéré l'objet social. Ce dernier se limitant à des activités lucratives (et notamment la location), la cour a conclu que la mise à disposition gratuite d'une villa constituait un acte anormal de gestion. La société requérante soutenait que l'immeuble ne pouvait aucunement être habité compte tenu de sa vétusté. Malheureusement, elle ne fournit aucune preuve (aucune photo, aucun devis de travaux...) en soutien de ses prétentions[274].

309. **Recherche d'économies**. Notons incidemment que le rapporteur public E. Bokdam-Tognetti, dans l'affaire *Sté Phoenix Union*, rappelle que le Conseil d'État[275] avait, par le passé, admis (sur le plan fiscal) qu'une société puisse réaliser des économies au profit de ses créateurs[276]. La haute juridiction administrative avait renoncé à y voir un acte anormal de gestion au regard de l'objet social de la personne morale qui consistait précisément, de manière exclusive, à refacturer des prestations de raffinage à prix coûtant. Pour expliquer la divergence entre le récent arrêt *Sté Phoenix Union,* qui refuse la normalité de l'acte même s'il est conforme à l'objet social, et la décision plus

---

271 CE, 8e et 3e ch., 13 nov. 2023, n° 465852, inédit ; J.-J. Lubin, « Mise à disposition gratuite d'immeuble par une société étrangère à ses associés », *RFP* n° 3/2024, act. 4.

272 CAA Marseille, 3e ch., 9 févr. 2023, n° 20MA03935, inédit.

273 CAA Marseille, 2e ch., 12 janv. 2024, n° 22MA00575, inédit.

274 Le lecteur peut également se reporter à à un arrêt récent : CE (na), 3e ch., 22 déc. 2023, n° 475105, *Sté Canador SA : RJF* 03/24, n° 200. Une société luxembourgeoise affirmait que la villa qu'elle possédait à Saint-Tropez n'avait en aucun cas été occupée, mais les factures d'électricité prouvaient le contraire. Cette entité avait été assimilée à une société de capitaux française, excluant ainsi toute possibilité d'utilisation gratuite.

275 CE, 8e et 3e s.-s., 25 nov. 2009, n° 307227, *Cie Rhénane de Raffinage* : *RJF* 2/10, n° 106, chronique V. Daumas, Concl. E Geffray, *BDCF* 2/10, n° 15.

276 Sur ce sujet, se reporter à la partie suivante : (c). La problématique de la recherche d'économies.

ancienne[277] qui l'accepte, le rapporteur public souligne que la société ne s'appauvrit pas lorsqu'elle recherche des économies. De plus, Mme Bokdam-Tognetti relève que la société Phoenix Union a un objet social bien plus large que la simple mise à disposition gratuite d'un immeuble.

310. **Opinion**. Cette argumentation ne nous convainc pas totalement, car un manque à gagner (une refacturation à prix coûtant) constitue bien un acte anormal de gestion dès lors qu'il est dénué d'une contrepartie suffisante. De plus, la solution aurait été identique, nous semble-t-il, si la société suisse avait eu pour objet social unique la mise à disposition gratuite des appartements. Il nous semble plutôt que le droit fiscal – matière ne s'intéressant qu'aux richesses et qui, pour défendre la matière imposable, considère que les entreprises ne se créent que dans le but de s'enrichir – s'oppose à la recherche d'économies. Comme l'écrit E. Bokdam-Tognetti, dans ses conclusions sur l'arrêt *Sté Phoenix Union* : « l'intérêt de l'associé n'est pas l'intérêt de la société ». Si l'on suit le raisonnement du Conseil d'État, ce n'est que dans le cas très exceptionnel où l'objet social consiste – *de manière exclusive* – à rechercher des économies que le principe de non-appauvrissement volontaire pourrait faire l'objet d'une exception.

311. **Conclusion**. Reprenons enfin les termes du président Fouquet, qui nous semble parfaitement résumer la situation : « le Conseil d'État choisit de dissocier fiscalement l'intérêt de l'entreprise de son objet. En effet, en matière fiscale, il s'agit d'apprécier la capacité contributive d'un contribuable, en fonction notamment de ses recettes. Il n'appartient pas au contribuable de faire varier discrétionnairement sa capacité contributive par sa renonciation à percevoir certaines recettes d'autant plus que les charges sont la contrepartie des recettes. Le contribuable ne peut pas, à charges identiques, renoncer à percevoir certaines recettes pour ajuster son bénéfice au niveau qu'il a choisi [...]. S'il en allait autrement, il suffirait de modifier ou de compléter l'objet social pour mettre, sans conséquences fiscales, des biens sociaux gratuitement à la disposition des associés. Or du point de vue de l'intérêt de l'entreprise, il n'y a pas de différence entre un associé et un tiers[278] ».

312. **Une portée générale.** La jurisprudence *Sté Phoenix Union* nous semble revêtir une portée générale. En effet, un acte n'a pas un caractère normal du seul fait de sa conformité à l'objet social. Par conséquent, la solution (de la jurisprudence *Sté Phoenix Union)* nous semble pouvoir s'étendre aux considérations sociales et environnementales. Celles-ci n'auront directement aucune incidence en matière fiscale, quand bien même elles intégreraient l'objet d'une société. Le droit fiscal ne regarde l'entreprise qu'à travers le prisme de la recherche du profit.

---

[277] CE, 8e et 3e s.-s., 25 nov. 2009, n° 307227, *Cie Rhénane de Raffinage* : *RJF* 2/10, n° 106, chron. V. DAUMAS, concl. E. GEFFRAY, *BDCF* 2/10, n° 15.

[278] O. FOUQUET, « Société anonyme suisse propriétaire d'un immeuble en France : quel régime ? », *Dr. fisc.* 2022, n° 37, comm. 338.

D'aucuns pourraient y entrevoir une forme accrue d'autonomie du droit fiscal. Toutefois, comme le souligne D. Gutmann : « [...] certains concepts fiscaux [peuvent] faire l'objet d'une interprétation « autonome ». Il n'y a là rien que de très ordinaire, car tout texte de droit spécial peut faire appel [a] des concepts qui, conformément à une méthode d'interprétation généralement admise, reçoivent un sens particulier en raison de l'objectif spécifique poursuivi par le législateur qui y recourt[279] ». Tel est le cas ici de l'intérêt de l'entreprise. Nous préférons donc soutenir l'idée que le droit fiscal poursuit ses propres objectifs.

Remarquons que F. Deboissy et G. Wiker réconcilient les civilistes et les fiscalistes par un raisonnement pertinent : « aussi bien est-ce une fausse lecture de l'article 1833, alinéa 2 du Code civil que d'y voir que les enjeux sociaux et environnementaux participeraient désormais de l'objet des sociétés[280] ». Les personnes morales poursuivent le même objectif qu'auparavant, c'est-à-dire le partage des bénéfices ou la recherche d'économies. Elles peuvent donc continuer à le faire tout en respectant des considérations sociales et environnementales. Elles s'infligent alors une contrainte supplémentaire. Par conséquent, « la loi Pacte ne vient pas exclure de l'acte anormal de gestion des actes répondant à un objectif social ou environnemental sans contrepartie pour la société, elle vient seulement exclure que la conduite des affaires sociales soit seulement guidée par le souci de maximiser le profit[281] ».

313. **Cynisme fiscal ?** Le droit fiscal, en méconnaissant les considérations sociales et environnementales dans sa vision de la normalité des actes de gestion, ne serait-il pas finalement devenu totalement cynique ? À bien regarder, nous ne le pensons pas. L'impôt finance les dépenses publiques et permet une redistribution des richesses. En outre, les entreprises peuvent accroître leur impact social et environnemental notamment par le biais du mécénat. Ce dernier ouvre droit à un crédit d'impôt de 60 % des dépenses éligibles dans la limite de 20 000 euros ou de 5 pour mille du chiffre d'affaires. Les entreprises peuvent également s'adonner à du mécénat de compétences en fournissant gratuitement des prestations de services ou en mettant à disposition leurs salariés.

iii. La problématique de la recherche d'économies

314. **Nouveau paradigme ?** Qu'en est-il néanmoins si une société se constitue, non pas pour réaliser des bénéfices, mais afin de rechercher des

---

[279] D. GUTMANN, *Sources et ressources de l'interprétation juridique,* LGDJ, éd. 2023, n° 6, p.14.
[280] F. DEBOISSY et G. WICKER, « La définition de l'intérêt social posée par la loi Pate ne modifie pas l'appréciation fiscale de l'acte anormal de gestion », *Dr. fisc.* 2023, n° 8, comm. 55.
[281] *Ibid.*

économies ? Cet objectif contrarie un droit fiscal qui, habituellement, exige de l'entreprise une conquête de la richesse. Dès lors, une refacturation au prix coûtant constitue-t-elle un acte anormal de gestion ? La réponse à cette question sensible apparaît nuancée. Illustrons cette problématique par la jurisprudence *Compagnie rhénane de raffinage.*

315. **Illustration**. Dans cette affaire[282], cinq compagnies pétrolières ont créé une filiale, la Compagnie rhénane de raffinage, afin de mutualiser les opérations de raffinage. La filiale refacture à ses créateurs ses prestations au prix de revient (sans marge). En vertu d'un protocole d'accord et du contrat de raffinage, chaque actionnaire était tenu de participer aux investissements nécessaires à l'exploitation de la raffinerie et chacun se voyait attribuer un droit de tirage proportionnel à sa part en capital sur les capacités de raffinage. Les contrats prévoyaient expressément la facturation du seul coût de traitement. L'administration fiscale y voit un acte anormal de gestion : la société doit réaliser un bénéfice, et ne pas refacturer au prix coûtant ses prestations.

316. **La solution**. La haute juridiction administrative admet le principe de l'absence de marge. La société affichait clairement sa raison d'être : la recherche d'économies. Selon le rapporteur public E. Geffray : « le droit civil retient une conception extensive du but de la société [...] et l'on peut parfaitement admettre qu'une société puisse avoir un intérêt propre à ne facturer qu'au prix coûtant ses prestations à ses actionnaires puisque c'est précisément ce qui justifie son existence[283] ». Le refuser revient à réfuter les raisons mêmes qui ont motivé la création de la société. On peut donc admettre en l'espèce la facturation des prestations à prix coûtant, mais dans des limites très précises.

Le pacte social ainsi que le fonctionnement factuel de la société participaient à une intention de recherche d'économies et non de conquête du profit. Toujours selon le rapporteur public, « l'acceptation d'une absence de marge dans cette affaire s'inscrit dans le prolongement de la jurisprudence traditionnelle. Ce n'est pas l'existence d'une relation entre la société et ses actionnaires qui justifie la facturation sans marge mais bien l'intérêt de la société tel que révélé par son objet social. En l'espèce, la raison d'être de la société, et la condition de sa création et de sa survie, est précisément de facturer au plus faible coût possible la prestation à ses clients associés[284] ». Ainsi, pour le rapporteur public, il ne s'agit pas ici d'accepter de manière générale que la société se sacrifie pour ses associés, mais de respecter, *dans ce cas particulier*, l'objet – la raison d'être – de la société.

---

282 CE, 8e et 3e s.-s., 25 nov. 2009, n° 307227, *Cie Rhénane de Raffinage* : *RJF* 2/10, n° 106, chron. V. DAUMAS, concl. E. GEFFRAY, *BDCF* 2/10, n° 15

283 *Ibid.*

284 *Ibid.*

317. **Opinion.** Une société se constitue habituellement pour réaliser des profits. Toutefois, depuis la loi du 4 janvier 1978, elle peut se créer pour rechercher des économies au profit de ses associés. Ce dispositif permet « d'étendre les frontières de la société afin d'englober en son sein les groupements constitués dans un but intéressé même s'ils n'ajoutent pas à la fortune des intéressés, dès lors qu'ils permettent d'éviter un appauvrissement, une dépense, ou encore dès qu'ils préservent "l'intégralité du patrimoine de leurs membres ou font réaliser à leurs membres des opérations dans des conditions plus avantageuses que celles réalisées habituellement" (P. Bézard, Sociétés civiles, Loi du 4 janvier 1978, décret du 3 juillet 1978 : Librairies techniques, 1979, n° 112)[285] ». Cette perspective du droit des sociétés diverge fondamentalement de celle du droit fiscal, car la fiscalité des entreprises, ne s'intéressant qu'à l'accroissement de richesse, doit nécessairement faire la distinction entre les bénéfices et leur réemploi. Ainsi, la recherche d'économie d'une société au profit de ses créateurs induit un changement de paradigme dans lequel le principe de recherche du profit semble perdre de sa pertinence. Bien que le droit fiscal reste ouvert à l'évitement d'un appauvrissement amenuisant la matière imposable, il réprime également les pertes de revenus, en somme les renonciations à recettes. Le Conseil d'État ne cesse de rappeler qu'une opération générant un avantage pour un associé ne peut être regardée comme étrangère à une gestion commerciale normale que s'il est établi qu'elle se réalise au détriment de la société. Autrement dit, une telle opération est anormale si cette dernière n'en tire aucune contrepartie. Or, selon le principe d'égoïsme sacré cher à J. Turot[286], une transaction est fiscalement normale si elle est conclue dans l'intérêt propre de l'entreprise. Il nous semble alors inutile de tenter de justifier l'utilité d'un acte par le seul avantage qu'il confère aux associés d'une société. Par conséquent, la recherche d'économies interpelle puisqu'il s'agit pour la personne morale de se sacrifier – en ce sens ou elle ne gagne rien à facturer sans marge – au profit de ses créateurs. Le Conseil d'État s'est sorti de cette impasse par les circonstances particulières de l'espèce. La société n'avait été constituée que pour la recherche d'économies. Son objet social y était uniquement consacré.

318. **GIE.** Par conséquent, la solution ne nous convainc que dans la mesure où le droit fiscal ne peut pas nier l'existence des groupements d'intérêt économique (GIE). Toutefois, de telles entités sont singulières : elles n'existent que pour développer l'activité de ses membres. Elles se constituent pour prolonger l'activité de leurs créateurs, seul objet qu'elles peuvent d'ailleurs poursuivre. En outre, elles sont, sur le plan fiscal, semi-transparentes, sans jamais pouvoir opter pour le régime de l'impôt sur les

---

[285] N. JULLIAN, « Sociétés à mission : bientôt 5 ans d'introduction d'une once de non-lucrativité en droit des sociétés », *Dr. des sociétés* 2024, n° 4, comm. 4.

[286] J. TUROT, « Avantages consentis entre sociétés d'un groupe multinational » chron. sur CE, 7e et 9e s.-s., 3 mars 1989, n° 77581, *Lainière de Picardie* : *RJF* 5/89, n° 538.

sociétés (pour n'être que le prolongement, l'appendice de ses membres). La solution doit donc impérativement être cantonnée au cas particulier des GIE, car accepter, sur le plan fiscal, la recherche d'économie revient à reconnaître, *in fine*, l'intérêt de groupe. Cela nécessite de renverser le principe d'indépendance des personnes morales (le principe d'égoïsme sacré) ce qui revient à accepter que l'intérêt des associés vaille parfois celui de la société. Il convient de noter qu'une affaire récente[287] semble introduire une certaine confusion. Cependant, cette confusion est en grande partie levée lorsqu'on considère le contexte particulier de l'affaire. En l'occurrence, une société facturait des prestations à prix coûtant à une autre société du même groupe, implantée à l'étranger. L'administration fiscale a alors perçu cela comme un transfert de bénéfices à l'étranger, en vertu de l'article 57 du Code général des impôts. De manière surprenante, le Conseil d'État a jugé que l'absence de marge n'était pas constitutive d'un acte anormal de gestion. Cette décision se comprend uniquement parce que la société concernée recevait également des prestations à prix coûtant en retour.

La conception fiscale de l'entreprise étant maintenant précisée, exposons la seconde controverse doctrinale : qu'est-ce qu'un acte de gestion pour le droit fiscal ?

e. Le champ d'application : qu'est-ce qu'un acte de gestion ?

319. **Définition.** La nouvelle définition de l'acte anormal de gestion précise, selon nous, ce qu'il faut entendre par ces termes. Ces derniers sont ici considérés comme toutes les opérations ayant une incidence sur la matière imposable. Il s'agit de tous les actes positifs, sujets à une comptabilisation affectant les bénéfices de l'entreprise, ainsi que ceux négatifs, telles que les renonciations à recettes. En outre, l'auteur de l'acte importe peu. Il peut émaner d'un dirigeant pour le compte d'une société ou être le résultat d'une décision des associés.

320. **Problématique.** La question de savoir si la théorie de l'acte anormal de gestion s'applique aux décisions relevant du seul pouvoir des actionnaires s'était posée dans les opérations dites de fusion rapide. Celles-ci se réalisent en deux étapes. Dans un premier temps, une société en acquiert une autre. Le prix de vente est financé par un emprunt. Dans un second temps, la société holding absorbe sa filiale. L'emprunt est toujours porté par la société absorbante, mais cette dernière peut dorénavant déduire les intérêts sur les bénéfices de l'activité absorbée, ce qui n'aurait pas été possible sans fusion rapide. Le procédé interpelle. Pour certains[288], la décision de fusionner les sociétés émane des associés, et non des dirigeants de celles-ci ; il ne s'agit

---

[287] CAA Paris, 7e ch., 6 juin 2024, n° 22PA04259, inédit.

[288] A. DE WAAL, « Brèves réflexions sur la fusion rapide » : *Dr. fisc.* 1996, n° 4, p. 129.

donc pas d'un acte de gestion. La théorie de l'acte anormal de gestion serait alors inapplicable.

321. **Avis.** Cette argumentation ne nous convainc pas. D'aucuns[289] se prévalent de l'arrêt de la cour administrative d'appel de Lyon en soutien de leurs prétentions[290] (à savoir, les décisions des actionnaires ne sont pas des actes de gestion). Toutefois, la cour, se prononçant sur une fusion rapide, écarte l'anormalité, non pas sur le fondement de l'auteur de l'acte, mais simplement parce qu'elle refuse de voir dans cette opération un appauvrissement volontaire dénué de contrepartie. Elle considère que la société absorbante poursuit un intérêt économique : elle substitue aux titres le patrimoine de la filiale, ce qui lui permet de s'enrichir directement sans attendre une distribution de dividendes. À notre avis, les décisions des associés peuvent tout à fait porter atteinte à l'intérêt de la société et conduire à un acte anormal de gestion. Le cas des sociétés qui rachètent leurs propres titres en est une illustration idoine[291] : bien qu'il s'agisse d'une décision des organes sociaux, le juge de l'impôt rejette, sauf exception, la déduction des intérêts d'emprunt finançant le rachat des actions.

En outre, les rémunérations des dirigeants, quand bien même celles-ci seraient considérées comme excessives, ne sont-elles pas décidées par une assemblée d'associés ? Certes, la loi[292] elle-même sanctionne l'effet d'un tel excès sur la matière imposable. Toutefois, il nous semble que même sans son intervention, la théorie prétorienne de l'acte anormal de gestion y trouverait, sans grandes difficultés, un terrain d'application.

Le principe de recherche systématique du profit étant établi, examinons maintenant comment notre droit fiscal limite la liberté de gestion.

---

[289] Par exemple, G. LADREYT dans sa note sous l'arrêt *SAS Yoplait (*TA Cergy-Pontoise, 2e ch., 3 sept. 2010, n° 0811640 : *Dr. fisc.* 2011, n° 11, comm. 254) considère qu'une réduction de capital n'est pas une décision de gestion puisqu'elle est prise par l'assemblée générale des actionnaires. M. CHADEFAUX tient le même raisonnement : « La gestion fiscale des aides intragroupe en droit interne » *: Dr. fisc.* 2012, n° 50, comm. 556.

[290] CAA Lyon, 3e ch., 26 mai 1992, n° 102, *Régie immobilière de Villeurbanne* : *RJF* 10/92, n° 1408. La cour considère que « la société [absorbante] avait en tant que telle un intérêt propre à prendre le contrôle d'une société concurrente dans [ces] conditions financières [...], il s'ensuit que l'administration fiscale n'est pas fondée à prétendre que l'emprunt qu'elle a souscrit pour ce faire constitue un acte anormal de gestion ».

[291] Sur ce sujet, le lecteur peut se reporter à la partie précédente : d. Le droit fiscal a-t-il sa propre vision de l'entreprise ? (V. *supra* n° 294 et s.). Le rapporteur public F. ALADJIDI écarte, dans ses conclusions sur l'arrêt *SNC Pharmacie St Gaudinoise* précité, l'argument de la société requérante. Celle-ci soutient que la théorie de l'acte anormal de gestion est insusceptible de s'appliquer aux décisions de l'assemblée générale des actionnaires.

[292] Article 39 du Code général des impôts.

2. Un principe de recherche du profit à l'échelle de l'activité primant sur la liberté de gestion

a. Une analyse à l'échelle de l'activité

322. **Activité.** La considération fiscale du risque n'est pas rattachée à la personne, mais à ses différents comportements et activités. Cela résulte de la loi elle-même (article 1 A du Code général des impôts) qui confère une structure cédulaire, par catégorie de gains, à l'impôt sur le revenu. Le risque de chaque activité est alors reconnu selon sa contribution à la création des richesses : d'une part les activités dites opérationnelles[293] qui créent de la valeur et des emplois, de l'autre les activités patrimoniales, se limitant à la gestion d'un patrimoine propre. Voyez également comment, en matière d'IS, le principe d'identité d'entreprise et d'activité limite strictement l'utilisation des déficits qu'une activité peut générer.

323. **Un principe secondaire...** Par conséquent, le principe de liberté de gestion ne peut être que secondaire pour être inévitablement affecté par la structuration cédulaire de notre système fiscal. À l'intérieur de ce champ d'action – qu'est la recherche de l'enrichissement (donc celle de l'activité imposée) – le chef d'entreprise bénéficie d'une certaine liberté de gestion[294]. Cette dernière lui permet de ne jamais tirer de son activité le maximum de profit que les circonstances lui auraient permis de réaliser. Toutefois, cela ne signifie pas qu'il puisse s'appauvrir délibérément. Ce principe prétorien est alors nécessairement limité. Il n'est, en réalité, que subsidiaire, sa portée n'étant pas absolue. Il ne s'applique pleinement que dans le cadre de la recherche du profit, c'est-à-dire lors de l'exercice d'une activité professionnelle, elle-même relevant d'une certaine catégorie de revenus.

324. **...qui ménage la diversité des comportements.** Les chefs d'entreprise jouissent d'une certaine liberté d'action. Ils sont libres d'agir comme ils l'entendent tant qu'ils poursuivent l'enrichissement. En ce sens, ce principe tient compte de la diversité des idées, des objectifs, des appréciations. Il évite l'uniformisation des comportements. À ce titre, nous verrons que les usages ne sont pas un indicateur pertinent de normalité[295] (v. *infra* n° 422 et s.). Finalement, cet espace de liberté est, nous semble-t-il, la meilleure façon de favoriser le risque puisqu'il ne réfrène pas l'esprit d'initiative. Le chef d'entreprise est bel et bien libre dans sa façon de conquérir la richesse.

325. **... et qui ne contraint pas à l'action.** Le principe de liberté de gestion permet au chef d'entreprise de ne pas maximiser ses résultats. Le dirigeant

---

[293] Les activités opérationnelles sont celles commerciales, artisanales, industrielles, agricoles et libérales. Les activités patrimoniales relèvent des revenus de capitaux mobiliers et des revenus fonciers.

[294] CE, 7 juill. 1958, n° 35977 : *Dr. fisc.* 1958, n° 44, comm. 938.

[295] Hors le cas particulier des BNC.

peut donc rester inactif et ne jamais générer de profit, comme en témoignent les entreprises mises en sommeil. L'immobilisme le plus total ne lui sera pas reproché. Seul l'appauvrissement volontaire dénué de contrepartie le sera. Le droit fiscal s'assure ainsi que le chef d'entreprise ne confonde pas, d'une part, les actes utiles à la réalisation de bénéfices avec, d'autre part, l'utilisation à titre privé (en somme l'emploi) desdits bénéfices.

b. L'exemple idoine de l'exploitant individuel

326. **Fiction fiscale**. Le droit fiscal, et notamment la fiscalité des entreprises, place l'activité au centre de ses préoccupations – au centre de sa construction – et non la personne ; peu important qui l'exerce. Le professionnel se distingue du particulier par son comportement. Ainsi, la nature des ressources importe peu, seules comptent la façon et l'intention avec lesquelles elles sont utilisées. Par une sorte de « personnification de l'activité », le droit fiscal consacre l'entreprise en tant qu'agent économique autonome[296] réunissant une masse de biens en vue de la réalisation d'un but : la recherche du profit. Ce faisant, le droit fiscal a créé, avant même la création de l'EIRL[297] (aujourd'hui disparue) et la récente réforme du statut de l'entrepreneur individuel[298], le patrimoine professionnel, celui utile à l'entreprise. Sur le plan fiscal, une même personne pouvait détenir un patrimoine professionnel et un patrimoine privé[299], alors même qu'elle n'en détenait qu'un seul sur le plan civil.

La personnalité fiscale de l'entreprise est le résultat d'une longue construction jurisprudentielle qui a débuté par la reconnaissance de la location à soi-même[300] et s'est achevée par la neutralisation fiscale du principe de liberté d'affectation comptable[301] (Article 155 II 1 du Code général des impôts).

La location à soi-même (ou bail fiscal[302]) porte bien mal son nom. Ce n'est pas un contrat avec soi-même (que le droit civil ne permet d'ailleurs pas), mais le résultat d'une loi qui décompose et cloisonne les comportements en

---

[296] O. FOUQUET écrivait dans ses conclusions sur l'arrêt CE 10 juillet 1992 (n° 110213, *Musel SBP Brunner*, *RJF* 8-9/92, n° 1249) : « l'entreprise a un patrimoine propre dont l'exploitation a vocation à produire un profit [...], la matière imposable propre à l'entreprise doit y rester ». Il s'agit de l'intérêt attaché à l'activité.

[297] Article L 526-5-1 à L.526-21 du Code de commerce.

[298] Loi du 14 février 2022 et décrets du 28 avril et 14 juin 2022.

[299] Le critère de l'utilité au regard de l'activité de l'entreprise permettra de différencier le patrimoine privé du patrimoine professionnel.

[300] Il est inconcevable en droit civil qu'une personne contracte avec elle-même. Pourtant, le droit fiscal a accepté qu'un exploitant individuel puisse déduire de ses bénéfices la valeur locative d'un bien immobilier non inscrit à l'actif de son bilan.

[301] CE, 24 mai 1967, n° 65436 : *Dr. fisc.* 1967, comm. 27, concl. SCHMELTZ.

[302] CE, 8e et 9e s.-s., 8 juill. 1998, n° 164657, *Meissonnier* : *Dr. fisc.* 1998, n° 42, comm. 896, concl. G. BACHELIER.

activités, donc en revenus catégoriels avec des règles de détermination de la matière imposable particulières.

Depuis la neutralisation fiscale du principe de liberté d'affectation comptable[303], ce n'est plus le bilan de l'exploitant qui est dressé mais celui (fiscal) de l'exploitation. Seuls les biens utiles à l'activité peuvent avoir une incidence sur la matière imposable[304]. Dans le même sens, les déficits ne sont pas rattachés à la société opaque mais à l'activité, si bien que ceux-ci (les déficits) ne peuvent pas s'imputer sur une activité qui ne les a pas fait naître (principe d'identité d'entreprise et d'activité).

La consécration de l'entreprise par sa personnification fiscale, alors même que celle-ci ne détient aucunement la personnalité juridique, n'est aucunement la marque d'un droit fiscal autonome. Cela résulte simplement de la nécessité de distinguer les revenus catégoriels, donc les différents comportements : ceux qui créent de la richesse et ceux qui la consomment. En somme, le droit fiscal poursuit ses propres objectifs : la taxation de l'enrichissement.

327. **Catégorie de revenus**. L'imposition de l'enrichissement selon la nature de l'activité – en somme par revenu catégoriel – nécessite de distinguer les comportements alors même que ceux-ci sont le fait d'une seule et même personne. Cette dernière peut en effet se comporter et agir en tant que professionnel ou en tant que particulier (consommateur). Dès lors, le chef d'entreprise ne doit pas confondre les actes utiles à la réalisation de ses bénéfices avec les actes de consommation de ceux-ci (prélèvements sur les bénéfices). L'utilité de l'acte (du risque) est alors appréciée à l'échelle de l'activité qui génère la matière imposable. Par conséquent, le chef d'entreprise peut parfois être un tiers pour sa propre activité, pour sa propre entreprise ; de la même manière que les associés le sont pour les personnes morales lorsqu'il s'agit de déterminer l'impôt sur les sociétés. Tel sera le cas lorsque l'exploitant agit en tant que consommateur. Ses prélèvements personnels ne sont que l'emploi de ses bénéfices. De la même manière, lorsqu'un emprunt est inscrit au passif du bilan d'une entreprise individuelle, les intérêts ne seront pas déductibles des bénéfices dès lors que le prêt finance les prélèvements personnels de l'exploitant. Ils ne le seront que dans le cas où ce financement est utile à l'activité, à la recherche du profit.

328. **Conclusion**. Par conséquent, la structuration cédulaire de notre système fiscal n'est pas exempte de conséquences. Elle impose en premier lieu que l'utilité du risque soit appréciée à l'échelle de l'activité, à l'échelle de la matière imposable, et non au niveau de la personne qui l'exerce.

Elle se manifeste, en second lieu, par la nécessaire distinction, pour un même contribuable, entre l'emploi d'un revenu et la constitution de ce revenu.

---

303 Ch. de la Mardiere, « Théorie du bilan et liberté d'affectation comptable », *REIDF* 2022, n° 4.

304 Article 155 du Code général des impôts.

Montrons à présent que le critère de l'intention est une composante essentielle à ce mécanisme fiscal qui exhorte à l'esprit d'entreprise.

B. Le critère de l'intention est (re) redevenu la pierre angulaire du cadre normatif

329. **Équilibre.** Afin d'assurer une certaine cohérence, un subtil équilibre entre une relative liberté de gestion et la nécessité de préserver la matière imposable, le droit fiscal n'a rien inventé de mieux que de fonder l'anormalité des actes de gestion sur l'intention, c'est-à-dire sur les buts que poursuivent leurs auteurs. Si le droit fiscal exigeait l'enrichissement effectif, et non plus son espoir, le chef d'entreprise ne serait plus véritablement libre dans la conduite de ses affaires. Il serait tenu, en quelque sorte, à une obligation de résultat. Il ne bénéficierait alors d'aucun droit à l'erreur puisque le moindre échec lui serait reproché. Or, apprécier l'espoir revient à sonder les esprits, les buts. L'intention départit la mauvaise affaire, dont les effets sur la matière imposable sont admis, de la libéralité (l'acte anormal). Elle permet de ne pas confondre les flux qui participent à la constitution du bénéfice – la dépense est ici utile à la recherche du profit – de ceux (les flux) qui constituent un simple emploi de ce bénéfice.

En d'autres termes, pour éviter de décourager les investissements, l'appréciation de la normalité des actes de gestion ne porte pas sur l'objet (l'acte de gestion en lui-même), mais sur les buts que poursuit le sujet, celui qui réalise l'acte en cause. Si le 1 de l'article 39 du Code général des impôts[305] ne confère aucune limite quant à l'objet, à la nature des charges déductibles des bénéfices (sauf pour les charges somptuaires), la théorie prétorienne de l'acte anormal consacre l'élément intentionnel (subjectif). Le critère de l'intention réconcilie liberté de gestion et théorie de l'acte anormal de gestion, car il singularise l'erreur de gestion pour la différencier de l'appauvrissement délibéré dénué de contrepartie suffisante. Le procédé nous semble permettre la pleine assomption du risque économique.

1. Une ligne directrice prétorienne…

330. **L'intention et la loi**. L'appréciation des actes à travers le critère de l'intention n'est pas inédite. Le droit pénal érige l'intention comme un des éléments constitutifs des délits et des crimes. Selon l'article L 121-3 du Code pénal : « il n'y a point de crime ou de délit sans intention de le commettre […]. ». Le Code civil dispose, à l'article 894, que « la donation entre vifs est un acte par lequel le donateur se dépouille actuellement et irrévocablement de la chose donnée en faveur du donataire qui l'accepte ». La donation n'est donc

[305] Selon cet article « le bénéfice net est établi sous déduction de toutes charges, celles-ci comprenant (...) notamment : 1° les frais généraux de toute nature (...) ».

pas un acte unilatéral. C'est un contrat nécessitant la rencontre, non seulement, d'un don (élément matériel), mais aussi d'une *intention* de se dépouiller irrévocablement au profit d'un bénéficiaire *qui l'accepte pleinement*. C'est ce que la pratique dénomme l'intention libérale (l'*animus donandi)*. En matière fiscale, le critère de l'intention fonde la notion de fraude à la loi (fiscale), cette dernière se définissant comme la réunion d'un élément objectif (un avantage fiscal) et d'un élément subjectif (la volonté d'économiser l'impôt en détournant la loi de ses objectifs).

331. **Nécessité**. Il n'existe rien de tel dans le Code général des impôts, hors le cas précité de la fraude à la loi fiscale. Tout au plus, le critère de l'intention apparaît, subrepticement, à l'article 13 du Code, lorsque le législateur instaure la possibilité de déduire des bénéfices ou des revenus les dépenses effectuées *en vue de* leur acquisition ou de leur conservation. Néanmoins, soucieux de ne pas sanctionner à tort les entreprises, de nombreux rapporteurs publics avaient révélé très tôt la nécessité d'intégrer un élément subjectif, c'est-à-dire intentionnel, à la théorie prétorienne de l'acte anormal de gestion.

M. Delmas-Marsalet écrivait, dans ses conclusions sur un arrêt du 10 janvier 1973, qu'il « ne peut être regardé comme étranger à la gestion normale l'acte entrepris dans ce que les dirigeants *croient à tort ou à raison* être un moment donné l'intérêt de l'entreprise même si cet intérêt concorde à ce moment-là avec celui d'un tiers par rapport à l'entreprise[306] ». Il mettait ainsi en exergue la nécessité de s'attacher aux buts que poursuivent les auteurs des actes de gestion.

Dans l'arrêt de plénière *SA Renfort Service*[307], le commissaire du gouvernement de l'époque P.-F. Racine, espérait que « la présente affaire [permette] donc de juger avec une certaine solennité qu'il n'y a gestion anormale que si délibérément une entreprise agit en dehors de son intérêt, de même que vous avez jugé qu'il n'y avait abus de droit que si l'acte contesté par l'administration fiscale n'avait pas d'autre cause que la volonté d'éluder l'impôt ».

G. Bachelier, dans ses conclusions sur l'arrêt *Thérond*[308] résumait parfaitement cette nécessité : « pour qu'il y ait un tel acte [anormal], une simple erreur de gestion ou une mauvaise gestion ne suffisent pas. Il faut la conscience d'accomplir une opération que l'on sait dépourvue de contrepartie. Autrement dit, il y a un élément objectif – le montant de l'appauvrissement de l'entreprise – et un élément subjectif – l'intention délibérée de ne pas agir dans l'intérêt de l'entreprise ».

---

[305] CE, 10 janv. 1973, n° 82904 : Dr. fisc. 1974, n° 4, p. 17, concl. Delmas Marsalet.

[307] CE, plén., 27 juill. 1984, n° 34588, *SA Renfort Service* : *RJF* 10/84, n° 1233, concl. P.-F. Racine.

[308] CE, sect, 28 fév. 2001, n° 199295, *Thérond* : *RJF* 05/01, n° 620, concl. G. Bachelier (C620).

Tous s'accordent sur la nécessité d'un élément intentionnel, afin de ne pas sanctionner les erreurs de gestion, pour ne pas méconnaître le risque économique.

2. … qui connaissait une exception : l'excès de risque

332. **Brèche refermée.** La théorie du risque manifestement excessif, consacrée par la jurisprudence *Loiseau*[309], ouvrait une brèche dans cette construction prétorienne cohérente, fondée sur l'intention. Le Conseil d'État, suivant les conclusions du commissaire du gouvernement de l'époque, O. Fouquet, considérait que l'anormalité des actes de gestion pouvait être le fait d'une prise de risque excessive. Ce faisant, la haute juridiction administrative considérait alors que l'élément intentionnel ne caractérisait plus, à lui seul, l'acte anormal de gestion.

Pourtant, le risque est fiscalement admis s'il résulte d'une quête sincère de l'enrichissement. L'administration fiscale n'est en droit ni de négliger ni d'atténuer cette espérance ; sauf à s'immiscer dans la gestion des entreprises. Or, la théorie du risque manifestement excessif méconnaît totalement l'espoir : en prenant à sa charge les pertes en capital de ses clients, monsieur Loiseau[310] ne poursuit que l'enrichissement futur en conservant la confiance de ceux-ci. Nul ne peut savoir si sa stratégie peut aboutir au moment où il la décide. En somme, l'intensité du risque ne révèle en rien la volonté de s'appauvrir. Par conséquent, l'abandon de cette théorie[311] était nécessaire à la cohérence de notre droit fiscal et à la pleine assomption du risque économique.

a. Naissance de la théorie du risque manifestement excessif

333. **Tentative**. C'est en 1979 que l'administration fiscale tenta pour la première fois d'invoquer une prise de risque excessive pour refuser la déduction d'une charge. Le litige concernait un architecte qui s'était porté caution d'une société de promotion immobilière avec laquelle il avait un contrat d'exclusivité. L'administration fiscale s'opposait à la déduction du passif pris en charge par le garant des bénéfices de l'entreprise. Selon le Conseil d'État, « en raison de la convention [qui lui conférait une exclusivité], [le contribuable] avait professionnellement intérêt à la poursuite des activités dans cette société ; qu'à cet égard, le montant de la somme pour laquelle il s'est porté caution sans rémunération directe ne lui faisait pas courir un risque hors de proportion avec les revenus qu'il pouvait escompter de la poursuite de sa

---

309 CE, 7e et 9e s.-s., 29 mars 1989, n° 68330, *Loiseau* : *RJF* 5/89, n° 573.

310 *Ibid.*

311 CE, 9e ch., 13 juill. 2016, n° 375801, *SA Monte Paschi Banque* : *RJF* 11/16, n° 937, chron. N. LABRUNE, concl. E. BOKDAM-TOGNETTI (C 937).

collaboration avec la société[312] ». La prise de risque a donc été mise en corrélation avec l'espérance de gain. Le professionnel pouvait espérer d'importants revenus de cette relation d'affaires. Il avait donc intérêt à se porter caution.

334. **Nouvelle tentative**. Quelques années plus tard, en 1983, dans une affaire finalement assez proche de celle de l'arrêt *Loiseau*, un agent immobilier spécialisé dans les transactions de fonds de commerce et, par ailleurs, intermédiaire en financement, a cru devoir se substituer à des acheteurs défaillants pour garantir aux prêteurs le remboursement de leurs créances. Il a donc assuré le paiement des prêts et imputé la charge en résultant sur les bénéfices de son activité. L'administration fiscale n'évoquait pas elle-même le risque, mais simplement le fait que la substitution du requérant aux emprunteurs défaillants n'était pas prévue par les contrats de prêt. Le Conseil d'État considéra néanmoins qu'il était de « l'intérêt de l'entreprise que fût activement menée et poursuivie cette activité financière accessoire ; que, pour y parvenir, le requérant a pu, *sans excéder manifestement les risques qu'un chef d'entreprise peut être conduit à prendre pour améliorer les résultats de son exploitation* et sans que puisse dès lors lui être opposée la circonstance, invoquée par l'administration, que cette pratique n'est pas usuelle dans la profession, estimer opportun de procurer aux prêteurs une sorte de garantie de bonne fin, même non stipulée expressément en leur faveur, en leur versant les sommes dues par des emprunteurs défaillants ; que, dans ces conditions, les pertes que cette pratique a causées ne peuvent pas être regardées comme procédant d'actes étrangers à une gestion commerciale normale et, par suite, constituent des charges déductibles des résultats de l'agence immobilière[313] ». Ainsi, ni l'absence de contrat ni les usages ne sont ici des moyens opérants pour sanctionner le risque, dès lors que ce dernier est subséquent à la conquête du profit.

335. **Les prémices.** C'est peut-être en 1986 que la théorie du risque manifestement excessif connût ses prémices. Dans l'affaire en cause[314], l'administration fiscale refusa la déduction d'une provision pour risque de non-recouvrement d'une créance. La société A avait avancé des fonds, alors même qu'elle était informée de l'impossibilité pour la société B, bénéficiaire de l'avance, de s'acquitter d'une créance. La haute juridiction administrative considéra « qu'après la mise en place au cours des premières semaines de l'année 1970 de nouvelles relations financières destinées à éviter à B [...] tout recours aux banques, la société anonyme A. […], *instruite par le refus alors très récent de son partenaire de s'acquitter de sa créance de 4.421.121,09 F*, ne pouvait ignorer qu'elle prenait des risques très importants de pertes en capital, et que les « facilités » qu'elle consentait n'avaient désormais pas

---

[312] CE, 7e et 8e s.-s., 14 fév. 1979, n° 10812 : *RJF* 4/79, n° 220.
[313] CE, 8e et 9e s.-s., 28 sept. 1983, n° 34626 : *RJF* 11/83, n° 1284.
[314] CE, 8e et 7e s.-s., 11 avril 1986, n° 40646 : *RJF* 06/86, n° 578.

d'autre effet que de retarder le constat de l'insolvabilité de B. [...] ». Le Conseil d'État, ce faisant, s'immisce dans les choix de gestion pour méconnaitre l'espérance d'un rétablissement financier de la société emprunteuse. La solution est annonciatrice de ce que sera la théorie du risque manifestement excessif.

336. **La consécration : l'arrêt *Loiseau*.** Après plusieurs tentatives de la part de l'administration fiscale, c'est véritablement avec l'arrêt *Loiseau* que point la théorie du risque manifestement excessif, en 1990. En l'espèce, le Conseil d'État [315] avait refusé que monsieur Loiseau, lequel exerçait la profession de remisier en bourse, déduise de ses bénéfices les pertes en capital de ses clients, qu'il avait décidé de prendre à sa charge sans y être tenu par contrat. Après avoir accepté la déduction des charges des premières années, la haute juridiction administrative le refusa ensuite (pour les exercices suivants), sur le fondement du caractère excessif du risque supporté par le contribuable. En effet, selon le commissaire du gouvernement O. Fouquet : « vous pourriez cependant admettre que le risque pris par monsieur Loiseau s'est progressivement accru : d'abord acceptable, il est devenu progressivement inacceptable, au fur et à mesure de l'accumulation des pertes dont l'intéressé, compte tenu de l'expérience qu'il avait acquise, ne pouvait ignorer le caractère irréversible [316] ».

Ainsi émergeait la thèse de la haute juridiction administrative : les finances publiques ne doivent pas supporter les risques excessifs des entreprises. Cet arrêt marque un véritable revirement jurisprudentiel puisque, depuis lors, la théorie du risque manifestement excessif constitue une branche atypique de l'acte anormal de gestion. En effet, le risque supporté n'était pas dénué d'intérêt pour l'activité. En prenant en charge les pertes en capital de ses clients, le contribuable espérait les ménager pour conserver leur confiance en vue de voir perdurer leurs relations d'affaires. En acceptant la déduction des premières pertes et en refusant les suivantes, la haute assemblée a souhaité sanctionner la persévérance excessive. Le risque, bien que subséquent à la conquête de la richesse, devient ici contestable dans la mesure où le contribuable a persévéré à offrir cette garantie de bonne fin, alors que l'expérience lui a démontré que ce n'était pas viable et très imprudent.

337. **Généralisation.** Forte de ce succès, l'administration fiscale n'hésita plus à user de cette théorie. Par exemple, en 2011, dans l'arrêt *Legeps*[317], la société éponyme avait placé une somme de 2 000 000 euros dans une banque au Vanuatu en contrepartie d'un emprunt à faible taux. Elle n'a malheureusement jamais perçu le prêt et la banque fit faillite. Par conséquent,

---

[315] CE, 7e-8e s.-s. 17 oct. 1990, n° 83310, *Loiseau* : *RJF* 11/90, n° 1317, chron. J. TUROT, p. 735.

[316] *Ibid.*

[317] CAA Paris, 8 juin 2012, n° 11PA02271, *Sté Legeps* : *RJF* 1/13, n° 13 (cet arrêt est intervenu sur renvoi du Conseil d'État) ; CE 8e et 3e s.-s., 27 avril 2011, n° 327764, *Sté Legeps* : *RJF* 7/11, n° 783, concl. L. OLLEON, *BDCF* 7/11, n° 81.

elle finit par déprécier son placement, au moyen d'une provision. Ce que contesta l'administration fiscale sur le fondement de la théorie énoncée.

La cour d'appel de Paris avait souligné un rapport entre les sommes placées et le chiffre d'affaires de la société. Pour le Conseil d'État, « [...] le placement de la somme de 2 000 000 F sur un compte ouvert dans une banque située au Vanuatu [a] offert à la société [requérante] la possibilité de bénéficier d'une rentabilité élevée par rapport à celle offerte par les établissements bancaires français et d'obtenir auprès de celle-ci un montant de crédit important à un taux très bas pour financer un projet immobilier rentable ». Le fait que le contribuable ne justifie pas que « le montant de ce placement n'était pas disproportionné par rapport au montant de son chiffre d'affaires [...] ne saurait établir [...] que ce placement lui aurait fait courir un risque manifestement exagéré ». Cet exercice de comparaison revenait à apprécier la gestion de l'entreprise, ce que la haute assemblée ne pouvait tolérer.

338. **Réitération**. En 2014, cette fois, l'administration fiscale refusait la déduction de la perte d'une avance qu'une société avait octroyée à l'une de ses filiales. Le vérificateur fut suivi par le tribunal administratif et la cour administrative d'appel. Les deux juridictions considéraient que la société prêteuse, bien que rémunérée pour ses efforts, avait pris « en consentant ces avances, un risque manifestement excessif au regard des circonstances dans lesquelles les avances avaient été consenties et de la situation de sa filiale en difficulté, notamment de sa solvabilité[318] ». En revanche, pour le Conseil d'État, la situation financière de la filiale était telle qu'elle ne permettait pas de révéler un risque excessif. En effet, cette dernière connaissait, au moment de l'avance des fonds, une situation financière saine, un accroissement de son chiffre d'affaires et la détention de marques de renom. L'administration fiscale s'était prêtée à une appréciation *a posteriori* du risque, ce que la haute assemblée ne manqua pas de souligner.

339. **Synthèse**. Cette théorie s'est construite progressivement. Au départ, la prise de risque seule n'était pas sanctionnée. Toutefois, un revirement a eu lieu en 1986, puis en 1990. Dans ces deux affaires, l'excès manifeste du risque se caractérise par la persévérance : la prise de risque initiale n'est pas excessive, en revanche la persistance dans l'échec le devient. La voie empruntée par les contribuables, bien trop imprudente au regard des précédentes tentatives, n'offrait donc que peu d'issues favorables. C'est cette « imprudence fautive[319] » qui est alors contestée. Pour A. de Bissy et G. Dedeurwaerder : « c'est bien ce que l'on peut reprocher à un dirigeant qui a pris un risque exagéré : l'action en connaissance de cause[320] ». Cet élément

---

[318] CE 3e et 8e s.-s., 11 juin 2014, n° 363168, *Sté Fralsen Holding* : *RJF* 10/14, n° 872, concl. M.-A. DE BARMON, *BDCF* 10/14, n° 90.

[319] J. TUROT, « L'entrepreneur, le risque et le fisc. La notion d'acte, qui sans être étranger à l'intérêt de l'entreprise, lui fait courir un risque excessif », *RJF* 11/90, p. 735.

[320] A. DE BISSY et G. DEDEURWAERDER, « Le critère du risque dans la jurisprudence fiscale », *Cahiers de droit de l'entreprise* n° 3, mai 2012, dossier 14.

moral fait écho à la persévérance fautive du contribuable. Si bien que cette branche de l'acte anormal de gestion n'était réservée qu'aux cas exceptionnels, dans la mesure où le comportement du chef d'entreprise relevait plus d'une faute de gestion, d'une imprudence excessive – voire d'un « suicide » économique – que d'une prise de risque raisonnée. Cette sanction était en somme l'équivalent fiscal de l'action en comblement de passif en matière de droit des entreprises en difficulté (article L 651-2 du Code de commerce). La collectivité ne doit pas supporter les conséquences financières d'attitudes fautives.

b. Déviance et abandon d'une théorie

340. **Détournement**. L'administration fiscale a progressivement détourné la théorie du risque manifestement excessif de son objectif initial. Comme le remarque O. Fouquet : « on comprend que les vérificateurs se soient vus pousser des ailes, tant cette jurisprudence [permettant de sanctionner l'excès de risque] leur ouvrait la porte à leur immixtion dans la gestion économique de l'entreprise qu'ils contrôlaient, et qu'ils aient voulu pousser plus loin la situation avantageuse où les mettait cette jurisprudence[321] ». Deux cas d'espèce en témoignent. Le premier met en évidence l'incohérence de certaines solutions. Le second, point culminant de ce détournement, marque l'abandon de la théorie par son créateur[322].

i. L'exemple de la jurisprudence *Morabito*[323]

341. **Illustration.** Dans cette affaire, monsieur et madame Morabito créent, en 1982, avec un autre associé Y, la SARL « Morabito Fashion ». Par la suite, ils consentent à cette dernière des avances en compte courant d'associé pour un montant de 2 500 000 francs afin de faire face à ses difficultés économiques. Cette aide est rémunérée par un taux d'intérêt de 18 %. Malgré cela, la société nouvellement constituée fait l'objet d'une procédure collective dès la fin de sa première année d'activité. La société Morabito décide alors d'augmenter son capital social par apport en numéraire. Toutefois, ce ne sont pas les consorts Morabito qui y participent, mais une de leurs sociétés (la société X), prospère et créée de longue date. Celle-ci investit la somme de 2 500 000 francs, le second associé Y, la somme de 1 900 000 francs. Toutefois, la personne morale X procède très rapidement à la dépréciation des titres récemment acquis. L'administration fiscale s'y oppose au cours d'une

[321] O. Fouquet, « l'administration, si elle est en droit de redresser un acte anormal de gestion, ne peut le faire en s'immisçant dans la gestion de l'entreprise », RTD com. 2019, p. 1029.
[322] CE, sect., 13 juillet 2016, n° 375801, *SA Monte Paschi Banque*, *RJF* 11/16, n° 937, chron. N. Labrune, concl. E. Bokdam-Tognetti (C 937).
[323] CAA Paris, plén., 6 juill. 1995, n° 93-1123, *SA Morabito* : *Dr. fisc.* 1995, n° 52, comm. 2392, concl. D. Brin.

vérification de comptabilité. Selon le vérificateur, la société X a commis un acte anormal de gestion, car elle connaissait les difficultés financières de la société (Morabito Fashion) au moment où elle a investi.

342. **Les moyens**. La société X soutient avoir réalisé un investissement. Elle espérait, tout d'abord, que l'activité de la société Morabito Fashion devienne rentable. Ensuite, elle envisageait que l'exploitation de la marque Morabito Fashion sur le marché du vêtement ait des retombées favorables sur sa propre activité, quand bien même elle n'aurait entretenu aucune relation commerciale directe avec sa filiale.

343. **La solution.** Le Conseil d'État doute de la sincérité de l'investissement réalisé par la société requérante. Il considère que cette dernière ne pouvait espérer « aucun avantage direct ou indirect, commercial ou financier », sachant que la société Morabito Fashion connaissait des difficultés financières et que, par conséquent, elle « ne présentait aucune rentabilité actuelle ni future » et que « dans ces conditions, l'administration doit être regardée comme apportant la preuve que ladite prise de participation n'a pas procédé de la recherche par la requérante d'un intérêt qui lui soit propre [...] ».

344. **Opinion.** Il semble que la haute juridiction administrative sanctionne ici une prise de risque, alors que cet investissement vise uniquement à créer de la richesse. En outre, le second associé a lui-même souscrit à une prise de participation complémentaire en versant simultanément à la société X la somme de 1 900 000. Nul doute que tous les associés de la société Morabito Fashion sont convaincus de la possible rentabilité de leur investissement et du possible rétablissement financier de cette société. Dans le cas contraire, ils n'auraient tout simplement pas pris part à l'opération. Ce n'est pas à l'administration fiscale, ni au juge, d'apprécier l'opportunité des actes de gestion, quand bien même le risque que ces derniers génèrent est important, sauf à s'immiscer dans la gestion des entreprises. La théorie du risque manifestement excessif méconnaît alors tout espoir, toute perspective de succès. En investissant dans une société en difficulté, le contribuable parie sur son rétablissement. Nul ne peut savoir si cette stratégie peut aboutir au moment où elle est décidée.

ii. Abandon de la théorie : la jurisprudence *Monte Paschi*[324]

345. **Les faits.** Dans l'affaire *Monte Paschi*, point culminant de l'évolution de la théorie du risque manifestement excessif, un établissement bancaire, après avoir consenti à une société d'importants concours financiers, déduit de ses bénéfices des provisions pour risque de non-recouvrement. Pour l'administration fiscale, la banque n'a pas agi dans le cadre d'une gestion

---

[324] CE, sect., 13 juillet 2016, n° 375801, *SA Monte Paschi Banque*, *RJF* 11/16, n° 937, chron. N. Labrune, concl. E. Bokdam-Tognetti (C 937).

commerciale normale en supportant un risque excessif. Or, selon le Conseil d'État « indépendamment du cas du détournement de fonds rendu possible par le comportement délibéré ou la carence manifeste des dirigeants, il n'appartient pas à l'administration, dans ce cadre, de se prononcer sur l'opportunité des choix de gestion opérés par l'entreprise et notamment pas sur l'ampleur des risques pris par elle pour améliorer ses résultats ».

346. **Solution**. La haute juridiction s'était pourtant montrée didactique dans un avis du 24 mai 2011[325]. Elle répondait à la question du ministre à la suite de l'affaire Kerviel concernant les pertes exceptionnelles d'une grande banque française. Les pertes résultant d'une prise de risque excessive, lequel comportement avait été rendu possible par une carence du contrôle interne de la banque, sont-elles déductibles ? Pour la haute assemblée : « sous réserve de circonstances exceptionnelles, une opération accomplie conformément à l'objet social de l'entreprise et dont le dénouement se traduirait par des pertes importantes, ne saurait, par elle-même, caractériser un acte anormal de gestion ». Or, l'avance de trésorerie accordée par la banque Monte Paschi était rémunérée par des intérêts, la banque a donc respecté son objet social : la recherche du profit. L'administration fiscale, qui a voulu apprendre à la banque son métier, n'a pas à apprécier l'intensité du risque supporté (et choisi) dès lors qu'il vise l'enrichissement. En d'autres termes, l'acuité du risque est un critère inadapté, déficient pour caractériser un appauvrissement volontaire ; seul ce dernier est insoutenable sur le plan fiscal.

c. Un abandon nécessaire

347. **Une mort annoncée**. L'abandon de la théorie du risque manifestement excessif nous paraît justifié, car cette théorie se heurte à plusieurs difficultés.

En premier lieu, le droit fiscal ne devrait pas encourager d'un côté le risque créateur de richesses et d'emplois, tout en l'écartant de l'autre lorsqu'il le juge excessif. Cette contradiction achoppe inévitablement sur le principe de la liberté de gestion. Réprimer le risque alors même qu'il résulte d'une saine recherche du profit n'est pas une position soutenable sur le plan fiscal. En effet, d'une théorie applicable aux seuls cas d'une gravité exceptionnelle, l'excessivité du risque est devenue un argument permettant d'éconduire les échecs économiques. Le procédé congédie la prise de risque alors même que l'entreprise agissait dans son propre intérêt. Répétons-le, il n'y a pas de profit sans prise de risque. Et seul le chef d'entreprise est capable d'évaluer ce risque. Il est d'ailleurs le seul à en supporter les conséquences. La banque Monte Paschi recherchait le profit en prêtant de l'argent moyennant rémunération. Le vérificateur ne pouvait pas apprécier l'opportunité de ce

---

[325] CE, sect., 24 mai 2011, n° 358088 : *RJF* 8-9/12, n° 800, obs. O. FOUQUET, *FR* 31/12, inf. 19 p. 24, *BGFE* 4/12, p. 1.

choix de gestion. Il y avait, de la part de l'administration fiscale, une ingérence caractérisée dans les affaires du contribuable : le fisc a voulu apprendre à la banque son métier.

348. En second lieu, si l'on considère que la théorie du risque manifestement excessif combat l'appauvrissement délibéré (puisque le risque étant tellement excessif que l'appauvrissement était quasi certain), un tel raisonnement écarte dangereusement toute espérance d'enrichissement. Or, il existe bien une différence entre un appauvrissement intentionnel et une prise de risque excessive : l'espoir. La sanction du risque excessif occultait en effet la perspective de s'enrichir. En effet, même si celle-ci était moindre, elle existait néanmoins. Nul doute que le chef d'entreprise qui prend un risque important vise le profit. *A contrario*, dans le cas de l'appauvrissement délibéré, le risque n'est que simulé : il n'existe pas. Ce faisant, il ne laisse la place à aucun espoir d'enrichissement. Il est donc le seul à devoir être sanctionné, car de manière certaine et de toute évidence, il ne conduira à aucun enrichissement.

C'est pourquoi l'intensité du risque est un critère inadapté, car le risque est consubstantiel à la recherche de l'enrichissement. D'ailleurs, plus le risque est élevé plus le profit est grand. En d'autres termes, ce n'est pas tant l'acuité du risque qui est contestable que la volonté de s'appauvrir à des fins d'évasion fiscale.

349. **Intention *versus* constatation.** Enfin, en matière d'acte anormal de gestion, l'administration fiscale doit établir l'anormalité[326], ce qui est plus complexe que la simple incrimination du risque. Or, pour détourner les contraignantes règles de preuve, il lui suffisait alors d'invoquer le risque excessif. Cette « théorie » ne constituait finalement qu'une présomption d'anormalité. Or, renverser celle-ci était une gageure. Le risque existe de manière évidente dans toute recherche du profit. Le contribuable ne peut pas le contester. De plus, la constatation, *a posteriori*, de l'échec validera à rebours l'excès de risque. Ce qui rendait *in fine* la présomption (quasi) irréfragable, le chef d'entreprise ne pouvant produire de preuve contraire (pour justifier d'un espoir).

3. Une possible résurgence de la théorie ?

a. Le cas des détournements de fonds

350. **Principe.** En règle générale, les détournements de fonds sont déductibles des bénéfices de l'entreprise, notamment lorsqu'ils sont commis

[326] CE, 7e 8e et 9e s.-s., 27 juill. 1984, n° 34588, *Renfort Service* : *RJF* 10/84, n° 1233, concl. P.-F. Racine, p. 562 ; CE, 3e et 8e s.-s., 21 mai 2007 n° 284719, *Sté Sylvain Joyeux* : *RJF* 8-9/07, n° 953, chronique O. Fouquet, *RJF* 7/07, p. 631, concl. E. Glaser, *BDCF* 8-9/07, n° 102, note Ch. de la Mardiere, *Dr. fisc.* 2007, n° 46, comm. 970.

par des tiers. Cependant, ils ne le sont jamais lorsqu'ils sont le fait des mandataires sociaux eux-mêmes, des dirigeants ou des associés. Concernant ces derniers, le Conseil d'État vient de réaffirmer le principe qu'il avait établi en 2001[327], à savoir la qualité de salarié prévaut sur celle d'associé lorsque la personne ne détient qu'une part très minoritaire du capital social[328].

351. **Fondement.** J. Courtial, dans ses conclusions sur l'arrêt susmentionné de 2001 (jurisprudence *SA Manufacture d'appareillage électrique de Cahors*), apporte des éclaircissements sur le fondement de ce traitement fiscal. Dans cette affaire, l'administration fiscale contestait le caractère déductible des bénéfices d'une provision de 4 millions d'euros qu'une société avait comptabilisée en vue de prendre en compte l'insolvabilité de l'auteur du détournement d'argent, à savoir le directeur financier. La solution à cette problématique repose sur la question de savoir si l'appauvrissement découle du comportement (qu'il soit actif ou passif) des personnes qui détiennent un contrôle sur la société. Dans ce contexte, le détournement constitue en quelque sorte un prélèvement sur les bénéfices, lequel n'est évidemment pas déductible. Selon J. Courtial, il est donc crucial d'investiguer si « les fonds sociaux sont détournés avec la participation des principaux dirigeants de la société, ceux qui en ont la maîtrise et ont le pouvoir de l'engager, c'est-à-dire les mandataires sociaux et/ou les principaux associés, que la participation au détournement soit active (le dirigeant a commis le détournement) ou passive (il a su ou a été en mesure de savoir mais il a fermé les yeux ou s'est abstenu de chercher à en savoir davantage) ». L'auteur poursuit en précisant que « *la société, qui n'agit que par ses dirigeants*, devrait alors être regardée comme ayant effectué une libéralité, étrangère à l'intérêt de l'entreprise, au profit de l'auteur du détournement, que celui-ci soit le fait d'un dirigeant associé, d'un mandataire social salarié non associé, ou encore d'un simple salarié, détenant ou non une part minime du capital, dès lors que le salarié n'a pas agi à l'insu des dirigeants ». En somme, le détournement d'argent n'aura pas d'incidence sur la matière imposable s'il est réalisé avec la complicité active ou passive des personnes ayant le contrôle sur la société. Dans ce scénario, l'acte est considéré comme constitutif d'un acte anormal de gestion, caractérisant un appauvrissement délibéré. En revanche, si l'acte est perpétré par un simple salarié, « à l'insu des dirigeants sociaux », il représente « une perte pour la société et un gain pour l'auteur du détournement ».

352. **L'exception.** Ainsi, le traitement fiscal des détournements de fonds sociaux repose, si l'on en doutait, sur la théorie prétorienne de l'acte anormal de gestion. Remarquons que le Conseil d'État, à travers son considérant de principe dans l'affaire *Monte Paschi*, nous adresse un message à ce sujet :

---

[327] CE, 9e et 10e s.-s., 14 fév. 2001, n° 193309, *SA Manufacture d'appareillage électrique de Cahors MAEC* : *RJF* 5/01 n° 592, concl. J. Courtial.

[328] CE, 9e ch., 6 déc. 2023, n° 458981, *Sté Strudal Préfabriqués : RJF* 02/2024, n° 112, concl. E. Bokdam-Tognetti.

« *indépendamment du cas du détournement de fonds rendu possible par le comportement délibéré ou la carence manifeste des dirigeants*, il n'appartient pas à l'administration, dans ce cadre, de se prononcer sur l'opportunité des choix de gestion opérés par l'entreprise et notamment pas sur l'ampleur des risques pris par elle pour améliorer ses résultats ». Par suite, l'abandon de la théorie du risque manifestement excessif n'entraîne pas une remise en question de la jurisprudence antérieure concernant les cas de détournement de fonds perpétrés par les salariés[329]. En d'autres termes, les pertes en résultant ne seront pas déductibles si le chef d'entreprise a été négligent dans l'établissement de règles ou de procédures de contrôle au sein de son entreprise.

En ce qui concerne l'auteur de l'infraction, celui-ci est imposé au titre des revenus de capitaux mobiliers s'il est associé ou dirigeant (même non associé) de la société qui a été victime du méfait. Dans le cas contraire, les sommes détournées seront considérées comme des bénéfices non commerciaux[330].

353. **Opinion.** Cette persistance de la théorie ne déroge pas au principe de recherche du profit que nous défendons. Au contraire, elle le conforte, elle le consacre : en délaissant les procédures de contrôle interne, le chef d'entreprise va, en tout état de cause, à l'encontre de la quête de la richesse, car cette négligence facilite l'appauvrissement, sans aucune perspective d'enrichissement. En d'autres termes, les procédures (de contrôle interne) déficientes ne font pas gagner d'argent, mais elles peuvent au contraire en faire perdre beaucoup. C'est pourquoi la théorie du risque manifestement excessif perdure ici pour réprimer l'absence de tout espoir d'enrichissement.

b. Le danger des présomptions

354. **Les présomptions**. Répétons-le, le risque et l'enrichissement sont consubstantiels. *A fortiori*, seul l'appauvrissement volontaire est contestable sur le plan fiscal. Or, l'intensité du risque ne peut pas être un critère permettant d'identifier une perte délibérée. Dès lors, nous pensons que la théorie ne pourra pas réapparaître sous la même forme.

355. **Résurgence ?** Néanmoins, un acte de gestion est anormal si l'administration fiscale démontre l'élément matériel (l'appauvrissement) et l'élément intentionnel (la volonté). La théorie du risque pourrait alors resurgir au travers des présomptions d'appauvrissement délibéré. À ce titre, la jurisprudence *Sté Croë Suisse* [331] a instauré une nouvelle présomption concernant les immobilisations (v. *infra* n° 475 et s.). On peut y voir une forme de résurgence du principe dans le sens où l'intention libérale se déduit du seul

[329] CE, 8e et 3e s.-s., 5 oct. 2007, n° 291049, *Sté Alcatel CIT : RJF* 12/07, n° 1381, concl. N. ESCAUT, *BDCF* 12/07, n° 137 ; CE, 9e et 10e ch., 12 avril 2019, n° 410042, *SAS Sté de distribution Saint-Maximoise : RJF* 7/19, n° 627, concl. E. BOKDAM-TOGNETTI.

[330] CE, 3e ch., 13 déc. 2023, n° 469629 : *RJF* 03/24, n° 214, concl. M.-G. MERLOZ.

[331] CE, plén., 21 déc. 2018, n° 402006, *Sté Croë Suisse : Dr. fisc.* 2019, n° 9, comm. 176, concl. A. BRETONNEAU, note F. DEBOISSY et G. WICKER *; RJF 3/19*, n° 246, chron. V. VILETTE, p. 303.

appauvrissement, de la même manière qu'elle se déduisait du risque excessif. Toutes les deux sont dangereuses pour ignorer les motivations du contribuable (v. *infra* n° 484 et s.). Elles peuvent, malgré elles, sanctionner, *a posteriori*, des erreurs, des actes qui recherchaient sincèrement l'enrichissement[332].

c. L'avantage fiscal comme contrepartie

356. **Les faits**. Un arrêt récent du Conseil d'État[333] pourrait faire resurgir, au moins partiellement, la théorie du risque manifestement excessif. Dans cette affaire, deux sociétés allemandes avaient cédé l'usufruit de leurs biens immobiliers pour ensuite les reprendre à bail avec option de rachat. La banque française qui avait acquis l'usufruit, entendait soustraire à l'impôt les loyers perçus. Tout d'abord parce que ceux-ci devaient, selon la convention fiscale bilatérale, être imposés dans l'État d'implantation des immeubles. Ensuite parce que l'Allemagne regardait les revenus perçus par le contribuable français, non comme des loyers, mais comme des frais financiers imposables en France. Cette divergence (de qualification juridique) conduisait tout bonnement à ne rien imposer. La haute assemblée a fini par requalifier l'opération puisque la banque française avait en réalité prêté une somme d'argent moyennant intérêts et garanties (en l'occurrence l'usufruit). Une partie des loyers perçus par le requérant correspondait donc à des produits financiers. Or, le prêteur avait proposé des taux d'intérêt en deçà de ceux du marché, dans la mesure où il pouvait bénéficier de l'exonération fiscale susdite.

357. **Reproches**. L'administration fiscale ne manqua pas de redresser le manque à gagner de la banque française sur le fondement de l'acte anormal de gestion. La haute juridiction administrative s'y opposa toutefois : elle admet qu'un avantage fiscal, en l'occurrence l'exonération des revenus perçus par la banque française, puisse être une contrepartie écartant l'anormalité de l'acte de gestion. Autrement dit, le juge admet que le contribuable puisse se prévaloir de l'exonération fiscale pour justifier la faiblesse des taux pratiqués, dans la mesure où le contrat prévoyait expressément la hausse de ceux-ci (des taux d'intérêts) en cas de perte de ladite exonération.

358. **Conséquences.** La solution pourrait avoir une incidence sur la possible résurgence de la théorie du risque manifestement excessif. F. Deboissy montre, dans sa note sur l'arrêt étudié[334], le paradoxe de la solution à travers un exemple. Reprenons-le. Imaginons que l'administration fiscale requalifie une location-gérance en cession déguisée de fonds de commerce et redresse la faiblesse du prix de cession sur le fondement de la théorie de l'acte

---

[332] La jurisprudence *Croë Suisse* est développée dans le § 3 de ce chapitre.
[333] CE, 3e et 8e ch., 3 mai 2023, n° 434441, *BNP Paribas : Dr. fisc.* 2023, n° 35, comm. 269, concl. M-G. MERLOZ, note F. DEBOISSY.
[334] *Ibid.*

anormal de gestion. Le contribuable pourra-t-il démontrer le caractère normal du prix de cession en arguant de l'avantage fiscal espéré ? Selon F. Deboissy : « compte tenu de l'abandon de la théorie du risque manifestement excessif, la réponse semble devoir être positive ; mais l'exemple souligne que l'abandon de cette jurisprudence mériterait sans doute d'être nuancé[335] ». En effet, si l'avantage fiscal devient une contrepartie valable, le contribuable pourra s'en prévaloir. Or, l'excès de risque n'est plus réprimandé. Le Conseil d'État devra-t-il faire renaître la théorie lorsque le risque résulte de la recherche d'un avantage fiscal indu ?

359. Dans un autre ordre d'idée, et pour conclure sur la possibilité de voir réapparaître la théorie du risque manifestement excessif, il convient de signaler un arrêt récent du Conseil d'État[336]. Dans cette affaire, la société Polycentre a octroyé des avances de trésorerie à une personne morale qui détient indirectement sa société mère. En effet, la société X, bénéficiaire des avances, détient 99 % du capital de la société Y, laquelle détient elle-même 99 % du capital de la société Polycentre. L'administration fiscale s'oppose à la déduction des provisions pour dépréciation de ces avances sur le résultat de Polycentre, d'une part en contestant la probabilité d'un risque de non-recouvrement, et d'autre part en qualifiant l'avance d'acte anormal de gestion. Polycentre s'oppose à ce redressement, affirmant que les avances étaient dans son intérêt pour éviter la liquidation de sa maison-mère et protéger sa réputation. Cependant, la Cour administrative d'appel de Lyon[337] a jugé ces avances *disproportionnées au regard de la solvabilité de la société bénéficiaire* et a estimé que la sous-filiale Polycentre ne justifiait pas un risque de liquidation en cascade. En se référant à une jurisprudence antérieure (Société d'acquisitions immobilières[338]), la Cour a confirmé que l'octroi d'avances significatives *sans perspectives de remboursement, sans intérêts* et sans liens commerciaux entre les parties constituait un acte anormal de gestion. Le contribuable s'est pourvu en cassation arguant que le juge du fond a commis une erreur de droit en se bornant à relever que le montant des avances consenties depuis plusieurs années apparaissait hors de proportion avec la solvabilité de la société bénéficiaire, alors qu'il lui appartenait seulement de rechercher si la décision de consentir des avances à la société X était conforme à son intérêt, sans qu'il y ait lieu de s'interroger sur l'ampleur des risques pris.

Malheureusement, le Conseil d'État a conclu à la non-admission du pourvoi, soulignant que les éléments avancés par la société ne suffisaient pas à justifier que les avances servaient son intérêt.

---

335 *Ibid.*

336 CE (na), 9e ch., 11 juin 2024, no 490101, *Sté Polycentre, RJF* 10/24, n° 659.

337 CAA Bordeaux, 10 oct. 2023, n° 21BX04692, inédit.

338 CE, 8e et 3e s.-s., 22 janv. 2010, n° 313868, *Sté d'acquisitions immobilières : RJF* 4/10 n° 335.

359-1. **Opinion.** Il faut reconnaître que cette affaire est doublement singulière. Premièrement, l'avance de trésorerie est consentie par une sous-filiale au profit de la société mère, le cas inverse étant plus habituel. Deuxièmement, ces avances de trésorerie n'étaient pas rémunérées, ce qui est contestable. Cette dernière circonstance aurait dû amener le service à taxer le manque à gagner. Compte tenu de la singularité des faits, le vérificateur ne sous-entendrait-il pas, en creux, que la société aurait préféré accorder des avances de trésorerie (dont la dépréciation est déductible) plutôt que de verser des dividendes ? La distinction est de taille : les avances de trésorerie ne sont pas à fonds perdus, sauf en cas d'abandon de créance (qu'il soit à caractère commercial ou financier). Or, dans le cas qui nous intéresse, la sous-filiale n'a pas décidé d'abandonner sa créance. Cependant, lorsqu'une filiale accorde des avances à sa société mère, elle peut facilement laisser croire qu'elle espère recouvrer sa créance, alors qu'en réalité, il n'en est rien. Pour illustrer ce point, imaginons qu'une filiale X, réalisant d'importants bénéfices, soit informée de la situation financière dégradée de sa société mère. X pourrait procéder à une distribution de bénéfices. Or, les dividendes ne sont jamais déductibles pour la société qui les verse. En revanche, X pourrait choisir de ne pas distribuer de dividendes mais plutôt de consentir des avances de trésorerie, qu'elle finirait peu à peu par déprécier, sans réellement espérer leur remboursement.
Choisir entre des dividendes et une avance de trésorerie n'est pas en soi répréhensible, sauf à s'immiscer dans les choix de gestion. Cependant, dans une situation aussi particulière que celle étudiée ici, comment distinguer raisonnablement une opération à fonds perdus, d'un investissement ou d'un placement de trésorerie ?
Le critère du risque permet de différencier une véritable avance de trésorerie d'un abandon de créance à caractère financier, même si cet abandon n'est pas encore officiellement acté. En examinant la normalité des avances à travers le prisme du risque, la Cour, suivie par la haute juridiction administrative, semble ainsi raviver la théorie du risque manifestement excessif dans ce contexte particulier.

360. **Transition.** Le cadre conceptuel étant maintenant établi, montrons que celui-ci ne peut réellement s'appliquer que si la perspective de s'enrichir peut devenir une contrepartie fiscalement opérante.

§ 2. La notion de contrepartie en droit fiscal

361. **Risque et intention.** Le cadre normatif énoncé induit certainement une conception particulière de la contrepartie des actes de gestion. Quelle est-elle ?

La contrepartie, telle qu'exigée par le droit fiscal pour la détermination des bénéfices, peut se définir comme étant, *a minima*, toute perspective d'enrichissement. La notion, intrinsèquement économique, peut donc se restreindre à un espoir, à une attente de richesses (A), ce qui la rend conséquemment singulière et exclusive à la matière fiscale. Le procédé emporte d'importantes conséquences quant aux effets des prises de risque sur la matière imposable (B).

A. La perspective de s'enrichir comme contrepartie fiscale

362. **Buts.** Le risque résulte des différents actes de gestion que les chefs d'entreprise réalisent. Or, le droit fiscal ne le considère que parce qu'il est *susceptible* de générer de la matière imposable. Il fonde alors son acceptation des actes de gestion, non pas sur une constatation matérielle de leurs effets, mais sur l'intention de s'enrichir que poursuivent leurs auteurs. C'est ici que le risque gagne sa pleine assomption : en fondant la normalité des actes de gestion sur l'intention, le droit fiscal admet *l'incertitude* que génère le risque.

Cela étant dit, l'efficience du procédé dépend en grande partie de la façon dont le droit fiscal se saisit de la perspective de s'enrichir. Selon nous, l'appréciation d'une telle espérance commande, en premier lieu, d'adopter une approche économique et inclusive (1), puis, en second lieu, de considérer les actes de gestion au moment de leur réalisation (2). Ce n'est qu'à cette double condition que l'espoir (et donc le risque) peut opérer sur la matière imposable. Ces affirmations connaissent de multiples applications (3) : l'administration fiscale ne doit pas faire grief du caractère incertain des actes de gestion. Elle ne peut contester que la certitude d'un appauvrissement volontaire.

1. Une approche économique et inclusive

363. **Lien indirect et non immédiat.** Afin d'assoir la pleine assomption du risque économique, la contrepartie fiscale se conçoit nécessairement comme un espoir d'enrichissement. L'examen de cette perspective commande de ne pas se contenter « d'une analyse au premier degré visant seulement à constater l'absence de contrepartie [des actes de gestion] certaine, normale, immédiate […][339] ». C'est ainsi qu'il convient, sur le plan fiscal, de considérer les opérations dans leur ensemble, dans leur globalité, et surtout dans leur conjecture. Le défaut de contrepartie immédiate et certaine peut tout à fait être

---

[339] M-D. Hagelsteen, chronique sous l'arrêt CE sect, 24 fév. 1978, n° 2372 : RJF 4/78, n° 161.

compensé par un avantage indirect, probable (une espérance), donc non obligatoirement immédiat (c'est-à-dire aux effets possiblement différés). Cette approche singularise notre matière.

a. Une contrepartie indirecte et non immédiate….

364. **Distinction.** Le droit fiscal n'est certes pas un droit autonome. En revanche, ce qu'il exige des actes de gestion, pour en saisir la normalité, est propre à ses objectifs. Par conséquent, la contrepartie attendue des actes de gestion diffère de celle prescrit par l'article 1169 du Code civil. Exposons ici certaines divergences majeures.

365. **Contrepartie indirecte.** En premier lieu, la contrepartie des actes de gestion peut tout à fait revêtir un caractère indirect et non immédiat, contrairement à celle requise pour la validité des contrats réalisés à titre onéreux. Selon le Code civil, ceux-ci sont nuls « lorsque, au moment de [leur] formation, la contrepartie convenue au profit de celui qui s'engage est illusoire ou dérisoire » (article 1169). Le droit fiscal emprunte une voie toute différente pour atteindre ses objectifs. Montrons ici qu'il se préoccupe avant tout des intentions pour encourager l'initiative économique. Ce qui lui permet de saisir les contreparties indirectes des actes de gestion.

366. **Utilité.** En premier lieu, la contrepartie, telle que celle permettant la validité juridique des contrats à titre onéreux, n'en reste pas moins fiscalement insuffisante pour répondre du caractère normal des actes de gestion. Pour le comprendre, rappelons que le droit fiscal doit en effet s'attacher aux intentions que poursuivent leurs auteurs. Ce faisant, ce n'est pas parce qu'un contrat à titre onéreux s'accompagne d'une contrepartie immédiate et non illusoire qu'il est systématiquement réalisé dans l'intérêt de l'entreprise. Imaginons qu'une société prenne à sa charge un voyage d'agrément au profit de son dirigeant. La dépense connaît une contrepartie immédiate : une prestation d'hébergement. Pour autant, celle-ci n'est pas déductible des bénéfices de l'entreprise dans la mesure où cette dépense ne revêt aucune perspective d'enrichissement pour elle. Il s'agit au contraire d'un acte réalisé dans l'intérêt exclusif d'un tiers conduisant assurément à l'appauvrissement de la personne morale. La contrepartie, telle qu'entendue par le Code civil, est nécessaire, car en son absence, le contrat à titre onéreux est considéré comme nul et donc fictif, sauf si l'on peut justifier économiquement que la prestation est effective. Cependant, cette exigence reste fiscalement insuffisante, dans la mesure où le droit fiscal ne se préoccupe pas seulement de la nature de la dépense (à l'exception des charges somptuaires), mais de l'utilité qu'elle représente pour le contribuable.

367. **Globalité.** En second lieu, l'absence de contrepartie immédiate d'un acte de gestion n'exclut pas la possibilité pour son auteur de s'enrichir ultérieurement. En ce sens, par exemple, la vente de parts sociales pour un prix inférieur à leur valeur vénale ne constitue pas un acte anormal de gestion

lorsque, en contrepartie, les acquéreurs ont consenti un prêt sans intérêt à la société[340], qu'ils ont d'ailleurs ultérieurement abandonné. Il convient ici d'apprécier les opérations dans leur ensemble.

Il en est de même des abandons de créances à caractère commercial. Ceux-ci sont déductibles des bénéfices des sociétés qui les consentent si elles le font dans le but, par exemple, de sauvegarder égoïstement leur propre activité commerciale. En témoigne une espèce[341] : une société Y acquiert la quasi-totalité du capital social d'une société Z implantée en Allemagne, ainsi que deux créances que ses anciens actionnaires détenaient sur elle pour lui avoir accordé des avances de trésorerie. Un an plus tard, la société Y abandonne les deux créances au profit de sa filiale Z. L'administration fiscale en refuse la déduction, car elle assimile l'opération à un complément de prix des actions acquises (de la société Z).

Pour le Conseil d'État, la société s'est appauvrie momentanément, uniquement afin de conserver ses débouchés commerciaux en Allemagne, puisque la filiale y distribuait ses produits. Cela lui a permis également de préserver sa réputation sur ce marché étranger. Le contribuable n'a donc jamais délaissé, même un instant, sa quête du profit. En outre, l'abandon ne peut pas être regardé comme un complément de prix dans la mesure où la société Z a réalisé d'importantes pertes depuis la date de son acquisition jusqu'à l'abandon contesté.

Par conséquent, la société Y a bien agi dans le cadre de la gestion de sa participation financière, mais à des fins relevant essentiellement de son activité commerciale, si bien que l'abandon de créances litigieux constitue une charge déductible de ses bénéfices. Pour autant, cet acte est dépourvu de contrepartie directe et immédiate pour être tout simplement unilatéral. Il revêt néanmoins un intérêt économique indirect et différé, ce qui ne l'empêche pas d'opérer sur la matière imposable.

Cette divergence de conception entre ces deux branches du droit se manifeste clairement à travers la récente jurisprudence *Collectivision* que nous allons maintenant exposer.

b. L'exemple des prestations de direction

368. **Illustration.** Le contentieux nourri des frais de direction facturés par les sociétés holding illustre particulièrement le sujet qui nous occupe. La question de savoir si ces charges peuvent être déduites des bénéfices des filiales se résout en deux étapes. À l'origine, les solutions se fondaient sur le rigorisme de la contrepartie civile (i), jusqu'à ce que le Conseil d'État nous rappelle la possibilité de considérer les contreparties indirectes (ii). Voyons

---

[340] CE, 9e et 8e s.-s., 16 juin 1993, n° 78950, *SARL Copag* : *RJF* 9/93, n° 1195, concl. F. LOLOUM, *BDCF* 5/93, p. 27.

[341] CE, plén., 25 nov. 1981, n° 11930 : *RJF* 01/82, n° 7, concl. VERNY, p. 8.

comment le pragmatisme fiscal évince, au moins en partie, un raisonnement basé initialement sur la seule contrepartie civile des contrats à titre onéreux.

i. Le rigorisme de la contrepartie civile…

369. **Première étape : la contrepartie directe.** Au cours d'une vérification de comptabilité de la société Gamlor[342], l'administration fiscale refuse que celle-ci déduise, de ses bénéfices, les prestations forfaitaires de direction que sa société mère Gam lui facture. Le vérificateur observe que Monsieur X occupe déjà le poste de dirigeant au sein de la filiale (la société Gamlor). Ainsi, les prestations de direction assumées par cette dernière sont dépourvues de contrepartie, étant donné qu'elles sont déjà assurées par son propre dirigeant. Il est en effet inconcevable qu'une personne facture un service qu'une autre a déjà exécuté. Pour autant, la société avance l'argument selon lequel l'absence de rémunération de son dirigeant (monsieur X) s'explique simplement par le fait que ce dernier est demeuré totalement inactif, n'ayant fourni aucun travail.

370. **La solution.** Toutefois, pour la cour administrative d'appel de Nancy, l'absence de rémunération ne signifie pas que Monsieur X n'a pas exercé les fonctions qui sont les siennes. Le caractère bénévole de celles-ci constitue une décision de gestion qui est opposable au contribuable lui-même. Par conséquent, la holding n'a pas la possibilité de facturer des prestations qu'elle ne peut pas, elle-même, réaliser. Le contrat est alors nul pour défaut de contrepartie : les conditions fixées à l'article 1169 du Code civil ne sont pas ici respectées. Selon la cour : « la société GAM n'ayant fourni aucune prestation de services distincte des activités que Monsieur X a déployées dans le cadre normal de ses fonctions de PDG de la Société GAMLOR, [les charges supportées par la filiale] ne peuvent être regardées comme relevant d'une gestion normale ». La cour conclut à l'absence de contrepartie : les prestations de services facturées étaient déjà réalisées par Monsieur X. Nous verrons néanmoins que le Conseil d'État a apporté une nuance pertinente à cette solution (v. *infra* n° 372), marque que la contrepartie fiscale diffère de celle civile.

371. **Deuxième illustration : l'arrêt TER**[343]. Dans ce second exemple, une société à responsabilité limitée facture des prestations de direction à la SAS Z présidée par Monsieur Y. Cette dernière, afin d'obtenir le remboursement des prestations qu'elle a payées, prétend que le contrat de prestation est nul pour défaut de contrepartie. Selon elle, les fonctions de direction sont déjà assurées par Monsieur Y, quand bien même celui-ci les

---

[342] CAA Nancy, 2e ch., 9 oct. 2003, *Gamelor*, n° 98-2182: *RJF* 1/04, n° 10.

[343] Cass. com., 24 nov. 2015, n° 14-19.685, *Sté Tri environnement recyclage c/ Sté Regards* : *BRDA* 23/15, Inf. 1. Pour une solution identique : Cass. com., 23 oct. 2012, n° 11-23.376 : *RJDA* 2/13, n° 122 ; Cass. com., 14 sept. 2010, n° 09-16.084 : *RJDA* 12/10, n° 1162.

exerce gratuitement. Ce raisonnement, qui rejoint celui de la jurisprudence *Gamlor* évoquée précédemment, omet, néanmoins, une singularité des sociétés par actions simplifiées. Pour la haute juridiction judiciaire : « l'article L 227-5 du Code de commerce renvoie aux statuts le soin de déterminer les conditions dans lesquelles serait dirigée la SAS et relève que les statuts de la Société TER prévoyaient seulement les modalités de désignation du président, éventuellement assisté d'un vice-président, c'est sans dénaturer ces statuts que la cour d'appel a retenu qu'il ne faisait pas obstacle à ce que la société confie sa direction générale à une société tierce par la voie d'une convention de prestation de services[344] ». La Cour de cassation fait valoir que les fonctions de direction peuvent être déléguées à un tiers. Par conséquent, il est tout à fait concevable que Monsieur Y, bien qu'étant le président de la société, n'ait effectivement fourni aucun travail pour avoir totalement délégué ses fonctions de direction. Cette délégation écarte la nullité du contrat en cause sur le fondement d'un défaut de contrepartie.

Cet arrêt ne traite pas directement de questions fiscales. Cependant, il a inspiré de nombreuses transformations de filiales en sociétés par actions simplifiées (SAS). Pour la simple et bonne raison que l'administration fiscale ne peut pas, sur le fondement d'un défaut de contrepartie, rejeter la déduction des frais de direction facturés à une SAS, à condition que les statuts de cette dernière ne s'opposent pas à la délégation des fonctions de direction.

ii. … Evincé par le pragmatisme de la contrepartie fiscale

372. **Seconde étape.** Dans cette espèce[345], la société Collectivision avait déduit de ses bénéfices les prestations de direction que sa société-mère lui avait facturées. L'administration fiscale constate, au cours d'une vérification de comptabilité, que monsieur X est à la fois le gérant de la société requérante - il ne perçoit à ce titre aucune rémunération -, mais également celui de la société-mère. Fort de ce constat, le vérificateur rejette la déduction desdites prestations de direction sur le fondement de la théorie de l'acte anormal de gestion.

373. **Solution.** La cour administrative d'appel de Marseille[346] valide la thèse du vérificateur. Selon le juge, l'absence de rémunération du gérant est une décision de gestion opposable à la société elle-même. Dans le droit fil des solutions de l'ordre judiciaire (v. *supra* n° 371), le juge du fond considère que la société mère ne peut pas facturer des prestations de direction à sa filiale puisque lesdites prestations sont censées être déjà réalisées par le gérant monsieur X.

---

[344] *Ibid.*

[345] CE, 9e et 10e ch., 4 oct. 2023, n° 466887, *Sté Collectivision* : *RJF* 12/23, n° 874, concl. E. BOKDAM-TOGNETTI.

[346] CAA Marseille, 23 juin 2022, n° 19MA04862, inédit.

De manière inédite et pragmatique, le Conseil d'État adopte un raisonnement différent. Il considère en effet que « la conclusion par une société d'une convention de prestations de services avec une autre société pour la réalisation, par le dirigeant de la première, de missions relevant des fonctions inhérentes à celles qui lui sont normalement dévolues ne relève pas d'une gestion commerciale anormale si cette société établit que ses organes sociaux compétents ont entendu en réalité, par le versement des honoraires correspondant à ces prestations, rémunérer indirectement le dirigeant et qu'ainsi ce versement n'est pas dépourvu pour elle de contrepartie, le choix d'un mode de rémunération indirect ne caractérisant pas en lui-même un appauvrissement à des fins étrangères à son intérêt ». La Cour de cassation (v. *supra* n° 371) et certaines cours administratives d'appel (v. *supra* n° 370) y voyaient au contraire la nullité du contrat pour défaut de contrepartie. Pour la haute juridiction administrative, l'absence de rémunération du gérant dans la société requérante n'est pas une décision de gestion opposable au contribuable lui-même. Le représentant légal peut tout à fait être *indirectement* rémunéré : « le choix d'un mode de rémunération indirect ne caractérisant pas en lui-même un appauvrissement à des fins étrangères à son intérêt ».

374. **Conception différente.** O. Fouquet nous rappelle que l'illicéité d'un acte juridique ne rend pas celui-ci forcément anormal sur le plan fiscal. L'irrégularité de la convention de *management fees* est dans cette affaire « flagrante au regard du droit commercial et du droit pénal[347] » puisque la société ne fournit « aucun service propre[348] ». Néanmoins, cela « n'implique pas nécessairement que la convention ait été passée dans un intérêt étranger à celui de l'entreprise. C'est le cas [par exemple] des louages illicites de main d'œuvre[349] ».

Quoi qu'il en soit, la solution apporte un éclairage sur la notion de contrepartie en droit fiscal, qui manifestement est plus pragmatique, car économique, que celle rigoriste du droit des contrats. C'est ainsi que l'examen des effets économiques indirectes de l'acte de gestion permet d'admettre que le gérant de la société Collectivision aurait été, de toute façon, rémunéré pour le montant des honoraires qui a été déduit. La rémunération *indirecte* n'appauvrit pas plus la société que celle directe. Malgré cela, il est crucial que l'entreprise puisse justifier de contreparties. C'est pourquoi la haute juridiction administrative exige que le contribuable démontre que l'organe social avait l'intention de rémunérer indirectement le dirigeant. Cette exigence vise à confirmer la réalité économique de l'acte de gestion. C'est ainsi « qu'une attention particulière doit ainsi être désormais portée au niveau d'information communiqué aux organes sociaux compétents, afin que leur décision reflète

[347] O. Fouquet, « Frais et charges – « Management fees » et acte anormal de gestion », *Dr. fisc*. 2023, n° 47, comm. 341.
[348] *Ibid.*
[349] *Ibid.*

la volonté non équivoque de la société de mettre en place un mode de rémunération indirect au profit de son dirigeant [350]».

375. **Conséquence**. La considération d'une contrepartie indirecte n'est pas exempte de conséquences. On pouvait supposer qu'un contrat nul sur le plan du droit des obligations ne pouvait opérer sur la matière imposable. Et pourtant, pour le rapporteur public, E. Bokdam-Tognetti, « la nullité d'une convention n'implique pas l'existence nécessaire d'un acte anormal de gestion ». La solution n'est pas sans rappeler le principe d'autonomie de la TVA au regard du droit civil national. Selon ce principe, l'absence de matérialité d'une opération n'est pas toujours révélée par la nullité juridique d'une convention (v. *supra* n° 44). Pour cette raison, le rapporteur public souligne la nécessité de démontrer que les organes sociaux ont entendu rémunérer indirectement son dirigeant au travers des prestations de direction facturées par la société-mère à sa filiale. Cette démarche vise à contourner la nullité juridique du contrat et à rétablir la réalité économique de l'acte de gestion, pour saisir pleinement ses effets sur la matière imposable. L'étude de cette jurisprudence révèle que le droit fiscal se concentre principalement sur l'enrichissement et ne sanctionne que l'appauvrissement volontaire dépourvu de contrepartie. Dans l'affaire *Collectivision*, le rapporteur public, Mme E. Bokdam-Tognetti, préconisait de s'en tenir de manière stricte, pragmatique (et économique, pourrait-on ajouter) à la définition de l'acte anormal de gestion, telle qu'établie par la jurisprudence *Sté Croë Suisse* [351].L'examen des perspectives économiques directes et indirectes se réalise nécessairement au moment où la décision est prise, faisant écho à la temporalité des actes de gestion.

2. La temporalité des actes de gestion

376. **Temporalité**. Le droit fiscal fonde son appréciation des actes de gestion sur les intentions que poursuivent leurs auteurs. Le contraire serait une négation du risque et de l'incertitude que celui-ci génère. L'espoir opère donc sur la matière imposable : il est une contrepartie fiscalement active. Le procédé nécessite d'apprécier les actes de gestion à l'instant de leur accomplissement, c'est-à-dire au moment où ils sont décidés. En témoignent deux espèces récentes.

---

[350] E MEIER, R. TORLET ET A. ALBERT, « Convention de « *management fees* » et acte anormal de gestion : déductibilité ne rime pas avec sécurité », *FR 47/23*, p 2. Selon les auteurs, cette vision pragmatique de la jurisprudence *Collectivision* n'écarte pas tous les risques : qu'en est-il de la TVA et des éventuelles charges sociales ?

[351] CE, plén., 21 déc. 2018, n° 402006, *Sté Croë Suisse : Dr. fisc.* 2019, n° 9, comm. 176, concl. A. BRETONNEAU, note F. DEBOISSY et G. WICKER *; RJF 3/19*, n° 246, chron. V. VILETTE, p. 303.

a. La jurisprudence Alone & Co[352]

377. **Illustration**. La société à responsabilité limitée Alone & Co promet, en 2009, de céder une partie des titres de l'une de ses filiales au profit de Monsieur C. Celui-ci a la faculté d'acquérir un certain nombre d'actions de la société Z (filiale d'Alone & Co) dans laquelle il travaille (pour y assumer la fonction de directeur commercial) au prix définitif d'un euro par action. Monsieur C acquiert les titres en 2011 puis les revend le même jour, dégageant, à cette occasion, un gain substantiel.

378. **Les griefs.** À la suite d'une vérification de comptabilité, l'administration fiscale estime que la cession litigieuse constitue une libéralité consentie au profit du directeur commercial de la filiale, compte tenu du prix anormal dont il a bénéficié. La société Alone & Co se pourvoit contre l'arrêt de la cour administrative d'appel de Nantes qui a rejeté l'appel qu'elle avait formé.

379. **Erreur de droit.** Le Conseil d'État nous confirme que l'intention libérale se déduit de l'écart significatif entre le prix de vente et la valeur vénale[353] d'une immobilisation. L'administration fiscale se place au moment de la cession pour constater qu'effectivement il y a bien un écart sensible entre le prix d'acquisition et celui de la vente.

Pourtant, la haute juridiction administrative considère que la cour administrative d'appel a commis une erreur de droit en ne recherchant pas si la société Alone & Co n'avait finalement pas agi dans son propre intérêt, en consentant la promesse de vente des actions de sa filiale. Cette promesse n'était pas assortie expressément d'une contrepartie : elle n'était pas subordonnée au respect d'engagements pris par son bénéficiaire. Néanmoins, de toute évidence, la société redressée a agi conformément à son intérêt, « compte tenu des avantages résultant de l'implication complémentaire qu'elle pouvait attendre, du fait de l'option d'achat qu'elle […] attribuait [au directeur commercial de sa filiale] […] ».

380. **Moyens.** La société requérante ne nie pas qu'il existe un écart important entre le prix d'acquisition et celui de la vente. Néanmoins, elle le justifie de la façon suivante : en permettant au directeur commercial d'acquérir jusqu'à 6 % du capital de sa filiale, elle cherche à profiter de ses compétences pour que ce dernier développe l'activité de la société dans laquelle il travaille. Ce faisant, il s'agit d'un acte de gestion totalement intéressé qui vise l'enrichissement. L'administration fiscale oppose, quant à elle, l'insuffisance de contrepartie : la promesse n'est assortie d'aucune condition de présence dans la société et son bénéficiaire n'est pas un salarié

---

[352] CE, 8e et 3e ch., 11 mars 2022, n° 453016, *SARL Alone, & Co* : *RJF* 06/22, n° 527, concl. R. Victor (C527).

[353] CE, plén., 21 déc. 2018, n° 402006, *Sté Croë Suisse : Dr. fisc.* 2019, n° 9, comm. 176, concl. A. Bretonneau, note F. Deboissy et G. Wicker ; *RJF* 3/19, n° 246, chron. V. Vilette, p. 303.

de la société qui la consent. Selon le service, la hausse de la valeur des titres était en outre prévisible, dès 2009, du seul fait de la fusion de la filiale avec une autre société, intervenue à la fin de l'année 2008. Par conséquent, la relation entre le gain et le travail réalisé n'est pas évidente[354].

381. **La solution**. Pour le Conseil d'État, qui juge l'affaire au fond, la circonstance que le directeur commercial n'est pas salarié de la société Alone & Co ne l'empêche pas d'en retirer un avantage. En effet, les compétences du directeur commercial et son expérience ne sont pas contestées. Par conséquent, l'implication de ce dernier est susceptible d'accroître le chiffre d'affaires de la filiale et, par suite, la valeur de ses actions.

Finalement, quand bien même la promesse de vente litigieuse n'est pas assortie de garanties pour la société qui la consent, la haute juridiction administrative constate que le prix d'un euro correspondait à la valeur vénale des titres de la filiale au moment de la promesse. En outre, les perspectives de croissance de l'activité de la société ne présentaient aucun caractère certain, de sorte que cette promesse était de nature à avoir, à l'égard du directeur commercial, un réel effet incitatif.

Par conséquent, l'administration n'établit pas « que la contrepartie serait inexistante ou insuffisante au regard de l'avantage consenti à ce dernier, de sorte que la société aurait, en concluant cette promesse, commis un acte anormal de gestion ».

382. **Opinion.** La solution est étroitement liée au critère du risque et à son pendant, l'incertitude. Cela se reflète dans le processus d'examen des juges qui s'assurent que « le prix plancher des titres prévu dans la promesse correspond à la valeur de ces titres au jour où cette promesse est consentie[355] ». De la même manière, le Conseil d'État s'assure que « la croissance de la société n'est pas certaine au jour de la conclusion de la promesse[356] ». Ainsi, il est impératif que le bénéficiaire de la promesse ne soit pas assuré de réaliser un gain financier. À défaut, si l'enrichissement est assuré, même avant que le promettant n'en retire une contrepartie, l'opération est logiquement considérée comme une libéralité.

La solution est intéressante à deux égards. Tout d'abord, la haute juridiction administrative prend en considération le fait que la société holding a un intérêt propre à favoriser le développement de l'activité de sa filiale en faisant une promesse à un salarié. Ensuite, le droit fiscal, s'il veut soutenir le risque, doit accepter l'incertitude. Le raisonnement de la haute juridiction administrative n'est pas contestable : elle juge les intentions au moment de la prise de décision. La promesse a été proposée dans l'unique but de motiver le directeur

---

354 Notons ici le paradoxe : l'administration fiscale aurait sans doute invoqué l'argument contraire s'il s'agissait de requalifier la plus-value de cession du directeur commercial en salaires. Sur ce sujet, se reporter à la partie sur les *management packages* (v. *infra* n° 678 et s.).

355 E. JOANNARD-LARDANT, « Acte anormal de gestion et *management package* : l'horizon s'éclaircit », *Dr. fisc.* 2022, n° 28, comm. 279.

356 *Ibid.*

commercial, pour que ce dernier développe l'activité de la société dans laquelle il travaille. Les intérêts étaient donc convergents. Le promettant ne s'est pas appauvri en procédant de la sorte puisqu'il profite également de l'essor économique de sa filiale. Il a donc réalisé un véritable investissement dans la perspective de s'enrichir.

383. **Retenir les effets *a posteriori* ?** Le contribuable avait la faculté de quitter l'entreprise, ce qu'il n'a pas fait, tout en conservant la possibilité de souscrire les titres au prix d'un euro, conformément à la promesse. Cette insécurité pour le promettant (l'absence de garantie dans la promesse) est-elle contestable ? Force est de constater que le salarié a bien conservé ses fonctions. Toutefois, pouvons-nous véritablement en tenir compte s'agissant d'apprécier les intentions au moment de la prise de décision ? Qu'en aurait-il été s'il avait quitté l'entreprise ?

Nous pensons, qu'à titre confortatif, les faits postérieurs, c'est-à-dire les événements qui interviennent après la prise de décision, peuvent être pris en compte s'ils valident la sincérité de l'opération. En l'espèce, le directeur commercial a effectivement travaillé dans la société et a pu en favoriser le développement. En revanche, l'échec *ex post facto* ne peut pas être retenu, car il n'établit en rien le manque de sincérité des auteurs d'une opération. Par conséquent, nous pensons que la solution aurait été identique si le directeur commercial avait finalement choisi de quitter l'entreprise tout en profitant de la promesse. La société a promis de céder les titres de sa filiale à un salarié qui y travaille dans l'espoir que ce dernier réalise les efforts nécessaires au développement de l'activité. Néanmoins, elle ne bénéficie d'aucune garantie contractuelle forçant le salarié à rester. Le lui reprocher reviendrait à invoquer l'excès de risque supporté. Or, ni l'intensité de ce dernier, ni l'échec *a posteriori* n'infirment la réalité et la sincérité d'un investissement.

384. **Confirmation.** En ce sens, une espèce récente témoigne expressément de la possibilité de tenir compte d'événements ayant eu lieu postérieurement à l'acte de gestion incriminé, et ce uniquement à *titre confortatif*. Dans cette affaire, monsieur X apporte des titres à une société soumise à l'IS. La plus-value d'apport est placée en report d'imposition. L'apporteur reçoit également lors de cette opération une soulte, laquelle est inscrite à son compte courant d'associé. Le Conseil d'État écarte la fraude à la loi fiscale dans la mesure où le compte courant d'associé est bloqué et qu'il a été proposé en garantie d'un prêt bancaire utile au développement du groupe. Pour la haute juridiction administrative, la cour administrative d'appel ne commet aucune erreur de droit « en s'appuyant, à titre confortatif, sur des éléments postérieurs pour éclairer l'intention animant les parties à l'opération ». La cour avait souligné que la soulte n'avait effectivement pas été remboursée ni pendant la période de blocage, ni après d'ailleurs. Cette circonstance conforte la sincérité du blocage, donc la non-appréhension de la somme en litige.

Voyons à présent une seconde jurisprudence qui confirme la nécessité d'apprécier les actes de gestion au moment de leur accomplissement et dans leur conjecture.

b. La jurisprudence Lamai[357]

385. **Les faits**. À l'issue d'une vérification de comptabilité, l'administration fiscale refuse qu'un contribuable déduise de ses bénéfices un abandon de créances à caractère financier. La société requérante soutient que cet acte unilatéral est de nature commerciale, donc déductible. La filiale qui en bénéficie doit en effet développer les techniques industrielles amorcées par sa société-mère. Le contribuable fournit, à ce titre, un contrat de licence de savoir-faire et d'assistance qui précise que les améliorations qui seront apportées par la filiale resteront propriété de la société-mère. Le vérificateur constate néanmoins que cette convention ne prévoit aucune contrepartie financière. Pour le service, l'absence de prestations facturées par la filiale écarte la possibilité que l'abandon puisse trouver sa source dans des relations commerciales.

386. **Solution**. De manière inédite, le Conseil d'État considère, par principe, que « la circonstance qu'une aide soit motivée par le développement d'une activité qui, à la date de l'octroi de cette aide, n'a permis la réalisation d'aucun chiffre d'affaires est néanmoins susceptible de conférer à l'aide un caractère commercial lorsque les perspectives de développement de cette activité n'apparaissent pas, à cette même date, comme purement éventuelles ».

387. **Opinion.** La solution est intéressante à plusieurs titres.

En premier lieu, la haute juridiction administrative nous rappelle que les motivations de l'acte s'apprécient au moment de son accomplissement. En effet, commet une erreur de droit le juge du fond qui ne recherche pas, « à la date à laquelle l'abandon de créance avait été consenti », s'il n'existerait pas pour la société « une perspective de réaliser un chiffre d'affaires grâce aux perfectionnements apportés à sa technique par la société [bénéficiaire de l'abandon] ». L'espoir, qu'il convient de considérer au moment où l'acte se réalise, est bel et bien une contrepartie admise sur le plan fiscal.

En second lieu, les faits postérieurs à l'acte peuvent, à notre avis, être retenus lorsqu'ils corroborent les motivations avancées par le contribuable. Tel est le cas si l'activité, dont se prévaut le requérant, a finalement démarré. En revanche, l'absence *a posteriori* de chiffre d'affaires n'écarte aucunement la circonstance qu'il soit possible d'en générer au moment de l'abandon.

Finalement, le Conseil d'État fait prédominer ici l'espoir d'une activité commerciale sur des relations financières avérées. Pour le rapporteur public : « il n'est nullement exclu de retenir la nature commerciale d'un abandon qui

---

[357] CE, 9e et 10e ch., 26 juill. 2023, n° 463846, *Sté Lamai : Dr. fisc.* 2023, n° 36, comm. 274, concl. C. GUIBE, note J.-L BEDIER.

viserait, non pas à préserver un chiffre d'affaires existant, mais à sauvegarder les perspectives d'un chiffre d'affaires futur […] sauf à méconnaitre le principe de non-immixtion dans la gestion des entreprises […] ». Ce qui fait dire à J.-L. Bédier dans sa note qu'alors « même que l'abandon de créance consenti par la société mère à sa filiale pouvait avoir été motivé pour partie, compte tenu des difficultés financières rencontrées par la filiale à cette époque, par des considérations d'ordre financier, la décision admet qu'il revêt à titre prépondérant un caractère commercial », eu égard à l'espoir de développer une activité génératrice de profit.

388. **Confirmation.** Le principe énoncé ci-dessus est réaffirmé dans la récente jurisprudence *Sté Cie Gervais Danone et Sté Danone*[358]. Le Conseil d'État y confirme l'importance de prendre en considération les perspectives sérieuses de développement économique. Dans cette affaire particulière, un associé minoritaire avait octroyé une aide à l'une de ses filiales en difficulté. La haute juridiction administrative reconnaît le caractère commercial de cette aide, en tenant compte de ses motivations commerciales, à savoir la possibilité d'amorcer une activité commerciale à l'étranger. Selon L. Erstein, il est important de souligner « […] qu'il n'est pas exigé que ces perspectives soient certaines[359] », probablement dans le but d'inclure le risque économique.

c. La théorie de l'imprévision

389. **Intention**. Nous l'avons dit, les actes de gestion s'apprécient nécessairement au moment de leur réalisation. Le contraire reviendrait tout bonnement à ignorer le risque économique. Toutefois, cela n'exclut pas la possibilité qu'un acte devienne anormal alors qu'il ne l'était pas à l'origine. En témoigne la jurisprudence *SAP France Holding*[360].

390. **Les faits.** Dans cette affaire, la société éponyme conclut en 2009 une convention de gestion de trésorerie. Les excédents qui y sont placés sont rémunérés sur la base d'un taux d'intérêt égal à un taux de référence interbancaire minoré de 0,15 point. L'évolution de ce dernier taux, en 2012 et 2013, aboutit à une rémunération nulle des avances de trésorerie. Ce que l'administration fiscale regarde comme un manque à gagner aux dépens de la société SAP.

391. **La solution**. Pour le Conseil d'État, un prêt de trésorerie sans intérêt n'est pas forcément anormal dès lors que la société qui le consent applique la formule de taux convenu, que les parties ont limité à un résultat nul[361] dans le

---

[358] CE, 10e et 9e ch., 29 déc. 2023, n° 455810 et 455813, *Sté Cie Gervais Danone et Sté Danone : FR* 6/24, inf. 1, p.2.

[359] L. ERSTEIN, « Acte (a)normal de gestion : l'aide de l'actionnaire minoritaire », *Dr. fisc.* 2024, n° 5, comm. 20.

[360] CE, 8e et 3e ch., 20 sept. 2022, n° 461639 et 461642, *SAP France Holding : RJF* 12/22, n° 1027, concl. R. VICTOR (C1027).

[361] *Ibid.*

cas où les taux d'intérêt évolueraient négativement. La société requérante n'a pas voulu s'appauvrir au moment où elle a réalisé cet acte de gestion. Au contraire, elle a cherché à se préserver pour ne pas devoir rémunérer elle-même la personne bénéficiant des avances de trésorerie, à une époque où les taux d'intérêt pouvaient devenir négatifs. Pour le comprendre, il convient de se placer au moment de l'accomplissement de l'acte de gestion, et non pas à l'instant où le taux d'intérêt devient nul.

392. **Révision**. Pour autant, les contrats, quels qu'ils soient, peuvent être assortis de conditions diverses permettant de réviser les engagements réciproques. L'administration fiscale pourrait alors reprocher au contribuable de ne pas user de cette possibilité[362]. Elle pourrait regarder cette renonciation à faire cesser le déséquilibre contractuel comme un appauvrissement volontaire dénué de contrepartie. Ce qui fait dire au Conseil d'État, dans la jurisprudence *SAP France Holding*, qu'il convient de vérifier si le requérant « a agi conformément à son intérêt en concluant [la convention] en ces termes à la date à laquelle [il] l'a conclue, *ainsi que les obligations qui en découlent pour [lui] au cours des années en litige* ». R. Victor le dit autrement dans ses conclusions sur l'arrêt précité, en affirmant qu'un acte anormal de gestion ne peut s'identifier postérieurement à la conclusion du contrat « qu'à la lumière de [ses] clauses [...][363] ». C'est en ce sens que la cour administrative d'appel de Versailles, statuant après renvoi du Conseil d'État, considère que l'acte n'est pas anormal au moment de sa conclusion, mais le devient du fait de sa persistance. La société a continué à placer ses excédents de trésorerie à taux nul, bien qu'elle n'y fut pas contractuellement obligée, puisqu'elle pouvait résilier le contrat à tout moment avec un préavis d'un mois[364].

393. **Imprévision**. Et lorsque rien n'est prévu dans le contrat, pourra-t-il être reproché au contribuable de ne pas se prévaloir de la théorie de l'imprévision (v. *supra* n° 39 et s.), lorsque toutes les conditions de son application sont objectivement remplies ? Nous le pensons, car il s'agirait d'une renonciation à faire cesser un déséquilibre contractuel financièrement préjudiciable. Toutefois, le seul fait de ne pas demander la révision ou la résolution judiciaire du contrat fera-t-il présumer l'intention libérale ? Nous le pensons, même si nous devons reconnaître que de nombreux contrats excluent cette possibilité de révision. Pour tenter de convaincre nos contradicteurs, rappelons que la jurisprudence *Old Town*[365] confirme le fait que renoncer à renégocier un contrat alors même qu'une de ses clauses le permet (en

---

[362] Ce raisonnement n'est pas nouveau. Le Conseil d'État a déjà eu l'occasion de considérer qu'une société commettait un acte anormal de gestion en renonçant à renégocier les conditions financières d'un contrat de prêt : CE, 8e et 3e s.-s, 4 juin 2012, n° 350003, *Sté Old Town* : *RJF* 8-9/12, n° 801.

[363] *Supra* n° 359.

[364] CAA Versailles, 3e ch., 28 mars 2024, n° 22VE02242 et 22VE0243 : *RJF* 08-09/24 ; n° 588 ; *Dr. fisc.* 2024, n° 23, comm. 279, concl. J. ILLOUZ, note T.-H. TRANCART.

[365] CE, 8e et 3e s-s., 4 juin 2012, n° 350003, *Sté Old Town* : *RJF* 08-09/12, n° 801.

l'occurrence les taux d'intérêt d'un prêt) est constitutif d'une gestion anormale. N'en serait-il pas de même si le contribuable renonce à se saisir de la théorie de l'imprévision ?

Nous avons montré, jusqu'à présent, que la perspective d'enrichissement constitue une contrepartie fiscalement efficace. Explorons maintenant les implications qui découlent de cette considération fiscale.

3. Les conséquences sur la matière imposable

394. **Plan.** L'espoir de s'enrichir étant une contrepartie valable sur le plan fiscal, une telle perspective opère sur la matière imposable, comme en témoignent les différentes jurisprudences précédemment exposées. Cette conception n'est pas exempte de conséquences. Tout d'abord, l'administration fiscale ne peut aucunement exiger que les efforts consentis par les entreprises portent leurs fruits (a). En outre, l'anormalité d'un acte de gestion n'est pas démontrée par la seule circonstance qu'un tiers retire de l'opération un avantage (b). Cela fait écho à la suffisance (ou insuffisance) de la contrepartie financière de l'acte de gestion pour ses auteurs. L'irrégularité n'est pas davantage établie par le contournement des usages (c) ou par le manquement à des obligations contractuelles (d), sauf le cas particulier des renonciations à recettes. Finalement, dans cette quête insatiable de la richesse, le contribuable peut-il décider de ne pas respecter la loi pour s'enrichir (e) ?

a. Retour sur investissement

395. **Intention et espoir**. Une des conséquences du principe énoncé est considérable : le droit fiscal ne peut pas exiger qu'un acte de gestion soit bénéfique, fructueux. La matière doit se contenter d'une perspective sincère d'enrichissement. C'est pourquoi, une charge est déductible des bénéfices dès lors qu'elle porte un espoir – si minime soit-il – d'enrichissement. D'ailleurs, le Conseil d'État ne dit pas autre chose lorsqu'il abandonne la théorie du risque manifestement excessif et qu'il redéfinit l'acte anormal de gestion comme un appauvrissement *volontaire dénué de contrepartie*[366]. Dans un considérant de principe, la haute juridiction administrative nous rappelle que : « c'est au regard du seul intérêt propre de l'entreprise que l'administration doit apprécier si les opérations litigieuses correspondent à des actes relevant d'une gestion commerciale normale[367] ».

---

[366] CE, plén., 21 déc. 2018, n° 402006, *Sté Croë Suisse : Dr. fisc.* 2019, n° 9, comm. 176, concl. A. BRETONNEAU, note F. DEBOISSY et G. WICKER ; *RJF* 3/19, n° 246, chron. V. VILETTE, p. 303.
[367] CE, 9e ch., 13 juill. 2016, n° 375801, *SA Monte Paschi Banque : RJF* 11/16, n° 937 concl. E. BOKDAM-TOGNETTI (C 937).

Finalement, la seule limite à la déduction d'une charge, outre la loi elle-même[368], est bel et bien l'appauvrissement volontaire, qui amenuise la matière imposable sans aucune perspective d'enrichissement futur. L'administration fiscale ne peut en aucun cas exiger que les efforts consentis opèrent positivement sur la matière imposable. Le contraire serait une dénégation du risque économique qui porterait atteinte à la cohérence du cadre normatif énoncé. En témoigne la jurisprudence *Rottapharm*.

396. **Illustration.** Dans l'affaire *Rottapharm*[369], une société dont l'activité est le négoce de produits pharmaceutiques a engagé d'importantes dépenses de promotion d'un médicament. L'administration fiscale constate que ce poste de charge représente près de 40 % du chiffre d'affaires de la société et qu'il excède sensiblement le taux moyen du secteur d'activité qui n'est que de 12 %. Elle observe également que le produit faisant l'objet de ces dépenses n'a pas généré de ventes suffisantes puisque la société a été, tout au long de ces dernières années, déficitaire. Il n'en faut pas plus à l'administration fiscale pour considérer que ces dépenses de promotion constituent un acte anormal de gestion pour la part qui excède le taux moyen du secteur. Elle en refuse donc la déduction et redresse les bénéfices de la société.

397. **Solution**. La cour administrative de Paris[370] considère que la société commet un acte anormal de gestion, car elle ne justifie pas l'importance des dépenses de publicité qu'elle a engagées. Elle accepte ainsi que l'anormalité d'un acte de gestion puisse s'identifier par rapport à un ratio qui s'attache, *in fine*, à un usage, indépendamment des spécificités de la société.

Le Conseil d'État ne peut que censurer cet arrêt. Tout d'abord, il appartient à l'administration fiscale de démontrer l'inutilité de la dépense. Ensuite, l'anormalité ne s'apprécie qu'au regard des buts poursuivis, si bien que la dépense demeure déductible dès lors qu'elle porte un espoir d'enrichissement. Ni l'administration fiscale, ni le juge ne peuvent exiger l'enrichissement effectif sauf à renier l'incertitude, et donc le risque.

398. **Opinion.** Ni l'administration fiscale ni la cour administrative d'appel n'évoquent directement la théorie du risque manifestement excessif. Tout au plus, le considérant de la cour évoque-t-il les risques auxquels la société se serait exposée. Toutefois, l'administration fiscale, consciente que cette théorie n'est adaptée qu'aux cas d'extrême persévérance[371], n'en avait pas ici l'utilité, car elle fondait ses prétentions – non directement sur la notion de risque excessif –, mais sur le dépassement des charges par rapport à un taux moyen du secteur d'activité. Selon l'administration, cette déviance normative, qui

---

368 La loi interdit, par exemple, la déduction de certaines dépenses telles que celles dites somptuaires.

369 CE, 9e et 10e s.-s., 23 janv. 2015, n° 369214, *SAS Rottapharm* : *Dr. fisc.* 2015, n° 16, comm. 268, concl. M.-A. NICOLAZO DE BARMON, note A. DE MASSIAC et R. BAGDASSARIAN.

370 CAA Paris, 11 avril 2013, n° 11PA00847, inédit.

371 Voyez en ce sens la décision *Loiseau* : CE, 7e et 9e s.-s., 29 mars 1989, n° 68330, *Loiseau* : *RJF* 5/89, n° 573.

laisse entendre une prise de risque excessive, suffit à démontrer le caractère anormal des dépenses.

Or, le chef d'entreprise dispose d'une liberté absolue pour déterminer les frais qu'il juge nécessaires à l'atteinte de son objectif d'enrichissement. Le risque, inhérent aux charges, demeure sans aucune incidence fiscale. En somme, le principe de non-immixtion s'applique pleinement, les dépenses étant engagées dans le seul but d'enrichir la société. L'administration fiscale et le juge doivent se limiter à un contrôle de légalité en appréciant la suffisance (ou l'insuffisance) des contreparties par rapport aux actes accomplis par l'entreprise. En l'espèce, la société a payé des prestations de publicité qui ont été effectivement réalisées. En revanche, le fisc et le juge ne peuvent, sous aucun prétexte, procéder à un contrôle d'opportunité. Ils n'ont donc pas à évaluer s'il était opportun de réaliser autant de dépenses puisque, de toute évidence, celles-ci furent engagées dans l'unique but d'enrichir la société.

b. Qu'est-ce qu'une contrepartie suffisante ?

399. **Égoïsme.** Le Conseil d'État définit aujourd'hui l'acte anormal de gestion comme un appauvrissement délibéré dénué de contrepartie suffisante[372]. Abordons à présent cette question sensible : qu'est-ce qu'une contrepartie suffisante ?

400. **Plan.** Une réponse semble découler du cadre normatif lui-même : comme énoncé précédemment, la perspective de s'enrichir est une contrepartie fiscalement opérante, donc suffisante. Toutefois, se pose la question de savoir s'il convient de procéder à la mesure du risque (à la mesure de l'espoir) pour s'assurer de l'équilibre des obligations réciproques. Un tel exercice est assurément une immixtion caractérisée dans la gestion des entreprises. Une alternative consiste à examiner les intentions. Ce raisonnement fait écho directement à la consubstantialité des critères du risque et de l'intention : l'un peut s'apprécier à travers l'autre.

Ce faisant, une contrepartie nous apparaît fiscalement suffisante lorsque le contribuable agit égoïstement dans sa quête de la richesse. L'égoïsme de celui-ci ne garantit-il pas une quête sincère du profit (i) ? Dans ce schéma, le sujet de droit, le contribuable, doit agir pour lui-même, de manière individualiste, ce qui exclut la possibilité de reconnaître l'intérêt collectif (celui du groupe) (ii). Toutefois, qu'en est-il en présence de parties en relation d'intérêts ?

i. Le déséquilibre des contreparties

401. **Déséquilibre financier.** Reformulons la problématique : le déséquilibre des obligations contractuelles, en somme des contreparties, peut-

[372] CE, plén., 21 déc. 2018, n° 402006, *Sté Croë Suisse : Dr. fisc.* 2019, n° 9, comm. 176, concl. A. BRETONNEAU, note F. DEBOISSY et G. WICKER ; *RJF* 3/19, n° 246, chron. V. VILETTE, p. 303.

il devenir fiscalement anormal ? Dans quelles circonstances peut-on y voir une forme de libéralité ?

402. **Réponse.** O. Fouquet écrivait dans ses conclusions sur l'arrêt *Musel SBP et Brunner*[373], qu'un acte anormal de gestion est « celui qui est accompli dans l'intérêt d'un tiers par rapport à l'entreprise ou qui n'apporte à cette entreprise qu'un intérêt minime hors de proportion avec l'avantage que le tiers peut en retirer ». L'anormalité est ici directement examinée au travers de l'équilibre des relations financières, et plus seulement au travers de la seule circonstance que le contribuable puisse s'enrichir. Le procédé nous apparaît dangereux, car il commande de mesurer les contreparties réciproques, ce qui *in fine* conduit à s'immiscer dans la gestion des entreprises. À notre avis, l'examen du degré d'indépendance des parties est une alternative à cette difficulté. Cette démarche nécessite de distinguer deux cas.

(1) Les parties sont indépendantes

403. **Garantie**. L'égoïsme des parties indépendantes constitue, nous semble-t-il, la meilleure garantie contre le désintéressement : elle limite, elle enraye la possibilité d'un appauvrissement délibéré. Chaque partie agira dans son propre intérêt, libre de choisir l'intensité du risque de ses actes, d'apprécier discrétionnairement la perspective, la possibilité, de s'enrichir. S'immiscer dans ce choix, dans cette mesure de l'espérance, serait une insoutenable immixtion dans la gestion des entreprises. Cela conduirait, *in fine,* à la résurgence de la théorie du risque manifestement excessif. C'est pourquoi, la circonstance qu'un tiers retire de l'opération un avantage n'établit aucunement l'anormalité de l'acte. Cela n'écarte aucunement la possibilité pour l'entreprise d'en retirer également un avantage, un espoir d'enrichissement.

404. **Preuves.** Le procédé se manifeste à travers les règles de preuve : il appartient à l'administration fiscale d'établir l'appauvrissement et l'intention libérale. Si le service démontre bien le premier élément (l'appauvrissement), il rencontrera indéniablement des difficultés pour justifier du second (l'intention libérale) lorsque les parties sont indépendantes. Une situation y fait néanmoins exception : l'intention libérale est dorénavant présumée en cas d'écart significatif entre le prix de vente d'une immobilisation et sa valeur de marché. Quoi qu'il en soit, la solution à la problématique d'un déséquilibre des obligations contractuelles (des contreparties réciproques) ne réside pas tant dans la mesure de l'espoir de s'enrichir, donc du risque (ce qui serait d'ailleurs une immixtion dans la gestion des entreprises), que dans une absolue indépendance des parties.

---

373 CE, sect., 10 juill. 1992, n° 110213, *Musel SBP* : *RJF* 8-9/92, n° 1249, concl. O. FOUQUET, p. 673.

405. **Principe.** Selon la jurisprudence *Renfort Service*[374] : il appartient à l'administration fiscale de démontrer les faits qui confèrent à l'acte un caractère anormal. L'entreprise doit, quant à elle, justifier dans son principe et dans son montant les écritures de charges portées en comptabilité, en fournissant tout élément suffisamment précis[375] (renseignant quant à la nature de la charge et à la valeur de contrepartie retirée). Ce que le contribuable est présumé établir en produisant une facture régulière émanant d'un tiers (jurisprudence *Sté Sylvain Joyeux*[376])

406. **Précisions.** Par la jurisprudence *Sté Sylvain Joyeux* précitée, le Conseil d'État précise les règles d'attribution et la dialectique de la preuve. Dans cette affaire, la société éponyme est une entreprise qui évolue dans le secteur du bâtiment et des travaux publics. Au cours d'une vérification de comptabilité, l'administration fiscale rejette la déduction de prestations facturées par des sociétés du même groupe au titre de leur intermédiation dans l'obtention de marchés publics. Pour le vérificateur, ces dépenses ne correspondent à aucune prestation réelle. Pourtant, la société lui fournit des factures régulières, qui ont été payées. Le considérant de principe de la haute juridiction administrative mérite d'être ici reproduit: « lorsqu'une entreprise a déduit en charges une dépense réellement supportée, conformément à une facture régulière relative à un achat de prestations ou de biens dont la déductibilité par nature n'est pas contestée par l'administration[377], celle-ci peut demander à l'entreprise qu'elle lui fournisse tous éléments d'information en sa possession susceptibles de justifier la réalité et la valeur des prestations ou biens acquis ; que la seule circonstance que l'entreprise n'aurait pas suffisamment répondu à ces demandes d'explications ne saurait suffire à fonder en droit la réintégration des dépenses litigieuses, l'administration devant alors fournir devant le juge tous éléments de nature à étayer sa contestation du caractère déductible de la dépense ; que le juge de l'impôt doit apprécier la valeur des explications qui lui sont respectivement fournies par le contribuable et par l'administration ». Finalement, en présence d'une facture régulière, la charge est présumée déductible des bénéfices.

407. **Opinion.** L'attribution de la charge de la preuve précédemment exposée induit deux principes. Tout d'abord, lorsque l'entreprise se constitue pour conquérir l'enrichissement, tous ses actes de gestion sont présumés poursuivre cet objectif. Il s'agit en quelque sorte d'une application du principe de liberté de gestion. Le chef d'entreprise n'est pas tenu de maximiser ses

---

[374] CE, plén., 27 juill. 1984, n° 34588, *Renfort Service* : *RJF* 10/84, n° 1233, concl. P.-F. RACINE p. 562.

[375] CE, 3e et 8e s.-s., 20 juin 2003, n° 232832, *Sté Ets Lebreton* : *RJF* 10/03, n° 1140, concl. P. COLLIN, p. 754.

[376] CE, 3e et 8e s.-s., 21 mai 2007, n° 284719, *Sté Sylvain Joyeux* : *Dr. fisc.* 2007, *n° 46*, comm. 970, concl. E. GLASER, note CH. DE LA MARDIERE.

[377] Pour CH. DE LA MARDIERE, la haute juridiction administrative renvoie ici aux charges dont la déduction est prohibée par la loi telle que les charges somptuaires.

résultats. La présomption énoncée lui permet alors de ne pas devoir sans cesse prouver la réalité des manques à gagner. Il peut tout à fait s'abstenir de réaliser une opération sans devoir s'en expliquer.

408. **Égoïsme sacré**. Ensuite, cette règle de preuve se fonde sur la liberté contractuelle : chacun recherche son propre intérêt et est libre de ne pas contracter. En présence de parties totalement indépendantes, il paraît raisonnable de considérer que chacune d'elles agit de façon égoïste.

409. **Conséquences.** Par conséquent, l'anormalité d'un acte ne saurait se démontrer par le seul appauvrissement. Le contraire reviendrait à ne pas tolérer les simples erreurs, et donc le risque. L'administration fiscale doit démontrer l'élément objectif (un appauvrissement), et l'élément subjectif (l'intention libérale) de l'acte en cause. La nécessité de démontrer la volonté d'appauvrissement permet, en effet, de ne pas sanctionner les simples erreurs d'appréciation. Ceci est la marque d'un droit fiscal qui encourage le risque.

Une difficulté certaine point néanmoins lorsque les parties sont en relation d'intérêts. Leur égoïsme est remis en question, suscitant des doutes quant à leurs véritables intentions. C'est d'ailleurs pourquoi la présomption résultant de la jurisprudence *Sté Sylvain Joyeux* précité ne joue à plein que si la facture est émise par un tiers ; son absolue indépendance écartant raisonnablement toute complaisance. Ainsi, et par exemple, la présomption est mise à mal lorsque la facture est émise par une société mère à destination de sa filiale[378].

410. **Exception.** Certes, la seule circonstance que l'acte bénéficie à un tiers ne suffit pas à qualifier l'acte d'anormal. Néanmoins, en présence de parties dépendantes, qu'en est-il en cas de déséquilibre manifeste ? Quand peut-on considérer que le déséquilibre est tel qu'il s'agit, en réalité, d'une libéralité ? Face à cette difficulté, et ne pouvant se fonder sur l'indépendance des parties, le Conseil d'État a préféré renverser la charge de la preuve en instaurant une présomption d'appauvrissement volontaire.

411. **Intention locative**. Soulignons le raisonnement contraire concernant les revenus du patrimoine. Les particuliers doivent justifier de leur intention lucrative, puis que les dépenses sont bien engagées dans ce but[379]. Au contraire de l'entreprise, le particulier n'est pas présumé poursuivre la quête du profit.

(2) Les relations d'intérêts

412. **Exception.** Les soupçons de l'administration fiscale découlent souvent des relations privilégiées qu'entretiennent les contribuables. Il est vrai que l'égoïsme de ceux-ci, censé garantir la poursuite sincère du profit, peut

---

378 CE, 3e et 8e s.-s, 16 mai 2008, n° 288101, *Sté Selafa Geomat : RJF* 08-09/08, n° 1002.

379 CE, 7e et 8e s.-s., 7 oct. 1987, n° 58571 : *RJF* 11/87, n° 1117 (pour les intérêts d'emprunt) ; CE, 8e et 9e s.-s., 6 fév. 1981, n° 22118 : *RJF* 4/81, n° 339 (pour les intérêts d'emprunt, frais de gérance et dépenses d'entretien) ; CAA Lyon, 2e ch., 13 juin 1990, n° 309, *RJF* 8-9/90, n° 1029 (pour les dépenses incombant au locataire, mais payées par le propriétaire).

parfois être mis en doute. C'est ainsi que l'utilité de certains actes de gestion est remise en question, surtout lorsque la dépense profite également au dirigeant de la société, par exemple. La confusion des intérêts suscite rapidement des craintes quant aux véritables intentions poursuivies et, par conséquent, quant à l'utilité de la dépense pour l'entreprise (et à l'espoir d'enrichissement que cet acte porte). En conséquence, les relations d'intérêt peuvent faire sortir les opérations de la démarche précédemment proposée (v. *supra* n° 403). Cela dit, le cadre fiscal n'est pas fondamentalement différent : l'entreprise ne peut s'appauvrir délibérément. Certes, l'intention libérale se présume ici en présence d'une relation d'intérêts, il n'en demeure pas moins que le contribuable est libre de ses choix de gestion. Nous développerons cette idée dans le §3 (v. *infra* n° 464 et s.). Nous y montrerons qu'une entreprise peut commettre un acte anormal de gestion même si elle s'enrichit.

Voyons à présent comment l'égoïsme des parties exclut la possibilité de prendre en compte l'intérêt collectif.

ii. La méconnaissance de l'intérêt de groupe

413. **Sujet de droit.** Comme mentionné précédemment, le contribuable doit agir dans son propre intérêt. La contrepartie opérante est une perspective de s'enrichir *pour soi-même*. Rappelons à ce titre que la nouvelle définition de l'acte anormal de gestion précité renvoie directement à la matière imposable *de l'entreprise* puisque cette théorie prétorienne refuse que le contribuable s'appauvrisse délibérément. Selon les termes d'O. Fouquet : « la matière imposable qui est propre à l'entreprise doit y rester ». Cela nous ramène à la quête égoïste, individualiste de la richesse (ce que d'autres nomment l'intérêt), laquelle recherche ne peut donc pas s'apprécier *à l'échelle d'un groupe de sociétés*.

414. **Intérêt de groupe.** Une personne morale ne peut s'appauvrir volontairement sous prétexte qu'elle le fait au bénéfice d'une autre, appartenant au même groupe[380]. Il en va différemment des sociétés mères puisqu'en aidant leurs filiales, elles valorisent leurs participations. Ce faisant, elles poursuivent leur propre intérêt. En témoigne la jurisprudence *Alone & Co* [381], précédemment exposée, dans laquelle le Conseil d'État admet que la société éponyme consente un avantage à un salarié de l'une de ses filiales afin de valoriser égoïstement sa propre participation.

En revanche, le contraire ne se justifie pas puisque le droit fiscal ne raisonne pas à l'échelle d'un groupe de sociétés. Par exemple, le Conseil

---

[380] Y. Benard, « Groupes de sociétés : la jurisprudence n'a pas l'esprit de sacrifice », *RJF* 6/06, p. 499. J.-L. Rossignol, « Le régime fiscal des aides entre sociétés sœurs : une nouvelle illustration », *Petites affiches* 2004, n° 175, p. 3.

[381] CE, 8e et 3e ch., 11 mars 2022, n° 453016, *SARL Alone, & Co* : *RJF* 06/22, n° 527.

d'État, en formation solennelle, refuse qu'une filiale[382] se sacrifie en reprenant à son compte les investissements malheureux préalablement accomplis par sa société mère[383]. L'administration fiscale, soupçonnant le sacrifice, s'oppose à la déduction fiscale de la dépréciation des actions rachetées, eu égard à l'inopportunité de l'opération (rachat par la filiale de titres de sociétés implantées dans un pays qui connaissait à l'époque un conflit politique). Pour le vérificateur, la filiale n'a investi que dans l'intérêt de sa société mère. Cette dernière, devant se désendetter, a préféré transmettre le risque, pour ne pas dire la perte avérée, de son investissement à l'une de ses filiales.

415. **Moyens et solution.** La société requérante soutenait, quant à elle, que les intérêts des sociétés étaient en réalité convergents, si bien que l'intérêt du groupe, apprécié au niveau de la mère, satisfaisait aussi celui de la filiale. Le Conseil d'État s'oppose à ce moyen, écartant ce faisant la possibilité pour le droit fiscal de considérer la poursuite du profit à l'échelle d'un groupe de sociétés. L'intérêt d'une personne morale n'est donc définitivement pas celui des associés ou actionnaires.

416. **Intégration fiscale**. Le régime de l'intégration fiscale dérogeait au principe énoncé. Tel n'est plus le cas aujourd'hui. En effet, à compter du 1er janvier 2019, les abandons de créances et les subventions consentis entre sociétés membres du groupe cessent d'être neutralisés pour la détermination du résultat d'ensemble. Tout au plus, l'article 223 B du Code général des impôts dispose désormais que « l'avantage consentit entre des sociétés du groupe résultant de la livraison de biens, autres que ceux composant l'actif immobilisé, ou de la prestation de services, pour un prix, inférieur à leur valeur réelle, mais au moins égal à leur prix de revient, n'est pas pris en compte pour la détermination du bénéfice net de la société et ne constitue pas un revenu distribué ». Ainsi, la seule dérogation au principe fiscal d'égoïsme sacré n'est plus.

417. **Illustration**. Le juge fiscal défend avec vigueur ce principe d'autonomie des personnes morales. En témoigne une espèce récente[384] : la société française EDF International souscrit des obligations convertibles en actions émises par sa filiale en Angleterre, dont elle détient la totalité du capital. Le coupon annuel de rémunération, c'est-à-dire le taux d'intérêt qui rémunère le prêt, est fixé à 1,085 %. Dans le cas des obligations convertibles, le souscripteur peut décider de convertir sa créance en actions à un prix fixé à l'avance. Il ne le fera que si le prix de conversion prédéterminé est inférieur à la valeur vénale des titres (au moment de la conversion). Cette opportunité (de conversion) est compensée par une baisse du coupon annuel. Il n'est pas

---

382 CE, plén., 26 juill. 1982, n° 2533 et 19645 : *RJF* 10/82, n° 903. Dans le même sens : CE, 9e et 7e s.-s., 27 avril 1988, n° 57048 : *RJF* 6/88, n° 707 ; CE, 17 fév. 1992, n° 81690-82782 : *RJF* 4/92, n° 433, concl. Ph. Martin, *RJF* 4/92, p. 267.

383 Celle-ci cherchait à se désendetter. Elle a donc vendu les titres à l'une de ses filiales.

384 CAA Versailles, 3e ch., 25 janv. 2022, n° 19VE03125, *SAS EDFI et SA EDF* : *Dr. fisc.* 2022, n° 20, comm. 228, concl. Ch. Huon.

contesté que de tels produits financiers auraient été rémunérés au taux de 4,41 % en l'absence de prime de conversion.

418. **Problématique**. L'administration fiscale constate que le souscripteur des obligations convertibles en actions détient déjà la totalité du capital de la société qui les émet. Par conséquent, elle considère qu'il ne peut y avoir ici aucune prime de conversion, car le gain potentiel de conversion est mécaniquement compensé par la perte de valeur des actions anciennes, celles déjà détenues. L'administration redresse la société française sur le manque à gagner. Elle soutient que les obligations auraient dû être rémunérées au taux de 4,41 %.

Toute la difficulté est de savoir si l'on doit tenir compte des relations existant entre les deux sociétés ou si le principe d'indépendance des personnes morales (l'égoïsme sacré) prévaut. D. Gutmann résume parfaitement la situation : peut-on reprocher à une société mère de se comporter comme un tiers indépendant dans ses relations avec sa filiale[385] ?

419. **Juge du fond**. Selon la cour administrative d'appel de Versailles, « l'émission d'obligations convertibles en actions induit l'idée d'émettre dans l'avenir des actions à un prix inférieur à la valeur de marché *et ce, quel que soit le souscripteur* ». Elle regarde l'opération comme si les parties étaient totalement indépendantes. À ce titre, le juge fiscal relève que si le souscripteur vend les obligations à un tiers, il serait inopportun que celui-ci soit rémunéré au taux de 4,41 % tout en bénéficiant d'un potentiel gain de conversion. Ce faisant, la cour fait totalement fi des relations préalablement existantes entre les sociétés en cause : « la circonstance que l'exercice de cet avantage consenti à la SAS EDFI a eu, dans le cas d'espèce, pour contrepartie une perte de valeur des actions de la société EDFE détenues antérieurement à la conversion et n'a donc pas conduit, en pratique, à un enrichissement économique global de la SAS EDFI au détriment de la société EDFE, n'est pas de nature à retirer à cet avantage [la possibilité de convertir les obligations en actions] sa valeur [...] ». Par conséquent, l'administration fiscale n'est pas en droit de considérer qu'il existe dans cette opération un manque à gagner pour le Trésor public.

420. **Solution**. Le Conseil d'État casse l'arrêt de la cour d'appel de Versailles. Il considère, au contraire, que le principe de pleine concurrence, consistant à analyser la situation en faisant fi des relations de groupe, est inopérant ici, au regard des circonstances particulières de l'affaire[386]. Selon la haute assemblée, la détention de la totalité du capital de la société qui a émis les obligations convertibles est une situation qui, par nature, ne peut pas être comparée à celle de pleine concurrence, « dès lors que la valeur de cette

---

[385] D. GUTMANN, « Peut-on reprocher à une société mère de se comporter comme un tiers indépendant de sa filiale ? » À propos de TA Montreuil, 2 juill. 2019, n° 1705606-1705609, *Sté EDF International et Sté EDF* : *FR* 39/2019, inf. 9, p. 13.

[386] CE, 8e et 3e ch.,16 nov. 2022, n° 462383, 462388, *SA Électricité de France* : *RJF* 02/23, n° 89.

option, consistant exclusivement dans l'ouverture d'une faculté d'acquérir une fraction du capital social en remboursement du prêt obligataire consenti, est nécessairement nulle lorsque l'option est attribuée à la personne possédant, à la date de l'émission, l'intégralité de ce capital[387] ». La cour administrative d'appel de Versailles, statuant après renvoi, confirme l'évasion fiscale : la société française n'aurait pas dû accepter un taux d'intérêt faible, étant donné que le gain de conversion est inexistant[388].

421. **Opinion**. Nous estimons que le principe de pleine concurrence, qui ignore les liens entre les sociétés, ne devrait pas autoriser un appauvrissement délibéré. Ce principe vise uniquement à protéger la base imposable en évitant que des prix de transfert ne favorisent l'évasion fiscale. C'est pourquoi il est essentiel que les prix de vente reflètent les conditions du marché. Cela étant dit, la question fondamentale est de déterminer si la SA Électricité de France a réellement subi un appauvrissement en acceptant de souscrire des obligations convertibles auprès de sa filiale, dont elle possédait la totalité du capital. Il y a deux possibilités : soit la société requérante a subi un appauvrissement, soit non. En fin de compte, la problématique relève plus de la science financière que fiscale.

D'une part, selon l'argumentation du Conseil d'État, la société requérante s'est effectivement appauvrie, car elle n'avait aucun intérêt à accepter un coupon de moindre valeur, sachant que les obligations en question étaient convertibles en actions et qu'elle détenait déjà la totalité du capital social. Dans ce cas, la haute juridiction administrative ne s'oppose pas, selon nous, au principe d'égoïsme sacré dans cette affaire. Au contraire, elle regarde l'acte de gestion au moment où il est accompli, conformément à sa jurisprudence *Alone & Co* [389], pour mieux en apprécier ses motifs et ses contreparties. Si l'appauvrissement est avéré, ce raisonnement est totalement conforme au principe que nous défendons, car il ne s'oriente égoïstement que sur les intérêts de la seule société en cause. Méconnaître l'absence d'une prime de conversion par son annulation mécanique conduit à occulter la réalité économique de l'opération, donc la poursuite sincère de l'enrichissement. Le juge fiscal défend vigoureusement le principe de la conquête de la richesse de l'entreprise *pour elle-même*. Permettre le contraire reviendrait à accepter l'intérêt de groupe. Or, l'intérêt d'une société n'est définitivement pas celui de ses actionnaires.

En revanche, si la société n'a pas subi d'appauvrissement, comme le soutient J.-L. Médus[390], alors la plus haute juridiction administrative a commis

---

387 *Ibid.*

388 CAA Versailles, 28 nov. 2023, n° 22VE02575, *SA Électricité de France : RJF* 06/24, n° 430.

389 CE, 8e et 3e ch., 11 mars 2022, n° 453016, *Alone & Co* : *RJF* 6/22, n° 527, concl. R. VICTOR p. 122 (C 527).

390 J.-L. MEDUS, « Valeur d'une obligation convertible et d'une option de conversion », *Dr. fisc.* 2024, n° 10, étude 196.

une erreur. Dans ce cas, le concept de pleine concurrence et celui d'égoïsme sacré convergent pour former un unique principe qui prohibe l'appauvrissement volontaire. Autrement dit, le concept de pleine concurrence vise à interdire l'appauvrissement volontaire sans contrepartie en définissant ce qu'est un enrichissement équitable lorsque les parties ont des relations d'intérêts.

c. Les usages et la matière imposable

i. Le cas général

422. **Usages.** La jurisprudence *Rottapharm*[391], précédemment énoncée (v. *supra* n° 396), confirme que la singularité d'un acte de gestion ne confère à celui-ci aucun caractère anormal. La circonstance que les dépenses de publicité de la société éponyme excèdent significativement celles de son secteur d'activité ne révèle en rien un appauvrissement intentionnel. Retenir l'usage pour apprécier la normalité des actes de gestion est doublement contestable.

En premier lieu, un tel manque de discernement porte atteinte au principe de liberté de gestion. Nous l'avons dit, ce principe donne aux chefs d'entreprise un large champ d'action dans leur conquête de l'enrichissement. Il évite alors l'uniformisation des comportements et favorise, ainsi, l'esprit d'initiative.

En second lieu, l'usage renvoie implicitement à l'intensité du risque. Celui qui sort des sentiers battus prend assurément un risque. Or, l'acuité de ce dernier n'est en rien révélatrice d'une volonté de s'appauvrir.

423. **Autre illustration.** Un jugement récent témoigne de la nécessité de s'écarter des usages[392]. En comparant les taux d'endettement d'une société holding française avec celui de sa filiale en Italie, le vérificateur pense démontrer que cette dernière est surcapitalisée. Il considère donc que la part du capital social qui excède celle « normale » constitue un prêt qui doit être rémunéré[393]. Il redresse alors le manque à gagner, c'est-à-dire les produits financiers qui auraient dû rémunérer le prêt. Le tribunal administratif de Montreuil[394] réfute le raisonnement de l'administration fiscale. La société holding est libre de choisir la façon dont elle finance sa filiale. Les actes de gestion ne sont pas circonscrits ni par des usages ni par des normes de gestion.

---

[391] CE, 9e et 10e s.-s., 23 janv. 2015, n° 369214, *SAS Rottapharm* : *Dr. fisc.* 2015, n° 16, comm. 268, concl. M.-A. NICOLAZO DE BARMON, note A. DE MASSIAC et R. BAGDASSARIAN.

[392] Pour un avis contraire : v. M. COLLET, « Contrôle des actes de gestion : pour un retour à l'anormal », *Dr. fisc.* 2003, n° 14, étude 14.

[393] Le vérificateur applique le taux d'endettement de la société holding française à la société filiale italienne pour démontrer que cette dernière est surcapitalisée.

[394] TA Montreuil, 28 oct. 2021, n° 1900130, *Sté BNP Paribas* : *RJF* 04/22, n° 332.

Le contraire serait une atteinte à la liberté de gestion, laquelle ne doit pas être contrariée, car elle est propice à l'esprit d'initiative.

424-0. **Article 57 du CGI**. Si les usages ne sont pas des indicateurs pertinents d'anormalité, que dire de l'article 57 du CGI ? En effet, selon ce dispositif, l'administration fiscale doit, en l'absence d'éléments précis pour effectuer les rectifications, comparer les prix des opérations vérifiées avec ceux pratiqués par des entreprises similaires exploitées normalement. Ce procédé renvoie finalement aux usages. Heureusement, les contribuables ont la possibilité de faire valoir leurs particularités, car l'article 57 précité établit uniquement une présomption d'évasion fiscale, comme en témoigne un arrêt récent. Dans cette affaire, le vérificateur avait comparé la marge nette de la société à celles d'autres sociétés indépendantes opérant dans le même secteur d'activité. Selon le service, la faiblesse de la marge était révélatrice d'un transfert de bénéfices à l'étranger, la société vérifiée vendant la totalité de sa production à des sociétés étrangères membres du même groupe. En défense, la société argue qu'elle joue un rôle fonctionnel plus important qu'une simple unité de production. Son autonomie décisionnelle lui permet de prendre des risques, et ces risques ont conduit à une diminution de sa marge. Selon elle, la comparaison des marges avec d'autres entreprises n'ayant pas le même rôle au sein du groupe est donc dénuée de pertinence. La cour administrative d'appel de Versailles, statuant après renvoi, juge en ce sens : la différence de marge constatée ne constitue pas une évasion fiscale, à condition que cet écart soit justifié par « les risques que le contribuable est amené à assumer et qui affectent sa rentabilité [395] ».

ii. Le cas particulier des BNC

424. **Les BNC.** Selon l'article 93-1 du Code général des impôts, les dépenses déductibles des bénéfices non commerciaux sont celles « nécessitées par la profession ». Le dispositif emporte deux conséquences.

En premier lieu, la construction prétorienne de l'anormalité d'un acte de gestion est ici superfétatoire, car la loi fixe elle-même un cadre normatif rigoriste (s'agissant des professionnels libéraux). Par exemple, le Conseil d'État refuse la déduction fiscale d'un détournement de fonds commis par l'épouse de l'exploitant, non pas sur le fondement de cette théorie, mais sur celui de l'article 93 du Code général des impôts[396]. La considération des usages l'amène également à juger, en formation solennelle[397], que

[395] CAA Versailles, 30 nov. 2023, n° 21VE02781, *SAS SKF France Holding : RJF* 06/24, n° 363.

[396] CE, 8e et 3e s.-s., 27 avril 2011, n° 319472, *Ferrand* : *RJF* 7/11, n° 806, chron. C. Raquin, p. 699, concl. L. Olleon, *BDCF 7/11*, n° 84, obs. H. Leherissel, *BGFE* 4/11, p. 6.

[397] CE, plén., 23 déc. 2013, n° 350511 et n° 350075 : *RJF* 2/14, n° 145, chron. E. Bokdam-Tognetti p. 107, concl. V. Daumas, *BDCF* 2/14, n° 17, obs. O. Fouquet, *Rev. adm. 2014,* n° 397 p. 42, obs. J.-L. Pierre, *BGFE 1/14*, p. 5

l'administration fiscale peut reprocher à un professionnel libéral une renonciation à recettes. Selon lui, pour donner raison au contribuable, la cour administrative d'appel ne commet pas d'erreur de droit en se référant improprement à la notion d'acte anormal de gestion, mais « en ne recherchant pas si ces renonciations à recettes étaient justifiées par une contrepartie équivalente pour le contribuable, si elles étaient conformes aux règles ou usages de sa profession de notaire ou si elles étaient justifiées par tout autre motif légitime ».

425. **Usages**. En second lieu, la loi, qui se réfère aux dépenses nécessitées par l'exercice de la profession, donc aux usages, restreint considérablement le champ d'action des professionnels libéraux. La cour administrative d'appel de Bordeaux a rejeté la déduction des dépenses versées à la suite d'une condamnation à raison de pratiques de concurrence déloyale, sur le fondement de l'anormalité au regard des usages de la profession[398]. De la même manière, le Conseil d'État [399] s'oppose à ce qu'un notaire puisse déduire les sommes qu'il a été condamné à verser à ses clients. Celles-ci n'ont pas le caractère de dépenses nécessitées par l'exercice de la profession au sens de l'article 93-1 du Code général des impôts et ne sont pas, par suite, déductibles de son bénéfice non commercial.

426. **Opinion.** Même s'il est vrai que certaines professions libérales ne se prêtent guère à l'innovation, la restriction légale de leur champ d'action est regrettable. Tout d'abord, le caractère singulier d'un acte de gestion n'établit en rien une volonté de s'appauvrir. Ensuite, retenir l'usage restreint l'esprit d'initiative, lequel est créateur de richesses. Par ailleurs, il suffit que le contribuable exerce en société soumise à l'IS pour qu'il puisse agir dans un cadre qui n'est pas limité par les usages de sa profession.

d. Le manquement à des obligations contractuelles ou légales

427-0. **Plan.** Avant de passer en revue le traitement fiscal distinguant les sanctions pécuniaires selon qu'elles résultent du non-respect de la loi ou d'un contrat (ii), examinons d'abord comment une entreprise peut agir bien au-delà de ses obligations contractuelles (i). À l'inverse, une entreprise peut-elle refuser de s'enrichir pour respecter la loi (iii) ?

i. La possibilité d'agir au-delà des obligations contractuelles

427. **Principe.** Le chef d'entreprise peut agir *au-delà de* ses obligations contractuelles, par exemple en décidant d'abandonner une créance, s'il le juge opportun. L'administration fiscale ne peut pas reprocher le caractère délibéré d'un appauvrissement au seul motif que le contribuable a pris à sa charge les

---

398 CAA Bordeaux, 3e ch., 1er avril 2014, n° 12BX00880, *Boué* : *RJF* 09/14, n° 794.
399 CE, 9e et 8e s.-s., 20 nov. 1996, n° 123267, *Caviggia* : *RJF* 1/97, n° 699.

pertes de ses clients, alors que les contrats liant les parties ne le prévoyaient aucunement.

428. **Illustration.** Dans une affaire, monsieur x, un agent immobilier spécialisé dans les transactions de fonds de commerce, met régulièrement en relation des acquéreurs et des personnes désireuses de prêter, moyennant rémunération, leurs capitaux. En tant qu'intermédiaire financier, il perçoit lui-même les intérêts et le remboursement du capital de la part des emprunteurs, qu'il reverse, après prélèvement de sa commission de 1,5 %, aux prêteurs. L'administration fiscale constate, qu'au cours des exercices contrôlés, le contribuable s'est substitué à certains emprunteurs défaillants et que la charge résultant de cette pratique a été déduite de ses bénéfices. Pour le vérificateur, la substitution du requérant aux emprunteurs n'étant pas prévue par les contrats de prêt, la prise en charge du remboursement des emprunts est contractuellement étrangère à une gestion normale de l'entreprise.

429. **La solution**. Pour le Conseil d'État[400] : « la circonstance [...] que cette pratique [l'acte de gestion incriminé] n'est pas usuelle dans [sa] profession » n'établit aucunement l'anormalité de l'acte. La haute juridiction ne tient compte que des intentions. Elle constate que l'activité d'intermédiaire financier avait pour objectif de faciliter les transactions et que cela était réalisé en vue d'accroître le chiffre d'affaires de l'activité principale de courtier : l'achat et la cession de fonds de commerce. Cette garantie de bonne fin qu'il a cru devoir assumer, *même en dehors de toute obligation contractuelle*, s'est réalisé dans l'unique but de préserver son activité d'intermédiaire, utile à son activité principale.

430. **Opinion.** Ce n'est pas parce que le chef d'entreprise agit en dehors de ses obligations contractuelles qu'il commet un acte anormal de gestion. En témoigne également la jurisprudence *Loiseau*[401], où le juge n'a pas condamné un agissement qui n'était pas prévu contractuellement, mais une persévérance coupable.

431. **BNC**. Les bénéfices non commerciaux sont, encore une fois, un cas particulier, car l'administration fiscale peut toujours invoquer le caractère singulier d'une dépense.

ii. Ne pas respecter les obligations contractuelles ou légales

432. **Sanctions.** Si l'entreprise peut agir au-delà de ses engagements contractuels (v. *supra* n° 427 et s.), il est pertinent de saisir comment le droit fiscal traite les sanctions pécuniaires résultant de manquements à des obligations contractuelles ou légales. Force est de constater que, depuis 1983, le Conseil d'État considère que les sanctions pécuniaires sont déductibles dès lors que l'entreprise a agi dans le seul objectif de s'enrichir (v. *infra* n° 433).

---

[400] CE, 8e et 9e s.-s., 28 sept. 1983, n° 34626 : *RJF* 11/83, n° 1284.

[401] CE, 7e et 9e s.-s., 29 mars 1989, n° 68330, *Loiseau* : *RJF* 5/89, n° 573.

Cependant, le législateur a nuancé ce principe (v. *infra* n° 434) à travers l'article 39, 2 du CGI, qui dispose désormais que « les sanctions pécuniaires et pénalités de toute nature mises à la charge des contrevenants à *des obligations légales* ne sont pas admises en déduction des bénéfices soumis à l'impôt ». Il apparaît donc que le principe de recherche systématique du profit que nous mettons en évidence peut tout à fait être tempéré par le législateur lui-même.

433. **Le principe.** Le chef d'entreprise qui réalise un acte de gestion illicite ne le fait pas dans l'intention de s'appauvrir. C'est d'ailleurs généralement le contraire. Jusqu'en 1983, le Conseil d'État[402] considérait que l'illicéité d'un acte de gestion suffisait à le qualifier d'anormal sur le plan fiscal. Dorénavant, il ne se fonde que sur les objectifs : si l'acte illicite a été réalisé en vue d'enrichir l'entreprise, alors lui-même et ses conséquences ne sont pas fiscalement contestables. C'est ainsi que la haute juridiction administrative considère que « ne relèvent pas nécessairement d'une gestion anormale tous les actes ou opérations que l'exploitant décide de faire, en n'ignorant pas qu'il expose ainsi l'entreprise, en vertu d'obligations assorties de sanctions pécuniaires, à devoir supporter de ce chef certaines charges ou dépenses ; que c'est seulement si de telles opérations ont été décidées à des fins étrangères aux intérêts de l'entreprise qu'elles peuvent être réputées relever d'une gestion anormale[403] ». Le juge considère également « que la seule circonstance qu'aux yeux de l'administration fiscale, ces pratiques constituent une infraction à la législation économique [...] ne permet pas de les regarder comme étrangères à une gestion commerciale normale [...][404] ». Cela conduit le président Fouquet à affirmer que « les règles de détermination de l'assiette de l'impôt ne prennent pas en compte des considérations morales, sauf lorsque le législateur intervient en ce sens ».

434. **Tempérament**. Bien entendu, cette conception – qui consiste à ne pas retenir, sur le plan fiscal, le caractère illicite de l'acte de gestion – n'est pas applicable lorsque c'est la loi elle-même qui interdit la déduction de la dépense. À ce titre, l'article 39, 2 du Code général des impôts[405] prohibe la déduction (des bénéfices) des sanctions pécuniaires mises à la charge des contribuables en raison de la violation d'obligations légales. En revanche, le dispositif ne vise aucunement les manquements à des engagements contractuels, ni le versement de dommages et intérêts en compensation d'un préjudice. Cela ne signifie pas que toutes les sommes versées à une victime, et non à une autorité publique, sont déductibles. En témoigne une espèce

---

[402] CE, sect., 1er juill. 183, n° 28315 : *RJF* 10/83, n° 1108, chron. M. DE GUILLENCHMIDT, *RJF* 2/14, p. 50.

[403] *Ibid.*

[404] CE, 7e et 9e s.-s., sect., 1er juill. 1983, n° 33942 : *RJF* 10/83, n° 1108.

[405] Selon le 2 de l'article 39 du Code général des impôts : « Les sanctions pécuniaires et pénalités de toute nature mises à la charge des contrevenants à des obligations légales ne sont pas admises en déduction des bénéfices soumis à l'impôt ».

récente[406] : les « *punitive damages* », sans équivalent en droit français, qui consiste à verser à une victime une somme d'argent (en sus de dommages et intérêts), non pas pour compenser un préjudice, mais pour sanctionner la violation d'une loi, ne sont pas déductibles des bénéfices de l'entreprise française qui a été condamnée à les verser.

435. **Réitération**. Le principe énoncé en 1983 a été réaffirmé à plusieurs reprises. Le Conseil d'État admet, par exemple, la déduction d'une provision destinée à couvrir le risque probable de devoir verser des dommages et intérêts à la suite d'une condamnation pour recel de marchandises[407]. Il permet également qu'une société puisse déduire de ses bénéfices les charges qui lui sont facturées, quand bien même celles-ci résultent d'un prêt de main-d'œuvre illicite[408]. Voyons également la réitération du raisonnement au travers de la jurisprudence *Genestar*[409] .

436. **Illustration.** Dans cet exemple, la société Bella Vista a versé la somme de 500 000 francs au titre d'un don au profit de la commune de Saint-Tropez. Monsieur Genestar, associé détenant 46 % des parts, a avancé l'argent à la société, puis celle-ci l'a remboursé. Au cours d'une vérification de comptabilité, l'administration fiscale réintègre le don dans les bénéfices de la société. Le contribuable révèle que le versement de cette somme a, en réalité, pour contrepartie la délivrance d'un permis de construire. La cour administrative d'appel de Marseille rejette les prétentions de la société en considérant qu'elle ne démontre pas l'existence d'une contrepartie.

437. **La solution.** Pour le Conseil d'État, qui juge l'affaire au fond, la requérante établit le lien entre le don et l'obtention du permis de construire dans la mesure où elle produit la photocopie d'un chèque déchiré d'un montant de 500 000 francs émis à l'ordre du Trésor public par Monsieur Genestar à la date de délivrance du permis de construire. La société transmet également la photocopie d'un nouveau chèque, du même montant, que le comptable public atteste avoir reçu quelques mois plus tard (après l'obtention du permis) au titre d'un don pour la réfection des courts de tennis de la ville. La société démontre ensuite qu'elle a bien remboursé cette somme à monsieur Genestar, le relevé de banque portant la mention « remboursement débours Trésor public (permis de construire) ». En outre, il figure également au dossier un document de presse relatant en détail les conditions dans lesquelles, durant les années en cause, ladite commune invitait les promoteurs immobiliers sollicitant des

---

406 CE, plén., 8 déc. 2023, n° 458968, *Sté Alder Paris Holdings* : *FR* 1/24, inf. 1. F. DEBOISSY, « Les punitives damages sont des sanctions pécuniaires interdites de déduction », *Dr. fisc.* 2024, n° 4, comm. 4.

407 CE, 8e et 9e s.-s., 7 janv. 2000, n° 186108, *Philippe* : *RJF* 2/00, n° 162, concl. G. BACHELIER, *BDCF* 2/00, n° 17.

408 CE, 8e et 3e s.-s., 30 juill. 2003, n° 232004, *Sté Azur industrie* : *RJF* 11/03, n° 1273, concl. P. COLLIN, *BDCF* 11/03, n° 144.

409 CE, 3e et 8e s.-s., 24 mai 2006, n° 274471, *Genestar* : *Dr. fisc.* 2006, n° 48, comm. 688, note D. DAVOUST.

autorisations d'urbanisme à effectuer des contributions volontaires aux finances locales, ainsi que les poursuites pénales dont le maire a fait l'objet à ce titre. Par conséquent, le contribuable doit être regardé « comme justifiant suffisamment que la dépense litigieuse a été faite dans l'intérêt de la société et peut, dès lors, être déduite de ses résultats imposables ».

438. **Opinion**. Un véritable don n'est jamais déductible des bénéfices d'une entreprise, car il ne fait l'objet d'aucune contrepartie. D'ailleurs, les dépenses de mécénat qui ouvrent droit à une réduction d'impôt ne sont pas déductibles des bénéfices, pour n'être assorties d'aucune contrepartie[410]. Le don est, par essence, désintéressé dans la mesure où il se réalise sans espoir d'en retirer un avantage. L'administration fiscale, n'identifiant aucune contrepartie, réhausse les bénéfices de la société du montant du don. Or, en l'espèce, l'acte est faussement généreux, car le montant versé est la contrepartie de l'obtention d'un avantage (un permis de construire). Si la pratique est illicite, elle n'en demeure pas moins réalisée dans le but de rechercher le profit, ce qui suffit à en accepter ses effets sur la matière imposable.

439. **Amoralisme**. Le droit fiscal est parfois qualifié d'amoral. Cela n'est que le résultat du cadre normatif précédemment exposé. Si tout enrichissement est imposable, y compris s'il est le fait d'un acte illicite, il est alors normal d'accepter la déduction des charges y conduisant. Si certains auteurs[411] considèrent que le juge pourrait revenir sur cet amoralisme afin d'assainir la vie des affaires, nous pensons, au contraire, qu'il ne déviera pas du cadre qu'il a lui-même instauré. Le législateur peut, en revanche, intervenir afin de modifier la loi fiscale en complétant la liste des dépenses illicites dont il ne souhaite pas qu'elles puissent réduire l'impôt. C'est ainsi, par exemple que les pots-de-vin versés aux agents publics ne sont désormais plus déductibles.

440. **Article 155, II-2°.** Selon la documentation Francis Lefebvre : « pour les exercices ouverts depuis le 1er janvier 2012, les charges qui ne sont pas nécessitées par l'exercice de l'activité à titre professionnel doivent être écartées pour déterminer le résultat fiscal professionnel de l'exploitant. Cette règle posée par l'article 155, II-2° du Code général des impôts pourrait notamment être interprétée comme excluant les charges qui ne se rattachent pas à l'exercice normal de l'activité professionnelle. Les charges supportées à l'occasion d'opérations ou d'activités illicites pourraient alors ne plus être admises en déduction du résultat professionnel imposable[412] ». Nous pensons, au contraire, que l'article précité ne vise qu'à mettre un terme à la théorie du bilan. Il ne réfrène en rien le champ d'action du chef d'entreprise dans sa

---

410 L'article 238 bis du CGI dispose que les versements ne sont pas déductibles pour la détermination du résultat imposable.

411 M. Collet, *L'acte anormal de gestion : un champ d'application en évolution ? : Dr. fisc.* 2019, n° 41, comm. 393.

412 BIC Division IX charges, n° 1100.

conquête de l'enrichissement. Selon nous, l'illicéité d'un acte de gestion ne conduit pas à son anormalité sur le plan fiscal, y compris s'agissant des activités relevant des bénéfices industriels et commerciaux (sauf si le législateur en a décidé autrement). L'avenir nous dira si l'article 155 du Code général des impôts retreindra effectivement le champ d'action des chefs d'entreprise.

441. **BNC.** En revanche, l'article 93 du Code général des impôts renvoie, pour les bénéfices non commerciaux, aux dépenses nécessitées par la profession. Par conséquent, les actes de gestion illicites demeurent sans effet sur la matière imposable.

iii. Ne pas s'enrichir pour respecter la loi

442. **Problématique**. L'illicéité d'un acte ne préjuge pas de son anormalité fiscale. Il convient en effet de distinguer le manquement à des obligations contractuelles et les sanctions pécuniaires mises à la charge des contribuables en raison de la violation d'obligations légales. Dans ce cadre, l'administration fiscale peut-elle reprocher au contribuable de ne pas avoir réalisé un acte illicite qui aurait pu l'enrichir ? La jurisprudence *Barbato* est éclairante : le fisc peut-il contester le fait qu'une entreprise renonce à une clause d'indexation au motif que cette dernière est illicite ? Telle est la question à laquelle le Conseil d'État[413] a dû répondre.

443. **Les faits.** Dans cette espèce[414], monsieur Barbato cède sa clientèle, après l'avoir louée pendant de nombreuses années à une société qu'il détient. La plus-value de cession est exonérée sur le fondement de l'article 151 septies du Code général des impôts. L'administration fiscale constate que cette exonération fiscale n'a été possible qu'en raison de la non-application de la clause d'indexation qui existait dans le bail. En ne revalorisant pas les loyers (de la date de conclusion du bail en 1997 jusqu'à la date de cession en 2002), l'entreprise est restée en deçà des seuils de chiffre d'affaires permettant l'application du régime de faveur précité. Le vérificateur considère qu'en se comportant de la sorte, c'est-à-dire en renonçant à cette clause d'indexation, le contribuable a commis un acte anormal de gestion. Monsieur Barbato prétend avoir renoncé à revaloriser les loyers, car la clause était illicite (s'agissant d'une indexation des loyers en fonction de l'indice national du coût

413 CE, 8e et 3e s.-s., 13 févr. 2015, n° 360339, *M. Barbato* : *RJF* 05/15, n° 385, concl. M. Bohnert (C385) ; *Dr. fisc.* 2015, n° 40, comm. 599.

414 *Ibid.*

de la construction)[415]. Il souligne également que les loyers ont été relevés par avenants en 1998 et en 2000.

444. **La solution**. Notons au préalable que le contribuable relève des bénéfices non commerciaux. Par conséquent, la théorie de l'acte anormal de gestion est ici inopérante. Néanmoins, comme nous l'avons montré précédemment (v. *supra* n° 424 et s.), le Conseil d'État considère que l'article 93 du Code général des impôts, en se référant aux usages, interdit une renonciation anormale à des recettes[416].

La haute juridiction administrative invalide la décision de la cour administrative d'appel de Lyon puisque : « en jugeant que l'administration établissait le caractère anormal de la renonciation de monsieur Barbato à faire jouer en sa faveur la clause d'indexation du loyer prévue dans son bail *au seul motif* qu'il ne précisait pas en quoi l'application de cette clause lui aurait été préjudiciable », celle-ci a commis une erreur de droit.

Pour le Conseil d'État, jugeant l'affaire au fond : « l'administration fiscale n'établit pas qu'il n'était pas de l'intérêt de monsieur Barbato de renoncer, dans ces conditions, à faire appliquer cette clause d'indexation au motif qu'elle était illégale, car contraire aux dispositions de l'article L 112-2 du Code monétaire et financier [...] que, dès lors, l'administration n'apporte pas la preuve que [le contribuable] a anormalement renoncé à percevoir une partie des recettes provenant de son activité de location de clientèle [...] ».

445. **Opinion**. La question est sensible. L'administration fiscale reproche au contribuable d'avoir délaissé un temps sa quête du profit pour respecter la loi. Certes, le principe de liberté de gestion lui permet de ne jamais maximiser ses résultats. Toutefois, le contribuable renonce ici à une obligation contractuelle : le contrat prévoyait bien une clause d'indexation, dont le caractère illicite n'est d'ailleurs pas contesté.

Face à ce dilemme, le Conseil d'État se place sur le terrain de la charge de la preuve pour réfuter la thèse de l'administration fiscale. Depuis la jurisprudence *Renfort Service*[417] : « [il] appartient à l'administration d'établir les faits qui donnent, selon elle, un caractère anormal à l'acte ». Toutefois, l'administration est réputée apporter cette preuve dès lors que l'entreprise qui a renoncé à des recettes n'est pas en mesure de justifier qu'elle a bénéficié en retour de contreparties[418]. L'administration peut ensuite démontrer que les

---

[415] Selon l'article L112-2 du Code monétaire et financier : « Dans les dispositions statutaires ou conventionnelles, est interdite toute clause prévoyant des indexations fondées sur le salaire minimum de croissance, sur le niveau général des prix ou des salaires ou sur les prix des biens, produits ou services n'ayant pas de relation directe avec l'objet du statut ou de la convention ou avec l'activité de l'une des parties [...] ».

[416] CE, plén., 23 déc. 2013, n° 350075, *Uguen* : *Dr. fisc.* 2014, n° 14, comm. 252, concl. V. DAUMAS, note M. BUCHET.

[417] CE, plén., 27 juill. 1984, n° 34588, *SA Renfort Service* : *Dr. fisc.* 1985, n° 11, comm. 596 ; *RJF* 10/84, n° 1233, concl. P.-F. RACINE, p. 562 ; *GAJF*, 5e éd., n° 52, p. 85.

[418] Sur ce point, le lecteur peut se reporter à la partie b. Le risque artificiel ne se confond pas les obligations contractuelles.

contreparties dont se prévaut le contribuable sont insuffisantes au regard du manque à gagner. Or, en l'espèce, Monsieur Barbato invoque le fait qu'il n'a pas fait jouer la clause, car celle-ci est illicite. Il démontre également qu'il a procédé à deux avenants au cours de la location afin de revaloriser à la hausse les loyers, étant donné qu'il ne pouvait le faire à travers la clause illicite. Le respect de la loi et les avenants au contrat de location constituent, tous les deux, des contreparties qu'il revient à l'administration fiscale de contester la réalité. Selon le rapporteur public B. Bohnert : « les juges du fond ont appliqué la logique de votre jurisprudence « à l'envers », dans un raisonnement où le caractère objectivement illicite de la clause d'indexation est regardé comme un élément par lui-même insuffisant pour justifier du caractère normal de la renonciation à recette. La cour a toutefois omis de rechercher si cette renonciation avait été décidée à des fins étrangères à l'intérêt de l'activité du contribuable, ce en quoi elle a commis une erreur de droit qui justifie de faire droit au pourvoi et d'annuler son arrêt ». Toutefois, il nous semble que le service ne pouvait tout simplement pas établir qu'il n'était pas de l'intérêt de la société de renoncer à faire appliquer la loi. Tout contribuable ne doit-il pas respecter la loi ? La société se doit certes de réaliser des bénéfices. Toutefois, nous ne pouvons que faire nôtre les dires de B. Bohnert : « la pérennisation de [l'] activité [de l'entreprise], qui comporte aussi des éléments de réputation, [...] se trouve mieux assurée lorsqu'elle s'exerce dans le respect des lois [...][419] ». Pour toutes ces raisons, le Conseil d'État rejette les prétentions de l'administration fiscale.

Nous sommes convaincus par cette solution. Le respect de la loi semble constituer une contrepartie fiscalement suffisante. Un tel comportement, louable en soi, permet d'éviter de lourdes sanctions pécuniaires et une mauvaise réputation pouvant nuire à l'activité de l'entreprise. La seule question qui vaille dans ce contentieux est la suivante : le loyer était-il d'un montant normal ? Ce n'est pas tant la non-application d'une clause illicite qui est contestable que la minoration d'un loyer. Tel n'était pas le cas en l'espèce, d'autant plus que le contribuable pouvait ici se prévaloir de deux avenants qui avaient relevé les loyers.

446. **Transition**. La perspective de s'enrichir est donc une contrepartie fiscalement efficace qui assoit définitivement le cadre normatif que nous défendons. Cela étant dit, montrons à présent que cette conception fiscale relève d'une approche propre à l'imposition des bénéfices.

---

[419] B. BOHNERT dans ses conclusions sur l'arrêt CE, 8e et 3e s.-s., 2015, n° 360339, *M. Barbato* : *RJF* 05/15, n° 385 ; *Dr. fisc.* 2015, n° 40, comm. 599.

B. Une contrepartie propre à l'imposition des bénéfices

447. **Plan**. La contrepartie fiscale telle qu'exposée précédemment n'intéresse que l'imposition des bénéfices, donc les entreprises (1). Elle se distingue d'ailleurs de celle exigée en matière de TVA (2).

1. Un cadre normatif inapplicable aux particuliers

448. **Patrimoine privé.** La théorie de l'acte anormal de gestion ne s'applique pas à la fiscalité du patrimoine, car rien n'interdit à un particulier de s'appauvrir délibérément.

Certains auteurs[420] le réfutent pourtant. Ils invoquent en soutien de leur prétention, le cas des propriétaires qui, en dépit du contrat de location, renoncent à percevoir des loyers. Nous pensons, au contraire, qu'il convient de distinguer l'acte anormal de gestion et la renonciation à un revenu disponible (v. *supra* n° 139).

449. **Loyers minorés**. Le Conseil d'État se méprend lui-même parfois lorsqu'il invoque la théorie de l'acte anormal de gestion pour refuser que des loyers minorés génèrent, de manière artificielle, des déficits fonciers. Lorsqu'un père loue à son enfant un immeuble pour un loyer faible, la haute juridiction administrative considère que « [...] compte tenu du caractère manifestement anormal du montant des loyers versés au requérant par sa fille, c'est à bon droit que l'administration fiscale a réintégré dans les bases d'imposition [...] la différence entre la valeur locative normale des logements et le loyer convenu[421] ».

Pourtant, ce raisonnement ne repose pas sur la théorie de l'acte anormal de gestion. Si le propriétaire peut, en vertu de l'article 15 II du Code général des impôts, disposer de ses biens immobiliers comme il l'entend – et les mettre, par exemple, à disposition gratuite d'un tiers – pourquoi ne pourrait-il pas se contenter d'un faible loyer ? Celui qui peut le plus ne peut-il pas le moins ?

450. **L'acte anormal et la loi.** Par conséquent, l'administration fiscale peut contester l'appauvrissement des particuliers uniquement si la loi elle-même le prévoit. En témoigne l'article 30 du Code général des impôts précédemment exposé (v. *supra* n° 136 et s.). De la même manière, selon l'article L 17 du Livre des procédures fiscales, « en ce qui concerne les droits d'enregistrement et la taxe de publicité foncière ou la taxe sur la valeur ajoutée lorsqu'elle est due au lieu et place de ces droits ou taxe, l'administration des impôts peut rectifier le prix ou l'évaluation d'un bien ayant servi de base à la perception d'une imposition lorsque ce prix ou cette évaluation paraît inférieur à la valeur vénale réelle des biens transmis ou désignés dans les actes ou déclarations ».

---

[420] C. BUR, *L'acte anormal de gestion*, EFE, collec. Audit juridique, comptable et fiscal, 1999, p. 55.
[421] CE, 9e et 8e s.-s., 13 févr. 1980, n° 16937 : *RJF* 3/80, n° 221.

L'administration fiscale ne peut pas, en revanche, redresser les plus-values des particuliers, faute de pouvoir user de la théorie de l'acte anormal de gestion et à défaut de dispositif légal allant en ce sens. L'article 150 VA du Code général des impôts dispose que le prix de vente à retenir pour le calcul des plus-values est le prix réel, tel qu'il est fixé dans l'acte, majoré des dissimulations lorsque celles-ci sont établies[422]. Cependant, ce ne sont pas les minorations de valeur au profit des cessionnaires qui sont ici visées (c'est-à-dire les libéralités), mais la perception, par les cédants, de sommes d'argent non déclarées, c'est-à-dire dissimulées. Pour le saisir, imaginons que monsieur X souhaite vendre un bien immobilier à son fils. Si le prix est minoré, même délibérément, l'administration fiscale ne dispose d'aucun fondement légal pour redresser la plus-value, c'est-à-dire le manque à gagner aux dépens du cédant. En revanche, si le prix est dissimulé, indiquant que monsieur X a effectivement reçu le montant mais ne l'a pas entièrement déclaré, la plus-value pourra faire l'objet d'un recalcul. Le dispositif distingue le manque à gagner, que seule la théorie de l'acte anormal de gestion peut combattre (mais elle est inopérante ici), de la dissimulation de prix.

451. **L'intention locative.** Bien que la théorie de l'acte anormal de gestion soit inapplicable aux particuliers, le critère de l'intention n'est pas pour eux totalement inopérant. En d'autres termes, l'objectif qu'ils poursuivent reste un facteur important dans l'appréciation fiscale de leurs actions. En ce sens, le contribuable, qui souhaite déduire de ses revenus les travaux de rénovation qu'il a payés, alors même qu'il n'a encore perçu aucun loyer, doit démontrer ses intentions, sa volonté de louer l'immeuble. Illustrons nos dires par une jurisprudence récente.

452. **Illustration[423].** Au cours d'un contrôle sur pièces, l'administration fiscale constate que Monsieur A a déduit sur son revenu imposable, de 2011 et de 2012, un déficit foncier dans la limite de 10 700 euros par année. Cette perte est générée par des travaux de rénovation portant sur deux immeubles. L'administration fiscale en refuse la déduction au motif que monsieur A n'a perçu aucun loyer et qu'il ne justifie d'aucune intention locative. Pour la cour administrative d'appel de Marseille, le contribuable ne démontre pas sa volonté de conquête de l'enrichissement. Tout d'abord, les mandats de gestion qu'il fournit ne concernent que quatre appartements alors qu'il y a en 24 à louer fin 2010 et 34 fin 2011. Ensuite, il prétend avoir conclu avec sa fille un bail d'habitation portant sur 11 appartements. Or, la descendante ne semble pas être déclarée en tant que loueur en meublé sur la période vérifiée. Il ressort

---

422 Selon le *Mémento fiscal* F. Lefebvre 2023, § 32210 : « le prix stipulé à l'acte fait foi [pour le calcul de la plus-value], même en cas d'insuffisance d'évaluation. En revanche, lorsqu'une dissimulation de prix est établie, le prix porté dans l'acte peut être majoré en conséquence par l'administration ».

423 CAA Marseille, 3e ch., 30 déc. 2021, n° 19MA03147, inédit.

de ces circonstances que monsieur A ne peut être regardé comme justifiant d'une véritable intention locative.

453. **Opinion.** La recherche du profit, et donc le risque, n'est pas le monopole de l'entreprise. Un particulier peut tout fait investir. Ce n'est pas parce que le risque privé est aujourd'hui cloisonné – le législateur ne pouvant contraindre les particuliers à persévérer dans leur conquête du profit – que le critère de l'intention devient alors inopérant. Notons, néanmoins, une particularité qui concerne les règles d'attribution de la preuve. Alors qu'en matière de fiscalité des entreprises, il revient à l'administration fiscale de démontrer l'intention libérale – la société étant présumée rechercher le profit – la preuve de l'intention locative incombe ici aux investisseurs privés.

Montrons maintenant que la contrepartie en matière de TVA diffère de celle requise pour les actes de gestion.

2. Une contrepartie inapplicable à la TVA

454. **TVA.** La TVA n'est pas insensible à la notion de risque, étant donné que l'assujetti est celui qui exerce une activité économique pour son propre compte, donc sous sa propre responsabilité. Ce qui renvoie directement à la prise de risque. Un salarié, lequel ne supporte aucun risque entrepreneurial, n'est pas concerné par cet impôt. De manière similaire, l'administration fiscale a récemment confirmé que les associés des sociétés d'exercice libéral, bien qu'imposés au titre des bénéfices non commerciaux, ne sont pas redevables de la TVA pour ne pas supporter eux-mêmes le risque économique propre à leur activité libérale (celui-ci étant supporté par la société)[424]. Le critère de l'intention joue également un rôle décisif dans cette taxe, comme en attestent de nombreuses décisions de la Cour de justice de l'Union européenne[425]. En effet, c'est l'intention de dédier un actif à une activité économique qui confirme que le redevable a agi en tant que tel[426]. Plus récemment, une réponse ministérielle admet l'application de la dispense de TVA de l'article 257 bis du Code général des impôts dès lors que, même si l'immeuble cédé est vacant, l'acquéreur démontre son intention locative[427].

Pour autant, l'acte anormal de gestion ne trouve aucun terrain d'application en matière de TVA. Cet impôt indirect est dit « réel », c'est-à-dire qu'il ne

---

[424] BOI-RES-BNC-000136 du 27 déc. 2023.

[425] CJUE, 11 juill. 1991, aff. 97/90, *Lennartz* : *RJF* 10/91, n° 1325 ; CJUE, 22 mars 2012, aff. 153/11 : *RJF* 6/12, n° 671 ; CJUE, 22 oct. 2015, aff. 126/14, *« Sveda » UAB* : *RJF* 1/16, n° 108 ; CJUE, 25 juill., aff. 140/17, *Gmina Ryjewo* : *RJF* 12/18, n° 1304.

[426] Selon le *Mémento TVA* F. Lefebvre 2024, § 50825 : « Pour déterminer si une personne (notamment un particulier ou un organisme de droit public) acquiert des biens en tant qu'assujetti - lorsqu'il n'y a pas utilisation immédiate à des activités économiques -, *il faut se référer à son intention*, laquelle est mise en évidence par des éléments de fait, comme la nature des biens concernés ou la période écoulée entre acquisition et utilisation professionnelle ».

[427] Rép. GRAU, AN 8 mars 2016, p. 6063, n° 90962. Voir également : J.-C. BOUCHARD, « L'article 257 bis, garant du principe de neutralité », *Dr. fisc.* 2023, n° 30-34, act. 256.

s'intéresse qu'à la réalité matérielle des opérations. Il n'est sensible ni aux buts ni aux résultats des opérations imposables. L'appauvrissement délibéré reste, en ce domaine, sans incidence. Si le principe que nous défendons se préoccupe de l'appauvrissement possiblement délibéré en matière d'acte de gestion, la TVA ne s'intéresse quant à elle qu'à l'intention de réaliser une opération économique donnant lieu à une collecte de taxe. D'ailleurs, l'activité économique s'apprécie objectivement, sans considération pour ses objectifs. C'est ainsi, par exemple, que la législation italienne est incompatible avec la directive TVA 2006/112, car elle conditionne l'exercice du droit à déduction à l'atteinte d'un certain niveau de rentabilité. Cette exigence, qui impose la réalisation d'un certain niveau d'opération en fonction des actifs détenus, va à l'encontre du principe de neutralité de cet impôt[428].

Nous verrons que le législateur a instauré certains dispositifs afin que les entreprises ne puissent déduire la TVA grevant leurs achats sans la collecter en retour, mais cela ne vise aucunement à sanctionner un appauvrissement volontaire.

a. La TVA collectée

455. **Principe**. Le Conseil d'État, dans un arrêt de 1975[429], refuse que l'administration fiscale puisse soumettre à la taxe sur la valeur ajoutée les renonciations à recettes, quand bien même celles-ci sont anormalement consenties. Le vérificateur peut rehausser les bénéfices de l'entreprise. En revanche, il ne saurait, en aucun cas, soumettre à la taxe sur la valeur ajoutée ce manque à gagner. M.-A. Latournerie propose, dans ses conclusions, de ne pas « faire jouer la notion de gestion anormale [...] parce qu'elle nous paraît difficilement trouver sa place en matière de TVA, impôt pour détermination de l'assiette duquel il nous paraît nécessaire de conserver automatisme et objectivité [430] ». La haute juridiction administrative adopte le raisonnement en considérant que cet impôt indirect ne peut « qu'être assis sur des sommes réellement encaissées ». Si bien que, dans le cas des dissimulations de recettes, le vérificateur est en droit de soumettre ces dernières à la TVA, non pas sur le fondement de l'acte anormal de gestion, mais sur la base de la réalité des opérations (des flux). Les recettes ont bien été encaissées, elles n'ont toutefois pas été imposées, pour avoir été dissimulées.

456. **Objectivité.** L'objectivité évoquée à l'époque par M.-A. Latournerie fait référence aujourd'hui à la neutralité, à la matérialité de cet impôt qui ne s'intéresse ni au but ni au résultat des opérations. En témoigne une espèce

---

[428] CJUE, 7 mars 2024, n° 341/22, *Feudi di San Gregorio Aziende Agricole Spa : Revue fiduciaire* n° 4032, 28 mars 2024.

[429] CE, 7e et 8e s.-s., 19 févr. 1975, n° 93262, *SARL Entreprise Bonnafous Frères* : *RJF* 3/15, n° 183, concl. M.-A. LATOURNERIE. Voyez également en ce sens : CE, 7e et 8e s.-s., 16 juin 1986, n° 42523, *Richard* : *RJF* 10/86, n° 927.

[430] *Ibid.*

récente qui confronte l'intention lucrative – laquelle domine les activités professionnelles – et le réalisme (le matérialisme) qui caractérise la taxe sur la valeur ajoutée.

457. **Illustration**. Dans cet exemple[431], une société civile immobilière, n'ayant pas opté pour l'IS, est propriétaire d'un bien immobilier, acquis en 2001, qu'elle loue à un garage. En 2014, la société démolit l'immeuble à usage professionnel pour en construire deux autres à usage d'habitation. Dix-huit appartements sont ensuite cédés en lots distincts. Le vérificateur requalifie les plus-values immobilières de particulier en bénéfices industriels et commerciaux et soumet les opérations à la taxe sur la valeur ajoutée. Si les juridictions administratives confirment le redressement de TVA –, car le contribuable a réalisé objectivement une véritable opération économique – elles s'opposent, en revanche, à la requalification des plus-values. Le Conseil d'État ne regarde pas l'opération comme ayant été réalisée dans un but spéculatif. Ce dernier ne s'apprécie qu'au moment de l'acquisition du terrain. Or, celui-ci avait été acquis pour construire un garage qui a été mis en location pendant près de 10 ans, en non en vue de procéder à une activité commerciale.

458. **Objectivité.** L'objectivité de la TVA se détache ici des difficultés qui entourent la notion d'intention spéculative. La Cour de justice de l'Union Européenne le dit autrement lorsqu'elle juge qu'un assujetti est « quiconque [qui] accomplit d'une façon indépendante, et quel qu'en soit le lieu, une [...] activité économique [...], quels que soient les buts ou les résultats de cette activité [432] ». La notion d'activité économique, qui régit cet impôt indirect, ne se réfère aucunement à une quelconque volonté de s'enrichir. L'article 256, II du Code général des impôts dispose que sont soumises à la TVA les livraisons de biens et les prestations de services effectuées à titre onéreux. Le dispositif nécessite que l'opération s'accompagne de contreparties directes et immédiates, telles que le Code civil l'entend[433] pour qualifier un contrat à titre onéreux. C'est seulement si les contreparties sont dérisoires ou illusoires que le caractère onéreux de l'opération est contesté. En revanche, leur minoration ou leur majoration délibérée reste, en la matière, sans incidence.

---

[431] CE, 8e ch., 22 déc. 2021, n° 451005, *SCI El Khomssi* : *RJF* 04/22, n° 329 ; CCA Marseille, 3e ch., 4 févr. 2021, n° 19MA01906, inédit.

[432] CJUE 21 mars 2002, C 174/00 : *RJF* 06/02, n° 736 ; Art 4, §1 de la 6ième directive : « est considéré comme assujetti quiconque accomplit d'une façon indépendante, et quel qu'en soit le lieu, une des activités économiques mentionnées au §2, quels que soient les buts ou les résultats de cette activité ».

[433] Selon l'article 1169 du Code civil : « Un contrat à titre onéreux est nul lorsque, au moment de sa formation, la contrepartie convenue au profit de celui qui s'engage est illusoire ou dérisoire ».

b. La TVA déductible

459. **Droit à déduction**. L'extension de la théorie de l'acte anormal de gestion au domaine de la TVA permettrait de refuser, par exemple, sa déduction dans le cas où l'assujetti redevable agirait de façon à s'appauvrir volontairement. Or, comme le Conseil d'État l'affirme régulièrement[434], seule la TVA mentionnée sur la facture est déductible, quand bien même le prix serait excessif. En somme, la minoration ou majoration intentionnelle du prix de vente est exempte d'effet, car la TVA n'est sensible ni aux buts ni aux résultats des opérations, pour ne s'intéresser qu'à leur matérialité. C'est pourquoi, seule la fictivité d'une livraison de bien ou d'une prestation de service conduit à un rejet de la déduction de la taxe les grevant[435].

460. **Tempérament**. Le législateur a néanmoins mis en place des mesures permettant d'éviter qu'un contribuable puisse déduire de la TVA sans la collecter. Pour autant, le procédé ne réprime pas un appauvrissement délibéré ; il assure au contraire la neutralité de l'impôt.

461. **Principe d'affectation**. En premier lieu, le principe dit de l'affectation, fixé à l'article 271, II-1 du Code général des impôts, établit une forme d'anormalité propre à cette taxe. En effet, le contribuable n'a pas la possibilité de déduire la TVA grevant ses achats si ceux-ci ne sont pas liés aux opérations économiques donnant lieu à une TVA collectée (pour ne pas s'incorporer au prix de revient des opérations donnant lieu à collecte de TVA). Le législateur le dit autrement : la taxe sur la valeur ajoutée qui a grevé les éléments du prix d'une opération imposable est déductible de la TVA applicable à cette opération. Toutes les opérations d'amont – les charges – doivent alors être utiles – directement ou indirectement – aux opérations d'aval – aux ventes – réalisées par le redevable.

Ce lien d'utilité permet de s'assurer que l'assujetti ne déduit pas de la TVA sur des dépenses qui sont étrangères à l'activité qui va générer de la TVA collectée. Néanmoins, il ne s'agit pas de sonder les intentions du contribuable dans sa conquête du profit, seulement de constater objectivement un lien d'utilité entre les différentes opérations[436]. Selon la Cour de justice de l'Union

---

[434] Pour un exemple : CE, 8e et 3e s.-s., 2 avril 2003, n° 233375, *Sté d'exploitation de l'Hôtel des bains* : *RJF* 06/03, n° 704, concl. P. COLLIN. P. COLLIN reprend dans ses conclusions les termes du président Fouquet (concl. sur l'arrêt du CE 18 mars 1982, n° 624403 : *RJF* 5/92) : « la notion d'acte anormal de gestion n'existe pas en matière de TVA ».

[435] CJUE, 27 juin 2018, aff.459/17 et 460/17, *Sté SGI et SNC Valériane* : *RJF* 10/18, n° 1054.

[436] Consultez tout de même le jugement du TA de Toulon (15 avr. 2024, n° 2103002 : *Dr. fisc.* 2024, n° 20, com. 188), qui semble, de manière contestable, appliquer la théorie de l'acte anormal de gestion à la TVA. Dans cette affaire, le service refusait la déduction de la TVA sur les loyers payés, arguant que le contribuable sous-louait ensuite les biens immobiliers à un prix inférieur. Si l'anormalité est manifeste en matière d'imposition des bénéfices (BIC), il semble discutable que l'administration fiscale puisse rejeter la TVA déductible sur des loyers effectivement acquittés.

européenne[437], le droit à déduction est admis même en l'absence de lien direct et immédiat entre une opération particulière en amont et celles en aval. Tel sera le cas lorsque le coût des services en cause fait partie des frais généraux et que ces opérations d'amont « sont en tant que tel(les) des éléments constitutifs du prix des biens ou des services qu'il fournit[438]. De tels coûts entretiennent, en effet, un lien direct et immédiat avec l'ensemble de l'activité économique de l'assujetti » (théorie dite des « frais généraux »). C'est ainsi, par exemple, qu'une société holding peut déduire la TVA grevant les honoraires facturés pour la réalisation d'études préalables à l'acquisition des sociétés d'un groupe concurrent, alors même que l'investissement n'a finalement pas été réalisé par elle-même, mais par une de ses filiales. Pour le Conseil d'État : « la société holding produit des pièces justificatives établissant que, compte tenu de l'organisation du groupe, elle seule effectuera au profit des sous-filiales des prestations de services donnant lieu à des opérations caractérisant une activité économique et soumises à la TVA, elle est en droit de déduire la TVA ayant grevé ces dépenses préparatoires à l'investissement, qui doivent être regardées comme faisant partie de ses frais généraux et entretiennent un lien direct et immédiat avec l'ensemble de son activité économique[439] ». Dans le cas contraire, en cas d'absence de lien entre les opérations, la TVA grevant de tels frais n'est pas récupérable.

462. **Activité économique.** En second lieu, la taxe grevant les dépenses n'est déductible pour l'opérateur – c'est-à-dire qu'elle ne constitue pas un coût pour lui – que si ce dernier réalise une véritable activité économique (non exonérée). Ce qui nécessite, une contrepartie, un prix de vente qui ne soit ni incertain, ni dérisoire. Prenons l'exemple d'une société civile[440] qui détient un ensemble immobilier. Elle demande le remboursement de la TVA ayant grevé les travaux d'aménagement qu'elle a réalisés. L'administration fiscale s'y oppose, car elle constate que, selon le contrat de location, le loyer est calculé « en fonction des sommes restante disponibles », après que le locataire a payé toutes ses autres charges. Pour la cour administrative d'appel de Nantes, le loyer présente un caractère hypothétique. Par conséquent, l'opération, à défaut de contrepartie certaine et immédiate, n'est pas réalisée à titre onéreux. Elle intervient hors du champ d'application de la TVA. Dans ce cas, l'entreprise ne peut donc pas obtenir le remboursement de la taxe ayant grevé ses investissements, faute de réaliser une véritable activité économique.

---

[437] CJUE, 8 juin 2000, aff. 98/98, *Midland Bank* : *RJF* 9-10/00, n° 1187 ; CJUE, 22 févr. 2001, aff. 408/98, *Abbey National* : *RJF* 6/01, n° 894.

[438] Par exemple, selon l'article 206, IV-2-3 de l'annexe II du Code général des impôts, les cadeaux d'affaires sont exclus du droit à déduction (sauf ceux de faibles valeurs) quand bien même ceux-ci sont liés indirectement aux opérations donnant lieu à collecte de TVA.

[439] CE, 8e et 3e s.-s., 24 juin 2013, n° 350588, *Sté L'Air Liquide* : *RJF* 10/13, n° 927.

[440] CAA Nantes, 1er ch., 9 sept. 2021, n° 20NT00356, inédit.

La contrepartie des actes de gestion, telle qu'exigée pour reconnaitre leur effet sur les bénéfices des entreprises, diffère donc de celle qui prévaut en matière de TVA.

463. **Transition.** Voyons maintenant comment les relations d'intérêt peuvent défaire le cadre conceptuel précédemment énoncé, pour *in fine* en créer un second.

§ 3. LES RELATIONS D'INTERET : L'EMERGENCE D'UN SECOND CADRE NORMATIF

464. **Cadre premier.** Nous avons montré jusqu'à présent que la fiscalité des entreprises était régie par un cadre normatif. Ce dernier, fondé sur un principe supérieur de recherche du profit, défend la matière imposable, tout en concédant aux entreprises une appréciable liberté de gestion. Si chaque acte doit être porteur, *a minima*, d'un espoir de profit, le bénéfice n'a en revanche pas à être maximisé. Si bien que la perspective de s'enrichir, et *a fortiori* le moindre enrichissement effectif, suffit à écarter toute anormalité fiscale, et ce même si l'entreprise aurait pu obtenir de meilleurs résultats. La jurisprudence *Sté d'investissements maritimes et fonciers*[441] témoigne de ce cadre normatif (v. *infra* n° 501) : un marchand de biens n'est pas jugé comme agissant de manière anormale s'il vend (au profit d'un tiers qui ne lui est pas lié) un bien immobilier pour un prix inférieur à sa valeur marchande, à condition qu'il réalise une marge bénéficiaire. Dans ce contexte, peu importe le niveau d'enrichissement, pourvu qu'il soit présent. Seule la jurisprudence *Château de la Croe* (v. *infra* n° 475) déroge à ce principe.

465. **Cadre second.** Néanmoins, le cadre normatif, longuement décrit dans les chapitres précédents, peine à trouver une application cohérente lorsque les parties sont en relation d'intérêts. En effet, l'égoïsme des contribuables est garant d'une sincère conquête de la richesse. La mesure de l'espoir de s'enrichir devient ici inutile : la problématique est enrayée par l'indépendance des cocontractants. Ce qui permet d'accepter un déséquilibre des obligations réciproques. Néanmoins, les relations d'intérêt, en somme la dépendance des parties, font douter du caractère intéressé de leurs actions. L'équilibre des relations financières entre les parties devient alors déterminant pour établir la normalité des opérations et éliminer toute notion de libéralité. C'est ainsi que le juste enrichissement se substitue à celui moindre, c'est-à-dire à un enrichissement quel qu'il soit, indépendamment de son ampleur. Cet examen commande l'identification du juste prix des opérations, associant cette valeur à celle du marché. Observons alors que les relations d'intérêt esquissent un second cadre normatif qui déroge au premier.

---

[441] CE, 8e et 3e ch., 4 juin 2019, n° 418357, *Sté d'investissements maritimes et fonciers* : *RJF* 08-09/19, n°753, concl. R. VICTOR (C753) ; CE, 9e et 10e ch., 27 févr. 2019, n° 401938, *SCI Apollo* : *RJF* 5/19, n° 417.

466. **Preuves.** La singularité de chaque cadre se révèle au travers des règles de preuve de l'anormalité des actes de gestion. Celles régissant les opérations entre parties indépendantes, exposées précédemment (v. supra n° 403 et s.) différent de celles qui s'appliquent lorsque les cocontractants sont en relation d'intérêt. Dans cette dernière hypothèse, la jurisprudence a instauré des présomptions d'intention libérale. Nous exposerons à cet égard la dangerosité de l'une d'elle (présomption) instaurée par la jurisprudence *Château de la Croë*, car celle-ci établit une corrélation (un pont) entre ces deux conceptions (entre les deux cadres normatifs).

467. **Plan.** La normalité fiscale se fonde sur les buts qui motivent la réalisation des actes de gestion. Les intentions réelles sont certes insaisissables, mais l'égoïsme intrinsèque des entreprises laisse présager une conquête sincère de la richesse (v. *supra* n° 403 et s.). Toutefois, qu'en est-il lorsque les parties entretiennent des relations d'intérêt ? Face à cette incertitude, le Conseil d'État a instauré des présomptions d'appauvrissement volontaire que le contribuable devra combattre en apportant la preuve contraire (A). Dans tous les cas, l'administration fiscale demeure tenue de démontrer l'appauvrissement. Le procédé aboutit à la création d'un second cadre normatif régulé par un principe d'enrichissement équitable (B).

A. Quand l'intention libérale se déduit de l'appauvrissement

468-0. **Présomptions.** L'intention libérale se présume des relations familiales (1), ou encore des relations d'affaires déjà établies, c'est-à-dire préexistantes au moment de l'examen de l'acte de gestion en question (2). Nous soulignerons enfin le risque auquel conduit la toute dernière présomption établie par le Conseil d'État au travers de la jurisprudence *Château de la Croë.*

1. Les relations familiales

468. **Sentiments**. Pour la haute juridiction administrative, l'intention libérale se présume en présence de relations familiales. En ce sens, l'administration fiscale, en faisant état de ces liens unissant les cocontractants, « doit être regardée comme apportant la preuve de l'intention des parties respectivement de recevoir et de consentir une libéralité[442] ». On comprend alors que l'égoïsme sacré des parties – chacune d'elles ne contractera que si

---

[442] CE, 8e et 3e s.-s., 23 juill. 2010, n° 308019, *Marmajou* : *RJF* 11/10, n° 1024, concl. N. ESCAUT, *BDCF* 11/10, n° 117. Une société holding, dont les associés sont de la famille des cédants, a acquis des titres à un prix significativement plus élevé que la valeur vénale. Les liens familiaux entre les associés de la société cessionnaire et les cédants suffisent à présumer l'intention libérale. L'enrichissement des cédants a été qualifié de distribution occulte sur le fondement, en premier lieu de l'article 111 c du Code général des impôts, puis, par une substitution de base légale, sur la base de l'article 109, 1-1° du même Code.

elle pense y trouver un avantage – fait place ici aux sentiments, ceux-ci altérant toute indépendance contractuelle, toute objectivité. L'appauvrissement risque donc de ne pas résulter d'une erreur de gestion, mais plus probablement d'une volonté d'enrichir un tiers.

469. **Preuve contraire**. Les contribuables pourront combattre cette présomption d'appauvrissement en apportant la preuve contraire. La mésentente notoire entre les membres d'une même famille peut justifier qu'un appauvrissement soit nécessaire, non pas pour enrichir une personne de la même famille, mais pour mettre un terme à un contexte qui porte préjudice à l'entreprise. La sauvegarde de cette dernière prédomine tant est qu'il est démontré qu'elle fut, un temps, menacée. Illustrons notre propos par un arrêt de la cour administrative d'appel de Nantes.

470. **Illustration**. Dans cette espèce[443], l'administration fiscale constate que la valeur de vente d'un fonds de commerce est minorée. Elle observe également que l'associé de la société cédante est le frère de celui de la société cessionnaire. Le vérificateur peut alors se prévaloir du principe énoncé : l'élément intentionnel, c'est-à-dire la volonté de gratifier pour l'un et de recevoir pour l'autre, se présume ici à raison des relations familiales. Pour fonder le redressement, il ne reste plus au service qu'à démontrer la sous-évaluation du prix (l'appauvrissement).

La présomption peut néanmoins être renversée. Pour ce faire, les deux frères invoquent le conflit notoire qui les oppose. Pour le rapporteur public L. Chollet, le moyen ne suffit pas à justifier de l'opération, car la minoration du prix de vente du fonds de commerce n'est pas l'unique solution garantissant la viabilité des différentes entreprises en présence. Elle observe également qu'il n'est d'ailleurs ni allégué ni établi que les chiffres d'affaires des sociétés avaient subi une dégradation due au conflit latent des deux frères ou que leur développement était entravé à court, moyen ou long terme.

471. **La solution**. La cour administrative d'appel de Nantes rend un arrêt contraire aux conclusions de son rapporteur public. Selon le juge, les opérations ont permis aux deux frères d'exercer, en toute autonomie et de manière apaisée, leurs activités respectives. En somme, « la vente du fonds de commerce à un prix minoré a eu pour contrepartie la possibilité de scinder le groupe entre les deux frères et de sortir d'une situation de conflit ». Si bien qu'il est peu probable, compte tenu de cette mésentente notoire, que la société cédante ait eu l'intention d'accorder une libéralité à celle cessionnaire. Dans ces conditions, « en dépit de la relation d'intérêt unissant la société cédante et la société cessionnaire, l'administration fiscale n'apporte pas la preuve, qui lui incombe, que la vente du fonds de commerce à un prix minoré était dépourvue de contrepartie. La preuve de ce que la société [cessionnaire]

443 CAA Nantes, 28 janv. 2021, n° 19NT01225, *Sté B. M. Thierry* : *RJF* 06/21, n° 555.

ait eu l'intention de recevoir une libéralité n'est dès lors pas davantage apportée[444] ».

472. **Opinion**. La nécessité d'un élément intentionnel pour qualifier un acte de gestion d'anormal est ainsi parfaitement illustrée. La volonté de s'appauvrir n'est pas ici démontrée, car les parties n'ont aucune intention libérale. La minoration du prix de vente du fonds de commerce ne vise pas à enrichir le cessionnaire. Au contraire, elle permet à la société cédante de poursuivre paisiblement son activité. La solution corrobore, d'une part, le caractère protéiforme de la contrepartie telle qu'elle est entendue par le droit fiscal. Elle atteste, d'autre part, que les motivations se déduisent effectivement des circonstances.

2. Les relations d'affaires

473. **Plan.** Des relations d'affaires préexistantes à l'acte critiqué présument l'intention libérale (a). Néanmoins, le Conseil d'État a instauré une présomption d'appauvrissement délibéré concernant spécifiquement les immobilisations (b). Enfin, certaines présomptions sont malheureusement irréfragables (c).

a. Les relations d'affaires préexistantes

474. **Intérêts communs**. La haute juridiction administrative présume le caractère délibéré d'un appauvrissement lorsque les parties sont déjà, avant l'opération incriminée, en relation d'affaires. Par exemple, une SARL, exerçant l'activité de marchand de biens, acquiert un appartement pour le prix de 6,8 millions d'euros et le revend, le même jour, 670 776 d'euros. Le cessionnaire est une personne physique qui n'est ni associée ni dirigeante de la société cédante[445]. Le Conseil d'État considère que l'administration apporte la preuve d'une intention commune de libéralité en faisant valoir les relations d'intérêt et d'affaires qui existaient déjà entre eux avant la vente. L'acquéreur et le gérant de la société cédante détiennent ensemble des participations dans plusieurs sociétés. En outre, il est avéré que la personne morale qui a vendu le bien immobilier avait, par le passé, réalisé des prestations de services pour une des sociétés détenues par cessionnaire. Les parties ont donc déjà des intérêts communs faisant ainsi présumer l'appauvrissement volontaire.

---

[444] *Ibid.*

[445] CE, 10e et 9e s.-s., 26 mai 2014, n° 348574, *Benharrouche* : *RJF* 8-9/14, n° 829, concl. E. Crepey, *BDCF* 8-9/14, n° 85.

b. Écart significatif entre le prix de cession d'une immobilisation et sa valeur vénale

475. **Actifs immobilisés**. Le Conseil d'État a admis solennellement que l'administration fiscale établissait l'appauvrissement volontaire par la démonstration d'un écart significatif entre le prix de cession d'une immobilisation et sa valeur vénale[446]. L'intention libérale se présume sur la base de cette différence significative. Il appartient ensuite à l'entreprise de renverser cette présomption en justifiant que l'opération n'était pas pour elle dénuée de contrepartie. Par exemple, une entreprise peut céder un actif pour un prix inférieur à sa valeur vénale si, au regard de l'urgence de sa situation financière, cela lui permet de récupérer rapidement les liquidités nécessaires à la continuité (et à la sauvegarde) de son exploitation.

476. **Exclusion des actifs circulants**. Le Conseil d'État refuse d'étendre la solution aux actifs circulants, malgré les tentatives de l'administration fiscale[447]. Par exemple, cette dernière ne démontre pas l'anormalité de l'opération en soulignant que le prix de cession d'un élément de stock – un immeuble pour un marchand de biens – est inférieur de 26 % par rapport à sa valeur vénale. La circonstance que la société cédante ait une parfaite connaissance du marché immobilier local et que l'acquéreur a finalement réalisé un gain substantiel en revendant la villa, forme un moyen inopérant. Par conséquent, pour le Conseil d'État, l'administration fiscale ne démontre pas l'intention libérale. Celle-ci ne se déduit pas, pour les actifs circulants, d'un écart de valeur[448].

477. **Exclusion des loyers minorés.** L'appauvrissement volontaire ne se présume pas non plus d'une minoration de loyers. Ainsi[449], la société de droit suisse La Maisonnette loue la villa qu'elle possède au profit de l'un de ses associés. Selon l'administration fiscale, le loyer annuel de 120 000 euros est insuffisant. Elle procède à son redressement sur le fondement de l'acte anormal de gestion. Pour la cour administrative d'appel de Marseille, l'intention libérale se déduit de la minoration des loyers. En effet, elle soutient que : « s'agissant de l'encaissement d'un loyer, lorsque l'administration, qui n'a pas à se prononcer sur l'opportunité des choix de gestion opérés par une entreprise, soutient que le montant est inférieur à celui de la valeur

---

446 CE plén., 21 déc. 2018, n° 402006 : *FR* 4/19, inf. 5, p. 14. Cette jurisprudence a été réaffirmée : CE, 8e et 3e ch., 6 févr. 2019, n° 410248, *Sté Alternance* : *RJF* 5/19, n° 466, concl. K. CIAVALDINI (C 466).

447 CE, 8e et 3e ch., 4 juin 2019, n° 418357, *Sté d'investissements maritimes et fonciers* : *RJF* 08-09/19, n°753, concl. R. VICTOR (C753) ; CE, 9e et 10e ch., 27 févr. 2019, n° 401938, *SCI Apollo* : *RJF* 5/19, n° 417.

448 CAA Marseille, 30 janv. 2020 ; n° 19MA02683, *Sté d'investissements maritimes et fonciers* : *RJF* 12/20 n° 978, concl. S. OUILLON (C 978). À noter que dans cette affaire la cour administrative d'appel se prononce sur le renvoi du Conseil d'État.

449 CE, 9e ch., 8 mars 2021, n° 433019, *Sté La Maisonnette* : *RJF* 05/21, n° 451.

locative et que le contribuable n'apporte aucun élément de nature à remettre en cause cette évaluation, elle doit être regardée comme apportant la preuve du caractère anormal de l'acte de location si le contribuable ne justifie pas que l'appauvrissement qui en est résulté a été décidé dans l'intérêt de l'entreprise, soit que celle-ci se soit trouvée dans la nécessité de procéder à la location à un tel prix, soit qu'elle en ait tiré une contrepartie ». Cette solution étend la présomption au cas des loyers minorés. Le Conseil d'État s'y oppose : l'intention de s'appauvrir ne se déduit pas de la seule faiblesse des loyers. Il manque à la démonstration du service la preuve de l'élément intentionnel. Le vérificateur aurait pu se prévaloir des relations d'intérêt existant entre l'associé et la société, ce qu'il n'a pas fait.

478. **Opinion.** La haute juridiction administrative ne se méprend pas en restreignant le champ d'application de la présomption aux seules cessions d'immobilisations. En effet, en cas de minoration excessive du prix de vente, l'erreur de gestion apparaît peu vraisemblable, puisque le contribuable sera d'autant plus vigilant qu'il s'agit d'opérations relatives à des immobilisations destinées non pas à la revente, mais à être utilisées durablement par l'entreprise. Ainsi, selon A. Bretonneau, dans ses conclusions sur l'affaire du *château de la Croë*, la minoration du prix de vente d'une immobilisation « emporte un appauvrissement structurel de la société, amputée d'une partie de sa substance, et voyant tarie à concurrence la source de ses revenus, sans qu'une rémunération adéquate vienne la compenser[450] ».

En outre, étendre la présomption à toutes les opérations risquerait d'interdire les bonnes affaires pour le cessionnaire et de punir toute erreur d'appréciation pour le cédant[451]. Comme le souligne R. Victor : « cette méthode [qui consiste à déduire l'intention libérale d'un écart significatif entre la valeur vénale et le prix de vente d'une immobilisation] est beaucoup moins pertinente dans le cas de l'actif circulant, car elle reviendrait en pratique à faire à l'entreprise le procès de n'avoir pas tiré le maximum de profit que les circonstances auraient pu lui permettre de réaliser, ce qui s'apparente à une immixtion dans la gestion de l'entreprise[452] ».

c. Une présomption d'enrichissement

479. **Deux armes**. Lorsque l'administration fiscale constate un appauvrissement volontaire dénué de contrepartie, elle en tire les conséquences sur la matière imposable de l'entreprise. En parallèle, elle impose le tiers qui s'est enrichi. Si l'article 47 de l'annexe II du Code général

---

[450] CE, plén., 21 déc. 2018, n° 402006, *Sté Croë Suisse : Dr. fisc.* 2019, n° 9, comm. 176, concl. A. BRETONNEAU, note F. DEBOISSY et G. WICKER ; *RJF* 3/19, n° 246, chron. V. VILETTE, p. 303.
[451] Cette réflexion est détaillée dans la partie iv. Le danger des présomptions d'appauvrissement volontaire.
[452] V. *supra* n° 446.

des impôts dispose que « toute rectification du bénéfice imposable à l'impôt sur les sociétés [...] sera prise en compte [...] pour le calcul des sommes distribuées », le Conseil d'État en tempère néanmoins la rigueur. L'administration fiscale doit démontrer que le redressement en cause procède, à la fois, d'un désinvestissement[453] et surtout qu'il a été effectivement appréhendé par un bénéficiaire[454]. Celui-ci peut d'ailleurs être tout aussi bien un associé qu'un tiers à la société (par exemple, un gérant de fait), dès lors que le vérificateur fonde ses prétentions sur l'article 109-1, 1° du Code général des impôts[455]. À défaut d'une telle démonstration, il ne peut exister de revenus distribués.

Néanmoins, s'il est impossible de savoir qui a réellement perçu les sommes détournées, les recettes dissimulées[456], le Conseil d'État contourne la difficulté par l'instauration d'une présomption (irréfragable) d'enrichissement à travers la notion du maître de l'affaire[457].

480. **Définition.** Le maître de l'affaire est celui « qui exerce la responsabilité effective de l'ensemble de la gestion administrative, commerciale et financière de la société et dispose sans contrôle de ses fonds[458] ». Il est celui qui détient les pouvoirs les plus étendus pour agir au nom de la société. Il peut donc user des biens et des fonds de l'entreprise comme il l'entend. C'est pourquoi, il est présumé irréfragablement avoir appréhendé les revenus dissimulés[459]. Toutefois, il ne peut y avoir qu'un seul maitre de l'affaire, en dehors du cas particulier des époux formant un unique foyer fiscal et assurant conjointement le contrôle de l'entreprise[460]. Par exemple[461], l'administration fiscale n'établit pas l'appréhension des bénéfices désinvestis dès lors que le frère de la personne requérante (le bénéficiaire selon l'administration fiscale) détenait également, avec son épouse, 51 % des parts de la SARL et avait signé de nombreux documents engageant cette société au cours de la période vérifiée. Dès lors, le contribuable ne pouvait être présumé avoir appréhendé les revenus distribués par la SARL, le Conseil d'État ne

[453] CE, plén., 5 déc. 1984, n° 46962, *Etienvre* : *RJF* 02/85, n° 96.

[454] CE, plén., 29 sept. 1989, n° 75304, *Venutolo* : *Dr. fisc.* 1990, n° 5, comm. 142, concl. O. FOUQUET.

[455] Tous les bénéfices qui ne sont pas mis en réserves ou incorporés au capital sont réputés distribués.

[456] Le concept prétorien de « maître de l'affaire » permet de contourner la difficulté à démontrer l'appréhension de sommes d'argent. Cette présomption est utilisable en présence d'un compte courant d'associé non nominatif (CE, 9e ch., 27 oct. 2022, n° 462301 : *RJF* 01/23, n° 23).

[457] CE, 7e et 9e s.-s., 29 avril 1985, n° 60209, *Indivision Ferdinand Stoeckel* : *RJF* 6/85, n° 872 ; CE, 9e et 10e s.-s., 31 déc. 2008, n° 296472, *M. et Mme M.* : *RJF* 4/09, n° 346, concl. C. LEGRAS, *BDCF* 4/09, n° 48.

[458] CE, 8e et 3e ch., 14 sept. 2016, n° 400882, *M. et Mme C.* : *RJF* 12/16, n° 1113, concl. R. VICTOR (C 1113).

[459] CE, 8e et 3e ch., 29 juin 2020, n° 432815 : *RJF* 10/20, n° 786, concl. R. VICTOR (C 786).

[460] CE, sect. cont., 16 mars 2020, n° 433098, inédit.

[461] CE, plén., 22 fév. 2017, n° 388887 : *RJF* 05/17, n° 431.

sachant pas véritablement laquelle des deux personnes en présence s'était enrichie.

481. **Article 117 et 1759 du CGI.** Par conséquent, afin d'imposer le tiers qui s'est enrichi, l'administration dispose, dans le cas des recettes dissimulées, de deux possibilités : identifier le maitre de l'affaire, comme précédent énoncé, et demander que l'entreprise révèle les bénéficiaires en vertu de l'article 117 du Code général des impôts. L'un n'est pas exclusif de l'autre.

Dans le cadre du dispositif fixé à l'article 117 du Code précité, l'administration fiscale peut forcer la société à déclarer les bénéficiaires de la distribution. L'absence de réponse dans un délai de 30 jours sera sanctionnée par une amende correspondant au montant des sommes distribuées dont l'administration fiscale recherche le bénéficiaire. L'article 1759 punit la société qui ne révèlerait pas l'identité de ce dernier (du bénéficiaire). Soulignons toutefois que la personne désignée pourra contester le rattachement à ses revenus des sommes en cause, ce qui forcera l'administration fiscale à devoir démontrer l'appréhension effective de celles-ci. À moins que le dirigeant de la société se soit lui-même dénoncé[462], auquel cas il devra alors rapporter la preuve de la non-appropriation des sommes.

482. **Critiques.** Le caractère contestable, puisque irréfragable, de ces présomptions a été explicitement souligné par D. Lecomte[463]. En atteste l'exemple des prêts sans intérêt qui sont constitutifs d'un acte anormal de gestion. Si l'administration fiscale applique l'article 117 du Code général des impôts (la société devra désigner une personne) ou met en œuvre le concept prétorien du maître de l'affaire, le dirigeant sera imposé sur un manque à gagner qu'il est donc impossible d'appréhender. Ce qui fait dire à l'auteur précité que « plus généralement, s'agissant des actes anormaux de gestion, l'utilisation par les services fiscaux de la procédure de l'article 117 […] et de la notion du maître de l'affaire risque fort de placer le contribuable visé dans une situation plus qu'inconfortable, pour ne pas dire injuste, et ce, même dans des situations à propos desquelles le Conseil d'État a jugé qu'il n'y avait aucune appréhension [d'une somme d'argent] ». Cette incohérence n'encourage aucunement le civisme fiscal.

3. Le risque des présomptions d'appauvrissement volontaire

a. Une nécessité…

483. **Les excès.** Les présomptions facilitent l'identification de l'intention, parfois de manière heureuse, en permettant de sanctionner des situations qui ne l'auraient alors pas été faute de preuves nécessaires. En témoigne l'affaire

462 CE, sect., 8 nov. 1974, n° 83219 : *RJF* 1/75, n° 17, chron. B. Martin Laprade, p. 9.

463 D. Lecomte, « Les distributions irrégulières des sociétés », *REIDF* 2022, n° 2, p. 163.

du *château de la Croë* [464] : les parties en cause ne sont pas, en tout cas en apparence, en relation d'intérêt[465]. Ce faisant, l'administration fiscale ne démontre pas l'intention libérale. Or le prix de vente s'écarte significativement de la valeur vénale de l'immeuble. Le Conseil d'État présume l'appauvrissement volontaire à hauteur de cette différence. Il ne faudrait pas qu'une apparente liberté contractuelle permette l'évasion fiscale.

b. … qui ne doit pas être détournée

484. **Atteinte au droit à l'erreur.** Néanmoins, les présomptions d'appauvrissement volontaire ne doivent pas porter atteinte à la liberté des chefs d'entreprises et à leur droit à l'erreur. Si l'on comprend leur nécessité face à une intention qu'il est parfois simple de simuler, elles ne doivent pas, pour autant, réprimer les véritables investissements et l'incertitude à laquelle ils conduisent. Pourtant, présumer l'appauvrissement volontaire d'un écart significatif de valeur des immobilisations nous paraît dangereux : l'écart véritablement significatif de la jurisprudence du *château de la Croë* [466] s'est réduit à 20 % selon la proposition de certains rapporteurs publics[467]. La référence à ce pourcentage est apparue pour la première fois en 2009 dans les conclusions de L. Olléon. Ce dernier considère qu'un écart est significatif s'il est d'au moins de 20 %. Toutefois, sa proposition intervenait dans des circonstances bien différentes de celles de l'affaire du *château de la Croë* puisque l'administration fiscale devait toujours démontrer le caractère *délibéré* de l'appauvrissement. En somme, le seuil de 20 % était employé à l'origine pour établir l'appauvrissement dans le cas où les parties entretenaient des relations d'intérêt. Par conséquent, l'intention libérale ne se présumait pas ici du seul appauvrissement. Néanmoins, certains ont fait régulièrement référence à ce seuil[468] et notamment A. Bretonneau dans ses conclusions sur la décision précitée (*Château de la Croë*[469]).

Pourtant, il nous semble qu'il s'agit d'un écart bien insuffisant pour présumer une absence de sincérité, ce qui condamnerait *in fine* les bonnes affaires. L'administration fiscale s'y engouffre néanmoins, ce qui fait peser sur le contribuable le risque de se retrouver sanctionné pour de simples erreurs d'appréciation. Montrons, au travers d'une espèce récente, que l'écart de prix

---

[464] CE, plén., 21 déc. 2018, n° 402006, *Sté Croë Suisse : Dr. fisc.* 2019, n° 9, comm. 176, concl. A. BRETONNEAU, note F. DEBOISSY et G. WICKER ; *RJF* 3/19, n° 246, chron. V. VILETTE, p. 303.

[465] Le caractère volontaire de l'appauvrissement se présume des relations particulières entre les parties (relation familiale, d'affaires…). Voir en ce sens : CE, 27 janv. 1989, n° 61422, *Hermès* : *RJF* 3/89, n° 306.

[466] *Supra* n° 463.

[467] CE, 8e et 3e s.-s., 3 juill. 2009, n° 301299, *Hérail* : *RJF* 11/09, n° 940, concl. L. OLLEON.

[468] Concl. Y. BENARD sur CE, plén., 9 mai 2018, n° 387071, *Sté Cérès* : *RJF* 7/18, n° 726, concl. p. 1014 (C 726), A. BRETONNEAU sur CE, plén., 21 déc.2018, n° 402006, *Sté Croë Suisse* : *RJF* 3/19, n° 246, concl. p. 390 (C 246).

[469] *Ibid.*

fixé à 20 % est inopportun, et qui plus est, déterminé de façon totalement arbitraire.

485. **Illustration**[470]. La société Crédit Agricole Leasing et Factoring cède en octobre 2010, l'intégralité des titres non cotés de la société SLD au profit d'une autre filiale du groupe. L'administration fiscale considère, au cours d'une vérification de comptabilité, que l'opération a été réalisée à un prix inférieur à leur valeur réelle. Elle estime que l'écart de 14 % (d'un montant de 10 032 885 euros) – existant entre le prix de cession déterminé par les parties et le prix rectifié par le vérificateur – constitue une libéralité devant être réintégrée dans les résultats de la société vérifiée.

486. **Le principe.** Le Conseil d'État nous rappelle, s'agissant de la cession d'un élément d'actif immobilisé, que l'administration fiscale apporte la preuve d'une libéralité si elle démontre que le prix de vente est significativement inférieur à la valeur vénale de l'immobilisation cédée. Cette dernière doit être appréciée compte tenu de tous les éléments dont l'ensemble permet d'obtenir un chiffre aussi voisin que possible de celui qu'aurait entraîné le jeu normal de l'offre et de la demande à la date de la cession. L'évaluation des titres d'une telle société doit être effectuée, par priorité, par référence au prix d'autres transactions intervenues dans des conditions équivalentes et portant sur les titres de la même société ou, à défaut, de sociétés similaires. Toutefois, en l'absence de transactions intervenues dans des conditions équivalentes et portant sur les titres de la même société où, à défaut, de sociétés similaires, l'administration peut légalement se fonder sur l'une des méthodes destinées à déterminer la valeur de l'actif ou sur la combinaison de plusieurs de ces méthodes.

487. **La solution**. La haute juridiction administrative observe que l'écart – entre le prix de cession des titres de la société SLD et leur valeur réelle selon l'évaluation de l'administration fiscale – ne s'élevait qu'à 14,1 %. Il n'est donc pas significatif comme le prétend l'administration fiscale. Elle constate par ailleurs que toute évaluation de titres non cotés en bourse comporte un aléa, tenant au choix de la ou des méthodes d'évaluation prises en compte et aux multiples correctifs qu'il est possible de retenir.

Néanmoins, l'actif de la société SLD est majoritairement composé d'un portefeuille de placements de trésorerie. Par conséquent, l'administration fiscale a pu à bon droit retenir comme unique méthode d'évaluation des titres en cause celle d'évaluation dite patrimoniale ou mathématique, et écarter tous les facteurs de décote dont se prévalait le requérant. Cependant, en dehors de ce cas particulier d'une société dont l'actif est constitué exclusivement de placements de trésorerie, dont l'évaluation ne comporte aucun aléa, un écart de 14 % pourrait-il être considéré comme significatif par l'administration fiscale ? Pourrait-elle invoquer la présomption d'appauvrissement à chaque

---

470 CE, 9e et 10e ch., 7 avril 2023, *Sté Crédit Agricole*, n° 466247, inédit ; CE, 9e ch., 26 oct. 2021, n° 426462, *Sté Crédit Agricole* : *RJF* 01/22, n° 7.

fois que l'évaluation qu'elle réalise s'écarte de 14 % (ou 20 %) de celle qui a été retenue par les parties ?

488. **Opinion.** L'écart entre le prix de cession et la valeur de marché doit véritablement être excessif pour qu'il puisse faire présumer une mauvaise intention. À défaut, le Conseil d'État devra, une nouvelle fois, tuer sa propre créature, faute d'une utilisation raisonnée. Il ne faudrait pas, en effet, que les déviances qui ont conduit à la suppression de la théorie du risque manifestement excessif ne ressurgissent. Rappelons que cette dernière a finalement été considérée comme une présomption d'appauvrissement volontaire, conduisant à sa déviance. En ce sens, l'excès de risque, qui ne s'appréciait, *a fortiori,* qu'à la constatation de l'échec, suffisait à faire présumer l'appauvrissement volontaire. Or, cette théorie ne visait à l'origine qu'à redresser les effets sur la matière imposable des excès manifestes engendrés par une persévérance telle qu'elle en devenait coupable. Cette présomption inédite, issue de la jurisprudence du *Château de la Croë,* ne doit pas, à son tour, être détournée de ses objectifs.

Les présomptions d'intention libérale étant exposées, venons-en à présent à la notion d'appauvrissement au travers des déséquilibres des obligations réciproques, des contreparties.

B. Le juste enrichissement du second cadre normatif

489. **Exception.** Observons à présent l'émergence d'un second cadre normatif. À notre avis, la liberté contractuelle fonde le principe de non-maximisation des bénéfices : les parties sont libres de conclure ou non un contrat, et ce, à un prix qui leur convient. Leur absolue indépendance exclut toute intention libérale. En matière fiscale, cela se traduit par le fait que l'anormalité d'un acte de gestion ne se démontre pas par l'intérêt qu'un tiers en retire, tant que l'entreprise qui l'accomplit y retire également un avantage. Cela sans que l'équilibre des relations financières ne revête une importance particulière. Cette conception est toutefois entièrement altérée en présence de cocontractants entretenant des relations d'intérêt. En l'absence d'indépendance, la possibilité d'une intention libérale se manifeste, et seule la parfaite équité des relations financières permet de l'écarter. Ce n'est donc plus le moindre enrichissement qui importe (le principe de non-maximisation des bénéfices), mais le juste enrichissement. Le principe de liberté de gestion subsiste néanmoins. Il convient alors de distinguer cette latitude (a) du juste enrichissement (b).

a. La subsistance du principe de liberté de gestion

490. **Principe.** Les relations d'intérêt n'entravent aucunement la liberté de gestion. Pour le saisir, prenons l'exemple des opérations de démembrement de propriété. Certains vérificateurs ont tenté d'invoquer la théorie de l'acte

anormal de gestion dans le cas où une société acquiert l'usufruit d'une chose alors qu'elle avait les moyens financiers d'acheter la pleine propriété, pour un coût sensiblement équivalent. Selon ce raisonnement, la société aurait alors avantagé les nus-propriétaires qui, à terme, se retrouveront pleins propriétaires avec une faible mise de fond. La tentative fut un échec[471] : la circonstance qu'un tiers retire de l'acte un avantage ne préjuge pas de l'anormalité dudit acte, dès lors que l'entreprise y trouve également un intérêt. Cela dit, le fisc peut toujours explorer d'autres voies, notamment celles liées aux relations d'intérêt.

La problématique est alors déplacée. Il ne s'agit plus de savoir si le contribuable aurait dû acquérir la pleine propriété (ce choix d'investissement relève de la liberté de gestion), mais de vérifier s'il a acquis l'usufruit au juste prix. En résumé, il incombe au service de démontrer que le prix d'achat de l'usufruit diffère de sa valeur vénale. Conséquemment, ce n'est plus l'enrichissement (quelle que soit sa mesure) qui importe, mais le juste enrichissement. Illustrons cette idée à l'aide de deux exemples.

i. Première illustration

491. **Illustration.** Une espèce récente[472] témoigne du principe énoncé : le contribuable est libre de ses choix d'investissement, y compris si les parties en présence entretiennent des relations d'intérêt. Les associés personnes physiques de la société X créent avec la société Y (filiale de X) une SCI Z. Ils cèdent rapidement l'usufruit temporaire (17 ans) des parts sociales de la SCI Z au profit de la société Y (filiale de X). Si bien, qu'à l'issue des opérations (en février 2015), la société Y détient 60 % du capital de la SCI, ainsi que l'usufruit temporaire pour 17 ans sur les 40 % restants. En octobre 2015, la SCI acquiert un bien immobilier à usage professionnel, utile à la société Y, qu'elle finance par un emprunt.

492. **Les griefs**. L'administration fiscale considère que la société Y s'est appauvrie délibérément sans bénéficier d'une quelconque contrepartie. Son raisonnement consiste à comparer les sommes versées par chacun. Elle constate que la société Z a fait apport d'une somme de 18 000 euros (60 % du capital de Z), puis elle a déboursé 75 000 euros pour acquérir l'usufruit temporaire des parts. Elle a également versé « en compte courant d'associé bloqué 1 762 968 euros pour boucler l'opération de financement, cautionné 60 % des prêts bancaires [pour se retrouver] à l'échéance propriétaire de 60 % du capital d'une société dont la valeur est de 3 584 454 euros […][473] ». *A contrario*, les associés personnes physiques n'ont apporté en numéraire, lors

[471] En témoigne, par exemple, l'arrêt de la cour administrative d'appel de Douai : CAA Douai, 1er juill. 2019, n° 17DA0129.
[472] TA Lyon, 6e ch., 6 déc. 2022, n° 2102310, inédit.
[473] *Ibid.*

de la constitution de la SCI Z, qu'une somme de 12 000 euros pour se retrouver, à l'issue du montage, propriétaires de 40 % des parts de la SCI, le tout sans jamais s'être portés caution de l'emprunt.

Forte de ce raisonnement, le service conclut qu'au regard « de *la situation déséquilibrée en matière de risques liés au financement* entre la [la société Y] et les […] personnes physiques de la SCI […], la détention de 40 % du capital par [ces dernières] aurait dû se traduire, pour assurer *l'impératif d'égalisation des taux de rendement interne*, par un investissement en capital de 595 000 euros, et non uniquement de 12 000 euros […][474] ». Selon le vérificateur, les associés personnes physiques ont donc bénéficié d'un avantage aux dépens de la société Y de 583 000 euros, correspondant à la différence entre les sommes de 595 000 euros et 12 000 euros.

493. **La solution**. Le tribunal administratif de Lyon rejette la thèse de l'administration fiscale. Le déséquilibre financier, que l'administration décrit, ne démontre en rien que la société Y s'est appauvrie. Pour le juge du fond « le fait pour une société commerciale de consentir à participer au capital d'une SCI avec des associés personnes physiques, par ailleurs actionnaires et mandataires sociaux de cette société commerciale, dans le cadre d'un projet immobilier visant au développement de son activité ne constitue pas en soi, un acte ne relevant pas d'une gestion commerciale normale ni même la présomption d'un tel acte, mais relève de l'opportunité de ses choix de gestion, *quel que soit le rendement escompté de cette participation* au capital de la SCI *pour chacun des associés concernés* ». Le juge poursuit en considérant que l'administration fiscale ne peut pas fonder son redressement exclusivement sur l'existence d'un déséquilibre des risques financiers, car cela ne démontre aucunement l'appauvrissement de la société Y. La seule circonstance qu'une opération puisse comporter un avantage certain pour un tiers ne suffit pas à établir le caractère fiscalement anormal de ladite opération, tant que le contribuable ne s'appauvrit aucunement et que le prix payé est conforme au marché. En somme, l'administration fiscale ne peut pas critiquer le choix de l'investissement, mais seulement son prix (v. *infra* n° 494, n° 497 et s.).

494. **Autre illustration**. Le tribunal administratif de Nîmes tient le même raisonnement dans une espèce récente[475]. La société X détient l'usufruit des parts de la SCI Y. Cette dernière société envisage la construction de bâtiments commerciaux, ce qui nécessite un financement important. Afin de faciliter le recours à des emprunts bancaires, la société X souscrit à l'augmentation de capital de la SCI. L'usufruit temporaire de la totalité des 5 080 parts émises à cette occasion, d'une durée de 16 ans, a été évalué à 94 % de la valeur en pleine propriété, soit 477 520 euros sur les 508 000 euros d'apports totaux.

---

[474] *Ibid.*

[475] TA Nîmes, 3e ch., 17 fév. 2023, n° 2023794, inédit.

L'administration fiscale conteste l'amortissement de l'usufruit[476] des parts pratiqué par la société X sur le fondement de l'acte anormal de gestion. Le vérificateur soutient, en premier lieu, que la société aurait pu acquérir la pleine propriété des titres pour guère plus cher que l'usufruit. Il prétend, en second lieu, que la société X n'avait aucun intérêt à participer à l'augmentation de capital, car elle allait de toute façon percevoir les résultats dégagés par la société Y. Le service critique indirectement le déséquilibre des contreparties : en acquérant l'usufruit, et non la pleine propriété, la société X aurait agi dans un sens contraire à son propre intérêt. Elle aurait alors favorisé le nu-propriétaire.

La cour juge, au contraire, que la société est libre de ses choix de gestion tant qu'elle ne s'appauvrit pas. De la même manière que le principe posé dans l'illustration précédente, la circonstance qu'un tiers retire de l'opération un avantage ne confère aucunement à l'acte un caractère anormal, y compris lorsque les contribuables impliqués entretiennent des relations d'intérêt. Le choix de l'investissement n'est aucunement contestable, contrairement à son prix.

ii. Seconde illustration

495. **Les faits.** Un associé minoritaire octroie une aide à l'une de ses filiales en difficulté implantée à l'étranger. À l'issue d'une vérification de comptabilité, le service n'a admis la déduction qu'à hauteur de la détention de l'associé minoritaire dans le capital social, soit 22.58 %. La part restante de l'aide qui n'a pas été admise en déduction est considérée comme un transfert indirect de bénéfices en vertu de l'article 57 du Code général des impôts.

L'administration affirme que le contribuable n'a pas agi dans son propre intérêt, laissant entendre que l'associé majoritaire est celui qui aurait dû apporter son soutien à la filiale.

496. **La solution.** La cour administrative d'appel de Versailles souligne que l'actionnaire majoritaire de la filiale en difficulté dispose tout autant d'un intérêt financier à la préservation du renom de la marque. Selon la cour, cela fait obstacle à ce que la société requérante (minoritaire) supporte intégralement la charge du refinancement de la filiale[477]. Cependant, le Conseil d'État s'y oppose en affirmant que la cour a commis une erreur de droit en déduisant l'absence d'intérêt commercial pour la société requérante uniquement de l'existence d'un intérêt financier de l'actionnaire principal de la filiale. Ainsi, même en présence de sociétés liées par des intérêts au sein d'un

---

[476] Soulignons, à titre subsidiaire, qu'un usufruit viager est également amortissable. Sur ce sujet, v. A. DE BISSY, « L'administration a tout faux : l'usufruit viager est un actif incorporel et il peut être amorti ! », *Dr. fisc.* 2019, n° 44-45, comm. 427.

[477] CAA Versailles, 22 juin 2021, n° 19VE03151, inédit.

même groupe, le simple fait qu'un tiers tire avantage d'une opération n'est pas suffisant pour qualifier cet acte d'anormal sur le plan fiscal[478].

Voyons maintenant que si le service ne peut s'exercer à des contrôles d'opportunité, il peut en revanche exiger le juste enrichissement lorsque les parties sont dépendantes. Tout du moins s'il est en mesure d'identifier une valeur de marché pour une opération d'investissement déterminée.

b. Le juste enrichissement du second cadre normatif

497. **Exception.** Les relations d'intérêt font certes présumer l'intention libérale, de sorte que l'administration fiscale n'a plus qu'à établir l'appauvrissement. Cependant, la singularité des relations d'intérêt va au-delà. Le déséquilibre financier, qui n'était pas anormal dans le premier cadre normatif, peut le devenir, car l'appauvrissement est ici relatif pour se déterminer par rapport à un enrichissement équitable (à une valeur de marché). Ce principe se manifeste de diverses manières.

497-1. **En premier lieu**, le principe de pleine concurrence requiert que les prix de transfert entre entreprises liées correspondent à ceux du marché. Comme illustré par la jurisprudence *SA Electricité de France*[479] (v. *supra* n° 417 et s.), il ne suffit pas de s'enrichir, l'entreprise doit le faire dans une juste mesure. À ce titre, l'article 57 du Code général des impôts sanctionne à l'échelle internationale les actes anormaux de gestion. Selon ce dispositif, l'anormalité est établie dès lors que l'administration fiscale démontre que les prix pratiqués entre entreprises liées ne sont pas ceux en vigueur entre entreprises totalement indépendantes. Et dès lors que ce prix ne peut être déterminé par comparaison, il appartient au service d'établir « l'existence d'un écart injustifié entre le prix convenu et *la valeur vénale* du bien cédé ou du service rendu[480] ». Ainsi, le simple enrichissement ne suffit plus. L'entreprise doit réaliser un gain qualifié de juste par le droit fiscal, lequel exclut ici la possibilité d'une non-maximisation des bénéfices.

Dans une affaire récente, l'administration redressait une société française, structurellement déficitaire, pour avoir insuffisamment facturé certaines prestations à sa filiale étrangère. Le juge du fond a déclaré que « le fait de ne pas tirer suffisamment profit d'un actif [en l'occurrence un brevet] ne peut pas,

---

[478] CE, 10e et 9e ch., 29 déc. 2023, n° 455810 et 455813, *Sté Cie Gervais Danone et Sté Danone : FR* 6/24, inf. 1, p.2. Cette jurisprudence est également détaillée dans la partie consacrée à la liberté de gestion entre des parties en relation d'intérêts (v. *infra* n° 490).

[479] CE, 8e et 3e ch.,16 nov. 2022, n° 462383, 462388, *SA Électricité de France* : *RJF* 02/23, n° 89.

[480] J.-L. PIERRE, « Recours par le service des impôts à l'article 57 du CGI au sujet d'une convention de gestion de trésorerie entre une société française et une société étrangère », *Dr. des sociétés* 2022, n° 12, comm. 141.

en soi, constituer un acte anormal de gestion[481] » au sens de l'article 57 du Code général des impôts (CGI). Cette interprétation semble en contradiction avec notre analyse, car la cour administrative d'appel de Lyon laisse entendre que le simple fait de s'enrichir suffirait à écarter le dispositif susmentionné (art. 57 du CGI), y compris en présence de parties dépendantes. Cependant, il en est autrement : les actes juridiques régissant les relations entre les deux sociétés étaient en place bien avant que la société française incriminée ne rachète les titres de la société étrangère. C'est cette circonstance qui permet d'écarter l'anormalité de l'acte de gestion. Cette solution rappelle la jurisprudence SAP France (v. *supra* n° 389 et s.) : la normalité d'un acte de gestion doit être appréciée au moment de sa prise de décision.

497-2. **En second lieu**, en ce qui concerne les avances de trésorerie entre sociétés liées, il est nécessaire qu'elles soient rémunérées à un taux de marché. Pour rappel, l'article 39-1-3 du Code général des impôts (CGI) fixe le montant maximal des intérêts (par le biais d'un taux d'intérêt maximum) qu'une entreprise peut déduire en raison des sommes qui lui sont prêtées par ses associés. De plus, l'article 212-1, a du CGI « étend ce mécanisme de limitation aux opérations entre personnes liées, en permettant à l'emprunteur […] de se référer |si nécessaire], au taux[482] » qu'il aurait pu obtenir d'établissements ou d'organismes financiers indépendants dans des conditions similaires. Il est important de souligner que cette exigence d'un taux de marché « s'applique également dans un contexte purement national[483] », dès lors que les entreprises impliquées sont liées au sens de l'article 39-12 du CGI. La relation de dépendance entre les parties entraîne les contribuables dans un cadre normatif où la juste contrepartie (le juste appauvrissement, ainsi que le juste enrichissement) se détermine par rapport à une valeur vénale ou à une valeur de marché. Par conséquent, tout manque à gagner sera corrigé, même en présence d'un principe de non-maximisation des bénéfices. C'est ainsi qu'apparaît un second cadre normatif où le juste enrichissement prime sur le moindre enrichissement.

498. **Les faits.** Au final, un contribuable peut alors commettre un acte anormal de gestion tout en s'enrichissant. En témoigne une espèce récente[484].

Une société, qui exerce l'activité de marchand de biens, acquiert en 2010 deux terrains à bâtir pour le prix de 312 000 euros. Un des terrains est vendu deux plus tard au prix de 400 000 euros au gérant et associé unique de la société. Au cours d'une vérification de comptabilité, l'administration fiscale redresse la différence entre la valeur vénale et le prix de vente sur le fondement de la théorie de l'acte anormal de gestion. Parallèlement, le cessionnaire est

---

[481] CAA Lyon, 2e ch., 11 janv. 2024, n° 2200272, *SASU Alchimedics* : *Dr. fisc.* 2024, n° 14, comm. 218, note J.-L. PIERRE : *Dr. des sociétés* 2024, comm. 43.

[482] T. PONS, « La limitation des taux d'intérêt déductibles par les articles 39-1-3 et 212-1 a du CGI en question », *Dr. fisc.* 2023, n° 45, étude 328.

[483] *Ibid.*

[484] CE, 8e et 3e ch., 25 oct. 2023, n° 466532 : *RJF* 01/24, n° 23, concl. R Victor (C 23).

imposé sur cette différence au titre d'un avantage occulte (article 111 c du Code général des impôts).

499. **Moyens.** L'administration fiscale constate que la valeur de vente du terrain est en deçà (de 25 %) de celle vénale déterminée par comparaison. Elle observe ensuite que le cessionnaire n'est autre que le gérant et associé unique de la société. L'intention libérale est alors présumée.

La société requérante se prévaut, quant à elle, d'avoir réalisé une marge de près de 22 % lors de l'opération incriminée. Elle reproche à l'administration fiscale d'occulter le fait qu'elle s'est réellement enrichie. Selon la requérante, cette circonstance écarte à la fois l'appauvrissement et l'intention libérale : la société s'étant enrichi, elle n'a pu s'appauvrir délibérément.

500. **Solution.** Le Conseil d'État ne retient pas le moyen soulevé par le contribuable. La cour administrative d'appel ne commet aucune erreur de droit en faisant fi de la marge de 22 % réalisée. Comme le rappelle R. Victor dans ses conclusions sur cet arrêt : « Pour la cession d'un élément de stock, ce qui n'est pas suspect entre parties non liées, compte tenu de la réalisation d'une marge commerciale, et ce qui ne saurait être remis en cause sauf à s'immiscer dans les choix de gestion, devient suspect entre parties liées[485] ».

501. **Opinion.** Une société peut donc commettre un acte anormal de gestion tout en s'enrichissant, mais d'une manière insuffisante. C'est pourquoi le principe de recherche du profit (et de non-maximisation des bénéfices) ne joue que lorsque les cocontractants sont totalement indépendants.

Les conclusions de R. Victor sur cet arrêt étudié révèlent que le requérant invoquait la jurisprudence traditionnelle relative aux actes anormaux de gestion. Plus précisément, il proposait de se conformer au cadre normatif que nous avons longuement décrit où seul l'enrichissement, peu importe son niveau, est pris en compte pourvu qu'il existe. Dans ce contexte, la circonstance que la société ait effectivement réalisé une marge bénéficiaire de 22 % suffisait à écarter la théorie de l'acte anormal de gestion, et ce faisant, l'avantage occulte. Néanmoins, le raisonnement adopté par le contribuable comportait deux erreurs.

D'une part, S. Bradburn et V. Forestier transmettent clairement l'idée, dans leur note sur l'arrêt étudié, que l'acte anormal de gestion et l'avantage occulte, bien qu'ils soient liés d'une certaine manière, sont deux procédures indépendantes l'une de l'autre. Ils soulignent également que la libéralité peut être soumise à taxation entre les mains du bénéficiaire au titre des distributions occultes, sans que le bénéfice imposable de la société soit nécessairement redressé. En témoigne les comptes courants d'associés débiteurs. Enfin, ils mettent en évidence que l'anormalité de l'acte n'est pas un critère de taxation

---

[485] *Ibid.*

d'une distribution occulte et que l'article 111 c du CGI constitue un fondement autonome d'imposition[486].

D'autre part, le requérant omettait les relations d'intérêt évidentes entre le cédant, en l'occurrence la société, et le cessionnaire (son associé unique et gérant). Il se situait, quoi qu'il en dise, dans le second cadre normatif où le juste enrichissement (une vente en valeur de marché) prévaut sur tout autre enrichissement quelconque (une simple marge bénéficiaire) et où les relations d'intérêt supplantent le principe de non-immixtion dans la gestion des entreprises permettant de ne pas exiger la maximisation des résultats. Selon R. Victor dans ses conclusions sur l'arrêt *Sté d'investissements maritimes et fonciers*, précédemment exposé (v. *supra* n° 464) : « le constat [d'un] écart significatif entre le prix convenu et la valeur vénale d'un élément de l'actif circulant, qui est insuffisant à faire jouer la présomption d'anormalité de l'acte dans le cas d'une cession conclue entre des parties dont il n'est pas établi qu'elles sont liées, suffit en revanche à établir l'existence d'une libéralité entre parties en relation d'intérêts ».

Par conséquent, bien que les considérants du Conseil d'État précisent qu'un acte de gestion est anormal lorsque l'appauvrissement (volontaire) est significatif, il est également vrai qu'un écart même faible (en valeur relative) peut rapidement le devenir (significatif) en présence de parties ayant des relations d'intérêt. En effet, l'existence de telles relations influence non seulement la preuve de l'intention libérale, mais aussi le fond de la question, en ce qui concerne la considération même de l'appauvrissement. Ainsi, comme l'a jugé la haute juridiction administrative, un écart de prix de 14,3 % est considéré comme significatif « compte tenu de l'ensemble des circonstances de l'espèce[487] », dans une affaire où une société avait cédé un bien immobilier à l'un de ses associés gérants. Bien que l'écart de 20 % souvent mentionné serve de seuil de sécurité face à la subjectivité des évaluations (en réponse à l'aléa), il semble que les parties ayant des relations d'intérêt ne peuvent pas se permettre de s'écarter du juste enrichissement.

Cela dit, toutes les relations privilégiées n'excluent pas systématiquement la normalité fiscale. Encore faut-il que l'administration s'attache à déterminer un prix de marché, ce qui n'est pas toujours possible. En témoigne l'exemple des dépenses de publicité.

502. **Illustration**. La haute juridiction administrative[488] a, par le passé, accepté qu'une société finance une écurie de voitures de compétition pilotées par le directeur général adjoint de la société et principal actionnaire de celle-ci. Elle avait constaté que les véhicules étaient utilisés comme supports

---

[486] S. Bradburn et V. Forestier, note sur CE, 8e et 3e ch., 25 oct. 2023, n° 466532 : *Dr. fisc.* 2024, n° 11, comm. 202.

[487] CE, 9e ch., 22 fév. 2024, n° 473866, *Inova : RJF* 05/24, n° 353.

[488] CE, 9e et 7e s.-s., 21 janv. 1991, n° 75070, *Sté Normandie de conditionnement et de cosmétique* : *RJF* 03/91, n° 258.

publicitaires. Ce mode de promotion n'est effectivement pas courant. Il reste néanmoins un procédé utilisé par certaines sociétés. Dans cette affaire, l'administration fiscale ne démontrait pas que ces opérations étaient réalisées dans l'intérêt de la société. Le fait que le pilote soit également un dirigeant et actionnaire de la société ne suffisait pas à démontrer l'anormalité des dépenses, dans la mesure où les capacités du pilote n'étaient pas contestées. L'administration fiscale ne peut pas se placer dans le cadre normatif des relations d'intérêts (bien que celles-ci existent) dans la mesure où il lui est impossible d'établir la valeur de marché des prestations de publicité. Elle ne peut pas soutenir l'existence d'un déséquilibre de contrepartie, mais seulement prétendre à l'absence totale de celle-ci (en somme que les prestations à l'œuvre n'existent pas). Or, tel n'est pas le cas : l'entreprise a bénéficié d'une véritable prestation de publicité, dont la valeur vénale (sur le marché) est difficilement déterminable.

503. **Conclusion.** En présence de relations d'intérêt, le contribuable passe d'un cadre normatif qui exige la recherche de l'enrichissement (le moindre enrichissement) à un autre cadre qui requiert un enrichissement équitable (ce que nous nommons le juste profit). Cela dit, ce dernier (le juste enrichissement) n'est pas aisé à établir. D'autant plus qu'il apparaît être relatif : encore faut-il que l'administration fiscale dispose d'une valeur à titre de comparaison. Notons subsidiairement que cet exercice de comparaison n'est en rien une immixtion dans la gestion de l'entreprise.

Le cadre normatif que nous défendons – et qui connaît une exception à travers les relations d'intérêt – se prolonge par la possibilité pour les chefs d'entreprise d'adapter, d'ajuster leur régime d'imposition à l'acuité du risque supporté. Montrons maintenant que les nombreuses options qui s'offrent au contribuable ne poursuivent qu'un seul objectif : favoriser le risque économique.

SECTION 2. LA POSSIBILITE D'ADAPTER LE REGIME D'IMPOSITION A L'INTENSITE DU RISQUE PROFESSIONNEL

504. **Espace de liberté**. Poursuivons notre démonstration à travers les options fiscales. Celles-ci se définissent comme « [...] le choix que le contribuable exerce entre deux ou plusieurs régimes fiscaux applicables à la même situation, telle qu'elle est définie par la loi d'impôt[489] », ou encore comme « l'acte de volonté par lequel le contribuable exerce, sur le fondement d'un texte fiscal, un choix juridique conduisant à écarter l'application de la règle fiscale qui lui serait normalement applicable au profit de celle d'une

[489] A. AGOSTINI, *les options fiscales*, LGDJ, Bibliothèque de sciences financières, 1983, p 7 et 8.

autre règle fiscale[490] ». Il s'agit donc d'une décision régulière qui engage l'entreprise et s'impose à l'administration fiscale.

La fiscalité des entreprises s'est construite de façon à favoriser le risque pour en admettre pleinement les effets. Les nombreuses options dont bénéficient les entreprises, telles que définies précédemment, vont en ce sens.

Les chefs d'entreprise peuvent choisir le régime d'imposition qui est le plus approprié à l'intensité du risque supporté. À ce titre, ils opteront pour le régime de l'impôt sur les sociétés lorsqu'ils réinvestissent sans cesse leurs bénéfices. Ils préfèreront la semi-transparence fiscale lorsqu'ils envisagent un début d'activité déficitaire. La flexibilité des options fiscales est propice à la prise de risque (A). Ce faisant, le législateur aménage un espace de liberté de plus en plus considérable au profit des entreprises, afin que celles-ci puissent choisir librement le régime d'imposition de leurs bénéfices (B).

A. La flexibilité des options est propice à la prise de risque

505. **Plan.** La flexibilité des options fiscales est propice à l'esprit d'initiative, car cette modularité fiscale épouse l'hétérogénéité, la multiplicité des risques économiques. Dit autrement, la souplesse des options fiscales encourage l'initiative en s'adaptant à la diversité des projets et des risques économiques que ceux-ci génèrent. C'est ainsi que l'entreprise peut bénéficier de l'opacité fiscale (1) ou de la semi-transparence (2), le plus souvent indépendamment de sa forme juridique. Nous verrons enfin que les régimes forfaitaires, qui brillent par leur simplicité, mésestiment au contraire le risque (3).

1. La généralisation de l'IS favorise le risque

a. Généralisation d'un régime d'imposition

506. **Généralisation**. La loi de finances pour 2022 généralise pour les entreprises le régime de l'impôt sur les sociétés[491]. Conformément à l'article 1655 sexies du Code général des impôts, un exploitant individuel qui relève d'un régime réel d'imposition – de droit ou par choix – peut dorénavant opter pour ce mode d'imposition des bénéfices[492]. Ce faisant, l'entreprise individuelle est alors assimilée – par fiction fiscale – à une société unipersonnelle soumise à l'impôt sur les sociétés.

---

[490] J. LAMARQUE, O. NEGRIN, L. AYRAULT, *Droit fiscal général*, LexisNexis, 4e éd., 2016, § 941, p. 586.

[491] Le décret n° 2022-933 du 27 juin 2022, entré en vigueur le 15 mai 2022, fixe les conditions d'option pour l'IS.

[492] Cette possibilité est développée dans la partie 2. Neutralisation des conséquences d'un changement de régime fiscal.

Cette faculté ne concerne que les activités dites « opérationnelles » c'est-à-dire celles relevant des bénéfices industriels et commerciaux, des bénéfices agricoles et non commerciaux (en somme les entreprises). Les investissements patrimoniaux en sont donc exclus.

507. **Favoriser le réinvestissement.** Le régime de l'impôt sur les sociétés est généralement favorable à l'entrepreneur individuel puisque son taux d'imposition ne sera plus progressif, mais proportionnel avec un tarif de 15 % jusqu'à 42 500 euros de résultat fiscal et 25 % au-delà. Surtout, les bénéfices réinvestis ne subissent plus les charges sociales. L'exploitant individuel est alors regardé, sur le plan fiscal, comme un gérant de société à responsabilité limitée. Il sera soumis à l'impôt sur le revenu – au titre des traitements et salaires – sur ses seuls prélèvements, lesquels deviennent alors déductibles des bénéfices de l'entreprise. En revanche, il ne sera pas imposé sur les résultats non distribués et c'est bien là tout l'intérêt de ce régime opaque qui favorise le réinvestissement des profits générés par les entreprises[493]. Afin d'éviter un effet d'aubaine sur le plan social – consistant à substituer des dividendes à des rémunérations subissant les charges sociales – les bénéfices distribués sont soumis aux cotisations sociales pour la fraction excédant 10 % du bénéfice imposable, conformément au 3° du III de l'article L 131-6 du Code de la sécurité sociale.

508. **Limites.** Toutefois, ne nous y trompons pas. Bien qu'une entreprise individuelle puisse être assimilée fiscalement à une société soumise à l'IS pour l'imposition de ses bénéfices, elle n'en est pas, pour autant, une société sur le plan juridique. Pour preuve, une personne morale qui cesse toute activité n'est pas dissoute. Les bénéfices qu'elle a conservés – pour ne pas les avoir distribués – ne sont aucunement imposés entre les mains des associés (article 221 du Code général des impôts). La société conserve la possibilité de les réinvestir. En revanche, lorsqu'un entrepreneur individuel cesse son activité, ou lorsqu'il apporte celle-ci à une société, il sera redevable de l'impôt sur les bénéfices non distribués, c'est-à-dire sur ceux réinvestis dans l'exploitation. Cette différence notable traduit le fait que l'assimilation de l'entreprise individuelle à une société n'est qu'une fiction fiscale[494].

509. **Illustration.** En témoigne une espèce récente[495] : monsieur B cède, en novembre 2017, son fonds de commerce d'auto-école pour un montant de 285 000 euros au profit d'une société dont il détient 80 % du capital. Il déclare, à ce titre, une plus-value à long terme de 255 000 euros qu'il tente, en 2019, d'atténuer par voie de réclamation contentieuse. Il prétend que la plus-value doit être réduite du passif de l'entreprise individuelle. Le contribuable

---

493 D. Lecomte, « L'entrepreneur individuel, l'impôt sur les sociétés et la protection patrimoniale », *REIDF* 2023, n° 4, p. 509.

494 Il existe, néanmoins, un avantage à cela : l'abus de bien social n'existe pas ici.

495 CAA Nantes, 1er ch., 1 avril 2022, n° 20NT03628, inédit.

transpose ici la jurisprudence *Quemener*[496] et évoque un principe de réalisme et de neutralité fiscale. L'administration fiscale s'y oppose catégoriquement. La cour administrative d'appel de Nantes ne peut que confirmer la position administrative.

510. **Opinion.** Le contribuable a juste oublié qu'une entreprise individuelle n'est aucunement une société. En premier lieu, la jurisprudence *Quemener*[497] corrige une double imposition ou une double déduction lors de la cession des titres des sociétés dites « translucides » sur le plan fiscal. Imaginons qu'un entrepreneur exerce son activité en société non soumise à l'IS au capital social de 1 000 euros. Le bénéfice du premier exercice d'un montant de 50 000 euros est affecté comptablement aux réserves de la société (ils sont donc réinvestis). Il n'en demeure pas moins que le chef d'entreprise reste imposé sur ce bénéfice non distribué[498]. La société est ensuite cédée pour 60 000 euros soit la valeur de ses capitaux propres (51 000 euros) augmentés d'une plus-value sur le fonds de commerce de 9 000 euros. La plus-value de cession des titres de 59 000 euros (60 000 euros de prix de vente diminué du montant du capital social) doit être corrigée des 50 000 euros de bénéfice déjà imposé. Conformément à la jurisprudence *Quemener* qui vise à neutraliser la double imposition[499], le gain à imposer lors de cette cession n'est, en conséquence, que de 9 000 euros (afin de ne pas imposer doublement le résultat de 50 000 euros). Notons qu'une telle correction est vaine lorsque le bénéfice est directement affecté en compte courant d'associé. Dans ce cas, les titres de la société auraient été cédés pour 10 000 euros, c'est-à-dire le montant des capitaux propres (1000 euros), augmentés de la plus-value latente (9000 euros).

511. En second lieu, en étendant cette jurisprudence à l'entreprise individuelle, le contribuable se méprend : celui qui achète les actions ou les parts sociales d'une personne morale, acquiert un patrimoine social composé d'actifs et de passifs. Si les bénéfices de la société sont affectés aux capitaux propres, l'acquéreur en aura la disposition. S'ils sont affectés en compte courant d'associé, la société a une dette, ce qui conduira à l'amenuisement de ses liquidités. En revanche, celui qui acquiert une entreprise individuelle n'achète que les éléments d'actifs nécessaires à l'activité (sauf dans le cas de la transmission universelle du patrimoine de l'entreprise individuelle[500]). En

---

[496] CE, 8e et 3e s.-s., 16 févr. 2000, n° 133296, *SA Ets Quemener* : *RJF* 3/00, n° 334, concl. G. Bachelier, p. 203, chron. J. Maïa, *RJF* 11/00, p. 766, obs. Y. de Givre, *BGFE* 2/00, p. 6, obs. J. Turot, *Dr. fisc.* 14/00, com. 283, obs. Ph. Durand, Rev. adm. 2000, n° 314 p. 154, obs. Ph. Derouin Bull. Joly 2000 p. 535.

[497] *Ibid.*

[498] CE, 8e et 9e s.-s., 26 janv. 1977, n° 96145 et 96146 : *RJF* 3/77, n° 162 ; CE, 7e et 9e s.-s., 5 juill. 1978, n° 6457 : *RJF* 10/78, n° 393.

[499] L. Chatain, « Éloge de la méthode : comment neutraliser la double imposition des résultats des sociétés de personnes ? », *Dr. fisc.* 2019, n° 40, étude 382.

[500] Loi n° 2022-172 du 14 févr. 2022, art. 1 ; C. com. art. L 526-27 à L 526-31 nouveaux.

l'espèce, l'entrepreneur de notre exemple aurait cédé le fonds de commerce pour 9 000 euros. Il n'y a pas lieu de diminuer le montant de la plus-value de celui des dettes de l'entreprise. En outre, dans le cas où l'acquéreur prend à sa charge ces dernières, le prix de vente du fonds de commerce en sera réduit d'autant. En somme, si méprise il y a, celle-ci porte sur la détermination du prix de vente, mais aucunement sur le calcul de la plus-value.

b. Révocabilité

512. **Droit à l'erreur**. La loi n° 2018-1317 du 28 décembre 2018 (article 50)[501] permet la révocabilité de l'IS pendant cinq années à compter de son option. Le législateur consacre, ce faisant, un droit à l'erreur momentané, car il autorise un « retour en arrière ». Une activité n'est, en effet, pas toujours bénéficiaire dès les premières années et un retour à la transparence fiscale permettra d'imputer les pertes professionnelles (des activités opérationnelles) sur les autres revenus du foyer fiscal[502].

Sont concernés les sociétés qui bénéficient d'une option pour ce régime fiscal, à savoir notamment les sociétés en nom collectif, les sociétés en commandite simple, les sociétés civiles, y compris celles professionnelles, les sociétés en participation, les EURL, les EARL, les entrepreneurs individuels, et pour finir les sociétés de fait. Il n'y a aucune condition d'activité – les sociétés qui gèrent un patrimoine privé peuvent renoncer à une option pour l'IS. Le délai de cinq années court à compter de la prise d'option[503].

513. **Illustration.** Une société civile est créée l'année N, sans avoir opté pour l'impôt sur les sociétés. En N+2, elle opte pour l'IS. Elle pourra renoncer à cette option jusqu'en N+7. Cette renonciation doit être notifiée à l'administration fiscale avant la fin du mois précédant la date limite de versement du premier acompte d'IS du cinquième exercice.

Ce retour en arrière est d'autant plus réservé aux activités déficitaires (pour les raisons précédemment énoncées) qu'un changement de régime fiscal entraîne (sur le plan fiscal) les mêmes conséquences qu'une cessation de l'activité. Or, dans une telle situation (lorsqu'une société renonce au régime de l'IS), les bénéfices mis en réserves ou capitalisés sont réputés distribués aux associés, en application de l'article 111 bis du Code général des impôts.

---

[501] Le droit à renonciation de l'option est codifié à l'article 239, 1-al. 3 du Code général des impôts, ses modalités d'exercice le sont aux articles 350 F et 350 bis de l'annexe III du même Code.

[502] Les déficits attachés à la société soumise à l'IS seront évidemment perdus lorsque celle-ci adoptera la translucidité fiscale.

[503] La renonciation à l'option pourra se réaliser jusqu'au cinquième exercice suivant celui au titre duquel celle-ci a été exercée. Contrairement au dispositif précédemment rappelé, institué par l'article 239 bis AB du Code général des impôts, le point de départ des 5 ans ne correspond pas à la date de création de la société, mais à celle de l'option pour l'IS.

2. La transparence fiscale pour profiter des déficits professionnels

a. Le principe

514. **Sociétés nouvelles.** Les sociétés de capitaux, lesquels ont toujours été exclusivement soumises à l'impôt sur les sociétés, peuvent désormais opter momentanément pour un régime de semi-transparence fiscale en application de l'article 239 bis AB du Code général des impôts. Cette faculté ne concerne que les sociétés récentes, celles qui sont créées depuis moins de cinq ans. L'option dure cinq exercices, sauf renonciation définitive[504] notifiée dans les trois premiers mois de l'exercice concerné.

La société doit exercer principalement une activité industrielle, commerciale, artisanale, agricole ou libérale. Les activités patrimoniales en sont donc exclues. Elle doit employer moins de 50 salariés et réaliser un chiffre d'affaires annuel ou avoir un total de bilan inférieur à 10 millions d'euros. Les droits de vote et le capital doivent être détenus à au moins 50 % par une ou plusieurs personnes physiques et à au moins 34 % par ses dirigeants[505].

b. Quel intérêt ?

515. **Optimiser les effets du risque.** Cette option présente plusieurs intérêts.

En premier lieu, une société peut être déficitaire au cours de ses premières années d'exploitation. Le régime de la semi-transparence fiscale permet aux associés de bénéficier sans délai – fiscalement parlant – des pertes générés par celle-ci. Les contribuables qui exercent effectivement, dans l'entreprise, une activité professionnelle, peuvent imputer leur quote-part de déficit sur les autres revenus de leur foyer fiscal, ceci afin de n'être imposés que sur un enrichissement net. En ce sens, le risque opère immédiatement sur la matière imposable, afin d'encourager les efforts consentis dans la conquête du profit. En revanche, si la société est soumise à l'impôt sur les sociétés, les déficits qu'elle génère lui resteront attachés. Elle ne pourra les imputer que sur ses bénéfices futurs, si tant est qu'elle en produise.

En second lieu, les entreprises qui s'implantent dans certaines zones du territoire à la fiscalité privilégiée – telles que, par exemple, les zones d'aide à finalité régionale ou les zones de revitalisation rurales – ont tout intérêt à opter pour la translucidité fiscale afin que les associés bénéficient directement des exonérations. En effet, si la société demeure soumise à l'impôt sur les sociétés,

---

[504] Dans ce cas (sortie anticipée du régime), la société ne pourra plus opter pour ce régime.

[505] Les droits de vote et le capital doivent être détenus à au moins 34 % par le président, le directeur général, le président du conseil de surveillance, un ou des membres du directoire, ou le gérant.

seule celle-ci bénéficie des exonérations (d'IS). Les associés seront, quant à eux, imposés sur les rémunérations et les dividendes qu'ils perçoivent.

516. **Changement de régime fiscal.** L'administration fiscale admet[506] qu'une société – implantée en zone de revitalisation rurale et qui devient soumise à l'IS – après avoir été fiscalement translucide – puisse continuer à bénéficier des exonérations attachées à son lieu d'exploitation. Ce changement de régime fiscal ne remet en cause ni les exonérations des exercices passés ni ceux qui restent à obtenir, à la condition que la société se prévale des mesures d'atténuations conditionnelles de l'article 202 ter du Code général des impôts (v. *infra* n° 536 et s.).

Examinons maintenant comment les régimes forfaitaires d'imposition des bénéfices ne tiennent pas suffisamment compte du risque économique.

3. La méconnaissance du risque : les régimes forfaitaires

517. **Pluralité d'options**. Le législateur étend considérablement le champ d'application du régime de la micro-entreprise puisqu'il a doublé les seuils de recettes à ne pas dépasser afin d'en bénéficier[507]. Si ce régime brille par sa simplicité, il souffre néanmoins d'un inconvénient majeur : il méconnaît le risque (a). Le contribuable pourra se sortir de cette impasse fiscale en optant pour un régime réel d'imposition (b).

a. La détermination forfaitaire de la matière imposable néglige le risque

518. **Forfait.** Le régime de la micro-entreprise ignore le risque tout simplement parce qu'il ne permet jamais de générer un déficit. L'entreprise qui, par exemple, vend à perte des marchandises, sera imposée sur un bénéfice forfaitaire, alors même qu'elle réalise, en réalité, des déficits. La récente prorogation des délais d'option des BIC et assimilés permet, comme nous allons l'exposer, de s'orienter plus rapidement vers un régime réel d'imposition qui n'ignore pas la perspective de dégager des résultats moindres que ceux fixés forfaitairement à partir des seules recettes.

b. Une prorogation des délais d'option opportune

519. **Choix annuel**. Les entreprises qui relèvent de plein droit du régime de la micro-entreprise peuvent toujours se placer sous un régime réel d'imposition. Cette option est désormais valable un an – et non plus deux

---

506 BOI-RES-000032 du 4 septembre 2019, 9 mars 2021. Il est de même des entreprises implantées dans les zones d'aide à finalité régionale : BOI-BIC-CHAMP-80-10-10-30, § 400, 3 juin 2015.

507 Les seuils, définis à l'article 50-0 du Code général des impôts sont revus tous les trois ans.

comme auparavant – elle est reconduite tacitement. Cela permet à l'entreprise de ne pas subir trop longtemps un mauvais choix fiscal et de pouvoir adapter sa fiscalité à son environnement économique, à sa situation financière. Par conséquent, le chef d'entreprise peut dorénavant modifier annuellement son régime d'imposition.

520. **Micro-BIC**. Les délais de l'option concernant les activités relevant des bénéfices industriels et commerciaux[508] ont été considérablement prorogés par la loi de finances pour 2022[509]. Ce qui permet de se tourner opportunément – et plus rapidement - vers un régime d'imposition qui favorise le risque. Il convient de distinguer trois hypothèses.

En premier lieu, le contribuable qui crée son entreprise peut opter pour un régime réel d'imposition jusqu'à la date du dépôt de sa première déclaration de résultat (déclaration n° 2031). Dès lors, puisque le régime fiscal de la micro-entreprise est applicable de plein droit l'année de création de l'entreprise - sauf bien entendu si elle en est expressément exclue - le créateur a tout intérêt à s'y placer (en micro-entreprise) au moment de sa déclaration d'existence. Il se réserve ainsi la possibilité d'opter (au plus tard au moment de sa première déclaration de résultat) pour un régime réel d'imposition[510]. Cela lui permet de choisir la fiscalité la plus adaptée à sa première année d'activité.

En second lieu, les entreprises relevant de plein droit du régime fiscal des micro-BIC, visé à l'article 50-0 du Code général des impôts, peuvent opter pour un régime réel d'imposition (au titre de l'exercice N) jusqu'à la date limite de dépôt de la déclaration d'ensemble des revenus N-1 (déclaration n° 2042 des revenus N-1 déposée en N).

Finalement, les entreprises qui constatent une baisse de leur activité – les conduisant à relever de droit du régime des micro-entreprises – peuvent conserver le bénéfice du régime réel d'imposition en y optant, au plus tard, au moment du dépôt de la déclaration de leurs résultats (déclaration n° 2031).

Les entreprises peuvent renoncer au régime réel d'imposition dans les délais applicables au dépôt de leurs déclarations de résultat (déclaration n° 2031) de l'année précédant celle au titre de laquelle la renonciation s'applique.

521. **Plus-value latente.** Les contribuables qui se trouvent soumis – de droit ou par option – pour la première fois à un régime réel d'imposition

---

[508] À noter qu'une société à responsabilité limitée n'ayant pas opté pour l'IS et dont le gérant est également l'associé unique peut bénéficier du régime de la micro-entreprise. Cette possibilité est prévue au c du 2 de l'article 50-0 du Code général des impôts.

[509] Loi 2021-1900 du 30 déc. 2021, art. 7. Avant cette réforme, l'exploitant individuel devait opter ou renoncer à un régime réel d'imposition pour l'année N avant le 1er février N.

[510] Jusqu'à présent, l'option pour le régime réel d'imposition devait être prise lors de la déclaration d'existence visée à l'article 286, I-1° du Code général des impôts, c'est-à-dire dans les quinze jours du début d'activité. L'article 7 de la loi de finances pour 2022 aménage les dispositions de l'article 50-0 du Code général des impôts afin d'étendre ce délai d'option jusqu'à la date limite de dépôt de la déclaration d'ensemble des revenus (déclaration n° 2042) souscrite au titre de l'année de la première période d'activité.

peuvent constater, en franchise d'impôt, les plus-values latentes sur leurs immobilisations non amortissables[511]. Il s'agit d'une opportunité peu usitée : la possibilité d'inscrire à l'actif du bilan de l'entreprise – sans que cela ne génère d'imposition – une valeur de fonds commercial, quand bien même celui-ci aurait été créé par l'exploitant individuel (au plan comptable, cette valeur est nulle). La franchise d'impôt n'est définitive qu'après cinq années d'exploitation[512]. À défaut, en cas de cession ou de cessation de l'activité – moins de cinq ans après la création ou l'acquisition de l'entreprise – les plus-values sur les éléments non amortissables sont obligatoirement calculées en tenant compte du prix d'acquisition d'origine.

522. **Micro-BNC**. Les entreprises relevant de plein droit du régime fiscal des micro-BNC, visé à l'article 102 ter du Code général des impôts, peuvent opter pour le régime de la déclaration contrôlée (régime réel d'imposition) dans les délais prévus pour le dépôt de la déclaration des résultats (déclaration n° 2035). Il en est de même des créateurs concernant leur première année d'activité. Les contribuables peuvent y renoncer dans les mêmes délais (au plus tard à la date du dépôt de la déclaration de résultat de la période précédant celle au titre de laquelle la renonciation s'applique). À noter que les bénéfices non commerciaux se déterminent selon une comptabilité de trésorerie. Le professionnel libéral peut néanmoins opter pour une comptabilité d'engagement[513].

523. **Micro-BA**[514]. Les entreprises relevant de plein droit du régime fiscal des micro-entreprises agricoles, visé à l'article 64 bis du Code général des impôts, peuvent opter pour le régime réel d'imposition. L'option doit être formulée dans le délai de déclaration de résultat (déclaration n° 2139), de l'année ou de l'exercice précédant celui au titre duquel elles s'appliquent. Les contribuables peuvent y renoncer dans les mêmes délais (applicables au dépôt de la déclaration souscrite au titre des résultats de la période précédant celle au titre de laquelle la renonciation s'applique).

524. **Réduction d'impôt**. Le contribuable qui relève de droit du régime des micro-entreprises et qui opte pour un régime réel d'imposition tout en adhérant à un centre de gestion agréé bénéficie d'une réduction d'impôt. Selon l'article 199 quater B du Code général des impôts, celle-ci correspondant aux

---

[511] Cette possibilité émane de l'article 39 octodecies du Code général des impôts. L'inscription comptable de la plus-value latente doit être faite au plus tard à la clôture du premier exercice pour lequel l'entreprise se trouve soumise à un régime réel d'imposition.

[512] Le délai de 5 années est également exigé pour l'application des articles 151 septies et 238 quindecies du Code général des impôts.

[513] Par dérogation, l'article 93 A du Code général des impôts dispose qu'il est possible, sur demande des contribuables soumis au régime de la déclaration contrôlée, de déterminer le bénéfice imposable en tenant compte des créances acquises et des dépenses engagées au cours de l'année d'imposition.

[514] Le régime du forfait agricole a été supprimé par l'article 33 de la loi n° 2015-1786 du 29 décembre 2015 de finances rectificative pour 2015. Depuis le 1er janvier 2016, le forfait agricole est remplacé par le régime des micro-entreprises agricoles.

deux tiers des dépenses exposées pour la tenue de la comptabilité et l'adhésion à un organisme agréé dans la limite de 915 euros par an. Le législateur favorise ainsi un système comptable qui, en retraçant les charges réellement engagées (ou les dépenses payées), mesure précisément l'enrichissement ou l'appauvrissement des contribuables. Le procédé nous apparaît encourager le risque.

B. L'aménagement d'un espace de liberté propre au droit fiscal

525. **Liberté fiscale**. Le chef d'entreprise doit être libre de choisir le régime d'imposition qui lui convient le mieux. À ce titre, la généralisation de l'impôt sur les sociétés est un choix politique pertinent, car il favorise le réinvestissement des bénéfices propice à l'initiative économique. Par principe, un changement de régime fiscal entraîne les mêmes conséquences – sur le plan fiscal – qu'une cessation d'activité, à savoir, notamment, l'imposition des plus-values latentes sur les actifs immobilisés. Cela dit, au travers de mesures dites « d'atténuation conditionnelle », le législateur confère *in fine* à cet événement (de nature exclusivement fiscale) un caractère totalement neutre, intercalaire pour les entreprises (2). Avant de présenter cet espace de liberté offert aux entreprises, revenons sur une importante question : le contribuable peut-il abuser des options fiscales (1) ? Une réponse affirmative restreindrait considérablement le champ d'action énoncé.

1. Opter peut-il être abusif ?

a. Option pour un régime fiscal

526. **Optimisation.** O. Fouquet[515] écrivait, dans ses conclusions sur un arrêt du Conseil d'État, que « le choix de la solution fiscalement la plus favorable ne constitue pas, par lui-même, un abus de droit ». En ce sens, par exemple, opter pour le régime de l'impôt sur les sociétés, conformément à l'article 206, 3 du Code général des impôts, n'est aucunement frauduleux dans la mesure où c'est le législateur lui-même qui le permet. L'administration fiscale ne peut donc pas, *a priori*, reprocher au contribuable ce choix. En témoignent plusieurs exemples.

527. **Article 210 A du CGI**. En premier lieu, l'administration fiscale admet heureusement qu'une option pour l'impôt sur les sociétés, préalablement à une opération de fusion, n'est pas un abus de droit. Et ce,

[515] Concl. O. FOUQUET sur CE, 7e et 9e s.-s., 21 mars 1986, n° 53002, *Sté Auriège* : *RJF* 5/86, n° 470. Une opération où une société plus petite absorbe la plus grande, pour autant qu'elle ne soit pas fictive et qu'elle serve un intérêt économique, ne constitue pas un abus de droit, même si la société absorbante détient des déficits reportables, et que les deux sociétés exercent la même activité.

même si la société bénéficie, après option, des avantages de l'article 210 A du Code général des impôts à savoir, notamment, le sursis d'imposition de la plus-value d'échange (v. *infra* n° 547 et s.)[516].

528. **Option IS et usufruit.** En second lieu, dans une affaire qui lui a été soumise pour avis[517], et auquel l'administration fiscale s'est rangée, le Comité de l'abus de droit fiscal nous rappelle qu'une simple option pour l'IS n'est pas un abus. Les faits sont les suivants. Les époux X apportent l'usufruit temporaire (9 années) de la moitié des parts sociales de plusieurs sociétés civiles immobilières (non soumises à l'impôt sur les sociétés) qu'ils détiennent au profit de deux sociétés civiles qui optent pour l'IS. Ces dernières sont constituées par les apports en nature des époux et par des apports en numéraire de leurs enfants, chacun d'eux apportant une somme d'environ 74 000 euros. L'administration fiscale y voit un abus de droit puisqu'une partie des revenus fonciers des époux est dorénavant imposée temporairement à l'impôt sur les sociétés. En effet, les loyers sont désormais perçus par l'usufruitier, à savoir une société civile soumise à l'IS. Cependant, ce qui pose problème n'est pas tant le régime fiscal des deux nouvelles sociétés que leur utilité. Le contribuable ne peut pas se voir reprocher d'opter pour l'IS, ce n'est pas constitutif d'un abus de droit. En revanche, l'administration fiscale conteste la substance économique des deux sociétés, c'est-à-dire le caractère artificiel du montage. Le Comité s'y oppose : les personnes morales ont bien une substance économique pour avoir réinvesti les loyers dans d'autres activités génératrices de profits.

b. Un « retour en arrière » : abusif ?

529. **Réversibilité.** Dans le célèbre arrêt *RMC France*[518], une société à responsabilité limitée qui se transforme en société anonyme, peu avant la cession de ses titres, ne commet un abus de droit que si cette dernière retrouve, après la cession la vente, sa forme juridique d'origine. La transformation en société de capitaux avait permis une réduction des droits de mutation. La Cour de cassation considère qu'une telle transformation ne poursuit pas un but exclusivement fiscal, mais répond à des motivations économiques, sauf si la personne morale réadopte sa forme sociale originelle. Néanmoins, il nous semble qu'il en va différemment lorsque le contribuable renonce à une option fiscale, car le législateur le permet expressément, sous des conditions strictes. Les motivations qui ont conduit ce dernier à autoriser ce retour en arrière nous apparaissent exemptes d'équivoques : corriger une option qui *in fine* ne serait pas la plus adaptée (donc moins optimisante), afin notamment de permettre aux professionnels d'imputer leurs pertes sur leurs autres revenus. Voyons, à

---

516 Rescrit n° 2011/29 FE.

517 CADF, avis n° 2016-11 : *Dr. fisc.* 2016, n° 41, comm. 538.

518 Cass. com., 10 déc. 1996, n° 2084 P, *Sté RMC France* : *RJF* 02/96, n° 74.

travers la jurisprudence *SNC Distribution Leader Price*[519], que le Conseil d'État distingue assurément l'optimisation fiscale et l'abus de droit.

530. **Les faits**. Dans cette espèce, la société X rachète les titres de la société Y. L'acquisition de cette dernière, à la tête d'un groupe de sociétés, met un terme à une intégration fiscale. Les déficits du groupe sont acquis à la société-mère Y en vertu de l'article 223 S du Code général des impôts[520]. Une filiale de celle-ci se transforme ensuite en SNC non soumise à l'IS (devenant à cette occasion la SNC Distribution Leader Price), pour permettre à Y d'imputer ses déficits sur les bénéfices de la filiale. Le montage est astucieux. La semi-transparence fiscale ne sert pas ici à faire remonter des déficits, mais des bénéfices, lesquels sont imposés entre les mains d'une personne morale (Y) bénéficiant de déficits reportables. L'administration fiscale constate, outre la transformation de la forme juridique, que toutes les filiales de Y ont été apportées en 1998 à une autre société du groupe sauf la filiale Y. Celle a fait l'objet d'un apport en 1999, le traité d'apport prévoyant un effet rétroactif au 1er janvier de l'année. Le vérificateur critique l'opération différée qui, couplée avec la translucidité fiscale de la filiale, a permis une substantielle économie d'impôt. Le service, regardant le montage comme ne poursuivant qu'un but fiscal dans un sens contraire à l'intention du législateur, invoque la fraude à la loi fiscale.

531. **Solution.** De toute évidence, le schéma ne visait que l'économie d'impôt. En est-il pour autant frauduleux ? Pour le Conseil d'État, même si le législateur a instauré à l'origine (en 1923) le régime de la transparence fiscale pour permettre la prise en compte des charges de famille (dans les SARL composées par les membres personnes physiques d'une même famille), il n'en demeure pas moins que l'article 8 du Code général des impôts n'exclut aucunement les associés personnes morales dudit régime. Par suite, l'administration fiscale n'établit pas que le schéma était « contraire à l'objectif des auteurs de l'article 8 du Code général des impôts ».

La haute juridiction administrative, réglant l'affaire au fond, constate d'une part, que la SNC a toujours poursuivi une véritable activité économique et d'autre part, qu'elle a conservé sa forme sociale de SNC, y compris après l'apport. Par conséquent, « l'administration n'apporte pas la preuve, qui lui incombe en l'espèce, que la modification de la forme sociale de la société a été constitutive d'un abus de droit[521] ».

532. **Opinion.** La solution nous convainc totalement. Sanctionner le contribuable pour avoir opté en faveur d'un régime fiscal que le législateur permet aurait été inopportun pour restreindre considérablement l'espace de

---

519 CE, 8e et 3e s.-s., 15 févr. 2016, n° 374071, *SNC Distribution Leader Price : RJF* 05/16, n° 465, concl. B. Bohnert.

520 Les déficits du groupe disparu deviennent des déficits propres à la société Y (ancienne tête du groupe) et imputable sur ses seuls bénéfices.

521 *Ibid.*

liberté que nous défendons. Nous ne pouvons que faire nôtre le propos du professeur Cozian, repris par le rapporteur public dans ses conclusions sur cette affaire, « c'est le législateur lui-même qui offre le choix entre deux types de régime fiscal selon la forme de la société ; choisir la forme la plus avantageuse sur le plan fiscal, que ce soit à la création ou ultérieurement à la faveur d'une transformation, ne doit pas être qualifié de manœuvre répréhensible d'évasion fiscale ; c'est seulement un souci légitime d'adaptation fiscale[522] ».

533. **Renonciation.** Pouvons-nous généraliser la solution ? Nous l'espérons, même si la réponse est incertaine puisque le Conseil d'État, dans son considérant, n'exclut pas la possibilité d'un abus, notamment si la société avait repris, après apport, sa forme sociale originelle. De plus, si le rapporteur public, dans ses conclusions sur cet arrêt, nous rappelle que « la notion de montage est [d'autant plus] essentielle [ici] pour distinguer l'abus de droit de l'optimisation fiscale », celui-ci ne s'oppose pas non plus à ce que la simple transformation de forme sociale (donc l'option pour la translucidité fiscale) puisse être abusive selon les circonstances, y compris si la société ne reprend pas sa forme originelle.

Dès lors, existerait-il des opérations pour lesquelles une option fiscale pourrait conduire à une fraude à la loi fiscale ? Par exemple, un retour en arrière ne pourrait-il pas être contesté lorsqu'il intervient dans le cadre d'une opération d'apport-cession ?

Imaginons que monsieur X apporte les titres d'une société opérationnelle au profit d'une autre créée pour la cause. La plus-value d'échange est placée en report d'imposition. Peu après, la société bénéficiaire de l'apport, laquelle n'est pas soumise à l'IS de droit, mais sur option, renonce à l'opacité fiscale. Ce changement de régime fiscal n'est pas un événement énuméré par la loi comme mettant un terme au report. Après trois années, la personne morale cède les titres qu'elle a reçus par apport. Elle n'est donc pas tenue de réinvestir le prix de la vente dans une activité économique. La plus-value de cession – généralement d'un montant faible puisqu'elle se détermine par différence entre le prix de la vente et la valeur d'apport – est imposée entre les mains de l'associé de la société, compte tenu de la translucidité fiscale de cette dernière. Monsieur X pourrait-il, dans ce cas, appréhender le prix de la vente sans que le report d'imposition n'expire ? Cet abus provient-il de la renonciation opportune à une option fiscale ?

534. **Principe.** Toutes les jurisprudences étudiées nous conduisent à penser qu'une option fiscale ne constitue pas, en tant que telle, une fraude à la loi. Ce n'est que dans le cas singulier où le contribuable utilise la loi dans un sens contraire aux objectifs du législateur que l'abus est constitué. L'hypothèse est d'autant plus rare (en matière d'option) que les motivations de ce dernier ne sont pas toujours connues et qu'une simple option n'est

---

[522] Chronique au bulletin F. Lefebvre 5/92 (p. 321 s.).

aucunement un montage, mais l'application stricte d'un dispositif que le législateur permet. Pour autant, un contre-exemple pertinent nous est donné par Ch. de la Mardière : « Il nous semble pourtant que l'on puisse commettre un abus de droit en exerçant une option. Ainsi, le montage coquillard [...] aurait peu d'intérêt s'il n'était pas réalisé sous le régime des sociétés mères et filiales. Or, celui-ci constitue une option, car il est possible d'y renoncer, ce qui conduit à l'imposition des dividendes distribués. Ce choix n'est pas nécessairement celui d'un masochiste, car une société lourdement déficitaire a intérêt à renoncer à l'exonération, de manière à pouvoir améliorer son résultat. Il lui suffit pour cela de ne pas déduire fiscalement le produit comptable représenté par les dividendes reçus[523] ».

Il n'est donc pas exclu que les contribuables puissent se placer artificiellement (donc frauduleusement si l'on suit la construction prétorienne du montage purement artificiel) dans des conditions leur permettant de bénéficier, par option, d'une économie d'impôt. Dans la jurisprudence *SNC Distribution Leader Price* précité[524], ce n'est pas la seule transformation qui est contestée par le fisc, mais également l'apport différé. En outre, dans les montages de démembrement de propriété, ce n'est pas tant l'option pour l'IS qui est frauduleux que l'absence de substance des sociétés qui optent pour cet impôt. Finalement dans les montages coquillard, le régime mère-fille est utilisé après que le contribuable (le liquidateur) a acheté une société sans aucune activité, ni salarié. En somme, si une option fiscale peut servir un montage, celle-ci ne nous semble pas en tant que telle abusive.

535. Pour finir, s'agissant d'une option fiscale, les contribuables n'exercent une option que s'ils y trouvent évidemment un avantage. L'élément subjectif de la fraude à la loi fiscale est assurément manifeste. L'affaire se dénouera donc sur le terrain de l'élément objectif de la fraude à la loi fiscale. Or, malheureusement, les motivations du législateur ne sont pas toujours portées à notre connaissance, d'autant plus s'agissant d'options anciennes. Par conséquent, l'abus ne peut être constitué qu'en présence *d'une artificialité flagrante* (en somme sur le fondement du montage purement artificiel), comme l'absence totale de substance économique. Au contraire, dans l'affaire *SNC Distribution Leader Price,* la translucidité fiscale sert une véritable activité économique. Définitivement, l'optimisation fiscale ne se confond pas avec l'abus de droit.

---

[523] C. DE LA MARDIERE, JCl. Procédures fiscales, Fasc. 375, Abus de droit. Textes, historique et notion, n° 148.

[524] CE, 8e et 3e s.-s., 15 févr. 2016, n° 374071, *SNC Distribution Leader Price : RJF* 05/16, n° 465, concl. B. BOHNERT.

2. Les mesures d'atténuation conditionnelle : un espace de liberté

536. **Article 202 ter**. Un changement de régime fiscal conduit (sur le plan fiscal) aux mêmes effets qu'une cessation d'activité. Il s'ensuit que l'entreprise est imposée sur ses plus-values latentes, sur ses bénéfices non encore imposés et sur ceux en sursis d'imposition (avec reprise des provisions). Un tel traitement fiscal est inadapté aux développements des entreprises tant il est contraignant. Afin de ne pas entraver la vie économique, le législateur a mis en œuvre des mesures dites d'atténuation conditionnelle. Ainsi, une entreprise qui change de régime fiscal – en optant, par exemple, pour l'impôt sur les sociétés – bénéficie d'une neutralité fiscale, c'est-à-dire d'une absence d'impôt, si elle respecte deux conditions cumulatives.

537. En premier lieu, en l'absence de création d'une personne morale nouvelle, les bénéfices en sursis d'imposition, les plus-values latentes incluses dans l'actif social et les profits non encore imposés sur les stocks ne font l'objet d'aucune imposition immédiate, à la condition qu'aucune modification ne soit apportée aux écritures comptables. À ce titre, les valeurs inscrites au bilan de l'entreprise ne doivent pas être réévaluées.

538. En second lieu, l'imposition desdits bénéfices, plus-values et profits, doit demeurer possible sous le nouveau régime fiscal. Ainsi, par exemple, une société civile immobilière – qui passe de l'impôt sur les sociétés aux revenus fonciers – ne peut pas surseoir au paiement de l'impôt sur ses plus-values latentes. En effet, celles-ci se calculent, avant le changement de régime fiscal, par différence entre le prix de vente et la valeur nette comptable. Or, les plus-values se déterminent désormais, après option, en ne retenant que le prix d'acquisition des actifs immobiliers.

a. Option pour l'impôt sur les sociétés

539. **Conséquences**. Dès que les conditions pour bénéficier des mesures d'atténuation conditionnelle de l'article 202 ter du Code général des impôts sont respectées, l'option pour le régime de l'impôt sur les sociétés demeure sans effet fiscal.

La société qui souhaite bénéficier de cette mesure de faveur doit établir un bilan d'ouverture et retranscrire les amortissements qui auraient été comptabilisés (et déduits) depuis l'acquisition des immobilisations si elle avait toujours été soumise à cet impôt. Au moment de la cession, la plus-value se calcule par différence entre le prix de vente et la valeur nette fiscale, c'est-à-dire la valeur d'acquisition diminuée des amortissements déduits fiscalement depuis que la société est soumise à l'IS[525].

540. **Imposition**. Cela dit, les mesures d'atténuation conditionnelle visées à l'article 202 ter du Code général des impôts ne sont pas toujours intéressantes pour les entreprises. Imaginons qu'une société civile immobilière, qui détient des biens immobiliers depuis plus de trente ans, opte pour l'IS. Les associés (personnes physiques) auront tout intérêt à réévaluer les actifs sociaux. En premier lieu, les plus-values – que cette option génère – sont imposées entre les mains des associés au titre des plus-values immobilières des particuliers. Or, celles-ci sont exonérées compte tenu de la durée de détention des biens en cause (les biens immobiliers sont détenus depuis plus de 30 ans par la société).

En second lieu, la société peut amortir les immeubles sur leur valeur vénale et non sur celle apparaissant au bilan d'ouverture (et qui correspondent à la valeur nette comptable si la société avait toujours été soumise à l'IS).

De la même manière, lorsqu'il n'existe aucune plus-value latente – ou que son montant est faible – mieux vaut ne pas se prévaloir des mesures d'atténuation conditionnelle de façon à régénérer la valeur des actifs à amortir. Le procédé permet de ne pas perdre les amortissements depuis l'acquisition de l'immobilisation jusqu'à l'ouverture du premier exercice bénéficiant du régime de l'IS. Illustrons cela par un exemple. Imaginons que la société civile X, n'ayant pas opté pour l'IS, détienne un bien immobilier depuis 10 ans qu'elle donne à bail. Au moment du passage à l'IS, la plus-value latente sur cet immeuble n'est que de 5 000 euros. La société aura alors tout intérêt à ne pas se prévaloir des mesures d'atténuation conditionnelle. Mieux vaut que les associés payent l'impôt sur la plus-value immobilière pour qu'ensuite, la société puisse amortir le bien sur sa valeur d'origine, sans perte des amortissements des dix premières années de détention.

b. Le régime de semi-transparence fiscale

541. **Conséquences**. L'entreprise qui ne souhaite plus être soumise à l'IS bénéficie également des mesures d'atténuation conditionnelle tant qu'elle en respecte les conditions. Toutefois, dans ce cas, conformément à l'article 111 bis du Code général des impôts, les associés sont imposés sur l'intégralité du boni de liquidation, lequel correspond aux bénéfices que la société a réalisés depuis sa création et qu'elle n'a pas distribués. Si bien que ce changement de régime fiscal – dans le sens présenté ici – n'intéresse, en pratique, que les

[525] Les amortissements que la société aurait pu comptabiliser si elle avait été soumise à l'IS sont reconstitués et apparaissent dans le bilan d'ouverture. Ils sont « perdus » sur le plan fiscal, car ils ne peuvent en aucun cas se déduire des bénéfices imposés selon le régime de l'IS. Ils ne viennent donc pas augmenter la plus-value de cession.

sociétés qui n'ont que peu de bénéfices à distribuer au moment où elles délaissent le régime de l'IS.

c. Transfert des titres dans le patrimoine privé

542. **Plan.** Lorsqu'une société opte pour l'IS, ce changement de régime fiscal n'est pas sans conséquences pour les associés qui y exercent leur activité professionnelle.

i. Option pour l'impôt sur les sociétés

543. **Migration.** Selon l'article 151 nonies du Code général des impôts, les titres d'une société non soumise à l'IS qu'un contribuable détient, et dans laquelle il exerce son activité professionnelle, sont des actifs professionnels[526] affectés à l'exercice de sa profession. Dans ce cas, lorsqu'une telle société opte pour l'impôt sur les sociétés, les titres détenus par ceux qui y exercent une activité professionnelle intègrent le patrimoine privé. Il en est de même pour les associés qui cessent toute activité dans la société. Ce retrait du patrimoine professionnel génère une plus-value professionnelle. Toutefois, afin de ne pas entraver l'esprit d'entreprise, le législateur admet que ce gain, qui n'est finalement que latent – car non perçu – bénéficie d'un report d'imposition de droit[527] en vertu du III de l'article précité.

544. **Illustration.** Par exemple[528], monsieur X exerce la profession de notaire au sein d'une société civile professionnelle Y. Il cesse son activité en juin 2009. En juin 2013, la société Y rachète ses propres titres qu'elle annule en réduisant son capital social. L'opération génère pour le contribuable X un gain d'un montant de 553 527 euros qu'il déclare au titre des plus-values mobilières des particuliers. L'administration fiscale conteste cette qualification fiscale par une proposition de rectification en 2015. Monsieur X, qui ne conteste pas le caractère professionnel de la plus-value, prétend néanmoins qu'elle est prescrite.

La cour administrative d'appel de Nantes tient un raisonnement pertinent. Selon le juge, la plus-value professionnelle – générée par la cessation de l'activité de Monsieur X au sein de la société Y – bénéficie d'un report d'imposition de droit auquel la cession en 2013 met un terme. Dès lors, le contribuable ne peut pas se prévaloir de la prescription en se plaçant en 2009 puisque le report est de droit, c'est-à-dire qu'il s'applique automatiquement sans qu'il soit nécessaire pour le contribuable d'opter pour ce régime. En

---

[526] Cela ne concerne que les sociétés (relevant des articles 8 et 8 ter du Code général des impôts) qui sont imposées au titre des bénéfices agricoles réels, des bénéfices industriels ou commerciaux ou des bénéfices non commerciaux.

[527] Le report d'imposition n'est pas subordonné à une option de la part du contribuable.

[528] CAA Nantes, 1er ch., 9 sept. 2021, n° 20NT00391 : *RJF* 01/22, n° 5.

revanche, l'impôt devient exigible à la cession. Si prescription il y a, celle-ci se décompte à partir de l'événement qui met un terme au report d'imposition. Or, la proposition de rectification intervient bien dans le délai de reprise. Ensuite, le contribuable ne démontre pas qu'il existe une plus-value privée correspondant à la prise de valeur des titres depuis le retrait de Monsieur X en 2009 jusqu'à la date de la cession en 2013. L'administration fiscale est donc en droit d'imposer l'intégralité du gain en plus-value professionnelle. Il en aurait été de même si la société avait opté pour l'IS en juin 2009.

ii. Report de droit et transmission

545. **Report et donation**. Le report d'imposition de la plus-value professionnelle, laquelle naît quand la société opte pour l'impôt sur les sociétés ou lorsque l'associé y cesse son activité (v. *supra* n° 543), est maintenu en cas de transmission à titre gratuit des titres. Toutefois, le (ou les) bénéficiaire de la transmission doit prendre l'engagement de payer lui-même l'impôt lors de la survenance d'un événement mettant fin au report. Néanmoins, il peut en être définitivement exonéré sous certaines conditions. En premier lieu, il doit conserver les titres de la société de manière continue pendant cinq années à compter de leur transmission. En second lieu, il doit y exercer des fonctions de direction[529] dont la rémunération normale excède les autres revenus professionnels[530]. Enfin, la société doit poursuivre son activité commerciale, industrielle, artisanale, libérale ou agricole.

546. **Engagement formel.** Les bénéficiaires de la transmission à titre gratuit doivent s'engager formellement – dans l'acte authentique ou sous seing privé ayant date certaine et constatant la transmission – à prendre à leur charge l'impôt sur la plus-value, dont la taxation a été préalablement reportée chez le donateur ou défunt. Si bien que, cette fois-ci, le report d'imposition n'est plus de droit. Les bénéficiaires devront s'acquitter de l'impôt sur la plus-value en report si les droits sociaux qu'ils ont reçus gratuitement font l'objet d'une cession, d'un rachat ou d'une annulation. Le donateur ou, en cas de succession,

---

[529] Les fonctions de direction sont celles énumérées au 1° du III de l'article 975 du Code général des impôts : gérant des sociétés à responsabilité limitée ou en commandite par actions, président, directeur général, président du conseil de surveillance ou membre du directoire d'une société par actions.

[530] Le 1° du III de l'article 151 nonies renvoie aux fonctions énumérées au 1° du 1 du III de l'article 975 du Code général des impôts. Par conséquent, les fonctions de direction doivent être exercées dans les conditions prévues par ce dernier article. Dès lors, elles doivent donner lieu à une rémunération normale, dans les catégories imposables à l'impôt sur le revenu des traitements et salaires, bénéfices industriels et commerciaux, bénéfices agricoles, bénéfices non commerciaux et revenus des gérants et associés mentionnés à l'article 62, au regard des rémunérations du même type versées au titre de fonctions analogues dans l'entreprise ou dans des entreprises similaires établies en France. Cette rémunération doit représenter plus de la moitié des revenus à raison desquels l'intéressé est soumis à l'impôt sur le revenu dans les mêmes catégories, à l'exclusion des revenus non professionnels.

les ayants droit du défunt, ainsi que les bénéficiaires de la transmission, doivent joindre à leur déclaration de revenus de l'année au cours de laquelle la transmission est intervenue, un exemplaire de l'engagement accompagné, le cas échéant, de l'acte constatant la transmission à titre gratuit.

3. Un espace de liberté au travers de l'article 210 A du CGI

547. **Développement**. Le droit fiscal peut s'écarter du cadre normatif régi par la recherche du profit dès lors qu'il s'agit de ne pas entraver la croissance des entreprises.

S'il existe un régime qui assure une parfaite neutralité des opérations nécessaires au développement économique, il s'agit assurément de celui visé à l'article 210 A du Code général des impôts.

La restructuration des entreprises est nécessaire à la vie économique. Les sociétés croissent, se transforment, fusionnent afin de s'adapter à la concurrence, aux contraintes de leurs activités. La fiscalité ne doit pas entraver leur développement. C'est pourquoi le législateur opte ici encore pour la neutralité fiscale. Voyons à ce titre le régime fiscal de faveur des fusions visé à l'article 210 A du Code général des impôts (a) et ses conditions d'application (b).

a. Le caractère intercalaire des fusions

548. **Régime de faveur**. Le régime fiscal de faveur de l'article 210 A du Code général des impôts confère à l'opération de fusion son caractère intercalaire. Le législateur admet ainsi que la société absorbée continue de vivre au travers de la société absorbante.

549. **Avantage fiscal.** Lorsque l'opération de fusion est placée sous le régime de l'article 210 A du Code général des impôts, les avantages fiscaux sont de deux ordres.

En premier lieu, les associés de la société absorbée reçoivent gratuitement des titres de la société absorbante. La plus-value d'échange est placée en sursis d'imposition. L'opération est alors totalement neutre puisqu'ils n'ont aucune plus-value à déclarer. Lorsqu'ils céderont les titres reçus, ils devront simplement retenir les valeurs d'acquisition ou de souscription des titres de la société absorbée et non celles au jour de l'opération de fusion.

En second lieu, les éléments d'actif et de passif de la société absorbée sont repris par la société absorbante. La première est réputée poursuivre sa vie à travers la seconde. Si bien que les provisions (au bilan de l'entreprise absorbée) sont reconduites chez la société absorbante. Les éventuelles créances de carry-back lui sont également transmises. En revanche, la société absorbante ne bénéficiera des déficits de l'absorbée que si un agrément lui est accordé[531]. L'administration fiscale donnera son accord si l'opération de fusion se réalise pour des raisons économiques et sous réserve que la société absorbante poursuive l'activité déficitaire pendant au moins trois années.

b. Régime de faveur et valeur d'apport

550. **Apport en valeur comptable**. Le retrait des immobilisations du patrimoine de la société absorbée génère, pour elle, des plus-values professionnelles[532] et ce, indépendamment de la valeur d'apport imposée par la réglementation comptable[533]. En effet, l'application des dispositions du 2 de l'article 221 du Code général des impôts conduit à déterminer la plus-value fiscalement imposable en tenant compte de la valeur réelle des biens apportés, y compris si les actifs sont repris par la société absorbante en valeur comptable[534].

Ainsi, lorsque la fusion n'est pas placée sous le régime fiscal de l'article 210 A, la société absorbée est imposée sur ses plus-values (les actifs sortent du patrimoine en valeur vénale), alors même que la société absorbante n'a droit à aucun amortissement complémentaire : cette dernière reçoit le patrimoine de la personne morale absorbée en valeur comptable. En revanche, si l'option pour le régime de faveur est prise, aucune plus-value n'est imposée.

551. **Apport en valeur réelle**. Lorsque l'opération se réalise en valeur réelle et qu'elle est placée sous le régime de faveur, la société absorbée n'est pas imposée. Les plus-values relatives aux éléments amortissables seront réintégrées fiscalement chez la société absorbante sur une période de cinq années pour les biens meubles et de quinze années pour les biens immobiliers. Les amortissements supplémentaires viendront compenser les plus-values.

Les plus-values sur les actifs immobilisés non amortissables, tels que des terrains ou fonds commerciaux, bénéficient d'un sursis d'imposition. Lorsque la société absorbante les cédera, elle calculera ces plus-values en retenant les

---

531 Le transfert des déficits antérieurs est néanmoins dispensé d'agrément à la double condition que, d'une part, leur montant cumulé soit inférieur à 200 000 € et d'autre part, qu'ils ne proviennent ni de la gestion d'un patrimoine mobilier par des sociétés dont l'actif est principalement composé de participations financières dans d'autres sociétés ou groupements assimilés ni de la gestion d'un patrimoine immobilier.

532 Il faut bien comprendre que le retrait des immobilisations du patrimoine de la société absorbée génère des plus-values puisque leur valeur de sortie est la valeur vénale quand bien même la société absorbante les reçoit en valeur comptable eu égard à la réglementation comptable.

533 L'apport se réalise en valeur comptable lorsque les sociétés en cause sont sous contrôle commun – elles sont sous le contrôle d'une même société – ou lorsque la fusion se réalise à « l'envers » c'est-à-dire que la plus petite société absorbe la plus grosse de façon que les associés de la société absorbée prennent le contrôle de la société absorbante. Dans les autres cas, les apports se réalisent en valeur réelle.

534 BOI-IS-FUS-30-20, 15 avril 2020, § 180.

valeurs auxquelles la société absorbée les avait acquis et non leur valeur d'apport au moment de la fusion.

552. **Boni de fusion**. Le boni (ou mali) de fusion apparaît lorsque la société absorbante doit annuler les titres qu'elle détient dans la société absorbée. La différence entre la valeur du patrimoine reçu – à hauteur du pourcentage de détention – et celle des titres à annuler correspond à un boni (ou à un mali) de fusion. Imaginons qu'une société détienne 50 % du capital d'une autre. La première absorbe la seconde. Elle reçoit à cette occasion un patrimoine d'un montant de 100 000 euros en valeur comptable. Or, elle doit annuler en contrepartie les titres, d'une valeur comptable de 40 000 euros, qu'elle détient déjà sur cette société absorbée. La différence entre la part du patrimoine reçu qui correspond au pourcentage de détention à annuler – soit dans notre exemple 50 000 euros (100 000 euros x 50 %) – et la valeur des titres à annuler – soit 40 000 euros – est un boni de fusion (10 000 euros dans notre exemple). Il correspond à l'enrichissement de la société absorbée depuis que la société absorbante en est associée. Il est fiscalement assimilé à une distribution de bénéfice que la société pourra placer sous le régime mère-fille des articles 145 et 216 du Code général des impôts.

553. **Vrai mali**. Le mali de fusion suit le même raisonnement. Toutefois, la différence entre la part du patrimoine reçu – à hauteur du pourcentage de détention – et la valeur des titres à annuler est, cette fois-ci, négative. Il correspond à l'appauvrissement de la société absorbée depuis que la société absorbante en a acquis les titres. Cette perte relève des moins-values à long terme si les titres détenus et annulés sont des titres de participation acquis depuis plus de deux ans. Dans le cas contraire, la perte est déductible des bénéfices imposés au taux de droit commun.

554. **Faux mali.** Néanmoins, un « faux » mali peut apparaître. Tel est le cas lorsqu'il existe des plus-values latentes, chez la société absorbée. La différence entre la part de patrimoine reçu et la valeur des titres à annuler ne correspond pas à un appauvrissement. Il provient, en réalité, de la réglementation comptable qui interdit de prendre en compte[535] les gains latents. Ainsi, le mali naît de la technique comptable employée : c'est un mali technique.

555. **Apports partiels d'actifs.** L'apport partiel d'actifs, qui est une technique utilisée pour filialiser une activité, bénéficie également du régime de faveur de l'article 210 A du Code général des impôts. Dans cette opération, une société apporte une branche d'activité à une autre société. La première reçoit des titres de la seconde en contrepartie de son apport. Pour bénéficier de la neutralité fiscale, la société doit apporter une branche complète et autonome d'activité. Si tel est le cas, de la même manière que dans les opérations de fusions, les plus-values sur les éléments amortissables seront

[535] Selon l'article L 123-18 du Code de commerce : « […] la plus-value constatée entre la valeur d'inventaire d'un bien et sa valeur d'entrée n'est pas comptabilisée [...] ».

réintégrées fiscalement chez (et par) la filiale sur une période de cinq années pour les biens meubles et de quinze années pour les biens immobiliers. Les plus-values sur les actifs immobilisés non amortissables bénéficient d'un sursis d'imposition.

556. **Soulte.** L'opération doit constituer une véritable fusion et non une simple vente. La soulte ne doit pas excéder 10 % de la valeur nominale des titres émis[536]. Le risque supporté par les associés de la société absorbée doit se poursuivre à raison des nouveaux titres reçus de la société absorbante.

Les différentes mesures visant à ne pas décourager l'esprit d'entreprise conduisent le droit fiscal à se détacher progressivement des autres branches du droit, pour en fin de compte aboutir à une appréciation propre du risque économique.

4. Une appréciation du risque propre au droit fiscal

557. **Libéralisme**. Les principes fiscaux que nous connaissions sont progressivement bouleversés. Il y a encore peu, il était inconcevable que les sociétés de capitaux puissent bénéficier de la semi-transparence fiscale. Aujourd'hui, elles ont la possibilité d'opter temporairement pour ce régime[537]. Au même titre qu'un exploitant individuel peut dorénavant choisir de déclarer ses bénéfices selon le régime de l'impôt sur les sociétés[538]. Une telle option n'est d'ailleurs plus irrévocable[539].

a. Une déconnexion fiscale…

558. **Déconnexion fiscale.** Soulignons que le régime fiscal applicable ne dépend plus totalement de la forme juridique de l'entreprise, ni du niveau de responsabilité de son créateur. Cela génère plusieurs conséquences.

En premier lieu, la traditionnelle classification opposant les sociétés de capitaux à celles de personnes, perd progressivement de sa pertinence en matière fiscale, car le régime fiscal qui leur est appliqué se détache insensiblement de leur forme juridique.

En second lieu, le traitement fiscal des déficits n'est plus connecté à la responsabilité supportée par les chefs d'entreprise (au regard des dettes professionnelles). Il permet simplement, par un traitement symétrique, à celui

---

536 Une soulte n'est pas forcément un versement en numéraire. Elle peut naître de la reprise par la société bénéficiaire de l'apport d'une dette (emprunt, soulte dans le cas d'un partage…) de l'apporteur. CAA Lyon, 1er juin 2023, n° 22LY00316 : *FR* 30/23, p 10 ; CE (na), 26 mai 2021, n° 442745 : *BF* 8-9/21, inf. 729.

537 Cette faculté est inscrite à l'article 239 bis AB du Code général des impôts.

538 L'option pour le régime de l'impôt sur les sociétés est prévue par les articles 206, 239 et 1655 sexies (pour les entreprises individuelles) du Code général des impôts.

539 La renonciation à l'option pour le régime de l'IS est prévue à l'article 239 du Code général des impôts.

qui est imposé, s'il s'enrichit, de pouvoir déduire, s'il s'appauvrit, les pertes qu'il subit sur ses autres revenus ; et ce, indépendamment de son niveau de responsabilité. Par exemple, le gérant et associé unique d'une société à responsabilité limitée n'ayant pas opté pour le régime de l'IS pourra déduire les déficits générés par la société sur les autres revenus de son foyer fiscal quand bien même il n'est responsable du passif social que de manière limitée. *A contrario*, les associés d'une société en nom collectif ayant opté pour l'impôt sur les sociétés, ne pourront pas bénéficier – fiscalement parlant – des déficits de la société quand bien même ils demeurent indéfiniment et solidairement responsables des dettes de la société.

559. **Illustration.** Témoigne de cette déconnexion fiscale, la jurisprudence du Conseil d'État relative aux déficits des sociétés civiles non soumises à l'IS et dont les titres sont démembrés. Selon l'administration fiscale « la prise en compte des déficits fiscaux réalisés par la société revient de droit au nu-propriétaire qui, en tant qu'associé, doit répondre des dettes sociales[540] ». Cette argumentation relie appauvrissement et responsabilité juridique. La haute juridiction administrative tient un raisonnement différent qui se détache des responsabilités pour faire coïncider imposition et déduction : puisque c'est l'usufruitier qui est imposé sur les bénéfices (article 8 du Code général des impôts), les déficits doivent symétriquement lui profiter[541], et ce indépendamment des responsabilités au regard des dettes sociales. A. Bretonneau avance, dans ses conclusions, un principe de neutralité fiscale[542]. Nous préférons le terme de principe de symétrie : celui qui est imposé, s'il s'enrichit, doit tout simplement pouvoir déduire, s'il s'appauvrit, les pertes endurées. Un arrêt récent du Conseil d'État illustre également cette dissociation fiscale. Dans le cadre d'un recours pour excès de pouvoir, un avocat a demandé l'annulation de la doctrine administrative disposant que les associés de sociétés d'exercice libéral (SEL) ne peuvent pas opter pour l'impôt sur les sociétés (IS), contrairement aux entrepreneurs individuels (article 1655 sexies du Code général des impôts). Le requérant a comparé l'entrepreneur individuel à un associé de SEL, arguant que, comme le premier, le second est responsable de ses actes[543]. Cependant, la haute assemblée administrative n'a pas retenu cette analyse basée sur la responsabilité juridique. Le juge fait une distinction entre le risque économique, qu'il attribue entièrement à la SEL, et le risque juridique (responsabilité civile), qu'il exclut dans ce contexte[544].

560. **Responsabilité.** Cette dissociation du risque fiscal et des responsabilités au regard des dettes sociales interpelle. Est-il normal qu'un

---

540 BOI-BIC-CHAMP-70-20-10-20, § 150, 12 sept. 2012, non rapporté.

541 CE, 10e et 9e ch., 8 nov. 2017, n° 399764 : *RJF* 2/18 ; n° 184, concl. A. BRETONNEAU (C184).

542 *Ibid.*

543 Selon l'article 16 de la loi de 1990 relative à l'exercice sous forme de société d'exercice libéral (SEL), chaque associé « répond sur l'ensemble de son patrimoine des actes professionnels qu'il accomplit », la SEL étant solidairement responsable.

544 CE, 8e et 3e ch., 26 avril 2024, n° 491673 : *RJF* 07/24, n° 519, concl. R. VICTOR.

contribuable puisse bénéficier d'un déficit fiscal alors même qu'il n'est pas responsable des dettes de l'entreprise ? Imaginons qu'il exerce son activité dans une société à responsabilité limitée non soumise à l'IS. Il réalise d'importantes pertes qu'il impute sur les autres revenus de son foyer fiscal. La société est ensuite placée en liquidation judiciaire. Les dettes fiscales et sociales qu'il n'a jamais payées ne seront pas recouvrées. Pourtant, il conserve la possibilité de déduire les déficits de l'activité sur ses autres revenus. Le régime fiscal n'est alors plus en relation avec le risque encouru.

Soulignons, par exemple, que le législateur a conditionné l'imputation des moins-values mobilières à l'absence de condamnation du dirigeant de la société liquidée[545]. Le détenteur des titres annulés ne doit pas avoir été mis en cause dans le cadre de la procédure collective. À défaut, il perd la possibilité fiscale de les imputer sur les revenus de même nature. Or, il n'existe pas d'équivalent pour les déficits professionnels. L'appréciation fiscale du risque est résolument tournée vers la seule matière imposable, centrée en somme sur celui qui est imposé en cas d'enrichissement.

b. … Centrée sur la seule matière imposable

561. **Une appréciation propre**. L'appréhension du risque par le droit fiscal lui est propre : le risque n'est accepté fiscalement que pour celui qui est imposé s'il s'enrichit, indépendamment de son niveau de responsabilité. Le risque économique n'est accepté que parce qu'il est susceptible de générer, à l'avenir, de la matière imposable, peu importe le niveau de responsabilité des associés. De la même manière, le droit fiscal scinde risque professionnel et risque privé selon sa capacité à exiger du contribuable une recherche continue de l'enrichissement (v. *supra* n° 125 et s.).

562. **Favoriser les efforts.** Cette dissociation du risque conduit le droit fiscal à distinguer le travail des professionnels et la passivité des investisseurs privés. Il favorise les efforts des contribuables, qui tentent de créer de la richesse par leur implication directe, personnelle et continue, en permettant l'imputation de leurs déficits professionnels sur les autres revenus du foyer fiscal, sans jamais retenir – sauf exception (v. *supra* n° 114) – la responsabilité juridique. En revanche, il cantonne le risque des investissements privés : les déficits qu'ils subissent ne sont déductibles que des revenus futurs de même nature.

---

[545] À ce titre, le 12 de l'article 150-0 D du Code général des impôts précise que le porteur des titres annulés ne doit pas avoir fait l'objet, à raison de son activité de gestion dans la société dont les titres ont été annulés, de l'une des condamnations visées au Code de commerce.

SECTION 3. UNE SOLUTION POUR NE PAS DENATURER LES FONCTIONS DU DROIT FISCAL

563. **Plan**. Le droit fiscal gagne à privilégier le risque qui concourt à l'enrichissement (A). Toutefois, le législateur se trouve face à un dilemme : il doit asseoir l'impôt sur les activités économiques sans toutefois en décourager la création (B). Il doit concilier l'esprit d'entreprise et l'impôt. L'aménagement d'un espace de liberté qui reconnaît le risque n'est-il pas finalement la meilleure façon d'atteindre ce subtil équilibre ? N'est-il pas le meilleur moyen de favoriser l'esprit d'entreprise sans sacrifier la matière imposable (C) ?

A. Le droit fiscal doit encourager le risque

564. **Droit de direction.** L'impôt assure plusieurs fonctions. Il finance, tout d'abord, les dépenses publiques. Il permet, ensuite, une redistribution des richesses. Puis il est devenu un instrument orientant les comportements afin de favoriser ceux utiles à l'intérêt général. Soutenir la prise de risque des différents agents économiques est un choix politique pertinent puisque cela favorise la création de richesses et d'emplois. S'il est admis de tous qu'il n'existe pas d'investissement – d'enrichissement – sans prise de risque, la façon dont le droit doit soutenir l'initiative économique – en somme le risque est, en revanche, un sujet clivant et éminemment politique. Malgré ses dissensions, il est généralement convenu que le droit fiscal a intérêt à favoriser le risque qui concourt à l'enrichissement. Il y est toutefois limité.

B. Les limites du droit fiscal

565. **Plan.** La contribution du droit fiscal à l'esprit d'entreprise est doublement limitée : par ses fonctions (1) et par le droit européen (2).

1. Le droit fiscal est limité par ses fonctions

566. **Imposition réduite**. Le droit fiscal permet, quelques fois, une imposition réduite de l'enrichissement, mais cette faveur est nécessairement limitée. À ce titre, il consent à ce qu'un contribuable soit moins imposé qu'un autre lorsqu'il fait l'effort de supporter un risque plus important (v. *supra* n° 13 et s.).

567. **Limitation.** Toutefois, le législateur ne peut se permettre d'offrir de généreuses réductions d'impôt dès qu'il identifie une prise de risque – puisque risque et enrichissement sont consubstantiels – sauf à dévoyer les fonctions de notre système fiscal. À ce titre, il incite à l'initiative économique afin d'imposer l'enrichissement qui en résultera. Il n'y aurait aucun intérêt à encourager l'esprit d'entreprise par des exonérations d'impôt : le risque n'est

accepté sur le plan fiscal que parce qu'il porte l'espoir d'un profit futur *imposable* (générateur d'impôt). Par conséquent, le droit fiscal ne peut soutenir l'esprit d'entreprise que dans une certaine mesure. Il ne peut pas offrir des exonérations fiscales en toutes circonstances puisque sa fonction consiste précisément à imposer les richesses. Nous pensons alors que les fonctions assurées par le droit fiscal le contraignent à adopter une posture de neutralité envers l'esprit d'entreprise. Il doit donc garantir un espace de liberté suffisamment étendu pour ne pas réfréner l'entrepreneuriat.

2. Le droit fiscal est limité par la réglementation européenne

568. **Droit Européen**. Le traité sur le fonctionnement de l'Union européenne et celui sur l'Union européenne fondent, depuis le 1er janvier 2009, l'Union européenne[546]. Celle-ci se caractérise par un marché européen unique[547] en faveur duquel toutes les taxations aux frontières ont été supprimées. Les personnes[548], y compris les entreprises, ainsi que les biens[549], les services[550] et les capitaux[551] peuvent alors circuler librement en son sein.

569. **Limites**. L'encouragement du risque par le droit fiscal est, depuis lors, limité, circonscrit par le droit communautaire. Afin d'assurer la pleine concurrence entre les entreprises européennes, les aides d'État sont strictement encadrées et plafonnées (a). Le législateur n'a pas totalement les mains libres pour encourager l'initiative économique. Même si la fiscalité directe relève de la souveraineté des États, ceux-ci ne doivent pas méconnaître les principes fondamentaux du droit Européen (b). C'est par cette voie, les libertés fondamentales associées à la création d'un marché unique, que le droit européen s'est invité dans notre fiscalité nationale, outre les aides d'État d'ores et déjà encadrées.

a. Le plafonnement des aides d'État

570. **Pleine concurrence**. Le traité sur le fonctionnement de l'Union européenne (article 107) stipule, sauf dérogations, que les aides accordées par les États, lesquelles faussent ou menacent de fausser la concurrence en favorisant certaines entreprises ou certaines productions, sont incompatibles

---

546 Depuis le 1er janvier 2019, l'Union Européenne remplace la Communauté européenne.

547 Selon l'article 26 du traité sur le fonctionnement de l'Union Européenne : « Le marché intérieur comporte un espace sans frontières intérieures dans lequel la libre circulation des marchandises, des personnes, des services et des capitaux est assurée selon les dispositions des traités ».

548 Selon l'article 45 du TFUE. L'article 49 du traité instaure la liberté d'établissement des entreprises.

549 Selon l'article 28 du traité sur le fonctionnement de l'Union Européenne.

550 Selon l'article 56 du TFUE.

551 Selon l'article 63 du TFUE.

avec le marché intérieur, dans la mesure où elles affectent les échanges entre États membres. Le traité admet, néanmoins, quelques exceptions puisqu'il accepte les aides destinées à favoriser le développement économique des régions dans lesquelles le niveau de vie est anormalement bas ou dans lesquelles sévit un grave sous-emploi, ainsi que les aides destinées à faciliter le développement de certaines activités quand elles n'altèrent pas les conditions des échanges dans une mesure contraire à l'intérêt commun. L'article 108 du traité énonce clairement que toute aide d'État doit être notifiée à la Commission européenne afin que cette dernière établisse sa compatibilité avec le marché commun. Lorsque la Commission constate qu'une aide accordée par un État ou au moyen de ressources d'État porte atteinte à la libre concurrence, elle décide que l'État intéressé doit la supprimer ou la modifier dans le délai qu'elle détermine. Si l'État en cause ne se conforme pas à cette décision dans le délai imparti, la Commission ou tout autre État intéressé peut saisir directement la Cour de justice de l'Union européenne. Sur demande d'un État membre, le Conseil, statuant à l'unanimité, peut décider qu'une aide, instituée ou à instituer par cet État, doit être considérée comme compatible avec le marché intérieur.

571. **Les minimis.** Le traité sur le fonctionnement de l'Union européenne stipule, en son article 109, que le Conseil, sur proposition de la Commission et après consultation du Parlement européen, peut prendre tous règlements utiles en vue de l'application du principe de libre concurrence afin de fixer les catégories d'aides qui en sont dispensées. Le règlement CE n° 69/2001, en vigueur jusqu'en 2006, fixait un plafond de 100 000 euros sur trois années sous lequel les aides d'État sont acceptables. Le règlement CE n° 1998/2006 du 15 décembre 2006 l'a ensuite porté à un montant de 200 000 euros jusqu'en 2012. Puis, en raison de la crise financière de 2008, la Commission européenne l'a relevé à 500 000 euros de manière temporaire, jusqu'à la fin de l'année 2010. Ensuite, le règlement UE n° 1407/2013 du 18 décembre 2013 a fixé le plafond à un montant de 200 000 euros cumulés sur trois années. Ce seuil a été prolongé jusqu'au 31 décembre 2023 par le règlement (UE) 2020/972 de la Commission du 2 juillet 2020. Finalement, à compter du 1er janvier 2024, la Commission européenne instaure un seuil à 300 000 euros[552], et ce jusqu'au 31 décembre 2030.

b. Les principes fondamentaux associés à la création d'un marché unique

572. **Liberté d'établissement.** Selon l'article 49 du traité sur le fonctionnement de l'Union Européenne : « les restrictions à la liberté d'établissement des ressortissants d'un État membre dans le territoire d'un autre État membre sont interdites. Cette interdiction s'étend également aux

[552] Règlement n° 2023/2831 du 13 déc. 2023, JOUE du 15 décembre 2023.

restrictions à la création d'agences, de succursales ou de filiales, par les ressortissants d'un État membre établi sur le territoire d'un État membre. La liberté d'établissement comporte l'accès aux activités non salariées et leur exercice, ainsi que la constitution et la gestion d'entreprises, et notamment de sociétés au sens de l'article 54, deuxième alinéa, dans les conditions définies par la législation du pays d'établissement pour ses propres ressortissants, sous réserve des dispositions du chapitre relatif aux capitaux ». L'article 54 précise que les sociétés constituées en conformité à la législation d'un État membre et ayant leur siège statutaire, leur administration centrale ou leur principal établissement à l'intérieur de l'Union sont assimilées, pour l'application des dispositions du présent chapitre, aux personnes physiques ressortissantes des États membres. Par sociétés, on entend les sociétés de droit civil ou commercial, y compris les sociétés coopératives, et les autres personnes morales relevant du droit public ou privé, à l'exception des sociétés qui ne poursuivent pas de but lucratif.

573. **Liberté de circulation des capitaux.** Selon l'article 63 du traité sur le fonctionnement de l'Union européenne, « toutes les restrictions aux mouvements de capitaux entre les États membres sont interdites ». Ce qui n'interdit pas à ces derniers d'appliquer les dispositions pertinentes de leur législation fiscale qui établissent une distinction entre les contribuables qui ne se trouvent pas dans la même situation en ce qui concerne leur résidence ou le lieu de leurs investissements.

574. **Souveraineté relative.** Chaque État est libre de déterminer sa propre politique fiscale, tout du moins en ce qui concerne les impôts directs puisque la TVA est harmonisée au niveau Européen depuis 1976. Il n'empêche que le droit communautaire a une incidence forte sur notre fiscalité, car la législation nationale ne doit pas entraver les libertés fondamentales fixées par les différents traités européens.

Cela ne signifie pas que la France puisse perdre toute souveraineté en matière fiscale. Elle doit, en revanche, faire preuve d'équité dans l'élaboration de ses lois (fiscales). Il n'est pas rare qu'elle doive revoir certains dispositifs afin de les adapter au droit de l'Union Européenne. Elle peut également, à titre exceptionnel, faire exception à certaines libertés fondamentales, mais pour des raisons impérieuses d'intérêt général. À ce titre, elle est en droit de lutter contre l'évasion fiscale. Toutefois, les mesures qu'elle adopte en ce sens ne doivent pas être disproportionnées par rapport à l'objectif recherché.

C. La solution à ce dilemme : l'aménagement d'un espace de liberté

575. **Dilemme**. Le législateur se trouve face à un dilemme : il doit asseoir l'impôt sur les activités économiques sans toutefois en décourager la création. Ce subtil équilibre – qui permettrait de concilier esprit d'entreprise et impôt – ne nous semble possible que si le droit reconnaît pleinement le risque et ses conséquences, quelles qu'elles soient, sur la matière imposable.

L'aménagement d'un espace de liberté au profit du chef d'entreprise, tel que nous l'avons exposé jusqu'à présent, n'est-il pas finalement la meilleure façon de favoriser l'esprit d'entreprise ?

1. Encourager l'initiative économique

576. **Reconnaissance du risque**. Le droit fiscal offre un espace de liberté propice à l'esprit d'entreprise en fondant son appréciation des actes de gestion sur l'intention que poursuivent leurs auteurs ; et non sur la seule constatation matérielle de l'enrichissement. C'est là, nous semble-t-il, que le risque acquiert sa pleine assomption fiscale. Le procédé emporte des conséquences majeures.

En premier lieu, les effets sur la matière imposable des actes de gestion sont pleinement acceptés dès lors qu'ils portent un espoir d'enrichissement ; ce qui nécessite de les apprécier au moment de leur accomplissement. Il n'existe aucune limite à la prise de risque si ce n'est la mauvaise intention, en somme l'appauvrissement délibéré.

En second lieu, l'entreprise bénéficie, dans cette conquête incertaine de l'enrichissement, d'un droit à l'erreur. Celui-ci nous semble être le prolongement naturel de ce que le droit fiscal exige des actes de gestion pour reconnaître leur normalité (c'est-à-dire pour accepter leur effet sur la matière imposable). Retenir l'espoir, c'est accepter l'incertitude et, *a fortiori*, les échecs.

577. **Immédiat.** Nous avons montré que le droit fiscal, en appréciant la normalité des actes de gestion au travers du prisme de l'intention, encourage pleinement le risque. N'oublions pas qu'il l'accepte immédiatement – en permettant l'imputation des déficits sur les autres revenus – dès lors qu'il a la garantie que les efforts en vue de rechercher le profit seront sincères et continus. Le procédé annonce, encore une fois, la réciprocité, le rapport entre le risque professionnel et l'intention.

578. **Décloisonnement**. Le risque n'est accepté que parce qu'il est susceptible de générer des profits imposables, donc si la prise de risque se réalise dans une certaine continuité. Le contribuable doit persévérer dans ses efforts pour que ses pertes, ses déficits initiaux puissent, un jour peut-être, laisser la place à des profits imposables. Pour séduisant qu'il soit, le procédé bute néanmoins sur un obstacle de taille. En effet, lorsqu'il autorise, par une loi de 1959 la déduction sans restriction de tous les déficits catégoriels sur le revenu global du foyer fiscal, le législateur oublie surtout que le droit fiscal n'a aucune véritable emprise sur la continuité du risque privé, en somme sur les intentions des particuliers. Il ne peut contraindre ces derniers à persévérer dans leur conquête de l'enrichissement. En somme, bien qu'un particulier puisse prendre des risques, il peut très simplement y renoncer et s'appauvrir volontairement, contrairement à un professionnel. La théorie de l'acte anormal

de gestion ne lui est pas opposable. La continuité du risque privé devient alors un dilemme fiscal.

579. **Continuité dans la prise de risque.** Le législateur avait bien instauré progressivement des mesures luttant contre les abus telles que l'article 15, II du Code général des impôts ou encore l'article 30 du même Code. Il n'en demeure pas moins que le droit fiscal doit faire face à un problème inextricable qui dépasse de loin la matière fiscale : la propriété privée. Le droit fiscal ne peut aucunement empêcher qu'un contribuable mette un terme à la location d'un bien immobilier pour, ensuite, l'utiliser à des fins privées après avoir déduit effectivement des déficits fonciers sur ses autres revenus (si la règle des 3 ans est respectée). Il s'agit d'une difficulté qui a trait à la fois à la liberté de disposer de ses biens et à la continuité de l'investissement. Face à cette problématique, le législateur a, comme nous l'avons vu, opté pour le cloisonnement du risque privé.

580. **Espoir versus constatation matérielle**. C'est pourquoi, la reconnaissance *immédiate* du risque par le droit fiscal dépend de la capacité de cette branche du droit à sanctionner tout changement d'intention, donc de sa faculté à exiger du contribuable la recherche sincère et surtout *continue* du profit. En matière de risque professionnel, le droit fiscal opte définitivement pour l'espoir et l'intention puisqu'il a les moyens de contraindre les entreprises, à travers, notamment, la théorie de l'acte anormal de gestion, à respecter les raisons qui ont motivé leurs créations.

En revanche, concernant les investisseurs privés, ne pouvant exiger d'eux une recherche continue de l'enrichissement, le législateur préfère la constatation d'un enrichissement effectif à son espoir. La seule intention de s'enrichir n'est ici plus suffisante puisqu'elle ne permet plus de déduire les déficits non professionnels sur leurs autres revenus du foyer fiscal. Ceux-ci sont cloisonnés. D'ailleurs, ils peuvent être perdus si le contribuable ne génère, au cours des années futures, aucun revenu de même nature.

En définitive, le cloisonnement du risque privé est, pour l'investisseur privé, ce qu'est l'acte anormal de gestion pour les professionnels : une garantie fiscale face à une conquête du profit qui peut être, à un moment donné, délaissée, voire simulée.

2. Un droit à l'erreur non contestable

581. **Deux composantes.** L'anormalité fiscale se définit comme la combinaison d'un élément objectif – l'appauvrissement – et d'un élément subjectif – la volonté de s'appauvrir. Dès lors, les échecs économiques ne sont pas, à eux seuls, contestables sur le plan fiscal. La fiscalité des entreprises est régie par un principe supérieur de recherche systématique du profit[553] qui constitue, en quelque sorte, une obligation de moyens et non de résultat.

---

[553] Sur ce sujet, le lecteur pourra se reporter à la partie A de cette section.

582. **Droit à l'erreur**. Par conséquent, l'appauvrissement involontaire est tout à fait admis sur le plan fiscal. Il manque aux actes générateurs des pertes un caractère intentionnel pour les qualifier d'anormaux. Dès lors, l'élément subjectif de la théorie de l'acte anormal de gestion est ici déterminant. Il permet, répétons-le, de distinguer l'erreur de gestion de la libéralité. Néanmoins, le Conseil d'État [554] enchérit : un appauvrissement même délibéré n'est pas anormal s'il s'accompagne de contreparties suffisantes. Pour concevoir cette assertion, la notion de contrepartie est ici inévitablement propre au droit fiscal. Quelle est-elle ? Nous l'avons montré : un espoir d'enrichissement (v. *supra* n° 361 et s.). Dès lors, une entreprise peut s'appauvrir volontairement si elle le fait pour mieux préserver sa propre conquête de la richesse. En témoigne le traitement fiscal des abandons de créances à caractère commercial.

3. Les options fiscales

583. **Flexibilité des options**. Ensuite, par une multitude d'options, le législateur souhaite aménager un espace de liberté dans lequel le chef d'entreprise est libre de choisir le régime d'imposition qui lui est le plus adapté. Cette volonté politique poursuit plusieurs objectifs.

En premier lieu, cela favorise le développement des entreprises. La généralisation du régime de l'impôt sur les sociétés permet de ne pas imposer trop fortement les bénéfices réinvestis. Ce qui, précisément, incite à l'initiative économique.

En second lieu, la possibilité pour les sociétés de capitaux d'opter momentanément pour un régime de semi-transparence fiscale incite à la création d'entreprises et permet, en outre, une reconnaissance immédiate du risque. La flexibilité des options fiscales est définitivement propice à l'esprit d'initiative pour épouser assurément le caractère protéiforme du risque économique.

---

[554] CE, plén., 21 déc. 2018, n° 402006, *Sté Croë Suisse : Dr. fisc.* 2019, n° 9, comm. 176, concl. A. Bretonneau, note F. Deboissy et G. Wicker ; *RJF* 3/19, n° 246, chron. V. Vilette, p. 303.

Chapitre 2. Les entraves a la pleine acceptation du risque professionnel

584. **Plan**. Explorons à présent les diverses entraves qui limitent ou contrecarrent la pleine assomption du risque sur le plan fiscal. Nous proposerons à cette occasion quelques pistes d'amélioration.

585. **Limitation.** Nous n'aborderons pas à nouveau le régime de la microentreprise qui a été présenté précédemment (*v. supra* n° 518 et s.). Le législateur soutient l'initiative économique notamment par la simplification administrative. Ainsi, la loi Pacte[555] a prévu la création, en 2023, d'un guichet unique électronique pour la création des entreprises – regroupant les chambres de commerce et d'industrie, les chambres des métiers et les chambres agricoles – de façon à simplifier les démarches juridiques pour les entrepreneurs. De la même manière, le doublement des seuils pour bénéficier du régime fiscal de la micro-entreprise[556] s'inscrit dans cette volonté politique de simplifier les formalités déclaratives des entreprises, puisque les bénéfices sont ici déterminés de manière forfaitaire, en fonction des seules recettes. Néanmoins, la simplification fiscale ne doit pas faire oublier que chacun doit contribuer aux dépenses publiques selon ses facultés, ce qui nécessite de déterminer l'exact enrichissement. Or, en matière de micro-entreprises, l'échec n'existe pas, car elles ne connaissent pas les déficits. En d'autres termes, le régime de la micro-entreprise a pour ambition d'encourager la création des entreprises. Toutefois, les premières années d'exploitation sont souvent déficitaires, or l'exploitant risque de payer un impôt sur un déficit dès lors que ce régime méconnaît les pertes. Le législateur simplifie ainsi les obligations de l'entrepreneur. Toutefois, en « présumant[557] » de la matière imposable, il ne tient pas compte véritablement des risques propres à chaque activité professionnelle. Ce qui est simple en matière fiscale n'est pas nécessairement juste.

586. **Sujet.** En revanche, nous mettrons en évidence que la lutte contre l'évasion fiscale est si intense que le législateur et les juges de l'impôt en arrivent parfois à ne plus faire de distinction entre l'abus, caractérisé par l'insincérité, et l'investissement, qui est authentique (section 1). Ce qui conduit à la dénégation paradoxale du risque économique. Tel est le cas, nous semble-t-il, lorsque le Conseil d'État regarde les apports dont la valeur est

---

[555] Loi n° 2019-486 du 22 mai 2019.

[556] L'article 22 de la loi de finances pour 2018 (n° 2017-1837 du 30 décembre 2017) a doublé les seuils de chiffre d'affaires qu'un contribuable ne doit pas dépasser pour bénéficier du régime fiscal de la micro-entreprise. Ils sont actuellement de 188 700 € de chiffre d'affaires hors taxes annuel pour les activités commerciales et fournitures de logement et de 77 700 € de chiffre d'affaires hors taxes annuel pour les activités de prestations de service et les professions libérales.

[557] Ch. de la Mardiere, « Ébauche d'une théorie générale des présomptions et des présomptions fiscales », *Revue européenne et internationale de droit fiscal*, 2022, n° 2, p. 153.

délibérément minorée comme des libéralités réalisées au profit des sociétés. S'il se généralise, ce raisonnement, qui se méprend sur le bénéficiaire de la libéralité, dénaturera l'article 38-2 du Code général des impôts. Nous verrons également que le mécanisme du report d'imposition des plus-values professionnelles peut, en figeant l'enrichissement, avoir un effet pernicieux en méconnaissant l'appauvrissement futur. Enfin, évincer le critère du risque pour qualifier la matière imposable dans les schémas de *management package* porte, selon nous, préjudice aux investissements réalisés par les salariés.

Enfin, nous montrerons que l'enchevêtrement des textes fiscaux génère parfois un télescopage des différents régimes de faveur, lesquels peuvent alors se montrer inefficaces (section 2). Par exemple, le récent dispositif permettant temporairement la déduction fiscale de l'amortissement des fonds commerciaux, se confronte aux différents abattements dont peuvent bénéficier les contribuables qui cèdent leurs droits sociaux. Cédant et cessionnaire peuvent alors ne jamais s'accorder sur l'objet de la transaction. Cette divergence d'intérêts ne favorise pas la prise de risque, puisque la paralysie des négociations peut tout bonnement conduire à l'abandon du projet de reprise de l'entreprise. Nous verrons que le règlement de ce différend dépendra de la possibilité, pour le cédant, de bénéficier du régime des plus-values mobilières lorsqu'une société rachète ses propres titres pour les annuler. Espérons, sur ce sujet, que le Conseil d'État fasse sien le raisonnement libéral tenu par le Comité de l'abus de droit fiscal afin d'encourager le risque.

SECTION 1. UNE LUTTE EXACERBEE CONTRE L'EVASION FISCALE

587. **Plan.** La lutte contre l'évasion fiscale est d'une telle acuité qu'elle ne distingue plus l'abus de l'investissement. Ce faisant, elle dénature la pleine reconnaissance du risque à plusieurs titres. Nous étudierons successivement les opérations d'apport lorsque leur valeur est délibérément minorée (A), puis le caractère pernicieux du mécanisme du report d'imposition (B). Nous terminerons en montrant que le raisonnement que tient le Conseil d'État dans les schémas de *management package* n'est pas favorable à la prise de risque et à l'investissement (C).

A. Définition du bénéfice fiscal et neutralisation des apports

588. **Exclusion**. Selon l'article 38-2 du Code général des impôts, le bénéfice fiscal est constitué par la différence entre les valeurs de l'actif net à la clôture et à l'ouverture de la période dont les résultats servent de base à l'impôt. Fort heureusement, le législateur prend soin de neutraliser les apports, lesquels ne produisent pas de variation d'actif net, et ainsi demeurent sans effet sur la matière imposable. Il existe, néanmoins, une exception prétorienne à ce principe législatif : les apports réalisés pour une valeur délibérément

minorée sont regardés comme enrichissant la personne morale qui les reçoit (1). Cette solution, en se méprenant sur le bénéficiaire de la libéralité (2), porte atteinte à l'initiative économique (3).

1. Quand les apports deviennent des libéralités pour les sociétés

589. **Apport minoré**. Lorsque la valeur d'un apport est délibérément minorée au profit de la société qui le reçoit, cette dernière s'enrichit. Tel est le raisonnement tenu par le Conseil d'État dans ses jurisprudences *Cères*[558] *(a)* et *Société nouvelle Cap Management* (b).

a. L'arrêt de principe Cérès[559]

590. **Les faits**. En février 2005, monsieur X, fait donation à son fils aîné (monsieur Y) de 3 054 actions de la société B dont il est le dirigeant et l'actionnaire majoritaire. Le donataire fait immédiatement apport des titres reçus, sans en modifier la valeur (687,53 euros par action), à la société Cérès constituée *ad hoc* (quelques mois auparavant). En contrepartie de cet apport, il reçoit 210 000 actions nouvelles (de la société Cérès), d'une valeur unitaire de 10 euros. En mai 2005, Monsieur X cède à la société Cérès 1 745 actions de la société B pour un prix identique à la valeur de donation (687,53 euros par actions). Puis, en juin 2005, ce dernier (monsieur X) apporte la nue-propriété de 15 490 actions de la société B estimées sur la base de la même valeur unitaire de 687,53 euros par action. En contrepartie de cet apport, il reçoit 9 000 actions nouvelles de la société Cérès et 630 000 obligations convertibles en actions d'une valeur unitaire de 10 euros, qu'il donnera à ses enfants en juin 2005. Enfin, en juillet 2005, monsieur B renonce à son poste de président de la société B au profit de la société Cérès, elle-même représentée par son fils aîné (monsieur Y).

591. **Les griefs.** L'administration fiscale estime que la valeur des apports, dont la société Cérès a bénéficié, est délibérément minorée. À l'issue d'une vérification de comptabilité, elle lui notifie, sur le fondement des articles 38, 2 du Code général des impôts et 38 quinquies de l'annexe III du même Code, un rehaussement de son bénéfice imposable correspondant à la différence entre la valeur à laquelle les actions de la société B ont été apportées (687,53 euros par actions) et leur valeur réelle (estimée à plus de 1000 euros par action).

592. **La solution.** Pour le Conseil d'État, « lorsqu'une société bénéficie d'un apport pour une valeur que les parties ont délibérément minorée par rapport à la valeur vénale de l'objet de la transaction, sans que cet écart de prix

---

558 CE, plén., 9 mai 2018, n° 387071, *Cères* : *RJF* 7/18, n° 726, chron. A. ILJIC, p. 915, concl. Y. BENARD (C 726).

559 *Ibid.*

ne comporte de contrepartie, l'avantage ainsi octroyé doit être regardé comme une libéralité consentie à cette société. La preuve d'une telle libéralité doit être regardée comme apportée par l'administration lorsqu'est établie l'existence, d'une part, *d'un écart significatif* entre le prix convenu et la valeur vénale du bien apporté et, d'autre part, *d'une intention*, pour l'apporteur d'octroyer, et, pour la société bénéficiaire, de recevoir une libéralité du fait des conditions de l'apport. Cette intention est présumée lorsque les parties sont en relation d'intérêts [...][560] ». La haute juridiction administrative poursuit en nous rappelant que des liens familiaux unissant les actionnaires des différentes sociétés en cause suffisent à faire présumer l'intention libérale. Cette dernière étant démontrée (ou du moins présumée), l'administration fiscale corrige – par la combinaison des articles 38, 2 du Code général des impôts[561] et 38 quinquies de l'annexe III du même Code[562] – la valeur de l'apport[563] (ou d'acquisition[564] s'agissant d'une vente) volontairement minorée en la remplaçant par sa valeur vénale. Cela augmente l'actif net comptable de la société et, par conséquent, son bénéfice fiscal.

b. La réitération du principe

593. **Les faits**. La société Nouvelle Cap Management est détenue à part égale par deux associés A et B. La mésentente entre eux paralyse la bonne marche des affaires, si bien que monsieur B souhaite s'en retirer. Profitant de cette situation, Monsieur A et deux investisseurs – tous les trois souhaitant s'associer à part égale – élaborent le montage financier suivant. Avant de constituer une société holding Y commune, ils s'accordent sur la valorisation de la société Cap Management : 2 437 400 euros pour la totalité. Étant donné que Monsieur B exige un prix de 1 937 400 euros pour vendre ses actions (50 % du capital social), monsieur A est dans l'obligation d'apporter les siennes – au profit de la société holding Y créée pour la cause – pour un montant de 500 000 euros (2 437 400 euros diminués de 1 937 400 euros). Concomitamment, chacun des investisseurs fait apport de la même somme (500 000 euros) en numéraire. La société holding Y rachète, dans un second temps, les titres détenus par monsieur B pour le prix convenu de 1 937 400 euros.

594. **Les griefs.** À l'issue d'une vérification de comptabilité, l'administration fiscale impose la société Y sur la différence entre la valeur des titres rachetés à monsieur B (1 937 400 euros) et celle de l'apport (500 000

---

560 *Ibid.*

561 Le bénéfice fiscal se détermine par la variation de l'actif net de l'entreprise.

562 Une immobilisation acquise gratuitement doit être comptabilisée selon sa valeur vénale.

563 CE, plén., 9 mai 2018, n° 387071, *Cèrès* : *RJF* 7/18, n° 726, chron. A. ILJIC, p. 915, concl. Y. BENARD (C 726).

564 CE, 3e et 8e s.-s., 5 janv. 2005, n° 254556, *Raffypack* : *RJF* 3/05, n° 213, concl. E. GLASER, *BDCF* 3/05, n° 25, chron. F. BEREYZIAT, *RJF* 5/05, p. 314.

euros). Le vérificateur regarde cet écart comme un enrichissement profitant à la société Y, laquelle doit alors être imposée sur le fondement des articles 38, 2 du Code général des impôts et 38 quinquies de l'annexe III du même Code.

595. **La solution.** Pour le Conseil d'État[565], les circonstances de l'espèce – à savoir la mésentente entre les associés – écartent toute volonté de l'apporteur d'enrichir la personne morale Y. La cour administrative d'appel de Versailles[566], en se bornant à constater l'écart de valeur sans tenir compte du contexte dans lequel se sont déroulées les opérations litigieuses, commet une erreur de droit. Le juge du fond a négligé le fait que le prix d'acquisition de 1 937 400 euros (payé à monsieur B) a pu être majoré de façon à permettre à l'associé sortant de quitter rapidement le capital de la société Nouvelle Cap Management et sa gouvernance. Ensuite, monsieur A, l'associé restant, a été contraint de minorer la valeur d'apport de ses titres afin de se conformer aux exigences de ses deux nouveaux associés, à savoir apporter chacun, au maximum, une même somme de 500 000 euros. L'intention pour l'apporteur d'octroyer, et, pour la société bénéficiaire Y, de recevoir une libéralité n'est donc pas démontrée.

2. Un raisonnement contestable…

596. **Opinion**. Le raisonnement de la haute juridiction administrative – qui consiste à imposer la société bénéficiaire de l'apport lorsque la valeur de celui-ci est volontairement minorée – ne nous convainc pas pour plusieurs raisons.

En premier lieu, la haute juridiction administrative se méprend sur le bénéficiaire de la libéralité. Pour s'en convaincre, il suffit de regarder la façon dont elle raisonne quand, à l'inverse, la valeur de l'apport est délibérément majorée (a).

En second lieu, il nous semble que la haute juridiction administrative détourne de ses objectifs le dispositif de l'article 38 quinquies de l'annexe III du Code général des impôts (b).

a. Erreur sur le bénéficiaire

597. **Erreur de bénéficiaire.** Dans l'affaire *Cérès (*v. *supra* n° 590 et s.*)*, l'apporteur qui a volontairement minoré la valeur de son apport n'est rien d'autre que le père des autres associés. La personne morale n'est ici que l'instrument ou le support d'une transmission de patrimoine. Néanmoins, au lieu d'imposer les enfants, c'est-à-dire les autres associés, sur l'enrichissement dont ils bénéficient, l'administration fiscale incrimine la société. Celle-ci nous

---

565 CE, 8e et 3e ch., 21 oct. 2020, n° 434512, *Sté Société Nouvelle Cap Management* : *RJF* 1/21, n° 11, concl. R. Victor (C 11).

566 CAA Versailles, 28 fév. 2017, n° 15VE03250, *Sté Nouvelle Cap Management : RJF* 2017 n° 905, concl. S. Rudeaux (C905).

semble être « prise en otage », faute pour le vérificateur d'avoir imposé les bonnes personnes. L'apporteur (le père) n'envisage aucunement d'enrichir la société, mais ses seuls enfants (les autres associés).

De la même manière, dans l'arrêt *La société nouvelle Cap Management (*v. *supra* n° 593 et s.), le Conseil d'État n'admet l'imposition de la société qu'en présence d'une intention libérale. Il déduit des circonstances de l'affaire que l'apporteur n'avait aucunement la volonté d'enrichir celle-ci. Toutefois, n'est-ce pas toujours le cas ? Imaginons que la société ne soit constituée que par une seule personne. Cet apporteur singulier reçoit des droits sociaux dont la valeur dépend de la bonne santé financière de la personne morale qui les émet. Quel intérêt aurait-il à enrichir la société par son apport ? Ce dernier, lorsqu'il est réalisé à titre pur et simple, constitue un investissement et celui qui l'accomplit ne souhaite pas tant enrichir son bénéficiaire (la société) que lui-même. De plus, si sa valeur est minorée, cela viendra accroître d'autant (et artificiellement) la plus-value future de l'apporteur, ce qui n'est pas souhaitable pour lui. En revanche, cette minoration prend tout son sens lorsque le contribuable envisage la donation des titres reçus en contrepartie de son apport. On peut donc considérer qu'un apport dont la valeur est délibérément minorée n'est jamais réalisé pour enrichir la société qui le reçoit. Si effectivement, le bilan d'une entreprise est une enclave de lucrativité qui révèle toutes les formes d'enrichissement, les apports sont expressément écartés du calcul du bénéfice fiscal. Cependant, une société peut être un formidable outil de transmission de patrimoine. Dans ce cas, la valeur minorée de l'apport n'a d'incidence que sur les autres associés, et non sur la personne morale elle-même.

b. Contre-exemple : l'apport à valeur majorée

598. **Apport majoré**. Selon le Conseil d'État[567], une société qui bénéficie d'un apport dont la valeur est délibérément majorée, ne s'appauvrit pas. Il s'ensuit que l'apporteur ne peut pas, dans cette opération, bénéficier d'un avantage. Il ne peut s'enrichir que si, à l'inverse, la personne morale s'appauvrit. Voyons les faits et la solution.

599. **Les faits**. Monsieur C apporte en novembre 2009 l'usufruit des titres de la société CM, pour une durée de 17 ans, à la société JMS qu'il contrôle avec son épouse. La société CM détient elle-même l'usufruit des titres d'une autre société dénommée Coralu pour une durée de 7 ans. L'administration fiscale constate que le contribuable, lorsqu'il a valorisé l'usufruit des titres de la société CM, a retenu que celle-ci allait bénéficier de dividendes pendant 17 ans de la part de la société Coralu. Ce qui suppose donc que l'usufruit, d'une durée convenue de 7 ans, soit reconduit pour 10 années supplémentaires. Pour

---

[567] CE, 8e et 3e ch., 20 oct. 2021, n° 445685 : *RJF* 01/22, n°4, concl. R. VICTOR (C4). Dans le même sens : CAA Nantes, 24 oct. 2023, n° 21NT02031, inédit.

l'administration fiscale, cette reconduction est purement hypothétique. Elle y voit alors une majoration volontaire de la valeur des titres apportés. Forte de ce raisonnement, elle impose, sur le fondement du c de l'article 111 du Code général des impôts[568], monsieur B (l'apporteur) sur ce qu'elle regarde comme étant un avantage occulte.

600. **La solution**. Pour la haute juridiction administrative, « la seule circonstance qu'une société [JMS, en l'espèce] bénéficie d'un apport pour une valeur que les parties ont délibérément majorée par rapport à la valeur vénale de l'objet de la convention ne saurait par elle-même traduire l'existence d'un appauvrissement de la société [JMS] bénéficiaire de l'apport au profit de l'apporteur. Dès lors, en jugeant que l'administration fiscale avait pu à bon droit regarder Monsieur C, apporteur des titres, comme ayant bénéficié de la part de la société JMS, bénéficiaire de l'apport, d'une libéralité, taxable entre ses mains sur le fondement des dispositions du c de l'article 111 du Code général des impôts, au seul motif qu'elle avait établi que les parties à cette opération avaient délibérément retenu une valeur d'apport supérieure à la valeur réelle des actifs apportés, la Cour a commis une erreur de droit ».

601. **Symétrie**. Si une personne s'appauvrit volontairement c'est pour en enrichir une autre, qui accepte la libéralité. Il convient donc d'identifier qui, dans cette opération, s'appauvrit et qui s'enrichit. Or, en l'espèce, comme l'affirme pertinemment le rapporteur public R. Victor[569], si une personne s'est appauvrie c'est bien l'autre associé – celui qui n'a rien apporté – puisque celui-ci a vu sa participation diluée d'une manière plus grande que si l'apport avait été réalisé à sa juste valeur. La personne morale ne s'est, en revanche, aucunement appauvrie. Elle n'a rien déboursé en émettant des titres : « cela ne lui a rien coûté[570] ». Ce raisonnement ne pourrait-il pas être également retenu lorsque, à l'inverse, la valeur des apports est volontairement minorée ? On pourrait alors penser que, par un raisonnement symétrique, la minoration volontaire de la valeur de l'apport n'enrichit pas la société, mais les autres associés. Ainsi, si la valeur volontairement majorée d'un apport n'appauvrit pas la société qui le reçoit, le cas inverse (la valeur délibérément minorée) doit logiquement rester sans effet sur la matière imposable, la personne morale ne s'enrichissant pas. Rappelons d'ailleurs que l'article 38-2 du Code général des impôts définit, à travers la variation d'actif net, tant les bénéfices (l'enrichissement) que les déficits (l'appauvrissement). En somme, ce n'est pas un dispositif qui fonctionne à sens unique. Par conséquent, les effets sur la matière imposable des apports, que leur valeur soit délibérément majorée ou minorée, devraient suivre un traitement symétrique.

---

568 Selon cet article, les rémunérations et avantages occultes sont considérés comme des revenus distribués.

569 *Ibid.*

570 *Ibid.* Nous reprenons ici les propos du rapporteur public R. VICTOR.

La dissymétrie que propose le Conseil d'État semble ne semble reposer que sur l'article 38 quinquies de l'annexe III du Code général des impôts. Toutefois, ce dispositif n'est-il pas ici détourné de ses objectifs ?

3. Une mécanique détournée ?

602. **Intention ou mécanique ?** Le Conseil d'État utilise l'article 38 quinquies de l'annexe III du Code général des impôts pour élaborer une construction jurisprudentielle contestable.

603. **Simple mécanique…** La haute juridiction administrative ne sanctionne pas tant la minoration de valeur que l'intention libérale. La jurisprudence *Cap management,* précédemment exposée (v. *supra* n° 593 et s.), confirme cette position : une valeur minorée – quand bien même elle serait avérée – ne peut, à elle seule, permettre l'imposition de la personne morale bénéficiaire de l'apport. Dans cette affaire, rappelons en effet que la cour administrative d'appel de Versailles a été censurée pour n'avoir examiné que l'écart de valeur de l'apport, sans rechercher une éventuelle intention d'enrichir la société. Le Conseil d'État, pour aboutir à son raisonnement, se fonde sur l'article 38 quinquies de l'annexe III du Code général des impôts. Or, il nous semble que cette mesure – qui précise la valeur des immobilisations à inscrire au bilan – relève de la simple (et objective) technique, pour ne pas dire mécanique. L'instigateur de ce dispositif ne semble donc s'intéresser qu'à la nature de l'opération (l'objet) telle qu'elle est présentée aux tiers sans jamais rechercher l'intention des opérateurs. Ainsi, les immobilisations acquises à titre onéreux sont inscrites au bilan pour leur coût d'acquisition. Celles apportés par des tiers le sont pour leur valeur d'apport. Seules celles acquises à titre gratuit sont inscrites au bilan pour leur valeur vénale. Dans ce dernier cas, il s'agit d'un véritable don et non d'un apport constitutif du capital social. Le donateur ne souhaite aucunement devenir associé de la société. Ainsi, selon nous, l'article 38 quinquies de l'annexe III du Code général des impôts ne concerne pas les apports rémunérés par des droits sociaux. Le décret – dont sont issues ces dispositions – ne fait que répondre à la délicate question de la contrepartie qu'il convient de donner *objectivement* à ces opérations.

604. **…à défaut, une application à sens unique.** Le contraire – si l'on admet qu'un apport à valeur minorée peut être regardé par ce dispositif comme une libéralité – confèrerait à l'article 38 quinquies une application à un sens unique. En effet, si les apports dont la valeur est volontairement minorée peuvent être déclassés dans la catégorie des immobilisations acquises à titre gratuit, ceux réalisés pour une valeur délibérément majorée restent, quant à eux, dans la catégorie des immobilisations acquises à titre onéreux. Un tel raisonnement, qui reconnaît l'enrichissement, mais méconnaît l'appauvrissement, est contraire à l'article 38, 2. En effet, ce dernier définit tant les bénéfices (enrichissement) que les déficits (appauvrissement). Face à cette contradiction, la hiérarchie des normes donne une priorité à l'article 38,

2 du Code général des impôts, issu d'une loi. L'article 38 quinquies de l'annexe III du même Code n'est le fruit, quant à lui, que d'un décret.

605. **Exonérer tous les apports.** Enfin, on pourrait également considérer que tous les apports enrichissent la société. Cette dernière en devient propriétaire sans jamais en payer le prix puisque, comme l'écrit R. Victor dans ses conclusions sur l'arrêt *Société nouvelle Cap Management*, émettre des actions – en contrepartie d'un apport – ne coûte rien à la société. Cela devrait être vrai quelle que soit la valeur de l'apport, que celle-ci soit minorée, majorée ou qu'elle corresponde à la réalité. En somme, il nous semble que le législateur a souhaité expressément exonérer cette forme d'enrichissement pour les entreprises, quelle que fût l'intention de l'apporteur.

4. Une incohérence dommageable pour l'initiative économique

a. Un raisonnement économiquement défavorable

606. **Le dilemme de la temporalité.** Le droit fiscal est face à un dilemme. Il peut imposer immédiatement les écarts de valeur des apports. Mais, il peut également préférer retarder l'imposition. Dans ce cas, la société qui reçoit des biens ou droits pour une valeur minorée pourra réaliser un gain plus important au moment de leur cession. C'est à ce moment-là que la société s'enrichit véritablement. *A contrario*, lorsque la valeur est majorée, la plus-value future en sera d'autant réduite. Telle est la position du droit comptable qui ne constate les écarts de valeurs (plus ou moins-value) qu'au moment de la vente des éléments apportés.

607. **Choix cornélien.** Lorsque l'on raisonne à l'échelle de l'apporteur, il nous apparaît évident qu'un apport à valeur minorée ne vise pas à enrichir la société, mais les autres associés. En revanche, l'objectif du cas inverse (l'apport à valeur majorée) nous apparaît moins manifeste. On pourrait penser que l'apporteur qui majore délibérément la valeur de son apport cherche peut-être à minimiser sa plus-value future et surtout à augmenter artificiellement le montant du capital social. Ceci de façon à gagner en crédibilité vis-à-vis des tiers. C'est oublier toutefois que l'apport génère lui-même une plus-value.

608. Par conséquent, ce que l'apporteur économise en impôt (sur la plus-value future), il l'a perdu lors de son apport (plus-value d'apport), en majorant sa valeur. Pour autant, la société s'est-elle appauvrie ? Non, si l'on suit l'argumentation de R. Victor dans les mêmes conclusions[571]. La personne morale fera simplement apparaître un montant de capital social plus important qu'il n'aurait dû l'être, sans que cela ne soit pour elle un appauvrissement. *In*

---

[571] *Ibid.*

fine, la société ne souffrira d'un manque à gagner qu'au moment de la cession de l'élément apporté[572].

609. **Préférer le report...**Par conséquent, il vaut mieux préférer la neutralité de l'opération d'apport et ne constater qu'*a posteriori* les écarts de valeur. Telle est, nous semble-t-il, la volonté du législateur. Tout d'abord, répétons-le, ce dernier a souhaité que les entreprises ne soient pas imposées sur les apports qu'elles reçoivent. Ensuite, cette volonté de retarder une imposition dans le but de favoriser la création des entreprises n'est pas inédite. À ce titre, la théorie de la mutation conditionnelle assure un caractère intercalaire aux opérations d'apport, considérant que celles-ci ne confèrent aux autres associés qu'un droit de propriété éventuel sur les biens apportés[573]. De la même manière, les mécanismes du sursis et du report d'imposition des plus-values semblent poursuivre cette volonté : en l'absence de liquidités, pas d'impôt. En effet, un apport étant rémunéré par la remise de droits sociaux, l'apporteur ne dispose pas des liquidités pour payer l'impôt sur la plus-value.

610. **...pour favoriser les entreprises**. Finalement, ce n'est pas favoriser l'esprit d'entreprise que d'imposer immédiatement des écarts de valeur sur des apports qui servent l'exploitation de l'entreprise. D'autant plus que les sociétés en cause devront puiser dans leurs ressources pour payer l'impôt, ce qui réduira leur capacité d'investissement alors, parfois, qu'elles n'ont même pas encore commencé leur activité. En somme, il nous apparaît inopportun d'imposer une société sur des écarts de valeur (d'apport) alors qu'elle n'a pas encore bénéficié des effets économiques que peuvent lui procurer les biens et droits qui lui ont été apportés. Soulignons que nous sommes en présence d'entreprises qui vont créer de la richesse et des emplois. Afin de les privilégier, il est parfois préférable de s'écarter momentanément de certains principes fiscaux. Cet effort n'est pas hors de portée, car – répétons-le – le législateur a su créer la théorie de la mutation conditionnelle. Cette dernière, au même titre nous semble-t-il que l'article 38, 2 du Code général des impôts, entend retarder l'imposition des entreprises, pour faciliter leur création et leur développement.

b. La sanction de simples erreurs ?

611. **Le danger des présomptions.** La preuve d'une libéralité doit être regardée comme apportée par l'administration lorsque celle-ci établit l'existence, d'une part, d'un écart significatif entre la rémunération convenue pour l'apport et la valeur vénale du bien apporté et, d'autre part, d'une

---

[572] Toutefois, si la société ne s'est pas immédiatement appauvrie après l'apport, l'administration fiscale pourra quand même contester *a posteriori* les amortissements (CE, 7e et 8e s.-s., 24 mars 1982, n° 27576 : *RJF* 05/82, n° 455, s'agissant d'un brevet) ou les dépréciations de l'actif surévalué (CE, 7e et 9e s.-s., 28 mars 1979, n° 1772 : *RJF* 05/79, n° 275).

[573] Cette théorie, créée pour faciliter la constitution des sociétés, exonère de droit de mutation les apports à titre pur et simple, sauf exception.

intention, pour l'apporteur, d'octroyer et, pour la société bénéficiaire, de recevoir une libéralité du fait des conditions de l'apport. Toutefois, si l'écart de valeur est facilement démontrable[574], l'intention libérale l'est beaucoup moins. Face à cette difficulté, le Conseil d'État a instauré des présomptions d'appauvrissement volontaire. Tel est le cas lorsque les parties sont en relation d'intérêt[575], ou lorsque le prix de vente d'une immobilisation s'écarte significativement de sa valeur vénale[576]. Pour la haute juridiction administrative, la société bénéficiaire de l'apport et l'apporteur sont en relation d'intérêt dès lors que ce dernier en est également un dirigeant[577].

612. **Simple erreur.** La présomption d'intention libérale que le Conseil d'État établit lorsque l'apporteur est également le dirigeant de la société bénéficiaire des apports nous apparaît dangereuse. L'administration fiscale pourrait s'y engouffrer pour ne sanctionner, *in fine*, que de simples erreurs. Elle abuse d'ailleurs de cette présomption dans le contentieux de la *Société nouvelle Cap Management*[578], puisqu'elle redresse la minoration de valeur de l'apport sans même considérer les circonstances dans lesquelles s'est réalisée l'opération. Cela oblige l'apporteur A[579], par ailleurs dirigeant de la société bénéficiaire des apports, à combattre cette présomption d'intention libérale. Quid s'il n'avait pas pu démontrer l'existence d'un différend l'opposant à son associé ? La mésentente n'est pas toujours révélée par des preuves écrites.

Par conséquent, l'administration fiscale pourrait-elle voir dans tout écart de valeur d'apport une intention libérale, dès lors que l'apporteur est également le dirigeant de la société qui en bénéficie ? Cela reviendrait à sanctionner automatiquement les erreurs d'évaluation alors même qu'il n'y aurait aucune intention d'enrichir ni la société, ni les autres associés. Le raisonnement tenu par le Conseil d'État, s'il se généralise, risque de dénaturer l'article 38,2 du Code général des impôts, lequel écarte expressément les apports du calcul du résultat fiscal. Cela ne nous semble pas encourager le risque économique.

---

574 Qu'est-ce qu'un écart significatif en présence d'évaluations de sociétés non cotées qui restent, au demeurant, totalement subjectives ?

575 CE, 8e et 9e s.-s., 6 juin 1984, n° 35415 et 36733, *Cie financière de Suez* : *RJF* 8-9/84, n° 940, concl. J-F. VERNY, p. 466.

576 CE, plén., 21 déc. 2018, n° 402006, *Sté Croë Suisse : Dr. fisc.* 2019, n° 9, comm. 176, concl. A. BRETONNEAU, note F. DEBOISSY et G. WICKER ; *RJF* 3/19, n° 246, chron. V. VILETTE, p. 303.

577 Pour un exemple : CE, 10e et 9e ch., 16 oct. 2013, n° 329420, *Bléger* : *RJF* 1/14, n° 36, chron. E. BOKDAM-TOGNETTI p. 3, concl. D. Hedary, *BDCF* 1/14, n° 7.

578 CE, 8e et 3e ch., 21 oct. 2020, n° 434512, *Sté Société Nouvelle Cap Management* : *RJF* 1/21, n° 11, concl. R. VICTOR (C 11).

579 *Ibid.*

B. La problématique du report d'imposition des plus-values professionnelles au regard du risque

613. **Préambule.** Le législateur a instauré deux mécanismes afin que les contribuables ne payent pas d'impôt lorsque les opérations qu'ils réalisent ne dégagent aucune liquidité. Le premier, le sursis d'imposition, se rencontre notamment à l'article 210 A du Code général des impôts (v. *supra* n° 547 et s.). Il assure la parfaite neutralité des opérations de fusion, de scission ou encore d'apport d'une branche complète et autonome d'activité. En substance, la société apporteuse ne sera redevable d'aucun impôt. En contrepartie, pour le calcul de la plus-value, la personne morale bénéficiaire des apports devra, lorsqu'elle cèdera l'immobilisation non amortissable reçue, retenir sa valeur d'acquisition telle qu'elle figurait dans les comptes de la société absorbée. Nous n'évoquerons pas ici ce régime fiscal qui ne concerne que les opérations réalisées par les sociétés soumises à l'IS. Étant donné l'absence d'impôt qu'il permet, il ne refreine aucunement l'initiative économique. Il favorise donc le risque.

Le second, le report d'imposition, concerne notamment les entrepreneurs individuels qui apportent des immobilisations non amortissables à une société. Il a pour effet de figer l'enrichissement puisque le gain est déterminé et imposable. Toutefois, le paiement de l'impôt est reporté à la survenance de certains événements[580].

614. **Plan.** Le traitement fiscal complexe que génère un report d'imposition n'est pas exempt de paradoxes, car il conduit à la dénégation du risque économique à plusieurs titres.

En premier lieu, ce dispositif ne permet pas l'imputation des pertes futures en présence d'un changement de nature des plus et moins-values. Tel sera le cas lorsque la plus-value placée en report d'imposition est qualifiée de professionnelle, alors que la moins-value de cession des titres reçus en contrepartie de l'apport est de nature privée. À ce titre, le contribuable peut se trouver imposé sur un profit dont il n'a jamais véritablement bénéficié (1). Ce faisant, ce traitement fiscal ne reconnaît pas le risque.

En second lieu, nous verrons également, à travers une jurisprudence récente, que le mécanisme du report d'imposition est parfois incompatible avec certaines opérations de transmission d'entreprises, alors même que le législateur les encourage par ailleurs (notamment avec le dispositif du « pacte Dutreil ») (2).

[580] Plus précisément, le montant à payer sera déterminé selon les règles en vigueur au moment de la survenance de l'événement mettant un terme au report d'imposition.

1. Le changement de nature des plus-values professionnelles

615. **Plan.** Le droit fiscal ne doit pas décourager les opérations qui sont utiles au développement des entreprises. C'est pourquoi certaines d'entre elles bénéficient de régimes de faveur (a). Néanmoins, le mécanisme du report d'imposition emporte des effets pernicieux en cas d'appauvrissement futur (b).

a. Les régimes de faveur des exploitants individuels

616. **Les apports**. L'apport des éléments d'actif et de passif constitutifs d'une entreprise individuelle au profit d'une société bénéficie d'un régime de faveur (i). Les opérations d'apport de titres inscrits au bilan d'une entreprise individuelle (ou au registre des immobilisations pour les BNC) souffrent, quant à elles, d'un dispositif dont l'application nous semble être trop restrictive (ii).

i. L'apport d'actifs affectés à une activité professionnelle

617. **Régime de faveur.** Un exploitant individuel, qui souhaite s'associer avec d'autres chefs d'entreprise au sein d'une société, doit pouvoir apporter son activité professionnelle sans que cela ne génère pour lui des coûts fiscaux rédhibitoires. La fiscalité ne doit pas décourager les restructurations nécessaires au développement économique.

Or, une telle opération génère des plus-values professionnelles puisque les immobilisations apportées à la société quittent le patrimoine (professionnel) de l'entrepreneur individuel. Toutefois, l'apporteur et la personne morale bénéficiaire des apports[581] peuvent opter pour un régime fiscal particulier, visé à l'article 151 octies du Code général des impôts. Ce dispositif permet de différer le paiement de l'impôt sur les plus-values professionnelles.

618. **Éléments non amortissables.** Les plus-values (d'apport) relatives aux immobilisations non amortissables[582], tel qu'un fonds commercial ou un terrain, sont placées en report d'imposition[583]. Celui-ci prend fin, notamment[584], lorsque l'apporteur cède[585] les droits sociaux qu'il a reçus. Dans ce cas, la cession génère pour lui deux plus-values. La première est professionnelle. Celle-ci est d'ores et déjà calculée et déclarée puisqu'elle a

[581] Celle-ci peut être soumise, ou non, à l'impôt sur les sociétés.

[582] Toutes les plus-values sur les immobilisations non amortissables, qu'elles soient à court ou à long terme, bénéficient, en cas d'option, d'un report d'imposition.

[583] Elles correspondent aux plus-values sur les éléments non amortissables apportés à la société.

[584] Le report d'imposition prend également fin lorsque la société cède les biens non amortissables qu'elle a reçus lors de cet apport.

[585] Il sera mis fin au report d'imposition en cas de rachat des titres par la société qui les a émis ainsi que lors de leur annulation.

été placée en report d'imposition. La seconde relève des plus ou moins-values privées dès lors qu'elle concerne la vente de droits ou parts d'une société soumise à l'IS. Cette seconde plus ou moins-value correspond à la prise de valeur (ou perte de valeur) depuis l'apport du patrimoine professionnel jusqu'à la vente des titres reçus.

619. **Éléments amortissables.** Les plus-values portant sur les immobilisations amortissables sont, quant à elles, prises en charge par la société bénéficiaire des apports. Celle-ci les réintégrera fiscalement (dans ses bénéfices fiscaux) par cinquième (biens mobiliers) ou par quinzième (biens immobiliers). Elle profitera, en contrepartie, d'amortissements supplémentaires, ce qui lui assurera la parfaite neutralité de l'opération.

620. **Branche complète et autonome.** Pour que l'exploitant individuel puisse bénéficier de ce régime de faveur, il doit apporter une branche complète et autonome d'activité. Si bien que la société qui reçoit celle-ci doit pouvoir l'exploiter en toute autonomie. Le législateur n'entend mettre en œuvre cette neutralité fiscale que s'il s'agit d'une activité économique, qui se poursuit sous une forme plus adaptée à son développement. Il est néanmoins admis que les immeubles affectés à l'exploitation puissent ne pas être apportés, à la condition qu'ils soient mis à la disposition de la société (bénéficiaire des apports) pendant une durée minimale de neuf années. Le régime de faveur ne s'applique pas de droit. Son application requiert une option. Celle-ci est prise conjointement par l'apporteur et la société bénéficiaire[586] dans le traité d'apport.

621. **Option pour l'IS.** Depuis le 15 mai 2022, les exploitants individuels peuvent lever une option[587] afin que leurs entreprises soient assimilées fiscalement à une EURL (ou à une EARL s'agissant d'une activité agricole), conformément à l'article 1655 sexies du Code général des impôts.

Cette assimilation, qui vaut option pour l'impôt sur les sociétés emporte, sur le plan fiscal uniquement, la création d'une personne distincte. Dès lors, l'exploitant est réputé apporter son entreprise à une société. L'opération peut donc bénéficier du dispositif visé à l'article 151 octies du Code général des impôts, lequel instaure un report d'imposition sur les immobilisations non amortissables. Notons ensuite, que cette assimilation fiscale à une personne morale est (quasi) totale puisque, à compter du 1er janvier 2023, le cessionnaire d'une entreprise individuelle assimilée à une EURL est réputé acquérir des parts sociales. Il sera donc redevable du droit de mutation au taux de 3 %, conformément à l'article 726 du Code général des impôts.

---

[586] La société qui reçoit les apports s'engage dans le traité d'apport ou dans ses statuts à prendre en charge les plus-values sur les immobilisations amortissables en les réintégrant par cinquième ou par quinzième selon la nature des actifs reçus.

[587] L'option est prise dans les 3 premiers mois de l'exercice au titre duquel s'applique ce changement de régime fiscal (Art. 350 Bis de l'annexe III au Code général des impôts).

ii. L'apport de titres considérés comme des actifs professionnels (Art. 151 octies B)

622. **Report d'imposition.** Lorsqu'un contribuable apporte des droits sociaux faisant partie de son patrimoine professionnel, il bénéficie d'un report d'imposition de sa plus-value d'apport. Ce dispositif, fixé à l'article 151 octies B du Code général des impôts, concerne tant les titres inscrits au bilan d'une entreprise individuelle, ou au registre des immobilisations s'agissant d'un exploitant relevant des bénéfices non commerciaux, que ceux de sociétés semi-transparentes relevant de l'article 151 nonies du Code général des impôts[588].

623. **Conditions**. L'opération d'apport doit néanmoins respecter certaines conditions. Tout d'abord, si elle s'accompagne d'une soulte, cette dernière ne doit pas, classiquement, excéder 10 % de la valeur nominale des droits sociaux reçus. Ensuite, l'apporteur doit être une personne physique exerçant une activité commerciale, industrielle, artisanale, libérale ou agricole à titre professionnel. L'apport doit porter sur l'intégralité des droits ou parts *nécessaires* à l'exercice de l'activité, détenus par le contribuable et inscrits à l'actif de son bilan ou dans le tableau des immobilisations[589]. Les titres reçus en rémunération de l'apport doivent être nécessaires à l'activité de l'apporteur.

Il est mis fin au report d'imposition lorsque l'apporteur cesse d'exercer une activité commerciale, industrielle, artisanale, libérale ou agricole à titre professionnel. Il en ira de même lorsque les droits ou parts *reçus ou apportés* seront cédés, rachetés ou annulés, ou lorsqu'ils cesseront d'être nécessaires à l'exercice de l'activité de l'apporteur.

624. **Utilité versus nécessité.** Le caractère strictement nécessaire des titres apportés et reçus a été récemment confirmé par la haute juridiction administrative[590]. En l'espèce[591], un médecin apporte à une société les titres d'une clinique inscrits à son registre des immobilisations. Il place l'opération sous le régime de l'article 151 octies B permettant le report d'imposition de la plus-value d'apport. L'administration fiscale s'y oppose en soutenant que les titres apportés et ceux reçus en contrepartie de l'apport ne sont pas nécessaires à l'activité de l'apporteur.

Pour la haute juridiction administrative, « il résulte des termes même de l'article 151 octies B du Code général des impôts que le bénéfice du report d'imposition des plus-values résultant de l'échange de droits et parts effectué à l'occasion de l'apport de droits ou parts d'une société soumise à un régime réel d'imposition est subordonné à la condition que tant les droits et parts

[588] Il s'agit des titres de sociétés, non soumises à l'IS ayant une activité opérationnelle, détenus par des associés (personnes physiques) qui exercent en son sein leur activité professionnelle.

[589] Les titres relevant de l'article 151 nonies du Code général des impôts en bénéficient également.

[590] CE, 8e et 3e ch., 13 juill. 2022, n °459899 et n° 459900 : *FR* 35/22, p. 13.

[591] *Ibid.*

apportés, lesquels doivent dans ce cas être inscrits à l'actif de son bilan ou dans le tableau des immobilisations, que les droits et parts reçus en contrepartie de l'apport soient *nécessaires* à l'exercice de l'activité de l'apporteur […] ». Pour le Conseil d'État, les titres de la clinique, bien que permettant de peser sur les orientations stratégiques de celle-ci, ne sont pas nécessaires à l'activité du médecin. Par conséquent, ce dernier ne peut pas bénéficier du report d'imposition de l'article 151 octies B du Code général des impôts.

625. **Opinion.** À notre sens, la portée qui est donnée à ce dispositif est trop restrictive. Le législateur conditionne le report d'imposition au caractère strictement nécessaire des titres apportés et reçus, et non à leur seule utilité. On ne peut certes pas reprocher au juge de l'impôt d'appliquer strictement la loi. Le juge rejette les prétentions du contribuable sur le principe du texte clair[592], qu'il préfère à une interprétation de la loi au regard des autres mesures encourageant le développement des entreprises.

626. **Théorie du bilan (BIC et BA).** Néanmoins, cette restriction légale nous interpelle, car elle est en contradiction avec l'ensemble des dispositifs qui encouragent le risque. C'est pourquoi, nous aurions préféré, même si cela est difficilement réalisable pour le juge compte tenu du principe de sécurité juridique[593], une interprétation (finaliste) *a coherentia*, c'est-à-dire de la manière la plus cohérente avec les autres dispositifs composant le droit. Le législateur et le juge de l'impôt ont toujours privilégié le critère de l'utilité à celui de la nécessité. Par exemple, les exploitants individuels (relevant des BIC et BA) peuvent inscrire à leur bilan les éléments qu'ils utilisent pour leurs professions, sans pour autant qu'ils soient obligatoirement nécessaires. Ces actifs ont un effet sur la matière imposable de l'entreprise. En effet, l'article 155 du Code général des impôts, dont l'objectif est de contrecarrer sur le plan fiscal le principe de liberté d'affectation comptable, ne concerne que les biens inutiles à l'activité. En ce sens, la doctrine administrative précise que « ne sont pas pris en compte pour la détermination du résultat fiscal professionnel [sauf s'ils sont accessoires], les produits et les charges afférents aux éléments d'actif qui, soit ne sont pas nécessaires à l'exercice de l'activité professionnelle, *soit ne sont pas utilisés pour l'exercice de l'activité professionnelle*[594] ».

627. **BNC.** De la même manière, bien que l'article 93 du Code général des impôts dispose que seules les dépenses nécessitées par la profession sont déductibles des bénéfices non commerciaux, le juge de l'impôt tempère cette exigence. Si bien que le patrimoine professionnel pouvant être inscrit au registre des immobilisations comprend certes les biens affectés par nature à

---

[592] CE, sect., 27 oct. 1999, n° 188685, *Cne Houdan c/ Lhemery* : *JCP N 1999*, 1764, note J.-L. Bourgeois.

[593] D. Gutmann, *Sources et ressources de l'interprétation juridique*, LGDJ, 2023, n° 13 et s., p. 23.

[594] BOI-BIC-BASE-90 n° 190, 04-07-2018.

l'activité, mais également ceux simplement utilisés par le professionnel. Ainsi, la haute juridiction administrative admet qu'un commissaire aux comptes puisse inscrire à son registre les titres d'une société d'expertise comptable, dès lors que cette détention lui est utile, et non obligatoirement indispensable[595].

628. **Dispositifs de faveur**. Ensuite, les exploitants individuels bénéficient de diverses exonérations lorsqu'ils cèdent leurs immobilisations, que ces dernières soient nécessaires ou simplement utilisées pour l'exercice de la profession. Par exemple, les dispositifs prévus aux articles 151 septies, 238 quindecies ou encore 151 octies du Code général des impôts, n'excluent jamais les immobilisations seulement utiles, donc pas forcément nécessaires. De la même manière, les titres de participation sont ceux utiles à l'activité de la société qui les détient. Pourquoi alors restreindre l'application du dispositif de l'article 151 octies B aux seuls droits sociaux nécessaires à l'activité de l'apporteur ? Cette exigence, trop contraignante selon nous, n'encourage pas la prise de risque par les professionnels.

Les régimes de faveur étant désormais exposés, venons-en à présent à la problématique.

b. La problématique en cas d'appauvrissement futur

629. **Plan**. En figeant l'enrichissement, le mécanisme du report d'imposition peut parfois méconnaître l'appauvrissement futur lorsque les plus et moins-values changent de nature.

i. La cession des titres d'une société soumise à l'IS

(1) La problématique

630. **Problématique**. Imaginons qu'un exploitant individuel apporte son entreprise à une société soumise à l'IS. Il place les plus-values professionnelles – que cette opération génère – sous le régime de l'article 151 octies du Code général des impôts. Quelques années plus tard, il cède les titres reçus et réalise, à cette occasion, une moins-value. La société s'est donc appauvrie depuis l'opération d'apport.

En l'état actuel de la réglementation, il n'est malheureusement pas possible de compenser une plus-value professionnelle et une moins-value privée. Or, le permettre conduirait, de manière louable, à imposer le contribuable sur son enrichissement exact. Cette impossible compensation est regrettable puisque cela revient à faire payer un impôt sur un enrichissement qui, *in fine*, n'existe plus (en tout cas dans son intégralité), alors qu'il s'agit de la même activité professionnelle exercée sous une forme plus adaptée à son développement.

[595] CE, 9e et 10e ch., 27 nov. 2020, n° 425986 : *RJF* 2/21 n° 145, concl. C. Guibe (C 145).

D'ailleurs, le dispositif de l'article 151 octies du Code général des impôts ne s'applique que si l'apport concerne une branche complète et autonome d'activité. En somme, la société ne fait que poursuivre l'exploitation précédemment exercée à titre individuel. Malgré ce continuum, le contribuable devra à terme payer un impôt sur une plus-value professionnelle, alors même qu'il ne s'est pas autant enrichi que le mécanisme du report d'imposition le suppose[596]. Illustrons notre propos.

631. **Illustration.** Monsieur X, exploitant individuel, fait apport à une société des biens et droits qu'il a affectés à son activité professionnelle. Cela génère pour lui deux plus-values.

La première d'un montant de 20, portant sur les immobilisations amortissables, est prise en charge par la personne morale puisque celle-ci devra la réintégrer fiscalement dans ses bénéfices sur une période de 5 années. La seconde d'un montant de 80, afférente aux immobilisations non amortissables, est placée en report d'imposition. Le contribuable reçoit, en contrepartie de son apport, des titres pour une valeur de 100.

632. **Différente nature.** Les titres reçus en contrepartie de l'apport sont ensuite cédés pour un prix de 40. Cela génère pour Monsieur X une moins-value privée d'un montant de 60 qui correspond à la différence entre le prix de vente et la valeur des titres reçus de 100. Toutefois, cette cession est un événement qui met un terme au report d'imposition de la plus-value de 80, celle portant sur les immobilisations non amortissables. Or, cette plus-value ne peut pas être diminuée de la moins-value de 60, car toutes les deux ne sont pas de même nature. Ce faisant, le contribuable est ici imposé sur un enrichissement de 80 alors qu'il n'en a pas bénéficié en totalité puisque, vraisemblablement, le fonds commercial – qu'il détient toujours par le truchement d'une société – s'est déprécié depuis son apport.

633. **Art. 151 nonies du CGI.** Les associés professionnels[597] des sociétés semi-transparentes (relevant de l'article 8 du CGI) peuvent également souffrir de ce traitement fiscal paradoxal. Une simple option pour l'IS génère pour eux une plus-value professionnelle reportée de droit. Or, si les droits ou parts de la personne morale se sont dépréciés depuis l'option, l'associé qui vend ses titres devra payer un impôt sur une assiette qui ne correspond pas à l'enrichissement dont il a réellement bénéficié. Illustrons cette problématique par un exemple. Imaginons qu'une société opte pour l'IS et que cela génère pour les associés une plus-value professionnelle d'un montant de 100. Celle-ci correspond à la différence entre la valeur vénale des titres de 110 au moment de l'option pour l'IS et leur souscription au prix de 10.

---

[596] Pour le comprendre, voyez l'illustration présentée dans le paragraphe suivant.

[597] Selon l'article 151 nonies, les titres qu'un associé détient dans une société non soumise à l'IS exerçant une activité opérationnelle sont des éléments de son patrimoine professionnel dès lors qu'il y exerce sa profession.

Les titres sont ensuite cédés pour un prix de 70. La moins-value de nature privée de 40 (70 de prix de vente diminués de la valeur des titres au moment de l'option pour l'IS soit 110) ne pourra pas s'imputer sur la plus-value de 100 préalablement placée en report d'imposition. En somme, l'associé devra payer un impôt sur une assiette de 100 alors même qu'il ne s'est enrichi que de 60. La différence de 40, qui correspond à la moins-value de nature privée, restera sans effet *immédiat* sur la matière imposable.

634. **Annulation des titres.** La même difficulté se présente dans le cas de l'annulation des titres reçus en contrepartie d'un apport. Le législateur a négligé, lors de la rédaction de l'article 151 octies, l'incidence d'un changement de nature des plus-values. En effet, ce dispositif s'applique que la société bénéficiaire des apports soit ou non soumise à l'IS. Or, lorsque celle-ci est fiscalement opaque, la moins-value[598] privée générée lors de l'annulation de ses titres ne pourra pas réduire la plus-value professionnelle placée préalablement en report d'imposition.

635. **Réponse insatisfaisante.** La question d'une possible compensation entre la plus-value professionnelle placée en report d'imposition et la moins-value privée a été posée par un député. La réponse apportée par le ministre[599] n'est pas convaincante puisqu'il considère qu'une telle imputation n'est pas souhaitable dans la mesure où cela « ouvrirait la voie à divers comportements frauduleux, ce que le gouvernement souhaite éviter[600] ». Certes, la lutte contre les abus est nécessaire, mais elle ne doit pas décourager les investissements. Dans notre exemple, le risque de l'activité n'est pas pleinement reconnu. Cette méconnaissance est contestable : parce que le législateur souhaite combattre certaines pratiques, le contribuable doit payer un impôt sur un enrichissement dont il n'a pas bénéficié dans sa totalité. Notons ici le paradoxe. Le législateur entend permettre aux contribuables de ne pas payer d'impôt lors d'opérations qui ne dégagent aucune liquidité. Or, la méconnaissance de l'appauvrissement futur conduit au paiement d'un impôt sur une assiette qui ne correspond pas à un véritable enrichissement.

(2) Quelle solution en l'état actuel de notre législation ?

636. **Départ à la retraite.** Peu de solutions permettent au contribuable de ne pas être imposé sur la plus-value placée en report d'imposition alors qu'il

---

[598] Les moins-values mobilières des particuliers ne sont imputables sur les revenus de même nature qu'en cas d'annulation des titres d'une société placée en procédure collective. La loi de finances pour 2021 a étendu cette possibilité dans les cas où l'annulation provient d'une réduction de capital motivée par des pertes, lorsque ces dernières sont égales ou supérieures aux montants des capitaux propres de la société.

[599] Question ministérielle JOAN du 30 nov. 2021, question n° 1586 ; Rep. minis. 8 déc. 2021, p. 11262. La doctrine administrative écarte expressément cette possibilité : BOI-BIC-PVMV-40-20-30-20, § 90, 2 août 2017.

[600] *Ibid.*

subit, à la sortie, une moins-value privée. Il pourrait y échapper s'il partait à la retraite ; même s'il vendait alors les titres d'une société soumise à l'IS. En effet, le I bis de l'article 151 septies A du Code général des impôts[601] dispose que l'exonération (des plus-values professionnelles pour départ à la retraite) s'applique dans les mêmes conditions aux plus-values professionnelles *placées en report d'imposition* selon le dispositif de l'article 151 octies du même Code. Le législateur nous montre qu'il est capable, de cette façon, de contourner la frontière artificielle entre les plus-values privées et celles professionnelles. Malheureusement, ceci reste tout à fait exceptionnel, car la quasi-totalité des régimes de faveur négligent cet enrichissement figé. Par exemple, le dispositif de l'article 238 quindecies du Code général des impôts ne s'applique pas aux plus-values professionnelles placées en report d'imposition quand bien même le contribuable exerce l'activité depuis au moins 5 années[602].

637. **Amortissement du fonds commercial ?** L'amortissement du fonds commercial (v. *infra* n° 730 et s.) ne pourrait-il pas être une solution au problème que génère le mécanisme du report d'imposition ? En effet, si le fonds commercial est amorti, la plus-value le concernant est prise en charge par la société bénéficiaire de l'apport. Son imposition n'est donc plus reportée pour l'apporteur. Le contribuable ne risque plus d'être imposé sur une assiette (plus-value placée en report d'imposition) qui peut ne pas correspondre à un véritable enrichissement. Malheureusement, la loi de finances rectificative pour 2022 interdit désormais la déduction de l'amortissement des fonds commerciaux lorsque ceux-ci sont acquis lors d'opérations réalisées entre des personnes ayant des liens de dépendance. L'exploitant individuel qui apporte son entreprise à une société est donc face à un dilemme.

Soit il prend le risque de payer un impôt futur sur un enrichissement dont il n'a pas bénéficié en totalité. Tel sera le cas lorsque le fonds de commerce apporté est un élément non amortissable (dont la plus-value est placée en report d'imposition) qui perd de la valeur depuis son transfert.

Soit il accepte une absence de neutralité de l'opération en faisant supporter à la société bénéficiaire de l'apport un impôt supplémentaire. Celle-ci devra procéder à la réintégration sur 5 années de la plus-value sur le fonds commercial amortissable sans, qu'en contrepartie, elle puisse déduire de ses bénéfices fiscaux son amortissement. En effet, dans ce cas, apporteur et société bénéficiaire de l'apport sont en relation de dépendance au sens de l'article 39, 12 du Code général des impôts[603].

---

[601] RM Lamy n° 81949, JO AN 5 juill. 2011, p. 7272.

[602] V. le VIII de l'article 238 quindecies du Code général des impôts.

[603] Selon cet article, deux entreprises ont des liens de dépendance lorsque l'une détient directement ou par personne interposée la majorité du capital social de l'autre ou y exerce en fait le pouvoir de décision ; ou encore lorsqu'elles sont placées l'une et l'autre sous le contrôle d'une même tierce entreprise.

ii. Cession des titres d'une société non soumise à l'IS

638. **Associé professionnel.** Imaginons, cette fois-ci, que le contribuable apporte son entreprise individuelle à une société non soumise à l'IS. Il cède ensuite les titres qu'il a reçus en contrepartie de son apport, sachant qu'il exerce, au sein de cette société, son activité professionnelle[604]. L'opération génère pour lui une moins-value de nature professionnelle. L'article 39 du Code général des impôts dispose que les moins-values nettes à long terme peuvent s'imputer pendant 10 ans sur les plus-values futures de même nature. Or, la plus-value d'apport placée en report d'imposition est générée antérieurement à la moins-value, empêchant ainsi la compensation. Malgré cette restriction, l'administration fiscale admet que : « la moins-value subie au titre de l'année en cours ou d'une année antérieure (dans les limites du délai de dix ans) peut être imputée sur une plus-value dont l'imposition est établie à l'expiration d'un report d'imposition. Cette imputation est possible quelle que soit la date de la réalisation de l'opération à l'origine du report d'imposition [...] ». Malheureusement, cette possibilité relève d'une tolérance administrative - qui pourrait être rapportée à tout moment - et non d'une loi.

iii. La nécessité de reconnaître totalement l'appauvrissement

(1) La conséquence : la méconnaissance du risque

639. **Méconnaissance du risque.** Le mécanisme du report d'imposition ne présente d'avantage qu'au regard du report du paiement de l'impôt. Le contribuable est finalement traité comme s'il avait cédé son activité à un tiers et qu'il avait ensuite réinvesti le prix de la vente, à ceci près qu'il n'a pas à payer immédiatement l'impôt. Ce faisant, ce dispositif méconnaît totalement le caractère intercalaire des opérations. Ce qui le conduit à figer l'enrichissement alors même que celui-ci n'est pas définitif, puisque l'activité se poursuit par la même personne et sous une forme plus adaptée à son développement. Par conséquent, en présence d'un changement de nature des plus ou moins-values, ce mécanisme méconnaît le risque que le contribuable continue pourtant de supporter. Il n'est, certes, pas contestable en présence d'un enrichissement, car la somme de la plus-value placée en report d'imposition et de celle privée correspond, *in fine*, au gain du contribuable. Il est, en revanche, inadapté en présence d'un appauvrissement futur.

640. **Méconnaissance des facultés contributives**. Le droit fiscal ne doit pas sacrifier, sur l'autel de la lutte contre les abus, l'esprit d'initiative et la reconnaissance de l'appauvrissement, auxquels de véritables investissements

---

604 Par conséquent, la moins-value de cession des titres reçus en échange de l'apport est, dans ce cas, de nature professionnelle conformément à l'article 151 nonies du Code général des impôts.

peuvent conduire. S'il souhaite reconnaître pleinement le risque, l'imputation d'un appauvrissement sur un enrichissement figé devrait être possible lorsqu'il s'agit de la même activité exercée sous une autre forme. Le mécanisme du report d'imposition nous interpelle. S'il entend combattre l'évasion fiscale, il crée néanmoins des situations inéquitables et un traitement du risque contestable, car contraire au principe d'égalité devant l'impôt. Chacun doit contribuer aux charges publiques selon ses facultés. Or, le contribuable peut-il être imposé sur un enrichissement dont il n'a jamais véritablement profité ?

641. **Solutions**. Ce problème peut être résolu de deux façons.

Le législateur devrait préférer la neutralité fiscale au sursis d'imputation.

À défaut, il doit admettre l'imputation des moins-values privées sur les plus-values professionnelles placées préalablement en report d'imposition.

Ces deux solutions permettent d'atteindre un même objectif : la pleine et immédiate reconnaissance de l'appauvrissement, et donc du risque.

(2) Faut-il préférer le sursis d'imposition ?

642. **Sursis d'imposition.** Le législateur devrait préférer le régime du sursis d'imposition, à celui du report d'imposition, chaque fois qu'une entreprise adopte une forme juridique plus adaptée à son développement. Un amendement au projet de loi de finances pour 2022 proposait, en ce sens, de modifier le dispositif fixé à l'article 151 octies du Code général des impôts, en abandonnant tout simplement le régime du report d'imposition pour lui substituer celui du sursis d'imposition. Cette proposition avait le mérite de mettre un terme à la difficulté que génère un changement de nature des plus et moins-values. Elle a malheureusement été considérée comme irrecevable puisque ne présentant pas de lien, même indirect, avec le texte de loi qu'elle amendait[605].

643. **Cas simples.** Adopter le régime du sursis d'imposition dans le cas des articles 151 octies B et 151 nonies ne pose guère de difficultés.

Techniquement, le contribuable qui cède les titres d'une société ayant opté pour l'IS (le III de l'article 151 nonies) ou encore les titres d'une société dans laquelle il a cessé d'exercer son activité professionnelle (le IV de l'article 151 nonies), reprendra simplement la valeur à laquelle il les a acquis pour le calcul de la plus-value. Le changement de régime fiscal ou l'arrêt de l'activité n'auront, dans ce cas, plus aucun effet sur la matière imposable, en somme sur le calcul de la plus-value.

644. **Cas complexes**. La mise en œuvre d'un sursis d'imposition dans le cas de l'article 151 octies est plus complexe. Les difficultés apparaissent lorsque l'exploitant individuel cède les titres qu'il a reçus en contrepartie de son apport. En effet, si l'opération est traitée comme ayant un caractère

---

[605] Amendement n° I-CF1080.

intercalaire (donc neutre), quelle valeur d'acquisition faudra-t-il retenir pour le calcul de la plus-value ? Illustrons cette problématique.

645. **Illustration.** Un entrepreneur individuel fait apport de ses actifs professionnels à une société. Il reçoit, en contrepartie, des titres d'une valeur de 100.

Imaginons que la plus-value d'apport bénéficie d'un sursis d'imposition. Le contribuable n'a alors aucune imposition à payer. Par ailleurs, la société prend à sa charge les plus-values sur les éléments amortissables qu'elle compensera, *in fine*, par la déduction d'un amortissement supplémentaire. Le transfert des immobilisations non amortissables n'engendrerait, dans cette hypothèse, aucun impôt, ni aucun report d'imposition. La société devra simplement reprendre la valeur d'origine des biens au moment de leur cession. À ce stade, aucune difficulté n'empêche l'application d'un tel traitement fiscal.

646. **Cession.** Le contribuable cède les titres reçus pour une valeur de 150. Quelle valeur d'acquisition faut-il retenir pour calculer la plus-value ? Imaginons, par simplification, que le prix de vente de 150 ainsi que la valeur d'apport de 100 correspondent à la valeur du seul fonds commercial créé par l'exploitant individuel. Les autres éléments d'actif et de passif n'ont, par hypothèse, que peu d'incidence sur la valorisation de la société.

Si l'on retient la valeur de 100, il ne serait donc imposé *in fine* que sur un montant de 50 puisque n'oublions pas qu'il n'a pas été taxé sur la plus-value d'apport. Or, en réalité, il s'est enrichi de 150. Afin d'assurer le caractère intercalaire de l'apport, il faudrait donc revenir à la valeur d'origine des éléments qui ont composé l'apport (soit, dans notre exemple, une valeur nulle puisque le fonds de commerce a été créé par l'exploitant). Autant dire que cela est complexe. La possibilité d'imputer les moins-values futures sur la plus-value placée en report d'imposition permet de contourner cette difficulté.

(3) La méthode de l'imputation

647. **Reconnaissance de l'appauvrissement**. À défaut d'adopter la neutralité du sursis d'imposition, il est nécessaire que le droit fiscal reconnaisse totalement et immédiatement l'appauvrissement. Pour ce faire, deux solutions existent : autoriser l'imputation des moins-values sur le revenu global ou permettre l'imputation des moins-values privées sur les plus-values professionnelles placée en report d'imposition.

648. **Revenu global.** Un amendement[606] à la loi de finances pour 2022 proposait l'imputation des moins-values de cession de valeurs mobilières sur le revenu global du foyer fiscal, comme les déficits fonciers peuvent l'être dans une certaine limite. Cette proposition n'a pas été soutenue. Pour beaucoup, il est difficilement concevable qu'une moins-value – qui s'impute

[606] Amendement n° I-CF985.

normalement sur des plus-values imposées au taux proportionnel de 12,8 % – puisse venir réduire le revenu global qui, lui, est imposé selon un taux progressif. En effet, l'imputation des moins-values sur les seuls revenus de même nature s'explique uniquement parce que les plus-values bénéficient d'un taux d'imposition qui leur est propre. Pourtant, le Code général des impôts autorise, à l'article 39 quindecies, l'imputation des moins-values nettes à long terme sur les bénéfices, lorsque l'entreprise cesse ou cède son activité. L'imputation n'est toutefois pas totale puisque seule la fraction qui correspond au rapport entre le taux d'imposition des plus-values long terme (12,8 %) et le taux normal de l'IS (25 %)[607] pourra venir réduire les bénéfices imposables. Le législateur nous montre, de cette façon, qu'une différence de taux d'imposition n'empêche aucunement qu'un appauvrissement puisse venir s'imputer sur un enrichissement.

649. **Compensation.** Remarquons que les plus-values professionnelles à long terme et les plus-values privées bénéficient aujourd'hui du même taux d'imposition de 12,8 %. Pourquoi alors ne pas permettre l'imputation des moins-values privées sur les plus-values professionnelles placées en report d'imposition ? Certains considéreront peut-être que l'opacité fiscale du régime de l'IS est la raison pour laquelle le législateur ne peut pas admettre la compensation des plus et moins-values de nature différente. En effet, lorsqu'un contribuable réalise une moins-value de cession, c'est sans doute que la société soumise à l'IS, dont les titres sont cédés, s'est appauvrie et qu'elle-même a déjà bénéficié, fiscalement parlant, de déficits, lesquels sont d'ailleurs reportables indéfiniment sur ses bénéfices futurs.

Par conséquent, on pourrait penser qu'il ne faudrait pas qu'une même activité déficitaire placée sous le régime de l'IS puisse générer une double prise en compte de l'appauvrissement : une première fois pour la société, et une seconde pour l'associé. Pourtant, lorsque la société s'enrichit, elle est imposable, ce qui n'empêche pas l'associé qui reçoit des dividendes de l'être également. Certes, l'abattement de 40 % dont le contribuable peut bénéficier s'il opte pour le barème progressif et le taux proportionnel faible de 12,8 % ont été instaurés précisément pour limiter les effets d'une double imposition. Pour autant, ils ne l'éliminent pas totalement. Par conséquent, par un raisonnement symétrique, nous pensons que l'opacité fiscale n'empêche aucunement l'imputation des moins-values privées, même si celles-ci correspondent à la perte réalisée par la société, sur des plus-values professionnelles placées en report d'imposition.

2. La problématique des transmissions d'entreprises

650. **Régimes de faveur.** Le législateur encourage les transmissions d'entreprises de deux façons, lesquelles ne sont pas exclusives l'une de l'autre.

---

[607] Le taux d'IS est ici pris en référence alors même que l'entreprise n'y est pas assujettie.

En premier lieu, il instaure, avec le régime dit du « pacte Dutreil », un abattement de 75 % sur la valeur de l'entreprise transmise lors du calcul des droits de donation ou de succession. Ces derniers peuvent également être payés de manière différée et fractionnée.

En second lieu, il reporte, sous certaines conditions, le paiement de l'impôt que le donateur devrait normalement payer lorsqu'il transmet à titre gratuit les immobilisations affectées à l'exercice d'une activité professionnelle, ou encore les titres d'une société opérationnelle non soumise à l'IS dans laquelle il y exerce son activité (professionnelle). En effet, le retrait des immobilisations de son bilan (de son patrimoine professionnel) est générateur, pour lui, de plus-values professionnelles.

651. **Plan.** Cette intention politique louable de favoriser les transmissions d'entreprises se heurte malheureusement au mécanisme pernicieux du report d'imposition (i), qui peut parfois contrecarrer, voire annihiler cet objectif. Nous étayerons notre argumentaire en nous appuyant sur une décision récente du Conseil d'État (ii).

a. Le sort réservé aux plus-values professionnelles placées en report d'imposition

652. **Asymétrie.** Dans certains cas, la poursuite de l'activité par le bénéficiaire de la transmission efface tout simplement la plus-value professionnelle placée en report d'imposition (1). Or, le législateur n'a pas généralisé cette exonération, ce qui conduit à un traitement fiscal peu cohérent, donc contestable (2).

i. Quand les plus-values générées par une transmission gratuite sont exonérées

653. **Transmission.** Afin de ne pas décourager la transmission des entreprises, le paiement de l'impôt sur la plus-value réalisée par le donateur[608] peut être reporté si les donataires s'engagent à le payer eux-mêmes lors de la survenance de certains événements. À ce titre, l'article 41 du Code général des impôts dispose que « l'imposition des plus-values afférentes aux éléments de l'actif immobilisé constatées à l'occasion de [la] transmission [d'une entreprise individuelle] fait l'objet d'un report jusqu'à la date de cession ou de cessation de l'entreprise ou jusqu'à la date de cession d'un de ces éléments si elle est antérieure. L'imposition des plus-values [...] est effectuée à la date à laquelle il est mis fin au report au nom du ou des bénéficiaires de la transmission de l'entreprise individuelle ».

[608] Le retrait des immobilisations du bilan de l'entreprise est générateur, pour lui, de plus-values professionnelles.

Quant à l'article 151 nonies du même Code, il précise : « en cas de transmission à titre gratuit à une personne physique de droits sociaux considérés [...] comme des éléments d'actif affectés à l'exercice de la profession, l'imposition de la plus-value constatée peut faire l'objet d'un report jusqu'à la date de cession, de rachat, d'annulation ou de transmission ultérieure de ces droits. L'imposition de cette plus-value est effectuée à la date à laquelle il est mis fin au report au nom du ou des bénéficiaires de la transmission des droits sociaux ».

654. **QPC.** Notons que le traitement fiscal qui consiste à faire supporter un impôt aux bénéficiaires d'une donation a fait l'objet d'une intéressante question prioritaire de constitutionalité. Son rédacteur soutenait que le report d'impôt sur une autre personne (le bénéficiaire de la transmission) contrevenait au principe d'égalité devant les charges publiques. En effet, celui qui supporte ici l'impôt n'a pas lui-même bénéficié de l'enrichissement qui s'y rapporte. Le Conseil d'État a estimé la problématique suffisamment sérieuse pour la transmettre au Conseil constitutionnel[609].

Le contentieux dont il est question ici ne concerne pas les plus-values professionnelles, car il s'agissait, en l'occurrence, du report d'imposition des plus-values privées fixé à l'article 150-O B ter du Code général des impôts[610]. Néanmoins, la décision du Conseil constitutionnel reste utile dans les cas qui nous occupent.

Pour le juge constitutionnel, le mécanisme décrié ne méconnaît pas les capacités contributives du donataire. Il considère qu'en consentant à recevoir la donation, le bénéficiaire de la transmission accepte également la fiscalité qui y est associée. À ce titre, il connaît le montant et les modalités exactes de l'imposition (des plus-values placées en report) grevant les titres reçus[611].

655. **Poursuite de l'activité**. Néanmoins, dans toutes les opérations précédemment citées, le législateur exonère les plus-values placées en report d'imposition lorsque l'activité est poursuivie par le donataire pendant au moins cinq ans à compter de la date de la transmission. De telles exonérations n'existent malheureusement pas lorsque la transmission réalisée à titre gratuit porte sur des titres reçus en contrepartie d'un apport (2).

---

609 Cons. const. 12 avril 2019, n° 2019-755 QPC : *RJF* 7/19 n° 692.

610 Ce dispositif concerne l'apport de titres d'un particulier au profit d'une société soumise à l'IS. La plus-value de nature privée que cette opération génère bénéficie d'un report d'imposition de droit dès lors que l'apporteur contrôle, à l'issue de l'opération, la société bénéficiaire de l'apport. Le report d'imposition est maintenu lors de la donation des titres reçus en contrepartie de l'apport si le bénéficiaire de la transmission s'engage à payer lui-même l'impôt.

611 Un contribuable a soumis encore très récemment au Conseil d'État une QPC sur ce sujet. La haute juridiction administrative a considéré que la question, qui n'est pas nouvelle, ne présentait pas un caractère sérieux. Il n'y avait donc pas lieu de la renvoyer au Conseil constitutionnel (CE, 8e et 3e ch., 12 juill. 2023, n° 474529 : *RJF* 11/23, n° 848, concl. K. CIAVALDINI (C 848)).

ii. Quand les plus-values d'apport placées en report d'imposition ne sont pas exonérées

656. **Absence d'exonération.** Les reports d'imposition des plus-values professionnelles fixés aux articles 151 octies à 151 octies B du Code général des impôts, en somme ceux résultant d'un apport, sont également maintenus lors de la transmission à titre gratuit des titres reçus. Afin de profiter de cette mesure, les donataires ou héritiers doivent également s'engager à payer eux-mêmes l'impôt sur la plus-value placée en report d'imposition lors de la survenance de certains événements. Pour autant, ils ne bénéficieront malheureusement d'aucune exonération des dites plus-values, même s'ils poursuivent eux-mêmes l'activité de l'entreprise qui leur est transmise.

b. La problématique au regard du risque

i. Un traitement fiscal non abouti…

657. **Incohérence**. L'exonération des plus-values professionnelles placées en report d'imposition n'a donc pas été généralisée lorsque les donataires poursuivent eux-mêmes l'activité de l'entreprise transmise. Cette incohérence est contestable à plusieurs titres.

En premier lieu, de manière assez contradictoire, les plus-values privées placées en report d'imposition sont, quant à elles, définitivement exonérées lorsque les donataires conservent les titres pendant au moins 5 ans (article 150-0 B ter du Code général des impôts). Passé ce délai, l'impôt sur les plus-values que les bénéficiaires de la transmission s'étaient engagés à payer est tout bonnement effacé. Pourquoi le permettre ici et l'interdire pour les plus-values professionnelles résultant également d'apports ?

En second lieu, selon le III de l'article 151 nonies, la plus-value générée par une option pour l'IS est exonérée lorsque le donataire poursuit lui-même l'activité pendant au moins 5 ans. Pourquoi le permettre ici et l'interdire pour les autres plus-values professionnelles placées en report d'imposition ?

Nous ne comprenons pas ces divergences, ces incohérences. D'autant plus que toutes les plus-values dont il est question ici sont issues d'opérations qui permettent aux entreprises de bénéficier de conditions plus favorables à leur développement. En outre, les contribuables[612] qui les réalisent ne s'enrichissent pas véritablement.

[612] Les bénéficiaires de la transmission gratuite s'enrichissent. C'est pourquoi ils sont redevables, à ce titre, des droits de donation ou de succession.

ii. …qui n'incite pas à la reprise des entreprises

658. **Renoncement**. Ce traitement fiscal incohérent ne favorise pas la prise de risque. Pour que le donateur ne paye pas d'impôt, le donataire doit s'engager à le supporter lui-même. Il faut avouer que cela n'incite pas à la reprise des entreprises. Illustrons notre propos par un exemple.

659. **Illustration**. Imaginons que monsieur X, exploitant individuel, souhaite s'associer à monsieur Y. Ils créent tous les deux une société non soumise à l'IS pour y exercer leur profession. Monsieur X fait apport des actifs qu'il a affectés à son activité. La plus-value sur les éléments non amortissables d'un montant de 80 est placée en report d'imposition. Il reçoit, en contrepartie, des titres d'une valeur de 100. Quelques années plus tard, la société opte pour l'IS. Ce qui génère pour chaque associé une plus-value professionnelle – placée de droit en report d'imposition – d'un montant de 50 (les titres valant 150 au moment du changement de régime fiscal).

Dix ans plus tard, monsieur X fait donation de ses titres d'une valeur de 200 à son fils. Ce dernier s'engage à prendre en charge le paiement de l'impôt sur les deux plus-values placées précédemment en report d'imposition (celle d'un montant de 80 et celle d'un montant de 50).

660. **Cession**. Le fils de monsieur X cède les parts de la société pour un prix de 50 après en avoir été le dirigeant pendant de longues années. Cela génère pour lui une moins-value privée d'un montant de 150 (50 de prix de vente diminués d'une valeur d'acquisition de 200).

La cession des titres reçus par donation est un événement qui met un terme au report d'imposition des différentes plus-values professionnelles. Toutefois, la poursuite de l'activité par le donataire pendant au moins 5 ans a permis d'exonérer la plus-value générée au moment de l'option pour l'IS. Malheureusement, ce n'est pas le cas de la plus-value occasionnée par la mise en société de l'entreprise individuelle. Il en résulte que le contribuable doit ici payer un impôt sur une assiette de 80 alors même que la cession de ses titres le conduit à subir une moins-value de 150. Remarquons par ailleurs que l'assiette des droits de donation de 200 intégrait déjà la valeur vénale des immobilisations non amortissables. Dès lors, pourquoi la poursuite de l'activité par le donataire ne permet-elle pas l'exonération de toutes les plus-values placées en report d'imposition ?

c. La problématique relative au délai de conservation

661. **Injustice.** Les conditions pour bénéficier de l'exonération des plus-values placées en report d'imposition nous semblent trop contraignantes, voire inappropriées. Pour s'en convaincre, voyez le paradoxe auquel aboutit notre législation dans un arrêt récent du Conseil d'État.

i. Les faits et à la solution

662. **Les faits.** Dans cette affaire[613], monsieur C et sa sœur bénéficient en 2015 d'une donation de la part de leurs parents. Le fils – monsieur X – est doté de parts sociales d'une valeur d'environ 2 000 000 d'euros, à charge pour lui d'indemniser sa sœur par le versement d'une soulte d'un montant de 1 000 000 d'euros. En juillet 2015, monsieur C apporte le tout (les titres, ainsi que la dette qu'il a envers sa sœur) à une société soumise à l'IS. Il place la plus-value d'apport sous le régime du report d'imposition fixé à l'article 150-0 B ter du Code général des impôts.

663. **Les griefs**. L'administration fiscale constate que la société, dont les parts sont apportées, a opté pour l'impôt sur les sociétés en 2002. Cela avait généré pour les parents une plus-value professionnelle reportée de droit selon le III de l'article 151 nonies du Code général des impôts. La donation des titres n'avait pas mis un terme à ce report d'imposition, car le bénéficiaire s'était engagé, dans l'acte de donation, à payer lui-même l'impôt sur la plus-value à la survenance de certains événements. Ensuite, si l'article 151-0 octies du Code général des impôts maintient le report d'imposition (ici relatif à la plus-value professionnelle générée au moment de l'option pour l'IS) en cas d'apport des titres, encore faut-il que ledit apport bénéficie lui-même d'un report d'imposition. Or, pour l'administration fiscale, le transfert de la dette est une soulte qui ne permet pas l'application de l'article 150-0 B ter. Par conséquent, cela met un terme au report d'imposition de la plus-value professionnelle générée au moment de l'option pour l'IS.

664. **La solution**. La haute juridiction administrative confirme la thèse de l'administration fiscale[614]. Pour E. Bokdam-Tognetti : « si la somme n'est pas versée entre les mains de Monsieur C, elle n'est payée par la société à la sœur de l'intéressé que sur l'ordre de celui-ci : ce versement équivaut à un acte de disposition par monsieur C de la somme d'argent compensant l'insuffisance de valeur des titres reçus en rémunération de l'apport. La soulte due par la société est ainsi payée par le biais de la prise en charge directe par celle-ci de la soulte en numéraire due par l'apporteur [...]. Le traité d'apport qualifie d'ailleurs cette prise en charge d'une délégation de paiement, n'emportant pas novation de débiteur : c'est donc bien la dette de Monsieur C que la société acquitte[615] ». Par conséquent, il faut comprendre la soulte comme étant soit un

---

613 CE, 9e ch., 26 mai 2021, n° 442745 : *RJF* 09/21, n° 813, concl. E. BOKDAM-TOGNETTI (C813).
614 *Ibid.*
615 *Ibid.*

versement en numéraire, soit un apport à titre onéreux[616] venant réduire le nombre de titres à émettre. Par conséquent, l'opération d'apport, dont il est question ici, ne peut pas bénéficier du régime du report d'imposition de l'article 150-0 B ter du Code général des impôts. Il s'ensuit que l'impôt sur la plus-value placée en report d'imposition (au moment de l'option pour l'IS) devient exigible pour le donataire.

ii. Une incohérence dommageable pour l'initiative économique

665. **Interrogations.** La décision du Conseil d'État nous convainc, car elle est malheureusement conforme à la loi. En revanche, notre législation nous interpelle puisqu'elle pénalise ici une opération qui, d'une part, n'enrichit pas son auteur, et, d'autre part, n'est pas abusive.

666. **Un report d'imposition inapproprié**. Soulignons, tout d'abord, que le traitement fiscal qui est donné à une simple option pour l'IS emporte de graves conséquences pour le repreneur de l'entreprise. S'agissant de soutenir l'esprit d'initiative et l'investissement, le législateur devrait préférer le sursis d'imposition au report d'imposition. Nous l'avons vu précédemment : ce dernier est inadapté, car il méconnaît l'appauvrissement futur lorsque la plus-value change de nature (v. *supra* n° 615 et s.).

667. **Paradoxe.** Ensuite, dans l'affaire ici commentée[617], monsieur C a apporté les titres peu après les avoir reçus par donation. S'il avait patienté cinq années, il aurait bénéficié d'une exonération de la plus-value en report conformément au III de l'article 151 nonies. Or, il ne pouvait se permettre de décaler son apport d'autant. À défaut, il aurait dû lui-même payer la soulte. Cela aurait engendré un coût fiscal prohibitif qui aurait tout simplement rendu impossible sa reprise de l'entreprise. Pourtant, il est fort à parier, eu égard à la valeur des titres transmis, que le donataire profite, dans cette opération, du régime du « pacte Dutreil » dans lequel il s'engage à conserver les titres. Par conséquent, il nous semble que le paradoxe de la loi fiscale apparaît ici puisque la condition de poursuite de l'activité, que le législateur exige pour exonérer les plus-values en report d'imposition, est *in fine* respectée sous une forme différente.

---

[616] Une soulte n'est pas forcément un versement en numéraire. Elle peut naître de la reprise par la société bénéficiaire de l'apport d'une dette (emprunt, soulte dans le cas d'un partage…) de l'apporteur. Ceci a été récemment confirmé par la cour administrative d'appel de Lyon dans une opération dans laquelle la société bénéficiaire des apports avait également repris à son compte un emprunt que l'apporteur avait souscrit (CAA Lyon, 1er juin 2023, n° 22LY00316 : *FR* 30/23, p. 10).

[617] CE, 9e ch., 26 mai 2021, n° 442745 : *RJF* 09/21, n° 813, concl. E. BOKDAM-TOGNETTI (C813).

d. Le législateur combat un abus qui n'en est pas un…

668. **Quel abus ?** Nous l'avons montré, certaines plus-values placées en report d'imposition sont tout bonnement exonérées lorsque les donataires poursuivent eux-mêmes l'activité de l'entreprise transmise pendant au moins 5 ans. Nous comprenons donc que le législateur entend ainsi combattre les cessions rapides après la donation. Toutefois, cela nous amène à faire deux remarques.

669. **Appauvrissement irréversible.** Les opérations de donation-cession ne sont pas abusives dès lors que la transmission intervient avant la cession et que le donataire n'appréhende pas, *a posteriori*, le prix de la vente[618]. La haute juridiction administrative le confirme dans son arrêt *Motte-Sauvaige*[619]. Ce contentieux concernait à l'époque une donation (par des parents à leurs enfants) de titres ayant fait l'objet d'une demande de report d'imposition tel que ce dernier existait sous sa forme ancienne (article 92 du Code général des impôts). La transmission des titres avait pour effet de purger la plus-value en report. Les donataires avaient ensuite cédé rapidement les titres reçus au profit d'une société familiale que leurs parents détenaient. Toutefois, le prix de la vente avait été laissé en dépôt sur un compte bancaire au nom des enfants.

L'administration fiscale y voit un abus de droit, ce à quoi s'oppose le Conseil d'État. Selon celui-ci, la circonstance que la donation soit assortie d'une clause d'inaliénabilité la vie durant du donateur ne suffit pas à démontrer le caractère fictif de la transmission. Les parents se sont irrévocablement et immédiatement dessaisis de leurs actions, sans se réapproprier le prix de la vente, bien que cette cession ait été effectuée au profit d'une société familiale qu'ils contrôlaient. Il n'y a, en effet, pas d'abus de donner. L'intention libérale sincère (sans réappropriation) écarte assurément le but exclusivement fiscal de l'opération.

670. **Appréciation libérale**. Cette condition de non-appréhension du prix de cession est d'ailleurs appréciée de manière très libérale[620]. La haute juridiction administrative accepte qu'un démembrement de propriété soit reporté sur un prix de vente. Ainsi, il a déjà été jugé que la donation de la nue-propriété de titres aux enfants – les parents s'en réservant l'usufruit – suivie de la cession de la pleine propriété desdits titres (cession simultanée de l'usufruit et de la nue-propriété) ne constitue pas un abus de droit fiscal quand bien même les donateurs appréhendent l'argent de la vente[621]. Pour considérer que les parents se sont irrévocablement dessaisi des biens ayant fait l'objet de

---

[618] R. Mortier, « La donation avant cession in extenso », *RFP* 2014, n° 12, étude 30.

[619] CE, 8e et 3e s.-s., 30 déc. 2011, n° 330940, *Motte-Sauvaige* : *RJF* 03/12, n° 278.

[620] *Ibid.*

[621] La clause de quasi-usufruit doit être prévue en amont de la cession. V. D. Parent et R. Vabres, « Holding, quasi-usufruit : solutions nouvelles en matière de transmission d'entreprise », *RFP* 2018, n° 11, étude 26.

la donation[622], le Conseil d'État retient surtout que les parents bénéficient, en réalité, d'un quasi-usufruit[623]. Ces derniers peuvent en effet utiliser, comme ils l'entendent, l'argent de la vente. Néanmoins, ils ont, en contrepartie, une dette envers leurs enfants nus-propriétaires, lesquels pourront recouvrer leurs créances aux décès des quasi-usufruitiers. Les donateurs subissent donc bien ici un appauvrissement irréversible. En revanche, la donation sera considérée comme dépourvue d'intention libérale, donc fictive, si la convention de quasi-usufruit est établie après la donation ou en cas de « contradiction entre les clauses de la donation et l'utilisation effective des fonds[624] ».

671. **Liberté.** Nous pensons que les contribuables doivent pouvoir disposer de leur patrimoine comme ils l'entendent. Ils doivent pouvoir procéder à des opérations de donation. Les donataires pourront, à leur tour, disposer des biens transmis comme ils le souhaitent. Seul un dessaisissement qui ne serait que momentané, en somme réversible, irait à l'encontre de cette liberté. Le Code civil définit, à l'article 894, la donation comme un acte entre vifs par lequel le donateur se dépouille actuellement et irrévocablement de la chose donnée en faveur du donataire qui l'accepte. Pourquoi y voir une forme d'évasion fiscale ?

672. **Appauvrissement irrévocable.** Ensuite, la plus-value en report d'imposition est certes effacée par la donation, mais soulignons que les donateurs s'appauvrissent. Ils se dessaisissent irrévocablement d'une partie de leur patrimoine. Seuls les donataires s'enrichissent, et à ce titre, ils sont redevables des droits de donation sur la valeur vénale de la chose qu'ils reçoivent. Par conséquent, pourquoi ces derniers devraient-ils supporter un impôt supplémentaire ? Pourquoi les contribuables devraient-ils payer, à la fois, des droits de donation et un impôt sur une plus-value générée par une opération (par exemple, une simple option pour l'IS) dont ils ne sont pas eux-mêmes les instigateurs ?

e. …D'une telle façon que cela pénalise le risque

673. **Paradoxe.** Le traitement fiscal qui est donné aux plus-values placées en report d'imposition est doublement paradoxal. Tout d'abord, nous l'avons vu, le législateur n'a pas généralisé l'exonération des plus-values placées en report d'imposition lorsque les donateurs poursuivent eux-mêmes l'activité de l'entreprise transmise. Ce traitement fiscal est incohérent.

---

622 CE, 9e et 10e ch., 10 févr.2017, n° 387960 : *Dr. fisc.* 2017, n° 14, comm. 239, concl. M.-A. Nicolazo de Barmon, note R. Mortier ; *RJF* 5/17 n° 468.

623 Selon l'article 587 du Code civil : « Si l'usufruit comprend des choses dont on ne peut faire usage sans les consommer, comme l'argent, les grains, les liqueurs, l'usufruitier a le droit de s'en servir, mais à la charge de rendre, à la fin de l'usufruit, soit des choses de même quantité et qualité soit leur valeur estimée à la date de la restitution ».

624 CADF, séance n° 2/2023, 6 oct. 2023, aff. n° 2023-04 : *Dr. fisc.* 2024, n° 10, comm. 195, obs. M. Roux.

674. **Exigence inadaptée**. Ensuite, lorsque le législateur exige la poursuite de l'activité pendant une certaine durée, il ne prévoit pas que cette condition puisse être respectée sous une autre forme. Ainsi, l'engagement de conservation des titres que les donataires ou héritiers prennent dans un pacte Dutreil n'est tout simplement pas pris en compte, car la loi ne l'a pas prévu. Ce constat ne laisse pas de surprendre. En effet, toutes ces mesures poursuivent le même objectif : la continuité de l'activité par les bénéficiaires d'une transmission à titre gratuit. Cela conduit à un paradoxe : la loi sanctionne d'un côté ce qu'elle encourage de l'autre.

675. **La loi encourage**. Les opérations de donation-partage puis d'apport sont utiles à notre économie. D'ailleurs, le législateur les favorise. Depuis la réforme du pacte Dutreil – applicable au 1er janvier 2019[625] et récemment (re) commentée par l'administration fiscale[626] – l'apport des titres et de la soulte au profit d'une société holding peut dorénavant se réaliser pendant l'engagement collectif de conservation. Finalement, l'objectif d'un tel apport mixte est d'économiser l'impôt afin d'aménager les conditions financières nécessaires à la transmission : la dette envers une sœur est payée par la société, ce qui évite une fiscalité si contraignante pour le frère qu'il ne pourrait, tout simplement, pas reprendre l'entreprise familiale. Or, un montage qui, certes, vise l'économie d'impôt, mais dans l'unique but de réaliser un véritable investissement, n'est pas un abus de droit[627]. Le législateur l'a bien compris.

À cet effet, il admet, en premier lieu, que les droits de donation se calculent selon les attributions théoriques[628] de la donation. Autrement dit, l'abattement de 75 % sur la valeur de l'entreprise transmise s'applique sur la totalité des titres, quand bien même un seul donataire les reçoit (à charge pour lui d'indemniser ses frères et sœurs). Ce faisant, les conditions du dispositif Dutreil ne doivent être respectées que par le seul attributaire des actions de la société.

En second lieu, le bénéficiaire des droits sociaux peut, ensuite, les apporter à une société (ainsi que la soulte), que ce soit pendant l'engagement collectif ou individuel, sans que cela remette en cause l'avantage fiscal (abattement de 75 %) dont il a profité au moment de la donation.

676. **La loi sanctionne.** Par conséquent, il est regrettable que le législateur mette tout en œuvre pour faciliter les transmissions d'entreprises familiales[629], sans instaurer toutes les conditions pour atteindre cet objectif. Cette précaution s'avère des plus essentielles. Le mécanisme du report d'imposition porte ici préjudice à un jeune repreneur. Ce dernier, dans l'affaire commentée[630], doit

---

625 Loi n° 2018-1317 du 28 décembre 2018 de finances pour 2019, art. 40.

626 BOI-ENR-DMTG-10-20-40-10, 21 déc. 2021.

627 Sur ce sujet se reporter à la partie relative au risque économique et à l'abus de droit.

628 RM Vachet n° 81926, JO AN du 28 mars 2006, p. 3343

629 Voyez en ce sens les articles 787 B et 787 C du Code général des impôts.

630 CE, 9e ch., 26 mai 2021, n° 442745 : *RJF* 09/21, n° 813, concl. E. BOKDAM-TOGNETTI (C813).

payer un impôt sur une plus-value générée par une simple option pour l'IS qu'il n'a lui-même pas levée. On constate que cette mesure anti-abus contrarie une opération sincère. Le législateur ne devrait-il pas lui préférer le sursis d'imposition ?

677. **Une exonération généralisée ?** Si le législateur souhaite absolument conserver ce mécanisme de report, il devrait permettre l'exonération des plus-values, dont l'imposition est reportée, en cas de donation des titres. De manière générale, les donations effacent les plus-values.

À défaut, il doit généraliser l'exonération des plus-values placées en report d'imposition lorsque les donataires ou héritiers poursuivent l'activité pendant une certaine durée. À ce titre, il doit admettre que la conclusion d'un pacte Dutreil vaut poursuite de l'activité par les donataires ou héritiers, ce qui doit conduire, au terme de cet engagement, à l'exonération pure et simple des plus-values placées en report d'imposition.

L'examen des risques du mécanisme du report d'imposition étant à présent épuisé, voyons maintenant le traitement fiscal paradoxal des opérations dites de « *management packages* ».

C. Les management packages : l'abandon préjudiciable du critère du risque

678. **Une frontière peu perceptible.** Il est parfois complexe, dans certaines situations, de qualifier fiscalement un enrichissement. Telle est la problématique qui survient dans les opérations utilisant les mécanismes de « *management packages* ». En effet, le développement des montages visant à motiver les salariés rend la frontière, entre le travail et le capital, de plus en plus incertaine. De telles méthodes permettent à quelques salariés sélectionnés avec soin d'investir dans la société où ils travaillent. Ils deviennent alors des actionnaires, si bien qu'ils ont désormais intérêt à enrichir l'entreprise qui les emploie. Néanmoins, cette confusion des statuts ne doit pas être l'occasion d'économiser impôts et charges sociales. Face aux avantages fiscaux que procurent certains schémas sophistiqués, la sanction d'un abus de droit fiscal resurgit.

679. **Plan.** La jurisprudence dite des « managements packages » semblait avoir trouvé un certain équilibre (1). L'absence de risque permettait de considérer que la plus-value se substituait abusivement à un salaire (a). Malheureusement, le Conseil d'État a abandonné ce critère pour lui préférer une analyse fondée sur les seules conditions d'attribution du gain (b). Un tel raisonnement nous semble porter préjudice à l'initiative économique (2).

1. Le risque : un critère utile mais abandonné

680. **Plan**. Voyons, pour commencer, de quelle façon le risque permettait de qualifier la matière imposable (a). Nous terminerons par l'étude de l'abandon de ce critère (b).

a. Le critère du risque a-t-il véritablement existé ?

681. **Critère du risque.** Pour madame Emilie Bokdam-Tognetti, dans ses conclusions sur les arrêts rendus le 13 juillet 2021 par le Conseil d'État, il existe « un décalage entre d'un côté, les quelques décisions que [la haute juridiction administrative] a rendues sur [le] sujet [des management packages] et, de l'autre, la portée que les commentateurs leur ont conférée[631] ». Si bien que, selon le rapporteur public, la haute juridiction administrative n'entendait pas établir une grille d'analyse fondée sur le critère du risque. Autrement dit, le Conseil d'État n'aurait jamais voulu ériger le risque comme le critère permettant de requalifier des plus-values en salaires.

Pourtant, il nous semble que très tôt, les juges ont utilisé le critère du risque pour qualifier la matière imposable. Par exemple, ce critère a été décisif dans les schémas où les parties ont expressément convenu une rétrocession des plus-values futures, comme nous le verrons ; méthode que l'on peut qualifier d'ancêtre des mécanismes de management packages. Nous illustrerons notre propos par la jurisprudence *Royal Moto France*[632] (i). De la même manière, dans l'arrêt *Gaillochet*[633], l'insuffisance de risque est expressément évoquée dans le considérant de la haute juridiction administrative (ii). D'ailleurs, l'administration fiscale s'en est elle-même inspirée lorsqu'elle a écrit, dans sa carte des montages abusifs, que « lorsque les titres sont attribués dans des conditions préférentielles octroyées eu égard à la qualité de salarié ou mandataire social *sans aucune prise de risque financière ou en contrepartie d'un investissement modique*, les gains qui en sont issus constituent un avantage en argent imposable dans la catégorie des traitements et salaires (Conseil d'État, décision du 26 septembre 2014, n° 365573)[634] ». Par conséquent, il nous semble que l'administration fiscale, ne s'est pas fourvoyée en considérant que le critère du risque était ici décisif.

---

[631] CE, plén., 13 juill. 2021, n° 428506, n° 437498 et n° 435452 : *RJF* 10/21, n° 922, n° 923 et n° 924, concl. E. BOKDAM-TOGNETTI (C922).

[632] CE, 3e et 8e ch., 15 févr. 2019, n° 408867 : *RJF* 5/19 n° 440 ; CAA Versailles, 26 janv. 2017, n° 14VE02824 : *RJF* 5/17, n° 429, concl. S. RUDEAUX, *Dr. fisc.* 2017, n° 49, comm. 568, note J.- L. MEDUS.

[633] CE, 3e et 8e s.-s., 26 sept. 2014, n° 365573, *Gaillochet* : *RJF* 12/14, n° 1099, chron. N. LABRUNE p. 1043, concl. E. CORTOT-BOUCHER, *BDCF* 12/14 n° 120.

[634] www.economie.gouv.fr/files/files/directions_services/dgfip/controle_fiscal/montages_abusifs/Fich01_Management_package_2017-05-23.pdf.

i. L'exemple de la jurisprudence *Royal Moto France*

682. **Illustration.** Dans cette affaire[635], des investisseurs proposent à monsieur X de participer au rachat de la société Royal Moto France qu'il dirige et dont il est actionnaire. Afin de s'associer auxdits investisseurs, monsieur X apporte ses titres à une holding de rachat. Il bénéficie, par ailleurs, d'une convention qui prévoit la rétrocession à son profit d'une partie des plus-values futures réalisées par les autres associés (les investisseurs). Cet accord est néanmoins assorti de conditions de rentabilité et de conservation de ses fonctions tout au long de l'opération. Au terme de ce projet, monsieur X déclare la totalité de ses gains – y compris les sommes rétrocédées – au titre des plus -values mobilières. Ce à quoi s'oppose l'administration fiscale.

683. **La solution**. La cour administrative d'appel de Versailles[636] observe que monsieur X n'a jamais été propriétaire des titres ayant généré les plus-values rétrocédées. N'ayant pas pris de risque, il n'est pas un investisseur. Par conséquent, les sommes qui lui sont restituées (par les autres associés) ne peuvent pas être imposées au titre des plus-values mobilières.

Le Conseil d'État confirme le raisonnement tenu par la cour administrative d'appel de Versailles. Selon le juge de cassation : « lorsque les associés d'une société conviennent que la plus-value qu'ils sont susceptibles de réaliser lors de la cession concomitante de leurs actions avec celles d'un autre associé sera partagée avec celui-ci, la fraction de cette plus-value qui revient à ce dernier ne constitue pas pour lui un gain net retiré de la cession à titre onéreux de ses valeurs mobilières, au sens du 1 du I de l'article 150-0 A du Code général des impôts. Lorsque les sommes en cause trouvent essentiellement leur source dans l'exercice par l'intéressé de fonctions de dirigeant ou de salarié, elles constituent un avantage en argent, au sens de l'article 82 du même Code ». Il poursuit en considérant que « la fraction de leurs plus-values de cession que les principaux associés de la société [...] étaient convenus d'attribuer [au contribuable en cause] avait essentiellement la nature, non de la compensation d'un risque que celui-ci aurait couru en sa qualité d'investisseur, mais celle d'un versement, à caractère incitatif, destiné à rétribuer l'exercice effectif de ses fonctions de manager ainsi que les résultats et performances ayant résulté de cet engagement professionnel[637] ».

684. **Opinion.** Il est vrai que déjà le Conseil d'État mettait en exergue les conditions de réalisation du gain. Néanmoins, le critère du risque n'en était pour autant pas écarté, car la haute juridiction administrative considérait que les sommes rétrocédées n'étaient la contrepartie d'aucun investissement.

---

635 CE, 3e et 8e ch., 15 févr. 2019, n° 408867 : *RJF* 5/19 n° 440.

636 CAA Versailles, 26 janv. 2017, n° 14VE02824 : *RJF* 5/17, n° 429, concl. S. RUDEAUX, *Dr. fisc.* 2017, n°49, comm. 568, note J.- L. MEDUS.

637 CE, 3e et 8e ch., 15 févr. 2019, n° 408867 : *RJF* 5/19 n° 440.

Il nous semble, qu'en réalité, ce n'est que lorsque le risque supporté est insuffisant que le gain devient un complément de salaire. En d'autres termes, lorsque le contribuable ne supporte aucun risque, l'enrichissement dont il profite est forcément rattaché aux fonctions qu'il assure. Tel est le cas, dans l'affaire ici commentée, des sommes rétrocédées par les autres associés. En revanche, le salarié qui supporte un véritable risque est un investisseur. Il devrait alors pouvoir bénéficier du régime des plus-values mobilières lorsqu'il cède les actions de la holding de rachat qu'il avait reçues en contrepartie de l'apport des titres de la société Royal Moto France.

ii. L'exemple de l'arrêt Gaillochet[638]

685. **Les faits.** Des investisseurs proposent à monsieur B de participer au rachat de la société X qu'il dirige. En versant préalablement une indemnité d'immobilisation de 13 613 euros, qui sera perdue s'il se désiste, il pourra acquérir un certain nombre de droits sociaux de la société X à un prix fixé de 7,62 euros l'unité. Toutefois, cette opportunité ne lui sera offerte que s'il conserve ses fonctions de direction pendant une durée minimale de 5 années. Par ailleurs, le nombre d'actions qu'il pourra acheter dépendra des bénéfices réalisés à l'avenir par la société X. Au terme de l'opération, Monsieur B lève l'option d'achat et acquiert 35 719 actions au prix convenu de 7,62 euros l'unité. Il les revend le lendemain au prix de 66 euros par action dégageant, à cette occasion, un gain substantiel qu'il déclare au titre des plus-values mobilières.

686. **La solution.** Le Conseil d'État constate que la levée de l'option d'achat des actions est subordonnée à l'exercice des fonctions de direction au sein du groupe pendant au moins cinq ans. En outre, il relève également que le nombre de titres pouvant être achetés dépend du taux de rendement interne de l'investissement réalisé. Par conséquent, l'écart entre le prix de cession des actions (66 euros l'unité) et le prix fixé dans la convention (7,62 euros) correspond, dans sa totalité, « à un revenu qui trouve sa source dans les conditions dans lesquelles l'option d'achat des actions a été consentie et qui a le caractère d'un avantage en argent, imposable dans la catégorie des traitements et salaires en application des articles 79 et 82 du Code général des impôts […] ». La haute juridiction administrative poursuit en précisant que la modicité de l'indemnité d'immobilisation, qui représentait moins de 1 % du gain du contribuable, ne permet pas de révéler un véritable risque capitalistique. Le gain est alors regardé comme un complément de salaire.

687. **Opinion**. Le Conseil d'État constate que le gain n'est définitivement acquis que si le contribuable conserve ses fonctions de direction au sein de la société pendant une certaine durée. Toutefois, il n'écarte pas totalement le

---

[638] CE, 3e et 8e s.-s., 26 sept. 2014, n° 365573, *Gaillochet* : *RJF* 12/14, n° 1099, chron. N. Labrune p. 1043, concl. E. Cortot-Boucher, *BDCF* 12/14 n° 120.

critère du risque puisqu'il précise que l'indemnité d'immobilisation est insuffisante pour considérer que le salarié est un investisseur.

Nous comprenons donc que le risque capitalistique est ici trop faible pour évincer les fonctions exercées. Qu'en aurait-il été si l'indemnité d'immobilisation avait été d'un montant substantiel ? N'est-ce pas ce que sous-entend le Conseil d'État dans son considérant, lorsqu'il écrit que la modicité de l'indemnité ne permet pas ici de révéler un véritable investissement ?

688. **Paradoxe.** Nous pensons que le Conseil d'État ne souhaitait pas, à cette époque, choisir entre les conditions de réalisation du gain et le risque. Il s'est sorti de ce dilemme en mettant en exergue la modicité de l'indemnité d'immobilisation. Si l'on peut se réjouir qu'il retienne le critère du risque, son analyse reste néanmoins contestable. En effet, il nous semble inopportun de comparer l'indemnité d'immobilisation avec le gain. Un investissement est par essence incertain. Le salarié qui investit connaît le montant qu'il peut perdre. Toutefois, s'il gagne, il ne sait pas le montant qu'il va percevoir. Une telle comparaison – entre le montant de l'indemnité d'immobilisation et celui de l'enrichissement – n'a alors que peu de sens : l'importance du gain ou sa faiblesse n'est aucunement la marque d'une absence de risque. D'ailleurs, n'oublions pas que la haute juridiction administrative a récemment (re)validé le raisonnement qui consiste à apprécier la normalité des actes de gestion au moment de leur accomplissement, c'est-à-dire au jour de la prise de décision ; sans jamais regarder les effets *a posteriori*[639] desdits actes[640].

689. **Réitération**. De la même manière, dans la jurisprudence *Gautier*, issue de la tentaculaire affaire Wendel, la cour administrative d'appel de Paris intègre le risque capitalistique dans sa solution. En l'espèce, les salariés-dirigeants d'un groupe avaient collaborativement créé la société X, laquelle bénéficiait d'une promesse de vente des titres de la société Y (membre du groupe au sein duquel travaillaient les salariés en question) à un prix préférentiel. Après l'exercice de l'option d'achat par X, les dirigeants ont individuellement apporté leurs titres (de la société X) à des sociétés civiles créées à cet effet. Les plus-values d'apport respectives ont été soumises au régime du sursis d'imposition. Par la suite, la société Y a procédé au rachat de ses propres actions, rémunérant la société X par la remise de titres ou de Sicav monétaires. Pour le juge du fond, le risque capitalistique encouru par le contribuable est jugé insuffisant, en raison de l'option d'achat à un prix avantageux. Il en découle qu'il n'est pas possible d'échapper à la requalification des mécanismes de *management package* au titre des salaires,

---

639 Pour une illustration, voyez la jurisprudence *Alone & Co.* (CE, 8e et 3e ch., 11 mars 2022, n° 453016, *Sté Alone & Co* : *RJF* 06/22, n° 527) (v. *supra* n° 388 et s.).

640 Certes, cette confirmation intervient dans un domaine et un contexte différents. Néanmoins, elle concerne également l'appréciation de la régularité d'une opération économique.

même en interposant des sociétés, étant donné que la procédure de l'abus de droit permet d'écarter les actes juridiques qui ne sont pas sincères[641].

Quoi qu'il en soit, comme nous le verrons, la haute juridiction administrative fait dorénavant primer les conditions de réalisation du gain sur le risque supporté.

b. L'abandon du critère du risque : la préférence donnée aux conditions de réalisation du gain

690. **Revirement.** Le Conseil d'État, par trois arrêts rendus le même jour[642], abandonne le critère du risque pour lui préférer une analyse fondée exclusivement sur les conditions de réalisation du gain.

691. **Les faits.** À propos du pourvoi n° 428506[643], le directeur financier d'une société bénéficie, depuis 2006, d'une option d'achat lui permettant d'acquérir un certain nombre de droits sociaux de la société dans laquelle il travaille pour un prix fixé à l'avance de 1 euro l'unité. Néanmoins, l'indemnité d'immobilisation d'un montant de 15 000 euros qu'il a préalablement versée serait pour lui perdue s'il ne faisait l'acquisition d'aucune action. Le 21 septembre 2008, le contribuable lève l'option et souscrit 194 663 actions pour un prix de 194 663 euros. Le 25 septembre 2008, il les cède pour un prix total de 689 868 euros. Il déclare le gain au titre des plus-values mobilières, conformément aux articles 150-0 A et 150-0 D du Code général des impôts. À l'issue d'un contrôle sur pièces, l'administration fiscale entend requalifier le gain en salaire. La cour administrative d'appel de Versailles[644] s'y oppose. Elle constate que le contribuable peut perdre l'indemnité d'immobilisation de 15 000 euros qu'il a préalablement versée. Par conséquent, c'est un investisseur, car il supporte un véritable risque.

692. **La solution.** Le Conseil d'État ne retient pas le raisonnement de la cour administrative d'appel de Versailles fondé sur le risque de perte de l'indemnité d'immobilisation. Il relève, au contraire, que la réalisation du gain était conditionnée à la conservation des fonctions du contribuable. Ce faisant, il considère que le juge du fond a commis une erreur de droit, en se bornant à relever que le contribuable pouvait perdre son investissement de 15 000 euros, sans même rechercher si le gain litigieux était rattaché aux fonctions exercées.

---

[641] CAA Paris, 7 févr. 2024, n° 22PA02007 : *FRP* 2024, n° 6, com. 10. La cour d'appel administrative de Paris confirme que l'administration fiscale ne peut pas redresser un contribuable qui utilise l'interposition d'une société sans recourir à la procédure de l'abus de droit fiscal. J.-L. PIERRE, « Le régime d'imposition des gains tirés de *management package* », *Dr. des sociétés* 2024, n° 4, comm. 56.

[642] CE, plén., 13 juill. 2021, n° 428506, n° 437498 et n° 435452 : *RJF* 10/21, n° 922, n° 923 et n° 924, concl. E. BOKDAM-TOGNETTI (C922).

[643] *Ibid.*

[644] CAA Versailles, 22 janv. 2019, n° 17VE00212 : *RJF* 5/19, n° 439.

693. **Principe.** La haute juridiction administrative ne tient pas le même raisonnement que dans sa jurisprudence *Gaillochet*[645]. Elle ne précise plus que l'indemnité d'immobilisation est insuffisante. Elle n'évoque jamais ici l'insuffisance de risque. Elle se contente dorénavant des conditions contractuelles de réalisation de l'enrichissement qu'elle fait primer sur la prise de risque. En d'autres termes, lorsque la réalisation du gain des salariés est conditionnée, notamment, à la poursuite de leurs fonctions, la circonstance qu'ils supportent un véritable risque devient un moyen inopérant pour qualifier la matière imposable. Dans ce cas, les salariés ne pourront pas (plus) bénéficier du régime des plus-values mobilières. Il est regrettable que le critère du risque ne soit plus pris en compte dans la qualification de la matière imposable. Les abus de certains contribuables ont conduit à son élimination. Cependant, il demeure une différence significative entre un salaire stable, sans aléa, et une rémunération aléatoire ou incertaine telle qu'une plus-value.

c. Réitération du principe

694. **Réitération.** Le Conseil d'État réitère le principe qu'il a dégagé dans ses décisions rendues le 13 juillet 2021.

i. Arrêt du Conseil d'État du 17 novembre 2021[646]

695. **Les faits**. Un fonds d'investissement britannique acquiert en juin 2004 – dans le cadre d'une opération de rachat avec effet de levier financier[647] – le groupe Materne. En octobre 2006, il est proposé à certains salariés d'investir dans le capital de la holding Materne par l'intermédiaire de la société Materne et Cie. Cette dernière détient des bons de souscription d'actions lui permettant de souscrire, pour un prix fixé à l'avance, un certain nombre d'actions de la holding. Un pacte d'actionnaires encadre l'opération. En janvier 2007, un mois après la cession, ce même fonds d'investissement, à travers une société au Luxembourg, rachète les titres de la société Materne et Cie détenus par les salariés. Ces derniers réalisent, à cette occasion, un gain substantiel, que l'administration fiscale regarde comme un complément de salaire.

696. **La solution**. La haute juridiction administrative observe que les bons de souscription des actions émis en 2006 permettaient d'acquérir les titres de la holding Materne pour un prix qui correspondait à celui de juin 2004. Les

---

645 CE, 3e et 8e s.-s., 26 sept. 2014, n° 365573, *Gaillochet* : *RJF* 12/14, n° 1099, chron. N. LABRUNE p. 1043, concl. E. CORTOT-BOUCHER, *BDCF* 12/14, n° 120.

646 CE, 8e ch., 17 nov. 2021, n° 439609 : *RJF* 04/22, n° 147, concl. K. CIAVALDINI (C147).

647 L'acquéreur s'endette pour acquérir les titres et réalise un apport personnel faible ce qui conduit, par un effet de levier financier, à améliorer la rentabilité de son investissement.

salariés bénéficient ici d'un prix préférentiel qui ne se justifie que par les fonctions qu'ils exercent.

De plus, la proposition faite aux salariés intervient alors même que le fonds d'investissement savait déjà qu'il allait céder le groupe Materne en réalisant une importante plus-value. Finalement, le Conseil d'État constate également que la réalisation du gain litigieux dépendait de conditions strictes fixées dans le pacte d'actionnaires. Les contribuables étaient tenus de revendre – au prix d'acquisition – les titres de la société dans laquelle ils avaient investi s'ils venaient à cesser leurs fonctions. Ils avaient également l'obligation d'accepter tous les cessionnaires qui leur étaient présentés.

Par conséquent, les salariés ont bénéficié, « dans des conditions avantageuses trouvant essentiellement leur source dans l'exercice de leur fonction [de salarié], d'un mécanisme leur garantissant le prix de cession de [leurs] titres […][648] ».

697. **Résurgence du risque ?** Le Conseil d'État n'évoque pas directement l'absence de risque. Pourtant, il nous semble que ce critère est ici totalement adapté. Les salariés étaient informés, au moment où ils investissaient, de la vente imminente du groupe Materne par le fonds britannique. On apprend des conclusions du rapporteur public que les cadres du groupe devaient investir dès l'acquisition du groupe Materne en 2004. Toutefois, pour des raisons diverses, cela n'a pu se faire qu'en 2006 au prix des actions de 2004. Or, entre 2004 et 2006, l'acquéreur avait annoncé avoir multiplié par deux son investissement.

La cour administrative d'appel de Lyon[649] avait relevé dans cette affaire que « le gain réalisé n'avait pas vocation à compenser un risque ». Le contribuable s'en est ensuite prévalu pour invoquer, devant le Conseil d'État, une erreur de droit des juges du fond, en pensant peut-être que le critère du risque devait, depuis le 13 juillet 2021, être banni des débats. La haute juridiction administrative écarte heureusement ce moyen.

698. **Opinion.** Nous pensons, qu'à défaut de supporter un véritable risque, les contribuables n'ont pas réellement investi. Dès lors, même si l'administration fiscale n'avait pas eu connaissance des conditions d'attribution du gain fixées dans le pacte d'actionnaires, la solution aurait été identique. Selon nous, le complément de salaire est révélé par le prix préférentiel, donc par l'absence de risque, plus que par l'existence d'un acte extrastatutaire conditionnant le gain à la poursuite des fonctions[650].

---

648 CE, 8e ch., 17 nov. 2021, n° 439609 : *RJF* 04/22, n° 147, concl. K. Ciavaldini (C147).

649 CAA Lyon, 19 déc. 2019, n° 18LY04724, inédit.

650 Remarquons d'ailleurs que le prix préférentiel dont bénéficie le salarié peut concerner les titres d'une société qui ne l'emploie pas directement : CE, 8e ch., 19 juill. 2022, n° 456671 : *RJF* 12/22, n° 1040.

ii. Arrêt du Conseil d'État du 28 janvier 2022[651]

699. **Les faits.** Lors du rachat du groupe Editis par le groupe Wendel en 2004, un des salariés du groupe de presse investit un montant de 75 000 euros dans le capital de la société Odysée Management. Celle-ci détient des bons de souscription d'actions lui permettant de souscrire, pour un prix fixé à l'avance, des actions de la société Editis. Le contribuable revend immédiatement les titres souscrits à une société en Belgique, créée *ad hoc*, dont il détient avec son épouse l'usufruit des droits sociaux, leurs enfants en détenant la nue-propriété.

En 2008, au terme de l'investissement par le groupe Wendel, la holding Belge cède les actions qu'elle détient et réalise, dans cette opération, une plus-value d'un montant de 1 137 746 euros totalement exonérée d'impôt en Belgique.

700. **Critiques.** L'administration fiscale procède en deux temps. En premier lieu, elle soutient que la holding est dépourvue de substance économique, car elle ne dispose d'aucun local, d'aucun moyen d'exploitation, ni d'aucun personnel. Son actif se limite à la seule détention des titres de la société Odysée Management, qu'elle n'a d'ailleurs pas encore payés (inscription d'une dette au passif de son bilan). Elle considère ainsi que la personne morale ne sert qu'à recevoir le prix de la vente en Belgique afin d'économiser l'impôt en France. Par conséquent, le vérificateur dénonce l'interposition de la société, sur le fondement de l'abus de droit fiscal, afin d'imposer le contribuable en France.

En second lieu, l'administration fiscale regarde le gain comme un complément de salaire compte tenu de ses conditions de réalisation ; conformément au principe dégagé par le Conseil d'État dans ses arrêts du 13 juillet 2021. Elle observe notamment que le salarié était tenu de céder ses actions s'il venait à cesser ses fonctions. Soulignons par ailleurs qu'une requalification en salaires est très coûteuse en termes de cotisations sociales.

701. **La solution.** La haute juridiction administrative confirme la thèse de l'administration fiscale. Le contribuable soutient que le montage ne peut pas être artificiel, car la constitution de la société en Belgique poursuit un objectif patrimonial. Toutefois, ce n'est pas tant la société qui est artificielle que son lieu d'implantation (v. *infra* n° 856, n° 906 et s.). Le Conseil d'État constate que ni le contribuable, ni son épouse, ni les enfants n'ont d'attache en Belgique, si bien que la personne morale aurait pu être française. Rien ne justifie qu'elle soit implantée à l'étranger, si ce n'est la volonté d'éluder l'impôt en France. Finalement, pour la haute juridiction administrative, le gain est un salaire parce que sa réalisation est conditionnée à la conservation de ses fonctions par le salarié. Le Conseil d'État ne reconnaît pas le risque supporté par le contribuable.

---

651 CE, 10e et 9e ch., 28 janv. 2022, n° 433965 : *RJF* 04/22, n°353, concl. L. DOMINGO (C353).

La haute juridiction administrative réitère ici le raisonnement qu'elle avait tenu le 13 juillet 2021. Elle ne retient pas que le contribuable, en investissant la somme de 75 000 euros, a pris un véritable risque. Elle se contente dorénavant des conditions contractuelles de réalisation du gain.

iii. L'espoir au travers de l'arrêt du 5 juin 2023

702. **Les faits.** Dans cette affaire[652], la société X possède l'intégralité des titres de la société Mecatherm à l'issue d'une opération de rachat avec effet de levier réalisée en 2006. La holding de rachat X est détenue majoritairement par un groupe d'investisseurs (57,14 %) et par les dirigeants de la filiale Mecatherm pour le reste (42,86 %). En 2008, l'actionnaire majoritaire refuse de céder les titres X au prix de 12 euros l'unité, ce qui mécontente l'équipe de direction (actionnaires minoritaires). Afin d'apaiser les tensions, le groupe d'investisseurs consent aux dirigeants de la société Mecatherm une promesse de rachat d'une partie de leurs titres X au prix de 10,18 euros, laquelle option reste possible même en cas de cessation des fonctions exercées au sein de la filiale.

Les actions X sont finalement vendues en 2011 au prix unitaire de 1,75 euros. Concomitamment, l'équipe de direction lève l'option et se voit racheter une partie de ses actions au prix convenu (10,18 euros par titre). Le gain est ensuite déclaré sous le régime des plus-values mobilières. L'administration fiscale s'y oppose à l'occasion d'un contrôle sur pièces. Elle requalifie le gain en rémunération occulte sur le fondement du c de l'article 111 du Code général des impôts.

703. **La solution.** La haute juridiction administrative, dans le droit fil des arrêts du 13 juillet 2021, regarde si l'enrichissement dont profite le contribuable trouve sa source ou non dans les fonctions que celui-ci exerce. Le Conseil d'État constate, d'une part, que la promesse a été consentie afin de dissiper les mécontentements de certains actionnaires, et non pas pour fidéliser les salariés, ni pour rémunérer un quelconque travail. D'autre part, il observe que les dirigeants continuaient à bénéficier de l'option de revendre leurs actions au prix convenu, même s'ils quittaient leurs fonctions au sein de la société Mecatherm. Dans ces conditions, la haute assemblée considère que le gain, qui ne se rattache ici aucunement aux fonctions exercées par les requérants, relève justement des plus-values mobilières[653].

704. **Opinion.** Cet arrêt nous confirme sans grande surprise que le principe fixé par les arrêts du 13 juillet 2021 s'applique à toutes les opérations quel

---

[652] CE, 8e et 3e ch., 5 juin 2023, n° 467546 : *FR* 29/23, p. 5 ; *Dr. fisc* 2023, n° 25, 22 juin 2023. L. ERSTEIN, « Management package : qualification de la nature du gain en résultant de la levée de l'option », *Dr. fisc.* 2023, n° 7, comm. 86.

[653] J.-L. MEDUS, « Variations autour de l'option de vente (*put*) en *management package* : la mal aimée du fisc », *Dr. fisc.* 2023, n° 28, comm. 241.

qu'en soit le support : droit préférentiel de souscription, promesse, vente d'actions…Ensuite, il illustre des critères permettant de dissocier les fonctions de salarié de la qualité d'investisseur. Toutefois, un doute persiste : le Conseil d'État aurait-il considéré identiquement en l'absence d'un désaccord naissant ? Autrement dit, le fait que les salariés dirigeants puissent bénéficier de la promesse même s'ils quittent leurs fonctions, est-il aujourd'hui suffisant pour écarter tout risque de requalification du gain en salaire ?

705. **Réponse.** Une première réponse à cette question nous est fournie à travers un cas récent. Dans cette affaire[654], un contribuable avait acquis les titres d'une société en participation (SEP) à un prix nettement inférieur à leur valeur marchande, alors qu'il y travaillait. Il avait ensuite transféré ces titres à une société X assujettie à l'impôt sur les sociétés (IS) et la plus-value d'échange en résultant avait été placée en sursis d'imposition. Par la suite, la société X avait procédé à une réduction de son capital. L'administration fiscale avait contesté ce montage en invoquant la fraude à la loi fiscale.

Le requérant avançait un argument totalement inédit : le schéma en question constituait en réalité un mécanisme de *management package*. L'acquisition avantageuse des actions de la société en participation (SEP) visait à le motiver, telle une forme d'intéressement liée à la performance du groupe au sein duquel il exerçait. Le gain aurait dû alors être soumis à l'impôt sur le revenu en tant que salaires. Cependant, cet argument n'a pas convaincu le rapporteur public, qui a souligné que « la plus-value en question ne peut pas être considérée comme ayant la nature d'un intéressement à la performance du groupe, en l'absence de toute contrepartie liée à sa participation à la SEP […], notamment l'absence de condition requérant l'exercice de fonctions de direction au sein du groupe […] ». Selon la haute juridiction administrative, la requalification d'un gain en salaire nécessite un lien explicite entre ledit gain et les fonctions exercées. Cette condition est remplie lorsque l'entreprise assortit l'avantage qu'elle propose à la conservation des fonctions. En outre, l'absence de risque financier encouru par le contribuable, compte tenu du faible prix d'achat, n'a pas non plus été considérée comme un argument valable.

Le critère du risque aurait-il finalement viré de bord ? Pour éviter une requalification du gain en salaires, la société doit-elle renoncer à toute garantie et prendre le risque de voir partir son salarié tout en devant continuer à honorer ses engagements ?

Nous pouvons maintenant critiquer l'abandon du critère du risque.

---

[654] CE (na), 7 déc. 2023, n° 472112 : *RJF* 03/24, n° 211, concl. K. Ciavaldini.

2. Un raisonnement contestable qui génère un traitement fiscal incohérent

706. **Constat**. Le Conseil d'État fait primer les conditions de réalisation du gain sur le risque que les contribuables supportent. Certes, la lutte contre les abus est légitime. Il ne faudrait pas toutefois, en son nom, refuser le statut d'investisseur à un salarié qui a pris un véritable risque. Malheureusement, le gain n'est généré exclusivement ni par l'investissement, ni par le travail, mais par les deux de manière difficilement dissociable. En effet, l'opportunité d'investir dans la société est offerte aux salariés uniquement parce qu'ils y travaillent. Toutefois, cela n'enlève rien à la réalité de leurs investissements, dès lors que la prise de risque est réelle.

707. **Critiques.** Le raisonnement que tient le Conseil d'État est contestable, car en refusant le régime fiscal des plus-values mobilières aux salariés qui ont réellement pris un risque, nous pensons qu'il conduit à un traitement fiscal d'ensemble incohérent dès lors que l'on compare la fiscalité qui est réservée aux chefs d'entreprises (a) avec celle applicable aux salariés investisseurs (b).

a. Le cas des chefs d'entreprise

708. **Liberté versus contrainte.** Il convient de distinguer les chefs d'entreprise des salariés. Les premiers, contrairement aux seconds, ont la possibilité d'adopter le régime fiscal qui leur convient le mieux. Ils peuvent, par exemple, opter pour le régime de l'impôt sur les sociétés[655], de façon à choisir entre rémunérations et dividendes. Par exemple, un associé unique et gérant d'une société à responsabilité limitée peut décider de ne jamais se rémunérer et de se distribuer uniquement des dividendes. Il pourra également préférer s'enrichir en une seule fois, lors de la cession de ses titres. Or, le droit fiscal ne considère pas, dans cette hypothèse, selon que les dividendes ou les plus-values proviennent de l'activité déployée – en somme des fonctions exercées – par le chef d'entreprise. Nous verrons que la jurisprudence *Serfaty*[656] a mis un terme à une ancienne théorie selon laquelle la cession des titres ne pouvait relever des plus-values mobilières dès lors que le gain trouvait sa source dans l'activité déployée par le cédant. Autant dire qu'appliqué littéralement, ce raisonnement réservait le régime des plus-values mobilières aux seuls investisseurs passifs. Face à une frontière difficilement perceptible entre le capital (l'investissement) et le travail, le droit fiscal se contente aujourd'hui, pour les chefs d'entreprise, de la seule nature juridique des opérations ; sauf abus de droit fiscal.

---

[655] Notons, à ce titre, qu'une entreprise individuelle peut désormais être imposée à l'IS.

[656] CE, 10e et 9e s.-s., 18 janv. 2006, n° 265790 et 265791, *Serfaty* : *RJF* 04/06, n° 378, concl. C. Verot, *BDCF* 4/06, n° 48.

i. Quand l'activité déployée supplante l'investissement

709. **Naissance d'une théorie.** Une théorie, fondée sur l'article 92, 1 du Code général des impôts, a émergé dans les années 1970. Selon ses partisans, le profit dégagé lors de la cession de titres ne peut pas relever des plus-values mobilières si le cédant a accru la valeur desdites actions par l'activité qu'il a déployée. Cet effort, cette activité, ayant contribué à accroître la valeur des droits sociaux depuis leur acquisition jusqu'à leur revente, est regardée comme une exploitation lucrative. L'administration fiscale pouvait alors requalifier certaines plus-values en bénéfices non commerciaux.

Finalement, un tel raisonnement, qui oppose investissement et activité, suggère, *in fine,* qu'un investisseur demeure totalement passif. Ce faisant, l'activité supplante l'investissement ; tout comme aujourd'hui les conditions de réalisation du gain des salariés priment sur le risque que ces derniers supportent lorsqu'ils investissent dans les entreprises qui les emploient. Illustrons cette ancienne théorie.

710. **Illustration.** Au départ, le juge ne requalifiait les plus-values en BNC que lorsque le cédant exerçait l'activité habituelle de rachat puis de revente d'entreprises. La première décision allant en ce sens date de 1972[657]. Après avoir réorganisé des sociétés connaissant des difficultés financières, le contribuable les revendait et dégageait, à cette occasion, d'importantes plus-values. Le Conseil d'État considérait ici que l'enrichissement trouvait sa source dans l'activité déployée par le cédant pour assainir la situation financière des sociétés en cause. Le profit dégagé ne pouvait donc pas être imposé selon le régime des plus-values mobilières. Il devait, au contraire, être regardé comme un bénéfice non commercial provenant d'une occupation ou d'une exploitation lucrative. L'enrichissement n'était ainsi pas qualifié selon la stricte nature juridique des opérations, ni selon le risque supporté, mais en fonction des efforts déployés (le travail) par le cédant.

711. **Poursuite.** La haute juridiction administrative réitéra ce raisonnement en 1989[658]. Un contribuable avait acquis des parts d'une société viticole en difficulté. Il les revendra deux ans après, réalisant une importante plus-value. Selon le Conseil d'État, validant ainsi la thèse de l'administration fiscale, ce profit est généré par le travail déployé par le contribuable pour redresser la situation financière de la personne morale. Pour le démontrer, le vérificateur met notamment en exergue les prêts sans intérêt d'un montant élevé que le contribuable avait consentis à la société. Cette dernière avait alors pu réaliser d'importants investissements fonciers. Cette plus-value a été requalifiée en bénéfices non commerciaux en application de l'article 92, 1 du Code général des impôts.

---

[657] CE, 3 nov. 1972 n° 81821 : Dupont 1973 p. 27.

[658] CE, 9e et 7e s.-s., 20 fév. 1989, n° 62397 : *RJF* 4/89, n° 440.

712. **Survivance de la théorie**. Cette théorie s'est poursuivie dans les années 2000. Dans une affaire[659] *Flament*, le contribuable avait constitué la société civile « Du Passage », laquelle prenait en crédit-bail des locaux commerciaux qu'elle sous-louait ensuite. L'administration fiscale a constaté que le contribuable avait progressivement assumé des fonctions de dirigeant ou d'administrateur dans une dizaine de sociétés ayant pour objet l'implantation en France et en Europe de centres commerciaux. Si bien que les fonctions assumées lui ont permis – ou facilité – la constitution de sept autres sociétés civiles immobilières spécialisées dans la sous-location de locaux commerciaux. Dans ces conditions, pour la cour administrative d'appel de Paris, la plus-value réalisée par le contribuable, à l'occasion de la cession des parts de la SCI Du Passage, « doit être regardée comme n'ayant été possible que grâce à une activité d'ensemble déployée par lui ». Le profit trouvait donc sa source dans une exploitation lucrative au sens des dispositions de l'article 92 du Code général des impôts. Par conséquent, la cession des parts sociales de la société civile immobilière ne relevait pas des plus-values mobilières des particuliers, mais des bénéfices non commerciaux.

713. **Revirement**. Les plus-values mobilières pouvaient donc être requalifiées en bénéfices non commerciaux compte tenu de l'activité sciemment déployée par les cédants. Un tel raisonnement est contestable puisque, si on le suit, le régime des plus-values serait alors réservé aux seuls investisseurs passifs, ceux qui ne peuvent directement peser sur la valeur des titres. Or, les chefs d'entreprises s'activent toujours pour enrichir les sociétés qu'ils dirigent. Cela suffit-il à leur refuser le régime des plus-values mobilières lors de la cession de leurs droits sociaux ? La haute juridiction administrative a mis un terme à ce raisonnement par la jurisprudence *Serfaty*[660], qu'elle a ensuite maintes fois réitérée.

ii. Abandon de la théorie

714. **Abandon.** Le Conseil d'État, dans son arrêt de principe *Serfaty*[661], considère que l'implication ou l'activité du contribuable ne suffit pas à requalifier des plus-values en bénéfices non commerciaux.

Voyons les faits de cette affaire[662]. Monsieur Serfaty cède, en 1987, les titres d'une société anonyme dont il est administrateur et directeur général. Il l'avait créée en 1984, en association avec la Midland Bank SA. L'administration fiscale constate qu'il a exercé, avant la cession (entre le 1er juin 1981 et le 1er janvier 1986) des fonctions de directeur salarié au sein

---

659 CAA Paris, 2e ch., 11 avril 2000, n° 97-2392 : *RJF* 9-10/00, n° 1078.
660 CE, 10e et 9e s.-s., 18 janv. 2006, n° 265790 et 265791, *Serfaty* : *RJF* 04/06, n° 378, concl. C. Verot, *BDCF* 4/06, n° 48.
661 *Ibid.*
662 *Ibid.*

de deux sociétés immobilières du groupe Midland. Elle observe, en outre, que les titres – de la société anonyme dont il est question ici – sont cédés à la société en nom collectif Fipromi, filiale de la Midland Bank.

L'administration fiscale entend requalifier la plus-value : elle regarde le profit dégagé comme la contrepartie d'une activité déployée par le cédant. Les efforts qu'il a fournis ont permis d'accroître la valeur des titres depuis leur acquisition jusqu'à leur cession. Selon le vérificateur, l'enrichissement du contribuable résulte d'une opération lucrative imposable dans la catégorie des bénéfices non commerciaux.

715. **La solution**. La circonstance que monsieur Serfaty ait personnellement accompli les démarches et diligences nécessaires au développement rapide de l'activité de la société qu'il a créée ne permet pas de requalifier la plus-value mobilière en bénéfice professionnel. Les fonctions de directeur salarié de deux autres filiales du groupe Midland ne forment pas davantage un argument en appui à la thèse de l'administration fiscale. Pour la haute juridiction administrative, « si monsieur Serfaty a, ainsi qu'il a été dit, très activement travaillé au développement de l'activité de marchand de biens de la société [dont les titres sont cédés] en tirant parti de sa réputation d'expert en matière immobilière et du soutien financier du groupe Midland, il ne résulte pas de ces seules circonstances que la plus-value qu'il a réalisée a constitué pour lui, non un gain en capital, mais un profit taxable dans la catégorie des bénéfices non commerciaux au sens de l'article 92 du Code général des impôts [...][663] ». Le principe est désormais fixé : l'activité déployée par les contribuables ne permet pas de requalifier leurs plus-values mobilières en bénéfices non commerciaux.

716. **Réitération du principe**. Le Conseil d'État a eu l'occasion de réaffirmer le principe posé par la jurisprudence *Serfaty*. Dans une affaire[664] *Fontana et madame de Framond*, les contribuables cèdent les titres de la personne morale qu'ils dirigent. Après la cession, ils poursuivent leur activité au sein de la société (dont les titres sont cédés) en tant que salariés. L'acte de cession prévoit que le cessionnaire s'engage à verser aux cédants un complément de prix pendant 6 ans, sous la condition d'atteindre des objectifs de rentabilité de la société et sous réserve de conserver leurs fonctions de salariés sur cette période.

L'administration fiscale entend requalifier les sommes versées en bénéfices non commerciaux. Pour le vérificateur, le complément de prix, conditionné à la réalisation d'objectifs de rentabilité de la société et à la présence des cédants, trouve sa source dans le travail que les contribuables ont fourni lorsqu'ils étaient salariés.

---

663 CE, 10e et 9e s.-s., 18 janv. 2006, n° 265790 et 265791, *Serfaty* : *RJF* 04/06, n° 378, concl. C. Verot, *BDCF* 4/06, n° 48.

664 CE, 8e et 3e s.-s., 7 nov. 2008, n° 301642, *Fontana et de Framond* : *RJF* 01/09, n° 56.

717. **La solution.** Le Conseil d'État invalide la thèse de l'administration fiscale. Selon le juge : « considérant qu'en se bornant à relever que les requérants avaient cédé leur participation dans la société [...] aux termes d'une convention qui prévoyait, outre le paiement d'une somme au moment de la vente, des paiements annuels durant six ans dont les montants étaient prévus par la convention et dont le versement était lié à la réalisation des objectifs de la société et en estimant que les sommes perçues à ce titre en 1993, 1994 et 1995 devaient être regardées comme la contrepartie directe du maintien de leur présence en tant que salariés au sein de l'entreprise et de la réalisation des objectifs fixés dans le cadre de la convention de cession, la cour n'a pu déduire de ces seules constatations que ces revenus devaient, de ce fait, être taxés en tant que bénéfices non commerciaux en application des dispositions du 1 de l'article 92 du Code général des impôts ; que, par suite, monsieur Fontana et madame de Framond sont fondés à demander l'annulation de l'arrêt attaqué[665] ». Par conséquent, les conditions de réalisation des gains litigieux ne permettent pas ici de qualifier ces derniers de bénéfices non commerciaux.

b. Le cas contestable des salariés investisseurs

718. **Critiques**. L'abandon du critère du risque pour qualifier la matière imposable nous semble contestable à plusieurs titres.

En premier lieu, nous pensons qu'il existe une certaine similitude entre la théorie – désormais disparue – qui consistait à requalifier les plus-values mobilières en bénéfices non commerciaux et le raisonnement que tient aujourd'hui le Conseil d'État dans ses arrêts du 13 juillet 2021. En abandonnant le critère du risque pour se contenter des seules conditions de réalisation des gains du salarié, il nous semble que le juge suprême fait rejaillir un raisonnement d'antan qui consistait à faire prédominer l'activité déployée sur l'investissement. Or, aucun véritable équilibre n'avait été trouvé par cette thèse, si bien qu'elle avait fini par être abandonnée (jurisprudence *Serfaty*[666]). Pourquoi alors accorder à monsieur Fontana et madame de Framond[667] (dans l'affaire précédemment développée) le bénéfice du régime des plus-values mobilières alors même que leur gain était conditionné à la conservation de leurs fonctions, et l'interdire pour les salariés bénéficiant d'un mécanisme de *management package* ? La haute juridiction administrative va-t-elle devoir abandonner sa jurisprudence *Serfaty* et permettre ainsi à l'administration fiscale de requalifier certaines plus-values mobilières en BNC ?

---

[665] *Ibid.*

[666] CE, 10e et 9e s.-s., 18 janv. 2006, n° 265790 et 265791, *Serfaty* : *RJF* 04/06, n° 378, concl. C. VEROT *BDCF* 4/06, n° 48.,

[667] CE, 8e et 3e s.-s., 7 nov. 2008, n° 301642, *Fontana et de Framond* : *RJF* 01/09, n° 56.

719. **Paradoxe.** Nous voyons alors ici apparaître un paradoxe : ce que le droit fiscal admet pour les chefs d'entreprise, il le refuse aux salariés qui, prenant de véritables risques, se comportent pourtant comme des entrepreneurs.

Si l'activité supplante l'investissement, les chefs d'entreprise ne pourraient alors jamais bénéficier du régime des plus-values mobilières lorsqu'ils cèdent les titres des sociétés qu'ils dirigent. De la même manière, il est indifférent pour le droit fiscal que les dividendes soient le fruit ou non d'une activité. Il se contente de leur qualification juridique[668], contrairement au droit social qui tient une autre approche : les dividendes perçus par les gérants majoritaires de SARL sont, sous certaines conditions, des rémunérations assujetties aux charges sociales.

Quoi qu'il en soit, face à une frontière difficilement perceptible, le droit fiscal préfère aujourd'hui s'en tenir à la stricte nature juridique de l'enrichissement ; sauf abus de droit fiscal. En ce sens, un dividende n'est pas un revenu du travail quand bien même le bénéfice de la société est le fruit des efforts du chef d'entreprise.

Les salariés, quant à eux, ne peuvent pas choisir leur régime fiscal. En contrepartie, ils ne supportent pas directement le risque de l'activité. Néanmoins, ils ont parfois l'opportunité d'investir dans la société dans laquelle ils travaillent. Certes, cela ne doit pas être le moyen pour eux d'économiser de l'impôt et des charges sociales. Toutefois, il serait inopportun de leur refuser le statut d'investisseur lorsqu'ils supportent un véritable risque. Les concernant, le droit fiscal refuse de s'en tenir aux seules qualifications juridiques, en appréciant les conditions de réalisation des gains. Ce faisant, il ne reconnaît aucunement les risques réellement supportés.

720. **Cohérence.** Le critère du risque permet d'assurer une cohérence d'ensemble du droit fiscal. En somme, ce qui est permis pour les chefs d'entreprise doit l'être pour les salariés qui prennent de véritables risques. Par conséquent, le salarié qui se comporte comme un véritable entrepreneur (en prenant des risques) doit pouvoir bénéficier du régime des plus-values mobilières. Pourquoi ne pas traiter fiscalement ici les salariés comme des chefs d'entreprises surtout lorsque, par ailleurs, ils sont déjà rémunérés, de manière normale, pour les fonctions qu'ils assument ?

721. **Problématique.** En second lieu, nous avons conscience que la réponse à apporter à cette problématique des *management packages* est loin d'être évidente puisqu'il convient ici de distinguer si le gain provient du seul travail ou s'il est le fait d'un investissement. Malheureusement, il n'est généré exclusivement ni par l'un, ni par l'autre, mais par les deux de manière indissociable. C'est parce que le salarié assume des fonctions essentielles que

---

[668] Toutefois, jusqu'où peut-il s'en contenter ? Un montage (dont les cessions à soi-même) dont le but est de substituer des plus-values à des revenus n'est-il pas abusif ? Nous verrons que le critère du risque redevient ici utile pour confirmer ou infirmer l'abus.

la proposition d'investir, dans la société qui l'emploie, lui est faite. Le propriétaire de l'entreprise ne souhaite, en effet, pas s'associer à n'importe qui. Toutefois, cela n'enlève rien à la réalité de l'investissement réalisé par le salarié. Celui-ci supporte un véritable risque en saisissant l'opportunité qui lui est offerte.

722. **Résurgence du critère**. Malgré les décisions du Conseil d'État du 13 juillet 2021, le critère du risque demeure décisif pour qualifier la matière imposable. En effet, en l'absence de clauses contractuelles conditionnant le gain, il sera difficile de rattacher ce dernier aux seules fonctions exercées par le contribuable ; sauf à considérer que le statut de salarié est forcément incompatible avec le régime des plus-values. Mais telle n'est pas la volonté du Conseil d'État. Dans ce contexte, le critère du risque ne retrouverait-il pas ici ses attributions naturelles ?

3. Conclusion

723. **Risque et investissement**. Le risque est un critère incontestablement nécessaire pour s'assurer qu'un investissement est réel. Il se caractérise par une mise de fonds de départ et par une incertitude de gain ou de perte. Il permet donc de distinguer les plus-values – lesquelles relèvent d'une prise de risque initial puis d'un désinvestissement – des simples revenus.

724. **L'utilité du risque**. Malgré les arrêts du 13 juillet 2021, le critère du risque nous semble doublement utile. En premier lieu, il l'est dans sa dimension positive[669] c'est-à-dire objective : un investissement est par essence risqué. À défaut, l'opération est douteuse, d'autant plus lorsque les opérations analogues n'en sont habituellement pas dépourvues (de risque). Par conséquent, nous pensons que l'absence d'incertitude doit être sanctionnée sur le plan fiscal. En d'autres termes, le contribuable qui ne supporte, *in fine*, aucun risque – puisqu'il dispose de toutes les garanties lui assurant un enrichissement – n'est pas un véritable investisseur. Sa plus-value constitue en réalité un revenu ordinaire. Le critère du risque permet de redonner au gain litigieux sa véritable essence.

725. **Dimension subjective.** En second lieu, le risque peut être apprécié dans sa dimension intentionnelle. Il sera alors décisif pour confirmer ou infirmer une fraude à la loi fiscale. Nous avons montré que le risque n'est accepté que si l'intention de rechercher le profit est sincère. Si bien que le premier (le risque) ne se regarde qu'à travers le prisme du second (l'intention). Toutefois, la réciproque est tout aussi vraie. L'existence d'une véritable prise de risque ne valide-t-elle pas une intention qui va bien au-delà de la simple poursuite d'un avantage fiscal ? Le contribuable qui

669 Le risque est utile pour identifier une simulation lorsque c'est l'investissement lui-même qui est fictif. En ce sens, le risque est apprécié dans sa dimension objective sans qu'importent les intentions, c'est-à-dire les buts poursuivis par les contribuables.

supporte un véritable risque réalise un réel investissement même s'il investit dans la société où il travaille. Cette circonstance ne lui enlève aucunement son statut d'investisseur. Cette différence de traitement entre les chefs d'entreprise et les salariés ne porte-t-elle pas atteinte au principe d'égalité devant l'impôt ? Rappelons que, selon la décision n° 2010-39 (QPC du 6 octobre 2010) : « en posant une question prioritaire de constitutionnalité, tout justiciable a le droit de contester la constitutionnalité de la portée effective qu'une interprétation jurisprudentielle constante donne à une disposition légale ». Nous avons montré que la lutte contre l'évasion fiscale est d'une telle acuité que le législateur en arrive à confondre l'abus et l'investissement. Explorons maintenant le problème d'un entrelacement parfois incohérent des dispositifs qui favorisent l'initiative économique.

SECTION 2. UN ENCHEVETREMENT DE DISPOSITIFS CONTESTABLES

726. **Politique de la demande**. La mesure visant à autoriser temporairement la déduction fiscale de l'amortissement des fonds commerciaux est salutaire, car elle profite, non pas aux cédants comme habituellement[670], mais aux cessionnaires. Selon le rapport de la commission des finances de l'Assemblée nationale[671], ce dispositif vise à réduire le coût de la reprise d'une entreprise. Il nous semble, en effet, qu'en cette période économique difficile, mieux vaut soutenir celui qui crée ou acquiert une entreprise plutôt que celui qui s'enrichit en la cédant. Cette mesure est d'autant plus intéressante qu'elle n'est pas circonscrite à certaines zones défavorisées du territoire. Espérons que ce dispositif deviendra pérenne[672](A).

727. **Problématique.** Néanmoins, cet encouragement fiscal à la reprise des fonds commerciaux se heurte à un choix politique qui a toujours favorisé les vendeurs. Certains d'entre eux bénéficient, lors de la cession de leurs droits sociaux, d'importants abattements – pour durée de détention ou pour départ à la retraite – réduisant sensiblement leurs plus-values. Nous risquons donc d'assister à une confrontation sur fond d'avantage fiscal, le vendeur proposant de céder ses titres, le repreneur préférant, quant à lui, acquérir le fonds de commerce. Ce télescopage des régimes de faveur peut paralyser les négociations, voire conduire à l'abandon du projet de reprise, ce qui n'encourage aucunement le risque. Pourrait-on réconcilier cédant et cessionnaire ?

---

[670] Il existe, en effet, de nombreux dispositifs qui encouragent la cession d'une activité professionnelle (article 151 septies, 151 septies B, 238 quindecies…).

[671] Rapp. AN n° 4524, 7 oct. 2021, p. 182.

[672] Le Gouvernement remettra au Parlement, avant le 1er juillet 2025, un rapport évaluant le coût pour l'État du dispositif ainsi que son efficacité au regard des objectifs qui lui sont fixés.

728. **Solutions**. Une solution existe, mais cette dernière est actuellement contestée par l'administration fiscale. Après la cession du fonds de commerce par la société, celle-ci peut procéder au rachat de ses propres titres. Les associés pourront ainsi bénéficier du régime des plus-values. Le fisc qualifie ce schéma d'abusif, tandis que le Comité de l'abus de droit concède au contribuable la possibilité d'emprunter la voie la moins coûteuse sur le plan fiscal. Ne pourrait-on pas, une fois de plus, recourir au critère du risque pour déterminer ou invalider l'allégation d'abus ? Nous soutiendrons l'idée que le régime des plus-values peut être appliqué dans ce schéma dès lors qu'il y a une discontinuité, une rupture dans la prise de risque (B).

A. Déductibilité fiscale de l'amortissement des fonds commerciaux

729. **Déduction temporaire**. Afin de soutenir le risque économique, les entreprises peuvent déduire de leurs bénéfices l'amortissement des fonds commerciaux acquis entre le 1er janvier 2022 et le 31 décembre 2025. Voyons ce qu'est un fonds commercial (1) et les conditions permettant son amortissement (2).

1. L'amortissement du fonds commercial

730. **Définition**. Le fonds commercial est une notion comptable. Le plan comptable général[673] le définit comme la partie « pivot » du fonds de commerce. Si bien que, selon l'article R 123-186 du Code de commerce, il se compose des éléments du fonds de commerce qui ne peuvent figurer à d'autres postes du bilan comme la clientèle, l'enseigne, le nom commercial et, plus largement, les parts de marché.

731. **Amortissement.** Depuis le 1er janvier 2016[674], à la suite de la transposition en droit interne d'une directive européenne[675], les entreprises sont tenues d'amortir les fonds commerciaux d'une durée d'exploitation limitée[676].

Toutefois, par simplification[677], les commerçants qu'ils soient personnes physiques ou morales bénéficient d'une option lorsqu'ils ne dépassent deux des trois seuils fixés par décret [678]. Quand bien même leur fonds commercial

---

[673] Il s'agit du règlement ANC n° 2015-06 du 23 nov. 2015 applicable aux exercices comptables ouverts à compter du 1er janvier 2016, homologué par arrêté du 4 déc. 2015.

[674] Décret n° 2015-903, 23 juillet 2015, art. 5.

[675] Directive européenne du 26 juin 2013.

[676] Lorsqu'il est avéré que le fonds commercial ne pourra être exploité que sur une durée limitée, l'amortissement n'est pas une option, il est obligatoire.

[677] Article L 123-16 du Code de commerce.

[678] Selon l'article D 123-200 du Code de commerce, les seuils sont les suivants : 4 millions d'euros de total de bilan, 8 millions d'euros de chiffre d'affaires et 50 salariés. Les personnes concernées pourront amortir sur 10 ans leurs fonds commerciaux. Il s'agit des entreprises qui sont autorisées à adopter une présentation simplifiée de leurs comptes annuels.

est exploité pour une durée illimitée, ils peuvent l'amortir comptablement sur une période de 10 années[679]. Il faut avouer que cette faculté – qui réduit les résultats et la capacité distributive des sociétés – n'a connu, jusqu'à présent, aucun véritable succès.

2. Le traitement fiscal

732. **Quelle fiscalité ?** Le sort fiscal de l'amortissement des fonds commerciaux est désormais fixé à l'article 39 du Code général des impôts : en dehors du dispositif temporaire, il n'est pas déductible des bénéfices fiscaux.

Avant l'intervention du législateur, deux thèses se confrontaient.

Pour certains, aucun texte n'interdisait expressément la déduction des bénéfices de l'amortissement du fonds commercial. Par conséquent, en vertu du principe de connexion entre la comptabilité et la fiscalité fixé à l'article 38 de l'annexe III du Code général des impôts, un amortissement comptable régulier est déductible des bénéfices fiscaux.

Pour d'autres, la règle comptable permettant aux petites entreprises d'amortir sur 10 ans les fonds commerciaux s'oppose à un principe selon lequel un amortissement n'est fiscalement déductible des bénéfices que lorsque la durée d'utilisation de l'actif qui en fait l'objet connaît un terme déterminé.

733. **Fin du débat**. Face à cette incertitude, le tribunal administratif d'Orléans a saisi pour avis[680] le Conseil d'État. Ce dernier a mis fin au débat en ces termes : « [les] dispositions [comptables qui permettent d'amortir le fonds commercial sur une durée de 10 ans] ne subordonnent pas l'exercice de l'option qu'elles prévoient à la condition, prévue par la loi fiscale, que les effets bénéfiques sur l'exploitation du fonds commercial dont il s'agit prennent fin à une date déterminée. Compte tenu de l'incompatibilité de cette règle comptable avec la règle législative, propre à la détermination de l'assiette de l'impôt […], une petite entreprise qui met en œuvre l'option prévue à l'article 214-3 du plan comptable général [l'amortissement du fonds commercial] ne saurait en conséquence s'en prévaloir pour la détermination de son résultat fiscal[681] ».

La loi de finances pour 2022 a donné une base légale à cette décision : désormais l'article 39 du Code général des impôts interdit la déduction fiscale de l'amortissement des fonds commerciaux.

734. **Exception**. Il existe néanmoins une exception à cette non-déduction de principe. Les entreprises peuvent déduire de leurs bénéfices l'amortissement comptable des fonds commerciaux acquis entre le 1er janvier

---

679 Cette option est globale : elle concerne tous les fonds commerciaux que l'entreprise détient.
680 TA Orléans, 25 mai 2021, n° 2001662.
681 CE, 8e et 3e ch., avis, 8 sept. 2021, n° 453458, *SELARL Pharmacie de Bracieux* : *Dr. fisc.* 2021, n° 40, comm. 382, concl. R. Victor.

2022 et le 31 décembre 2025. Notons d'emblée que l'avantage fiscal n'est que temporaire puisque la plus-value professionnelle, au moment de la cession du fonds commercial, sera majorée des amortissements déduits. Cependant, il apparaît préférable de promouvoir la reprise d'une activité plutôt que sa cession, d'autant plus que le cédant peut bénéficier de plusieurs exonérations sous certaines conditions.

735. **Précisions.** L'administration fiscale a commenté cette nouvelle mesure[682].

Elle précise qu'elle s'applique à tous les fonds commerciaux qui donnent lieu à la constatation comptable d'un amortissement. En somme, ce dernier est déductible qu'il porte sur la fraction résiduelle des fonds artisanaux, des fonds agricoles ou encore sur les éléments incorporels des fonds acquis par les titulaires de bénéfices non commerciaux qui, par leur nature, sont assimilables au fonds commercial, tels que la patientèle ou la clientèle.

Ensuite, l'administration avait interprété le dispositif de manière si libérale que le législateur a dû intervenir afin de mieux le circonscrire (loi n°2022-1157 du 16 août 2022 - art. 7). L'administration fiscale avait considéré que l'application de ce régime temporaire était indépendante des modalités d'acquisition du fonds commercial. Par conséquent, ce dernier pouvait être également acquis par apport ou fusion. Il était alors tentant de procéder à certaines opérations dans le but unique de réduire l'impôt. Par exemple, des sociétés d'un même groupe auraient pu céder de manière croisée (sur la période 2022 à 2025) leur fonds de commerce afin de bénéficier de la déduction fiscale de l'amortissement. Afin d'interdire ces schémas abusifs, la loi dispose désormais que ce régime de faveur ne s'applique pas aux fonds acquis auprès d'une entreprise liée, ou auprès d'une entreprise (y compris individuelle) placée sous le contrôle de la même personne physique que l'entreprise qui acquiert le fonds.

736. **Dépréciation.** L'amortissement d'un actif immobilisé n'exclut pas sa dépréciation, laquelle, si elle est régulière sur le plan comptable, est déductible des bénéfices fiscaux. La survenance d'un événement en cours d'exercice peut conduire à ce que la valeur nette comptable de l'immobilisation devienne supérieure à celle actuelle[683]. L'entreprise devra, en vertu du principe comptable de prudence, déprécier l'actif en cause. Afin d'éviter une double déduction – la somme des dépréciations et des amortissements ne pouvant excéder la valeur d'acquisition de l'actif – l'entreprise devra revoir prospectivement le plan d'amortissement du fonds commercial déprécié.

737. **Règles comptables**. La dépréciation d'un élément d'actif n'est déductible des bénéfices que si elle est constatée dans les comptes de l'entreprise conformément aux principes comptables. Le Conseil d'État nous

---

682 BOI-BIC-AMT-10-20, 8 juin 2022.

683 Pour plus de précisions concernant la notion de valeur actuelle, le lecteur peut se reporter au paragraphe suivant.

le rappelle dans un arrêt récent[684]. Une société de radiologie avait déprécié son fonds de commerce, car les associés étaient dans l'obligation de vendre leurs titres à un prix fortement décoté, compte tenu de la difficulté de trouver des successeurs. La société fondait alors la dépréciation du fonds de commerce sur sa seule valeur vénale. Toutefois, une dépréciation n'est comptablement constatée que si la valeur nette comptable de l'actif est supérieure à sa valeur actuelle. Cette dernière correspond au montant le plus important entre la valeur vénale et la valeur d'usage (la capacité de l'actif en cause à générer de la trésorerie). Or, si la valeur vénale était effectivement faible, tel n'était pas le cas de la valeur d'usage puisque la société n'avait souffert d'aucune baisse de son activité. Par conséquent, la référence à la seule valeur vénale n'était pas suffisante pour justifier d'une telle dépréciation. Cette dernière ne pouvait donc pas être déduite des bénéfices de l'entreprise. Cette solution a été réitérée par le tribunal administratif de Limoges[685] dans une affaire où le fonds de commerce d'une pharmacie avait été déprécié compte tenu de l'évolution défavorable de l'environnement économique de l'entreprise. Si effectivement la valeur vénale dudit fonds en avait été affectée, le vérificateur n'a toutefois constaté aucune baisse du chiffre d'affaires ni de la rentabilité de la pharmacie. Si bien que la valeur d'utilité de l'actif en question n'a jamais été en deçà de sa valeur nette comptable. Ce faisant, la dépréciation du fonds ne peut pas être déductible des bénéfices sur le plan fiscal, faute de respecter les prescriptions comptables.

B. Un enchevêtrement de dispositifs conduisant à la paralysie

1. Quand les politiques de l'offre et celles de la demande se télescopent

738. **Divergence**. Les avantages fiscaux offerts aux cédants vont se heurter à ceux permettant aux repreneurs de déduire de leurs bénéfices l'amortissement comptable des fonds commerciaux. En effet, le repreneur aura tout intérêt à acquérir le fonds sur la période 2022-2025, tandis que le cédant préférera, dans certains cas, céder les titres de la société. Cela engendre alors une confrontation, avec en jeu des avantages fiscaux, dont l'issue dépendra notamment de l'application du dispositif fixé à l'article 238 quindecies du Code général des impôts[686]. Malheureusement, bien que le

---

[684] CE, 9e et 10e ch., 22 nov. 2022, n° 454766 : *FR* 51/22, p. 1.

[685] TA Limoges, 1er ch., 18 juill. 2023, n° 2101935, inédit.

[686] Ce dispositif exonère les plus-values professionnelles dès lors que le prix de vente n'excède pas certains seuils.

législateur en ait d'ailleurs opportunément élargi le champ d'application[687], nous verrons que ce régime de faveur ne sera pas toujours suffisant pour régler les différends fiscaux opposant cédants et cessionnaires.

739. **Régime de droit commun**. Le chef d'entreprise peut choisir entre la cession de ses titres et la vente du fonds de commerce détenu par la société. Néanmoins, en l'absence d'abattement spécifique sur la plus-value mobilière et si la société peut bénéficier du dispositif de l'article 238 quindecies du Code général des impôts, l'objet de la vente devient alors sans importance. En effet, la société ne paiera pas d'impôt sur la plus-value réalisée et les dividendes distribués seront imposés au taux de 30 %. Dans ce cas, la fiscalité restera identique pour le cédant, qu'il cède ses titres ou que la société vende son fonds de commerce. C'est d'ailleurs la raison pour laquelle le législateur a doublé les seuils du dispositif de l'article 238 quindecies du Code général des impôts.

740. **Abattements.** En revanche, le cédant peut parfois trouver avantageux de vendre ses titres, notamment s'il est éligible à des abattements pour départ à la retraite ou pour durée de détention. Par exemple, en présence d'abattements majorés pour durée de détention de 85 %, la plus-value mobilière ne sera finalement imposée qu'à un taux d'impôt maximum de 6,75 % (45 % de taux marginal d'impôt abattu de 85 %), soit à un taux plus faible que celui proportionnel de 12,8 %.

741. **Illustration**. Monsieur X souhaite céder la société qu'il détient. Les candidats à la reprise auront tout intérêt à acquérir le fonds de commerce afin de pouvoir déduire de leurs bénéfices fiscaux l'amortissement du fonds commercial.

Si la société cède son fonds de commerce, c'est elle qui perçoit le prix de la vente, et non directement ses créateurs. Elle peut bénéficier, toutes conditions remplies, du dispositif de l'article 238 quindecies du Code général des impôts. Néanmoins, si les associés souhaitent appréhender le prix de la vente, ils devront procéder à une distribution de dividendes ou à une réduction de capital. Dans les deux cas, ils seront imposés à un taux de 12,8 % [688]. Notons qu'il en sera de même s'ils décident de liquider amiablement la société. Le boni de liquidation sera également imposé à ce taux. Le cédant peut, quant à lui, préférer céder ses titres, surtout lorsqu'il part à la retraite et qu'il bénéficie d'un abattement de 500 000 euros. Dans notre exemple, la cession du fonds de commerce pour un prix de 500 000 euros, puis la distribution de dividendes de même montant, conduit monsieur X à devoir

---

[687] Les seuils sont doublés par la loi de finances pour 2022 puisque le prix stipulé des éléments transmis ou leur valeur vénale, auquel se rajoutent les charges en capital et les indemnités stipulées au profit du cédant, à quelque titre et pour quelque cause que ce soit, peut désormais être supérieur à 500 000 € et inférieur à 1 000 000 €. À noter que les stocks sont désormais pris en compte pour l'appréciation de ces nouveaux seuils (BOI-BIC-PVMV-40-20-50, §295).

[688] Seul l'associé qui vend ses titres à la société, laquelle rachète ses propres actions pour les annuler par une réduction de capital, peut bénéficier du régime des plus ou moins-values. Cela ne concerne pas une simple réduction de capital non motivée par des pertes.

supporter 64 000 euros d'impôts (hors prélèvements sociaux), montant qu'il aurait économisé en vendant ses droits sociaux.

742. **Associés professionnels.** L'associé, qui cède les titres d'une société non soumise à l'impôt sur les sociétés[689], dans laquelle il exerce son activité professionnelle, bénéficie du régime des plus-values professionnelles. Or, les seuils des différents régimes de faveur que le professionnel doit respecter se déterminent à l'échelle du cédant. Par conséquent, la fiscalité diffère selon l'objet de la vente. Illustrons notre propos par un exemple.

743. **Illustration.** Imaginons une société en nom collectif n'ayant pas opté pour l'impôt sur les sociétés. Elle est détenue, à part égale, par deux associés qui y exercent leur activité professionnelle depuis plus de 5 années. Les intéressés souhaitent céder leur entreprise.

Deux possibilités s'offrent à eux. S'ils cèdent le fonds de commerce détenu par la société, celle-ci pourra bénéficier du dispositif de l'article 238 quindecies du Code général des impôts dès lors que le prix de vente n'excède pas 1 000 000 euros. Ce prix est apprécié à l'échelle de la société. Les associés seront ensuite personnellement imposés sur la quote-part de la plus-value leur revenant. En revanche, si les associés cèdent les titres de la société, l'article 238 quindecies va s'appliquer à chacun d'eux. Là où la société n'était que partiellement exonérée si le prix de vente du fonds de commerce était, par hypothèse, de 900 000 euros, les associés, en cédant les titres, pourraient bénéficier chacun du seuil de 500 000 euros. L'exonération est alors totale si l'intégralité des titres de la société est cédée pour 900 000 euros. Les associés pourront également bénéficier du dispositif de l'article 151 septies A s'ils partent en retraite, et ce sans aucune condition de montant. Par conséquent, les associés préfèreront ici céder leurs titres.

2. Des intérêts divergents réconciliables ?

744. **Alternative ?** Depuis le 1er janvier 2015[690], le régime des plus-values s'applique également aux gains réalisés lors du rachat par une société de ses propres titres. Cette technique pourrait-elle être une alternative sérieuse face à la divergence d'intérêts qui oppose cédant et cessionnaire ? En d'autres termes, pourrait-on envisager ici la cession du fonds de commerce puis le rachat par la société de ses propres titres ?

De toute évidence, le contribuable ne peut pas substituer des plus-values à des revenus de capitaux mobiliers dans le seul but de bénéficier d'abattements particuliers. Néanmoins, il nous semble que le cas de la cession du fonds de

[689] La société dont les titres sont cédés doit relever des bénéfices commerciaux au sens large, non commerciaux ou agricoles.

[690] Article 112, 6° du Code général des impôts, modifié par la loi n° 2014-1655 du 29 décembre 2014. R. Vabres, « La fiscalité des rachats de titres : les changements opérés par la seconde loi de finances rectificative pour 2014 », *Dr. sociétés* 2015, étude 8.

commerce est particulier tant elle marque une rupture dans la continuité des risques supportés par le contribuable. Illustrons notre propos par plusieurs avis du Comité de l'abus de droit fiscal.

i. Un schéma abusif ?

745. **Les faits.** La société A, créée en 1999, est détenue par moitié par deux personnes physiques. Elle exploite, principalement, un site internet et propose, à titre accessoire, des prestations de marketing consistant à router des courriels publicitaires. La société cède en 2015 à un concurrent son site internet pour un prix de 3 300 000 euros, tout en conservant son activité de prestations marketing. Par la suite, elle procède au rachat de ses propres titres. Les deux associés perçoivent ainsi une partie du prix de la vente (du site internet) tout en bénéficiant du régime des plus-values mobilières des particuliers avec un abattement pour durée de détention de 85 %.

746. **Les griefs.** L'administration fiscale invoque une fraude à la loi fiscale. Elle considère que le montage ne vise que l'économie d'impôt en réduisant de 85 % la plus-value de cession (élément subjectif). Selon le service, le contribuable applique ici un dispositif (celui des plus-values mobilières) de manière littérale, pour le détourner de ses objectifs (élément objectif). L'administration impose donc les sommes perçues au titre des revenus de capitaux mobiliers, sans aucun abattement. Le rappel d'impôt est assorti de la pénalité de 80 %.

747. **L'avis.** Le Comité de l'abus de droit fiscal, saisi pour avis sur ce contentieux, ne partage pas la thèse de l'administration fiscale. Il observe que la société a cédé son principal actif. Dès lors que ses capitaux propres étaient désormais hors de proportion avec les activités subsistantes, la réduction de capital se justifiait par des raisons économiques. Pour le Comité, le montage « a pour but de diminuer les capitaux propres de la société afin de les adapter à son nouveau périmètre conformément aux buts économiques poursuivis par les deux associés [...] ».

748. **Opposition**. Deux conceptions s'opposent ici. Le Comité défend une position très libérale qu'il réitère dans différents avis[691] et qui repose sur deux piliers.

En premier lieu, selon le Comité, la voie la moins imposée n'est pas sanctionnable sur le plan fiscal. Il considère néanmoins que l'opération devient abusive si la société procède régulièrement au rachat de ses propres titres. En somme, cette pratique doit, selon lui, rester exceptionnelle, à défaut elle devient contestable.

En second lieu, la réduction de capital se justifie dès lors que les capitaux propres sont d'un montant trop important par rapport aux besoins de la société.

---

[691] Le plus récent avis sur la problématique des réductions de capital non motivées par des pertes est le suivant : CADF, avis, séance n° 3/2023, 24 nov. 2023, aff. n° 2023-03.

À ce titre, le Comité considère, dans d'autres affaires[692], qu'un tel montage ne constitue pas un abus de droit dès lors que les résultats accumulés (les réserves) sont d'un montant important, nonobstant les raisons qui conduisent à cette situation.

L'administration fiscale oppose, quant à elle, l'abus de droit : la vente à la société de ses propres titres ne doit pas permettre de substituer des plus-values à des revenus[693].

749. **Constat**. Il est important de souligner que les associés (aff. n° 2021-23) ont choisi de ne pas céder leurs titres, car ils ont décidé de continuer à exercer une partie, bien que secondaire, de l'activité de la société (prestations de marketing). Céder les titres aurait impliqué la cession de toutes les activités de la personne morale, y compris celle que les associés avaient l'intention de conserver. Une alternative aurait été de céder l'ensemble des titres de la société, puis de racheter la branche d'activité qu'ils envisageaient de poursuivre, en créant éventuellement une nouvelle société à cet effet. Ce choix aurait permis aux associés de bénéficier de l'abattement de 85 % sur leurs plus-values. Malheureusement, le contribuable ne peut pas soutenir valablement qu'il aurait pu réaliser la même économie d'impôt en utilisant un autre schéma régulier (v. *infra* n° 797). Quoi qu'il en soit, il convient de noter que l'administration fiscale et le comité de l'abus de droit fiscal maintiennent chacun leur position. Dans une affaire récente, une société a réduit son capital social après avoir vendu son fonds de commerce. Pour le comité, il n'est pas abusif de vouloir diminuer des réserves considérées comme excessives par rapport aux nouveaux besoins de la société. Ainsi, selon lui, le contribuable peut bénéficier du régime des plus-values[694]. En revanche, l'administration fiscale a indiqué qu'elle ne partageait pas cet avis.

Il convient également de mentionner le premier arrêt rendu par une cour administrative d'appel concernant les rachats par une société de ses propres titres. Cependant, la maladresse du contribuable rend difficile la généralisation de cette solution. En l'occurrence, une société a racheté ses propres titres, puis les a annulés par une réduction de son capital social. L'enrichissement en résultant est qualifié de plus-value, ce à quoi l'administration fiscale s'oppose. Le litige ne porte pas sur l'abus de droit ; il s'agit plutôt d'une requalification effectuée par l'administration fiscale. Pour la cour, étant donné que l'unique objectif était la réduction de capital (non motivée par des pertes), ce que ne conteste pas la société, l'opération s'est finalement traduite par la répartition

---

[692] CADF, avis, séance n° 2/2021, 14 janv. 2021, aff. n° 2020-29 : *Dr. fisc.* 2021, n° 43, comm. 403 ; CADF, avis, séance n° 8, 18 nov. 2021, aff. n° 2021-23 : *Dr.fisc.* 2022, n° 21, comm. 230.

[693] Ce différend est réapparu dans une affaire où un associé unique décida de procéder à la réduction de capital de sa société. Pour le service, les liquidités perçues ne peuvent pas bénéficier du régime des plus-values. Cependant, le Comité est d'avis que l'opération visant à réduire la valeur de la société avant sa transmission n'est pas abusive. L'administration fiscale ne souscrit pas à cet avis (CADF, séance n° 3/2023, 24 nov. 2023, aff. 2023-05, inédit).

[694] CADF, aff. 2024-1, séance du 21 mars 2024 : *Dr. fisc.* 2024, n° 27, com. 298.

de réserves au profit des associés. Malheureusement, la société n'a pas soutenu que l'objectif principal était d'acheter les titres des associés sortants, plutôt que de procéder à une réduction de capital[695].

L'opération se déroule en réalité en deux étapes. Dans un premier temps, la société rachète ses propres titres. Ce n'est que dans un second temps qu'elle peut, mais n'y ait pas tenue, d'annuler ces titres par une réduction de capital social. La société peut également choisir de conserver les titres rachetés pour les revendre ou les attribuer aux salariés. En pratique, ces deux opérations sont souvent réalisées dans un seul acte juridique afin de réduire les frais de mutation proportionnelle (article 726 du Code général des impôts), en les substituant par un droit fixe de 375 ou 500 euros. Toutefois, cette simultanéité des opérations (pour des raisons d'économie de droits) ne doit pas faire oublier que l'objectif principal est la sortie d'une partie des actionnaires.

ii. La continuité du risque

750. **Continuité des risques.** Il nous semble que l'abus de droit fiscal est constitué lorsque le contribuable souhaite tout changer (le montant du capital) pour qu'au final rien ne change, si ce n'est le montant des capitaux propres. Par conséquent, contrairement au raisonnement tenu par le Comité de l'abus de droit fiscal, la circonstance que le montant des capitaux propres soit hors de proportion avec les besoins de l'activité exercée ne justifie pas, selon nous, qu'une société rachète ses propres titres. Une personne morale très rentable réalisant de substantiels bénéfices va se trouver rapidement avec des capitaux propres importants. Cela ne permet pas, pour autant, de faire profiter les associés du régime des plus-values lorsque la société rachète ses propres titres, y compris en l'absence de récurrence de l'opération. Dans ce cas, il s'agit, selon nous, de revenus distribués. En revanche, nous pensons que le régime des plus-values peut s'appliquer, comme nous l'allons l'exposer maintenant, en présence d'une rupture dans la continuité des risques que supportent les contribuables (3).

iii. Les raisons économiques sérieuses : la rupture des risques

751. **Le critère du risque**. Nous soutenons ici l'idée que le régime des plus-values s'applique (dans les opérations de rachat par une société de ses propres titres) en présence d'une rupture du risque économique. Pour le comprendre, rappelons tout d'abord la distinction classique entre les fruits et les produits. Les premiers englobent tout ce qu'une chose génère de façon régulière sans altération de sa substance. Tel est le cas des loyers produits par un immeuble loué. Les seconds sont tout ce qui provient de la chose irrégulièrement, mais conduisant à son altération.

---

[695] CAA Bordeaux, 5e ch., 16 avril 2024, n° 22BX01822 : *Dr. fisc.* 2024, n° 22, comm. 270.

Il nous semble que les fruits et les produits diffèrent en termes d'exposition au risque. Le contribuable recevant des loyers conserve la propriété de l'immeuble, restant ainsi exposé au risque locatif, tel que le non-paiement des loyers par les occupants. En revanche, celui qui vend l'immeuble obtient des liquidités qui ne sont plus soumises à ce risque.

Partant de cette simple observation fondamentale, rappelons qu'un dividende est un fruit, à la différence d'une plus-value. Ainsi, la distribution de dividendes n'altère généralement pas la substance de l'entité qui les verse. *A contrario*, une plus-value est générée par un désinvestissement qui porte sur la chose elle-même, ce qui conduira à ne plus pouvoir percevoir d'autres fruits. C'est donc un produit.

Par conséquent, celui qui réalise la plus-value atteint ainsi la fin d'une période d'exposition au risque, puisqu'il cède un actif exposé à un risque économique (comme les titres d'une société) pour recevoir des liquidités (non exposé à quelconque risque).

Dès lors, si nous appliquons ce raisonnement aux schémas de rachat par une société de ses propres titres, l'associé (qui perçoit des liquidités mais) dont le pourcentage de détention n'est pas modifié conserve, à l'issue de l'opération, la capacité de recevoir des fruits dans la même proportion qu'auparavant. Dans ce cas, il n'a pas réellement désinvesti. En revanche, la situation diffère lorsque la répartition du capital est altérée ou lorsque le rachat des titres survient après que la société a cédé son activité, ou une branche de celle-ci.

752. **Opinion.** Par conséquent, les montages consistant à faire racheter par une société ses propres titres ne nous semblent pas abusifs dans deux cas.

Le premier concerne l'opération qui consiste à modifier la répartition du capital. Ce qui suppose qu'une partie des associés cède la totalité ou une partie de leurs titres à la société, pour que celle-ci les annule. Dans ce cas, les fruits futurs (les bénéfices distribués) se partageront différemment. Les associés qui n'en percevront plus – ou moins – ont bien désinvesti.

Le second cas concerne l'entreprise qui cède son activité. En effet, la société qui désinvestit ne pourra plus distribuer autant de dividendes qu'auparavant puisque la chose (l'entreprise) qui génère les fruits (les dividendes) est vidée (au moins partiellement) de sa substance. Dès lors, il nous semble que le dispositif des plus-values n'est plus détourné. Faute d'élément objectif, l'abus de droit n'est pas constitué. Le rachat par la société de ses propres titres est bien ici motivé par des considérations économiques sincères.

753. **Illustration.** En 2012 et 2013, une société X, qui exerce l'activité de commissariat aux comptes, cède la quasi-totalité de sa clientèle, pour ne conserver qu'un seul client. Cela conduit à la baisse significative de son chiffre d'affaires. En 2015, la société rachète la quasi-totalité de ses propres titres. L'associé Y, qui détient 99 % du capital, perçoit la somme de 861 000 euros qu'il déclare en plus-values mobilières de particulier. Il bénéficie, à ce

titre, d'un abattement majoré de 85 % et d'un autre pour départ à la retraite, ces deux régimes de faveur étant, à l'époque, cumulables. En 2016, la société est liquidée amiablement. Le boni de liquidation est imposé comme un dernier dividende.

L'administration fiscale y voit une fraude à la loi. Elle dénie au contribuable le bénéfice du régime des plus-values mobilières. Elle impose alors la somme de 861 000 euros dans la catégorie des revenus de capitaux mobiliers.

Pour le Comité de l'abus de droit fiscal, l'opération n'est pas abusive. Le contribuable a simplement choisi la solution la moins imposée.

Notons que l'administration fiscale ne s'est pas rangée à l'avis du Comité de l'abus de droit fiscal.

754. **Opinion.** À notre sens, le régime des plus-values mobilières s'applique ici, car la société a véritablement désinvesti. La cession de la quasi-totalité de la clientèle génère une rupture dans la continuité des risques supportés par elle et indirectement par son associé. Le contribuable aurait pu tout à fait céder ses titres, pour ensuite racheter (aux cessionnaires desdits titres) la branche d'activité qu'il a décidé de conserver.

En outre, le traitement fiscal du boni de liquidation nous interpelle. Il conviendrait, à notre avis, d'analyser sa composition, de comprendre son origine. Si la société est liquidée après avoir exercé son activité sans la céder, le boni de liquidation correspond bien aux résultats du passé. En revanche, si le boni correspond à la cession des principaux actifs, l'imposition de celui-ci, en tant que dernier dividende, ne nous paraît plus opportune. Dans ce cas, il ne nous semble pas que le montage (le rachat par une société de ses propres titres, préalablement à la dissolution de la société) soit abusif. Surtout que la cession de la clientèle (en lieu et place des titres) serait aujourd'hui exigée par les cessionnaires. En effet, ces derniers souhaiteront déduire de leurs bénéfices l'amortissement portant sur la fraction résiduelle des fonds commerciaux, artisanaux, des fonds agricoles ou encore sur la patientèle ou la clientèle.

755. **Incertitude.** Notons d'ores et déjà que l'administration fiscale ne s'est pas rangée à l'avis du Comité dans les deux affaires qui nous intéressent[696], relatives à la société qui a vendu son principal actif (site internet) et celle qui a cédé sa clientèle[697]. Dès lors, l'incertitude demeure et il faudra donc attendre que le juge fiscal se prononce sur cette problématique.

756. **Conclusion**. Nous espérons que le juge fiscal émettra un signal favorable en acceptant l'application du régime des plus-values lorsque, dans le cadre du rachat de ses propres titres, une société subit une modification significative de son activité. Nous souhaitons également qu'il utilise le critère

---

[696] CADF, avis, séance n° 8/2021, 18 nov. 2021, aff. n° 2021-23, obs. N. JULLIAN : *Dr. fisc.* 2022, n° 21, comm. 230.

[697] CADF, avis, séance n° 7/2021, 15 oct. 2021, aff. n° 2021-21, obs. N. JULLIAN : *Dr. fisc.* 2022, n° 21, comm. 230.

du risque pour distinguer les montages abusifs des démarches sincères. À défaut, l'avantage fiscal accordé au repreneur d'un fonds de commerce sur la période 2022-2025 se heurtera à celui du cédant. Les différents régimes de faveur se télescoperont si bien que cédants et cessionnaires, ainsi que leurs conseils, risquent de ne jamais s'accorder sur l'objet de la transaction.

Conclusion du chapitre

757. Le législateur se trouve face à un dilemme : le droit fiscal doit combattre l'évasion fiscale, mais il ne doit pas non plus décourager les opérations qui sont nécessaires au développement des entreprises. En somme, cette lutte ne doit pas être d'une telle acuité qu'elle entraverait l'esprit d'initiative.

Certains traitements fiscaux nous semblent trop contraignants en ce qu'ils luttent contre les abus, au détriment d'investissements sincères. Le report d'imposition nous interroge surtout dans le cas d'un changement de nature des plus-values. Ce mécanisme de report qui cristallise l'enrichissement est paradoxal. D'une part, il poursuit l'objectif de ne pas contrarier les opérations d'apport utiles à la création et au développement des entreprises en reportant le paiement de l'impôt. D'autre part, en figeant l'enrichissement, nous avons montré qu'il crée des situations dans lesquelles les contribuables peuvent hésiter à faire apport de leurs titres (ou de leurs actifs professionnels s'agissant des exploitants individuels) par crainte, soit de perdre le bénéfice de certains régimes de faveur soit d'être, *in fine*, imposés sur un enrichissement qui n'existe pas. Cet écueil porte préjudice à l'initiative économique.

758. **Soutenir l'initiative économique**. Le droit fiscal gagne à privilégier le risque, car celui-ci est créateur de richesses. Toutefois, il ne peut se permettre d'offrir de généreux allègements d'impôt dès qu'il identifie une prise de risque, sauf à dévoyer ses propres fonctions. En réalité, le droit fiscal encourage l'initiative économique pour imposer les gains qui en résultent. Favoriser l'esprit d'entreprise à travers des exemptions fiscales serait, en fin de compte, dépourvu de pertinence : le risque est accepté sur le plan fiscal s'il offre la perspective d'un profit futur générateur d'impôt.

759. **Libéralisme et neutralité**. Par conséquent, le droit fiscal ne peut soutenir l'esprit d'entreprise que dans une certaine mesure. Il ne peut pas offrir des exonérations fiscales en toutes circonstances puisque son office consiste précisément à imposer les richesses. D'ailleurs, le droit communautaire, soucieux d'une saine concurrence entre les États, ne permet une exonération fiscale temporaire que dans le cadre de l'aménagement du territoire. Certaines zones bénéficient exceptionnellement d'une fiscalité privilégiée telle que, par exemple, les zones d'aide à finalité régionale ou encore les zones de revitalisation rurale.

760. Nous estimons alors que les fonctions assurées par le droit fiscal l'obligent à adopter une posture neutre à l'égard de l'esprit d'entreprise, afin d'être économiquement vertueux. Ainsi, il doit veiller à préserver un espace de liberté significatif pour ne pas réfréner l'entrepreneuriat. Ce qu'il réalise notamment au travers des différentes options permettant à l'entreprise de choisir la fiscalité qui lui est la plus adaptée (v. *supra* n° 504 et s.).

De la même manière, afin de préserver cette liberté, il est impératif que le juge de l'impôt ne sanctionne pas les montages en raison des avantages fiscaux qu'ils procurent. Un tel manque de discernement risquerait d'étouffer l'initiative économique. Il est d'ailleurs à noter que le législateur n'a pas l'intention d'entraver la liberté d'entreprendre, c'est à dire la prise de risque en vue de s'enrichir. En conséquence, il a assorti la fraude à la loi d'une double sécurité : les effets fiscaux des schémas sont écartés lorsque le contribuable ne vise que l'économie d'impôt (élément subjectif) en appliquant la lettre de la loi, mais d'une façon contraire à son esprit (élément objectif). En d'autres termes, l'examen attentif des intentions, que ce soit celles du législateur ou des initiateurs d'un montage, est bénéfique, car il favorise la prise de risque et donc la génération de richesses, en évitant de réprimer les schémas uniquement en raison de leurs implications fiscales.

Néanmoins, si l'encouragement du risque est tout à fait à propos, force est de constater que le développement d'une conception volontairement plastique de l'abus génère une certaine insécurité juridique, qui n'est pas propice à l'esprit d'entreprise. L'instauration du « but principalement fiscal » et la théorie du montage purement artificiel en sont l'illustration idoine. Face à cette incertitude naissante, montrons que le risque, qu'il soit économique ou juridique, est un critère particulièrement utile pour identifier ou infirmer un abus de droit fiscal.

TITRE I. LE RISQUE ECONOMIQUE ET L'ABUS DE DROIT FISCAL

761. **Du risque à l'intention.** Nous avons montré jusqu'à présent que le risque est accepté, sur le plan fiscal, s'il est associé à la recherche du profit. En conséquence, nous en avons logiquement conclu que seul l'appauvrissement volontaire – ce que nous nommons le risque artificiel – doit être sanctionné par le droit fiscal par un refus de toute réduction de l'assiette de l'impôt. En revanche, les conséquences fiscales des échecs économiques, en tant que réalisation d'un risque recherchant véritablement l'enrichissement, ne peuvent pas être éconduites.

762. **De l'intention au risque.** Par conséquent, le risque s'apprécie au travers du prisme de l'intention de s'enrichir. Toutefois, le raisonnement inverse nous semble tout aussi pertinent et utile en matière d'abus de droit fiscal. Dans cette optique, la volonté d'investir congédie la fraude à la loi fiscale, en ce qu'elle écarte le but exclusivement ou principalement fiscal du schéma. Ainsi, le risque, associé à la conquête de l'enrichissement, écarte l'abus. Le développement des concepts de substance économique ou de montage non authentique, tous deux d'origine communautaire, confirment notre allégation. En effet, un montage qui est animé par une logique économique, est authentique et non artificiel. Et ce, même s'il procure des économies d'impôts. Ces dernières s'effacent devant une cause supérieure : la création de richesses. Si le législateur ne souhaite pas encourager le mensonge, il entend encore moins entraver le développement économique. C'est d'ailleurs pourquoi il considère et examine l'intention, afin de ne pas sanctionner aveuglément tous les schémas procurant des avantages fiscaux.

763. **Le risque artificiel.** Toutefois, les motivations avancées par les contribuables ne doivent pas être factices.

En premier lieu, le contribuable devra justifier de tentatives sérieuses d'investissement, même si elles ont pu échouer, mais indépendamment de sa propre volonté. Pour écarter l'abus de droit, il ne suffit pas de vouloir ni de prétendre, il faut agir et démontrer de manière concrète ses véritables intentions.

En second lieu, lorsque l'intention s'est transformée en investissement, encore faut-il que celui-ci soit réel, authentique. Cependant, si l'investissement est dépourvu de risque et que l'opération génère un avantage fiscal immédiat, sa réalité est douteuse. En conséquence, la sincérité de l'opération est remise en question. La recherche du profit ne s'apprécie qu'au travers des intentions. Il ne suffit donc pas de s'enrichir effectivement pour éluder tout abus, car bénéficier d'une économie d'impôt est une façon d'atteindre ce but. Un tel comportement est néanmoins répréhensible. En matière de fraude à la loi, la fin (l'enrichissement) ne justifie pas les moyens (la façon dont l'objectif est atteint). Par conséquent, le critère du risque, dans son versant intentionnel, permet, nous semble-t-il, d'identifier les motivations artificielles.

CHAPITRE 1. L'INTENTION D'INVESTIR POUR COMBATTRE LA FRAUDE A LA LOI

764. **Plan**. Pour commencer, soulignons que la fraude à la loi place l'intention au centre de son concept, afin de ne pas entraver l'initiative économique. En effet, il ne faudrait pas sanctionner les montages uniquement parce que ceux-ci procurent des avantages fiscaux (section 1).

Nous explorerons ensuite l'idée que le risque est révélateur des volontés.

Il pourrait d'abord mettre en évidence les intentions du législateur, si l'on souscrit à la création du concept prétorien de montage purement artificiel. Selon ses partisans, le législateur n'a pas cherché à encourager les mensonges, c'est-à-dire les montages dépourvus de toute substance économique. Cependant, l'existence d'un risque économique (donc d'un véritable investissement) ne valide-t-elle pas, en fin de compte, la réalité d'une opération ?

Enfin, l'existence d'une véritable prise de risque confirme l'intention déclarée de l'auteur du montage, à savoir la conquête du profit, étant donné qu'un investissement ne se réalise généralement pas sans incertitude. Or, n'oublions pas qu'il suffit que le but ne soit pas fiscal pour que la fraude à la loi soit évincée. Ainsi, l'esprit de la loi n'importe que lorsque les opérations poursuivent, à titre exclusif ou principal, une économie d'impôt. En conjonction avec la recherche du profit, c'est-à-dire à la volonté de s'enrichir, le risque économique congédie tout but fiscal (section 2). Nous douterons donc de la réalité des investissements dénués de risque. L'absence totale d'incertitude révèle un montage qui, sous le prétexte d'une recherche simulée du profit, ne viserait, en réalité, que l'avantage fiscal.

SECTION 1. NE SANCTIONNER QUE LES INTENTIONS COUPABLES POUR NE PAS ENTRAVER L'INITIATIVE ECONOMIQUE

765. **Plan.** L'intention participe de la définition de la fraude à la loi (B), car il est essentiel de ne sanctionner que les montages malintentionnés (A), dans le but de ne pas entraver l'initiative économique. Cette considération s'applique à tous les contribuables, qu'ils soient des professionnels ou des particuliers.

A. Une acceptation fiscale du risque fonction de l'intention

766. **L'intention dans la prise de risque**. Le droit fiscal approuve les montages dès lors que ceux-ci visent, de manière authentique, l'enrichissement, quel que soit le statut des contribuables (1). L'investisseur privé n'est pas exclu de ce raisonnement (2). Toutefois, l'avantage fiscal ne

peut pas constituer la seule source du profit[698]. Il ne peut pas être l'unique motif des schémas. L'intention départira le montage répréhensible de celui vertueux.

1. Le comportement de tous les acteurs économiques

767. **Distinction.** Le risque est admis sur le plan fiscal s'il est lié à la conquête du profit. Afin de ne pas sanctionner à tort les échecs économiques, le droit fiscal doit s'attacher aux intentions. Seul le risque artificiel, c'est-à-dire celui qui conduit à un appauvrissement volontaire, doit être sanctionné par un refus de ses conséquences fiscales.

Il en est de même en matière de montage. Ce n'est pas parce que celui-ci procure une économie d'impôt qu'il doit être réprimé par un rejet de ses effets fiscaux. Le droit fiscal a tout à gagner en favorisant l'initiative économique, car elle est une source de richesses. Il ne doit pas entraver les opérations économiques ni celles patrimoniales, permettant une détention plus sereine du patrimoine. En d'autres termes, de la même manière que le droit fiscal ne doit pas se contenter de sanctionner les échecs économiques, il ne doit pas récuser les montages seulement parce que ceux-ci procurent des gains d'impôts.

768. **Intention coupable**. Ce n'est que lorsque l'intention est répréhensible que le droit fiscal doit refuser les conséquences fiscales des opérations. Cela fait écho à un appauvrissement volontaire dénué de contrepartie dans un contexte d'acte anormal de gestion ou encore à un motif exclusivement ou principalement fiscal en matière d'abus de droit[699]. La quête du profit est, sur le plan fiscal, un argument pertinent pour combattre l'un (l'acte anormal de gestion) comme l'autre (l'abus de droit). En somme, cette conquête de l'enrichissement révèle une intention vertueuse qui écarte tout abus, étant vraisemblablement le motif prépondérant du montage. Lorsqu'un contribuable s'engage dans une authentique prise de risque en vue d'investir, son objectif est exclusivement d'ordre économique. Dans ce contexte, le risque – associé à la recherche du profit et apprécié à travers le prisme de l'intention – trouve ici un intérêt privilégié pour combattre la fraude à la loi fiscale. Soulignons l'aspect réciproque de ce raisonnement : le risque ne s'apprécie, sur le plan fiscal, qu'à travers l'intention de s'enrichir, afin de ne pas sanctionner, à tort, une véritable initiative économique (entreprise). Réciproquement, lorsque la prise de risque est sincère, l'intention est respectable et la fraude à la loi évincée.

---

[698] Soulignons que la recherche d'un avantage fiscal a été reconnue comme une contrepartie suffisante, écartant ainsi l'anormalité d'un acte de gestion (v. *supra* n° 373). Un tel raisonnement est insoutenable en matière d'abus de droit.

[699] Le but fiscal, qu'il soit exclusif ou principal, ne suffit pas – sauf en présence d'un montage artificiel – puisqu'il conviendra de démontrer qu'un dispositif a été utilisé de manière contraire à son esprit.

2. La recherche de l'enrichissement : le particulier n'en est pas exclu

769. **Lutte**. L'administration fiscale combattait (et combat toujours) les déficits artificiels des investisseurs privés par la contraignante procédure de l'abus de droit fiscal[700]. Afin d'apporter une réponse globale à cette problématique, le législateur a décidé de cloisonner le risque privé. Ce faisant, les déficits des particuliers, sauf exception, demeurent cantonnés aux revenus de même nature. Cela ne signifie pas que l'abus de droit n'existe plus pour eux (les investisseurs). Le législateur a toutefois considérablement restreint l'attrait de certains montages. Le contribuable conserve la possibilité d'interposer une société pour lui louer le bien dans lequel il réside, dans le but de bénéficier de déficits fonciers (en écartant l'article 15 II du Code général des impôts). Toutefois, seule une partie de ces derniers s'imputera sur les autres revenus, limitant considérablement l'intérêt du schéma. Il restera, néanmoins, la possibilité d'imputer les déficits en cause sur d'autres revenus de même nature.

770. **Abus de droit.** Il n'en demeure pas moins que l'administration fiscale pourra toujours contester les effets fiscaux du montage sur le terrain de l'abus de droit fiscal. Le contribuable pourra toujours faire valoir des motifs économiques. Bien que le droit fiscal se méfie de l'intention de ces derniers, ne pouvant exiger d'eux la recherche continue du profit, il en tient compte pour comprendre les objectifs sous-tendant leurs montages. D'ailleurs, la lutte contre le risque artificiel démontre qu'une réelle conquête de l'enrichissement est un remède à la fraude à la loi fiscale. Si les particuliers avaient réellement recherché le profit, le législateur ne serait pas intervenu pour limiter les effets du risque privé sur la matière imposable.

B. La fraude à la loi sanctionne les schémas mal intentionnés

771. **Intention**. De la même manière qu'elle forme un élément constitutif de l'acte anormal de gestion, désormais défini comme un appauvrissement délibéré dénué de contrepartie[701], l'intention est un élément fondamental de la fraude à la loi, étant donné que l'abus est identifié par la réunion d'un élément objectif et subjectif.

---

[700] Le lecteur peut se reporter aux développements consacrés aux abus des investisseurs privés dans le chapitre 1 de la première partie de la thèse.

[701] CE, plén., 21 déc. 2018, n° 402006, *Sté Croë Suisse : Dr. fisc. 2019*, n° 9, comm. 176, concl. A. BRETONNEAU, note F. DEBOISSY et G. WICKER *; RJF 3/19*, n° 246, chron. V. VILETTE, p. 303.

1. L'examen de l'intention pour identifier la fraude à la loi fiscale

772. **Deux branches.** L'abus de droit se décline en deux branches : la simulation (a) et la fraude à la loi (b). Le Conseil d'État a également introduit la notion de montage purement artificiel. En sa présence, l'intention du législateur – l'esprit de la loi – n'a pas à être démontré (c). Quant à l'article 205 A du CGI, celui-ci réprime le montage non authentique, spécifiquement pour le régime de l'impôt sur les sociétés (d).

a. La simulation ne sanctionne pas une intention…

773. **Fictivité d'un acte**. La simulation est la branche de l'abus de droit qui remet en question la nature d'un acte juridique pour en supposer la fictivité. L'administration fiscale définit la simulation comme « la différence objective existant entre l'apparence juridique créée par l'acte en cause et la réalité, en particulier économique, sous-jacente à cet acte[702] ». Elle se compose traditionnellement de l'acte fictif, de l'acte déguisé et de l'interposition fictive d'une personne. Dans tous les cas, elle ne concerne qu'une seule opération.

Le premier est un acte qui n'existe pas, qui n'est pas réel. Le second est un acte qui en dissimule un autre, tel qu'une donation déguisée en vente. Le dernier est « un acte réel et sincère, mais qui recèle un mensonge sur la personne du cocontractant[703] ».

Contrairement à la fraude à la loi, la simulation, à la lecture de l'article L 64 du livre des procédures fiscales, ne nécessite pas la démonstration d'une mauvaise intention. Cette dernière se présume de la seule simulation, de la seule apparence trompeuse. Un acte est fictif indépendamment de la volonté des parties puisque, selon un principe juridique bien établi, la fraude corrompt tout (« *fraus omnia corrumpit* »). Ainsi, l'administration fiscale n'a pas à établir l'intention du législateur, ni le but poursuivi par les auteurs de l'acte (v. *infra* n° 791, n° 961 et s.).

b. …Contrairement à la fraude à la loi

774. **La voie la moins imposée.** Choisir la solution fiscalement la moins contraignante n'est pas un comportement répréhensible[704]. Il est important de ne pas confondre l'optimisation fiscale, autorisée, et l'évasion fiscale, prohibée. Le Conseil d'État l'admet lorsque, par exemple[705], deux frères

---

702 BOI-CF-IOR-30-10, §30, 31 janv. 2020.

703 C. DE LA MARDIERE, *JCl. Procédures fiscales, Fasc. 375, Abus de droit. Textes, historique et notion, n° 202.*

704 Cass. com., 19 avril 1988, n° 86-19079, *Dozinel* : *RJF* 02/89, n° 250.

705 CE, 9e et 8e s.-s., 2 mars 1987, n° 51846 : *RJF* 05/87, n° 525.

cèdent la totalité des titres d'une société dont ils avaient hérité, plutôt que l'unique immeuble inscrit à son actif. La plus-value est alors déterminée selon la valeur d'acquisition des parts, c'est-à-dire celle déclarée pour la succession. L'impôt aurait été beaucoup plus élevé si le terrain, unique actif de la société, avait été cédé à la place des titres. Il en sera ainsi également, par exemple, lorsqu'une société décide d'abandonner une créance en faveur de sa filiale en difficulté, plutôt que de souscrire à une augmentation de son capital[706], ou lorsqu'une société déficitaire plus petite en absorbe une bénéficiaire plus importante[707]. L'habileté fiscale n'est pas à blâmer.

Néanmoins, en présence d'un véritable stratagème, un montage dont la motivation se résume uniquement à l'obtention d'un avantage fiscal, l'intention devient condamnable si un dispositif est utilisé de manière contraire aux attentes de son créateur.

775. **Fondement légal**. L'administration fiscale a le pouvoir d'écarter les actes juridiques sur le fondement de la fraude à la loi[708], afin de refuser leurs conséquences fiscales sur la matière imposable. En l'occurrence, les actes ne sont pas fictifs. Toutefois, ceux-ci, pris dans leur ensemble (il s'agit d'un montage), recherchent de manière exclusive ou principale un avantage fiscal (élément subjectif). Cette tentative frauduleuse se réalise au travers d'une application littérale des textes (ou des décisions) ou par l'emploi d'un dispositif d'une manière contraire aux intentions de son auteur. La lettre de la loi est respectée, mais pas son esprit (élément objectif). Il s'agit donc d'un mensonge économique dans la mesure où le montage, qui a nécessité du temps et de l'argent, ne poursuit *in fine* qu'un objectif d'évasion fiscale (ce que l'on pourrait résumer par « tout ça pour ça »). L'intention entendue comme le motif fiscal du montage est donc constitutive de la fraude à la loi.

c. Le montage purement artificiel et l'intention du législateur

776. **Substance économique**. Les notions de substance économique et d'authenticité d'un montage, toutes deux d'origine communautaire, renvoient à celles de motifs commerciaux, de logique économique, d'investissement, et donc de prise de risque. À l'origine, elles ne servaient que l'élément subjectif. Par un raisonnement déductif, si un montage ne recherche pas le profit, s'il ne

[706] CE, 7e et 8e s.-s., 17 déc. 1984, n° 52341 : *RJF* 2/85 n° 205, concl. O. FOUQUET, *Rev. sociétés* 1/85, p. 145. Pour les exercices clos à compter du 4 juillet 2012, les abandons de créances à caractère financier ne sont pas déductibles des bénéfices de celui qui le consent, sauf si la société bénéficiaire est en difficulté financière.

[707] CE, 7e et 9e s.-s., 21 mars 1986 n° 53002, *Sté Auriège* : *RJF* 5/86 n° 470, concl. O. FOUQUET, p. 267.

[708] Depuis la loi 2008-1443 du 30 déc. 2008 applicable depuis le 1er janvier 2009, la fraude à la loi est intégrée dans la loi fiscale. La jurisprudence européenne, à travers l'arrêt *Halifax*, puis française, par l'arrêt *Janfin*, avait préalablement permis l'utilisation de la fraude à la loi en matière fiscale alors même que l'art. L 64 du Code général des impôts ne l'intégrait pas.

procède pas à un véritable investissement, il est alors dépourvu de substance économique. Si tel est le cas, il est tout simplement sans motif autre que fiscal. Par conséquent, sauf à invoquer, par ailleurs, un intérêt patrimonial, le schéma ne vise que l'économie d'impôt (i). Ce truisme a toutefois été étendu à l'élément objectif. La théorie du montage purement artificiel, de création prétorienne, soutient que le législateur n'a jamais souhaité encourager les mensonges. Dès lors, en présence d'un artifice, il devient inutile d'invoquer l'esprit de la loi (ii).

i. La substance économique et l'élément subjectif

777. **Élément subjectif**. La notion de substance économique était initialement destinée à éclairer l'élément subjectif : l'intention des auteurs du montage. Si les opérations ne poursuivent pas la recherche du profit – en somme si elles sont dépourvues d'investissement – alors leur finalité se limite à des considérations fiscales. Leurs motivations économiques sont ainsi inexistantes.

778. **Illustration**. Dans l'arrêt *SAS Cannes Évolution*[709], la haute juridiction administrative considère que l'absence de substance économique du montage justifie son but exclusivement fiscal. Le juge recherche, malgré tout, quelles étaient les intentions du législateur. En l'espèce[710], les associés d'une société soumise à l'IS décident d'incorporer au capital la réserve spéciale prévue par les dispositions de l'article 209 quater du Code général des impôts[711]. Avant le 1er janvier 2004, les plus-values étaient imposées à un taux d'IS réduit, à condition qu'elles soient réinvesties dans l'activité. Le taux préférentiel était acquis dès lors que les plus-values étaient incorporées au capital social. Toutefois, quelques mois plus tard, la société procéda à une réduction de capital (non motivée par des pertes) puis répartit les sommes à ses nouveaux actionnaires. L'administration fiscale y a vu un abus de droit. Le raisonnement en deux temps de la cour administrative d'appel de Paris fut confirmé par le Conseil d'État.

En premier lieu, la cour vérifie l'existence de l'élément subjectif. Elle observe que « l'incorporation au capital de la somme prélevée sur la réserve spéciale des plus-values à long terme de la société, suivie de la réduction de capital opérée moins de six mois après et du désinvestissement des sommes correspondantes, était constitutive d'un montage artificiel qui n'avait pas d'autre motif que d'éluder ou d'atténuer les charges fiscales que la société aurait supportées si elle n'avait pas effectué ces opérations ». Le défaut de

---

[709] CE, 9e et 10e s.-s., 16 mars 2016, n° 374909 : *SAS Cannes Évolution* : *RJF* 06/16, n° 548, concl. F. ALADJIDI (C548) ; CAA Paris, 26 nov. 2013, n° 11PA04091, inédit.

[710] *Ibid.*

[711] L'inscription à cette réserve spéciale a cessé pour les plus-values imposées au titre des exercices ouverts à compter du 1er janvier 2004.

substance économique, de logique économique présume ici l'intention répréhensible des auteurs du montage. Effectivement, quel est le motif économique qui justifie l'augmentation de capital puis sa réduction ? En présence d'une économie d'impôt, sans que ces auteurs puissent avancer des objectifs légitimes, le dessein du schéma ne peut être que fiscal.

En second lieu, il est indéniable que le juge s'efforce tout de même d'identifier les objectifs du législateur. La cour observe qu'il résultait des travaux préparatoires de la loi du 12 juillet 1965 (modifiant l'imposition des entreprises et des revenus de capitaux mobiliers) que le législateur souhaitait encourager le réinvestissement des plus-values à long terme. Par conséquent, l'opération par laquelle des sommes figurant à la réserve spéciale des plus-values à long terme étaient, dans un premier temps, incorporées au capital social puis, à l'issue d'un bref délai, réparties entre les associés à la suite d'une réduction du capital, allait à l'encontre de l'esprit de la loi.

779. **Conclusion**. À l'origine, la notion de montage artificiel servait à démontrer que les opérations étaient dénuées de motif économique, de logique financière. Le manque de substance économique se manifeste ici par l'absence de motivation, la non-volonté d'investir de la part des auteurs du montage. Il s'agit d'un raisonnement déductif : sans explication économique cohérente, authentique, sous-tendant le montage, celui-ci ne poursuit qu'un but fiscal.

ii. La substance économique et l'élément objectif

780. **L'intention du législateur**. Le défaut de substance économique, initialement utilisé pour justifier l'intention des auteurs du montage, a ensuite été détourné pour présumer la volonté du législateur, comme en témoigne la jurisprudence *Verdannet*.

781. **Les faits**. En l'espèce[712], Monsieur Verdannet avait acquis un ensemble immobilier situé en France par l'intermédiaire d'une société basée au Luxembourg. Cette dernière l'avait revendu quelques années plus tard en dégageant une importante plus-value. Or, en vertu de la convention fiscale franco-luxembourgeoise, ni la France ni le Grand-Duché ne reconnaissaient pouvoir imposer ce gain. Le contribuable, résident fiscal français, n'avait alors payé aucun impôt sur cet enrichissement. L'administration fiscale condamne le schéma sur le fondement de l'abus de droit. Elle souligne que la société a été créée pour les besoins de la cause et qu'elle n'a d'ailleurs pas développé d'autres activités immobilières. Pour la haute juridiction administrative : « Les États parties à la convention fiscale franco-luxembourgeoise ne sauraient être regardés comme ayant entendu, pour répartir le pouvoir d'imposer, appliquer ses stipulations à des situations procédant de montages artificiels dépourvus de toute substance économique. Il suit de là qu'en jugeant

---

[712] CE, plén., 25 oct 2017, n° 396954 : *RJF* 1/18, n° 70, concl. É. CRÉPEY (C 70), chron. A. ILJIC, *RJF* 12/17, p. 1553.

que l'opération litigieuse était contraire aux objectifs poursuivis par les deux États signataires, la cour n'a entaché son arrêt d'aucune erreur de droit ». Ainsi, même si les intentions des auteurs des conventions fiscales ne sont pas ici connues, le Conseil d'État considère que le législateur n'a jamais souhaité encourager les mensonges. Dès lors, l'élément subjectif et celui objectif se déduisent, tous les deux, de l'absence de substance économique du montage.

iii. L'émergence contestable d'une dualité de choix

782. **L'absence d'artifice.** A partir de là, deux possibilités se présentent. En l'absence de tout montage artificiel, l'administration fiscale doit démontrer les deux éléments constitutifs de la fraude à la loi : le but exclusivement ou principalement fiscal et le détournement de l'intention du législateur. En revanche, en présence d'un artifice, la fraude corrompt l'ensemble.

783. **Illustration.** Par exemple[713], des époux cèdent leur résidence secondaire à une société civile dont ils détiennent le capital. L'immeuble leur est ensuite loué pour un montant correspondant aux échéances de l'emprunt. Cette société existe depuis longtemps et n'a pas été créée pour les besoins de la cause. Elle gère, depuis plusieurs années, un important patrimoine immobilier. De plus, elle a elle-même emprunté pour payer le prix de cession, dont le montant n'est pas contesté. Elle réalisera, peu après l'acquisition, d'importants travaux générant des déficits fonciers. Selon l'administration fiscale, le montage est abusif et ne vise qu'à contourner les règles de l'article 15, II du Code général des impôts.

784. **La solution**. Le Conseil d'État ne reconnaît pas de montage d'artificiel. En conséquence, les deux éléments constitutifs de la fraude à la loi doivent être démontrés. Or, l'intention du législateur est ici limpide. En instaurant l'article 15, II du Code général des impôts, il lutte précisément contre les déficits artificiels (v. *supra* n° 91 et s.). Concernant la motivation des opérations, la haute juridiction administrative observe que le loyer couvrait tout juste les échéances de l'emprunt souscrit par la société civile immobilière pour financer le bien. Ce loyer n'avait pas été augmenté malgré les importants travaux réalisés. De plus, ces derniers avaient été financés par des apports en compte courant des associés, par ailleurs locataires. Cela suffit à la haute juridiction administrative pour conclure à l'existence d'un abus de droit.

785. **Critiques.** Cet arrêt confirme, *a contrario*, la thèse développée dans la jurisprudence *Verdannet*. À défaut de montage artificiel, l'administration fiscale doit établir que le montage ne poursuit qu'un but fiscal en respectant la lettre de la loi, mais dans un sens contraire à son esprit. Alors qu'en présence d'un montage, ces deux éléments se confondent et se déduisent du seul artifice.

---

[713] CE, 9e et 10e ch., 8 févr. 2019, n° 407641 : *RJF* 05/19, n° 465.

Toutefois, comme l'a écrit Ch. de la Mardière[714], pourquoi le montage est-il artificiel dans le cas de la holding luxembourgeoise de l'arrêt *Verdannet* et pourquoi ne l'est-il pas dans l'arrêt de 2019[715] précédemment étudié ? Sachant, dans les deux cas, qu'il existe une interposition de sociétés.

786. **Opinion.** La théorie prétorienne du montage purement artificiel interpelle à double titre.

En premier lieu, nous pensons que ce concept forme une extension de la simulation – en tant que première branche de l'abus de droit fiscal – à l'échelle d'un montage économique. Pour O de Saint-Chaffray, cette théorie semble « contracter les deux critères de l'abus de droit (simulation et exclusivisme fiscal) [716] ». Ce n'est donc plus la fictivité d'un acte juridique qui est incriminée, mais celle d'un schéma pour défaut de substance économique. Une jurisprudence récente du Conseil d'État semble en témoigner. Dans cette espèce[717], deux frères avaient apporté à une société luxembourgeoise des titres reçus par succession. Par la suite, l'administration fiscale a invoqué l'artificialité de la personne morale étrangère pour contester la possibilité pour les deux contribuables de ne pas être imposés personnellement sur les dividendes versés par les différentes filiales à la holding luxembourgeoise. Les requérants ont soutenu qu'ils n'avaient pas commis d'abus de droit, arguant qu'ils auraient pu parvenir à la même économie fiscale par des actes licites. Cependant, la haute juridiction administrative a écarté cet argument, considérant que le montage choisi était vicié par son artificialité.

Le raisonnement fait écho à la simulation fiscale puisque, dans cette branche, l'abus n'est pas caractérisé par les intentions du contribuable (v. *supra n°* 773). C'est ainsi, par exemple, qu'un contribuable ne peut pas combattre la simulation d'un pacte tontinier (au profit de son épouse) en alléguant, dans tous les cas, que sa conjointe était exonérée de droit de succession (v. *infra* n° 968 et s.). L'acte est fictif, même si le contribuable aurait pu parvenir à la même situation fiscale par un autre moyen. Il nous semble que le juge de l'impôt tient, dans l'arrêt de la holding luxembourgeoise, le même raisonnement : *fraus omnia corrumpit*. En d'autres termes, le Conseil d'État ne conteste pas ici la réalité de chaque acte, mais plutôt la manière dont ils s'entrelacent : si chacun d'eux n'est pas fictif, la somme de ceux-ci (formant un schéma) le devient. Il s'agit alors en quelque sorte d'une mutation, d'une transplantation de la simulation vers la fraude à la loi fiscale : ce n'est plus un acte juridique qui est fictif, mais le montage, pour être dénué de logique économique. Dans cette optique, les deux éléments constitutifs de la fraude à la loi fiscale, à savoir l'intention du contribuable

---

714 Ch. de la Mardiere, *Abus de droit : affres et misères de la jurisprudence Verdannet : Dr. fisc.* 2010, n° 29, comm. 330.

715 CE, 9e et 10e ch., 8 févr. 2019, n° 407641 : *RJF* 05/19, n° 465.

716 O. de Saint-Chaffray, « OBO immobilier : une stratégie attrayante…subordonnée à des réglages fins », *RFP* 2018, n° 7-8, étude 17.

717 CE, 9e et 10e ch., 12 déc. 2023, n° 470038 : *Dr. fisc.* 2023, n° 51-52, comm. 454.

ainsi que celle du législateur, se déduisent du seul manque de substance économique du schéma. Or, il est important de noter que la simulation, branche du droit sanctionnant la fictivité des actes juridiques, ne s'applique pas aux montages. La loi est, à ce titre, exempte d'ambiguïté : « [...] l'administration est en droit d'écarter, comme ne lui étant pas opposables, les actes [qui] ont un caractère fictif [...][718] », mais non les montages.

787. **Paradoxe.** En second lieu, l'approche « jusqu'au-boutiste » qui affirme que le législateur n'a jamais eu l'intention d'encourager les mensonges peut parfois se heurter à l'objectif fondamental du dispositif utilisé par le montage contesté. Ce paradoxe est souligné par Y. Rutschmann et R. Vallerie[719] à travers l'analyse de la jurisprudence *Sté Orange*[720]. L'affaire se déroule en plusieurs actes. Dans un premier temps, la société Y participe à l'augmentation de capital de sa filiale X, laquelle avait préalablement cédé son fonds de commerce. Ensuite, dans un second temps, la société Y absorbe sa filiale X qui, après avoir cédé son fonds de commerce se retrouve sans activité. L'administration fiscale refuse la déduction du mali de confusion des bénéfices de Y sur le fondement de la fraude à la loi et du montage artificiel. Certes, l'augmentation de capital avait pour but d'écarter le dispositif fixé au II bis de l'article 209 du Code général des impôts, à savoir qu'une société ne peut pas déduire de ses bénéfices le mali de fusion ou de confusion dès lors que le passif absorbé est supérieur à la valeur réelle des actifs repris. Néanmoins, les auteurs de l'étude précitée nous rappellent que cette mesure ne vise qu'à éviter une double déduction : la première au travers de la reprise des déficits de la société absorbée, la seconde par la déduction du mali de confusion. Or, en absorbant une société sans activité telle que la société X, la société Y n'a pas pu bénéficier d'une double déduction, car aucune reprise de déficit n'a eu lieu ; la société X ayant perdu ses déficits en cédant son fonds de commerce. Malgré cela, le Conseil d'État a finalement conclu au caractère artificiel du montage, suggérant ainsi un détournement du dispositif de son objectif, même si cela n'était pas réellement le cas. En ce sens, le raisonnement maximaliste sous-tendant le procédé du montage purement artificiel nous apparaît tout à fait incertain, donc dangereux.

d. Le montage non-authentique

788. **Définition**. Selon l'article 205 A du Code général des impôts, l'administration fiscale écartera les effets fiscaux d'un montage dont le but unique ou principal est d'obtenir un avantage fiscal en contradiction avec

---

[718] Article L 64 du Livre des procédures fiscales.

[719] Y. RUTSCHMANN ET R. VALLERIE, « Quelle place accorder aux objectifs réellement poursuivis par le législateur en présence d'un montage artificiel ? », *Dr fisc.* 2023, n° 25, comm. 219.

[720] CE, 9e ch., 27 janv. 2023, n° 463883, *sté Orange : RJF* 04/23, n° 314, concl. C. GUIBE.

l'objet ou la finalité de la loi fiscale. Un montage ou une série de montages est considéré comme non authentique dans la mesure où il n'est pas réalisé pour des motifs commerciaux valables, pour ne pas refléter la réalité économique.

789. **Un dispositif spécifique.** Ce dispositif concerne spécifiquement le régime de l'impôt sur les sociétés. Il s'agit de la transposition en droit interne d'une directive européenne (dir. n°2015/121/UE, 27 janvier 2015) qui concernait, à l'origine, le régime mère-fille. Il a ensuite été étendu au régime de l'impôt sur les sociétés dans son ensemble. Il est indéniable que la définition de ce dispositif est suffisamment incertaine pour susciter des interrogations, des doutes chez les praticiens. Soulignons que l'article 205 A ne concerne que l'IS, les montages relatifs aux autres impôts sont réprimés par l'article L 64 A du LPF. Mais les deux dispositifs punissent les montages poursuivant un but principalement fiscal.

Maintenant que le cadre fiscal est établi, exposons la pertinence du critère du risque dans ce contexte.

2. Analyser l'intention à travers le prisme du risque : l'utilité de la méthode

790. **Le critère du risque.** Les intentions déclarées ne sont pas toujours sincères. Or, il n'y a pas d'exercice plus compliqué que celui de sonder les esprits. Même si le critère du risque n'est pas un remède absolu (a), notamment en présence d'une simulation, le véritable objectif du montage peut émerger lorsqu'il est examiné à travers le prisme du risque (b).

a. Le risque économique et la simulation : une utilité limitée

791. **Un décalage objectif.** L'acte simulé ne correspond pas à la réalité des faits. La simulation se manifeste donc par un décalage objectif entre une apparence juridique et une réalité économique. En d'autres termes, l'acte sert de support, de substrat au mensonge, travestissant ainsi la réalité économique.

Le subterfuge se constate matériellement, objectivement, sans que les intentions n'aient d'importance, grâce à la méthode du faisceau d'indices. Le critère du risque n'est en fin de compte qu'un élément de fait objectif parmi d'autres.

792. **Risque peu utile**. Dans ce cadre, se pose la question de la pertinence du critère du risque. Est-il réellement efficace pour déceler (ou infirmer) un écart entre un acte et des faits ? Peut-il seul révéler cette ambivalence ? La réponse reste indécise. Nous sommes d'avis que le risque combat difficilement la simulation, car l'intention ne participe pas de la définition de cette dernière. Ce n'est que de temps à autre que le critère du risque peut s'avérer utile, notamment lorsqu'il s'agit d'un contrat aléatoire. Par exemple, lorsque le prix de vente d'un bien immobilier est transformé en rente viagère et que l'état de santé du cédant est manifestement détérioré, l'absence d'aléa –

de risque – révèle la simulation, la fictivité d'un contrat aléatoire (une éventuelle donation déguisée en vente). Nous développerons ce point dans le chapitre consacré au risque juridique (v. *infra* n° 932 et s.).

b. Le risque économique et la fraude à la loi fiscale

793. **Motif économique**. Si l'efficacité du critère du risque semble incertaine en ce qui concerne la simulation (v. *supra* n° 773 et s.), il est indéniablement utile lorsqu'il s'agit de fraude à la loi fiscale. C'est dans ce contexte que le critère du risque trouve toute sa pertinence. En effet, lorsqu'un montage vise l'enrichissement, son motif est exclusivement économique, congédiant tout but exclusivement ou principalement fiscal. C'est ce que nous allons maintenant exposer dans la section 2.

SECTION 2. QUELLE EST L'UTILITE DU CRITERE DU RISQUE ?

794. **Un remède** ? Un montage qui poursuit un but autre que fiscal ne peut pas être abusif. Que pourrait être ce motif ? De manière évidente, il ne peut pas se résumer à la seule recherche d'une économie d'impôt, ni à son partage (A). En revanche, une prise de risque en vue de s'enrichir – en somme un investissement – est-il un argument incontestable écartant tout abus (B) ?

A. Ce que le motif économique ne peut pas être : la recherche d'une économie d'impôt

795. **Motif contestable.** Il est évident que le montage ne peut pas être légitimé par la seule recherche d'un avantage fiscal. Autrement dit, son objectif ne peut se limiter à la simple économie d'impôt. Bien que cela puisse effectivement conduire à un enrichissement, un tel comportement reste répréhensible. Il semble donc que la fraude à la loi fiscale soit assimilable à un mensonge économique, puisque toute la créativité déployée vise uniquement à éviter l'impôt plutôt qu'à promouvoir l'entrepreneuriat. Il convient de noter, à titre de comparaison, que la recherche d'un avantage fiscal a été considérée comme une contrepartie suffisante, invalidant ainsi l'anormalité d'un acte de gestion (v. *supra* n° 356). Toutefois, un tel raisonnement est inapplicable en cas d'abus de droit. Dans ce cas, les conséquences fiscales du schéma seront écartées en raison de la fraude à la loi, comme en témoigne l'exemple suivant.

796. **Les faits.** En l'espèce[721], une société X acquiert les titres d'une autre société Y, laquelle n'exerce plus d'activité et n'emploie plus aucun salarié. Son actif se limite à des placements de trésorerie. Peu après son rachat, Y

[721] CE, 9e et 10e s.-s., 23 juin 2014, n° 360708, *Sté groupement Charbonnier Montdiderien* : *RJF* 10/14, n° 925, concl. F. ALADJIDI.

distribue massivement ses bénéfices à X, qui bénéficie du régime mère-fille, ce qui conduit à une quasi-absence d'impôt. L'administration fiscale y voit un abus de droit. Le contribuable affirme que le montage a généré un gain substantiel de l'ordre de 400 000 euros. Celui-ci provient notamment de la différence entre les dividendes perçus et la valeur des titres acquis. Or, pour le Conseil d'État, cet enrichissement ne résulte que du partage d'un avantage fiscal entre le cédant et le cessionnaire. En effet, le cédant a bien souvent intérêt, sur le plan fiscal, à céder les titres même décotés plutôt que de se distribuer la trésorerie. Ainsi, le prix des actions de la société en cause sera inférieur au montant des liquidités à son actif. Cela aboutit en fin de compte à un partage d'une économie d'impôt. Or, l'enrichissement ne peut provenir du seul avantage fiscal. Si tel est le cas, le schéma est considéré comme abusif.

1. Un raisonnement à court terme : l'avantage fiscal immédiat

797. **Avantage fiscal immédiat**. L'abus de droit est établi lorsque le schéma fiscal conduit à des allégements d'impôts qui ne se produiraient pas en son absence. L'article L 64 du LPF, tel qu'amendé par la loi de finances rectificative pour 2008 n° 2008-1448, dispose clairement que l'administration fiscale doit rétablir le contribuable dans sa situation d'origine, comme s'il n'avait pas entrepris ces actions ou transactions constitutives d'un montage, et réclamer l'impôt qu'il aurait normalement dû payer compte tenu de sa situation ou de ses activités réelles. Avant cela, le Conseil d'État abondait déjà dans ce sens, comme l'illustre clairement la jurisprudence *Selarl Pharmacie des Chalonges*[722]. Dans cette décision le Conseil d'État affirme que les opérations ne peuvent être qualifiées d'abusives s'il n'en résulte aucune économie d'impôt.

Un arrêt récent généralise cette solution : les termes de l'article L 64 du LPF « ne permettent pas à l'administration d'écarter, au motif qu'ils procéderaient d'un abus de droit, des actes qui, bien qu'uniquement inspirés par le motif d'éluder ou d'atténuer la charge fiscale supportée par le contribuable, sont, en réalité, dépourvus d'incidence sur cette charge[723] ». Pour C. Airy, cette décision « confirme qu'une modification effective de la charge fiscale du contribuable est indispensable à la caractérisation de l'abus de droit[724] ». Pour autant, selon cette même jurisprudence récente, les contribuables ne sont pas autorisés à faire valoir qu'ils auraient obtenu le

[722] CE, 5 mars 2007, n° 284457, *Selarl Pharmacie des Chalonges : RJF* 5/07, n° 600, concl. P. COLLIN, p. 426.

[723] CE, 9e et 10e ch., 12 déc. 2023, n° 470039 et n° 470038 : *RJF* 03/24, n° 239, concl. C. GUIBE (C 239).

[724] C.-E. AIRY, « les mystères de l'exigence de modification de la charge fiscale en abus de droit », chron. sur CE, 9e et 10e ch., 12 déc. 2023, n° 470039 et n° 470038 : *RJF* 03/24, n° 239, concl. C. GUIBE (C 239).

même résultat fiscal en suivant une voie alternative, même si celle-ci est régulière.

798. **Quel allégement ?** Cela étant précisé, soulignons à présent que l'avantage fiscal est défini comme la différence entre les impôts éludés et ceux générés immédiatement, sans considérer les impôts que le contribuable pourrait devoir payer ultérieurement. Pour appuyer cette affirmation, explorons le cas de l'apport-cession. Dans ce schéma, le prix de cession est perçu par une société soumise à l'IS et non par ses associés personnes physiques. Si ces derniers souhaitent véritablement appréhender le prix de cession, ils devront payer l'impôt sur les dividendes. Cet argument n'a jamais été retenu par les juges. Seul l'avantage fiscal, à savoir ici l'absence d'impôt sur la plus-value d'apport, est pris en considération par l'administration fiscale. Le service ne retient que l'économie d'impôt immédiate.

799. **Éviter la thésaurisation**. Ce raisonnement est pertinent. En premier lieu, il respecte rigoureusement le principe de l'annualité de l'impôt, en se concentrant uniquement sur l'avantage fiscal de l'année, sans se préoccuper des impôts futurs éventuels. En second lieu, le procédé contrecarre indirectement la thésaurisation improductive des bénéfices logés dans des sociétés soumises à l'IS. En effet, dans le cas de l'apport-cession évoqué précédemment, l'impôt sur les dividendes demeure hypothétique puisque la société peut choisir de ne jamais distribuer les bénéfices.

2. Une intention examinée à l'échelle du montage

800. **Le champ de l'analyse.** Les motivations des contribuables doivent nécessairement s'apprécier à l'échelle du schéma. Il ne suffit pas de se concentrer sur celui qui bénéficie d'un avantage fiscal immédiat. Le regard doit également se porter sur les autres acteurs afin de comprendre les opérations dans leur globalité. Illustrons notre propos.

801. **Première illustration**. La jurisprudence *Kemoun*[725] illustre clairement la nécessité d'examiner le montage dans son ensemble. Ce dernier se déploie en plusieurs phases. En janvier 2004, messieurs X et Y fondent conjointement (à part égale) la société Z dédiée à la prestation publicitaire. En décembre de cette même année, ils créent deux holdings, dont ils détiennent chacun 25 % du capital, en collaboration avec d'autres investisseurs opérant dans le domaine publicitaire. Les deux compères saisissent cette opportunité pour intégrer les actions souscrites dans un plan d'épargne en actions (PEA). Le même jour, X et Y transfèrent les titres de la société Z aux deux holdings, chacun acquérant la moitié des parts. Trois ans plus tard, les contribuables cèdent leur participation, réalisant ainsi une plus-value substantielle exonérée d'impôt grâce à l'utilisation du PEA.

---

725 CE, 10e et 9e ch., 19 juin 2020, n° 418452 et n° 429393, *Kemoun : Dr. fisc.* 2020, n° 46, comm. 438, concl. A. ILJIC, note F. DEBOISSY.

L'administration fiscale écarte l'interposition des deux holdings en invoquant la fraude à la loi fiscale. Pour le service, le schéma ne poursuit qu'un objectif fiscal puisqu'en l'absence des sociétés holdings, les contribuables, détenant chacun 50 %, ne pourraient pas inscrire les titres dans un PEA.

Selon le Conseil d'État, une telle analyse se concentre exclusivement sur les allégements d'impôts, sans tenir compte de l'architecture globale du schéma. Ainsi, pour le juge, « en se prononçant sur la réalité économique de la constitution [des sociétés holdings] sans prendre en compte l'ensemble des éléments de l'architecture mise en place par [X et Y], la cour a commis une erreur de droit ». Bien que les demandeurs aient bénéficié d'un avantage fiscal, le montage dans lequel ce dispositif s'inscrit n'est pas artificiel et possède une substance économique. La création de deux holdings juxtaposés leur a permis de maintenir le contrôle de la société opérationnelle Z, tout en collaborant avec de véritables partenaires. Pour saisir cela, il est nécessaire d'examiner le schéma dans son ensemble. Selon F. Deboissy, dans sa note sur cet arrêt : « apprécier la rationalité de l'opération contestée – l'interposition de la société holding – sans tenir compte de l'organisation d'ensemble dans laquelle elle s'insère procède donc à l'évidence d'une erreur méthodologique de nature à fausser l'appréciation de l'abus[726] ».

802. **Seconde illustration.** Dans cette seconde illustration, la société anonyme Alcatel CIT participe à une augmentation de capital d'une de ses filiales belges pour un montant de 495 millions d'euros. La filiale étrangère procède ensuite à des avances en faveur de plusieurs sociétés (sœurs) du groupe. Les produits financiers ne sont pas imposables en Belgique. La filiale distribue ensuite ses bénéfices au profit de la société Alcatel CIT, laquelle bénéficie du régime mère-fille. Selon l'administration fiscale, l'augmentation de capital, puis la distribution de dividendes ont permis de ne pas déclarer en France les produits financiers. L'administration fiscale s'y oppose sur le fondement de l'abus de droit.

803. **La solution.** Le Conseil d'État apprécie les motivations du contribuable en examinant le montage dans sa globalité. C'est pourquoi il s'intéresse à la société belge. Il constate que celle-ci n'est pas dénuée de substance économique, car elle emploie 48 salariés et réalise un chiffre d'affaires de plus de 660 millions de francs. Il relève également que le rôle de la filiale est de coordonner et de centraliser les trésoreries des différentes sociétés du groupe, ainsi que de couvrir les risques de change.

Par conséquent, étant donné que le mode de financement d'un investissement – la société Alcatel augmente le capital social de sa filiale, au lieu de réaliser une avance rémunérée – est un choix de gestion opposable à l'administration fiscale et que le montage n'est pas dénué de logique

[726] *Ibid.*

économique, la haute assemblée conclut à l'absence d'abus. Le schéma est ici au service du développement de l'activité économique du groupe.

804. **Tempérament.** Pourtant, il est essentiel de souligner que le Conseil d'État ne partage pas toujours notre point de vue, estimant parfois que : « c'est au niveau de la [seule] société [...] qu'il y a lieu de déterminer si l'objectif qui a été poursuivi était, ou non, exclusivement d'éluder les charges fiscales ou de les atténuer[727] ». De la jurisprudence *SAS Cannes Évolution*[728], dont les faits ont été précédemment exposés (v. *supra* n° 778), il résulte que le juge ne prend pas en considération la circonstance selon laquelle les associés ayant décidé l'augmentation de capital par incorporation de la réserve spéciale des plus-values ne sont pas les mêmes que ceux ayant procédé à la réduction de capital. Le désinvestissement de la société est manifeste. Pour autant, ne devrait-on pas évaluer les motivations des auteurs d'un montage à leur niveau, en incluant dans cet examen toutes les parties, tant la société que les associés ? D'ailleurs, en matière d'acte anormal de gestion (théorie certes différente de l'abus de droit, mais pour laquelle néanmoins l'intention en est également un élément constitutif), il n'est pas rare que le juge retienne certaines circonstances relatives aux associés et ayant un effet sur la société. La mésentente des associés peut justifier, par exemple, qu'une société cède un fonds de commerce à un prix minoré. Il nous semble donc que les buts d'un montage ne peuvent être saisis qu'à travers une approche inclusive, c'est-à-dire globale. En somme, les indicateurs d'intention ne s'identifient clairement qu'à l'échelle du schéma.

805. **Critiques**. En revanche, l'avantage fiscal ne concerne, de toute évidence, que le contribuable vérifié. Pourtant, de manière contestable, le Conseil d'État considère parfois qu'il n'y a d'avantage fiscal que si le montage pris dans son ensemble a procuré une économie d'impôt. Voyez en ce sens la jurisprudence *Ravot*[729], selon laquelle l'avantage fiscal s'entend de la différence entre les impôts éludés et ceux engendrés par le montage, et *donc payés par les contribuables y ayant participé*. Par conséquent, pour identifier l'avantage fiscal immédiat, il faudrait, selon le juge, étendre le champ de l'analyse à l'ensemble des personnes ayant pris part aux opérations. Un tel raisonnement n'est pas pertinent. Bien que les motivations sous-jacentes du contribuable doivent être évaluées à l'échelle du montage, nous estimons que les économies d'impôt en question ne doivent concerner que la personne vérifiée

806. **Temporalité.** La question du fait générateur de l'imposition se pose également. Il est admis que l'évaluation de la normalité des actes de gestion

---

[727] CE, 9e et 10e s.-s., 16 mars 2016, n° 374909 : *SAS Cannes Évolution* : *RJF* 06/16, n° 548, concl. F. ALADJIDI (C548) ; CAA Paris, 26 nov. 2013, n° 11PA04091, inédit.

[728] *Ibid.*

[729] CE, 9e et 8e s.-s., 9 déc. 1992, n° 71859, *Ravot : RJF* 2/93 n° 207, concl. PH. MARTIN, BDCF 3/93 p. 82.

se réalise au moment de leur prise de décision (v. *supra* n° 376 et s.), afin de considérer le risque inhérent à toute initiative économique. En revanche, il est indéniable que le processus devient plus complexe en matière de fraude à la loi fiscale. Un montage « suppose une série d'actes, qu'il s'agit de combiner : pour monter un ensemble, il faut plusieurs éléments[730] ». Par conséquent, lorsque l'administration fiscale effectue un redressement, doit-elle se positionner au moment de la conclusion de la série d'actes qu'elle entend écarter ? En présence de plusieurs actes conclus sur plusieurs années, lequel d'entre-deux marque-t-il le fait générateur de l'imposition ?

807. **Opinion.** La solution n'est pas évidente. Il semble que l'administration fiscale doive se placer dans l'exercice comptable où le mensonge économique qu'elle entend sanctionner prend forme. Pour étayer cette perspective, reprenons les faits classiques d'une espèce[731] : un contribuable apporte des titres à une société X soumise à l'IS en 2004. La plus-value d'apport est placée sous le régime du sursis d'imposition. En 2006, la société dont les actions ont été apportées procède à une réduction de son capital, non motivée par des pertes. La personne morale X perçoit les liquidités correspondantes. L'administration fiscale invoque la fraude à la loi fiscale et redresse la plus-value d'apport en 2006. En revanche, la cour administrative d'appel de Lyon considère que le fait générateur de la plus-value se situe en 2004[732]. La question cruciale est donc de déterminer s'il convient de se placer en 2004, c'est-à-dire au moment de l'apport des titres, ou en 2006, année du désinvestissement. Pour le Conseil d'État, le service « doit, pour établir l'impôt qui aurait été dû en l'absence de ces actes, se fonder non pas sur la date de l'acte qu'elle a écarté mais sur celle de l'opération dont elle entend tirer les conséquences et qui constitue le fait générateur de l'imposition[733] ». Par conséquent, dans cette affaire, l'abus (le mensonge économique) incriminé ne prend pas naissance au moment de l'apport des titres (en 2004), mais à la date du désinvestissement (en 2006). Bien que les actes juridiques de 2004, à savoir l'apport de titres à une société interposée, soient effectivement écartés. C'est effectivement le désinvestissement qui met un terme au report d'imposition.

808. De même, dans la jurisprudence *Cannes Évolution* décrite précédemment, le service se place, à juste titre, au moment du désinvestissement, c'est-à-dire en 2003, et non à la date de l'augmentation de capital en 2002 (v. *supra* n° 778).

Examinons à présent la pertinence du critère du risque comme moyen de lutter contre la fraude à la loi fiscale.

---

730 CH. DE LA MARDIERE, « L'abus de droit fiscal en France », *Revue internationale du patrimoine*, 2022/10-11, p. 99.

731 CE, 10e ch., 19 juin 2020, n° 426832 : *RJF* 08-09/20, n° 813, concl. A. ILJIC.

732 CAA Lyon, 6 nov. 2018, n° 16LY01218, inédit.

733 CE, 10e ch., 19 juin 2020, n° 426832 : *RJF 08-09/20*, n° 813, concl. A. ILJIC.

B. Une prise de risque en vue de s'enrichir : motif incontestable ?

809. **Avantage fiscal versus intention.** Choisir la voie fiscalement la moins contraignante n'est pas répréhensible. Même si la distinction entre les deux est parfois délicate, il est important de ne pas confondre l'optimisation fiscale, pratique autorisée, et l'évasion fiscale. Néanmoins, en présence d'un véritable stratagème dont le but n'est que fiscal, l'optimisation peut devenir évasion.

810. **Motif incontestable ?** Pour faire la distinction entre évasion fiscale et optimisation fiscale, nous soutenons l'idée selon laquelle un schéma est incontestable lorsque l'avantage fiscal obtenu est réinvesti. En d'autres termes, si le montage permet une économie d'impôt qui est ensuite réinjectée dans des investissements, nous considérons ces opérations comme légitimes et non abusives. En effet, elles servent un objectif plus noble : favoriser l'initiative économique. Dans cette perspective, l'économie d'impôt devient un moyen de soutenir le développement économique, et l'avantage fiscal n'est que la résultante d'un schéma visant principalement à stimuler les investissements. Autrement dit, le contribuable opte ouvertement pour la voie la moins imposée fiscalement grâce à un montage, mais afin que le poids de l'impôt n'entrave pas, ou dans une moindre mesure, ses projets économiques. Le motif fiscal est reconnu, l'avantage fiscal recherché. Il devient toutefois secondaire en comparaison avec le développement économique, avec l'intention de s'enrichir.

811. **Plan.** Illustrons nos allégations au travers d'exemples concrets, tels que le démembrement de propriété (1), le sursis et le report d'imposition (2), la holding de rachat (3) et enfin le régime mère-fille (4).

1. L'exemple du démembrement de propriété à durée fixe

812. **Définition.** Le droit de propriété se décline en trois attributs distincts : le droit d'utiliser le bien, d'en percevoir les fruits et d'en disposer[734]. Chacun d'eux peut être réparti entre plusieurs personnes, qui exerceront simultanément leurs droits respectifs. Le démembrement de propriété est une technique généralement employée pour anticiper la transmission d'un patrimoine (v. *infra* n° 939 et s.). Il peut également servir un authentique investissement qui, accessoirement, permet de bénéficier de significatives réductions d'impôts, comme en témoigne l'exemple suivant.

---

[734] Soulignons que l'usufruit est aujourd'hui de plus en plus considéré, non pas comme une fraction de la propriété d'une chose, mais comme un droit réel. Ainsi, la Cour de cassation a notamment jugé que la cession de l'usufruit de titres ne constitue pas une mutation de la propriété des droits sociaux, et qu'une telle cession est donc soumise au droit fixe, et non au droit proportionnel de 5% (la société en question étant à prépondérance immobilière) : Cass. com., 4 janv. 2023, n° 20-10.112 : *RJF* 1/24, n° 82 ; Cass. com., 30 nov. 2022, n° 20-18.884, *RJF* 2/23, n° 160.

813. **Avantage fiscal**. Imaginons que les époux X détiennent un bien immobilier qu'ils mettent en location. Ils déclarent les loyers perçus au titre des revenus fonciers. Ils décident d'apporter l'usufruit temporaire (d'une durée fixe de 10 ans par exemple) de l'immeuble au profit d'une société soumise à l'IS créée *ad hoc*. Le montage permettra d'éviter momentanément aux consorts X d'être redevable d'un impôt progressif sur des revenus fonciers tout en conservant la possibilité de céder le bien selon le régime des plus-values des particuliers au terme du démembrement. En somme, cela permet de bénéficier à la fois des avantages du régime de l'IS tout en conservant ceux des plus-values immobilières.

814. **Art. 13-5 du CGI**. Afin de lutter contre ces procédés, le législateur a instauré l'article 13-5 du Code général des impôts. Depuis 2012, la première cession à titre onéreux d'un même usufruit temporaire est imposable dans la catégorie de revenus que le bien démembré procure. Ainsi, le prix de vente d'un usufruit temporaire portant sur un bien immobilier sera imposé au titre des revenus fonciers. Avant l'introduction de ce dispositif, une telle opération était soumise au régime des plus-values. Cela permettait au contribuable de changer temporairement son mode d'imposition (passant d'un régime à taux progressif à un régime à taux proportionnel) à moindre coût, car il bénéficiait à l'époque d'importants abattements sur lesdites plus-values.

815. **Détournement.** Certains ont cherché à détourner ce dispositif (art. 13-5) : un père octroie à sa fille, madame X, l'usufruit viager des parts d'une SNC. La donataire apporte ensuite l'usufruit à une société soumise à l'IS pour une durée de 30 ans. Le contribuable soutient que l'apport d'un usufruit viager préconstitué ne relève pas de l'article 13-5 du CGI. L'administration conteste cette interprétation et impose la valeur d'apport au titre des BIC. Le Conseil d'État confirme la thèse du service[735]. Nous estimons que cette disposition vise à prévenir une substitution temporaire, à moindre coût fiscal, d'une imposition à un taux progressif (revenus fonciers notamment) par un taux proportionnel, celui de l'IS. Or, si madame X est imposable au titre des BIC sur sa quote-part de bénéfice (usufruit viager), l'apport de l'usufruit des parts lui permet de bénéficier temporairement du régime de l'IS. Il nous semble que c'est précisément ce que le législateur souhaite éviter, n'envisageant pas que le contribuable puisse procéder, au travers d'avantages fiscaux, à une thésaurisation improductive de ses revenus (que le régime de l'IS permettrait). Le contribuable reste libre d'effectuer ces opérations, mais elles ne bénéficieront pas d'un traitement fiscal avantageux : le prix de cession ou la valeur d'apport sera imposé au titre des revenus que le bien démembré procure. Soulignons également que la prorogation d'un usufruit temporaire est considérée fiscalement comme une nouvelle première cession, à laquelle s'applique l'article 13-5 du Code général des impôts[736].

---

[735] CE, 8e et 3e ch., 31 mars 2022, n° 458518 : *RJF* 06/22, n° 524.

[736] CAA Nancy, 9 nov. 2023, n° 21NC00702 : *RJF* 05/24, n° 346.

816. **Réduction**. Cette disposition ne refreine pas totalement ces schémas, car il est possible d'en réduire le coût. Imaginons maintenant que les époux X aient acquis le bien immobilier par le truchement d'une SCI, cette dernière ayant emprunté pour réaliser l'opération. Si le démembrement porte sur les parts de la société, et non sur le bien immobilier lui-même, l'emprunt va venir réduire sensiblement la valeur des parts, donc la valeur de l'usufruit. Bien que la valeur d'apport soit également imposée au titre des revenus fonciers, cela ne sera pas dissuasif eu égard au faible montant de l'impôt à payer.

De tels schémas recèlent d'importants avantages fiscaux. Quels motifs économiques pourraient les rendre accessoires ?

a. Première illustration

817. **Les faits.** Dans cette affaire[737], Monsieur et Madame X sont les associés d'une société à responsabilité limitée (SARL). Cette dernière acquiert l'usufruit temporaire (sur une durée de 21 ans) de deux sociétés civiles[738] détenant les biens immobiliers utiles (bâtiment et terrain) à l'activité de la SARL. À la suite d'une vérification de comptabilité de la société usufruitière, l'administration considère que le montage a été réalisé dans un but exclusivement fiscal, ce qui a abouti, sur la base de la procédure prévue à l'article L 64 du LPF, à constater l'existence d'un abus de droit. Ce faisant, le service redresse, dans les bénéfices de la société des époux X, les amortissements opérés sur l'usufruit temporaire et refuse la déduction des intérêts de l'emprunt souscrit pour financer l'opération.

818. **La solution.** Le considérant de la cour administrative d'appel de Douai est particulièrement didactique. La cour commence par rappeler que l'abus de droit connaît deux branches : la simulation et la fraude à la loi.

En premier lieu, elle écarte la fictivité des actes en observant que l'acquisition de l'usufruit temporaire des parts des deux sociétés a été réalisée par actes notariés en janvier 2009. Il résulte de l'instruction que la SARL est le support d'activités économiques réelles. Cette dernière a bel et bien perçu les bénéfices des sociétés dont les titres sont démembrés, ce qui établit la réalité de l'opération et exclut toute notion de simulation.

En second lieu, elle s'attèle à la fraude à la loi. Celle-ci n'existe qu'en présence d'un élément subjectif (la poursuite d'un but exclusivement fiscal) et d'un élément objectif (l'utilisation d'un dispositif dans un sens contraire à ce qu'avait envisagé son créateur). L'administration fiscale soutient que la SARL a recherché l'application littérale des dispositions de l'article 619 du Code civil, selon lesquelles l'usufruit temporaire concédé à une personne morale ne peut excéder trente ans, à l'encontre de l'intention du législateur. Or cette disposition n'est pas fiscale. Elle vise simplement à s'assurer que le

---

[737] CAA Douai, 1er juill. 2019, n° 17DA01029 : *RJF* 11/19, n° 1064.

[738] Notons que les époux X n'en sont pas les associés.

nu-propriétaire puisse un jour percevoir des revenus. À défaut, la valeur économique de son investissement serait nulle. Par conséquent, l'administration ne démontre pas l'élément objectif. Cela suffit à écarter l'existence d'un abus de droit dans l'opération litigieuse, sauf à retenir la théorie du montage purement artificiel.

819. **Un but exclusivement fiscal ?** La cour administrative d'appel de Douai observe que la SARL a réalisé un véritable investissement en percevant les revenus des deux sociétés civiles. L'amortissement de l'usufruit et la déduction des intérêts d'emprunt ne sont que la contrepartie (le coût) de cet investissement. Ainsi, elle conclut qu'il n'y a pas d'abus, car l'usufruitier a agi comme un véritable investisseur, poursuivant de manière authentique un objectif économique : la recherche du profit.

820. **Opinion.** Le contribuable qui acquiert l'usufruit d'un bien, qu'il s'agisse d'un immeuble ou de parts de société, est en général un investisseur. Il profitera des revenus générés par ce bien ou l'utilisera dans le cadre de son activité, lui permettant ainsi d'économiser des frais de location. Par exemple, lorsqu'une société opérationnelle X acquiert l'usufruit temporaire des titres d'une société Y possédant l'immeuble que la société X utilise pour son activité, cette dernière (X) investit. En premier lieu, cette acquisition lui assure une maîtrise totale du bien pendant la période du démembrement. En second lieu, la société n'entreprendra les opérations d'investissement que si elles s'avèrent plus avantageuses que la conclusion d'un simple bail commercial. En achetant l'usufruit temporaire des parts, la société doit réaliser des économies de loyers supérieures au montant de son investissement. L'évaluation économique d'un usufruit temporaire se détermine par l'actualisation des flux de trésorerie qu'il génère. Sauf à se fourvoyer sur les paramètres de calcul, c'est un élément positif d'un patrimoine qui génèrera de la richesse. Afin de s'assurer que l'opération est plus avantageuse que la location, il est d'usage de comparer, sur la période du démembrement, les décaissements de trésorerie entre les loyers et l'acquisition de l'usufruit. Le démembrement temporaire de propriété doit permettre un décaissement moindre. Ce qui sera le cas lorsque l'opération se réalise sur une durée plus longue que celle de l'emprunt souscrit. Si ce raisonnement écarte l'acte anormal de gestion, il révèle également une véritable logique économique écartant le but fiscal du schéma. Par conséquent, ce dernier ne peut pas être abusif, car il est le support d'un véritable investissement.

821. **Nu-propriétaire**. Quant au nu-propriétaire, il est un plein propriétaire en devenir : en acceptant d'acquérir un bien à un coût moindre avec l'intention de devenir pleinement propriétaire à terme, il se positionne comme un authentique investisseur. Bien qu'il ne touche aucun revenu pour le moment, sa richesse croît à mesure qu'il approche de la fin du démembrement.

b. Deuxième illustration

822. **Les faits**. Lorsque le démembrement de propriété ne sert pas l'initiative économique, il n'est réalisé qu'à des fins fiscales, sauf à invoquer, par ailleurs, un argument patrimonial. Dans cette affaire, les associés de la SCI A (relevant de l'article 8 du CGI) apportent l'usufruit temporaire (10 années) de leurs parts pour constituer la SCI B. Cette dernière opte pour l'assujettissement de ses bénéfices à l'impôt sur les sociétés. Ainsi, conformément aux dispositions de l'article 238 bis K du Code général des impôts, les résultats de la SCI A sont taxés à l'impôt sur les sociétés au nom de la société B.

823. **Les griefs**. L'administration fiscale invoque l'artificialité économique du montage. Elle considère que la société B est une personne interposée qui ne justifie ni d'une détention de titres autres que l'usufruit des parts de la SCI B, ni de la réalisation d'opérations financières en lien avec son objet. Selon le service, le montage est dépourvu de substance économique, ne poursuivant aucun autre but que celui d'atténuer la charge fiscale des associés précédemment imposés au titre des revenus fonciers.

824. **Les prétentions**. Les contribuables soutiennent, tout d'abord, que l'activité de gestion de titres de la holding est de nature civile, qui donc ne suppose aucunement des relations commerciales. Ils considèrent que l'activité économique se démontre par la seule détention de droits aux bénéfices de la filiale.

Ils prétendent ensuite que l'absence de compte bancaire et de comptabilité ne suffit pas à démontrer le défaut de substance économique de la société.

Les contribuables mettent enfin en exergue, de manière avisée, leurs recherches d'investissement, ceci afin de contester le but purement fiscal du montage. Ils fournissent cinq attestations qui démontrent, selon eux, leur intention d'investir dans des complexes touristiques.

825. **Avis du Comité.** Le Comité observe que la société B ne dispose d'aucun compte bancaire. Elle ne bénéficie de distributions du résultat de la part de la SCI A que pour des montants limités, représentant, dans le meilleur des cas, celui des charges fiscales. Il note que ces charges sont cependant acquittées, dans les faits, par la SCI X, de sorte que les montants distribués, inscrits au compte courant de la société J dans la SCI X, sont compensés par ces paiements. Il constate, par ailleurs, que la société n'a développé depuis sa création aucune autre activité que la seule détention temporaire de l'usufruit des titres de la SCI X.

Par conséquent, le Comité en déduit : « eu égard aux circonstances de l'espèce, qu'en interposant la société J, dépourvue de toute substance économique et ayant opté pour l'assujettissement de ses bénéfices à l'impôt sur les sociétés, à seule fin de bénéficier des dispositions de l'article 238 bis K, les associés de la SCI X ont fait une application littérale de ces dispositions contraire aux objectifs qu'en les adoptants, le législateur a entendu poursuivre ». Le montage présenté ici n'a jamais été au service de l'initiative économique.

826. **La confirmation.** La cour administrative d'appel de Lyon[739] partage le raisonnement tenu par le Comité de l'abus de droit fiscal[740].

Elle écarte tout d'abord les attestations, car elle considère qu'elles évoquent « de façon non circonstanciée des négociations n'ayant pas abouti pour acquérir différents complexes touristiques sans que celles-ci ne permettent de conclure avec certitude que les recherches ont bien été menées par les associés pour le compte de la SC HA et non pour le compte d'une autre société que ces derniers détenaient également, à savoir la SARL DG, citée dans deux des attestations versées au dossier ». Le motif économique du montage n'étant pas avéré, il ne peut pas écarter la poursuite d'un avantage fiscal.

La cour poursuit ensuite son raisonnement en constatant que la société détenant l'usufruit des parts de la SCI n'a ni compte bancaire, ni comptabilité.

Elle conclut alors « qu'au regard de l'ensemble de ces éléments, l'administration était fondée à considérer que la société [qui détient l'usufruit des parts sociales] était dénuée de substance économique et que sa création ne répondait pas à un motif économique, financier ou patrimonial. L'administration apporte ainsi la preuve qui lui incombe que la création et l'interposition de la SC HA présentaient un caractère artificiel et que ce montage a été réalisé dans le but exclusif [...] d'éluder le paiement de l'impôt ».

827. **Opinion.** Le contribuable soutient que l'activité économique de la société holding (qui détient l'usufruit des parts des SCI) se démontre par la seule détention de droits aux bénéfices de la filiale. Cet argument, bien qu'intéressant, est inopérant. Il faut plutôt raisonner, nous semble-t-il, en termes de « réinvestissement des avantages fiscaux » à l'échelle du montage. Certes, on peut admette que la holding a réalisé un investissement. Toutefois, les avantages fiscaux que procure le schéma ont-ils servi le développement économique ?

Il nous semble que ce n'est pas tant la société qui est dénuée de substance économique que le montage lui-même. En effet, le motif économique de ce schéma – en somme sa logique, sa raison d'être économique (ou patrimoniale) – n'est ici pas démontré. Ce qui laisse présumer son but fiscal.

Pour invalider l'abus de droit, la société B aurait dû démontrer son intention réelle d'investir les revenus qu'elle avait à sa disposition. Or, elle n'avait manifestement pas l'intention de le faire. En premier lieu, elle ne percevait pas effectivement les loyers. De plus, elle ne disposait pas d'une autonomie financière suffisante. Enfin, aucune tentative sérieuse d'investissement n'avait été entreprise. Dans ces circonstances, on peut légitimement se demander dans

[739] CAA Lyon, 5e ch., 9 févr. 2023, n° 21LY01699, inédit.

[740] *Ibid.*

quelle mesure le montage aurait pu réellement servir des objectifs économiques. Étant donné qu'il n'y avait pas de réinvestissement et donc pas de prise de risque, il est difficile de considérer ce montage financier comme un véritable investissement. Il est donc logiquement jugé abusif.

828. **Cession à « soi-même ».** En modifiant le mode de détention d'un investissement préexistant, le montage financier devrait être orienté vers des objectifs économiques et non vers une simple thésaurisation improductive des bénéfices au sein d'une entité soumise à l'impôt sur les sociétés. Autrement dit, quel est l'intérêt d'interposer une société opaque si ce n'est pour échapper temporairement à une imposition au titre des revenus fonciers ? La société usufruitière soumise à l'IS va percevoir les fruits que ses créateurs percevaient déjà. Cette personne interposée a-t-elle réellement servi l'initiative économique ? Si l'on raisonne à l'échelle du montage, en faisant fi de la personnalité morale de la société, les auteurs du schéma ne poursuivent pas un objectif de développement économique, *sauf si les fruits perçus sont réinvestis*. À défaut, l'investissement est, nous semble-t-il, simulé. L'opération permet de « tout changer pour que rien ne change ». Par conséquent, si la société soumise à l'IS se contente de thésauriser les fruits, elle ne sert aucun motif économique authentique. Autrement dit, un investissement qui existe déjà ne peut pas, à notre avis, être *l'unique motif* d'opérations qui lui sont postérieures (v. *infra* n° 852). En témoigne une troisième illustration (c).

c. Troisième illustration

829. **Les faits**. Monsieur et madame X possèdent plusieurs sociétés civiles immobilières semi-transparentes (conformément à l'article 8 du Code général des impôts), qui détiennent des biens immobiliers commerciaux loués. Ils créent en 2010 les sociétés civiles A et B dans lesquelles ils associent leurs enfants. Chacune des sociétés opte, dès leur constitution, pour l'IS. Leur capital social se compose de l'apport de l'usufruit temporaire des parts des différentes sociétés civiles semi-transparentes ainsi que d'apport en numéraire d'un montant de 74 556 euros de la part de chaque enfant. En conséquence, par l'effet des dispositions de l'article 238 bis K du Code général des impôts, les bénéfices des sociétés semi-transparentes, antérieurement imposés au titre des revenus fonciers entre les mains des époux X, sont désormais taxés à l'impôt sur les sociétés au nom des sociétés A et B. A l'issue d'une vérification de comptabilité, l'administration fiscale conteste le montage sur le fondement de l'abus de droit. Le service voit, dans ce changement de régime d'imposition des bénéfices, un schéma mettant en œuvre deux sociétés civiles dépourvues de substance économique. Selon le vérificateur, les personnes morales poursuivent le but exclusivement fiscal d'atténuer la charge fiscale des époux X, par une application littérale des dispositions de l'article 238 bis K du Code d'une manière contraire à l'intention du législateur.

830. **Avis.** Le Comité confirme d'abord que le simple fait pour une société de choisir l'impôt sur les sociétés, même si ce choix entraîne des avantages fiscaux pour elle, n'est pas considéré en soi comme un abus de droit. Le contribuable ne peut pas abuser d'une option, car celle-ci est permise par le législateur. En outre, opter ne nécessite aucun montage, aucun stratagème. Il s'agit d'un simple choix que le législateur autorise (v. *supra* n° 526 et s.). Le contribuable pourra néanmoins se placer artificiellement dans une situation lui permettant d'opter pour un régime fiscal favorable. En ce sens, son comportement sera abusif.

831. **Fictivité.** Le Comité observe ensuite que les sociétés en cause disposent chacune « d'un compte bancaire, d'une trésorerie abondante résultant des résultats dégagés par les SCI à proportion des droits en usufruit qu'elles détiennent temporairement dans leur capital ». Il note encore « que ces ressources permettent notamment aux sociétés A et B de payer les impositions dont elles sont redevables comme de procéder à des placements financiers ». Par conséquent, les personnes morales incriminées ne sont pas dépourvues de substance économique.

832. **Motifs.** Le Comité observe enfin que la société A a investi de manière significative en 2012. Elle a acquis un bien immobilier pour un montant de presque 300 000 euros lui procurant des loyers de 15 000 euros par an. La société B a, quant à elle, pris des participations dans une société C permettant au fils du couple X d'en devenir le gérant. Cette société exploite un camping dans le cadre d'une délégation de service public.

833. **Avis.** Par conséquent, le Comité conclut à l'absence de fraude à la loi : « les sociétés A et B, qui ne sont pas dépourvues de toute substance économique, répondent à des préoccupations familiales et patrimoniales ainsi qu'au souhait des époux X d'accompagner leurs enfants dans le développement de leur activité professionnelle respective dans le cadre d'une stratégie propre à chacun d'eux en leur permettant de disposer des ressources financières à cette fin sans pour autant se défaire eux-mêmes de leur propre patrimoine ». Le Comité considère ainsi que, indépendamment de l'économie fiscale que le montage procure par ailleurs, il ne procède pas de la recherche d'un but exclusivement fiscal.

834. **Opinion.** Soulignons, d'abord, le raisonnement en deux temps. Une société qui investit peut, tout de même, manquer de substance lorsqu'elle ne bénéficie d'aucune autonomie financière. Si tel est le cas, l'interposition de la société est fictive, ce qui efface son rôle dans les opérations. Étant donné qu'ici la substance de la personne interposée ne fait pas défaut, le Comité peut désormais passer à l'analyse de l'utilité du montage. Selon nous, même s'ils s'enchevêtrent parfaitement, ce ne sont pas tant les motifs patrimoniaux que ceux économiques qui écartent l'abus de droit. La fraude à la loi n'existe pas, en l'espèce, car les économies d'impôt procurées par le montage ont tout simplement servi l'initiative économique. Elles ont, en quelque sorte, été réinvesties. Les avantages fiscaux perdent ainsi de leur prépondérance en

comparaison avec la quête de l'enrichissement. Ils ne sont que des éléments accessoires et secondaires, car leur finalité est de soutenir un objectif plus élevé : le développement économique, donc la création de richesses, générateur d'impôts.

L'exemple du démembrement de propriété étant épuisé, exposons à présent celui du sursis et du report d'imposition.

2. L'exemple du sursis et du report d'imposition

835. **Fonctionnement**. Les mécanismes du sursis et du report d'imposition des plus-values d'échange de titres ont été introduits pour ne pas décourager les restructurations nécessaires à la vie économique. L'apport de titres par une personne physique[741] est générateur d'une plus-value privée. Toutefois, afin d'assurer le caractère intercalaire[742] de l'opération, l'impôt ne sera pas payé, car l'apporteur n'a, en réalité, perçu aucune liquidité. Le contraire (le paiement de l'impôt) entraverait considérablement l'initiative économique.

Certains montages consistant à apporter les titres puis à les céder rapidement (opération dite d'apport-cession) se sont parfois écartés de cet objectif. Le législateur a créé le report en réponse aux abus relatifs au sursis d'imposition. Ainsi, depuis le 14 novembre 2012 (loi 2012-1510 du 29 décembre 2012), les opérations se réalisent en report d'imposition dès lors que l'apporteur contrôle[743], à l'issue de l'opération, la société bénéficiaire des apports. Dans le cas contraire, il bénéficiera d'un sursis d'imposition.

a. Le sursis d'imposition

i. Prévenir l'abus

836. **Le réinvestissement.** La jurisprudence, foisonnante sur ce sujet, a permis d'établir une grille d'analyse aujourd'hui bien établie. En premier lieu, pour que l'abus ne soit pas avéré, le contribuable ne doit pas être dans la capacité d'appréhender le prix de cession. Il le pourrait s'il contrôlait la société

---

[741] Si les titres sont utiles à une activité professionnelle et qu'ils sont inscrits à l'actif d'un bilan ou au registre des immobilisations, leur cession relèvera des plus-values professionnelles.

[742] Le sursis d'imposition assurera pleinement la neutralité de l'opération. Le report quant à lui nécessitera de calculer et de déclarer la plus-value, mais celle-ci ne se sera pas imposée, le paiement de l'impôt étant reporté.

[743] Un contribuable est considéré comme contrôlant une société lorsqu'il détient directement ou indirectement, ou par l'intermédiaire de son groupe familial, la majorité des droits de vote ou des droits aux bénéfices sociaux de la société ou lorsqu'il dispose seul de la majorité des droits de vote ou des droits dans les bénéfices sociaux de cette société en vertu d'un pacte d'actionnaires ou d'associés ou lorsqu'il exerce en fait le pouvoir de décision. Le contribuable est présumé exercer ce contrôle lorsqu'il dispose directement ou indirectement d'au moins un tiers des droits de vote ou des droits aux bénéfices sociaux et qu'aucun associé ou actionnaire ne détient directement ou indirectement une participation supérieure à la sienne.

bénéficiaire des apports. Cette approche (fondée sur le contrôle) sera d'ailleurs reprise par le législateur en 2012, afin de distinguer le report d'imposition du sursis[744]. En second lieu, même si l'apporteur contrôle la société, l'abus de droit sera écarté en cas de réinvestissement économique significatif et à bref délai, empêchant toute appréhension du prix de cession.

837. **Thésaurisation.** L'obligation de réinvestir est une construction prétorienne dont le but, à l'origine, est d'empêcher que le prix de vente puisse être appréhendé. Le Conseil d'État a voulu s'assurer que le prix de cession ne puisse pas être repris, puisque la réalisation d'investissements[745] ne le permettra pas.

Toutefois, le prix étant perçu par une société soumise à l'IS, le contribuable n'a pas, nous semble-t-il, la possibilité de reprendre les fonds en franchise d'impôt. Ainsi, ce n'est pas tant la réappropriation du prix qui pose un problème que sa thésaurisation improductive dans une société soumise à l'IS. Quoi qu'il en soit, cette nécessité de réinvestir conduit, *in fine*, à servir l'initiative économique par le remploi du prix de la vente. Cela conduit, indirectement, à réinvestir l'avantage fiscal procuré par le montage.

ii. Illustration : la jurisprudence *Bazire*

838. **Les faits**. Dans cette affaire, des époux apportent les titres d'une société opérationnelle qu'ils détiennent au profit de deux sociétés civiles soumises à l'IS. Ces dernières revendent quelques mois plus tard les actions reçues en apport. Selon l'administration fiscale, la cession des titres était envisagée avant même la création des sociétés bénéficiaires des apports. Elle considère que les contribuables n'ont cherché qu'à éluder l'impôt sur la plus-value.

839. **La solution**. La haute juridiction administrative écarte l'abus de droit. Elle relève que les sociétés ont tenté, sans succès, d'acquérir les locaux nécessaires à l'ouverture d'un nouveau restaurant. Elles se sont alors tournées vers une prise de participation dans une société à responsabilité limitée qui exploite un commerce de vin et spiritueux. Cette société a été créée par monsieur Bazire et il en était le gérant. Dès lors, le réinvestissement du prix de cession dans une activité économique est avéré. Même si elles ne sont pas intervenues immédiatement, les tentatives infructueuses démontrent que l'intention était sincère. Par conséquent, l'abus de droit n'est pas fondé puisque l'opération n'a pas poursuivi un but exclusivement fiscal.

840. **Opinion**. Cet arrêt fondateur révèle que ce n'est pas tant l'appréhension du prix de cession qui est problématique que sa thésaurisation

---

[744] Depuis le 14 novembre 2012, le report d'imposition ne concerne que l'apporteur qui contrôle, à l'issue de l'opération, la société bénéficiaire des apports.

[745] Il en sera de même en présence d'avances en trésorerie, dès lors que celles-ci sont bloquées en droit ou en fait.

improductive. La haute juridiction administrative retient, bien évidemment, la tentative infructueuse puisqu'elle s'attache aux intentions des auteurs du montage. Nous pensons que de telles démarches sont suffisamment sérieuses pour écarter l'abus, à condition toutefois que l'échec soit indépendant des seules volontés de l'investisseur. Le Conseil d'État tolère ensuite le remploi du prix de cession dans une société déjà détenue par Monsieur Bazire. Il est à noter qu'il le refuse aujourd'hui[746], car un « réinvestissement à soi-même » permet, en fin de compte, de récupérer les liquidités. En revanche, la haute juridiction administrative accepte que la personne morale bénéficiaire de l'apport puisse réinvestir le prix de vente dans les actions d'une société qu'elle détenait auparavant, et dont elle avait perdu le contrôle[747]. La reprise de contrôle doit être effective au moment du réinvestissement. Comme le souligne pertinemment L. Jaillais : « le respect [strict] de la légalité [à savoir ici un réinvestissement économique], n'immunise pas contre l'abus de droit[748] », dans la mesure où c'est surtout le respect des objectifs économiques du législateur qui prédomine.

Explorons à présent le cas du report d'imposition.

b. Le report d'imposition et le réinvestissement

i. Article 150 0 B ter du CGI

841. **Réponse aux abus**. Le législateur a institué le report d'imposition en réponse aux abus constatés dans le cadre du sursis d'imposition. Depuis lors, les opérations sont réalisées en report d'imposition lorsque l'apporteur contrôle, à l'issue de l'opération, la société bénéficiaire des apports. Dans le cas contraire, il bénéficie d'un sursis d'imposition.

842. **Encadrement législatif.** Le législateur prévoit limitativement les événements mettant un terme au report d'imposition, ainsi que les délais stricts à respecter pour réinvestir. Lorsque la cession des titres apportés intervient dans les trois années de l'apport, le prix de cession doit être réemployé, à au moins 60 %, dans un investissement économique, et ce dans les deux ans de la cession.

---

746 CE, 9e et 10e ch., 10 juill. 2019, n° 411474 : *RJF* 10/19, n° 948, concl. E. Bokdam-Tognetti (C948).

747 CE, 8e et 3e ch., 16 févr. 2024, n° 472835 : *FR* 10/24, inf. 4, p. 8. Il s'agissait ici d'un report d'imposition avec obligation de réinvestir le prix de vente des titres reçus en apport dans un délai de 24 mois.

748 L. Jaillais, « Report d'imposition des plus-values d'apport : le respect de la légalité n'immunise ps contre l'abus de droit », *FR 17/24*, p. 6. Pour l'auteur « En conclusion, aussi paradoxal que cela puisse paraître pour les profanes, ce n'est pas le respect de la légalité qui immunise contre l'abus de droit, mais bien la conformité des opérations juridiques avec les objectifs économiques du législateur, quels que soient au fond les chemins empruntés pour y parvenir ».

843. **Continuité du risque.** Les événements qui mettent fin au report d'imposition de la plus-value sont essentiellement ceux qui rompent la continuité de l'engagement financier, c'est-à-dire le risque économique, des apporteurs. Par exemple, la vente ou l'annulation des titres empêchent tout enrichissement futur. Le cas de la réduction de capital illustre parfaitement cette situation. Une réduction de capital par réduction de la valeur nominale, motivée par les pertes de la société, n'interrompt pas le report d'imposition de la plus-value d'apport[749], à condition que les associés ne reçoivent aucun remboursement. En revanche, si la réduction de capital est réalisée par annulation des titres pour apurer les pertes, l'opération met un terme au report d'imposition de la plus-value, car les titres annulés n'existent plus[750]. Dans le premier cas, les associés conservent leurs actions, qui peuvent se revaloriser à l'avenir, préservant ainsi l'espoir de s'enrichir.

844. **Soulte.** Illustrons nos dires au travers d'une jurisprudence récente[751] concernant une opération d'apport de titres (en report d'imposition) assortie d'une soulte, à une époque où celle-ci n'était pas encore imposée d'office. Si cette dernière n'est pas justifiée économiquement, sa perception est abusive. Le considérant témoigne de ce que peut être une telle justification. Les faits sont classiques : monsieur X apporte des titres à une société soumise à l'IS. La plus-value d'apport (comprenant la soulte) est placée en report d'imposition. L'apporteur reçoit une soulte d'un montant de 142 780 euros, laquelle est inscrite dans son compte courant d'associé. L'administration, estimant que la rémunération des apports au moyen d'une soulte constitue un abus de droit, assujettit monsieur X à des cotisations supplémentaires d'impôt sur le revenu et de contributions sociales, dans la catégorie des revenus de capitaux mobiliers. Elle assortit le redressement de la majoration de 80 % pour abus de droit prévue au b de l'article 1729 du code général des impôts.

845. **La solution.** Le Conseil d'État observe, en premier lieu, qu'une convention prévoyait le blocage de la somme placée en compte courant d'associé. Cette circonstance écarte l'appréhension effective de la soulte par l'intéressé. Elle constate, en second lieu, que la créance de l'apporteur (la somme en compte courant d'associé) avait été effectivement proposée en garantie d'un financement bancaire nécessaire au développement du groupe. Par conséquent, le montage poursuit un objectif autre que fiscal, de sorte qu'il ne peut être regardé comme constitutif d'un abus de droit.

Les considérations fiscales ne sont prédominantes que lorsque les objectifs économiques font défaut. En témoignent les deux illustrations suivantes.

---

[749] BOI-RES-RPPM-000115, RES.

[750] Rép. WOERTH : AN 29 août 2023, quest. n° 7128.

[751] CE, 8e et 3e ch., 29 sept. 2023, n° 471003 : *Dr. fisc.* 2023, n° 47, comm. 342 ; O. JANORAY et J. DEMORTIERE, « Apport de titres en société avec stipulation d'une soulte : une nouvelle éclaircie dans le ciel sombre des redressements », *Dr. fisc.* 2023, n° 47, comm. 342.

ii. Le report d'imposition de l'article 151 octies du CGI

846. **Illustration.** La jurisprudence *Four*[752] concerne le report d'imposition de l'article 151 octies du Code général des impôts, mais la solution nous semble applicable à tous les dispositifs instaurant un report d'imposition. Le législateur ne souhaite pas entraver les restructurations nécessaires au développement économique. Il favorise l'apport d'une activité professionnelle – un fonds de commerce ou un fonds libéral – au profit d'une société soumise à l'IS par un report d'imposition de la plus-value sur les éléments non amortissables. Toutefois, certaines opérations ne servent pas l'initiative économique. Dans cette affaire, les époux Four apportent leur fonds de commerce d'optique pour une valeur de 3 600 000 francs au profit d'une société à responsabilité limitée dont ils sont les associés. La plus-value professionnelle est placée en report d'imposition en vertu de l'article 151 octies du Code général des impôts. Quelques mois plus tard, la société procède à une réduction de son capital, laquelle n'est pas motivée par des pertes. Le montage permet aux époux de percevoir des liquidités en franchise d'impôt. En effet, conformément à l'article 212 du Code général des impôts[753], les remboursements d'apport ne sont pas imposés. C'est oublier toutefois que le législateur a souhaité privilégier le développement économique, et non directement l'enrichissement des associés grâce à une plus-value d'échange. La haute assemblée ne peut que conclure à l'abus.

847. **Confirmation**. Cette solution a été confirmée par la jurisprudence *Castel* de 2013[754]. Dans cette affaire, un avocat a transféré son activité libérale à une société soumise à l'IS. Quelques années plus tard, il a procédé à une réduction de capital par remboursement de la valeur nominale des titres reçus en échange de son apport. Cette opération, non motivée par des pertes, a été considérée comme une cession mettant fin au report d'imposition. En effet, bien que le nombre de titres n'ait pas été réduit dans le cas d'une réduction de valeur nominale, le contribuable a tout de même perçu des liquidités. En revanche, soulignons que cette même opération n'interrompt pas le report d'imposition dans le cas où elle est motivée par des pertes (v. *supra* n° 843).

Poursuivons l'exposé en examinant l'exemple des holdings de rachat.

---

752 CE, 8e et 3e s.-s., 8 oct. 2010, n° 321361, *Four* : *RJF* 12/10, n° 1206.

753 Selon cet article : « Ne sont pas considérés comme revenus distribués : les répartitions présentant pour les associés ou actionnaires le caractère de remboursements d'apports ou de primes d'émission. Toutefois, une répartition n'est réputée présenter ce caractère que si tous les bénéfices et les réserves, autres que la réserve légale, ont été auparavant répartis […] ».

754 CE, 9e s.-s., 17 mai 2013, n° 360604, *Castel* : *RJF* 8-9/13, n° 805 ; CAA Paris, 5e ch., 26 avril 2012 n° 10PA02293, *Castel* : *RJF* 10/12, n° 897.

3. L'exemple de la holding de rachat (LBO)

848. **Préambule**. Une société holding de rachat ne poursuit qu'un seul objectif : l'investissement. Dès lors, bien qu'elle procure des avantages fiscaux évidents, elle n'en est pas pour autant abusive. Afin d'illustrer notre point de vue, examinons la jurisprudence *Bourdon* du Conseil d'État.

a. Les faits et griefs

849. **Les faits.** Dans cette affaire[755], monsieur Bourdon et son associé créent en 1998 une société holding. Quelques mois plus tard, celle-ci acquiert les actions qu'eux-mêmes détiennent dans la société Asstec pour un prix de 4,5 millions de francs. Il s'agit donc d'une « cession à soi-même » par l'interposition d'une société. L'opération est financée à la fois par le recours à un emprunt d'un montant de 2,5 millions et par la distribution des bénéfices de la part de la société cédée Asstec (société cible). En effet, cette dernière procède, le jour de la cession, à une distribution de dividendes d'un montant de 2 millions que la société holding reverse, en partie, à ses associés en paiement du prix d'acquisition des titres. Dans cette opération, la holding a conservé une trésorerie de l'ordre de 200 000 francs.

850. **Les griefs**. L'administration fiscale considère que le montage est abusif, car il semble viser uniquement à substituer des plus-values, soumises à un taux proportionnel, à des dividendes, qui étaient autrefois imposés selon le barème progressif de l'impôt sur le revenu. Par conséquent, le service invoque l'abus de droit pour écarter les effets fiscaux du montage. Cependant, il est important de noter que les objections du vérificateur portent sur le manque de substance de la holding de rachat et non directement sur l'acte de cession à soi-même. Afin de contester l'abus de droit, les deux associés de la société Asstec font valoir l'utilité générale qu'offre une holding de rachat, notamment en termes d'amélioration de la capacité d'emprunt.

b. La holding de rachat n'est pas contestable

851. **La solution**. La décision est inédite : le Conseil d'État est saisi pour la première fois d'un tel contentieux. La haute assemblée accède à la demande des contribuables en considérant que la holding permet « de dégager une capacité d'emprunt supérieure à celle des associés en obtenant dans de meilleures conditions des financements extérieurs pour le développement de la société Asstec, et en facilitant la création ou l'acquisition éventuelle d'autres entreprises, dès lors que les emprunts contractés à cette fin le seraient

---

[755] CE, 9e et 10e s.-s., 27 janv. 2011, n° 320313, *Bourdon* : *RJF* 4/11, n° 472, concl. C. Legras, *BDCF* 04/11, n° 51.

directement par la société holding, apportant en garantie ses actifs propres et préservant ainsi les autres éléments du patrimoine des auteurs de l'opération[756] ».

Ainsi, l'administration fiscale n'établit pas l'absence de substance de la société interposée. Soulignons que la cour administrative d'appel de Nantes avait confirmé partiellement la position de l'administration puisqu'elle limitait l'abus à la seule part des dividendes distribués par la société Asstec.

c. La cession à soi-même est contestable

852. **Servir la création de richesses.** Il est indéniable que la holding de rachat présente un intérêt économique et juridique.

Elle accroît tout d'abord les capacités d'emprunt de l'investisseur grâce aux économies d'impôt qu'elle procure. En effet, l'emprunt qu'elle a souscrit est remboursé par la distribution de dividendes de la société cible, laquelle distribution bénéficie du régime mère-fille. La holding permet alors d'éluder une fiscalité excessive préjudiciable à l'initiative économique.

Enfin, la société holding peut mettre en gage ses propres actifs tout en préservant le patrimoine des deux contribuables en cause. D'ailleurs, l'établissement financier ayant accordé le prêt a exigé le nantissement des titres de la société Asstec.

Ainsi, les arguments exposés favorisent le développement économique. Tous s'enchevêtrent de manière pertinente : l'avantage fiscal procuré par l'interposition de la société[757] est au service de l'investissement. Par conséquent, ce montage n'est pas abusif puisqu'il poursuit un but exclusivement économique. La notion de « but principalement fiscal » n'aura pas plus de prise ou d'incidence, selon nous, sur ce motif économique impérieux.

853. **Problématique**. À notre avis, la problématique de la cession à soi-même n'est pas réellement examinée par la haute assemblée dans l'affaire *Bourdon*. Certes, elle l'est indirectement puisque c'est bien l'imposition de l'enrichissement au titre des plus-values (et non des dividendes) que l'administration conteste. Toutefois, les critiques du vérificateur ne portent que sur le défaut de substance de la société interposée. Or, cette dernière n'en est pas dénuée, comme nous l'avons montré (v. *supra* n° 851). Ainsi, la solution de l'espèce[758], pour ne raisonner qu'à l'échelle de la société et non à celle du montage, nous semble contestable. Le Conseil d'État ne se penche, en fin de compte, que sur le cas général de la holding de rachat, et non

---

[756] *Ibid.*

[757] Si les titres sont acquis par une personne physique, celle-ci devra percevoir des dividendes ou une rémunération afin de rembourser l'emprunt souscrit pour réaliser l'investissement. L'interposition d'une société permettra d'éviter les impositions correspondantes.

[758] CE, 9e et 10e s.-s., 27 janv. 2011, n° 320313, *Bourdon* : *RJF* 4/11, n° 472, concl. C. Legras, *BDCF* 04/11, n° 51.

spécifiquement sur celui de la cession à soi-même. Si l'on étend le raisonnement au montage dans sa globalité, ce dernier nous interpelle. Acquérir une chose que l'on détient déjà n'est pas un acte d'investissement. Le contribuable ne fait qu'interposer une société entre lui-même et un investissement qu'il possède déjà. Un tel montage ne pourrait-il pas être qualifié d'artificiel ?

854. **Opinion**. L'opération de cession à soi-même ne semble pas découler d'une authentique initiative économique. La holding a acquis des titres que ses propres associés détenaient déjà. Quel est l'intérêt de ce schéma, sinon la perception du prix par les associés ? La holding de rachat améliore certes les capacités d'investissement des personnes physiques : elle est au service des investisseurs. Toutefois, ceux-ci sont également les vendeurs. Nous estimons que cette identité de personnes efface (neutralise) tout bonnement le motif économique. Les supposés investisseurs, les associés de la société qui prétend investir, s'enrichissent directement, avant même de supporter le moindre risque. Le montage revient à « tout changer pour que rien ne change ».

855. **Un réinvestissement sur soi-même**. Afin de renforcer notre propos, et à titre de comparaison il nous semble important de souligner qu'en matière de report d'imposition de l'article 150 0 B Ter du Code général des impôts, le Conseil d'État considère qu'un rachat à soi-même n'est pas un réinvestissement économique. En l'espèce[759], Monsieur et Madame B avaient apporté des titres d'une société qu'ils détenaient. La société bénéficiaire des apports a procédé, très rapidement, à la cession desdites actions. Le prix de cession a été remployé dans l'acquisition de titres de société déjà détenus par le couple B. Pour la haute juridiction administrative, il ne s'agit pas d'un réinvestissement dans la mesure où l'opération permet aux apporteurs d'appréhender indirectement le prix de cession.

856. **Conclusion.** Si le montage artificiel est celui qui prétend rechercher le profit alors, en réalité, qu'il ne poursuit qu'un avantage fiscal, les opérations de « cession à soi-même » en sont l'illustration idoine. Il est essentiel de faire une distinction entre, d'une part, la substance de la société qui investit et d'autre part, les motivations du montage dans son ensemble. En somme, l'artificialité d'un montage ne se confond pas avec la fictivité d'une société interposée. Effectivement, si la société manque de substance économique, cela efface son rôle dans les opérations. Toutefois, même si elle n'est pas dénuée de substance, cela ne valide pas nécessairement les motivations du stratagème. Ainsi, le défaut de logique économique du montage, pris dans son ensemble, rend indifférente la substance économique avérée de la société interposée. Autrement dit, la substance économique du montage ne se confond pas avec

---

759 CE, 9e et 10e ch., 10 juill. 2019, n° 411474 : *RJF* 10/19, n° 948, concl. E. BOKDAM-TOGNETTI (C948). À noter que la haute juridiction administrative a également considéré, dans cette affaire, que le nantissement du prix de cession, en vue de garantir une clause de garantie de passif, n'est pas un réinvestissement.

celle de la société. Il en va de même lorsque l'implantation d'une société à l'étranger est contestée. Dans ce cas, il nous semble que c'est le lieu d'implantation de la société (donc le montage) qui est artificiel, et non forcément la société elle-même (v. *infra* n° 910 et s.).

Par conséquent, il ne suffit pas que la société utilisée pour le rachat à soi-même ne manque pas de substance. Encore faut-il que l'opération de cession se justifie. Or, celle-ci ne se légitime aucunement par la seule substance, ou la seule présence, de la société interposée.

Toutefois, toutes les cessions « à soi-même » ne sont pas forcément fiscalement répréhensibles. Elles semblent pouvoir servir des objectifs économiques, voire patrimoniales. Selon O. de Saint Chaffray, il existerait une sorte de « présomption de but exclusivement fiscal[760] » lorsque le cédant, qui est également indirectement le cessionnaire, profite d'une mesure de faveur. Cela nous semble faire écho à l'absence de risque précédemment exposée (v. *supra* n° 854). Toutefois, cette « présomption d'exclusivisme fiscal est, de l'avis même du comité, réfragable ». Tel semble être le cas notamment lorsque la cession se justifie par l'intégration d'un nouvel associé[761].

Terminons l'exposé de la prédominance des considérations économiques sur celles fiscales au travers de l'exemple du régime mère-fille.

4. L'exemple du régime mère-fille

857. **Les montages coquillards**. Dans l'arrêt *Garnier Choiseul Holding*[762], la haute assemblée refuse le bénéfice du régime mère-fille pour fraude à la loi fiscale. L'acquisition des titres d'une société, qui a cessé toute activité, qui a liquidé ses actifs et qui n'emploie plus aucun salarié, ne constitue pas un véritable investissement. En procédant ainsi, la société achète une « coquille vide », dans l'unique but de ponctionner ses liquidités. Or, en instaurant le régime de faveur de l'article 145 et 216 du Code général des impôts, le législateur souhaite favoriser la création de groupes de sociétés utiles à l'économie. Ce faisant, il encourage les entreprises à s'impliquer dans le développement de leurs filiales. Manifestement, la holding Garnier utilise ici un dispositif d'une manière contraire à son esprit. C'est pourquoi Ch. de la Mardière affirme que dans cette situation : « le développement économique

---

[760] O DE SAINT-CHAFFRAY, « OBO immobilier : une stratégie attrayante…subordonnée à des réglages fins », *RFP* 2018, n° 7-8, étude 17.

[761] Rapp. CADF 2009, aff. n° 2008-30 : BOI 13 L-7-09, 26 juin 2009.

[762] CE, 9e et 10e s.-s., 17 juill. 2013, n° 352989 et n° 356523, *Garnier Choiseul Holding* : *RJF* 11/13, com. 1064. La société achetait les titres d'autres sociétés qui n'étaient que des coquilles vides. Les titres étaient inscrits en valeurs mobilières de placement. Elle s'engageait à les détenir deux ans puis, dès leur acquisition, les filiales procédaient à la distribution de leur trésorerie. Les dividendes perçus n'étaient quasiment pas imposés par l'application du régime mère-fille. La holding procédait ensuite à la dépréciation des titres, laquelle était déductible de ses bénéfices.

voulu par la loi se traduit tout à l'inverse par le vide, le défaut de toute substance[763] ».

858. **Moyen non recevable**. L'argument selon lequel ces opérations poursuivent un motif économique puisqu'elles permettaient d'améliorer la trésorerie de la société holding demeure un moyen inopérant. Selon la haute assemblée, « si les distributions auxquelles ces sociétés ont procédé au profit de la société [holding] dans les jours qui ont suivi ces acquisitions ont procuré à celle-ci un gain de trésorerie minime, elles ont eu pour effet de priver définitivement les trois sociétés de tout moyen susceptible de leur permettre de retrouver une activité […] la [holding] n'a pris aucune mesure de nature à favoriser le développement des sociétés qu'elle venait d'acquérir et ne s'est pas comportée à leur égard comme une société mère, mais a au contraire favorisé leur disparition […] ». Cet exemple met en évidence que les considérations fiscales ne sont prépondérantes que lorsque des objectifs économiques authentiques font défaut. À l'inverse, lorsque l'initiative économique est avérée, les avantages fiscaux perdent de leur importance. Cela est illustré par le contre-exemple suivant.

859. **Contre-exemple.** Dans une autre affaire[764], une société X acquiert la totalité des titres d'une société Y. Cette dernière n'a pas cessé son activité et dispose des moyens matériels et humains pour exercer son activité de transport de marchandises. Quelques mois plus tard, le fonds de commerce de la société Y (désormais filiale de la société X) est cédé à une société Z, détenue majoritairement par le gérant de la société X. La société Y, qui poursuit son activité, distribue ensuite massivement ses bénéfices au profit de X. L'administration fiscale remet en cause le régime mère-fille dont a bénéficié l'associé unique X. Elle réintègre dans les bénéfices de ce dernier les dividendes qu'il a perçus. Selon elle, le montage ne poursuit qu'un but fiscal par détournement d'un dispositif visant le développement économique, et non le désinvestissement. Or, la haute juridiction administrative constate que l'opération a permis d'acquérir un fonds de commerce. Certes, celui-ci a été cédé, mais au profit d'une société liée puisque cette dernière est détenue majoritairement par le gérant de la société X. Les opérations ne sont pas dénuées de substance économique, car l'investissement est réel. Cet arrêt nous confirme que les montages qui servent le développement économique ne sont jamais malintentionnés.

---

763 CH. DE LA MARDIERE, « L'abus de droit fiscal en France », Revue internationale du patrimoine, 2022/10-11, p. 95.

764 CE, 9e et 10e ch., 19 mai 2021, n° 433201, *Sté Douaisienne de transports* : *RJF* 08-09/21, n° 835.

CHAPITRE 2. LE RISQUE ECONOMIQUE AUTHENTIQUE

860. **Plan.** Jusqu'à présent, nous avons montré que les considérations économiques – l'avènement d'un risque économique – prévalent sur les avantages fiscaux offerts par les schémas. Cette approche met l'accent non pas sur les réductions d'impôt, mais sur le développement économique, afin de ne pas entraver l'esprit d'entreprise. Ce procédé nous semble pertinent pour distinguer l'évasion fiscale de l'optimisation fiscale. Dans cette optique, la question de savoir si l'état actuel du droit fiscal est satisfaisant se pose (section 1). Les différentes jurisprudences précédemment exposées témoignent de la pertinence du critère du risque économique. Néanmoins, certaines incohérences et obstacles subsistent, entravant la pleine assomption de ce procédé.

En premier lieu, il est essentiel que la simple intention d'investir suffise à écarter tout abus. Le droit fiscal doit prendre en compte les intentions - les motifs - afin de ne pas pénaliser les montages qui n'ont pas abouti, sous peine de ne pas tenir pleinement compte du risque. Cependant, il arrive que le législateur établisse parfois des délais stricts pour réaliser ces investissements.

En second lieu, nous considérons que la nature de l'investissement envisagé est sans importance, de même que l'intensité du risque qu'il engendre, pourvu que les opérations soient sincèrement motivées par une initiative économique légitime.

Ensuite, nous examinerons la question de la préservation du motif économique face à la notion de "but principalement fiscal" et de montage purement artificiel.

Enfin, nous tenterons de définir les caractéristiques du risque non authentique à travers des exemples concrets (section 2).

SECTION 1. BILAN DU DROIT FISCAL ACTUEL CONCERNANT LE RISQUE

861. **Plan.** Après avoir examiné la pertinence du critère du risque à travers diverses jurisprudences, intéressons-nous désormais aux obstacles persistants qui entravent l'efficacité du risque, quel que soit sa nature, en tant que remède absolu contre la fraude à la loi fiscale. Profitons de cette opportunité pour critiquer certains aspects du droit fiscal positif. Nous commencerons par discuter de la nécessité de prendre en compte les seules volontés (A). Ensuite, nous constaterons que la nature de l'investissement et l'intensité du risque qu'il engendre ne devraient pas jouer des rôles déterminants (B). Enfin, nous nous interrogerons sur les incidences des nouveaux concepts tels que "le but principalement fiscal" (C) et le "montage purement artificiel" sur l'effectivité du critère du risque (D).

A. L'intention sincère devrait suffire

862. **L'intention prime**. L'intention distingue le comportement répréhensible de celui vertueux, de la même manière qu'en matière d'acte anormal de gestion elle départit l'appauvrissement délibéré de la mauvaise affaire (v. *supra* n° 282 et s.). Il sera, bien entendu, plus aisé de démontrer les volontés en présence d'un réel investissement, l'intention de s'enrichir s'étant effectivement réalisée.

Cependant, il est aussi envisageable de faire valoir des recherches sérieuses d'investissement, même si celles-ci n'ont pas abouti (1). Il est important de souligner qu'il ne suffit pas de déclarer ses objectifs, il faut être capable de justifier des démarches concrètes réalisées en ce sens. Notons que parfois le législateur substitue l'intention par l'obligation de respecter des délais impérieux (2).

1. Illustration

863. **L'intention d'investir**. Dans le cadre d'une opération d'apport-cession sous l'ancien régime du sursis d'imposition, les tentatives sérieuses d'investissement étaient admises. Le réinvestissement économique était en fin de compte plus une obligation de moyens que de résultat. Le Conseil d'État, dans un arrêt *Clairet*[765], admet que l'abus de droit puisse être écarté en cas de démarches sérieuses n'ayant pu aboutir, indépendamment de la seule volonté de l'investisseur. Les faits sont classiques : apports de titres puis vente. Toutefois, la société bénéficiaire des apports n'a pu procéder au remploi du prix de cession. Elle avait néanmoins mandaté un cabinet de conseils pour l'aider à acquérir une activité industrielle. Le projet avait fait l'objet d'une étude de faisabilité. Néanmoins, les négociations ont échoué, la société convoitée préférant une procédure d'apurement collectif. Pour la haute juridiction administrative, l'intention de réinvestir n'est ici pas contestable.

2. Le cas des délais légaux

864. **Des délais en lieu et place.** Malheureusement, le législateur préfère parfois instaurer des délais impérieux, plutôt que d'apprécier les intentions. Selon l'article 150 0 B ter du Code général des impôts, si la cession des titres apportés intervient plus de trois ans après leur apport, le législateur considère que l'opération n'est pas réalisée dans le but d'appréhender le prix de cession. Le contribuable n'a alors aucune obligation de réinvestir le prix de vente.

En revanche, lorsque la cession intervient dans les trois ans de l'apport, le prix de vente doit être réemployé (à au moins 60 %) dans une activité

---

[765] CE, 10e et 9e s.-s., 22 fév. 2013 n° 335045, *Clairet* : *RJF* 5/13, n° 525, concl. E Crepey, *BDCF* 5/13, n° 61.

économique, et ce dans les deux ans de la cession. À défaut, l'impôt sur la plus-value d'apport devra être payé.

Malheureusement, il semble que toute tentative infructueuse d'investissement ne soit plus prise en considération. Ce procédé est d'autant plus contestable que l'administration fiscale accepte parfois de reconnaître les cas de force majeure, notamment en matière d'engagement de revendre dans un délai de 5 ans (article 1115 du Code général des impôts)[766], alors qu'elle semble totalement imperméable à cela en ce qui concerne le réinvestissement visé par l'article 150 0 B ter du même Code.

864-1. **Opinion**. Cette obligation légale de réinvestissement effectif semble ne pas tenir compte des tentatives sérieuses d'investissement. Ce rejet des intentions est critiquable à plusieurs égards.

En premier lieu, outre le délai de 2 ans pour investir, qui est très (trop) court, cette rigidité ignore simplement le risque que des négociations bien avancées échouent finalement. C'est un risque que tout investisseur assume. Ne pas le reconnaître revient à occulter une partie du risque économique. En outre, qu'en est-il des sociétés cédantes qui voient une partie du prix de vente séquestrée en guise de garantie de passif ? L'absence de réinvestissement dans un délai déterminé n'est pas forcément la marque d'un abus de la part des contribuables. En second lieu, comme nous l'avons montré, le droit fiscal est « un droit d'intention », étant donné que les actes normaux de gestion et les abus s'identifient au prisme des volontés et des objectifs poursuivis par les contribuables. Exiger un investissement effectif dans des délais déterminés occulte en fin de compte tout un pan de notre fiscalité.

Examinons à présent la deuxième incohérence : la nature de l'investissement ne devrait pas importer.

B. La nature de l'investissement ne devrait pas importer

865. **Constat.** Est-il crucial de prendre en considération le choix de l'investissement, que ce soit dans son exécution effective ou dans une intention sérieuse de le concrétiser ? Bien que le droit fiscal positif réglemente parfois le réinvestissement en déterminant sa nature, comme en témoignent les dispositions énoncées aux articles 150 0 B et 150 0 B ter, cette approche est-elle réellement opportune ?

[766] Selon le BOI-ENR-DMTOI-10-50-20140429, n° 70 : « [...] il y aurait lieu de prendre en compte la force majeure invoquée par un acquéreur qui serait en mesure d'établir qu'à raison d'une circonstance présentant les caractères d'extériorité et d'imprévisibilité, il a été dans l'impossibilité insurmontable de vendre pendant toute la durée de son obligation ».

1. La véritable problématique : la qualité de l'investisseur

866. **Fausse problématique.** La volonté d'investir éloigne l'abus, en ce sens qu'elle écarte le but exclusivement ou principalement fiscal du montage. Dans cette perspective, l'objet de l'investissement nous semble devenir négligeable. En d'autres termes, la sincérité des intentions n'est aucunement fonction de la nature de l'investissement envisagé. C'est pourquoi, la distinction entre l'activité économique et l'activité patrimoniale nous paraît spécieuse, puisque seule importe l'intention d'investir.

867. **Critiques**. L'obligation d'investir dans une activité qualifiée d'"économique" est restreinte aux opérations réalisées sous les régimes du sursis et du report d'imposition, fixés aux articles 150-0 B et 150-0 B ter du Code général des impôts. Bien que nous comprenions la nécessité d'investir, nous avons du mal à saisir la direction précise exigée par ce réinvestissement. Étant donné que la société bénéficiaire des apports est inévitablement assujettie à l'impôt sur les sociétés, tout investissement revêtira une dimension économique. En effet, elle devra respecter les règles régissant les professionnels, à savoir qu'elle ne pourra s'appauvrir volontairement. Rappelons, en effet, que le régime de l'impôt sur les sociétés ne distingue aucunement la nature de l'activité, de l'investissement. Ainsi, même si la société bénéficiaire des apports acquiert, par remploi du prix de cession, un immeuble à usage d'habitation, elle ne pourra pas, pour autant, le mettre à la disposition gratuite de ses associés. À défaut, la valeur locative dudit logement sera réintégrée dans ses bénéfices. L'investissement, peu importe sa nature, participe à la recherche du profit. Dans le cas contraire, l'administration fiscale usera de la théorie de l'acte anormal de gestion lorsqu'elle constatera un appauvrissement volontaire dénué de contrepartie. Considérons une affaire pour étayer nos propos.

868. **Illustration.** En octobre 2010, Monsieur B apporte les titres d'une société au profit d'une autre créée *ad hoc*. La plus-value d'échange est placée en sursis d'imposition. En novembre 2010, la personne morale cède les titres qu'elle a reçus lors de l'apport. L'administration fiscale met en œuvre la procédure de répression des abus de droit de l'article L 64 du LPF. Le contribuable prétend avoir réinvesti le prix de cession dans une activité économique puisqu'il a acquis des immeubles en vue de les louer meublés.

Pour le Conseil d'État, pour autant qu'elle relève de la catégorie des BIC, cette activité de loueur en meublé doit être regardée comme un investissement patrimonial. Elle ne peut donc pas être qualifiée de réinvestissement à caractère économique. Le juge complète son considérant en précisant qu'il en va autrement si cette activité de location est effectuée par le propriétaire dans des conditions le conduisant à fournir des prestations para-hôtelières ou si elle implique pour l'intéressé, qui en assure directement la gestion, la mise en-œuvre d'importants moyens matériels et humains. Cette distinction, établie par le droit positif quant à la nature de l'investissement, nous semble spécieuse lorsque les investisseurs sont tenus de ne pas s'appauvrir délibérément.

869. **Véritable problématique.** A notre avis, le risque d'abus repose moins sur la nature de l'investissement (l'objet) que sur la qualité de l'individu désireux de le réaliser (l'investisseur, le sujet). Le motif est considéré comme économique dès lors qu'il reflète une quête authentique d'enrichissement, indépendamment de la nature spécifique de l'investissement. D'ailleurs, quand ce dernier (l'investissement) est supporté par une société soumise à l'IS, son objet n'importe d'autant pas que la personne morale relève des règles régissant les professionnels : l'appauvrissement volontaire lui est interdit. En revanche, lorsque l'investisseur est un particulier, sa quête de profit peut ne pas être constante. Dans ce cas, l'intention peut ne pas être sincère. C'est d'ailleurs pourquoi le législateur a choisi de faire la distinction entre le risque privé et le risque professionnel. Le droit fiscal se montre méfiant à l'égard des investisseurs privés, car ces derniers peuvent changer d'avis sans que cela entraîne d'importantes conséquences fiscales.

870. **Illustration**. Reprenons l'exemple de l'avis du Comité de l'abus de droit concernant un montage utilisant le démembrement de propriété[767]. Le Comité considère, *sans jamais regarder la nature de l'investissement*, que le montage n'est pas abusif, car les sociétés en cause ont investi les fruits qu'elles ont perçus. L'objet de l'investissement n'a pas d'importance, tant que celui-ci est réel. D'ailleurs, l'une des personnes morales a acquis un immeuble qu'elle a mis en location. Le caractère patrimonial de cet investissement n'a jamais été considéré comme une circonstance aggravante.

2. Un mélange « non authentique » ?

871. **Les doutes.** Lors de l'instauration du dispositif luttant contre les abus du régime mère-fille – aujourd'hui intégré dans celui fixée à l'article 205 A du Code général des impôts – d'aucuns se sont interrogés sur le sort réservé aux holdings lorsque celles-ci réalisent des investissements dits patrimoniaux. Imaginons qu'un chef d'entreprise souhaite réaliser des investissements immobiliers. Sa société est prospère et détient une importante trésorerie. Au lieu de se distribuer des dividendes pour ensuite investir, il crée une holding en lui apportant ses titres. La plus-value d'échange est placée en report d'imposition. La filiale opérationnelle – dont les titres ont été apportés – distribue ensuite ses bénéfices au profit de son associée personne morale. Cette dernière investit finalement directement ou par l'intermédiaire d'une filiale. Cette diversité d'investissements – économique pour une partie et, patrimoniale pour l'autre – ne pourrait-elle pas être regardée comme constituant un montage non authentique ?

---

[767] Affaire n° 2016-11 concernant M. ou Mme X, rapport annuel 2016. Cette affaire est étudiée dans la partie traitant du démembrement de propriété.

872. **Est-ce non authentique ?** Nous ne considérons pas qu'un tel montage soit non authentique. En premier lieu, la société qui a versé les dividendes aurait pu investir elle-même.

En second lieu, vouloir séparer les investissements immobiliers du risque de l'activité de la personne morale relève d'une saine gestion. N'oublions pas enfin que les sociétés relèvent toutes ici de l'impôt sur les sociétés. Nous revenons donc à notre raisonnement initial : la problématique ne réside nullement dans la nature de l'investissement, mais plutôt dans l'identité de la personne qui le concrétise. En effet, les sociétés soumises à l'IS n'auront pas la possibilité de s'appauvrir délibérément. Ce n'est pas tant l'objet de l'investissement qui pourrait être préjudiciable à notre économie que son absence.

3. La solution législative

873. **Lutte contre l'abus.** Il nous semble qu'il existe quelques dispositifs qui répondent à la problématique relative à la qualité de l'investisseur.

a. Le cloisonnement du risque privé

874. **Cloisonnement.** Le cloisonnement du risque privé combat les montages artificiels de la part des investisseurs-particuliers. Le problème n'est pas tant relatif à la nature de l'investissement, qu'à la qualité de l'investisseur. Illustrons notre propos.

875. **Illustration.** Montrons ici qu'un même investissement peut ou non, selon la qualité de l'investisseur, être le substrat d'un abus de droit fiscal. Imaginons qu'une personne physique acquiert un bien immobilier pour le louer à elle-même ; procédé que l'on qualifie de « location à soi-même ». Un tel montage, réalisé par le truchement d'une société soumise à l'impôt sur les sociétés, est incontestable sur le terrain de la fraude à la loi fiscale. En premier lieu, les associés d'une société soumise à l'IS ne bénéficieront jamais d'un quelconque déficit, imputable sur les revenus de même nature ou autre. En second lieu, la personne morale a investi continuellement, car elle ne peut s'appauvrir volontairement. Où est l'avantage fiscal immédiat ? Quel texte de loi est-il ici détourné de ses objectifs ? L'administration fiscale ne pourra qu'invoquer la théorie de l'acte anormal de gestion si le loyer est insuffisant.

En revanche, le schéma risque d'être abusif si l'investisseur est une société non soumise à l'IS (relevant de l'article 8 du Code général des impôts) permettant, par transparence fiscale, de faire bénéficier ses associés d'une imputation des déficits fonciers. Dans ce cas, les associés détournent l'article 15, II du Code général des impôts afin de bénéficier d'un avantage fiscal.

En cloisonnant le risque privé, le législateur ne se méfie pas tant de l'objet de l'investissement que de la qualité de celui qui le réalise.

Il semble que le principe énoncé sous-tende également le dispositif fixé à l'article 238 bis K du CGI.

b. L'extension du régime de l'impôt sur les sociétés

876. **Article 238 bis K du CGI.** Selon l'article 238 bis K du Code général des impôts, « lorsque des droits dans une société ou un groupement mentionnés au(x) articles 8, [...] sont inscrits à l'actif d'une personne morale passible de l'impôt sur les sociétés dans les conditions de droit commun [...], la part de bénéfice correspondant à ces droits est déterminée selon les règles applicables au bénéfice réalisé par la personne ou l'entreprise qui détient ces droits ». En d'autres termes, lorsque les associés (d'une société relevant de l'article 8) sont soumis à l'IS, alors les bénéfices de la filiale sont déterminés selon ces mêmes règles (IS).

877. **Éviter les abus.** Ce phénomène de contagion, d'assimilation du régime de l'impôt sur les sociétés n'a pas toujours existé. Avant l'application de ce dispositif, lorsqu'une société X soumise à l'IS était associée d'une société semi-transparente Y, la quote-part de bénéfice revenant à X était imposée en fonction de la nature de l'activité exercée par la filiale Y et non pas, comme c'est le cas aujourd'hui, selon le régime d'imposition des bénéfices de l'associé X.

878. **Dérives.** Insistons ici sur les dérives que cette confusion autoriserait. Imaginons maintenant qu'une société soumise à l'IS acquiert, par l'intermédiaire d'une filiale semi-transparente, un bien immobilier à usage d'habitation. Si les bénéfices de la filiale sont déterminés selon les règles des revenus fonciers, alors le logement pourrait être mis à la disposition gratuite d'un tiers en vertu de l'article 15, II du Code général des impôts. Une société soumise à l'IS pourrait acquérir un immeuble par l'intermédiaire d'une de ses filiales non soumises à l'IS. Ceci afin de mettre le logement à la disposition gratuite des associés pour qu'ils y résident. En exigeant, par contagion, une imposition des bénéfices de la filiale selon les règles de l'IS, cette dernière ne pourra pas échapper à l'interdiction des actes anormaux de gestion.

878-1. **Transition.** En dépit de quelques incohérences persistantes dans la loi fiscale, notamment en ce qui concerne la nature de l'investissement, il est indéniable que la jurisprudence reconnaît de manière pertinente que l'intensité du risque n'est pas un facteur déterminant. C'est seulement en son absence absolue que l'artifice est révélé

4. L'intention concrétisée : quelle est l'intensité du risque authentique ?

879. **Raisonnement par analogie.** Lorsque l'intention de s'enrichir se concrétise par un investissement effectif, le niveau de risque doit correspondre à celui qu'il est d'usage de supporter dans des opérations analogues. En

l'absence de cette correspondance, les opérations sont suspectes dès lors qu'elles procurent un avantage fiscal immédiat. Ainsi, le risque peut être faible tant qu'il vise un véritable enrichissement.

a. Le risque faible accepté

880. **Première illustration.** Dans les affaires *AXA et Goldfard*[768], des sociétés déficitaires transféraient temporairement la propriété des actions qu'elles détenaient afin que d'autres (sociétés) puissent bénéficier pleinement de l'avoir fiscal. Pour le Conseil d'État, l'opération ne présentait pas un caractère artificiel dès lors qu'elle impliquait des risques pour l'acquéreur. Tout d'abord, ce dernier pouvait craindre de ne pas se faire racheter les titres, étant donné l'absence de promesse en ce sens. Ensuite, l'acheteur était susceptible de subir une baisse de valeur desdits titres.

Pour la haute assemblée, l'investissement est avéré en présence d'un risque qui n'est pas simulé. Le droit fiscal admet ainsi que le risque puisse être faible, de la même manière qu'il accepte une probabilité modeste de gain. En effet, nous avons montré que la théorie du risque manifestement excessif ne pouvait perdurer parce qu'elle condamnait tout espoir, même minime, d'enrichissement (v. *supra* n° 347 et s.).

881. **Opinion.** O. Fouquet, dans ses commentaires relatifs aux arrêts *Axa et Goldfarb*[769], ne manquait pas d'observer « qu'il y avait dans ces deux décisions un *a contrario* implicite : si l'emprunteur ou l'acheteur à réméré des titres avait été couvert contre le risque d'actionnaire par une contre-lettre de garantie des prêteurs ou des vendeurs à réméré, l'opération aurait eu un caractère artificiel privant l'emprunteur ou l'acheteur à réméré de la sincère propriété des titres et faisant dès lors obstacle à ce qu'ils prétendent au bénéfice de l'avoir fiscal[770] ». Cette observation met en évidence l'essence même de l'investissement, lequel implique inévitablement une prise de risque. En somme, risque et investissement sont consubstantiels. Ainsi, l'absence de risque caractérise souvent les montages abusifs cherchant uniquement à bénéficier d'avantages fiscaux immédiats. Pour autant, il ne semble pas nécessaire que le risque soit fort. Il suffit qu'il existe. Dans la jurisprudence *Axa*, la prise de risque est faible, compte tenu de la période de détention courte, mais son existence ne fait pas défaut. En revanche, l'absence totale de risque révèle une manipulation de la part du contribuable, comme en témoignent les deux illustrations suivantes.

---

[768] CE, 8e et 3e s.-s., 7 sept. 2009, n° 305586, *SA Axa* : *RJF* 12/09 n° 1138 et 1139 ; CE, 8e et 3e s.-s., 7 sept. 2009, n° 305596, *Sté Henri Goldfard* : *RJF* 12/09, n° 1138 et 1139.
[769] *Ibid.*
[770] O. Fouquet, *Dr. fisc.* 2009, n° 39, comm. 287.

b. Le risque inexistant refusé

Examinons maintenant, à travers deux exemples, comment le défaut de risque met en évidence les abus.

i. Première illustration

882. **Les faits.** L'arrêt *Charcuterie du Pacifique*[771] confirme en tout point l'analyse précédemment énoncée. Les faits sont les suivants. La société A, qui exerce une activité de promotion immobilière, est déficitaire. Elle crée une filiale B afin de construire un hôtel[772]. Le montage financier est elliptique et complexe. La société B procède à une augmentation de son capital auquel souscrit la société Charcuterie du Pacifique (CDP) pour un montant de 100 (versement partiel de 30 sur les 100). La société CDP bénéficie, à ce titre, d'une réduction d'impôt de 60 %, car elle participe au financement de la construction d'une résidence de tourisme en Polynésie française. La société A accorde ensuite un prêt de 70 millions d'euros à la société CDP, lui permettant de compléter le versement du capital de la société B. Les conditions du prêt prévoient qu'il sera remboursé par la remise des titres de la société B. Les conclusions du rapporteur public E. Crépey nous informent, qu'en réalité, les 70 millions n'ont pas été versés à la société B, mais à l'entreprise chargée de construire l'hôtel.

Au regard des circonstances, l'administration fiscale invoque la fraude à la loi fiscale et considère que la réduction d'impôt ne peut s'appliquer qu'aux seuls 30 % correspondant à un véritable apport en fonds propres, seule partie du financement qui répond à une véritable prise de risque. Les autres 70 % correspondent à un prêt accordé par la société A et remboursé en actions de la société B.

883. **La solution**. Pour la haute juridiction administrative, la société charcuterie du Pacifique n'a pas supporté les risques de l'investissement. En contractant, auprès de la société A, un emprunt, remboursable par la remise des titres de la société B, la société CDP n'a supporté aucun véritable risque. L'investisseur n'est pas celui qui prétend l'être. Cela ne lui permet pas de bénéficier de la réduction d'impôt à hauteur du montant du prêt, c'est-à-dire pour la part de l'investissement dont le risque fait défaut.

884. **Opinion**. Sans intervention de la société C, la société A aurait pu bénéficier de la réduction d'impôt de 60 %. Toutefois, s'agissant d'une réduction d'impôt, cette société déficitaire n'aurait pas pu en bénéficier. L'intervention de la société C prend alors tout son sens. Toutefois, cette société interposée a-t-elle réellement investi ?

---

[771] CE, 3e et 8e s.-s., 12 mars 2010, n° 306368, *Sté Charcuterie du Pacifique* : *RJF* 6/10, n° 620, concl. E. GEFFRAY, *BDCF* 06/10, n° 68.

[772] La construction d'hôtel en Polynésie Française était encouragée par une réduction d'impôt.

La société CDP n'a jamais porté de risque : elle a payé 30 millions, s'est vu prêter 70 qu'elle a remboursés par la remise de titres. Elle a ensuite bénéficié d'une réduction d'impôt de 60 %, soit un gain de 30. Le contrat de prêt prévoyait dès l'origine son remboursement par la remise des titres, ce qui la prémunissait de tout risque. C'est bel et bien la société A qui a supporté le risque de cette opération. Elle est le véritable investisseur. Le Conseil d'État considère cette opération comme abusive. En présence de plusieurs acteurs, il est opportun d'identifier le vrai porteur de risque, afin de mettre en évidence les véritables motivations des contribuables.

ii. Deuxième illustration

885. **Les faits**. Dans une autre affaire, la société Dassault Systèmes acquiert auprès de sa filiale X des actions de préférence d'une société américaine Y. Elle conclut avec la société DS Holdings, détenue par la filiale X, un pacte d'actionnaires en vertu duquel la société DS Holdings s'engage à lui racheter les actions de la société Y dans un délai maximum de sept ans, à un prix fixé à l'avance. L'administration fiscale conteste le bénéfice du régime mère-fille sur le fondement de la procédure de répression des abus de droit.

886. **La solution**. Pour le Conseil d'État, le contribuable a mis en place « un montage lui permettant, par l'interposition de la société DS Holdings, d'entrer artificiellement dans les prévisions des articles 145 et 216 du CGI, ce qui lui avait permis d'être dispensé, à l'exception d'une quote-part de frais et charges de 5 %, de tout impôt sur les sociétés dû en France à raison des produits attachés aux [actions de préférence] [...] [773] ». Le juge considère le montage comme une opération de pension de titres, car le versement des dividendes n'était en réalité soumis à aucun aléa. En effet, il était convenu entre les parties d'un dividende annuel fixe, indépendamment des performances des sociétés émettrices. Ensuite, en cas de non-versement des dividendes, le prix de rachat des titres par la société DS Holdings incluait l'ensemble des droits à dividendes non encore payés à la date de la cession.

887. **Avis.** La société Dassault Systèmes s'est assurée de toutes les conditions lui permettant de n'encourir aucun risque, aucun aléa quant à la perception des produits. Ainsi, l'opération est assimilée à une pension de titres, exclue du régime mère-fille (c du 1 de l'article 145 du Code général des impôts). Une telle opération peut se définir comme une opération de financement sur titres. La société qui a besoin de trésorerie cède momentanément des actions pour les racheter un peu plus tard à un prix fixé à l'avance. La différence entre le prix de vente et celui du rachat constitue en quelque sorte la rémunération d'un prêt. Le législateur a logiquement exclu ce type d'opération du régime mère-fille, d'abord parce que la société n'avait

[773] CE, 8e et 3e ch., 31 mai 2022, n° 453175, *Sté européenne Dassault Systèmes* : *Dr. fisc.* 2022, n° 39, comm. 345, concl. R. VICTOR, chron. C. ACARD p. 19, *RJF* 8-9/22, n° 765.

acquis les titres que pour une durée limitée, avec l'assurance qu'ils lui seront rachetés à un prix fixé à l'avance, conformément à la promesse. Ensuite, elle ne cherche nullement à développer l'activité de la société rachetée, ni même la sienne. Le régime mère-fille est conçu pour favoriser le développement économique. Or, le contribuable ne l'a manifestement pas utilisé en ce sens.

Le sujet relatif à l'intensité du risque capitalistique étant terminé, exposons à présent l'incidence sur le critère du risque de la notion de « but principalement fiscal ».

C. Intention lucrative versus « but principalement fiscal » ?

888. **Origine.** Les articles L 64 A du LPF et 205 A du CGI introduisent en droit positif la notion de « but principalement fiscal ». L'administration fiscale est désormais en droit de s'opposer aux conséquences fiscales d'un montage lorsque, notamment, celui-ci poursuit, à titre principal, une économie d'impôt. Le Conseil constitutionnel avait condamné ce dispositif, car la définition de l'abus devenait trop générale, permettant une marge de manœuvre trop importante pour l'administration fiscale[774]. Les sages considéraient qu'il portait atteinte, à la fois, au principe de légalité des délits et des peines (au regard du caractère répressif de la pénalité de 80 %) et au principe d'accessibilité et d'intelligibilité de la loi.

Afin de contourner ces motifs et d'ancrer durablement la notion, le législateur a tout simplement supprimé la pénalité de 80 % concernant les schémas poursuivant un but principalement fiscal. Néanmoins, en dépit de cette suppression, il est fort probable que le fisc appliquera les majorations pour manquement délibéré, voire manœuvres frauduleuses.

889. **Opinion.** Nous estimons que cette nouvelle disposition n'aura qu'une incidence limitée.

En premier lieu, le Conseil d'État faisait déjà preuve de vigilance en analysant minutieusement les divers arguments, afin d'empêcher que le contribuable puisse échapper à la fraude à la loi fiscale en invoquant un moindre motif économique ou patrimonial. À ce titre, selon E. Bokdam-Tognetti, dans sa chronique sur l'arrêt Garnier Choiseul Holding[775], « il convient de distinguer entre but et effet. Une opération peut poursuivre un but exclusivement fiscal et présenter néanmoins quelques effets économiques positifs, qui ne sont alors, en quelque sorte, que des bienfaits collatéraux et accessoires n'ayant en rien motivé l'opération ». De la même manière, Ch. de la Mardière souligne pertinemment qu'un montage abusif « ne l'est jamais totalement. En effet, si son but est avant tout fiscal, il présente également

[774] Décision n° 2013-685 DC du 29 décembre 2013, § 112 et suivants : *RJF* 3/14, n° 267.

[775] CE, 9e et 10e s.-s., 17 juillet 2013 n° 352989, *SARL Garnier Choiseul Holding* : *RJF* 2013, n° 1064, concl. F. ALADJIDI.

d'autres avantages, en particulier économiques[776] ». Ce faisant, la haute assemblée compare déjà les moyens, les motifs, afin d'identifier celui qui a principalement motivé le contribuable. Nous pensons que l'instauration de la notion de « but principalement fiscal » ne changera finalement pas cette comparaison. D'ailleurs, dans le cadre du sursis d'imposition de l'article 150-0 B du CGI, la haute juridiction administrative se prêtait déjà à cet exercice, en déterminant la part du prix de cession réinvesti, afin de confirmer ou d'infirmer la véritable intention d'investir, et donc de s'enrichir. En outre, en ce qui concerne les opérations d'apport-cession avec report d'imposition de la plus-value d'apport, la loi impose un réinvestissement d'au moins 60 % du prix de vente, suggérant que les considérations économiques – donc le risque – doivent être prépondérantes.

Enfin, un motif économique avéré prime, nous semble-t-il, sur les avantages fiscaux. Un investissement ne poursuit-il pas un objectif exclusivement économique ? La récente introduction de la notion de "but principalement fiscal" suggère la nécessité d'examiner attentivement si l'initiative économique est suffisamment substantielle, sérieuse et sincère, par rapport aux économies d'impôts générées par le montage. Dans ce contexte, la volonté de s'enrichir pourra être évaluée de manière plus approfondie. Un investissement qui ne serait qu'une aspiration ou d'une ampleur limitée ne suffira pas à transformer une intention répréhensible en une volonté vertueuse. Ainsi, le contribuable devra, en premier lieu, être en mesure de fournir des justifications concrètes, témoignant de recherches sérieuses d'investissement, sauf malheureusement lorsque la loi exige un investissement effectif dans un délai déterminé (v. *supra* n° 864). En second lieu, le montant de cet investissement ne doit pas être négligeable par rapport à l'avantage fiscal obtenu.

Maintenant que l'incidence du concept de « but principalement fiscal » a été clarifiée, examinons la pertinence du critère du risque dans le contexte de la théorie du montage purement artificiel.

D. Le risque économique est-il utile à la théorie du montage purement artificiel ?

890-0. **Plan**. L'existence ou l'absence d'une prise de risque est certes révélatrice des intentions du contribuable (1). Ne pourrait-elle pas être également indicative des volontés du législateur ?

---

776 CH. DE LA MARDIERE, « L'abus de droit fiscal en France », Revue internationale du patrimoine, 2022/10-11, p. 94.

1. Le risque révélateur des intentions de l'auteur du montage

890. **Avantage fiscal versus intention**. Reposons ici les bases de notre raisonnement. Nous soutenons que l'avantage fiscal immédiat s'efface, cède devant un but supérieur : le développement économique. Selon nous, un montage qui sert l'investissement poursuit un but qui n'est pas exclusivement ou principalement fiscal.

Si l'on en doute, il convient alors de se référer à l'intention du législateur. Or, il nous semble que celui-ci n'a jamais souhaité entraver la création de richesses, car celle-ci est source d'impôts.

891. **Mensonges**. Néanmoins, la recherche du profit peut être factice. De la même manière que le droit fiscal refuse les conséquences d'un appauvrissement volontaire dénué de contrepartie, il ne peut tolérer un montage qui prétend servir l'initiative économique, alors qu'en réalité, il ne le fait pas.

892. **Du risque aux motifs**. Pour G. Dedeurwaerder, les deux éléments constitutifs de la fraude à la loi fiscale sont consubstantiels[777]. Si bien que : « si un montage est dénué de substance, précisément pour ne pas atteindre l'objectif attendu [par le législateur qui a instauré le dispositif utilisé par le schéma], on en déduit que la finalité recherchée est fiscale[778] ». En effet, il nous semble que les différents régimes de faveur mis en œuvre par le législateur ne visent que le développement économique. Ils favorisent donc le risque. Par conséquent, nous pouvons déduire de l'absence de risque économique l'absence de substance d'un montage, donc le but fiscal. Voyez, à titre d'illustration, comment l'administration fiscale, suivie par la haute juridiction administrative[779], écarte le régime mère-fille lorsque l'opération est dénuée de risque. Son absence révèle une opération de pension de titres. En d'autres termes, le contribuable qui ne supporte, en fin de compte, aucun risque, ne réalise aucun véritable investissement. Il ne poursuit donc que l'avantage fiscal.

2. Le risque révélateur des intentions du législateur ?

893. **Plan.** Ne constate-t-on pas que le critère du risque prend progressivement une importance accrue (b) face à l'émergence croissante de la théorie du montage purement artificiel (a) ? L'avènement d'une prise de risque ne reflète-t-il pas une authentique substance économique ?

---

777 G. DEDEURWAERDER, *Théorie de l'interprétation et droit fiscal*, Paris, Dalloz, 2010, n° 301.

778 CH. DE LA MARDIERE, « L'abus de droit fiscal en France », *Revue internationale du patrimoine*, 2022/10-11, 92.

779 CE, 31 mai 2022, n° 453175, *Sté européenne Dassault Systèmes* : *Dr. fisc.* 2022, n° 39, comm. 345, concl. R. VICTOR, chron. C. ACARD p. 19 ; *RJF* 8-9/2022, n° 765.

a. La théorie contestable du montage purement artificiel

894. **Critiques**. Comme énoncé précédemment, si le but fiscal d'un montage (l'élément subjectif) peut être présumé à partir de l'élément objectif (le détournement d'un dispositif de ses objectifs), l'inverse est-il envisageable ? Autrement dit, si le défaut de substance économique présume du but fiscal, ne pourrait-on pas également considérer que cette absence est contraire aux intentions du législateur ?

Le Conseil d'État a élaboré une théorie selon laquelle, en présence d'un montage purement artificiel, il est inutile d'établir l'intention du législateur, car ce dernier n'a jamais souhaité favoriser le mensonge. Un tel raisonnement nous apparaît dangereux pour perdre toute objectivité : le seul mécanisme, l'unique garde-fou, préservant de toute subjectivité de la part de l'administration fiscale, voire du juge, disparaît contestablement, rendant encore un peu plus ténue la frontière entre l'optimisation fiscale et l'évasion fiscale. Y. Rutschmann et R. Vallerie soulignent par ailleurs que cette part d'arbitraire est difficile à concilier avec les exigences constitutionnelles, notamment parce que le législateur ne peut déléguer le plein exercice de sa compétence au pouvoir judiciaire, en vertu du principe de légalité[780]. En outre, selon R. Vabres, renoncer à la condition objective devient encore plus contestable étant donné qu'elle est spécifiquement rappelée aux articles L 64 A et 205 A du Code général des impôts, dispositifs qui sanctionnent les auteurs de schémas principalement fiscaux.

895. **Incohérence.** Tel que mentionné par Ch. de la Mardière : « la fraude à la loi fiscale consiste dans la réalisation d'actes juridiques en eux-mêmes réguliers, mais dont l'ensemble forme un montage artificiel, car dénué de substance économique ». Si bien que « le montage artificiel est inhérent à la fraude à la loi[781] ». Il conviendrait ainsi de distinguer le montage simplement artificiel, inhérent à la fraude à la loi, de celui purement artificiel. Le second schéma souffrirait d'un tel illogisme que ses auteurs détourneraient forcément un dispositif.

Néanmoins, cette distinction manque malheureusement, aujourd'hui, de cohérence pour être totalement subjective, faute d'une définition précise. Pourquoi le montage de monsieur Verdannet[782] est-il purement artificiel alors que dans l'affaire de la villa basque[783], il ne l'est pas[784] ? Ainsi, nous revenons

---

[780] Y. RUTSCHMANN et R. VALLERIE, « Quelle place accorder aux objectifs réellement poursuivis par le législateur en présence d'un montage artificiel ? », *Dr fisc.* 2023, n° 25, comm. 219.

[781] CH. DE LA MARDIERE, « L'abus de droit fiscal en France », *Revue internationale du patrimoine*, 2022/10-11, p. 92.

[782] CE, plén., 25 oct 2017, n° 396954, *Verdannet : RJF* 1/18, n° 70, concl. É. CREPEY (C 70), chron. A. ILJIC, *RJF* 12/17, p. 1553.

[783] CE, 9e et 10e ch., 8 févr. 2019, n° 407641 : *RJF* 05/19, n° 465.

[784] CH. DE LA MARDIERE, « Abus de droit : vers une plus grande répression ? Comment analyser l'état du droit depuis l'arrêt *Verdannet* ? » : *Dr. fisc.* 2019, n° 24, comm. 297, p. 26.

aux critiques précédemment exposées. Il est donc inutile d'ajouter à la loi une création jurisprudentielle sujette à la critique. Certes, l'esprit de la loi fiscale est parfois abscons, mais ce n'est pas au contribuable entreprenant, nous semble-t-il, d'en subir les conséquences.

b. La pertinence du critère du risque économique

i. Cas général

896. **Risque.** Quoi qu'il en soit, l'évolution jurisprudentielle précédemment exposée est en marche, indépendamment de certaines considérations. Dans ce contexte, nous pourrions admettre la théorie du montage purement artificiel si la contrevérité dont il est question ici s'entend d'une recherche simulée du profit. En d'autres termes, cette construction prétorienne – qui consiste à déduire de l'absence de substance l'intention du législateur – ne devrait alors concerner que les dispositifs qui encouragent les entreprises à se développer. En effet, une entreprise qui investit faussement détourne *a fortiori* le dispositif dont elle profite, car le législateur ne favorise que leur développement. En somme, cela revient à interpréter l'économie générale des textes à travers le prisme du développement économique, c'est-à-dire en mettant en évidence le primat de l'entreprise et des richesses que celle-ci génèrent. Cependant, l'extension de cette approche aux opérations réalisées par les particuliers semble moins évidente, car, à notre avis, les dispositifs qui leur sont réservés ne visent pas systématiquement le développement économique.

Dans cette optique, l'évolution susmentionnée tend à accroître la pertinence du critère du risque. Quoi de mieux qu'une prise de risque, qu'un investissement authentique pour déconstruire une allégation d'absence de substance économique ? Pour Ch. de la Mardière : « le montage purement artificiel peut également se caractériser par l'absence de risque pris par son auteur. Alors que le risque est inhérent à toute opération économique, particulièrement s'il s'agit de réaliser un investissement. Le défaut de tout risque montre que la réalité économique de l'opération est illusoire, donc que le montage ne poursuit qu'un but fiscal […] [785] ». Les exemples consacrant la pertinence du critère (du risque) sont légion (v. *supra* n ° 764, 809 et s., 879 et s.).

897. **Illustration.** La jurisprudence *Gautier,* découlant de l'ample affaire *Wendel*, illustre parfaitement notre propos. Dans cette espèce[786], décrite précédemment (v. *supra* n° 689), les salariés-dirigeants d'un groupe avaient collaborativement créé la société X, laquelle bénéficiait d'une promesse de

[785] *Ibid*, p. 96.

[786] CE, 10e et 9e ch., 12 févr. 2020, n° 421441 et 421444, *Gautier : RJF* 04/20, n° 372, concl. A. ILJIC.

vente des titres de la société Y (membre du groupe au sein duquel travaillaient les salariés en question) à un prix préférentiel. Après l'exercice de l'option d'achat par X, les dirigeants ont individuellement apporté leurs titres (de la société X) à des sociétés civiles créées à cet effet. Les plus-values d'apport respectives ont été soumises au régime du sursis d'imposition. Par la suite, la société Y a procédé au rachat de ses propres actions, rémunérant la société X par la remise de titres ou de Sicav monétaire.

898. **Reproches et solutions.** L'administration fiscale considère que l'enchevêtrement des différents actes, à savoir l'apport-cession et le mécanisme de « management package », constitue une fraude à la loi fiscale. Selon le service, le gain dont bénéficient les salariés, placé dans chacune de leurs sociétés, est en réalité assimilé à un salaire, compte tenu de l'insuffisance de risque conféré par la promesse de vente. La cour administrative d'appel de Paris confirme cette allégation, estimant que le risque encouru demeurait limité, étant donné que l'option d'achat était payable en plusieurs tranches et pouvait être exercée au moment le plus favorable eu égard au cours du titre de la société [Y] sur une période étendue de six années. Il s'ensuit que « dans ces conditions, [...] c'est à bon droit que le service a considéré que l'opération en litige avait permis aux cadres dirigeants [...] d'acquérir indirectement des titres de la société [Y] au moment où le cours leur était le plus favorable en contrepartie d'un investissement non aléatoire ; que, toutefois, précisément en l'absence de risque et alors que le gain en litige se rattache aux fonctions exercées par [les salariés] au sein de la société [Y], la totalité de ce gain doit être regardé comme un complément de salaire imposable dans la catégorie des traitements et salaires [...][787] ». Le défaut de risque est donc indicatif d'un montage purement artificiel. *A contrario*, son avènement invalide l'artifice.

Il est important de souligner que le Conseil d'État adoptera malheureusement un autre raisonnement, basé non pas sur le risque, mais sur la concomitance des opérations. Selon le Conseil d'État, la rapidité de celles-ci révèle l'artifice. En outre, dans la lignée de la jurisprudence *Verdannet,* le juge considèrera que la manipulation fait présumer l'élément objectif.

ii. Le cas particulier des sociétés interposées

899. **Tempérament.** Le critère du risque économique constitue-t-il une solution absolue contre le montage purement artificiel ? La réponse demeure incertaine. L'exemple des entreprises fictivement établies à l'étranger en témoigne. Néanmoins, tout dépend de savoir si l'incohérence économique (la fictivité) résulte du manque d'activité de ces entités, auquel cas le critère du risque est tout à fait approprié, ou si elle résulte uniquement de leur seule interposition, voire du choix du lieu de leur implantation.

---

[787] CAA Paris, 12 avril 2018, n° 16PA01813, *Gautier : RJF* 08-09/18, n° 958, concl. O. LEMAIRE.

900. **Artifice.** En présence d'une société interposée, l'administration se voit confrontée à deux alternatives. En premier lieu, elle peut considérer que ladite société est dépourvue de substance intrinsèque, qu'elle constitue simplement une façade, une apparence. Cette situation survient lorsque la société ne bénéficie pas des ressources matérielles, humaines et financières requises pour mener à bien son objectif social. Dans cette optique, le critère du risque revêt une importance significative, étant donné qu'une société qui investit véritablement et assume des risques ne peut être dénuée de substance économique.

En second lieu, le service peut considérer que seule l'interposition de la personne morale est artificielle. Ce raisonnement est illustré dans la jurisprudence *Kemoun* (v. *supra* n° 801). Dans cette affaire, l'administration reproche au contribuable d'avoir intercalé (et juxtaposé) deux sociétés holdings entre lui-même et une société dont ils détenaient les actions, dans le but de diviser par deux la valeur desdites actions afin de les inclure dans un plan d'épargne en actions (PEA).

901. **Opinion**. Bien que cette distinction puisse sembler attrayante, il semble que ni l'administration fiscale ni le Conseil d'État ne s'y penchent de manière approfondie. En effet, comme le souligne F. Deboissy dans sa note sur cet arrêt : « ces deux situations [à savoir la fictivité de la société ou celle de son interposition], qui correspondent à des hypothèses différentes, doivent être distinguées même si elles sont souvent confondues en pratique ». Effectivement, remettre en question l'interposition d'une société qui possède une réelle substance, c'est-à-dire qui existe effectivement, pourrait compromettre la liberté de gestion et la liberté d'établissement lorsque la société est établie dans un autre pays de l'Union européenne. En résumé, sur quel fondement critiquer l'interposition d'une société qui possède une existence authentique ? Il semble que même lorsque l'administration remet en question l'interposition d'une personne morale, elle le fait en se référant toujours à l'absence de ressources matérielles et humaines, ainsi qu'au simple fait que le lieu de son siège social ne soit qu'une domiciliation.

902. **Illustration.** Cela est illustré par une jurisprudence récente que nous avons déjà exposée (v. *supra* n° 797)[788]. Dans cette affaire, qui a conduit le Conseil d'État à conclure que les contribuables ne peuvent jamais prétendre qu'ils auraient pu bénéficier du même allégement fiscal en empruntant une autre voie légale, l'administration fiscale critiquait l'interposition d'une société luxembourgeoise. À cet effet, elle a souligné que la société ne disposait d'aucun moyen matériel ou humain, ce qui l'empêchait d'exercer une activité quelconque. De plus, elle a noté que ses seuls revenus étaient constitués de dividendes et de quelques produits de placement provenant de sa trésorerie.

[788] CE, 9e et 10e ch., 12 déc. 2023, n° 470039 et 470038 : *RJF* 03/24, n° 239, concl. C. Guibe (C 239).

Le service remet effectivement en question l'interposition de la société en attaquant son manque de substance.

903. **Critère du risque.** Quelle importance revêt le critère du risque dans ce contexte ? Nous soutenons que le critère du risque demeure essentiel, surtout lorsque survient cette confusion entre l'absence de substance de la société et son interposition. Comment démontrer l'absence de substance d'une société qui investit, prend des risques et ne se contente pas simplement de recevoir des titres en apport ? De plus, comment peut-on critiquer l'interposition d'une personne morale qui ne semble pas manquer de substance ? Si la société luxembourgeoise avait réinvesti les dividendes dans des projets sérieux, l'administration fiscale aurait-elle pu établir l'absence de substance économique ? Malheureusement, certaines décisions jurisprudentielles semblent contredire notre argumentation, mais il semble qu'il s'agisse de cas exceptionnels, comme ceux de la jurisprudence *Pléiade* et *Sagal*.

904. **Illustration**. Les affaires *Pléiade* et *Sagal*[789] sont particulières, car les sociétés en cause, bien qu'implantées à l'étranger, avaient effectué de réels investissements. Cela n'a pas empêché le Conseil d'État de conclure à l'abus de droit, tout en notant que ces sociétés bénéficiaient d'une quasi-totale franchise d'impôt.

L'absence de substance économique d'une société au Luxembourg marque, selon les conclusions du rapporteur public P. Collin, « la frontière entre l'optimisation fiscale et l'abus de droit[790] ». En l'espèce, la société anonyme Sagal était actionnaire, avec cinq autres sociétés françaises, d'une société au Luxembourg. Cette dernière avait pour objet de placer les capitaux apportés par chaque actionnaire. Ses bénéfices, exonérés au Luxembourg, étaient ensuite redistribués en bénéficiant du régime mère-fille. Finalement, les produits des différents placements, lesquels étaient substantiels, ne supportaient donc quasiment pas d'impôt.

L'administration fiscale y voit un montage abusif. L'interposition de la société luxembourgeoise ne poursuivait qu'un seul but : l'évasion fiscale, en transformant des produits de placements en dividendes exonérés en vertu du régime de faveur mère-fille des articles 145 et 216 du Code général des impôts.

905. **La solution**. Le Conseil d'État observe que la société luxembourgeoise est, en réalité, dénuée de toute substance économique. Il constate, en effet, qu'elle est restée sous l'entière dépendance de l'établissement bancaire à l'origine de sa création en ce qui concerne tant sa gestion que ses investissements. De plus, la totalité de son actif est constituée de valeurs mobilières et elle n'a aucune compétence technique en matière de placements financiers. Le juge constate également que ses actionnaires n'ont pris aucune part aux assemblées statutaires. La société met en avant des

---

[789] *Ibid.*

[790] *Ibid.*

arguments économiques : l'association au sein d'une société permettait des économies d'échelle ainsi qu'une optimisation du rendement des placements financiers. La haute juridiction administrative ne les retient toutefois pas, dans la mesure où cela ne justifie pas la localisation de la société à l'étranger. Le Conseil d'État considère alors « que le montage [...] qui a consisté à acquérir une participation dans une holding luxembourgeoise dépourvue de toute substance dans le seul but d'éluder l'impôt, était constitutif d'un abus de droit ».

906. **Critiques.** La société, en plaçant les apports des actionnaires, investit réellement. Elle n'est pas dénuée de substance économique. Nous ne connaissons pas la nature des placements, mais la société devait supporter un risque en vue de s'enrichir. C'est surtout l'interposition et le lieu d'implantation de la société qui sont contestables. La société en cause recherche véritablement le profit, cette conquête n'est pas simulée. Seule l'interposition de la société et son lieu d'implantation peuvent l'être. D'ailleurs, si la société incriminée avait été basée en France, il n'y aurait pas eu d'abus de droit. En réalité, il semble que ce soit principalement le lieu d'implantation de la société que l'administration fiscale qualifie d'artificiel dans ce cas, bien que ce choix soit conforme à la liberté d'établissement. Il y avait effectivement un réel investissement et des avantages économiques incontestables, mais cela s'accompagnait d'une quasi-totale franchise d'impôt. Le critère du risque économique n'a pas d'effet dans cette situation particulière.

SECTION 2. LES CARACTERISTIQUES D'UN RISQUE NON AUTHENTIQUE

907. **Comportement inhabituel.** L'absence de risque dans des opérations qui, habituellement, n'en sont pas dépourvus, met en évidence l'artifice, la manipulation. Cependant, montrons à présent que même en présence de risques l'abus n'est pas nécessairement exclu si le comportement de l'investisseur est douteux. Nous identifions deux comportements de cet ordre : l'absence de prise de risque continue (A) et les montages financiers elliptiques (B).

A. Une absence de prise de risque continue

908. **Cloisonnement du risque privé.** Nous l'avons déjà longuement mis en exergue. Le droit fiscal distingue le risque professionnel de celui de l'investisseur privé, car il ne peut contraindre ce dernier à rechercher de manière systématique et continue l'enrichissement. Le cloisonnement du risque privé ne vise qu'un objectif. Il lutte contre les montages artificiels. Il combat ceux qui prétendent investir alors qu'en réalité ils ne poursuivent que l'évasion fiscale par un appauvrissement volontaire et par l'obtention d'économies d'impôt. Ce n'est pas la nature de l'investissement qui est

contestable, mais plutôt la qualité de l'investisseur, laquelle rend parfois possible un changement d'intention – conduisant à une prise de risque discontinue – sans conséquences fiscales (v. *supra* n° 124 et s.).

Exposons maintenant ce que nous appelons les montages financiers elliptiques.

B. Les montages financiers et le risque

909. **Plan**. Le mode de financement d'un investissement relève de la liberté de gestion (1). Il n'a d'ailleurs aucune incidence, en principe, sur le risque. Néanmoins, les montages financiers elliptiques interpellent quant aux véritables intentions de leurs initiateurs (2).

1. Le principe prétorien de liberté de financement et ses restrictions légales

910. **Financement libre**. Dès 1963, le Conseil d'État[791] affirme que le choix du mode de financement est une décision de gestion opposable à l'administration. L'entreprise est libre de recourir à un emprunt alors que les finances de l'entreprise ne l'imposent pas[792]. L'administration fiscale ne peut s'immiscer dans la gestion et refuser la déduction des intérêts[793]. Ce principe a toujours été confirmé. En 1971, la haute juridiction administrative[794] a accepté qu'une entreprise souscrive un emprunt en vue de refinancer un compte courant d'associé. En 1983, le Conseil d'État[795] a confirmé une nouvelle fois le caractère non contestable de ce choix de gestion. Une société française qui achète du matériel informatique à une société mère suisse se voit accorder des délais de règlement moyennant rétribution. Les avances de trésorerie sont rémunérées à un taux non excessif et en deçà de ceux pratiqués par les banques. L'administration fiscale soutient que les intérêts déduits par la société française ne pouvaient l'être, car ils dissimulaient un transfert de bénéfices en Suisse. Le Conseil d'État lui oppose la liberté de gestion et le principe de non-immixtion. En 2014[796], la haute juridiction administrative réaffirme qu'aucun fondement légal ne permet à l'administration fiscale de

---

[791] CE, 20 déc.1963, n° 52308 : *Dr. fisc.* 1964, n° 13.

[792] L'administration fiscale soutenait que les travaux auraient pu être payés par fonds propres et non par emprunt, ce qui revient à apprécier l'opportunité et le bien fondé des décisions de gestion.

[793] Sur le sujet de la liberté de financement des entreprises, v. H. KRUGER, *Liberté de gestion et endettement des entreprises en droit fiscal*, LGDJ, Bibliothèque de finances publiques et fiscalité, 2007.

[794] CE, 8e et 9e s.-s., 15 déc. 1971, n° 80939 : *Dr. fisc.* 1973, n° 5, comm. 156, concl. J. DELMAS-MARSALET ; Dupont 1972, p. 66.

[795] CE, 8e et 9e s.-s., 4 nov.1983, n° 34516 : *RJF* 01/84, n° 19, *Dr. fisc.* 1984, n° 52, comm. 2363.

[796] CE, 10e et 9e s.-s., 11 avril 2014, n° 359640, *Caixa Geral de Depositos* : *RJF* 07/14, n° 667.

s'opposer à une société étrangère qui décide de financer l'activité de sa filiale française par emprunt, plutôt que par l'apport de fonds propres. Cette liberté est régulièrement réaffirmée.

911. **Mode de financement.** Nous ne pouvons que soutenir la liberté de choix en matière de financement. L'investissement comporte intrinsèquement un risque économique, et la manière dont il est financé n'affecte pas l'incertitude qu'il engendre. Que l'investisseur opte pour un emprunt auprès d'une institution financière, ou d'une autre entreprise, n'a pas d'impact sur la substance même de l'investissement. En toutes circonstances, l'investisseur court le risque de perdre sa mise de fonds, indépendamment de la manière dont il l'a financée. S'il s'agit d'un autofinancement, il aura dilapidé le montant investi. S'il s'agit d'un prêt, il devra le rembourser quand bien même l'investissement ne génère aucun profit. Par conséquent, le mode de financement d'un investissement n'influe pas sur son risque.

912. **Illustration**. Reprenons ici les jurisprudences *Axa*[797] *et Goldfard,* précédemment examinées (v. *supra* n° 880). Dans ces deux affaires, rappelons que des sociétés déficitaires ont transféré temporairement la propriété de titres avant la distribution des dividendes, afin que les cessionnaires puissent bénéficier du mécanisme de l'avoir fiscal. Le transfert de propriété utilisait la technique du prêt ou de la vente à réméré.

Le Conseil d'État considère que l'opération ne présentait pas un caractère artificiel dès lors qu'elle comportait le risque d'une absence de rachat au dénouement du contrat. Le mode de financement particulier ne prémunissait en rien le cessionnaire contre les risques encourus pendant la durée de détention des titres. Quand bien même il n'avait pas encore payé le prix d'acquisition, l'investisseur supportait deux risques : celui de ne pas se faire racheter les titres (aucune garantie de rachat) et la possibilité de supporter une baisse de valeur, même si la durée de détention fut brève. Pour la haute juridiction administrative, il s'agit d'un réel investissement puisque le risque existe, indépendamment de son mode de financement.

913. **Tempérament.** Cependant, cette liberté de financement n'est pas dépourvue d'inconvénients, particulièrement lorsque les sociétés impliquées sont établies dans des pays différents. Le risque d'un transfert indirect de bénéfices à l'étranger menace. Comme le soulignent de manière explicite V. Agulhon, S. Torck et L. Olléon[798], l'impossibilité pour l'administration fiscale de sanctionner la sous-capitalisation en vertu de l'article 57 du Code général

---

[797] CE, 8e et 3e s.-s., 7 sept. 2009, n° 305586, *SA Axa* : *RJF* 12/09 n° 1138 et 1139 ; CE, 8e et 3e s.-s., 7 sept. 2009, n° 305596, *Sté Henri Goldfard* : *RJF* 12/09 n° 1138.

[798] V. AGULHON, S. TORCK ET L. OLLEON, « Financement par la dette : les emprunts souscrits pour réduire le capital ou distribuer des dividendes », *Dr. fisc.* 2018, n° 39, comm. 400.

des impôts[799], en particulier dans l'affaire *Andritz*[800], a contraint le législateur à réviser l'article 212 du même Code.

Dans l'affaire *Andritz*, le vérificateur remettait en cause les intérêts d'emprunt que la société éponyme avait déduit de ses bénéfices. La dette avait été accordée par la société mère implantée en Autriche. Le service avait fini par invoquer le dispositif de l'article 57 du CGI. Or, pour le Conseil d'État : « les dispositions précitées de l'article 57 du CGI n'ont pas [...] pour objet ou pour effet d'autoriser l'administration fiscale à apprécier le caractère normal du choix opéré par une entreprise étrangère de financer par l'octroi d'un prêt, de préférence à un apport de fonds propres, l'activité d'une entreprise française qu'elle détient ou contrôle et à en tirer, le cas échéant, de quelconques conséquences fiscales [...][801] ».

Pour les auteurs précités : « [...] constatant que les services de vérification n'avaient pas les outils efficaces pour lutter contre la sous-capitalisation, le législateur a décidé d'intervenir et de poser une norme là où le principe d'acte anormal de gestion ne permettait pas d'intervenir[802] ».

914. **Article 212 et 212 bis du CGI.** Ces dispositifs ont été maintes fois remaniés. Le législateur admet la déduction des intérêts d'emprunt sous trois conditions. En premier lieu, le taux d'intérêt doit être celui du marché lorsque les entreprises sont liées entre elles (art. 39, 1-3° et 212, I du CGI). En second lieu, la société qui déduit les intérêts ne doit pas être en situation de sous-capitalisation. Tel est le cas si lorsque le montant moyen de ses dettes vis-à-vis d'entreprises liées excède une fois et demie le montant de ses fonds propres. Enfin, le montant desdits intérêts ne doit pas excéder certains seuils[803].

2. Les montages financiers elliptiques

915. **Problématique**. Bien que le mode de financement d'un investissement n'ait aucune incidence sur le risque que ce dernier génère, le montage financier reste révélateur des intentions des auteurs dudit schéma. Outre les situations de sous-capitalisation sanctionnées par l'article 212 du

---

[799] Selon cette disposition, dès lors que des sociétés sont implantées dans des pays différents, l'intention libérale (c'est-à-dire la volonté de l'une d'entre elles de s'appauvrir pour enrichir l'autre) est présumée à partir des majorations ou des diminutions des prix d'achat ou de vente.
[800] CE, sect., 30 déc. 2003, n° 233894, *SA Andritz* : *Dr. fisc.* 2004, n° 16, comm. 427, concl. G. BACHELIER, note P. MASQUART ; *RJF* 3/2004, n° 238 ; *RJF* 2/2004, p. 83, chron. L. OLLÉON.
[801] *Ibid.*
[802] V. *supra* n° 797.
[803] Selon l'article 212 bis du CGI, les charges financières nettes supportées par une entreprise non-membre d'un groupe, au sens des articles 223 A ou 223 A bis, sont déductibles du résultat fiscal soumis à l'impôt sur les sociétés dans la limite du plus élevé des deux montants suivants : trois millions d'euros ou 30 % de l'Ebitda.

Code général des impôts, les montages financiers elliptiques suscitent quelques interrogations. En témoignent trois exemples.

a. Première illustration

916. **Les faits.** Une société E est créée en 2011 par les membres d'une même famille X. Il s'agit d'une société civile immobilière non soumise à l'IS. Ses parts sociales sont démembrées. Les consorts X détiennent la nue-propriété. L'usufruit temporaire est détenu par une société B. Cette dernière est soumise à l'impôt sur les sociétés et constitue la filiale d'une société A, laquelle est détenue intégralement par la famille X. Le capital de la société E se compose de 40 000 parts d'une valeur nominale de 100 euros (soit 4 000 000 euros). Seule la société B, associée ayant l'usufruit des parts de la société E, verse sa part de capital social qu'elle finance par emprunt, soit un montant de 1 840 000 euros. En revanche, les associés X, nus propriétaires, ne libèrent pas le reste du capital (soit un montant de capital non libéré de 2 160 000 euros).

La société E acquiert un bien immobilier qu'elle finance en partie par les apports en numéraire versés par la société B, puis par un emprunt. Ce dernier, d'un montant de 2 160 000 euros, est nécessaire compte tenu de l'absence de libération du capital de la part des consorts X nus-propriétaires. Les contribuables X multiplient les opérations de cette nature. À chaque création de société civile, ils agissent en qualité de nus-propriétaires, mais ne libèrent pas le montant du capital social. Toutes les sociétés financent leurs investissements par le montant du capital libéré (de la part de la société usufruitière B) complété par des emprunts dont les montants correspondent, peu ou prou, à celui du capital non libéré par les nus-propriétaires. Sans jamais verser d'argent, les consorts X détiennent ainsi la nue-propriété des parts sociales de chaque société civile. Ce faisant, ils évitent momentanément l'imposition des revenus fonciers, car les revenus sont imposés entre les mains de l'usufruitier, à savoir la société B, relevant de l'impôt des sociétés en vertu de l'article 238 Bis K du Code général des impôts. L'administration fiscale y voit un montage artificiel.

917. **Avis**. Le Comité de l'abus de droit fiscal, saisis pour avis, observe, en premier lieu, que les nus-propriétaires n'ont jamais versé, délibérément, le montant du capital social. Si bien que l'emprunt souscrit par chaque société civile était rendu nécessaire par ce défaut de libération de la part des consorts X. En second lieu, ce montage par démembrement générait un déficit structurel pour ne pas dire artificiel. Le défaut du versement du capital pour la part des nus-propriétaires rendait nécessaire la souscription d'emprunts. Ce qui transférait, sur la société usufruitière, la charge du financement. Le Comité considère que le montage vise exclusivement un but fiscal à double titre. En premier lieu, il évite temporairement aux consorts X une imposition des revenus fonciers dont ils auraient été redevables en l'absence de

démembrement. En second lieu, il permet de déduire des bénéfices de la société soumise à l'IS les charges liées aux acquisitions temporaires d'usufruit ainsi que son amortissement.

918. **Transfert du risque.** Une fraude à la loi consiste avant tout en un montage. Il convient alors d'apprécier celui-ci dans sa globalité. Le risque de l'investissement doit s'apprécier dans son ensemble. Il convient alors d'analyser les risques et intérêts de chaque partie en cause. L'artifice se révèle lorsque l'intérêt d'une partie est sacrifié au profit d'une autre, sans aucune logique économique, si bien que, parfois, abus de droit et acte anormal de gestion se confondent. Ce sacrifice se manifeste par le transfert des risques d'un investissement. Pourquoi une société usufruitière accepterait de financer un tiers pour qu'il acquiert la nue-propriété ? Si la société usufruitière finance également la nue-propriété, alors autant qu'elle acquiert la totalité de l'investissement ! Ce montage manque de logique économique. En ce sens, il pose question.

919. **Liberté de financement.** Concernant la liberté de financement, il ne s'agit pas tant du mode de financement qui pose problème, mais le mensonge originel : les nus-propriétaires se sont engagés à verser un apport en numéraire or ils sont délibérément défaillants sur le plan économique. Le mode de financement est libre. Toutefois, celui choisi n'est pas respecté, ce qui contraint l'usufruitière à supporter la totalité des coûts liés à l'investissement. Le risque des nus-propriétaires existe sur le plan juridique, car ils peuvent, un jour, être contraints de verser le montant du capital (en souscrivant au capital, ils se sont engagés à le faire). Toutefois, le risque est économiquement transféré sur la société usufruitière, laquelle doit alors supporter l'intégralité du coût du financement de l'investissement alors qu'elle n'en est pas pleine propriétaire.

920. **Opinion.** L'avis du Comité n'est pas entièrement convaincant et mérite une nuance. En premier lieu, il omet l'investissement rendu possible par le démembrement, qui constitue un élément fondamental. Nous sommes en présence de véritables investissements. De plus, le démembrement permet de mieux s'enrichir en augmentant la capacité d'investissement des auteurs du montage, qui aurait été réduite par l'imposition des revenus fonciers. Il nous semble qu'il est légitime de choisir la voie la moins imposée, y compris à travers l'utilisation d'un montage, lorsque les avantages fiscaux ainsi obtenus servent l'investissement. C'est le cas ici, comme dans le contentieux n° 2016-11 concernant M. ou Mme X, pour lequel l'avis du Comité a conclu à l'absence d'abus. Prenez également le cas de la holding de rachat, qui permet d'éviter l'imposition des dividendes par une personne physique, tout en augmentant sa capacité d'emprunt.

En second lieu, il peut y avoir une confusion entre l'abus de droit et l'acte anormal de gestion. Seule la part des intérêts, correspondant aux emprunts nécessités par le non-versement du capital social, n'est pas déductible pour l'usufruitier. Le reste est déductible, car ces charges sont la contrepartie des fruits perçus.

Néanmoins, l'avis prend tout son sens lorsqu'on examine la faisabilité du montage financier, voire la simulation. Selon un principe juridique bien établi : la fraude corrompt tout. L'intention d'investir n'a alors plus d'importance. Si l'on considère que la société est fictive ou que son interposition est fictive, en raison de l'absence de libération de son capital, alors son rôle disparaît et l'abus est avéré[804]. Il est légitime de s'interroger sur la faisabilité du montage financier. Les nus-propriétaires avaient-ils l'assise financière suffisante et la volonté de verser le montant du capital social conformément à leur engagement en ce sens ? La multiplication de ce type de montage démontre clairement qu'ils n'avaient aucune intention de verser le capital. Ainsi, le montage apparaît comme mensonger et artificiel.

b. Deuxième illustration

921. **Montage financier et intention**. Même si le mode de financement n'influe pas sur le risque de l'investissement, certains montages financiers interrogent quant aux véritables motivations de leurs auteurs. En effet, dans certains cas, le mode de financement est révélateur des intentions. Tel sera le cas lorsque le financement est circulaire, si bien que l'investisseur n'est pas celui qui finance réellement les opérations. Lorsqu'un contribuable investit pour son propre besoin, mais qu'il fait porter l'investissement par une société, tout en assurant le financement, le caractère elliptique du montage interpelle.

922. **Circularité et intention**. Quand bien même l'investissement est sincère, car son risque ne fait pas défaut, son mode de financement circulaire interroge quant aux véritables objectifs. Répétons-le, le critère du risque nous intéresse ici parce qu'il peut être révélateur des intentions. Nous illustrerons nos propos par la jurisprudence *Halifax*. Dans cette affaire, nous verrons que l'investissement est réel. La filiale de la société Halifax supporte un véritable risque puisque, même si elle a financé les travaux par un prêt de sa société mère, elle devra le rembourser. De plus, le montage est réalisé de façon que chaque société s'enrichisse. Pourtant, cela n'écarte pas la fraude à la loi.

923. **La décision *Halifax*[805]**. Avant même la réforme de l'abus de droit de 2008, intégrant dans notre législation fiscale la fraude à la loi, l'arrêt de la Cour de justice de l'Union européenne (nommée, à l'époque, la Cour de justice des communautés européennes) *Halifax* de 2006 confirme la possibilité de sanctionner un abus de droit sur le plan fiscal. Le droit d'un assujetti de déduire la TVA acquittée en amont d'une opération imposable, conféré par la sixième directive, peut être refusé si l'opération est abusive. Tel sera le cas

---

[804] Ce serait le cas si les nus-propriétaires n'étaient en réalité pas dans la possibilité de verser les fonds. Dans ce cas, l'association est fictive.

[805] CJCE, 21 févr. 2006, aff. 255/02, *Halifax plc.* : *RJF* 05/06, n° 648.

lorsque, d'une part, le montage en cause ne recherche que l'obtention d'un avantage fiscal et d'autre part, si le dispositif est employé d'une manière contraire à ses objectifs. Dès lors, l'administration fiscale peut écarter les conséquences fiscales des opérations. Cette décision annonce l'arrêt *Janfin*.

924. **Les faits.** La société Halifax, établissement bancaire exonéré de TVA, devait construire des centres d'appel pour son activité sur quatre sites différents. Ces derniers étaient détenus par elle en pleine propriété ou pris à bail pour une durée de 125 ans. L'établissement bancaire passe plusieurs accords avec sa société filiale Leeds Development. Elle lui accorde, pour commencer, un prêt d'un montant total de 59 000 000 livres afin que cette dernière (la filiale) puisse acquérir des droits sur ses sites et qu'elle les mette en valeur. Ensuite, toutes les deux s'accordent sur l'exécution de travaux à réaliser par la filiale sur chacun des sites. Finalement, Leeds Development bénéficie, de la part de l'établissement bancaire, de baux sur les sites d'une durée de 20 ans, mais avec la faculté, pour elle, de porter cette durée à 99 ans. Il ressort des circonstances de l'espèce que la société Halifax a supporté seule le financement des travaux de construction sur chaque site. De plus, les locations des différents sites par Leeds Development, d'un montant de 7 400 000 euros, ont été financées par un tirage supplémentaire sur les sommes accordées par la société Halifax en vertu du contrat de prêt initial. Les constructions enfin achevées, celles-ci étaient prises en location par la société Halifax. Dans toutes ces opérations, la société filiale Leeds Development a déduit la TVA sur les travaux.

925. **La solution**. La Cour de justice de l'Union Européenne observe que la société Halifax était, en réalité le maître d'œuvre de ces opérations puisqu'elle s'était chargée de leur financement sans exiger le moindre intérêt. Halifax est toujours restée en possession des sites, de sorte que les avantages tirés des travaux de construction lui sont directement revenus. Elle avait des liens contractuels directs avec les constructeurs indépendants. Les filiales n'avaient pas de réels droits de propriété sur les immeubles. Pour la Cour de justice, Halifax est le véritable destinataire des prestations fournies par les constructeurs indépendants. Il en résulte que le montage cherche le bénéfice d'un droit, celui de déduire la TVA, d'une façon contraire à celle qui a été prévue par la directive. De plus, il résulte des témoignages déposés par des dirigeants de la société Halifax, de Leeds Development et d'une autre filiale, County, que le seul but poursuivi par les deux dernières sociétés en s'engageant dans les opérations en cause était de pouvoir déduire la TVA. Le but était donc clairement affiché : la mise en œuvre d'un montage qui ne poursuit qu'un but fiscal.

926. **Le véritable porteur du risque économique**. L'abus de droit est écarté si le montage poursuit un autre but que fiscal. Or, comment mettre en avant un autre motif lorsque c'est la société Halifax, exonérée de TVA, qui a elle-même financé les travaux et qui, *in fine*, en bénéficie ?

L'établissement bancaire, exonéré de TVA, a, pour déduire la TVA grevant la construction d'un bien immobilier, utilisé plusieurs de ses filiales. L'une d'elles fait construire le bien immobilier et déduit la TVA puis le donne à bail à une société sœur qui elle-même le sous-loue à la société mère (l'établissement bancaire) pour son utilisation. Le montage est elliptique. Pour financer la construction portée par la filiale, la société Halifax a conclu des contrats de prêt avec une de ses filiales en vertu desquels elle acceptait de lui prêter des sommes suffisamment importantes pour que cette dernière puisse financer les travaux de construction.

L'élément qui nous intéresse ici est le financement de l'opération par la société mère puisque la filiale a financé l'investissement par un prêt accordé par celle-ci. Le montage financier interpelle. Finalement, c'est bel et bien la société-mère qui a supporté le risque de l'investissement, l'utilisation des filiales n'étant qu'un artifice pour bénéficier d'un avantage fiscal qui n'aurait pas existé sans elles. La société-mère finance, prend le risque économique et utilise, ensuite, le bien immobilier.

927. **Intention et mode de financement**. Bien que le mode de financement n'influe pas sur le risque de l'investissement, il renseigne néanmoins sur les intentions poursuivies par les auteurs du montage. On ne peut pas aller jusqu'à dire que la filiale ne supportait aucun risque, car elle restait tenue, sur le plan juridique, de rembourser le prêt. Toutefois, l'avance de la part de la société mère confirmait que c'était elle qui tirait les ficelles. On peut donc affirmer que le risque de la filiale était, sur le plan économique, transféré à Halifax, laquelle était alors le véritable investisseur.

c. Troisième illustration

928. **Les faits**. Avant toute opération, la société X, nouvellement constituée, détient 99 % du capital social de la société Y, laquelle détient elle-même 15 % des titres de la société Z.

La société Y cède les titres de la société Z à la société X. Le cessionnaire X, ne disposant pas des fonds, bénéficie d'un crédit accordé par le vendeur. Si bien, qu'au terme des opérations, X continue de détenir 99 % de Y et finit par posséder 15 % de Z. La société Y distribue ensuite ses bénéfices, lesquels ne sont pas versés mais compensés par la créance qu'elle détient sur X.

La société X bénéficie du régime mère-fille et n'est imposée que sur la quote-part de 5 % des frais et charges. Parallèlement, elle déprécie les titres de la société Y, la distribution des dividendes ayant diminué les capitaux propres de celle-ci.

L'administration fiscale s'oppose à ce montage sur le fondement de la fraude à la loi fiscale. Elle regarde le montage comme artificiel pour être dénué de logique économique.

929. **La solution**. Pour le tribunal administratif de Paris, le montage est artificiel. Le rapporteur public relève plusieurs indices d'artificialité. Tout

d'abord, la société Y jouait déjà le rôle de holding, car son activité se limitait à la détention des titres de la société Z. La création de la société X n'était pas nécessaire. Ensuite, la vente des titres n'a fait l'objet d'aucun paiement effectif, mais d'une compensation entre le prix de vente et la distribution des bénéfices.

Le requérant prétend que le montage poursuit une logique d'efficacité et de rationalité juridique et économique du groupe. Pour le tribunal, cet argument est trop imprécis pour écarter le but fiscal du montage.

930. **Opinion.** Les faits de l'espèce[806] mettent en exergue le caractère elliptique du schéma, lequel change tout pour que finalement rien ne change, si ce n'est la fiscalité.

Remarquons que le rapporteur public utilise l'artificialité du montage uniquement pour démontrer son but exclusivement fiscal. Afin d'établir le détournement du dispositif de ses objectifs, le tribunal considère que la cession par la société Y de son principal actif, (les titres Z), est contraire aux attentes du législateur, lorsque celui a mis en place le régime mère-fille. Le contribuable soutient quant à lui que la société Y, bien qu'ayant vendu les titres Z, a continué son activité, car elle détenait encore d'autres actifs. Pour le tribunal, cette société a perdu l'essentiel de sa substance. Selon lui, le contribuable ne démontre aucune intention de développer les activités de la société Y ou d'en favoriser d'autres.

931. **Conclusion du chapitre 2**. La volonté du législateur d'encourager l'initiative économique est telle qu'il a défini la fraude à la loi par une double condition : la poursuite d'un objectif exclusivement ou principalement fiscal (élément subjectif) et l'utilisation d'un dispositif d'une manière contraire à ce que son créateur avait envisagé (élément objectif). Un comportement coupable ne se résume donc pas à la recherche d'un avantage fiscal, y compris en présence d'un montage.

Le critère du risque, en tant qu'indicateur de substance économique, nous semble être un moyen pertinent pour évaluer chaque élément de la fraude à la loi fiscale. Tout d'abord, le défaut de risque peut signaler une absence de substance économique et suggérer un motif fiscal. Il est ici révélateur des intentions des instigateurs du schéma.

Enfin, si l'on considère que le législateur, lorsqu'il instaure un dispositif en faveur des entreprises, vise exclusivement le développement économique, alors l'absence de risque d'un montage (qui procure un avantage fiscal immédiat) peut laisser penser que ce dernier détourne un dispositif de ses objectifs premiers.

---

[806] TA Paris, 22 févr.2022, n° 1900486, *Sté SE Aubépar industries* : *RJF* 08-09/2022, n° 762, concl. P. BLANC (C762).

TITRE II. LE RISQUE PATRIMONIAL ET L'ABUS DE DROIT FISCAL

932. **Risque juridique.** Le risque n'est pas seulement économique, il peut être de nature juridique. Bien entendu, la matière fiscale semble ne s'intéresser qu'au premier, car ce type de risque est susceptible de conduire à l'enrichissement (donc à une imposition) ou à l'appauvrissement. Le droit fiscal paraît alors être indifférent à l'égard du risque juridique, sauf quand celui-ci a probablement un effet économique. En revanche, il est un domaine où le risque juridique est pleinement retenu sur le plan fiscal : la fraude à la loi. En effet, la volonté de se prémunir contre un risque avéré, quel qu'il soit, combattra cette branche de l'abus de droit, en ce qu'elle écarte le but fiscal du montage. Par exemple, la volonté de contourner un risque avéré d'indivision justifie le bien-fondé d'un schéma, qui par ailleurs procure des avantages fiscaux. Le critère du risque est, encore une fois, d'une aide précieuse pour infirmer l'élément subjectif de la fraude à la loi fiscale. S'agissant de révéler les intentions des auteurs d'un montage, le risque manifeste ici son caractère protéiforme.

933. **Plan.** À travers l'exemple de la transmission anticipée du patrimoine, nous montrerons dans le premier chapitre que l'intention de se protéger contre un risque avéré peut contrer la fraude à la loi fiscale. Dans le second chapitre, nous examinerons l'utilité du critère (du risque juridique) dans un environnement fiscal qui sanctionne les objectifs principalement fiscaux.

CHAPITRE 1. LE RISQUE JURIDIQUE : L'EXEMPLE DE LA TRANSMISSION ANTICIPEE DU PATRIMOINE

934. **Introduction.** Reprenons ici les bases de notre raisonnement. La fraude à la loi (fiscale) se définit comme la recherche, de manière exclusive[807] ou principale[808], d'un avantage fiscal immédiat (élément subjectif) par l'application littérale d'un dispositif, mais d'une manière contraire à son esprit (élément objectif). Ainsi, des opérations poursuivant un autre but que celui d'économiser l'impôt ne sont pas abusives, faute d'élément subjectif. Il est donc nécessaire, pour établir la validité et la régularité d'un schéma, d'apprécier les raisons motivant son élaboration.

Les contribuables poursuivent divers buts, parmi lesquels figurent notamment les investissements. Bien que l'enrichissement soit probablement l'intention fiscale la plus évidente et la plus incontestable[809], elle n'est pas exclusive. Les contribuables ont une multitude d'objectifs, rendant impossible une énumération exhaustive. Pourtant, ces buts constituent des indicateurs potentiels de fraude à la loi fiscale.

Toutefois, l'auteur d'un montage peut avancer une raison factice, c'est-à-dire artificielle, afin que l'administration fiscale ne remette pas en cause l'avantage fiscal obtenu. Il n'est pas d'exercice plus compliqué que de sonder les esprits. Face à cette difficulté, le critère du risque devient utile, quand bien même il n'est pas associé à la recherche du profit. C'est ce que nous exposerons dans ce chapitre : la volonté de se prémunir contre un risque avéré écarte (l'élément subjectif de) la fraude à la loi puisque le contribuable, en agissant ainsi, poursuit un but autre que fiscal.

935. **L'utilité du risque.** L'existence d'un véritable risque valide la sincérité des objectifs que les montages prétendent atteindre. En revanche, son absence peut révéler la supercherie, la manipulation des contribuables, pour plusieurs raisons.

En premier lieu, le contribuable peut souhaiter s'enrichir. Or, il n'y a pas de réel investissement sans prise de risque. L'existence d'une véritable incertitude de gain ou de perte valide la réalité des opérations (v. *supra* n° 809 et s.).

---

[807] Le but exclusivement fiscal que poursuit un contribuable est l'un des deux éléments (élément subjectif) de la fraude à la loi définie à l'article L 64 du livre des procédures fiscales. Ce dispositif est toujours assorti d'une pénalité qui lui est propre (article 1729, b du Code général des impôts) de 80 % ou de 40 %.

[808] Le but principalement fiscal fut instauré par l'article L 64 A du livre des procédures fiscales. Ce dispositif n'est pas assorti d'une pénalité systématique. Néanmoins, l'administration fiscale pourra toujours assortir le redressement des pénalités pour manquement délibéré (art. 1729, a du Code général des impôts) ou pour manœuvres frauduleuses (article 1729, c du Code général des impôts).

[809] Ce sujet est développé dans le chapitre précédent.

En second lieu, le contribuable peut chercher à minimiser un risque patrimonial qu'il est susceptible de subir. Dans ce cas, la raison le conduisant à réaliser le montage en cause est d'autant plus acceptable qu'elle n'est pas fiscale, puisque l'auteur du schéma cherche à se protéger contre un risque avéré.

Toutefois, encore faut-il que celui-ci (le risque) existe. À défaut, la motivation avancée pourrait être considérée comme artificielle. Par conséquent, face à une intention que le contribuable peut dissimuler derrière de nombreux prétextes, le risque – qu'il soit d'ailleurs associé ou non à la recherche du profit – est un indice précieux sur le plan fiscal. C'est un critère objectif, nous semble-t-il, à même de confirmer ou d'infirmer l'intention déclarée des contribuables (l'élément subjectif de la fraude à la loi). Et ce, car sa présence ne dépend plus de la seule volonté des auteurs du schéma mis en cause. Par exemple, l'incertitude que génère un risque patrimonial avéré, telle qu'une indivision, provient d'une source extérieure au contribuable lui-même et sur laquelle il n'a aucune véritable prise. Le contribuable peut néanmoins chercher à réduire les effets de ce risque concret en élaborant un montage, qui, bien que procurant un avantage fiscal, n'est pas abusif à défaut d'élément subjectif.

Par conséquent, nous montrerons que l'existence d'une véritable incertitude – de nature économique[810] ou juridique – confirme, dans de nombreux cas, la sincérité des objectifs poursuivis par le contribuable. Cela supplantera alors le but exclusivement fiscal de l'article L 64 du livre des procédures fiscales.

936. **But principalement fiscal.** La notion de « but principalement fiscal » de l'article L 64 A du livre des procédures fiscales pose ici un problème, car il s'agira de comparer des objectifs patrimoniaux (qui ne sont pas chiffrables) avec l'avantage fiscal obtenu. Cela ne devrait-il pas amener à analyser si les objectifs affichés du montage auraient pu être atteints par d'autres moyens ? Il est vrai, selon la jurisprudence du Conseil d'État[811], que le contribuable n'a pas à démontrer qu'il n'avait pas d'autres possibilités d'atteindre le même résultat. Néanmoins, la subjectivité de la notion de but principalement fiscal en présence d'arguments (autrement dit d'objectifs) non chiffrables ne va-t-elle pas conduire à la nécessité d'apporter cette preuve ? Autrement dit, face aux dires de l'administration fiscale[812], le contribuable ne devra-t-il pas justifier que le montage qu'il a choisi, bien que procurant des avantages fiscaux, était le seul susceptible de limiter les conséquences d'un risque réel ?

---

810 Ce sujet est développé dans le chapitre 1.

811 CE, 10e et 9e ch., 19 juin 2020, n° 418452 : *RJF* 10/20, n° 812, concl. A. Iljic (C812).

812 L'administration fiscale va-t-elle considérer que le but est principalement fiscal alors que le contribuable mettra en avant un objectif patrimonial ? Quel argument pèsera le plus lourd ? Dans cette pesée des motifs, que vaudra la parole du contribuable ?

En somme, la notion de but principalement fiscal ne peut-elle être combattue que par l'absence d'autres moyens de parvenir au même résultat ?

937. **Plan**. Le contribuable est en droit de se prémunir contre un risque avéré, quel qu'il soit, y compris par un montage procurant un avantage fiscal. Dès lors, le critère du risque trouve ici une nature polymorphe. En effet, il n'est pas seulement celui associé à la recherche de l'enrichissement. Nous illustrerons nos propos à travers l'exemple de la transmission anticipée du patrimoine. Ce terrain d'étude intéresse particulièrement notre sujet puisqu'il montre l'intérêt du critère du risque non économique – c'est-à-dire non associé à un investissement – pour écarter l'abus de droit (section 1). En effet, le risque, que l'on qualifie ici de patrimonial, peut tantôt connaître une utilité absolue dans les opérations viagères (section 2), tantôt être d'un intérêt relatif s'agissant de la fraude à la loi fiscale en l'absence d'élément objectif (section 3). En revanche, nous verrons que ce critère est tout à fait pertinent pour écarter l'élément subjectif de la fraude à la loi, notamment lors d'opérations consistant à apporter, en valeur économique, la nue-propriété d'un bien (section 4).

SECTION 1. L'ETUDE DE LA TRANSMISSION ANTICIPEE DE PATRIMOINE

938. **La gestion d'un patrimoine.** Nous abordons ici des stratégies visant à conserver et structurer un patrimoine. Ces schémas ne poursuivent pas l'enrichissement, mais tendent à améliorer, à sécuriser la détention d'un bien, à en préserver le contrôle, à le protéger de créanciers ou de tiers. Ces montages assureront, par exemple, l'égalité et les bonnes relations entre les différents héritiers lors du décès de ses auteurs.

939. **Plan**. Tout d'abord, la transmission anticipée du patrimoine est un terrain d'étude intéressant notre sujet, car il met en exergue l'utilité du risque patrimonial (A). Ensuite, il n'y a d'abus de droit que si les opérations procurent au contribuable un avantage fiscal. Nous verrons qu'anticiper la transmission d'un patrimoine par la technique du démembrement de propriété génère une économie d'impôt indéniable (B), que l'administration fiscale pourrait être tentée de reprocher au contribuable. Le service pourra, en effet, invoquer la simulation – la fictivité d'un acte – ou encore la fraude à la loi en présence d'un montage. Nous verrons que l'utilité du critère du risque est doublement utile selon que celui-ci s'apprécie dans sa dimension objective ou intentionnelle. En premier lieu, en présence d'un usufruit viager, l'aléa vital doit exister. En son absence, le démembrement de propriété est fictif[813]. Le risque est ici apprécié dans sa propriété intrinsèque, c'est-à-dire à travers l'incertitude qu'il génère. En second lieu, les montages élaborés par le contribuable peuvent avoir pour objectif, non fiscal, de se prémunir contre un

[813] Ce sujet est également développé dans la partie relative aux contrats aléatoires.

risque avéré. Ce dernier devient ainsi indicatif des intentions visées par les auteurs dudit schéma.

A. Un risque non associé à la recherche de l'enrichissement

1. Une multitude de buts et de risques

940. **Une multitude de buts.** Les contribuables peuvent poursuivre de nombreux objectifs. En effet, les raisons conduisant à la réalisation d'un montage sont légion. Ces motifs sont admis sur le plan fiscal tant qu'ils sont sincères en ne dissimulant pas une intention exclusivement ou principalement fiscale[814]. La volonté d'investir – l'initiative économique – est sans doute la motivation la plus incontestable (v. *supra* n° 809 et s.). Toutefois, les contribuables peuvent poursuivre d'autres buts. Les montages qu'ils élaborent n'ont pas tous pour objectif la recherche de l'enrichissement.

941. **Des objectifs complémentaires**. Notons immédiatement que les différents objectifs que le contribuable vise ne s'opposent pas. Ils sont, au contraire, complémentaires. Face aux griefs de l'administration fiscale, les auteurs d'un montage peuvent se prévaloir de plusieurs buts de nature différente. Afin d'illustrer nos propos, prenons l'exemple de la société holding de rachat (v. *supra* n° 848 et s.). Le contribuable peut exprimer le souhait d'investir, tout en évitant d'exposer son patrimoine au risque. L'utilisation d'une société à responsabilité limitée offre cette possibilité. Celle-ci pourra emprunter à la place de la personne physique, et pourra nantir les titres acquis en garantie. Le motif économique – l'investissement – et celui juridique – la protection du patrimoine de la personne physique – se complètent alors parfaitement.

2. Du but poursuivi au critère du risque

942. **Dualité**. Deux types de risque se démarquent. Le premier est susceptible d'influer sur la matière imposable (a). Tandis que le second est totalement neutre (b), sans versant économique, mais dont l'existence sera néanmoins reconnue par le droit fiscal s'agissant d'apprécier les motifs d'un montage.

a. Le risque associé à la recherche de l'enrichissement

943. **L'objectif de s'enrichir.** La première catégorie de risques est celle qui opère sur la matière imposable. Il s'agit d'un risque de nature économique.

---

[814] Les motivations justifiant la réalisation d'un montage sont toutes recevables (quelle que soit leur nature) tant qu'elles sont sincères et qu'elles ne poursuivent pas, de manière exclusive ou principale, un but fiscal.

Ce risque se rattache, peu ou prou, à un investissement, à la recherche de l'enrichissement. Il est donc susceptible de générer des impôts. En effet, nous pouvons considérer que lorsque le contribuable vise ce but – celui de s'enrichir – le risque qu'il supporte aura une incidence sur la matière imposable puisque cette recherche conduira soit à la richesse en cas de succès ou, en cas d'échec, à un appauvrissement. Il présente, à notre sens, deux caractéristiques majeures.

En premier lieu, cette nature de risque est pleinement considérée sur le plan fiscal lorsqu'elle est associée à une authentique recherche d'enrichissement, raison pour laquelle son évaluation se réalise à travers le prisme de l'intention.

En second lieu, l'initiative économique supplante l'avantage fiscal que le montage procure. C'est pourquoi nous avons montré que ce risque, attaché à la recherche de l'enrichissement, constitue une mesure préventive, un remède contre la fraude à la loi. En ce sens, l'économie d'impôt générée par le montage s'efface devant une cause supérieure : la création de richesses[815]. Il est à noter que le risque économique concerne tant les professionnels que les particuliers. Ces derniers peuvent également investir en vue de s'enrichir.

b. La volonté de se prémunir contre un risque patrimonial

944. **Risque patrimonial.** Le risque patrimonial peut se définir comme l'incertitude relative à un événement ou à une obligation juridique pouvant conduire à perdre la propriété d'un bien. Il demeure, par nature, neutre sur le plan fiscal, car il n'est pas associé à la recherche du profit. (i). Cependant, lorsque le contribuable tente de se prémunir contre ce risque avéré en instaurant un montage qui, par ailleurs, lui confère une économie d'impôt, le droit fiscal doit nécessairement reconnaître que les motivations sous-jacentes sont vertueuses (ii).

i. Un risque patrimonial neutre, par principe

945. **Absence d'enrichissement.** Le risque patrimonial n'influe pas directement sur la matière imposable, car il n'est pas associé à la recherche de l'enrichissement. Ce risque, que nous qualifions de non-économique, demeure neutre sur le plan fiscal. Le droit fiscal est logiquement insensible à son égard, étant donné qu'il n'engendre aucun profit[816]. Cependant, il reconnaît son existence lorsqu'il s'agit d'identifier les intentions des auteurs d'un montage. En témoigne l'illustration suivante.

---

[815] *Ibid.*

[816] Ce risque est neutre sur le plan fiscal, car il ne trouve pas sa source dans la recherche de l'enrichissement.

946. **Illustration.** Une famille recomposée pourra choisir d'acquérir sa résidence principale à travers une société civile. Par exemple, Monsieur X et Madame Y ne sont pas mariés et ont chacun des enfants d'un premier lit. L'interposition d'une société permettra d'éviter que le survivant se retrouve en indivision avec des enfants qui ne sont pas les siens. Un tel montage ne vise pas l'enrichissement. Il ne cherche qu'à prémunir ses auteurs d'un risque patrimonial né d'une situation familiale. Aussi longtemps que cela n'engendre aucune incidence sur la matière imposable, le droit fiscal y est totalement indifférent.

ii. Un risque néanmoins reconnu par le droit fiscal

947. **Risque patrimonial et fiscalité.** Ce n'est que lorsque le montage procure une économie d'impôt que le but qu'il poursuit intéresse la matière fiscale. Tel sera le cas des opérations visant à transmettre un patrimoine ou l'un de ses éléments. En effet, dans ce cas, les héritiers ou les donataires s'enrichissent. Ils sont donc redevables de droits de donation ou de succession. Or, un montage ne doit pas rechercher à titre exclusif ou principal un avantage fiscal en détournant la loi de ses objectifs. Le critère du risque devient alors utile puisqu'il permet de justifier les saines motivations (non fiscales) que le contribuable prétend poursuivre.

948. **Illustration.** En premier lieu, des parents peuvent exprimer le souhait d'anticiper la transmission de leur patrimoine afin d'éviter, lors de leur décès, une situation potentiellement risquée tant pour le conjoint survivant que pour leurs enfants. Certains montages visent donc à prévenir la mise en indivision entre les héritiers présomptifs, étant donné que chaque indivisaire a la possibilité de mettre fin à ce mode de détention précaire. Nous verrons que l'apport de la nue-propriété au profit d'une société permettra d'atteindre cet objectif[817]. Or, bien que cela génère des économies d'impôt, les préoccupations familiales du contribuable sont ici bien éloignées de celles fiscales puisque l'intéressé cherche avant tout à protéger ses proches contre un risque avéré.

En second lieu, le risque peut résulter d'une obligation juridique, que celle-ci soit légale ou conventionnelle. Par exemple, les parents supportent le risque juridique de devoir subvenir aux besoins de leurs descendants. Outre l'aspect moral, le Code civil en dispose ainsi[818]. Dès lors, la donation de l'usufruit temporaire d'un immeuble de rapport au profit d'un enfant majeur, et par ailleurs étudiant dans le besoin, est une opération qui ne poursuit pas un but

---

[817] Ce sujet est traité à la section 4.

[818] Article 205 et suivants du Code civil.

exclusivement fiscal[819]. Certes, le donateur réalise une économie d'IFI, mais le schéma permet également de se conformer à une obligation légale.

En somme, le droit fiscal ne s'intéresse au risque patrimonial que lorsque celui-ci est la raison conduisant un contribuable à élaborer un montage procurant une économie d'impôt.

B. Transmettre de manière anticipée : quel avantage fiscal ?

949. **Anticipation**. L'anticipation de la transmission d'un patrimoine se réalise bien souvent par la technique du démembrement de propriété. L'assiette des droits de donation est alors réduite puisque seule la nue-propriété est transmise, le donateur se réservant l'usufruit. Les droits démembrés peuvent s'évaluer selon le barème légal de l'article 669 du Code général des impôts (1) ou, lorsque les conditions de l'opération le permettent, par une méthode financière (2).

1. Une réduction de la matière imposable

950. **Économie des droits de donation.** L'article 669, I du Code général des impôts[820] détermine la valeur d'un usufruit viager en fonction de l'âge de l'usufruitier. Plus ce dernier est jeune, plus le droit qu'il conserve, l'usufruit, a une valeur importante puisqu'il pourra en bénéficier sur une longue période. Réciproquement, la valeur de la nue-propriété sera alors moindre puisque son titulaire devra attendre de longues années avant de devenir le plein propriétaire. Si bien que lorsque la transmission anticipée du patrimoine utilise la technique du démembrement de propriété, l'assiette des droits de donation est alors considérablement réduite comparativement à une donation en pleine propriété. De même, s'agissant d'un usufruit d'une durée fixe, l'article 669, II du Code général des impôts détermine sa valeur à 23 % de la pleine propriété pour chaque période de dix ans. Par exemple, un usufruit d'une durée de 15 ans est évalué, sur le plan fiscal, à 46 % de la valeur de la pleine propriété.

951. **Absence de droit de succession**. Le procédé du démembrement de propriété décrit n'a de pertinence que s'il est associé à l'article 1133 du Code général des impôts. Ce dernier dispositif dispose, sous réserve des dispositions de l'article 1020[821] du même code, que l'extinction de l'usufruit, que ce soit par l'expiration du temps[822] ou par le décès de l'usufruitier, ne donne

---

[819] Une telle opération est susceptible de générer une économie d'impôt sur la fortune immobilière puisque la valeur de la pleine propriété de l'immeuble - dont l'usufruit est transmis temporairement – est imposée chez l'usufruitier.

[820] Cet article est issu de la loi de finances pour 2004 (loi 2003-1311 du 30 déc. 2003 : FR 60/03). Il remplace l'ancien article 762 du même Code.

[821] En présence d'un immeuble, le nu-propriétaire devra payer la taxe de publicité foncière au terme du démembrement.

[822] Cela concerne les usufruits à durée fixe.

ouverture à aucun impôt ou taxe. Dès lors, le nu-propriétaire ne subira aucune fiscalité lorsqu'il deviendra plein propriétaire. Observons incidemment que la loi de finances pour 2024 a introduit une exception au principe énoncé en instaurant l'article 774 bis du Code général des impôts. Tout d'abord, la mesure interdit la déduction de l'actif successoral des dettes de restitution exigibles qui portent sur une somme d'argent dont le défunt s'était réservé l'usufruit. Enfin, et surtout, elle déroge à l'article 1133 puisque la valeur correspondant à la dette de restitution non-déductible de l'actif successoral donnera lieu à un paiement de droit de succession par le nu-propriétaire. Dans ce contexte, ce dernier ne pourra plus envisager de devenir pleinement propriétaire (d'une somme d'argent) sans être soumis à une imposition. Il est important de souligner que ce récent dispositif ne vise pas les dettes de restitution contractées sur le prix de cession d'un bien dont le défunt s'était réservé l'usufruit, sous réserve qu'il soit justifié que ces dettes n'ont pas été contractées dans un objectif principalement fiscal, ni aux usufruits qui résultent de l'application des articles 757 ou 1094-1 du code civil.

952. **Les doutes.** Le domaine d'application de ce nouvel article 774 bis demeure encore incertain. Selon M. Leroy, cette récente mesure établit deux principes[823].

D'après le premier principe, les dettes de restitution ne peuvent être déduites de l'actif de succession du défunt usufruitier si le démembrement concernait initialement une somme d'argent.

Le second principe pose une présomption de non-déductibilité lorsque le démembrement de propriété commençait à porter sur un bien et que, par la suite, les contribuables ont reporté le démembrement de propriété sur le produit de la vente. Attendons patiemment les commentaires de l'administration fiscale sur ce sujet. Quoi qu'il en soit, les montages patrimoniaux que nous présenterons en exemple dans ce chapitre pour étayer notre thèse, démontrant la pertinence du critère du risque juridique pour contester une fraude à la loi fiscale, ne semblent pas être menacés par ce nouveau dispositif. C'est d'ailleurs le contraire puisque M. Leroy suggère « un report de l'usufruit, lors de la cession sur le bien acquis en remploi, par exemple sur des titres de sociétés[824] ». L'interposition d'une personne morale revêt alors un intérêt certain, peut-être même encore plus qu'auparavant (v. *infra* n° 1000 et s.).

953. **Autres économies d'impôts.** Le démembrement de propriété présente des avantages qui vont au-delà de l'économie de droits de mutation à titre gratuit. Certaines stratégies patrimoniales consistent à donner pour une durée fixe l'usufruit d'un immeuble de rapport aux enfants majeurs afin de les aider à subvenir à leurs besoins. Une telle opération peut procurer une

---

[823] M. Leroy, « Article 774 bis du CGI : faut-il s'inquiéter pour les stratégies patrimoniales ? », *RFP* n° 3, mars 2024, at.25.

[824] *Ibid.*

économie d'impôt sur la fortune immobilière (IFI) pour les parents. En effet, selon l'article 968 du Code général des impôts, « les actifs grevés d'un usufruit, d'un droit d'habitation ou d'un droit d'usage accordé à titre personnel sont, pour l'assiette de l'IFI, compris dans le patrimoine de l'usufruitier ou du titulaire du droit pour leur valeur en pleine propriété ». Notons, au passage, que les parents, renonçant aux fruits, économisent également, le temps du démembrement, l'impôt sur les revenus fonciers pour un montant bien supérieur à ce qu'ils auraient pu bénéficier en déduisant une pension alimentaire[825], ou en rattachant l'enfant étudiant à leur foyer fiscal[826].

2. Une économie d'impôt supplémentaire par l'évaluation financière

954. **Apport en société.** L'opération de démembrement de propriété peut faire usage de l'interposition d'une société. Comme nous le verrons[827], cette stratégie d'apport-donation n'est pas dénuée d'intérêt, car elle permet au donateur de se prémunir contre de multiples risques. Dans ce cas, la nue-propriété n'est pas donnée directement aux enfants. Elle est initialement apportée à une société. Par la suite, les titres de cette dernière sont transmis en pleine propriété aux héritiers présomptifs[828]. Les donataires deviennent ainsi, en fin de compte, les associés d'une société nue-propriétaire qui deviendra pleine-propriétaire au décès de l'usufruitier.

955. **Valeur économique**. Par une réponse ministérielle[829] de 2005, l'administration confirme que le barème de l'article 669 du Code général des impôts ne détermine pas la véritable valeur économique des droits démembrés. Une telle évaluation irait à l'encontre des règles de sincérité et d'image fidèle des comptes des entreprises[830]. Dès lors, le barème légal (issu de l'article 669 du Code général des impôts) n'est obligatoire que pour

[825] Selon l'article 156, II 2° du Code général des impôts : « la déduction est limitée, par enfant majeur, au montant fixé pour l'abattement prévu par l'article 196 B. Lorsque l'enfant est marié, cette limite est doublée au profit du parent qui justifie qu'il participe seul à l'entretien du ménage ». La déduction d'une pension alimentaire versée à un enfant majeur célibataire est limitée, pour les revenus de 2023, à un montant de 6 674 euros.

[826] L'économie d'impôt supplémentaire est plafonnée à un montant de 1 678 euros par demi-part (pour l'impôt sur les revenus de 2023) que confère chaque enfant rattaché au foyer fiscal de ses parents.

[827] Ce sujet est traité dans la section 4.

[828] Nous verrons que le donateur, par ailleurs gérant de la société, conservera, de manière avisée, une part en pleine propriété afin de se protéger contre toute révocation de son mandat social. Pour ce faire, il suffira que les statuts prévoient la nomination et la révocation du représentant légal à l'unanimité des associés.

[829] Rép. Grosskost n° 55175, JO 28 juin 2005, AN quest. p. 6466.

[830] Selon l'article L 123-14 du Code de commerce : « Les comptes annuels doivent être réguliers, sincères et donner une image fidèle du patrimoine, de la situation financière et du résultat de l'entreprise [...] ».

déterminer l'assiette des droits de donation ou de succession[831]. S'agissant d'une vente ou d'un apport, le contribuable doit s'écarter de ce barème afin de déterminer une valeur, un prix qui reflète au mieux la réalité économique. À défaut, l'opération risque d'être considérée comme relevant d'un acte anormal de gestion, comme en attestent plusieurs décisions jurisprudentielles.

Dans une affaire récente[832], le fisc critique les valeurs d'acquisition par deux SCI distinctes de l'usufruit temporaire et de la nue-propriété d'un même bien immobilier. La surestimation de la valeur payée par la première société, soumise à l'IS, profite à la seconde, non soumise à cet impôt. Pour prouver l'appauvrissement de l'usufruitier, et réciproquement l'enrichissement du nu-propriétaire, le service recourt de lui-même à d'une méthode financière, sans utiliser le barème légal de l'article 669, II du Code général des impôts. La surévaluation incriminée est qualifiée de libéralité : les associés de la société nue-propriétaire sont alors imposés sur cet avantage occulte, en vertu du c de l'article 111 du Code général des impôts.

956. **Illustration.** Dans une autre situation, l'administration fiscale conteste la sous-évaluation du prix de vente de l'usufruit temporaire des parts d'une société civile au profit d'une société exploitant un hôtel. Une telle sous-évaluation est imposée chez la société cessionnaire soumise à l'IS par la combinaison des articles 38-2 et 38 quinquies de l'annexe III du Code général des impôts, en conformité avec une jurisprudence établie de la haute juridiction administrative *(v. supra* n° 590 et s).

Le prix contesté avait été déterminé en utilisant le taux prévu à l'article 669 susmentionné, à savoir 23 % par période de dix ans, appliqué à la valeur vénale de la pleine propriété des titres. Néanmoins, il est avéré que cette dernière, c'est-à-dire la valeur vénale de la pleine propriété, était incorrect. Le différend se cristallise sur les différentes méthodes d'évaluation financières de l'usufruit. La cour administrative d'appel de Nantes[833], statuant après renvoi du Conseil d'État[834], indique que la méthode financière doit se fonder sur les distributions prévisionnelles, et non sur les bénéfices prévisionnels. Quoi qu'il en soit, les conclusions du rapporteur public, E. Bokdam-Tognetti[835], nous confirment deux points.

Tout d'abord, lorsque la valeur de l'usufruit temporaire est déterminée par une méthode financière, il est nécessaire de prendre en compte les flux

---

[831] Notons que l'article 74 SE de l'annexe II au Code général des impôts renvoie au barème de l'article 669 du même Code en matière de plus-values immobilières des particuliers. Toutefois, cela ne concerne que le calcul de la plus-value imposable chez le cédant et ne porte pas sur le prix de cession à retenir pour ce calcul.

[832] CE, 8e et 3e ch., 24 oct. 2018, n° 412322 et 412323 : *RJF* 01/19, n° 36.

[833] CAA Nantes, 26 nov. 2020, n° 19NT03876, *Sté Hôtel Restaurant Luccotel* : *RJF* 03/2, n° 244.

[834] CE 9e et 10e ch., 30 sept. 2019, n° 419855, *Sté Hôtel Restaurant Luccotel* : *RJF* 12/19, n° 1123, concl. E. BOKDAM-TOGNETTI (C1123). P. FERNOUX, « L'évaluation de l'usufruit de parts de SCI : le Conseil d'État met les choses au point », *Dr. fisc.* 2019, n° 48, comm. 465.

[835] *Ibid.*

financiers *susceptibles* d'être versés. Il convient donc de se référer *au moment de l'acte de gestion* pour évaluer les distributions prévisionnels (v. *supra* n° 376 et s.).

Enfin, le barème prévu à l'article 669 du Code général des impôts (23 % par tranche de 10 ans) est spécifique au calcul des droits d'enregistrement et au calcul du prix d'achat dans certaines situations. Malgré cela, est-il possible pour le contribuable de justifier l'utilisation de ce dispositif (en l'appliquant à une valeur vénale de pleine propriété correctement déterminée) pour contester les griefs de l'administration fiscale ? En somme, le barème est-il une clé de répartition valable pour décliner (en usufruit et en nue-propriété) une juste valeur vénale de la pleine propriété ? Rien n'est moins sûr. En tout cas, dans les deux affaires précédemment exposées, le service n'a en aucun cas employé ce barème pour rectifier la valeur qu'il conteste.

957. **Illustration**. La cour administrative d'appel de Nantes a rendu son avis dans une autre affaire, fournissant ainsi une première orientation dans ce contexte incertain. Une société civile immobilière acquiert l'usufruit temporaire, pour une durée de dix années, de la totalité des parts sociales d'une autre SCI[836]. L'administration fiscale estime que le coût de cette acquisition est surestimé. Elle regarde l'écart entre la valeur vénale et le prix réel payé comme une libéralité constitutive d'un acte anormal de gestion. Selon le service, en procédant ainsi, la société s'est appauvrie volontairement sans bénéficier qu'une quelconque contrepartie.

Le litige porte sur la valeur de l'usufruit temporaire. Le vérificateur détermine celle-ci en appliquant le barème de 23 % de l'article 669, II du Code général des impôts[837] à la valeur en pleine propriété des parts sociales (dont l'usufruit est acquis) telle qu'elle apparaissait dans une précédente déclaration de succession. Or, pour la cour, l'administration fiscale ne démontre aucunement une surélévation de la valeur de l'usufruit à durée fixe en procédant de la sorte.

D'une part, en raison du fait que « l'article 669 du Code général des impôts ne s'applique qu'aux droits d'enregistrement et à la taxe de publicité foncière ». D'autre part, parce que la méthode qui consiste à appliquer le barème légal à la valeur de la pleine propriété aboutit, au vu des revenus locatifs, à un taux de rentabilité d'environ 12 % », un chiffre qui ne correspond aucunement au rendement de 6 % dégagé par les biens immobiliers détenus par la société requérante.

En somme, pour le juge, le barème de l'article 669 du Code général des impôts ne permet pas de déterminer une véritable valeur économique des droits démembrés. Le dispositif n'est utile que pour calculer l'assiette des

836 CAA Nantes, 1 avril 2021, n°19NT01560, *SCI Varennes* : *RJF* 10/21, n° 902.

837 Selon l'article 669, II du Code général des impôts : « l'usufruit constitué pour une durée fixe est estimé à 23 % de la valeur de la propriété entière pour chaque période de dix ans de la durée de l'usufruit, sans fraction et sans égard à l'âge de l'usufruitier ».

droits d'enregistrement (succession, donation et mutation). Pour cette raison, l'évaluation réalisée par l'administration fiscale est écartée. L'élément objectif de l'acte anormal de gestion, c'est-à-dire l'appauvrissement délibéré sans contrepartie, n'est alors aucunement démontré.

958. **Paradoxe.** Notons d'emblée que cette différence entre l'évaluation financière et celle fiscale résulte du législateur et non du contribuable. La réponse ministérielle précité (v. *supra* n° 955) elle-même admet que le barème fiscal ne reflète pas la valeur économique des droits démembrés. En conséquence, le contribuable ne saurait être critiqué pour chercher à pallier les insuffisances de la loi fiscale en déterminant une valeur financière aussi proche que possible de la réalité économique. Nous verrons que l'administration fiscale ne pourra pas contester l'interposition de la société ayant facilité l'apport en valeur économique, sauf si le procédé ne poursuit que l'économie d'impôt[838].

3. Conclusion : un avantage fiscal indéniable

959. **Économie d'impôts.** L'avantage fiscal du démembrement de propriété est indéniable, d'autant plus lorsque les droits démembrés sont évalués de manière économique. Seule la nue-propriété est transmise ce qui réduira les droits de succession à venir. En outre, le donataire deviendra, à terme, plein propriétaire, sans supporter de fiscalité supplémentaire. Pour autant, bien que l'avantage fiscal soit incontestable, anticiper la transmission d'un patrimoine par la technique du démembrement de propriété est-elle une pratique abusive ?

SECTION 2. QUAND LE CRITERE DU RISQUE CONNAIT UNE UTILITE ABSOLUE

960. **Plan.** Le critère du risque n'est pas considéré comme pertinent pour établir une simulation (A), sauf s'agissant des contrats aléatoires (B). Nous illustrerons notre assertion à travers l'exemple des usufruits viagers.

A. Une utilité (généralement) limitée du risque en matière de simulation

961. **La simulation.** L'administration fiscale définit la simulation comme « la différence objective existant entre l'apparence juridique créée par l'acte en cause et la réalité, en particulier économique, sous-jacente à cet acte[839] ». La simulation se décline traditionnellement en un acte fictif, un acte déguisé ou l'interposition fictive d'une personne. Dans tous les cas, elle ne concerne qu'une seule opération.

---

[838] *Ibid.*

[839] BOI-CF-IOR-30-10, §30, 31 janv. 2020.

Le premier est un acte qui n'existe pas, qui n'est pas réel. Le second est un acte qui en cache un autre tel, qu'une donation déguisée en vente. Le dernier est « un acte réel et sincère, mais qui recèle un mensonge sur la personne du cocontractant[840] ».

962. **Plan**. La simulation reste insensible aux objectifs poursuivis par les contribuables (1), ce qui la rend, en principe, indifférente au critère du risque (2).

1. Une branche de l'abus de droit insensible aux intentions et au risque

963. **Insensibilité.** La simulation, au contraire de la fraude à la loi, ne nécessite pas la démonstration d'une intention fiscale. Le professeur de la Mardière résume parfaitement l'état du droit en expliquant que « dès lors que la simulation est établie, autrement dit, chaque fois qu'est démontrée la volonté de tromper les tiers à l'acte en cause, les motifs poursuivis par le contribuable sont indifférents. Parmi ces tiers, le fisc est en première place, mais d'autres personnes peuvent se trouver également lésées [...][841] ».

En d'autres termes, l'acte est fictif puisqu'il n'est qu'une apparence visant à tromper les tiers, quels qu'ils soient. La fictivité est la constatation d'un mensonge avant de produire une conséquence fiscale. L'administration fiscale pourra, ensuite, en tirer les conclusions qui l'intéresse : l'acte n'existant pas, il ne peut produire aucun effet, y compris sur le plan fiscal.

964. **Illustration**. La jurisprudence *Dozinel*[842] témoigne de cette indifférence à l'égard de l'intention poursuivie par les contribuables. Cet arrêt est notable, car la Cour de cassation adopte une position alignée sur celle du Conseil d'État[843]. Auparavant, la haute cour judiciaire considérait que la simulation nécessitait deux conditions : la fictivité de l'acte et la recherche d'un but exclusivement fiscal[844]. Depuis lors, elle différencie clairement la simulation, indépendante des intentions des contribuables, de la fraude à la loi, qui nécessite la réunion des éléments objectif et subjectif. Dans cette espèce[845], un couple transmet à ses enfants la nue-propriété des parts d'un

---

[840] C. DE LA MARDIERE, *JCl. Procédures fiscales, Fasc. 375, Abus de droit. Textes, historique et notion, n° 202.*

[841] *Ibid, n° 148.*

[842] Cass.com., 19 avril 1988, n° 86-19079, *Dozinel : RJF* 02/89, n° 250.

[843] CE, plén., 10 juin 1981, n° 19079 : *Dr. fisc 1981*, n° 48, comm. 2187.

[844] En sens, voyez : Cass. com., 16 oct. 1984, n° 734 : *RJF* 2/85, n° 342. La haute cour judiciaire considérait que l'administration fiscale « doit, pour pouvoir écarter comme lui étant inopposables certains actes passés par le contribuable, établir que ces actes avaient un caractère fictif et ne pouvaient être regardés comme ayant eu pour seul but d'éluder les impositions, dont était passible l'opération réelle [...] ».

[845] Cass.com., 19 avril 1988, n° 86-19079, *Dozinel : RJF* 02/89, n° 250.

groupement foncier agricole[846]. L'administration fiscale, invoquant une fraude à la loi, notifie aux enfants un redressement en leur refusant le bénéfice de la réduction des droits de mutation à titre gratuit prévue par l'article 793-4° du Code général des impôts[847]. Toutefois, elle ne retient que l'avantage fiscal sans même démontrer que celui-ci est recherché de manière exclusive.

Selon l'attendu de la Cour de cassation, les actes juridiques peuvent être écartés si l'administration fiscale établit[848] qu'ils étaient fictifs *ou* démontre que leurs initiateurs poursuivaient un but exclusivement fiscal. En ce sens, la simulation ne nécessite aucunement la démonstration d'une intention. Avec cette précision, la Cour de cassation adopte désormais le même raisonnement que le Conseil d'État, ne subordonnant plus la simulation à la recherche d'un but exclusivement fiscal. Cette intention fiscale ne se rattache plus qu'à l'autre branche de l'abus de droit (la fraude à la loi).

965. **Conséquences.** L'acte simulé ne reflète pas la réalité des faits. La simulation se caractérise donc par un décalage objectif entre une apparence juridique et une réalité économique. En d'autres termes, l'acte est le support du mensonge puisqu'il travestit une réalité économique et « il suffit au contribuable de cacher la réalité à l'administration fiscale pour être censé vouloir échapper à l'impôt[849] ». La fictivité se constate matériellement, objectivement, indépendamment des objectifs poursuivis. Par la méthode du faisceau d'indices, l'administration fiscale démontre l'inexistence des éléments de fait nécessaires à la réalisation de l'acte juridique. Le critère du risque n'est généralement qu'un élément de fait objectif – parmi d'autres – utile à l'identification de ce mensonge, de ce décalage entre l'acte et les faits. En somme, l'indifférence envers les intentions déclarées justifie la limitation de l'utilité du critère du risque en matière de simulation, car il ne constitue pas, sauf pour les contrats aléatoires, un élément constitutif d'un acte juridique.

2. L'utilité du risque réservée à certains contrats particuliers

966. **Risque et simulation.** Le critère du risque est utile en matière de simulation uniquement lorsqu'il participe de la définition de l'acte juridique en cause. Tel est le cas des contrats aléatoires (a). D'autres actes pourraient-

---

[846] Un groupement foncier agricole (GFA), défini à l'article L 322-6 du Code rural et de la pêche maritime, est une société civile dont l'objet est la détention de terres agricoles.

[847] Selon ce dispositif, les parts de GFA bénéficient aujourd'hui, sous certaines conditions, d'un abattement de trois quarts de leur valeur pour l'assiette des droits de mutation à titre gratuit.

[848] À noter que depuis la loi de finances pour 2019 *(L. n° 2018-1317, 28 déc. 2018, art. 202 : Dr. fisc.* 2019, n° 1-2, comm. 54*)*, la charge de la preuve d'un abus de droit incombe toujours à l'administration fiscale quel que soit le sens de l'avis du Comité de l'abus de droit fiscal lorsque celui-ci a été saisi.

[849] CH. DE LA MARDIERE, « L'abus de droit fiscal en France », *Revue internationale du patrimoine*, 2022/10-11, p. 94.

ils être concernés par le critère du risque ? Qu'en est-il du contrat de société (b) ?

a. Les contrats aléatoires

967. **Aléa.** Selon l'article 1108 du Code civil, un contrat est aléatoire lorsque les parties acceptent de faire dépendre ses effets, quant aux avantages et aux pertes qui en résulteront, d'un événement dont la survenance n'est qu'incertaine. Le risque, entendu comme l'incertitude de réalisation de cet événement, est un élément constitutif de ce contrat. En son absence, l'administration fiscale pourra invoquer une simulation, c'est-à-dire la fictivité de l'acte.

Nous identifions trois contrats de cette nature, aléatoire, présentant de réels avantages sur le plan fiscal : le démembrement de propriété avec un usufruit viager (v. *infra* n° 971 et s.), l'assurance-vie et, pour finir, la clause d'accroissement, que nous allons maintenant illustrer à travers un avis du Comité de l'abus de droit fiscal.

968. **Les faits**. M. et Mme X, mariés sous le régime de la séparation de biens, ont acquis en mai 2013 un appartement. L'acte notarié contient une clause d'accroissement selon laquelle le survivant du couple sera réputé être rétroactivement le plein propriétaire du bien. L'immeuble est financé par un emprunt, lequel sera remboursé par anticipation, peu avant le décès de Monsieur en juin 2013, par le prix de cession de biens qui lui sont propres. L'administration fiscale constate que le défunt, dont l'état de santé était notoirement dégradé, a participé seul au financement de l'immeuble. Elle considère que le défaut d'aléa vital – la certitude du décès imminent de Monsieur au moment de l'acquisition de l'appartement – et économique – seul Monsieur a financé le bien – remet en cause le pacte tontinier[850]. Celui-ci est fictif. Il n'existe pas dans la mesure où Mme X est la seule à bénéficier d'un intérêt dans cette opération. Son époux s'est dépouillé irrévocablement à son profit. L'administration fiscale assortit le redressement de pénalité de 80 % s'agissant d'un abus de droit par simulation.

969. **Avis.** Le Comité écarte l'argument du couple selon lequel le conjoint survivant aurait été, dans tous les cas, exonéré des droits de succession[851]. En effet, il est vrai que l'opération ne présente aucun intérêt fiscal, seulement patrimonial : il devait protéger le conjoint survivant – ici l'épouse – du risque de se retrouver en indivision avec l'enfant du défunt. Cependant, nous sommes ici en présence d'une simulation, totalement insensible aux volontés fiscales des contribuables, comme nous l'avons exposé précédemment (v. *supra* n° 773). L'acte est fictif en l'absence d'aléa vital et économique (il est donc dénué d'incertitude, de risque), indépendamment des buts poursuivis.

[850] Une clause d'accroissement est également dénommée un pacte tontinier.

[851] Article 796-0 Bis du Code général des impôts.

L'administration fiscale, même en l'absence d'intention fiscale, est donc en droit de l'écarter. G. Wicker résume parfaitement la solution : « l'acte visant à frauder les droits des tiers, mais non inspiré par l'intention de frauder la loi fiscale, peut néanmoins être la source d'un abus de droit fiscal par simulation[852] ». Le pacte tontinier litigieux dissimule, en réalité, une donation entre époux qui, bien que bénéficiant d'un abattement, n'est pas exonérée de droits de donation[853].

b. Le contrat de société

970. **Définition.** Selon l'article 1832 du Code civil, la société est instituée par deux ou plusieurs personnes qui conviennent par un contrat d'affecter à une entreprise commune des biens, ou leur industrie, en vue de partager le bénéfice ou de profiter de l'économie qui pourra en résulter. Dès lors, il est possible d'établir un lien entre l'objet de la société – à savoir le partage de bénéfices – et le critère du risque, puisque ce dernier est généralement associé à l'enrichissement. Cependant, nous constaterons ultérieurement que ce lien n'apparaît pas clairement en raison des hésitations de la jurisprudence. Nous exposerons certaines contradictions. La Cour de cassation soutient que la détention exclusive de la nue-propriété d'un bien par une société la rend fictive, car son objectif n'est ni la recherche de bénéfices ni la réalisation d'économies. En revanche, par exemple, la cour d'appel de Bourges est d'avis qu'une société civile ne peut être critiquée pour l'absence de revenus.

B. L'utilité absolue du risque lors d'un usufruit viager

971. **Aléa vital.** En ce qui concerne les opérations de donation en démembrement de propriété à durée indéterminée[854], l'incertitude liée à la survenance du décès de l'usufruitier, souvent appelée "l'aléa vital", revêt une importance fondamentale, car le contrat est aléatoire. La volonté de l'usufruitier est de percevoir les fruits ou d'utiliser le bien sa vie durant. Par conséquent, lorsque le donateur a conscience de son état de santé dégradé au moment du démembrement de propriété, l'opération devient alors simulée. L'usufruitier fait croire qu'il a la volonté – et la possibilité – d'utiliser le bien ou d'en percevoir les fruits pendant une durée indéterminée, alors même qu'il

[852] CADF, avis, séance n° 4/2021, 6 mai 2021, aff. n° 2021-08 : *Dr. fisc.* 2021, n° 43, comm. 403, obs. G. WICKER.

[853] Les donations entre époux bénéficient d'un abattement de 80 724 euros selon l'article 777 du Code général des impôts.

[854] Un droit d'usufruit sur une chose est toujours temporaire. À défaut, il porterait atteinte au droit du nu-propriétaire. Toutefois, le droit d'usufruit peut être d'une durée déterminée, fixe. Il s'éteindra, dans ce cas, au terme de la durée fixée par les parties. Il peut également être d'une durée indéterminée : il s'éteindra au décès de son titulaire.

sait, en réalité, qu'il ne pourra pas le faire. Ainsi, l'aléa vital constitue un critère fondamental dans le contexte des opérations viagères.

972. **Plan**. En réaction à d'éventuelles dérives de la part des contribuables, le législateur a instauré une présomption simple de pleine propriété (1), que le contribuable peut donc renverser en apportant la preuve contraire (2).

1. L'absence de risque présumée

973. **Une présomption de simulation.** L'objectif des dispositions des articles 751 (a) et 752 (b) du Code général des impôts est de prévenir les opérations fictives. Tel sera le cas lorsque le contribuable, se sachant mourant, a consenti une donation (ou une cession s'agissant de l'article 752) peu avant son décès. La fictivité peut également provenir du fait que l'usufruitier a pu payer le prix de la pleine propriété. Si bien que le nu-propriétaire n'a, en réalité, rien déboursé. Ce dernier a donc bénéficié d'une libéralité que l'administration fiscale aura du mal à identifier dans le délai de reprise. Le législateur permet alors à l'administration de ne pas se placer à l'origine du démembrement (au moment de la donation par exemple), mais au moment du décès de l'usufruitier. Le procédé vise à sanctionner, par défaut, toute absence de preuve justifiant de la sincérité de l'opération. Les dispositifs fixés aux articles 751 et 752 du Code général des impôts instaurent une présomption fiscale de pleine propriété. Dès lors, sauf preuve contraire, le bien dont la propriété est démembrée, intègre, pour sa valeur en pleine propriété, l'actif successoral du défunt usufruitier. De ce fait, le dispositif annule tout intérêt fiscal, obligeant ainsi les héritiers à s'acquitter de droits de succession sur une assiette totale (la valeur de la pleine propriété), alors même que le nu-propriétaire anticipait une exemption sur le fondement de l'article 1133 du Code général des impôts. Il convient de noter, dans cette situation, que les héritiers peuvent imputer sur leurs droits de succession les montants déjà versés au moment du démembrement de propriété incriminé.

a. L'article 751 du Code général des impôts

974. **L'objet**. Selon l'article 751 du Code général des impôts, est réputé faire partie, jusqu'à preuve contraire, de la succession de l'usufruitier, toute valeur mobilière, tout bien meuble ou immeuble appartenant, pour l'usufruit, au défunt et, pour la nue-propriété, à l'un de ses héritiers présomptifs[855]. En somme, cette disposition s'applique lorsque la nue-propriété est détenue par

---

[855] Il en sera de même si la nue-propriété est détenue par les descendants des héritiers présomptifs même exclus par testament ou par des donataires ou des légataires institués, même par testament postérieur, ou par des personnes interposées au sens de l'article 911, al. 2 du Code civil (selon cet article : « sont présumées personnes interposées, jusqu'à preuve contraire, les pères et mères, les enfants et descendants, ainsi que l'époux de la personne incapable »).

une personne qui, de toute façon, aurait hérité du bien en l'absence de démembrement, que ce soit par disposition légale ou testamentaire.

i. L'origine du démembrement

975. **Origine.** La présomption de pleine propriété concerne tant les mutations à titre gratuit (donation de nue-propriété, par exemple) que celles à titre onéreux. Les modalités et l'origine du démembrement n'importent pas. Néanmoins, s'agissant de sanctionner les abus, la présomption ne concerne pas les démembrements de propriété que les nus-propriétaires subissent. Tel est le cas lorsque le démembrement de propriété résulte de la seule volonté du conjoint survivant. En effet, celui-ci peut choisir d'hériter de l'usufruit des biens composant l'actif successoral conformément à l'article 757 du Code civil. Sans qu'ils puissent s'y opposer, les enfants en seront alors les nus-propriétaires. Dans ce cas, l'article 751 du Code général des impôts est inapplicable.

976. **Exclusion.** Cette présomption est écartée en présence d'une donation régulière qui, si elle n'est pas constatée dans un contrat de mariage, a été consentie plus de trois mois avant le décès. Dès lors, une donation régulière – réalisée par acte authentique (article 931 du Code Civil) ou par un don manuel (article 757 du CGI) dûment déclaré - réalisée plus de trois mois avant le décès du donateur suffit à écarter la présomption de pleine propriété. En revanche, lorsque le décès intervient précipitamment, c'est-à-dire dans les trois mois de la donation, les héritiers ne peuvent pas se prévaloir de l'acte de donation, car celui-ci est réputé être fiscalement inexistant[856]. Cependant, ils ont la possibilité de fournir d'autres éléments de preuve pour étayer la sincérité de l'opération, par exemple en montrant que le décès de l'usufruitier a été soudain et imprévu[857], comme l'illustre l'affaire suivante.

977. **Illustration**. Par exemple[858], Mme X cède la nue-propriété d'un immeuble au profit du couple Y. Le prix de vente est converti en rente viagère. L'absence de lien familial écarte la présomption puisque les époux Y ne sont pas des héritiers présomptifs. Toutefois, c'est sans compter sur le testament de la défunte, Mme X, qui institut l'épouse Y légataire universelle. Dès lors, l'administration fiscale notifie aux époux Y une proposition de rectification

---

[856] Cass. Com., 13 nov. 2003, n° 1539 : *RJF* 3/04, n° 323. C'est d'ailleurs pourquoi l'administration fiscale ne pourra jamais procéder au redressement des droits de donation lorsque le contribuable se prévaut de l'article 751 du Code général des impôts. En effet, ce dispositif ne concerne que les droits de succession. En ce sens : Cass. com., 1er mars 2017, n° 15-14.170 : *RJF* 6/17, n° 633.

[857] Cass. com., 17 janv. 2012, n°10-27185 : *Dr. fisc.* 2013, n° 4, comm. 49. Cette jurisprudence est reprise au BOFIP BOI-ENR-DMTG-10-10-40-10, §260, 11 janv. 2013.

[858] CA Rennes, 18 oct. 2016, n° 15/05553 : *RJF* 2/17, n° 183, *BPAT* 6/16 inf. 240 ; Cass. com., 4 nov. 2014, n° 13-23.767 : *RJF* 2/15, n° 161.

en réintégrant dans l'actif successoral la valeur en pleine propriété de la maison dont ils avaient acquis la nue-propriété vingt ans plus tôt.

La cour d'appel de Rennes, statuant après renvoi de la Cour de cassation[859], observe que Mme X était âgée, lors de la vente, de 58 ans, et qu'elle est décédée 20 années plus tard. De plus, le prix de vente de la nue-propriété n'est pas contesté. Enfin, la rente viagère a bien été payée jusqu'au décès de l'usufruitière telle que l'attestent ses différents avis d'imposition. Par conséquent, « l'administration fiscale ne peut sans se contredire soutenir que la vente de la nue-propriété était fictive tout en procédant au recouvrement de l'impôt sur le revenu sur les sommes déclarées par Mme X. comme ayant été perçues par elle en paiement du prix de cette vente. Dès lors, même si le produit de l'indexation prévue à l'origine n'a pas été versé intégralement, il est suffisamment prouvé que la vente de la nue-propriété était réelle et sincère, écartant ainsi le jeu de la présomption fiscale de fictivité ».

ii. Démembrement et société

978. **Personne morale**. La présomption de l'article 751 du Code général des impôts ne trouve aucune application lorsque la nue-propriété est détenue par une société[860]. L'administration fiscale pourra, néanmoins, invoquer l'abus de droit[861]. En revanche, la présomption légale concerne les titres démembrés d'une société lorsque leur nue-propriété est détenue par les héritiers de la personne qui en détient l'usufruit.

979. **Illustration.** Illustrons nos propos par un exemple. Certains couples, ayant des enfants de lits différents, peuvent préférer acquérir leur résidence principale par l'intermédiaire d'une société. Ils procèdent ensuite à un démembrement croisé des parts sociales. Le premier des parents détiendra la nue-propriété des parts numérotées 1 à 50 et l'usufruit des parts numérotées 51 à 100. Le second aura, de manière croisée, la nue-propriété des parts numérotés 51 à 100 et l'usufruit des parts numérotées 1 à 51. Si bien qu'au décès de l'un d'eux, le survivant bénéficiera de l'intégralité de l'usufruit des parts sociales, lui assurant la jouissance paisible du bien immobilier. Or, lorsque le couple a un ou des enfants en commun, le conjoint survivant est considéré comme une personne interposée – au sens de l'article 911 du Code civil – entre le défunt et son enfant héritant de la nue-propriété. L'article 751 du Code général des impôts trouve alors à s'appliquer. Toutefois, la cour d'appel de Reims[862] a admis, dans ce cas, que l'opération n'est pas réalisée à

859 Cass. com., 4 nov. 2014, n° 13-23.767 : *RJF* 2/15, n° 161.

860 L'article 751 du Code général des impôts ne s'applique pas dans ce cas quand bien même les associés de la société seraient les héritiers présomptifs de l'usufruitier. Par conséquent, l'interposition d'une société écarte son application.

861 Rep. Min. Borotra, n° 65962 ; 22 fév. 1993, JO AN 22 fév. 1993, p. 674. Ce sujet est développé dans la section 4.

862 CA Reims, 7 juin 2006, n° 15/00277 : *RJF* 2/17, n° 184.

des fins fiscales, mais pour protéger le conjoint survivant en lui conférant la totalité de l'usufruit des parts de la société. Le montage ne poursuit, en effet, aucun avantage fiscal. La cour a ainsi proscrit l'imposition des héritiers sur la valeur en pleine propriété des titres dont la défunte détenait l'usufruit.

b. Article 752 du Code général des impôts

980. **Objet**. Selon l'article 752 du Code général des impôts, le défunt est présumé être le propriétaire des biens ou droits[863] dont il a perçu les revenus ou à raison desquels il a effectué une opération quelconque, moins d'un an avant son décès. La preuve contraire ne peut pas résulter de la cession à titre onéreux consentie à l'un des héritiers présomptifs ou descendants de ceux-ci[864], même exclu par testament, à moins que cette cession ait acquis date certaine avant l'ouverture de la succession.

981. **Illustration.** Par exemple[865], Monsieur Barroux décède en mai 1971. L'administration fiscale constate que le défunt avait participé à une assemblée générale en 1970 - soit moins d'une année avant son décès – en tant que porteur de 317 actions d'une société. Sur le fondement de l'article 752 du Code général des impôts, elle procède au redressement des héritiers en réintégrant – pour le calcul des droits de succession – la valeur de la pleine propriété des titres en cause. Selon lesdits héritiers, la participation de leur père à une assemblée générale ne confère en rien un droit de propriété sur des titres. Pour la Cour de cassation, cette présence du défunt à une assemblée d'actionnaires constitue une opération entrant dans les prévisions de l'article 752 du Code général des impôts. Par conséquent, il incombe aux héritiers d'établir que leur père n'était pas le propriétaire des actions litigieuses. À défaut, le redressement est confirmé.

2. La preuve contraire

982. **Présomption simple.** Les articles 751 et 752 du Code général des impôts instaurent une présomption simple de pleine propriété, que les héritiers peuvent renverser en apportant la preuve contraire. Ils peuvent démontrer, par exemple, s'agissant d'une acquisition à titre onéreux, qu'ils ont réellement payé le prix de la nue-propriété par un apport personnel, par un emprunt, ou encore par la donation régulière d'une somme d'argent.

---

863 Les biens et droits concernés sont les actions, obligations, parts de fondateur ou bénéficiaires, biens ou droits placés dans un trust définis à l'article 792-0 bis du CGI, parts sociales et toutes autres créances.

864 Il en sera de même si la cession est réalisée au profit des donataires ou légataires institués, même par testament postérieur, ou à des personnes interposées, telles qu'elles sont désignées par le deuxième alinéa de l'article 911 du Code civil.

865 Cass. com., 6 mars 1984, *M Barroux* : *RJF* 7/84, n° 911.

983. **Illustration.** Les héritiers ont également la possibilité d'invoquer le caractère soudain du décès de l'usufruitier[866]. Par acte du 16 octobre 2002, Madame X fait donation à ses trois enfants de la nue-propriété de cent cinquante parts d'une société civile immobilière. Elle décède moins de trois mois après (en décembre 2002). L'administration fiscale se prévaut de l'article 751 du Code général des impôts et réintègre la valeur de la pleine propriété des titres transmis dans l'actif successoral de la défunte. La preuve contraire de la présomption de fictivité peut résulter d'un acte régulier établi plus de trois mois avant le décès. Or, en l'espèce[867], le décès intervient dans les trois mois de la donation. En d'autres termes, l'acte, même régulier, ne peut pas combattre ici la présomption de fictivité.

Pour autant, la haute juridiction judiciaire nous rappelle qu'il s'agit d'une présomption simple de pleine propriété. Dès lors, même s'ils ne peuvent pas se prévaloir de l'acte de donation, les héritiers ont la faculté d'apporter la preuve de la sincérité de l'opération par d'autres moyens. Ce qu'ils font en produisant, notamment, une attestation établie par le médecin traitant de la donatrice, d'où il résultait que celle-ci était en bonne santé début octobre 2002. Cela témoigne du caractère soudain et inattendu du décès, permettant à la Cour de cassation d'écarter la présomption de l'article 751 du Code général des impôts.

C. Conclusion

984. **Conclusion.** Dans ce contexte, le risque est évalué à travers l'incertitude qu'il engendre. Il est habituellement d'une utilité limitée s'agissant de démontrer une simulation. Or, en présence d'un contrat aléatoire, l'incertitude devient fondamentale. Tel sera le cas des usufruits viagers. En la matière, l'aléa vital ne doit pas faire défaut. Si cette condition n'est pas remplie, l'opération est simulée en raison du décalage persistant entre l'acte juridique et la réalité. En ce sens, le risque revêt ici une utilité absolue.

SECTION 3. LE CRITERE DU RISQUE ET L'ELEMENT OBJECTIF DE LA FRAUDE A LA LOI FISCALE

985. **Particularité.** Il est indéniable que la technique du démembrement de propriété est singulière à plusieurs égards.

En premier lieu, elle a pour effet d'amenuiser la matière imposable comparativement à une donation en pleine propriété. L'avantage fiscal est évident puisque l'assiette des droits de donation est réduite : seule la nue-propriété est transmise et non l'intégralité du bien en cause. De plus, comme

---

866 Cass. com., 17 janv. 2012, n° 10-27185 : *Dr. fisc.* 2013, n° 4, comm. 49, *RJF* 4/12, n° 425. Cette jurisprudence est reprise au BOFIP BOI-ENR-DMTG-10-10-40-10, § 260, 11 janv. 2013.
867 *Ibid.*

nous l'avons évoqué précédemment, l'extinction de l'usufruit ne générera aucun droit de succession pour les nus-propriétaires.

En second lieu, le contribuable se dessaisit d'une partie de son patrimoine, mais il s'en réserve l'usufruit. Si bien que le donataire n'est alors qu'un usufruitier en devenir : il ne perçoit aucun fruit, ni ne peut utiliser le bien pour lui-même[868]. Outre la possibilité de céder lui-même la nue-propriété transmise, l'intérêt immédiat pour le donataire n'est pas manifeste. Il s'enrichit effectivement, mais il ne pourra percevoir aucun fruit, ni ne pourra utiliser le bien. Il devra, en revanche, assumer les grosses réparations, sauf convention contraire. En réalité, il attend de devenir plein propriétaire.

Dès lors, le motif d'une telle anticipation semble être principalement d'ordre fiscal, étant donné que le nu-propriétaire, qui ne peut ni utiliser le bien ni en percevoir les revenus, accepte la donation pour bénéficier d'une imposition réduite. À cet effet, lorsqu'il deviendra pleinement propriétaire, aucune imposition ne sera appliquée. Cependant, se pose la question de l'existence d'un élément objectif constituant une fraude à la loi fiscale.

986. **Prévoir est-il abusif ?** Anticiper la transmission d'un patrimoine n'est abusif que si l'acte est fictif ou encore si le contribuable utilise la loi d'une manière contraire à son esprit, afin de bénéficier d'un avantage fiscal. En effet, il ne faut pas perdre de vue que cette seconde branche de l'abus de droit – la fraude à la loi fiscale – nécessite un élément objectif : le détournement de la loi. Or, le législateur encourage les donations, comme en témoigne la régénération périodique des abattements prévue à l'article 779 du Code général des impôts[869] tous les quinze ans.

987. **Plan**. Quoi qu'il en soit, il n'y a d'abus de droit qu'en présence d'un avantage fiscal immédiat. En l'occurrence, ce dernier provient du démembrement de propriété, qui permet de transmettre un patrimoine par anticipation en réduisant la matière imposable[870]. Toutefois, la fraude à la loi n'est constituée que par la réunion d'un élément subjectif, la volonté de l'auteur du montage de poursuivre un but exclusivement ou principalement fiscal, et d'un élément objectif, le détournement de la loi.

A. L'élément objectif de la fraude à la loi fiscale existe-t-il ?

988. **Des doutes infondés.** La loi 2018-1317 du 28 décembre 2018 (art. 109) a instauré dans notre législation, l'article L 64 A[871] du livre des

---

[868] Le nu-propriétaire devra, en revanche, faire face aux grosses réparations, sauf convention contraire.

[869] Pour la perception des droits de mutation à titre gratuit, un abattement de 100 000 € s'applique sur la part de chacun des ascendants et sur la part de chacun des enfants vivants ou représentés par suite de prédécès ou de renonciation.

[870] Ce sujet est développé à la section1.

[871] Cette disposition s'applique aux rectifications notifiées à compter du 1er janvier 2021 portant sur des montages réalisés à compter du 1er janvier 2020.

procédures fiscales. Selon ce récent dispositif, l'abus de droit se définit par la recherche d'un but principalement fiscal en utilisant un dispositif d'une façon contraire à son esprit. Face à une intention qui doit être appréciée dans sa recherche (dans son caractère) principale et plus seulement exclusive, de nombreux doutes ont émergé chez les praticiens. L'anticipation de la transmission d'un patrimoine par la technique du démembrement ne poursuit-elle pas un but principalement fiscal ? La réponse n'est pas évidente eu égard aux avantages fiscaux substantiels que cette pratique procure[872]. Néanmoins, il est essentiel de ne pas négliger l'élément objectif, c'est-à-dire l'intention du législateur. Ainsi, nous verrons que même en l'absence de risque juridique, la transmission d'un patrimoine par la technique du démembrement n'est pas constitutive d'une fraude à la loi fiscale, faute d'élément objectif. Autant dire que si le contribuable ne détourne aucun dispositif de ses buts, le risque, qui se rattache ici exclusivement à l'élément subjectif, devient alors inutile.

1. Usufruit d'une durée indéterminée (viager)

989. **Disposition civile**. Il est important de souligner que l'article 669 du Code général des impôts se contente de fixer la valeur des droits démembrés pour le calcul de l'impôt. Depuis 1804, c'est l'article 578 du Code civil qui énonce que la propriété d'une chose peut être fractionnée, démembrée, en déclarant que : « l'usufruit est le droit de jouir des choses dont un autre a la propriété, comme le propriétaire lui-même, mais à la charge d'en conserver la substance ».

Par conséquent, lorsqu'un contribuable transfère la nue-propriété d'un immeuble à l'un de ses descendants, l'article 669, I du Code général des impôts n'est aucunement détourné de ses objectifs. Le droit fiscal est contraint de le reconnaître, car le procédé relève d'une disposition civile. En effet, le législateur établit lui-même le barème utile à l'évaluation de l'usufruit, que celui-ci soit viager ou d'une durée fixe. Par conséquent, étant donné que l'utilisation de ce dispositif est en accord avec son esprit, la fraude à la loi n'est pas établie, quand bien même le contribuable poursuit un but exclusivement ou principalement fiscal.

990. **Confirmation**. L'administration fiscale reconnaît logiquement cette situation dans sa doctrine, en affirmant que la combinaison des éléments subjectifs et objectifs de la fraude à la loi fiscale conduit à ne pas appliquer la procédure d'abus de droit prévue à l'article L 64 A du livre des procédures fiscales aux actes dont le but essentiel est l'obtention d'un avantage fiscal, sans aller à l'encontre de l'objet ou de la finalité du droit fiscal applicable. Ainsi, lorsque c'est le législateur lui-même qui a souhaité encourager un schéma par une incitation fiscale, l'article L 64 A du LPF ne peut en principe s'appliquer,

---

[872] Ce sujet est développé à la section 1.

quand bien même ce schéma aurait un but principalement fiscal, à condition toutefois que le dispositif ne soit pas manifestement détourné de son objet[873].

2. Usufruit sur une durée déterminée (durée fixe)

991. **Élément objectif.** La situation est la même en ce qui concerne les démembrements sur une durée fixe. Reprenons l'exemple fourni par l'administration fiscale dans sa documentation[874]. La donation d'usufruit temporaire au profit d'un enfant majeur[875], bien que procurant une économie d'impôt sur la fortune immobilière, n'est pas abusive si elle est justifiée par la volonté d'aider le donataire à financer ses études en lui permettant d'occuper le logement ou de percevoir les revenus locatifs du bien transmis. En effet, il convient de rappeler que les parents doivent subvenir aux besoins de leurs enfants, conformément aux articles 205 et suivants du Code civil. En ce sens, les donataires ne font que respecter une obligation légale. Par conséquent, l'opération n'est pas abusive sur le plan fiscal, sauf si elle fictive comme en témoigne une affaire soumise à l'avis du Comité de l'abus de droit.

992. **Illustration**. Dans cet exemple[876], des parents avaient donné l'usufruit temporaire (sur une durée de cinq années) des parts sociales d'une société Z. Cette dernière louait du matériel de travaux publics, réalisait des travaux d'assainissement et procédait à des investissements immobiliers. Selon l'administration fiscale, la donation de l'usufruit temporaire était fictive. Elle ne fut inspirée que par des préoccupations fiscales, visant à atténuer l'impôt de solidarité sur la fortune des parents.

Le Comité observe que la société Z a été constamment déficitaire, que ce soit avant et après le démembrement des parts. Les investissements immobiliers, réalisés juste après la donation, ont d'ailleurs aggravé sa situation financière. Si bien que l'absence de toute perspective de bénéfices de la société Z sur la période d'exercice de l'usufruit temporaire était connue de tous. La donation est ainsi fictive, car les parents ont donné l'usufruit de parts d'une société qui ne pouvait aucunement distribuer des dividendes.

B. Un *a contrario* implicite

993. **Une acceptation implicite**. Les articles 751 et 752 du Code général des impôts confirment de manière implicite la possibilité d'anticiper la transmission d'un patrimoine par un démembrement de propriété, car ils ne sanctionnent que les opérations considérées comme fictives. En effet, le

---

[873] BOI BOI-CF-IOR-30-20, §120, 31 janv. 2020.
[874] *Ibid.*
[875] Cette opération n'a d'effet fiscal que si l'enfant ne fait pas partie du foyer fiscal du donateur.
[876] CADF, avis, séance n° 06/2002, 14 juin 2002, aff. n° 2012-27 : *Dr. fisc. 2013*, n° 27, comm. 357.

législateur se méfie des opérations de démembrement (ou les cessions tardives s'agissant de l'article 752 du Code général des impôts) puisqu'elles peuvent dissimuler une libéralité. Tel sera le cas lorsque la santé du donateur est dégradée, si bien que l'aléa vital n'existe plus. Pour s'en préserver, la loi a alors instauré une présomption de pleine propriété que le contribuable devra combattre en apportant la preuve contraire. Par conséquent, la sanction de la fictivité des opérations valide, *a contrario*, l'autorisation accordée par le législateur à ces mêmes opérations lorsqu'elles ne sont pas considérées comme fictives. En d'autres termes, ce n'est pas l'utilisation du barème de l'article 669 du Code général des impôts qui est répréhensible sur le plan fiscal, mais plutôt la nature fictive des actes juridiques.

C. La confirmation du gouvernement ?

994. **Réponse ministérielle**. Le gouvernement a indiqué dans une réponse ministérielle[877] de 2019 que l'article L 64 A du livre des procédures fiscales, introduisant dans notre législation fiscale la notion de « but principalement fiscal », ne vise pas spécifiquement la transmission anticipée du patrimoine, sauf si celle-ci est considérée comme fictive. Reprenons les termes de cette réponse : « l'intention du législateur n'est pas de restreindre le recours aux démembrements de propriété dans les opérations de transmission anticipées de patrimoine » et « la nouvelle définition de l'abus de droit telle que prévue à l'article L 64 A du LPF n'est pas de nature à entraîner la remise en cause des transmissions anticipées de patrimoine et notamment celles pour lesquelles le donateur se réserve l'usufruit du bien transmis », mais tout ceci « sous réserve bien entendu que les transmissions concernées ne soient pas fictives ». Le ministre, dans une réponse ministérielle[878] ultérieure, a clarifié que chaque opération doit être appréciée au cas par cas. Il n'est donc pas possible pour l'administration fiscale d'adopter une position générale précisant quels actes seraient susceptibles d'être concernés par l'article L 64 A du livre des procédures fiscales.

995. **Barème légal**. Cette réponse est surabondante s'agissant des opérations relevant de l'article 669 du Code général des impôts. En effet, il est injustifié de reprocher au contribuable d'avoir eu recours au barème légal, car cela ne constitue en aucun cas un détournement des objectifs de la loi. Par conséquent, il n'y a, en la matière, aucune fraude à la loi possible quelles que soient les intentions du contribuable, faute d'élément objectif. L'administration fiscale ne dispose alors que d'une seule possibilité : la simulation.

---

877 Rép. min. Procaccia n° 09965, JO Sénat, 13 juin 2019, p. 3070 : *Dr. fisc. 2019*, n° 25, comm. 302.

878 Rép. min. n° 16264, JO an 18 juin 2019, p.5544 : *Semaine juridique 2019*, n° 27, act. 470.

996. **Contournement du barème légal.** En revanche, la réponse apporte-t-elle une information nouvelle s'agissant des montages qui contournent le barème légal de l'article 669 du Code général des impôts ? Nous en doutons, car si l'on reprend la réponse précise du ministre, celui-ci n'a pas manqué d'indiquer que les articles 669 et 1133 du Code général n'ont pas été modifiés. Reprenons les termes de la réponse : « [...] Afin de répondre aux craintes exprimées sur ce nouveau dispositif, il est précisé que l'intention du législateur n'est pas de restreindre le recours aux démembrements de propriété dans les opérations de transmissions anticipées de patrimoine, lesquelles sont, depuis de nombreuses années, encouragées par d'autres dispositions fiscales. À cet égard, il peut être constaté notamment que les articles 669 et 1133 du Code général des impôts (CGI) qui, respectivement, fixe le barème des valeurs de l'usufruit et de la nue-propriété d'un bien et exonère de droits la réunion de l'usufruit à la nue-propriété, n'ont pas été modifiés. Ainsi, la nouvelle définition de l'abus de droit telle que prévue à l'article L 64 A du LPF n'est pas de nature à entraîner la remise en cause des transmissions anticipées de patrimoine [...] ».

997. **Opinion.** Il semble que la réponse vise spécifiquement les opérations qui utilisent le barème légal. Or, il convient de rappeler que, dans ces cas, il ne peut y avoir de fraude à la loi, faute d'élément objectif. La situation semble différente en ce qui concerne les montages contournant l'application de l'article 669 du Code général des impôts[879]. Dans cette optique, nous pensons que l'administration fiscale, qui a par le passé invoqué la fraude à la loi dans le contexte des montages impliquant un apport en valeur économique, n'hésitera probablement pas à faire usage de l'article L 64 A du livre des procédures fiscales. Tel sera le cas lorsque la démonstration du but exclusivement fiscal lui sera trop difficile, c'est-à-dire dès lors que le contribuable lui opposera un objectif patrimonial.

998. **Conclusion**. En résumé, le législateur autorise les transmissions anticipées de patrimoine par la technique du démembrement de propriété puisqu'il a lui-même établi le barème permettant d'évaluer l'usufruit, que ce dernier soit viager ou à durée fixe. Néanmoins, il laisse à l'administration la possibilité de sanctionner les opérations fictives sur le fondement des articles 751 ou 752 du Code général des impôts, dispositifs qui n'excluent d'ailleurs pas la mise en œuvre de la procédure de l'abus de droit par simulation.

Par conséquent, même lorsque le contribuable ne cherche pas à se prémunir contre un risque, l'opération n'est pas répréhensible sur le plan fiscal. Dès lors, en l'absence de détournement d'un dispositif de son objectif, le critère du risque est d'une utilité tout à fait relative. Si bien que le seul risque fiscal supporté par les opérations de transmissions anticipées de patrimoine (utilisant l'article 669 du CGI) est la fictivité.

---

[879] Ce sujet est développé à la section 4.

Cependant, il existe un cas dans lequel la fraude à la loi demeure envisageable : celui de l'apport de la nue-propriété en valeur économique. Dans ce contexte, le risque redevient pertinent en tant qu'indicateur de l'intention subjective liée à la fraude à la loi. Il permettra ainsi de dévoiler les intentions du contribuable dans le cadre d'une opération de transmission anticipée de patrimoine.

SECTION 4. LE CRITERE DU RISQUE ET L'ELEMENT SUBJECTIF DE LA FRAUDE A LA LOI

999. **Plan.** Nous avons montré que l'application de l'article 669 du Code général des impôts constitue une protection contre toute accusation de fraude à la loi fiscale. En effet, l'administration ne peut pas reprocher l'utilisation du barème légal puisque le législateur l'a lui-même établi. Son utilisation ne constitue pas un détournement de la loi, mais son application stricte.

Dès lors, l'élément objectif de la fraude à la loi ne résulte pas de l'utilisation du barème légal de l'article 669 du Code général des impôts, mais plutôt de son contournement par l'évaluation financière. Il ne restera plus qu'à démontrer que le contribuable poursuit un but exclusivement ou principalement fiscal. Dans ce contexte, le critère du risque retrouve ici toute sa pertinence, car l'absence de celui-ci pourrait révéler l'élément subjectif de la fraude à la loi fiscale (A). Toutefois, il est essentiel que le risque, auquel le contribuable cherche à se prémunir, soit effectivement avéré (B).

A. Risque patrimonial et interposition d'une société

1000. **Un montage en valeur économique.** Certains montages (dit « d'apport-donation ») interposent une société et valorisent de manière économique[880] la nue-propriété apportée. Ils s'écartent alors de la protection du barème légal de l'article 669 du Code général des impôts. Par conséquent, le recours à l'interposition d'une société générant un avantage fiscal par rapport à une donation directe, doit être justifié par un objectif non fiscal. À défaut, l'administration fiscale en déduira que le contribuable recherche, de manière exclusive, une économie d'impôt en détournant l'application du barème légal.

1001. **Plan.** Or, une société interposée présente de multiples avantages puisqu'elle préserve ses créateurs de plusieurs risques patrimoniaux (1).

En premier lieu, elle évince l'indivision et le risque que ce mode de détention génère. En second lieu, nous verrons que la société permet de distinguer l'avoir du pouvoir. Ce qui permettra à ses créateurs de conserver la parfaite maitrise du bien dont la nue-propriété est transmise. Ce faisant, elle réduit les risques attachés à la perte partielle de la propriété du bien dont la

[880] La possibilité d'apporter, selon une valeur économique, la nue-propriété d'une chose est précisée à la section 1.

transmission est anticipée. Nous verrons enfin que les caractéristiques du risque patrimonial influent, nous semble-t-il, sur la théorie du montage artificiel[881] (2).

1. De l'utilité de la société comme preuve des intentions des auteurs d'un montage

1002. **Élément subjectif**. En ce qui concerne l'interposition d'une société facilitant l'évaluation économique de la nue-propriété apportée, il est essentiel d'examiner l'utilité de cette entité. Cette dernière doit apporter aux contribuables un avantage supplémentaire qui ne se restreint pas uniquement à des considérations fiscales. À défaut de cette condition, l'administration fiscale regardera le montage comme abusif.

a. Le seul fait de s'écarter du barème légal n'est pas un abus

1003. **Illustration**. L'arrêt *Lamarque*[882] de la Cour de cassation est intéressant puisqu'il révèle une erreur de droit de la cour d'appel ayant statué sur l'affaire. Le second juge ne peut pas considérer qu'un montage est abusif sans rechercher si la société interposée, bien que procurant un avantage fiscal, ne répond pas à des objectifs autres que fiscaux.

1004. **Les faits.** Dans cette espèce, les époux Lamarque constituent une société civile immobilière X en apportant la nue-propriété d'immeubles – valorisée de manière économique – ainsi que des valeurs mobilières et du numéraire. Le jour même, ils donnent, par acte authentique, les parts de la société X à leurs enfants. L'administration fiscale voit dans la concomitance de la création de la société et des donations un abus. Selon le service, le couple a procédé, en réalité, à la transmission directe des immeubles, la société ne servant qu'à contourner le barème légal de l'article 669 du Code général des impôts.

1005. **Erreur.** Le raisonnement de la cour d'appel nous interpelle. La juridiction considère que l'opération litigieuse constitue un montage artificiel dont le seul but est la recherche d'une économie d'impôt. L'apport de la nue-propriété par les époux est réalisé en valeur économique et non selon le barème fixé à l'article 669 du Code général des impôts. Selon la cour d'appel, cette évaluation « permet la transmission de 98 % de ses apports et plus particulièrement de la nue-propriété des immeubles que [le donateur] avait évalué à sa guise dans l'acte constitutif de société grâce à la fixation d'un usufruit de 88 % de leur pleine propriété ». Elle poursuit en concluant que « la simultanéité de ces deux opérations avait également permis au donateur

---

[881] Théorie du Conseil d'État selon laquelle lorsqu'un montage est artificiel, l'élément objectif se déduit de l'élément subjectif, car le législateur n'a jamais souhaité encourager les mensonges.
[882] Cass. com., 23 sept. 2008, n° 07-15.210, *Lamarque : RJF* 01/09, n° 89.

d'inverser l'ordre normal des opérations : réserve d'usufruit de 3/10e de la valeur des immeubles, conformément à l'article 762 du Code général des impôts[883], transmission de leur nue-propriété à ses deux enfants qui en auraient fait apport à la société ».

1006. **La solution**. On ne peut pas critiquer le contribuable simplement pour avoir recours à une évaluation économique, d'autant plus qu'une réponse ministérielle le permet[884]. L'administration fiscale peut en revanche invoquer l'abus de droit, soit parce que la société est fictive[885], soit parce que le contribuable a détourné la loi de son esprit dans le but exclusif d'économiser l'impôt. Certes, l'interposition de la société procure un avantage fiscal indéniable, mais elle répond également à des objectifs patrimoniaux. La simultanéité des opérations ne permet pas à elle seule de justifier d'un but exclusivement fiscal. La haute juridiction judiciaire ne peut que rappeler à la cour d'appel les nombreux atouts – non fiscaux – qu'une société interposée confère. Dès lors, en ne retenant que le seul avantage fiscal et sans rechercher « si la constitution de la société civile immobilière par apport de la seule nue-propriété des immeubles des époux Lamarque suivie de la donation-partage des parts de cette société à leurs enfants n'avait pas pour but, d'une part, de partager équitablement leur patrimoine entre leurs descendants, en évitant toute indivision entre eux et les difficultés inhérentes à un partage en lots équivalents d'immeubles de nature et de valeur très diverses et, d'autre part, de se mettre à l'abri du besoin leur vie durant en conservant les revenus de ces immeubles, ce qu'excluait toute finalité fiscale de l'opération, la cour d'appel a privé sa décision de base légale au regard de l'article L 64 du livre des procédures fiscales ».

1007. **Opinion**. L'avantage fiscal seul ne permet pas de qualifier un montage d'abusif. Rappelons que le contribuable peut utiliser la voie la moins imposée. Il ne faut pas confondre l'optimisation fiscale, autorisée, et l'évasion fiscale, prohibée. Or, le raisonnement de la cour d'appel revient à condamner l'économie d'impôt que procure la société sans même démontrer que l'intention du contribuable est répréhensible.

b. De l'utilité de la société au critère du risque

1008. **Risques**. En cas de recours à un schéma écartant la protection du barème légal et procurant des avantages fiscaux, le contribuable doit démontrer qu'il a cherché à se prémunir contre des risques concrets. En effet, l'élément subjectif, à savoir le but exclusivement fiscal, est absent lorsque l'auteur du montage poursuit un objectif autre que l'économie d'impôt. En

---

883 L'article 792 du Code général des impôts était en vigueur à l'époque. Il est aujourd'hui remplacé par l'article 669 du même Code.
884 Rép. Grosskost n° 55175, JO 28 juin 2005, AN quest. p.6466.
885 Ce sujet est développé à la section 4.

d'autres termes, la présence d'un véritable risque confirme la sincérité des objectifs prétendument visés par le montage. Pour illustrer cela, examinons les principaux arrêts liés aux opérations d'apport-donation.

i. La jurisprudence de principe : l'arrêt *Botherel*

1009. **Les faits.** En l'espèce[886], les époux Botherel constituent une société en lui apportant la nue-propriété, à la fois, de parts sociales et d'immeubles. Ils donnent ensuite la pleine propriété des parts à leurs enfants.

1010. **Les reproches.** L'administration fiscale invoque la fraude à la loi de l'article L 64 du livre des procédures fiscales. Selon le service, les époux ont contourné l'article 669 du Code général des impôts en apportant la nue-propriété en valeur économique à une société interposée afin de faire économiser, à leurs héritiers, les droits de donation.

1011. **La solution.** Pour la Cour de cassation, l'interposition d'une société puis la donation de ses parts permet aux parents, « tous les deux gérants de cette société et disposant d'une minorité de blocage, de transmettre à leurs enfants une partie des biens dont ils conservaient les revenus, d'autre part, que la transmission des parts permettait un partage équitable entre les descendants, les difficultés inhérentes à un partage en trois lots équivalents de biens de nature différente et d'entité distincte se trouvant évitées ; qu'en l'état de ces constatations, desquelles il résulte que l'opération litigieuse ne présentait pas une finalité exclusivement fiscale ». Par conséquent, l'interposition d'une société, bien que procurant une économie d'impôt, répond avant tout à des objectifs patrimoniaux. Elle évite tout d'abord que les héritiers se retrouvent dans une situation d'indivision. Elle contourne aussi le délicat partage égalitaire entre les divers héritiers. Ensuite, tout en anticipant le risque d'indivision, les parents ne se démunissent pas, car ils conservent les revenus du bien dont la nue-propriété est transmise.

ii. La confirmation : la jurisprudence *Cere*

1012. **Les faits.** Dans cette affaire[887], un père apporte la nue-propriété de plusieurs immeubles à dix sociétés civiles. Il donne ensuite la pleine propriété des parts à ses deux enfants tout en en conservant une. L'avantage fiscal est double.

En premier lieu, l'assiette des droits de donation est réduite : seule la nue-propriété est transmise. L'extinction de l'usufruit ne génère aucun impôt pour la société lorsqu'elle deviendra pleine propriétaire au décès de l'usufruitier.

---

[886] Cass. com., 3 oct. 2006, n° 1100 F-D, *Botherel* : *RJF* 1/07, n° 102.

[887] Cass. com., 26 mars 2008, n° 06-21.944, *Cere* : *RJF* 07/08, n° 904.

En second lieu, les apports au profit de la société se réalisent selon une valeur économique s'écartant de celle fixée à l'article 669 du Code général des impôts[888] et c'est bien ce que regrette l'administration fiscale.

1013. **Les griefs.** Le service considère que le contribuable a contourné l'article 669 du Code général des impôts en interposant une société afin de rechercher, à titre exclusif, un avantage fiscal.

1014. **La solution.** L'attendu de la Cour de cassation mérite d'être reproduit ici tant il est pertinent : « la constitution des sociétés par monsieur Cere lui avait permis d'organiser les statuts de la manière qu'il estimait la plus appropriée, conservant le contrôle des SCI et celui des immeubles ainsi que la possibilité de les céder ; [...] l'opération avait permis à monsieur Cere d'assurer après son décès la cohésion du patrimoine familial en mutualisant entre ses enfants les aléas locatifs et les écarts de rentabilité susceptibles d'apparaître entre les différents immeubles et en permettant de mettre en place une procédure d'agrément de nouveaux associés tout en évitant que le créancier d'un indivisaire puisse déclencher le partage judiciaire des biens familiaux et cela dans un cadre juridique présentant une stabilité beaucoup plus grande qu'une indivision [...] ». Par conséquent, l'opération litigieuse ne présente pas une finalité exclusivement fiscale.

iii. Jurisprudence inédite : l'arrêt *Tabourdeau*

1015. **Inédit**. L'arrêt *Tabourdeau* est inédit, car la Cour de cassation admet, pour la première fois, le schéma d'apport-donation, alors même que les donateurs n'ont qu'un seul enfant.

1016. **Les faits.** En l'espèce[889], des époux apportent chacun la moitié de la nue-propriété de leur habitation principale à une société civile. L'immeuble est évalué à 1 700 000 francs pour sa pleine propriété. Sa nue-propriété est apportée pour un montant de 731 850 francs. Les époux conservent chacun une part et donnent le reste à leurs fils. Compte tenu de la valeur vénale des titres transmis – laquelle est elle-même déterminée selon la valeur économique de la nue-propriété apportée – les droits de donation s'élèvent à 15 100 francs.

1017. **Les griefs**. L'administration fiscale considère que la création de la société interposée ne constitue, en réalité, qu'un montage ne reposant sur aucune nécessité économique et dont le but exclusif est la recherche d'un

[888] CAA Nantes, 1 avril 2021, n° 19NT01560, *SCI Varennes* : *RJF* 10/21, n° 902. L'administration fiscale ne démontre pas une surestimation de la valeur d'un usufruit en se basant uniquement sur l'article 669 du Code général des impôts. La cour administrative d'appel de Nantes rappelle que l'évaluation de l'usufruit selon l'article 669 du Code général des impôts n'est obligatoire que pour déterminer l'assiette des droits d'enregistrement (droits de succession, de donation et droit de mutation).

[889] Cass. com., 20 mai 2008, n° 07-18.397, *Tabourdeau* : *RJF* 10/08, n° 1136.

avantage fiscal. Selon le service, la valeur d'apport de la nue-propriété se réalise selon une méthode financière permettant d'obtenir un montant inférieur à ce qu'aurait été la valeur fiscale (selon l'article 669 du Code général des impôts) en l'absence de l'interposition de la société. Par conséquent, elle notifie au fils Tabourdeau un redressement de ses droits de donation d'un montant de 114 400 francs en principal ainsi qu'une pénalité de 80 % et des intérêts de retard portant le tout à un montant de 218 790 francs.

1018. **Erreur de droit.** La résolution du litige s'articule autour de plusieurs étapes. La cour d'appel de Bourges[890] a accueilli le moyen des époux. Ceux-ci prétendent que l'interposition de la société leur garantit leur droit d'usufruit. La Cour de cassation ne peut que censurer pour erreur de droit. En effet, selon l'article 815-5 du Code civil, le juge ne peut pas, à la demande d'un nu-propriétaire, ordonner la vente de la pleine propriété d'un bien grevé d'usufruit contre la volonté de l'usufruitier. Dès lors, l'interposition de la société ne se justifie pas ici, car le risque dont se prévalent les contribuables n'existe pas. Le montage ne peut donc les en préserver. Les raisons avancées par les contribuables sont déterminantes en matière de fraude à la loi.

1019. **La solution.** Les contribuables doivent donc justifier de l'intérêt de la société. Or, leur premier moyen était inadapté. Pourquoi ne pas avoir donné directement la nue-propriété de l'immeuble à leur fils unique ? La Cour de cassation observe que les parents ont chacun conservé une part et sont nommés co-gérants de la société. Cette gestion sociale de l'immeuble leur permet d'en conserver la maitrise totale. Tout d'abord, elle protège contre un éventuel refus du nu-propriétaire d'assumer le paiement des grosses réparations. Ensuite, les parents se réservent la possibilité de céder librement le bien. Par conséquent, l'interposition de la société présente des intérêts distincts de la seule préoccupation fiscale. Pour la haute cour judiciaire, le montage n'est alors pas abusif.

c. Synthèse de la jurisprudence : anticiper pour ne pas (faire) subir certains risques

1020. **Risques.** Interposer une société permet de prémunir les auteurs du montage contre deux risques principaux : celui de l'indivision (1) – qui, selon nous, est le plus incontestable sur le plan fiscal – et le risque de la perte de contrôle du bien (dont la nue-propriété est transmise) (2).

i. Un risque principal : l'indivision

1021. **Quel risque ?** Le bien indivis peut sortir du patrimoine familial à raison de la volonté d'un seul indivisaire, alors que les autres n'en ont

---

[890] CA Bourges, ch. civile, 13 mai 2002, n° 01/00974 : *RJF* 2/03, n° 240.

aucunement l'intention. En effet, l'indivision constitue un mode de détention précaire. Chaque indivisaire en est copropriétaire. Cependant, l'un d'eux pourra demander, à tout moment, le partage du bien indivis par voie judiciaire[891] pouvant aller jusqu'à sa licitation[892]. Le risque réside donc dans le caractère précaire que confère ce mode de propriété.

1022. **Comment l'éviter ?** L'interposition d'une société permet précisément d'éviter l'indivision. Le considérant de la cour d'appel de Paris dans un arrêt de 2002[893] résume, de manière particulièrement didactique, ce qui justifie un tel montage : « [...] l'apport de la nue-propriété d'un immeuble à une société civile immobilière puis la donation-partage des parts sociales présentait [...] un intérêt patrimonial au sens de la conservation du bien dans le patrimoine familial comme cela était d'ailleurs expressément prévu dans les statuts de la société ; qu'ainsi cette société deviendra propriétaire de l'immeuble au décès des usufruitiers, ce qui place le bien dans un cadre juridique précis et organisé [afin d'éviter] les inconvénients des aléas de l'indivision [...] ». Ainsi, des parents ont organisé de leur vivant le sort de leur patrimoine après leur décès. En effet, un associé seul ne peut pas vendre les actifs de la société. Le bien détenu par celle-ci ne risque plus de sortir du patrimoine familial. Dès lors, l'interposition d'une société se justifie aisément : elle élude le risque que génère l'indivision au décès du donateur.

1023. **Protéger le bien de créanciers**. Conformément à l'article 815 du Code civil, un bien indivis ne peut pas être saisi par le créancier d'un indivisaire. En revanche, un créancier peut, par voie judiciaire, provoquer le partage au nom de son débiteur indivisaire. Les coïndivisaires peuvent arrêter le cours de l'action en partage, en acquittant l'obligation au nom et en l'acquit du débiteur. Ceux qui exerceront cette faculté se rembourseront par prélèvement sur les biens indivis. À noter que le créancier pourrait très bien saisir les parts sociales d'une société interposée, mais dans ce cas, il ne pourra pas faire vendre le bien détenu par la personne morale.

1024. **Mutualisation des risques**. Afin d'éviter l'indivision, les parents pourraient également léguer à leurs enfants des lots égaux. L'interposition d'une société n'est alors plus nécessaire dans le sens où le problème de l'indivision est résolu. Cette possibilité de partage ne rend pas l'interposition d'une société abusive, car il ne faut pas oublier que le contribuable n'a pas à démontrer que le schéma qu'il a choisi est le seul capable de répondre à ses

---

891 Selon l'article 815 du Code civil : « Nul ne peut être contraint à demeurer dans l'indivision et le partage peut toujours être provoqué, à moins qu'il n'y ait été sursis par jugement ou convention ».

892 Selon l'article 1686 du Code civil : « Si une chose commune à plusieurs ne peut être partagée commodément et sans perte ; ou si, dans un partage fait de gré à gré de biens communs, il s'en trouve quelques-uns qu'aucun des copartageants ne puisse ou ne veuille prendre, la vente s'en fait aux enchères, et le prix en est partagé entre les copropriétaires ».

893 CA Paris, 1er ch., 7 mars 2002, n° 00-19154, *Cts Despouys* : *Dr. fisc. 2002*, n° 38, comm. 174.

objectifs. Sans compter qu'un partage n'est pas dénué de difficultés et de risques, que l'interposition d'une société peut prévenir. Cette stratégie (de partage en lots égaux) n'est d'ailleurs pas toujours possible. Tel sera le cas lorsque les parents ne détiennent qu'un seul immeuble. Et lorsque le partage en lots égaux est envisageable, il demeure que cette répartition est particulièrement complexe à réaliser pour des parents qui souhaitent une égalité parfaite entre leurs enfants. En présence de plusieurs immeubles ayant des rendements différents et subissant des risques locatifs variés, l'interposition d'une société permet de mutualiser ces risques tout en épargnant aux parents le délicat partage en lots égaux.

ii. Les risques attachés à la perte partielle de la propriété

1025. **Le contrôle du bien**. L'interposition d'une société permet au donateur de conserver la parfaite maîtrise des biens dont la transmission est anticipée. Il est important de souligner que le pouvoir du gérant d'une société à responsabilité illimitée est restreint par l'objet social de celle-ci[894]. Dès lors, les parents pourront forcer la société à céder la nue-propriété sans autorisation préalable des associés, s'ils en sont les gérants et que l'objet social est étendu à la cession des actifs sociaux. L'interposition d'une société dotée de statuts adéquats permet aux donateurs de conserver la parfaite maîtrise des biens tout en anticipant leur succession. À ce titre, la société permet de distinguer l'avoir du pouvoir : les parents se dessaisissent de la nue-propriété (l'avoir) tout en en conservant le contrôle (le pouvoir).

1026. **Arguments juridiques.** Pour autant, l'intention patrimoniale du montage doit se vérifier à travers les dispositions juridiques, les statuts de la société interposée. Ces derniers ne doivent souffrir d'aucun illogisme : la moindre incohérence révèlera un motif mensonger et validera le but fiscal du montage. C'est pourquoi, les statuts de la société doivent prévoir, outre un objet social étendu à la cession de ses actifs, que le gérant, qui conservera de manière avisée une part en pleine propriété, est nommé et révoqué à l'unanimité des associés[895].

---

[894] Selon l'article 1849 du Code civil : « Dans les rapports avec les tiers, le gérant engage la société par les actes entrant dans l'objet social. En cas de pluralité de gérants, ceux-ci détiennent séparément les pouvoirs prévus à l'alinéa précédent. L'opposition formée par un gérant aux actes d'un autre gérant est sans effet à l'égard des tiers, à moins qu'il ne soit établi qu'ils en ont eu connaissance. Les clauses statutaires limitant les pouvoirs des gérants sont inopposables aux tiers ».

[895] Selon l'article 1846 du Code civil : « […] Les statuts fixent les règles de désignation du ou des gérants et le mode d'organisation de la gérance. Sauf disposition contraire des statuts, le gérant est nommé par une décision des associés représentant plus de la moitié des parts sociales […] ».

2. Les caractéristiques du risque patrimonial

1027. **Un risque choisi ou subi.** Le risque économique est choisi puisque le contribuable décide, de lui-même, d'investir afin de s'enrichir. Il supporte alors le risque associé à l'investissement qu'il a réalisé. Le risque patrimonial est, en revanche, subi. Le contribuable ne le recherche pas. Il souhaite, au contraire, s'en prémunir.

1028. **Les professionnels.** Cette divergence, quant au caractère choisi ou subi du risque, nous semble avoir des incidences fiscales profondes. Le droit fiscal ne contraint pas un contribuable à devenir un professionnel. Ce n'est que lorsque ce dernier choisit de le devenir, qu'il l'oblige à respecter les raisons qui ont motivé la création de son entreprise. Il lui interdit alors de s'appauvrir volontairement.

Dès lors, le législateur, lorsqu'il instaure un dispositif réservé aux professionnels, n'a pas à préciser que son intention est le développement des entreprises, autrement dit, la recherche, par elles, du profit. Ainsi, nous pensons que le risque économique que supporte un professionnel se rattache à la fois à l'élément subjectif et à l'élément objectif de la fraude à la loi (dès lors que le dispositif est réservé aux professionnels). Ce raisonnement rejoint la théorie du montage artificiel de la haute juridiction administrative, selon laquelle l'élément objectif se déduit de l'élément subjectif, mais nous en restreignons considérablement le champ d'application, car notre raisonnement ne vaut que pour les entreprises.

1029. **Conséquences.** Le principe énoncé semble inapplicable en présence de particuliers. Lorsqu'un dispositif légal est réservé aux professionnels, on peut considérer qu'une recherche simulée du profit va donc à l'encontre de l'intention implicite du législateur. Dès lors, l'administration fiscale n'aurait pas à démontrer que le contribuable utilise littéralement la loi d'une façon contraire à son esprit. En d'autres termes, les dispositifs fiscaux de faveur, dont les entreprises bénéficient, sont implicitement et toujours liés à une recherche du profit. Par conséquent, si l'élément objectif se déduit de l'élément subjectif, cela ne peut concerner que les dispositifs réservés aux professionnels, ceux qui sont contraints de respecter leurs propres motivations : la recherche continue du profit. Ainsi, si l'on entend le montage artificiel comme celui qui recherche, de manière simulée, l'enrichissement, alors l'application de la théorie Conseil d'État – selon laquelle l'élément objectif se déduit de l'élément subjectif – nous semble limitée au champ des professionnels et non aux schémas patrimoniaux. Notons d'ailleurs que la Cour de cassation n'a toujours pas adopté la thèse du montage artificiel de la haute juridiction administrative.

1030. **Illustration.** Afin d'illustrer nos propos, comparons deux dispositifs légaux. L'un concerne exclusivement les professionnels, l'autre les particuliers.

Le particulier qui applique, à la lettre, le barème de l'article 669 du Code général des impôts ne fait pas preuve d'abus. Le droit fiscal ne peut pas exiger de lui la recherche de l'enrichissement. Si le législateur souhaite poursuivre un objectif précis, il devrait le préciser idéalement dans la loi qu'il élabore.

En revanche, une société soumise à l'IS, qui utilise littéralement le régime mère-fille (de l'article 145 et 216 du Code général des impôts) peut commettre une fraude à la loi si elle ne recherche pas de manière sincère et continue le profit. Les montages coquillards en sont l'exemple idoine. Certes, le législateur indique que ce dispositif vise à développer les groupes de sociétés, mais cela n'était-il pas évident ? Il nous semble que, dans le cas des entreprises, le législateur n'a pas besoin de préciser que le professionnel est tenu de s'enrichir, car la fiscalité des entreprises est conçue en ce sens. Il nous semble que dans ce contexte, l'élément subjectif et celui objectif peuvent se déduire l'un de l'autre. Le risque lié à la quête du profit devient ainsi un critère décisif.

B. Le risque patrimonial artificiel

1031. **Artifice.** L'intention d'investir peut être simulée, c'est-à-dire dissimuler un objectif qui ne serait, en réalité que fiscal. De la même manière, les contribuables peuvent prétendre vouloir se prémunir contre un risque juridique, alors qu'en réalité, ils poursuivent une économie d'impôt. L'artifice ne réside pas ici dans une recherche simulée du profit, mais dans une situation familiale, juridique, qui ne donne lieu à aucun véritable risque patrimonial. Dans ce cas, le contribuable qui prétend élaborer un montage pour se préserver d'un risque non avéré soutient poursuivre des intentions inutiles, inopérantes.

Nous identifions deux situations litigieuses : lorsque le risque n'existe pas ou plus (1) et la situation dans laquelle le risque naît du montage lui-même (2).

1. Quand le risque patrimonial n'existe pas

a. Un risque inexistant

1032. **Moyen infondé.** Il incombe à l'administration fiscale de démontrer l'abus. Néanmoins, le juge peut solliciter le contribuable afin que celui-ci fasse valoir les éléments de faits dont il dispose. Ce dernier peut souligner les motivations autres que fiscales qu'il entendait poursuivre. Toutefois, il ne peut pas se prévaloir d'un risque qui n'existe pas. Par un raisonnement syllogistique, si les motivations invoquées par le contribuable pour étayer ses prétentions ne sont pas recevables, le juge conclura à un but exclusivement fiscal. Illustrons nos propos par deux exemples.

1033. **Intention**. Si le contribuable avance des arguments infondés, alors même qu'il en existe d'autres qui le sont, mais dont il ne se prévaut pas, la fraude à la loi sera constituée. En témoigne la jurisprudence *Tabourdeau,* du moins dans ses premières articulations : les époux soutiennent que l'interposition d'une société leur permet de garantir leur droit d'usufruit. Ce moyen est infondé puisque selon l'article 815-5 du Code civil, le juge ne peut, à la demande d'un nu-propriétaire, ordonner la vente de la pleine propriété d'un bien grevé d'usufruit contre la volonté de l'usufruitier. Dès lors, l'interposition de la société ne se justifie pas ici, car elle ne répond à aucun véritable objectif ; en effet, le risque contre lequel les contribuables prétendent se prémunir n'existe pas. La Cour de cassation ne peut qu'invalider pour erreur de droit l'arrêt de la cour d'appel qui avait accueilli les arguments des époux.

1034. **L'arrêt *Baylet*.** Il nous semble qu'un contribuable ne puisse pas invoquer la volonté de conserver son pouvoir sur la chose lorsque celle-ci est un portefeuille de valeurs mobilières. Selon la Cour de cassation, dans sa jurisprudence *Baylet*[896], un tel portefeuille forme une universalité de fait. Par conséquent, lorsque le portefeuille est démembré, ce démembrement porte sur l'ensemble du bien et non sur chacun des titres qui le compose.

Ce faisant, l'usufruitier peut gérer seul le portefeuille, dans son intégralité. Il peut donc arbitrer librement en cédant ou en achetant les valeurs sans en référer aux nus-propriétaires. Néanmoins, il doit conserver la substance du portefeuille, c'est-à-dire réinvestir les plus-values : il lui faut remplacer les valeurs cédées par d'autres. L'usufruitier ne perçoit que les fruits (les coupons et les dividendes), mais en aucun cas les gains en capital. S'il s'avère qu'il a perçu le prix des ventes sans le réinvestir, il commet alors un abus de jouissance[897] puisqu'il n'a pas conservé la substance de la chose.

En somme, l'usufruitier du portefeuille de valeurs bénéficie d'une autonomie de gestion. Dès lors, l'interposition d'une société ne peut pas, dans le cas d'un portefeuille de valeurs mobilières, se justifier par la volonté de conserver le pouvoir sur le bien. La société, qui habituellement permet de distinguer l'avoir du pouvoir, est ici inefficace dans le sens où elle n'apporte aucune garantie supplémentaire. Il demeure qu'elle préserve toujours de l'indivision.

---

896 Cass., 1ère civ., 12 nov. 1998, n° 96-18.04, *Baylet : JCP* N 1999, n° 7, p. 351, note H. HOVASSE ; *JCP* E 1999, n° 9-10, p. 426, note S. ROUXEL ; *JCP* G 1999 II, n° 10027, note S. PIEDELIEVRE ; *Dr. et patrimoine* 1999, n° 71, note F. SAUVAGE ; D. 1999 jur. p. 167 note L. AYNES. Dans le cadre de la succession de Monsieur Jean Baylet, sa conjointe survivante hérite de l'usufruit d'un portefeuille de valeurs mobilières. Les enfants en sont alors les nus-propriétaires. Un des trois enfants reproche à l'usufruitier d'avoir géré seul le portefeuille sans en avoir référé aux nus-propriétaires. Cet arrêt concerne les portefeuilles de valeurs mobilières qui sont des instruments, non de pouvoir, mais d'épargne. Par conséquent, les titres de sociétés familiales ne sont pas concernés.

897 Selon l'article 618 du Code civil : « L'usufruit peut aussi cesser par l'abus que l'usufruitier fait de sa jouissance, soit en commettant des dégradations sur le fonds, soit en le laissant dépérir faute d'entretien [...].

b. Un risque dont la société ne protège pas

1035. **Grosses réparations**. La jurisprudence *Tabourdeau* est intéressante puisqu'elle reconnaît un risque inédit : le nu-propriétaire à la charge des grosses réparations, sauf convention contraire. Or, comment contraindre ce dernier à payer lesdites dépenses s'il le refuse ? Face à ce risque, l'interposition d'une société semble offrir des garanties supplémentaires, car si le donateur est également le gérant de la société nue-propriétaire, il pourra faire payer les travaux par la société (par ailleurs nue-propriétaire) qu'il dirige. Toutefois, cette stratégie nécessite quelques précautions.

De toute évidence, l'usufruitier doit assumer le rôle de gérant au sein de la société détenant la nue-propriété de l'immeuble. Ensuite, l'objet social de la société doit autoriser la réalisation des travaux. Enfin, et surtout, la société doit disposer des moyens financiers nécessaires pour financer les réparations. Sur ce dernier point, la jurisprudence *Tabourdeau* apparaît contestable. En effet, la société est nue-propriétaire. Par conséquent, elle ne perçoit aucun fruit. Comment pourrait-elle, en l'absence d'apport en numéraire, financer les travaux ? Il nous semble que le gérant ne peut pas forcer les associés à apporter des fonds, sauf à prévoir une telle clause dans les statuts[898]. Or, rien de tel dans ceux de la société des époux Tabourdeau. Par conséquent, bien que le risque invoqué par les contribuables Tabourdeau soit avéré – le nu-propriétaire peut refuser d'assumer les travaux – la société ne les en préserve aucunement en l'absence d'une disposition statutaire obligeant les associés à exécuter un appel de fonds à la demande du gérant. En témoigne une espèce portée devant la Cour de cassation.

1036. **Illustration**. Dans cette affaire[899], le capital social d'une société civile immobilière est détenu par trois associés. L'un d'eux, l'associé principal, refuse de répondre à un appel de fonds nécessaire au financement d'un projet immobilier. Les deux autres associés sollicitent alors l'indemnisation du préjudice que ce refus génère dans l'exécution des travaux. La Cour de cassation fonde son raisonnement sur l'article 1836 du Code civil, selon lequel les engagements d'un associé ne peuvent, en aucun cas, être augmentés sans le consentement de celui-ci. Dès lors, sans clause spécifique dans les statuts, l'associé est en droit de refuser de procéder au versement des fonds. L'attendu de la haute juridiction judiciaire est limpide : les engagements d'un associé ne peuvent, en aucun cas, être augmentés sans le consentement de celui-ci. Par conséquent, le refus de répondre à des appels de fonds ne peut être reproché à l'associé principal à défaut de toute disposition statutaire contraire.

---

[898] Cass. com., 10 juil. 2012, n° 11-14.267 : *Bull. civ.* 2012, IV, n° 156.
[899] *Ibid.*

c. Un risque disparu

1037. **Inutilité.** Comme mentionné précédemment, le contribuable est libre de choisir la manière dont il souhaite se préserver d'un risque avéré[900]. Néanmoins, la légitimité d'un montage peut être remise en question lorsque le risque est déjà couvert par l'interposition d'une société. Par exemple, un contribuable constitue une société civile avec chacun de ses deux enfants. Elle apporte la nue-propriété de biens immobiliers puis donne à ses enfants, non pas la pleine propriété des parts, mais leur nue-propriété. Nous sommes donc en présence d'un double démembrement de propriété : sur l'immeuble et sur les parts de la société. Dans cette situation, l'administration fiscale regarde le montage comme poursuivant un but uniquement fiscal, à savoir la réduction des droits de donation.

1038. **Solution.** Selon la Cour de cassation[901], dans cette affaire, l'interposition de la société n'est pas considérée comme constitutive d'un abus dans la mesure où le procédé est bénéfique au parent. Ce dernier conserve le pouvoir de céder librement les biens, de procéder à la réalisation des grosses réparations sans se voir opposer un refus de la part des nues-propriétaires.

1039. **Critiques.** La solution ne nous convainc pas. L'utilité de l'interposition de la société est certes incontestable. Cependant, pourquoi avoir procédé à un double démembrement de propriété ? Pourquoi avoir démembré les titres de la société, sinon pour des considérations fiscales ? Les objectifs patrimoniaux que poursuit le contribuable sont déjà assurés par l'interposition d'une société (par le schéma d'apport de la nue-propriété d'un bien puis de donation de la pleine propriété des parts). Par conséquent, le démembrement des parts de la société ne nous semble apporter aucune garantie supplémentaire, sauf sur le plan fiscal où il divise doublement les valeurs transmises : une première fois par l'apport de la nue-propriété, acceptable puisque l'interposition d'une société répond à de nombreux objectifs patrimoniaux, et une seconde fois en donnant la nue-propriété des parts, ce qui nous semble excessif et inutile. En effet, l'usufruitier des parts bénéficie des fruits. Or, la société nue-propriétaire ne perçoit aucun revenu. Rappelons que le Comité de l'abus de droit fiscal confirme la position de l'administration : est fictive la donation de l'usufruit des parts d'une société qui n'a aucunement la faculté de distribuer des dividendes.

En somme, le démembrement sur les parts sociales ne couvre ici aucun risque. Il a seulement permis de réduire l'assiette des droits de donation. Un tel schéma est, nous semble-t-il, à proscrire.

---

[900] CE, 10e et 9e ch., 19 juin 2020, n° 418452 : *RJF* 10/20, n° 812, concl. A. ILJIC (C812) ; CE, 3e et 8e ss., 11 févr. 2011, n° 314950, *Picoux* : *RJF* 05/11, n° 628. Ce sujet est développé à la section 5.

[901] Cass. com., 21 oct. 2008 n° 07-18.770, *Thurin* : *RJF* 02/09, n° 173.

2. Le risque peut-il naître du montage lui-même ?

1040. **Problématique**. Comme montré précédemment, les contribuables ont la possibilité d'élaborer des montages afin de se prémunir contre un risque avéré. Dès lors, les schémas qu'ils choisissent, bien que procurant des avantages fiscaux, ne peuvent pas être abusifs sur le plan fiscal, faute d'élément subjectif : poursuivre un but exclusivement fiscal. En somme, le risque peut être considéré comme un remède contre la fraude à la loi. Toutefois, qu'en est-il si le risque résulte des opérations elles-mêmes ? En d'autres termes, le contribuable peut-il se prévaloir d'un risque qui n'existe que parce qu'il a décidé de réaliser un montage ?

1041. **Explications.** Illustrons nos propos par un exemple. Le risque d'indivision ne semble aucunement contestable, car il ne résulte pas du montage lui-même. Le schéma, consistant à interposer une société, permet précisément à ses auteurs d'éviter que ses héritiers se retrouvent dans une situation précaire et donc risquée (a).

En revanche, le raisonnement selon lequel le risque est un remède contre la fraude à la loi, semble plus contestable lorsque ce risque provient du démembrement lui-même. Si les donateurs souhaitent conserver la totale maîtrise du bien, pourquoi donner en démembrement de propriété si ce n'est pas pour l'économie d'impôt que cela procure ? L'objectif de conserver le pouvoir sur l'immeuble – en interposant une société – ne se justifie-t-il que si l'anticipation de la transmission est nécessaire face à un risque d'indivision ? En ce sens, les risques que génère la perte partielle de la propriété ne sont-ils acceptables uniquement parce qu'ils sont subordonnés à un risque principal d'indivision ? Si les parents craignent les conséquences du démembrement de propriété, pourquoi donner ? Si on suit ce raisonnement, le risque que génère l'indivision serait alors le seul susceptible d'écarter la fraude à la loi. Toutefois, il est important de souligner que l'opération de donation en démembrement de propriété ne détourne aucun dispositif de ses objectifs (b). L'interposition d'une société ne fait qu'améliorer, sur le plan patrimonial, une opération de donation de la nue-propriété que le législateur autorise.

a. Un risque principal et des risques accessoires ?

1042. **Anticiper**. Le risque d'indivision est celui qui justifie le mieux, à la fois, l'interposition de la société et le caractère anticipé de la transmission. À l'évidence, les parents ne peuvent déterminer le sort de leur patrimoine que de leur vivant. Si, toutefois, ils souhaitent prémunir leurs héritiers de ce risque qu'est l'indivision, s'offrent à eux une solution pertinente : le schéma d'apport-donation. L'apport de la nue-propriété d'un immeuble au profit d'une société, puis la donation des titres aux enfants permet d'anticiper la succession tout en conservant la parfaite maîtrise du bien démembré.

Par conséquent, les auteurs du montage n'ont aucunement l'intention de se dépouiller de l'intégralité de leurs biens. Ils anticipent, en revanche, les conséquences de leurs décès.

1043. **Risques subordonnés**. L'intention de conserver le pouvoir sur le bien, dont une partie – la nue-propriété – est transmise, n'est pas contestable lorsque les donateurs poursuivent un objectif patrimonial supérieur : celui de prémunir leurs héritiers d'une situation d'indivision. Or le risque que cela génère ne naîtra qu'au moment de leur décès et les parents ne peuvent s'en prémunir que de leur vivant, d'où leur intention de conserver la totale maitrise du bien transmis leur vie durant. En d'autres termes, la volonté de maintenir leur droit de propriété – le pouvoir – sur le bien transmis n'est pas leur objectif principal. En revanche, les parents veulent éviter l'indivision à leur décès. Le risque dont ils se souhaitent se prémunir – l'indivision – ne résulte pas du montage lui-même, contrairement aux risques attachés à la perte partielle de la propriété du bien transmis.

1044. **La conservation du pouvoir sur la chose.** Toutefois, en l'absence d'un tel risque d'indivision, cette volonté de conserver le pouvoir interpelle. Si le contribuable souhaite à tout prix conserver les pouvoirs sur le bien : pourquoi donner si ce n'est pour des considérations fiscales ? Pourquoi transmettre par anticipation – tout en s'assurant la conservation des pouvoirs sur la chose transmise – s'il n'existe aucun risque d'indivision aux décès des donateurs ?

b. Une opération sous-jacente autorisée

1045. **Absence d'élément objectif.** Si, au premier regard, on peut douter de la pertinence d'un risque qui résulterait du montage lui-même, il est à souligner que l'interposition d'une société ne fait qu'améliorer une opération d'ores et déjà autorisée. La société offre des garanties supplémentaires par rapport à une opération plus élémentaire consistant à donner directement la nue-propriété d'un immeuble à des enfants ; opération que le législateur ne regarde pas comme abusive, faute d'élément objectif[902] (dans le cas de l'utilisation de l'article 669 du CGI). En effet, il s'agit ici de justifier de l'interposition de la société et non de l'opération de donation en elle-même. Le contribuable pourrait alors se prévaloir des risques attachés à la perte partielle de la propriété, comme en témoigne la jurisprudence *Tabourdeau*[903] (v. *supra* n° 1015), précédemment exposée.

1046. **Une confirmation ?** En effet, dans cette affaire, la Cour de cassation admet l'interposition d'une société et l'apport de la nue-propriété en valeur économique, alors même que le risque d'indivision n'existe pas, étant donné que les donateurs n'ont qu'un fils unique. Pour autant, la haute juridiction

---

[902] Ce sujet est développé dans la section 2.

[903] Cass. com., 20 mai 2008, n° 07-18.397, *Tabourdeau* : *RJF* 10/08, n° 1136.

judiciaire souligne que les parents ont chacun conservé une part et sont nommés co-gérants de la société, leur permettant de conserver la maitrise totale d'un immeuble. En somme, l'interposition ne fait qu'améliorer une opération de donation autorisée en apportant des garanties patrimoniales supérieures. En effet, il s'agit, à notre avis, de justifier de l'interposition de la société et non de l'opération de donation en elle-même.

3. Un risque persistant : la fictivité de la société interposée

1047. **Plan.** Quand bien même la société interposée vise à prémunir ses créateurs de risques avérés (comme l'indivision), l'administration fiscale a toujours la possibilité d'invoquer la fictivité de la personne morale. Pour ce faire, il ne lui suffit pas de se prévaloir du seul avantage fiscal (a). Encore faut-il qu'elle s'attèle à démanteler, par la méthode du faisceau d'indices, l'acte juridique en cause (b).

a. Le caractère incontournable de la personnalité morale…

1048. **Personne morale**. Les hautes juridictions – administrative et judiciaire – ont consacré le « caractère incontournable de la personnalité morale des sociétés, impliquant la distinction des sociétés et de leurs associés[904] ». En ce sens, l'administration fiscale ne peut écarter la réalité d'une société uniquement parce que celle-ci procure un avantage fiscal.

i. Les arrêts de principe

1049. **Principe**. Dans sa jurisprudence *Beauvallet*[905], la Cour de cassation refuse de requalifier la vente de la totalité des titres d'une société en cession des actifs de celle-ci. Céder la totalité des actions ne peut pas être regardé fiscalement comme la dissolution d'une personne morale, puis la création d'une nouvelle. Y compris lorsque les cessionnaires procèdent à d'importantes modifications du pacte social tel que le changement de dénomination sociale, de forme juridique ou d'objet social…. La société dont les titres sont cédés conserve sa personnalité morale sur le plan juridique. Il ne peut en être autrement en matière fiscale, sauf à écarter les règles de droit privé régissant les sociétés. Or, il nous semble qu'elles prévalent ici.

Dans sa jurisprudence *le Joncour*[906], la haute juridiction judiciaire refuse de suivre la thèse de l'administration fiscale selon laquelle la transformation d'une société en commandite simple en société civile immobilière entraîne la

---

904 B. HATOUX (doyen honoraire de la Cour de cassation), *L'insécurité juridique érigée en principe ? ou l'abus d'abus est dangereux* : *RJF* 08-09/07, p.710.

905 Cass. com., 7 mars 1984, *Beauvallet* : *RJF* 6/84, n° 805.

906 Cass. com., 7 mars 1984, *Sté civile Le Joncour : RJF* 08-09/84, n° 804.

création d'une personne morale nouvelle, avec toutes les conséquences fiscales que cela génère. La Cour de cassation rappelle à l'administration qu'en vertu de l'article 1844-3 du Code civil, la transformation régulière d'une société ne conduit pas à la création d'une personne morale nouvelle.

ii. Les confirmations

1050. **Confirmation.** Dans l'affaire *Saphymo Stel*[907], la Cour de cassation confirme simplement que l'administration fiscale ne peut pas écarter la personnalité morale des sociétés, sauf à démontrer leur fictivité. Le montage se déroule en deux temps. En premier lieu, la société Saphymo Stel procède à un apport partiel d'actif au profit de la société X. En second lieu, elle cède les titres de la société X qu'elle a reçus en échange de son apport. L'administration fiscale y voit la cession d'un fonds de commerce, ce à quoi s'oppose la Cour de cassation puisque le vérificateur s'est contenté de montrer que l'opération procurait une économie d'impôt – comparativement à la cession d'un fonds de commerce – sans jamais démontrer la fictivité de la société X.

1051. **Consécration.** L'arrêt *RMC France*[908] démontre encore une fois que les décisions juridiques régulières ne peuvent pas être écartées par l'administration fiscale, sauf abus manifeste. En l'espèce, la transformation d'une société à responsabilité limitée en société anonyme, puis la cession de ses titres ne constituent pas un abus de droit. Il ne peut être inféré de la seule transformation juridique une volonté fiscale de réduire les droits de mutation. L'opération peut se justifier par de multiples autres raisons, si bien que la recherche exclusive d'une économie d'impôt n'est pas évidente. En outre, la Cour de cassation note que « la transformation régulière et effective d'une SARL en SA, décidée par les associés à la majorité requise pour la modification des statuts entraîne des effets multiples et est une opération nécessairement distincte de la cession ultérieure des actions par les associés individuellement[909] ». Il en va autrement si la société reprend rapidement, après la cession, sa forme d'origine. Cet aller-retour, annulant les différents intérêts juridiques que conférait le changement de forme sociale, confirme alors la volonté des contribuables de réduire l'impôt.

b. ...Sauf fictivité de la société

1052. **Fictivité juridique**. La fictivité d'un acte est avant tout une constatation juridique avant de produire une conséquence fiscale. Autrement dit, il n'existe pas une fictivité fiscale, d'une part, et une fictivité juridique de

---

[907] Cass. com., 2 avril 1992, n° 786 D, *Saphymo Stel : RJF* 07/92, n° 1090.
[908] Cass. com., 10 déc. 1996, n° 2084 P, *RMC France : RJF* 2/97, n° 186, *BGFE* 1/97 p. 27.
[909] *Ibid.*

la société, d'autre part. Si l'administration fiscale invoque une simulation – c'est-à-dire ici la fictivité de la personne morale interposée – elle devra démontrer que la société n'existe pas (elle n'est qu'une apparence) au sens de l'article 1832 du Code civil.

i. L'arrêt *Saunier*

1053. **Illustration.** L'arrêt *Saunier*[910] a été très largement critiqué par la doctrine à double titre. En premier lieu, par sa jurisprudence *Botherel* de 2006 (v. *supra* n° 1009), la Cour de cassation avait précédemment validé les opérations d'apport-donation comme n'étant pas des montages contraires à la loi fiscale. Or, avec l'arrêt *Saunier*, la haute juridiction judiciaire « change de cap[911] », un an plus tard, sur le fondement de la seconde branche de l'abus de droit que constitue la simulation.

En second lieu, les critères qui ont permis à la cour de considérer la fictivité de la société sont inhabituels[912].

Voyons les faits. Une mère crée une société civile avec ses deux enfants. Elle apporte la nue-propriété d'un portefeuille de valeurs mobilières – des obligations en l'occurrence – évalué de manière financière. Chaque enfant apporte 120 francs en numéraire. Peu après, les titres sont donnés aux enfants. L'administration fiscale y voit une donation directe aux descendants. Selon le service, la contribuable ne cherche qu'à contourner l'évaluation légale de l'article 762 du Code général des impôts alors en vigueur (et remplacé aujourd'hui par l'article 669 du même Code) afin de faire bénéficier à ses descendants de droits de donation réduits.

1054. **La solution.** La Cour de cassation retient la fictivité de la société à raison de critères inhabituels. Elle observe, tout d'abord, qu'aucun acte de gestion relatif à l'achat ou à la vente de valeurs mobilières n'a été effectué entre le moment de la constitution de la société et l'acte de donation-partage litigieux. Elle constate, ensuite, que la société est dépourvue d'autonomie financière. Elle note l'absence d'apports réels des enfants, représentant 0,0041 % de la valeur de l'apport de leur mère. Elle retient enfin les dires des enfants. Ceux-ci semblent affirmer que leur mère entendait garder les revenus des obligations apportés à la société ainsi que la maîtrise de son patrimoine, sans avoir à demander leur accord pour d'éventuels arbitrages démontrant une absence de volonté de s'associer. Pour toutes ces raisons, la haute juridiction

---

[910] Cass. com., 15 mai 2007, n° 06-14.262, *Saunier : RJF* 8-9/07, n° 994.

[911] M. COZIAN, Abus de droit, apport-cession et apport-donation, La Cour de cassation serait-elle en train de perdre le cap ? : *JCP N* 2007, n° 36, 1242.

[912] La jurisprudence retient habituellement les signes permettant de constater que la société est « en vie » : le défaut de fonctionnement de la société (absence de tenue d'assemblées des associés, absence de comptabilité, absence d'autonomie financière de la société ...).

judiciaire admet le caractère fictif de la société au sens de l'article 1832 du Code civil.

1055. **Opinion.** L'analyse de la Cour de cassation ne nous semble pas totalement convaincante. Tout d'abord, bien qu'il n'y ait pas d'acte de gestion, le nu-propriétaire s'enrichit à mesure qu'il se rapproche du terme du démembrement. Les actes de gestion sont donc ici inutiles pour que la société réalise des bénéfices. Ensuite, l'article 1832 du Code civil n'exige aucunement un apport minimum pour chaque associé. Finalement, les enfants ont bien accepté le pacte social en signant les statuts, quand bien même leur mère en était la gérante.

ii. L'arrêt *Wurstemberger*

1056. **Fictivité.** Malheureusement, après avoir accepté l'utilité qu'une société confère à travers la jurisprudence *Botherel*[913] de 2006 et *Cere*[914] de 2008, la haute juridiction judiciaire confirme l'arrêt *Saunier*[915], mais selon une grille d'analyse quelque peu différente.

La question qui nous intéresse est la suivante : une société ne détenant que la nue-propriété d'un bien est-elle fictive ? Telle est la décision de la Cour de cassation dans son arrêt *Wurstemberger*[916]. La haute juridiction judiciaire considère, en effet, qu'une société dont l'actif se limite à la nue-propriété d'un bien est fictive. Dans cette affaire, messieurs de Wurstemberger et Rey ont constitué la société civile Sea View, en faisant respectivement apport à cette dernière de la nue-propriété d'un immeuble sis à Nice et d'une somme de 1 524 €. Quelques mois plus tard, M. de Wurstemberger fait donation à M. Rey de l'essentiel des parts qu'il détenait dans cette société.

1057. **La solution.** La Cour de cassation considère que la société n'a pour objet, ni la recherche de profits, ni la réalisation d'économies, dès lors que le paiement des grosses réparations incombe au nu-propriétaire. Elle constate que l'actif de la société se limite à la nue-propriété d'un immeuble. Selon le juge, l'apport en numéraire de M. Rey est insuffisant pour lui permettre de remplir son objet social et de fonctionner réellement. Par conséquent, la personne morale ne dispose d'aucun moyen financier pour assurer la gestion de son patrimoine. Sa création, par un apport de la nue-propriété des biens immobiliers, suivie, à peu de temps d'intervalle, de la donation de la majorité des parts de M. de Wurstemberger à M. Rey, dissimule alors une donation indirecte afin de réduire les droits de donation. Pour la haute juridiction judiciaire, la société étant fictive, elle ne produit aucun effet fiscal.

---

913 Cass. com., 3 oct. 2006, n° 1100 F-D, *Botherel* : *RJF* 1/07 n° 102.

914 Cass. com., 26 mars 2008, n° 06-21.944, *Cere* : *RJF* 07/08, n° 904.

915 Cass. com., 15 mai 2007, n° 06-14.262, *Saunier* : *RJF* 8-9/07, n° 994.

916 Cass. com., 13 janv. 2009, n° 07-20.097, *de Wurstemberger* : *RJF* 05/09, n° 518.

1058. **Critiques**. Nous pensons que la Cour de cassation se fourvoie lorsqu'elle considère que la société n'a pas pour objet la recherche de profits. En effet, l'acquisition de la nue-propriété d'un immeuble constitue un véritable investissement. La société nue-propriétaire s'enrichit à mesure qu'elle se rapproche du terme du démembrement. En somme, le nu-propriétaire est un usufruitier en devenir. D'ailleurs, l'usufruit est toujours temporaire, sauf à porter atteinte au droit du nu-propriétaire.

Pour éviter un tel redressement, selon l'attendu de la Cour de cassation, l'apport de la nue-propriété devrait s'accompagner d'un apport en numéraire suffisant pour que la société puisse procéder à des placements, afin de percevoir effectivement des revenus. Or, l'acquisition de la nue-propriété, que ce soit par rachat ou apport, constitue déjà une véritable recherche du profit. Ce n'est pas parce que la société s'enrichit « silencieusement » – sans qu'un enrichissement ne soit effectivement constaté sur le plan fiscal dans la mesure où l'article 1133 du Code général des impôts dispense de tout impôt – qu'elle ne profite du montage. En effet, l'article précité n'est pas une tolérance fiscale, mais l'application stricte de ce qu'est le démembrement de propriété : l'usufruit ne rejoint pas la nue-propriété. Il s'éteint et n'a alors plus aucune valeur. Le nu-propriétaire ne perçoit pas un droit supplémentaire. Il devient plein propriétaire par extinction de l'usufruit, sans que cela ne génère d'impôt pour lui. Il n'empêche que la société nue-propriété deviendra un jour le plein propriétaire d'un bien dont elle n'a jamais payé le prix total puisqu'elle a reçu, par apport, sa nue-propriété. Elle pourra tout de même en céder la pleine propriété. Par conséquent, elle va s'enrichir.

1059. **Contre-exemple.** Partant de là, une société qui se contente de détenir la résidence principale de ses associés pour la mettre gratuitement à leur disposition est-elle fictive ? En suivant le raisonnement de la Cour de cassation tel qu'exposé dans la jurisprudence *Wurstemberger* mentionnée précédemment, une telle société serait effectivement considérée comme fictive, car les associés n'expriment aucunement l'intention de réaliser des bénéfices ni de bénéficier d'économies quelconques. Pourtant, la cour d'appel de Bourges s'est prononcée sur cette question en 2001[917] et son raisonnement, bien différent de celui de la Cour de cassation, nous semble plus adapté. Voyons les faits. Mme Lumet constitue une société civile immobilière en lui apportant la nue-propriété de sa résidence principale. Elle donne ensuite les parts sociales à l'un de ses deux fils, le second enfant recevant, quant à lui, les titres d'une autre société dans laquelle il exerce sa profession. L'opération permet d'équilibrer les lots entre les deux héritiers afin d'éviter que ceux-ci subissent une situation d'indivision. Pour l'administration fiscale, la société est fictive, car elle ne recherche pas le profit. Pour la cour d'appel, « [...] les sociétés civiles immobilières ont généralement pour objet la conservation et

---

[917] CA Bourges, 12 mars 2001, n° 99/00456, *Lumet* ; P. FERNOUX, *SCI et démembrement de propriété : contribuables...poursuivez la résistance* : Dr. et patrimoine avr. 2001, p. 33.

la gestion de biens immobiliers et que n'exerçant pas d'activité commerciale, elles n'ont pas vocation à réaliser des profits ». Par conséquent, il ne peut pas être reproché à une telle société une absence de recettes ou de charges.

1060. **Opinion**. Nous sommes plutôt d'avis que la fictivité d'une société se manifeste davantage lorsqu'elle ne présente aucun signe d'activité sociale, ce qui indique qu'elle n'est en réalité qu'une apparence, une façade, indépendamment du fait qu'elle ne génère aucun revenu. En conséquence, le raisonnement de la cour d'appel de Bourges[918] nous semble convaincant, car une société dont l'objectif n'est ni l'enrichissement ni la réalisation d'économies ne devrait pas automatiquement être qualifiée de fictive, du moins c'est ce que nous espérons. Le Comité de l'abus de droit fiscal semble également adopter cette approche, comme le rappelle un avis récent, en soulignant l'importance de suivre la méthode du faisceau d'indices dans de telles situations.

1061. **Illustration.** Dans cette affaire [919], la société C est constituée en décembre 2016 avec un capital social de 1 695 parts sociales d'une valeur nominale de 100 euros. Mme X fait apport de la nue-propriété d'un immeuble évalué, de manière financière, à 166 000 euros. Monsieur Y, frère de Madame X, apporte, quant à lui, la pleine propriété d'une parcelle de verger évaluée à 3 500 euros. Le 14 avril 2017, Mme X donne la pleine propriété de 1 659 de ses 1 660 parts sociales de la SCI C à son frère et conserve une part sociale.

1062. **Les griefs**. L'administration considère que la société C est fictive : elle n'est constituée que pour contourner le barème de l'article 669 du Code général des impôts. Elle relève que l'évaluation économique, permise par l'interposition de la société, a réduit de manière substantielle (pour un montant de 70 020 euros) les droits de donation. Par des propositions de rectifications adressées aux trois donataires et à la donatrice, le service a mis en œuvre la procédure de l'abus de droit fiscal prévue à l'article L 64 du livre des procédures fiscales. Ce faisant, l'administration écarte, sur le plan fiscal, l'existence de la société et impose directement les donataires à hauteur de l'écart entre la valeur économique et la valeur fiscale de la nue-propriété transmise, calculée par application du barème prévu à l'article 669 du Code général des impôts. Elle assortit le rappel des droits de mutation à titre gratuit d'une majoration de 80 % pour abus de droit prévue au b) de l'article 1729 du Code général des impôts.

1063. **Avis**. Le Comité de l'abus de droit fiscal procède selon la méthode du faisceau d'indices. À défaut de constater des preuves de vie sociale, la société n'est qu'une apparence. Il constate, tout d'abord, que la société C n'a pas présenté, lors du contrôle, les documents comptables prescrits par l'article 46 D de l'annexe III du Code général des impôts. Le Comité précise que le caractère réduit de son activité, propre à une société civile immobilière mettant

---

[918] *Ibid.*

[919] CADF, avis, séance n° 2/21, 14 janv. 2021, aff. 2020-17 : *Dr. fisc.* 2021, n° 43, comm. 403.

gratuitement son principal actif à la disposition d'un associé, ne justifie pas l'absence des documents.

Il observe ensuite que la réunion de l'assemblée générale de l'année 2018 n'est pas prouvée « dès lors que le procès-verbal d'assemblée générale du 28 avril 2018 figure sur un registre qui a été coté et paraphé par le maire de la commune postérieurement, le 28 mai 2018 ».

Il relève enfin que la société ne bénéficiait d'aucune autonomie financière, car elle ne détenait aucun compte bancaire propre, alors même qu'elle devait percevoir des loyers du verger, conformément à l'exposé liminaire de ses statuts. Le Comité n'exige pas la perception de revenus. Il constate toutefois que les associés de la société n'ont tout simplement pas respecté ce qui était convenu.

Compte tenu de l'ensemble de ces éléments, le Comité considère que la société C doit être regardée comme étant fictive au sens de l'article 1832 du Code civil et confirme, ce faisant, les griefs de l'administration fiscale.

L'apparence sera déconstruite par des éléments objectifs : le défaut d'assemblée générale, l'absence de documents comptables, l'absence de compte bancaire propre, et non uniquement, espérons-le, par l'absence de revenus. Il est important de souligner que le Conseil d'État utilise de la méthode du faisceau d'indices de la même manière. Une société qui se confond avec ses créateurs, en raison d'une absence totale de vie sociale, est considérée comme fictive[920].

1064. **Transition.** Nous avons précédemment expliqué que le critère du risque juridique, même dénué d'implication économique immédiate, est tout à fait pertinent pour justifier les intentions d'un schéma et ainsi écarter la fraude à la loi fiscale. Toutefois, examinons maintenant l'incidence de la notion de "but principalement fiscal" sur la pertinence de ce paramètre.

---

[920] Pour une illustration : CE 3e et 8e ch., 29 avril 2002, n° 220760, *Moitié : RJF* 07/02, n° 828.

Chapitre 2. Le risque patrimonial face a la notion de « but principalement fiscal »

1065. **Plan.** L'instauration dans notre droit fiscal de la notion de « but principalement fiscal » (A) est problématique lorsqu'il s'agit de comparer des arguments patrimoniaux non chiffrables avec les avantages fiscaux que le montage procure. Même si le gouvernement a annoncé que l'article L 64 A du Code général des impôts ne vise pas les transmissions anticipées de patrimoine utilisant la technique du démembrement, le ministre a néanmoins précisé que l'article 669 du Code général des impôts n'était aucunement modifié. Faut-il comprendre que cette réponse ne concerne pas les schémas qui s'écartent du barème légal ? L'avenir nous le dira.

L'interposition d'une société et l'apport en valeur économique qu'elle permet nous interrogent alors. Comment l'administration fiscale regardera-t-elle cela ? Sauf à ce qu'elle invoque la simulation, seul un réel motif patrimonial pourra combattre le risque de fraude à la loi. Or, que vaudra cet argument face à la notion de « but principalement fiscal » ?

Il est vrai que, selon une jurisprudence bien établie du Conseil d'État[921], le contribuable n'a pas à démontrer que le montage incriminé est le seul capable d'atteindre l'objectif patrimonial qu'il poursuit. Néanmoins, la subjectivité de la notion de but principalement fiscal en présence d'arguments non chiffrables ne va-t-elle pas conduire à la nécessité de le démontrer ? Autrement dit, face aux dires de l'administration fiscale, le contribuable ne devra-t-il pas justifier que le montage qu'il a choisi, bien que procurant des avantages fiscaux, était le seul susceptible de limiter un risque juridique avéré (B) ?

Section 1. La difficile « pesee » des arguments juridiques face a la notion de but principalement fiscal

1066. **Notion de but principalement fiscal.** Deux dispositifs récents ont instauré dans notre droit fiscal la notion de but principalement fiscal, laquelle accompagne désormais celle, plus ancienne, de but exclusivement fiscal.

1067. **Montage non-authentique.** L'article 205 A du Code général des impôts a instauré la notion de montage non authentique concernant spécifiquement le régime de l'impôt sur les sociétés. Selon cette disposition, l'administration fiscale peut écarter les conséquences fiscales d'un montage dont le but unique *ou principal* est d'obtenir un avantage fiscal allant à l'encontre de l'objet ou de la finalité du droit fiscal applicable. Un montage ou une série de montages est considéré comme non authentique dans la mesure où ce montage n'est pas mis en place pour des motifs commerciaux valables ne reflétant pas la réalité économique.

---

921 CE, 10e et 9e ch., 19 juin 2020, n° 418452 : *RJF* 10/20, n° 812, concl. A. Iljic (C812).

1068. **« Mini-abus de droit ».** La loi n° 2018-1317 du 28 décembre 2018 de finances pour 2019 a introduit la notion de but principalement fiscal. L'administration fiscale a depuis le choix des armes. Elle pourra invoquer le classique abus de droit (article L 64 du livre des procédures fiscales), lequel s'accompagne systématiquement de pénalités pouvant aller jusqu'à 80 % lorsque le bénéficiaire de l'avantage fiscal est l'instigateur du montage (ou son principal bénéficiaire)[922]. Toutefois, elle peut désormais se tourner vers le nouveau dispositif fixé à l'article L 64 A du livre des procédures fiscales lorsque la démonstration d'un but exclusif lui est trop difficile. Rappelons en les termes : « afin d'en restituer le véritable caractère et sous réserve de l'application de l'article 205 A du Code général des impôts, l'administration est en droit d'écarter, comme ne lui étant pas opposables, les actes qui, recherchant le bénéfice d'une application littérale des textes ou de décisions à l'encontre des objectifs poursuivis par leurs auteurs, ont *pour motif principal* d'éluder ou d'atténuer les charges fiscales que l'intéressé, si ces actes n'avaient pas été passés ou réalisés, aurait normalement supportées eu égard à sa situation ou à ses activités réelles ».

1069. **Sous pesée.** Toute la difficulté réside alors dans la comparaison de chaque motif. L'administration fiscale, dans ses commentaires relatifs au montage non authentique, regarde la notion de motifs commerciaux au sens large. Dès lors, « sont susceptibles d'être considérées comme répondant à des motifs valables les structures de détention patrimoniale, ayant des activités financières ou encore des structures répondant à un objectif organisationnel. Dans le cas où un montage procure des avantages d'ordre à la fois économique et fiscal, mais où l'avantage d'ordre économique est très marginal par rapport à l'avantage fiscal obtenu, le motif économique est susceptible d'être considéré comme non valable[923] ». L'argument patrimonial va-t-il peser suffisamment lourd face à l'économie d'impôt généré par le montage incriminé ?

SECTION 2. FAUT-IL JUSTIFIER L'ABSENCE DE MOTIFS AUTRES QUE FISCAUX ?

1070. **Charge de la preuve.** Il incombe à l'administration fiscale de démontrer l'abus. Néanmoins, le juge peut solliciter le contribuable afin que celui-ci fasse valoir les éléments de faits dont il dispose. Ce dernier peut mettre en exergue les motivations autres que fiscales qu'il entend poursuivre. Toutefois, le tribunal ne peut pas exiger de lui qu'il démontre que le montage qu'il a choisi est le seul moyen d'atteindre ses objectifs non fiscaux, sauf à

---

922 Article 1729, b du Code général des impôts.

923 BOI-IS-BASE-70, 3 juill. 2019, § 40 et suivants.

renverser la charge de la preuve, ce que le Conseil d'État censure pour erreur de droit[924].

A. Le principe

1071. **Illustration.** Le contribuable n'a pas à démontrer que le montage qu'il a choisi est le seul capable de répondre à ses objectifs non fiscaux. Par exemple, Monsieur C crée avec un autre actionnaire une société X. Ils en détiennent chacun 50 %. Puis, tous les deux constituent, la même année, une autre société Y dont l'objet est la détention passive de titres. Ils en détiennent 25 % chacun, l'autre moitié est détenue à 49 % par un groupe et 1 % par une personne physique tierce. Monsieur C inscrit les titres de la société Y dans son plan d'épargne en actions puis cède peu après les titres de la société X (dont il détient 50 %) à la holding Y. Il cède quatre années plus tard sa participation de 25 % dans la holding, en franchise d'impôt conformément à l'article 157, 5 bis du Code général des impôts. Pour l'administration fiscale, la société holding Y s'interpose afin de respecter, en apparence, la condition de seuil (de 25 % maximum) de l'article L 221-31 du Code monétaire et financier permettant l'inscription des actions dans le plan d'épargne en actions. Le contribuable fait valoir que la société Y n'est en rien une interposition fictive. Le montage a une réalité économique. Le groupe, qui a acquis 49 % de la société Y, a véritablement investi. Sa participation limitée à 49 % permet aux deux autres associés (personnes physiques) de conserver le contrôle des sociétés X et Y. La Cour administrative d'appel de Paris rejette les arguments de Monsieur C en faisant valoir que celui-ci ne démontre pas la rationalité économique du montage, ni le fait qu'il soit le seul moyen d'atteindre l'objectif affiché.

1072. **La solution.** La haute juridiction administrative censure l'arrêt. Elle considère, en effet, qu'en exigeant ainsi que les requérants démontrent que le montage mis en place est le seul possible pour atteindre l'objectif économique poursuivi, la cour, en inversant la charge de la preuve, a commis une erreur de droit[925]. Ce raisonnement confirme celui déjà tenu dans un arrêt du Conseil d'État de 2011[926]. En effet, l'administration fiscale ne peut pas reprocher au contribuable d'avoir réalisé une opération d'apport-cession au seul motif qu'il aurait pu procéder autrement, en vendant directement les titres puis en réinvestissement le prix de la vente.

[924] CE, 10e et 9e ch., 19 juin 2020, n° 418452 : *RJF* 10/20, n° 812, concl. A. Iljic (C812).
[925] *Ibid.*
[926] CE, 3e et 8e s.-s., 11 févr. 2011, n° 314950, *Picoux* : *RJF* 05/11, n° 628. Commet une erreur de droit, la cour administrative d'appel qui, après avoir relevé que le contribuable avait apporté des titres qu'il détenait à une société qu'il contrôlait et qui les avait cédés en vue de réinvestir une partie du produit de leur cession, conclut à l'abus de droit au seul motif que le contribuable aurait pu céder directement les titres au même acquéreur puis réinvestir le produit de cette cession sans procéder à l'opération d'apport.

1073. **Opinion.** Le raisonnement proposé par la cour administrative d'appel de Paris apparaît clairement erroné, puisqu'il aboutit finalement à inverser la charge de la preuve. F. Deboissy nous rappelle justement que « face aux indices et présomptions mis en avant par [l'administration fiscale], les contribuables sont tenus de se défendre en justifiant de la rationalité économique des opérations litigieuses. Pour autant, la charge de la preuve, et donc le risque de la preuve, pèse sur l'Administration. Il s'ensuit que si un doute subsiste à l'issue du débat contradictoire, ce doute doit profiter au contribuable. L'imputation à l'Administration de la charge, et donc du risque de la preuve, se justifie fondamentalement par le caractère dérogatoire de la procédure d'abus de droit, qui constitue une limite au principe de liberté de gestion [...]. Ce principe de liberté de gestion ne doit pas être compromis par l'obligation pour le contribuable de prouver qu'il n'existait aucune autre alternative possible pour atteindre son objectif économique. Selon l'auteur mentionné, le contribuable doit plutôt défendre le caractère utile du montage, sans démontrer sa nécessité.

Cette dialectique de la preuve, qui défend le principe de liberté de gestion, pourrait-elle être modifiée dans un contexte fiscal qui sanctionne les montages poursuivant un but principalement fiscal ?

B. Vers une modification du principe ?

1074. **Renversement ?** La difficulté de comparer des avantages patrimoniaux (non chiffrables) avec ceux fiscaux pourrait-il conduire à un renversement de la charge de la preuve ? Afin de se prémunir contre la fraude à la loi de l'article L 64 A du livre des procédures fiscales, le contribuable devra-t-il démontrer que le montage choisi est le seul capable d'atteindre les objectifs non fiscaux qu'il poursuit ?

1. Problématique

1075. **Opposabilité.** Selon un principe fiscal bien connu, la doctrine administrative est opposable à l'administration fiscale elle-même. En effet, bien que cette dernière ne crée pas de droit et ne fasse qu'interpréter la loi – en ce sens, la doctrine administrative n'a pas d'esprit – ses commentaires lui sont opposables en vertu de l'article L 80 A du livre des procédures fiscales.

Ce principe de sécurité juridique connaît néanmoins deux exceptions[927] pouvant concerner notre sujet. En premier lieu, selon un principe prétorien

[927] Notons également que l'article L 80 A du livre de procédures fiscales n'est pas applicable aux impositions primitives contestées par voie de réclamation, mais uniquement en cas de rehaussement opéré par l'administration fiscale dans le cadre d'un contrôle fiscal.

récent, un contribuable ne peut pas se prévaloir de la doctrine administrative lorsque le montage qu'il a élaboré est artificiel[928].

En second lieu, l'article L 80 A n'est pas applicable s'agissant des règles de procédure et c'est bien là toute la difficulté. L'article L 64 A émane du livre des procédures fiscales et concerne donc bien une règle de procédures. Or, il est de jurisprudence constante[929] que la doctrine administrative interprétant des règles de procédures ne peut être pas, dans ce cas, être invoquée par le contribuable sur le fondement de l'article L 80 A du livre des procédures fiscales. On s'interroge alors sur la valeur des commentaires administratifs s'agissant de ce nouveau « mini-abus de droit ». Notons néanmoins que la doctrine est suffisamment générale pour ne rien divulguer véritablement quant aux potentiels et futurs redressements.

2. Quelles conséquences ?

1076. **Quel avenir ?** Le contribuable n'est pas tenu de justifier de l'absence d'autre voie à emprunter pour atteindre des objectifs autres que fiscaux qu'il poursuit. Toutefois, si ce principe venait à être modifié à l'avenir, notons que la forme sociétaire est la seule capable de prévenir sérieusement les conséquences d'une indivision pour plusieurs raisons.

En premier lieu, les contribuables peuvent utiliser une convention d'indivision prévue à l'article 1873-1 du Code civil. Néanmoins, celle-ci souffre de plusieurs inconvénients. Les parents ne peuvent pas contraindre leurs héritiers à accepter une convention d'indivision, laquelle ne naitra, d'ailleurs, qu'à leur décès. Ils peuvent, en revanche, prévoir de leur vivant l'interposition d'une société afin d'anticiper un mode de propriété stable.

Sans compter qu'une convention d'indivision n'est que temporaire : sa durée est limitée à une durée de cinq années. Elle est, certes, renouvelable, mais encore faut-il que les indivisaires l'acceptent. Lorsque la convention est fixée pour une durée indéterminée, chaque signataire pourra en sortir à tout moment. Par conséquent, la convention d'indivision n'est pas une alternative à la société puisqu'elle offre des garanties bien moindres face aux risques que l'indivision génère.

En second lieu, les parents peuvent léguer à leurs enfants des lots égaux. Cet exercice de partage est particulièrement délicat pour des parents soucieux d'assurer une égalité parfaite entre leurs enfants. Seule la société le permettra par la mutualisation des risques.

---

[928] CE, plén., 28 oct. 2020, n° 428048, *M. C.* : *RJF* 1/21, n° 59, chron. G. DE LA TAILLE p. 7, concl. M.-B. MERLOZ, p. 159 (C59).

[929] CE, 7e et 8e s.-s., 13 juin 1980, n° 15494 : *RJF* 9/80, n° 664 ; CE, 9e et 10e s.-s., 30 déc. 2002, n° 81989, *SARL Twenty Shop* : *RJF* 3/03, n° 333.

Par ailleurs, seule l'utilisation d'une société permet de contourner le risque de perte de contrôle de la chose transmise par anticipation. Elle seule permet de dissocier l'avoir du pouvoir.

Conclusion du chapitre 2

1077. **Critère du risque**. L'apport en valeur économique de la nue-propriété semble encourir plusieurs risques sérieux. En premier lieu, le risque de fictivité de la société n'est pas à négliger. Rappelons que la Cour de cassation a déjà considéré qu'une société ne poursuivait pas son objet – la recherche de bénéfices ou la réalisation d'économies – en se contentant de détenir la nue-propriété d'un immeuble. Cet écueil peut être évité. Il suffit que le contribuable procède à des apports en numéraire suffisants, de façon à permettre à la société d'investir afin de percevoir des revenus. Bien entendu, la société devra bénéficier d'une autonomie financière et les associés devront se réunir régulièrement et tenir les documents comptables obligatoires.

En second lieu, nous l'avons dit, la réponse ministérielle du 18 juin 2019[930], ainsi que la doctrine administrative, sont suffisamment générales pour ne rien dévoiler véritablement des futurs contrôles fiscaux. Concernant les montages qui n'utilisent pas le barème légal de l'article 669 du Code général des impôts, l'administration fiscale pourra-t-elle utiliser le « mini-abus de droit » de l'article L 64 A du livre des procédures fiscales ? Nous le pensons. Dès lors, si nos prédictions se réalisent, la charge de la preuve ne sera-t-elle pas modifiée ? Le contribuable ne devra-t-il pas montrer que la voie qu'il a empruntée est la seule capable d'atteindre ses objectifs autres que fiscaux ? Nous le pensons également. Toutefois, il ne faudra pas oublier que la société est seule capable de prémunir sérieusement ses créateurs des risques que génèrent, à la fois, l'indivision et la perte partielle de la propriété du bien dont la nue-propriété est transmise.

1078. **Double utilité du risque.** Le risque est *in fine* doublement utile. En premier lieu, lorsqu'il est apprécié dans sa dimension positive (objective), c'est-à-dire à travers l'incertitude qu'il génère, son absence révèlera la fictivité des contrats aléatoires. En effet, lorsqu'un donateur, se sachant mourant, réalise *in extremis* un démembrement de propriété au profit de ses héritiers présomptifs, la donation devient fictive. L'article 751 du Code général des impôts sanctionne un tel comportement en instaurant, pour le défunt, une présomption de pleine propriété. Le risque s'apprécie ici de manière objective – dans sa nature intrinsèque – c'est-à-dire à travers l'incertitude qu'il génère, indépendamment des intentions des contribuables. En ce sens, le défaut d'aléa vital – c'est-à-dire la connaissance du décès imminent de l'usufruitier au moment même du démembrement, établira la simulation.

---

[930] *Supra* n° 877.

En second lieu, en présence d'un montage, le risque sera apprécié dans sa dimension intentionnelle. Lorsque les opérations cherchent à prémunir contre un risque avéré, elles ne sont pas abusives, car elles poursuivent un but autre que fiscal. L'élément subjectif de la fraude à la loi n'existe alors pas. Le risque est ici révélateur des intentions du contribuable.

CONCLUSION GENERALE

1079. **Plan.** Après avoir exposé le contexte fiscal dans lequel les contribuables opèrent (A), nous avons maintenant l'opportunité de suggérer des améliorations au cadre juridique actuel en matière fiscale (B).

A. État des lieux

1080. **Dichotomie du risque.** Le droit fiscal est économiquement vertueux s'il encourage le risque. Cela ne signifie pas qu'il doit y inciter absolument par des allègements d'impôt. Il doit en revanche faire preuve d'une certaine neutralité, en acceptant que les prises de risque puissent parfois conduire à l'appauvrissement et, *de facto*, avoir un effet néfaste sur la matière imposable. C'est en ce sens que le législateur a d'abord admis que tous les déficits catégoriels puissent s'imputer, sans restriction, sur les autres revenus. Cette possibilité d'imputation consacrait la pleine acceptation fiscale du risque. Toutefois, il a fini par scinder ce dernier en deux, d'une part le risque professionnel, d'autre part le risque privé. Ceci afin de combattre les abus des particuliers. En effet, certains d'entre eux prétendaient vouloir mettre en location des biens immobiliers dans lesquels ils effectuaient d'importants travaux. Or, après avoir imputé sur leurs revenus les déficits fonciers générés, ces contribuables changeaient tout simplement la destination des immeubles à des fins de jouissance personnelle. Le législateur est alors intervenu pour mettre un terme à de tels agissements. Il a, entre autres, interdit l'imputation totale des déficits fonciers sur les autres revenus du foyer fiscal. Ainsi naissaient la « tunnelisation » des déficits patrimoniaux et la dichotomie fiscale du risque économique.

1081. **Fondamentaux**. Cette dichotomie du risque économique nous révèle deux caractéristiques essentielles du droit fiscal.

En premier lieu, il est manifeste que la reconnaissance *immédiate* du risque est étroitement associée à la conquête *continue et systématique* de l'enrichissement par les entreprises[931]. La théorie de l'acte anormal de gestion vise, en ce sens, à sanctionner les professionnels qui s'appauvrissent de manière délibérée, sans aucune recherche du profit.

En second lieu, la méfiance de la part du législateur à l'égard de l'investissement privé semble trouver sa source originelle dans le fait que le droit fiscal souffre d'une incapacité à réprimer l'appauvrissement volontaire des particuliers. Le contraire, qui reviendrait *in fine* à contraindre ces derniers à investir, porterait atteinte au droit de propriété puisque les ménages doivent pouvoir disposer de leurs biens comme ils l'entendent. Si bien qu'un investissement immobilier (en vue de percevoir les fruits) pourra se convertir

[931] Précisons que cela ne signifie pas que les entreprises doivent maximiser leur résultat. Elles ne peuvent en revanche s'appauvrir volontairement.

en utilisation privée (en droit d'user) sans que ce changement d'affectation ne produise de conséquence fiscale[932]. La théorie prétorienne de l'acte anormal de gestion ne leur est pas opposable. Dans ces conditions, le législateur préfère aujourd'hui constater les revenus des investissements privés plutôt que de les espérer, c'est-à-dire qu'il ne permet plus l'imputation immédiate des déficits sur les autres revenus, par crainte que les particuliers cessent leur conquête de l'enrichissement. En revanche, en choisissant de reporter « en avant » les déficits patrimoniaux – par une imputation de ceux-ci sur les revenus *futurs* de même nature – le législateur s'assure (fiscalement parlant) de la continuité de l'investissement.

Tout ceci explique que le législateur ait été contraint de cantonner le risque privé, afin d'éviter qu'une érosion de la matière imposable ne soit le fait d'une recherche simulée du profit ou d'une tentative d'investissement trop rapidement avortée. Cette méfiance n'existe pas à l'égard des entreprises, car celles-ci ne peuvent s'appauvrir délibérément, sous peine de subir les foudres de l'acte anormal de gestion. Autrement dit, le droit fiscal dispose de la faculté d'astreindre ces dernières à respecter les raisons qui ont motivé leur création. C'est pourquoi, selon nous, l'appréciation du risque par le droit fiscal dépend de sa capacité à pouvoir réprimer toute cessation d'activités lucratives, tout changement d'intention dans la recherche du profit.

1082. **L'intérêt de l'entreprise.** Le principe de recherche systématique du profit, cadre normatif que nous mettons en exergue, suppose que les entreprises se créent dans l'unique but de s'enrichir. Mais telle est, nous semble-t-il, l'idée (la représentation) que se fait le droit fiscal de l'entreprise.

Si l'article 1835 du Code civil propose désormais d'insérer dans les statuts des sociétés la raison de leur constitution, il nous semble que cette disposition restera sans effet sur la matière fiscale. Un arrêt récent du Conseil d'État le confirme puisqu'une société peut commettre un acte anormal de gestion même si elle agit dans le cadre strict de son objet social[933]. En somme, quelles que soient les raisons qui motivent sa création, l'entreprise ne pourra déduire de ses bénéfices que les charges qu'elle engage à des fins économiques (d'enrichissement). Le droit fiscal, en défendant la matière imposable, poursuit ses propres objectifs. Il refuse qu'une charge qui n'est pas engagée en vue de générer des bénéfices puisse être déduite desdits bénéfices. Par conséquent, la matière imposable ne peut pas être sacrifiée quand bien même le contribuable est mu par une noble cause. Le droit fiscal devra toujours – de manière mécanique – distinguer, d'une part, les actes de gestion nécessaires à l'acquisition ou à la conservation des profits, et d'autre part, l'emploi desdits profits.

---

[932] Il n'y aura qu'une seule conséquence : la remise en cause de l'imputation des déficits fonciers sur le revenu global si l'immeuble n'a pas été loué au cours des trois années suivant l'imputation.

[933] CE, 9e et 10e ch., 22 juill. 2022, n° 444942 B, *Sté Phoenix Union : FR 36/22, p. 1.*

1083. **Risque illimité ?** Cette recherche du profit peut-elle néanmoins se réaliser par une prise de risque démesurée ? La seule limite à la prise de risque n'est pas son excès (l'intensité du risque), mais l'intention insincère, c'est-à-dire l'appauvrissement délibéré.

Tout d'abord, une entreprise peut s'appauvrir momentanément si elle ne vise, en réalité, que l'enrichissement futur. À ce titre, l'abandon d'une créance de nature commerciale est déductible des bénéfices dès lors que l'entreprise qui le consent protège ses propres intérêts, comme ses débouchés commerciaux ou encore sa notoriété. En somme, seul l'appauvrissement (volontaire) *dénué de contrepartie* est sanctionné sur le plan fiscal.

Ensuite, la normalité d'un acte de gestion s'apprécie au travers de l'intention de son auteur, au moment où il l'accomplit. Ce procédé – fondé non pas sur les effets dudit acte sur la matière imposable, mais sur les raisons qui ont motivé sa réalisation (en somme les effets espérés) – permet d'admettre les erreurs de gestion, ce qui est la marque d'un droit qui reconnaît totalement le risque économique. Le Conseil d'État nous rappelle d'ailleurs régulièrement la nécessité d'examiner les intentions des contribuables. Par exemple, un prêt de trésorerie sans intérêt n'est pas forcément anormal dès lors que la société qui le consent applique la formule de taux convenu, que les parties ont limité à un résultat nul[934] dans le cas où les taux d'intérêt évolueraient négativement. La personne morale n'a aucunement eu l'intention de s'appauvrir au moment où elle a réalisé cet acte de gestion.

En somme, seul l'appauvrissement *délibéré* est fiscalement contestable, l'échec issu d'une recherche sincère du profit ne l'est pas. Seul le risque, que nous qualifierons d'artificiel, est douteux. Cet artifice s'identifie au travers de l'intention : le professionnel prétend que le risque qu'il supporte ne vise que la conquête du profit, alors qu'en réalité, il ne recherche qu'à appauvrir l'entreprise de manière préméditée au profit d'un tiers qui accepte de s'enrichir.

1084. **Obstacles.** Le législateur et le juge de l'impôt ont, tous les deux, été soucieux de construire un cadre normatif cohérent, fondé sur la recherche du profit, donc propice à la prise de risque. Pourtant, de manière paradoxale, la lutte contre l'évasion fiscale est aujourd'hui d'une acuité telle qu'elle finit par ne plus distinguer l'abus de l'investissement. Ce faisant, elle malmène le cadre conceptuel. Afin de préserver ce dernier, proposons quelques améliorations de notre droit positif.

B. Propositions pour une pleine reconnaissance du risque professionnel

1085. **Proposition n° 1.** Selon l'article 38-2 du Code général des impôts, le bénéfice fiscal est constitué par la différence entre les valeurs de l'actif net

[934] CE, 8e et 3e ch., 20 sept. 2022, n° 461642, *Sté SAP France* : *RJF* 12/22, n° 1027.

à la clôture et à l'ouverture de la période dont les résultats servent de base à l'impôt. Fort heureusement, le législateur prend soin de neutraliser les apports, lesquels ne produisent pas de variation d'actif net, et ainsi demeurent sans effet sur la matière imposable. Afin de ne pas dénaturer ce dispositif qui encourage le risque, le juge de l'impôt ne devrait pas imposer les sociétés qui perçoivent des apports à valeur minorée, car un apport en nature ne leur fait bénéficier d'aucune trésorerie immédiate. Pour cette raison, il serait préférable de retarder l'imposition. Dans ce cas, la société qui reçoit des biens ou droits pour une valeur minorée pourra réaliser un gain plus important au moment de leur cession. C'est à ce moment-là que la société s'enrichit véritablement. *A contrario*, lorsque la valeur est majorée, la plus-value future en sera d'autant réduite. Par conséquent, il vaut mieux préférer la neutralité de l'opération d'apport et ne constater qu'*a posteriori* les écarts de valeur. Telle est, nous semble-t-il, la volonté du législateur. Tout d'abord, ce dernier a souhaité que les entreprises ne soient pas imposées sur les apports qu'elles reçoivent. Ensuite, cette volonté de retarder une imposition dans le but de favoriser la création des entreprises n'est pas inédite. À ce titre, la théorie de la mutation conditionnelle assure un caractère intercalaire aux opérations d'apport, considérant que celles-ci ne confèrent aux autres associés qu'un droit de propriété éventuel sur les biens apportés[935]. De la même manière, les mécanismes du sursis et du report d'imposition des plus-values poursuivent cet objectif : en l'absence de liquidités, pas d'impôt.

1086. **Proposition n° 2.** Le législateur devrait ensuite permettre l'imputation des moins-values privées sur les plus-values professionnelles en report d'imposition. Si l'on comprend les raisons d'être de ce report d'imposition, il n'en demeure pas moins que ce procédé cristallise un enrichissement qui n'est pas définitif. Or, un changement de nature des plus ou moins-values ne permettra pas l'imputation des pertes futures. Tel sera le cas lorsqu'un exploitant individuel apporte son entreprise à une société soumise à l'IS. La plus-value professionnelle portant sur les éléments incorporels apportés est placée en report d'imposition. Or, la moins-value de cession des titres reçus en contrepartie de l'apport, de nature privée, ne pourra pas s'imputer sur la plus-value en report d'imposition. Dans ce cas, le contribuable peut se trouver imposé sur un profit dont il n'a jamais véritablement bénéficié. Ce faisant, ce traitement fiscal, qui méconnaît le risque en figeant un enrichissement qui n'est que latent (donc incertain), se heurte au principe d'égalité devant l'impôt pour ne pas tenir compte véritablement des capacités contributives (pour ne pas imposer un enrichissement net en ne permettant pas l'imputation immédiate d'un appauvrissement certain sur un enrichissement qui n'a existé qu'à un moment donné et de manière latente).

---

935 Cette théorie, créée pour faciliter la constitution des sociétés, exonère de droit de mutation les apports à titre pur et simple, sauf exception.

1087. **Proposition n° 3.** En outre, cet enrichissement non définitif, cristallisé par le mécanisme du report d'imposition, n'est pas exonéré au moment de la transmission gratuite des titres de la société. En effet, si habituellement les donations « purgent » les plus-values, ce n'est pas le cas des plus-values placées en report d'imposition. Les donations sont malheureusement des événements qui rendent exigible l'impôt jusqu'alors reporté. Néanmoins, le report d'imposition est maintenu si les donataires ou héritiers poursuivent l'activité transmise tout en s'engageant à payer l'impôt au terme de ce report. Toutefois, cela ne nous semble aucunement encourager la reprise des entreprises, car il est difficilement concevable, que ce soit pour un donateur ou un donataire, de payer un impôt sur un enrichissement dont ni l'un ni l'autre n'a véritablement profité. La loi efface heureusement certaines plus-values en report d'imposition lorsque les donataires ou héritiers poursuivent l'activité pendant une certaine durée. Or, le législateur n'a pas généralisé cette exonération, ce qui conduit à un traitement fiscal peu cohérent, donc contestable. C'est ainsi que certaines plus-values d'apport placées en report d'imposition – celles fixées aux articles 151 octies à 151 octies B du Code général des impôts - ne bénéficient d'aucune exonération contrairement à d'autres, et ce même si les donataires ou héritiers poursuivent l'activité de l'entreprise qui leur est transmise.

Nous pensons qu'au contraire, les donations doivent purger toutes les plus-values y compris celles placées en report d'imposition. Et si le législateur persiste dans sa volonté de lutter contre les donations suivies d'une vente rapide, l'exigence d'une poursuite de l'activité par les donataires ou héritiers n'est pertinente que si la continuité de l'entreprise efface *toutes* les plus-values placées en report d'imposition, et non seulement quelques-unes. En sus, le législateur doit autoriser la poursuite de l'activité sous différentes formes. Il doit admettre que la conclusion d'un engagement de conservation des titres (pacte Dutreil) vaut poursuite de l'activité quand bien même les titres reçus par donation ne sont pas conservés, car apportés (pendant l'engagement de conservation) à une société holding. À défaut, ce que la loi encourage d'une part (au travers du pacte Dutreil), elle le décourage d'autre part, en imposant des plus-values jusqu'alors placées en report d'imposition.

1088. **Proposition n° 4.** Depuis le 15 mai 2022, les entrepreneurs individuels peuvent être assimilés sur le plan fiscal à une société unipersonnelle, cette assimilation valant option pour l'IS (article 1655 sexies du CGI). Si l'on peut se satisfaire de la généralisation d'un régime fiscal qui encourage le réinvestissement des bénéfices, il n'en demeure pas moins que l'accès à l'opacité fiscale ne se réalise qu'au travers d'un procédé trop complexe et inapproprié. En effet, le législateur n'a pas opté pour les mesures dites d'atténuations conditionnelles – dont bénéficient les sociétés semi-transparentes qui optent pour l'IS – qui confèrent au changement de régime fiscal un caractère intercalaire, mais pour la création d'une entité nouvelle sur le plan fiscal. C'est ainsi que cette assimilation fiscale est traitée comme l'apport d'une entreprise à une société. Nous regrettons, encore une fois, le report d'imposition des plus-values portant sur les éléments incorporels puisque ce mécanisme cristallise un enrichissement qui n'est qu'incertain, latent. Il aurait été préférable de donner à cette assimilation un caractère neutre, c'est-à-dire intercalaire (au travers d'un sursis d'imposition) en permettant la reprise des valeurs nettes comptables pour ne pas méconnaitre les risques que les chefs d'entreprise continuent pourtant de supporter : l'enrichissement latent (non définitif) constaté à un moment donné, peut à l'avenir totalement disparaître.

1089. **Proposition n° 5**. En outre, l'assimilation d'une entreprise individuelle à une société unipersonnelle ne nous semble pas avoir été pensée dans tous ses tenants et aboutissants. Pour illustrer notre propos, imaginons qu'un entrepreneur individuel, qui a opté pour l'IS, décide de s'associer à un autre chef d'entreprise. Tous les deux créent une société pour y apporter leurs activités respectives. Si l'apport de l'entreprise individuelle ne met pas un terme au report d'imposition des plus-values générées au moment de l'option pour l'IS conformément à l'article 151-0 octies du Code général des impôts, l'exploitant se voit tout de même imposé sur un « boni de liquidation » qui correspond aux bénéfices qu'il a réalisés par le passé et qu'il a réinvestis. Pour autant, l'exploitant apporte la totalité de son patrimoine professionnel et reçoit en contrepartie des titres d'une société. Pourquoi devrait-on imposer immédiatement un boni de liquidation alors même que l'exploitant ne perçoit aucune liquidité ? Si l'entreprise individuelle soumise à l'IS est assimilée fiscalement à une société, l'apport de l'intégralité du patrimoine affecté à l'activité professionnelle ne pourrait-il pas être regardé comme l'apport de titres d'une société au profit d'une autre ? Le traitement fiscal réservé aux entrepreneurs individuels qui optent pour l'IS est d'autant plus contestable que les cessions d'entreprises individuelles soumises à l'IS sont désormais assimilées à des cessions de parts sociales pour le calcul des droits de mutation, conformément à l'article 726, I bis du Code général des impôts. Dans ce cas, pourquoi l'apporteur (l'entrepreneur individuel qui opte pour l'IS) ne pourrait-il pas également bénéficier du report d'imposition fixé à l'article 150-0 b ter du Code général des impôts ? Le législateur et l'administration fiscale devront éclaircir cette question, ainsi que de nombreux autres points.

1090. **Proposition n° 6**. Nous comprenons que le droit fiscal ne peut pas considérer le risque privé autant que celui professionnel. Il est en effet impuissant face à l'appauvrissement délibéré des particuliers. C'est pourquoi le législateur enferme les investisseurs privés dans ce que nous appelons un principe de remploi des revenus. Cette construction se caractérise par son effet de « cliquet » : mécanique (que nous empruntons à l'art horloger) qui interdit le retour en arrière et qui force la marche en avant et, ce faisant, marque la frontière entre les revenus du travail et ceux du capital. Ses conséquences fiscales sont doubles. En premier lieu, lorsque les revenus imposés sont devenus des capitaux (le capital est la somme des revenus non consommés), aucune marche en arrière n'est possible puisque aucune opération portant sur le patrimoine privé ne pourra diminuer le revenu global[936].

En second lieu, ce principe restreint considérablement le champ de l'imputation des dépenses sur les revenus. Cette mécanique est ici contestable puisque le capital privé peut constituer un investissement et être lui-même générateur de revenus. Or le Conseil d'État rattache systématiquement les frais d'acquisition d'un investissement privé, non pas à l'action d'acquérir des revenus imposables, mais à la simple appropriation d'un patrimoine privé, comme si finalement celui-ci n'avait pas vocation à devenir un investissement.

Ce principe de remploi des revenus accentue la frontière entre les revenus de travail et ceux du capital. Or, il faut avouer qu'il existe aujourd'hui, dans les petites et moyennes entreprises, une véritable confusion entre les dividendes et les revenus du travail. On peut aujourd'hui affirmer que les dividendes rémunèrent parfois le travail, donc le risque professionnel. D'ailleurs le droit social n'a pas hésité à assujettir aux charges sociales les dividendes perçus par les gérants majoritaires de SARL, ceux capables d'arbitrer aisément entre revenus du travail et revenus du capital. Permettre l'imputation des dépenses sur les revenus du travail et non sur les dividendes apparaît alors, dans ce cas précis, comme une conception artificielle.

La création d'une catégorie des revenus de capitaux mobiliers professionnels, comme il existe des bénéfices professionnels et non professionnels, serait une alternative intéressante. Le professionnel, qui a emprunté et s'est porté caution pour acquérir les titres de la société dans laquelle il exerce son activité, a construit sa propre activité professionnelle. Il est en capacité de choisir entre revenus du travail et revenus du capital. Il serait opportun qu'il puisse déduire les intérêts d'emprunt et les dettes prises en charge en cas d'exécution d'un engagement de caution de ses rémunérations de mandataire social, mais également des dividendes perçus. Le principe du remploi des revenus est louable lorsqu'il permet de lutter contre les abus, et de distinguer les investisseurs des professionnels, il devient toutefois inadapté dans le cas où les titres des sociétés soumises à l'IS constituent de véritables outils professionnels. L'objectif n'est pas de permettre l'imputation de déficits mobiliers (qu'il est quasi impossible de dégager), mais plutôt d'imposer un revenu brut diminué des dépenses qui ont été payées pour le produire.

936 Il n'existe qu'une seule exception à ce principe : les déficits fonciers ne provenant pas des intérêts d'un emprunt pourront s'imputer sur le revenu global dans la limite de 10 700 euros si l'immeuble continue à être loué au cours des trois années suivant l'imputation. Cette dernière contrainte (la règle des 3 ans) incite précisément à pérenniser l'investissement : elle force la continuité de la prise de risque. Hormis ce cas, les pertes patrimoniales n'affecteront, au mieux, que les revenus générés par ce patrimoine. Lorsque la base d'imputation est insuffisante, les déficits se reporteront par une marche en avant sur les revenus de même nature des années suivantes. Cette mécanique du « cliquet », en enclavant les pertes, enferme le risque de l'investissement privé, lequel n'est alors pas *immédiatement* reconnu par le droit fiscal.

1091. **Proposition n° 7**. Le cadre normatif qui circonscrit le comportement des professionnels – tout du moins pour que leurs actes de gestion connaissent un effet sur le plan fiscal – se fonde sur l'intention de s'enrichir. La considération des volontés constitue un moyen pertinent pour ne pas sanctionner – fiscalement parlant – les échecs économiques. Or, ce cadre normatif, si pertinent soit-il, souffre d'un écueil. Il est en effet malaisé de sonder les esprits, d'identifier les intentions sincères. Pour contourner cette difficulté, le juge de l'impôt a instauré des présomptions d'appauvrissement volontaire que le contribuable devra combattre. La plus récente d'entre elles nous apparaît être la plus dangereuse. Dans sa jurisprudence *Sté Croe Suisse*, le Conseil d'État présume l'intention libérale d'un écart significatif entre le prix de vente d'une immobilisation et sa valeur vénale. Si effectivement un tel écart permet d'émettre des doutes sur les intentions affichées par les parties, encore faut-il que ledit écart soit manifestement excessif. À défaut, le procédé devient dangereux, car trop subjectif. Malheureusement, une différence de 20 % (entre le prix de vente et la valeur vénale) semble avoir été admise collectivement pour avoir été citée à de nombreuses reprises dans les conclusions des rapporteurs publics. Or, un tel écart – qui semble avoir pénétré la conscience commune – est, sauf exception[937], insuffisant pour pouvoir présumer l'existence d'une intention libérale. La haute assemblée doit donc exiger la nécessité d'un écart manifeste, afin de ne pas sanctionner de simples erreurs d'appréciation, d'évaluation.

1092. **Conclusion**. Finalement, l'instauration dans notre droit fiscal du concept de « but principalement fiscal » est un épouvantail qui certes vise à décourager la fraude à la loi fiscale, mais qui paralyse également les contribuables et leurs conseils, ceux-ci craignant la subjectivité de cette notion. Cette situation équivoque ne nous semble pas encourager l'esprit d'entreprise. De nombreuses années vont se passer avant que le Conseil d'État soit saisi du sujet, années pendant lesquelles les pratiques vont rester trop incertaines. Espérons que ce concept, potentiellement dangereux, ne soit finalement « qu'un coup d'épée dans l'eau » et ne serve qu'à sanctionner les schémas qui auraient de toute façon été visés par la traditionnelle fraude à la loi fiscale de l'article L 64 du livre des procédures fiscales, la pénalité de 80 % en moins.

L'insécurité juridique est sans doute le mal dont souffre le plus immodérément l'initiative économique. Cette insécurité est renforcée sur le plan fiscal par des notions volontairement abstraites, leur plasticité épousant la multitude des pratiques. Néanmoins, cette modularité obère la visibilité

---

[937] Le Conseil d'État a jugé récemment qu'une minoration de 14,10 % constituait une libéralité, mais l'actif de la société (dont les titres étaient cédés) n'était constitué que de placements de trésorerie dont l'évaluation ne laissait place à aucun aléa. Dans un tel cas, l'erreur d'appréciation, d'évaluation est très incertaine, compte tenu des circonstances particulières de l'espèce. CE, 9e et 10e ch., 7 avril 2023, n° 466247 et 466244, *Sté Crédit Agricole : FR* 23/23, p.3.

nécessaire à tout projet économique. En outre, alors qu'en matière pénale, le principe constitutionnel de la présomption d'innocence préfère ne pas sanctionner un innocent, quitte à innocenter un coupable, le droit fiscal adopte un tout autre procédé : cette branche du droit préfère refreiner toutes les opérations puisqu'il est possible que certaines d'entre elles deviennent abusives. Un tel raisonnement, s'il est efficace pour lutter contre l'évasion fiscale, étouffe néanmoins l'esprit d'entreprise et les contribuables de bonne foi, ce qui n'est pas pour améliorer le civisme fiscal.

INDEX

(Les chiffres renvoient aux numéros de paragraphes)

A

D

R

S

BIBLIOGRAPHIE

THESES

A. AGOSTINI, *les options fiscales*, LGDJ, Bibliothèque de sciences financières, 1983.

F. DEBOISSY, *La simulation en droit fiscal*, LGDJ, Bibliothèque de sciences financières, 1997.

G. DEDEURWAERDER, *Théorie de l'interprétation et droit fiscal*, Paris, Dalloz, 2010.

H. KRUGER, *liberté de gestion et endettement des entreprises en droit fiscal*, LGDJ, Bibliothèque de sciences financières, 2007.

E. TAUZIN, *L'intérêt de l'entreprise et le droit fiscal*, L'Harmattan, 2011.

N. VOIDEY, *le risque en droit civil*, PUAM, 2005.

A. ZOUHAL, *Le risque en droit pénal*, LGDJ, 2021.

OUVRAGES GÉNÉRAUX

P. BEZARD, *Sociétés civiles, loi du 4 janvier 1978, décret du 3 juillet 1978*, Librairies Techniques, 1979.

J. BIGOT, *L'ordonnance portant réforme du droit des contrats, des obligations et de leur preuve et le contrat d'assurance*, Libres propos sur la réforme du droit des contrats, LexisNexis, 2016.

P. -A. BLEVIN, *les paradis fiscaux*, PUF, coll. Que sais-je ? 2022.

G. CORNU (dir.), *Vocabulaire juridique*, PUF, Association Henri Capitant, 13e éd., 2020.

F. EWALD, *Le risque dans la société contemporaine*, Risque et Société, sous dir. M. TUBIANA.

M. FAVRE-MAGNAN, *Le droit des contrats*, PUF, coll. Que sais-je ?, 2018.

S. GOLTZBERG, *100 principes juridiques*, PUF, 2e éd., 2021.

D. GUTMANN, *Sources et ressources de l'interprétation juridique*, LGDJ, 2023.

J.-F. HAMELIN, N. JULLIAN, *la réforme du statut de l'entrepreneur individuel*, LGDJ, 2022.

F. HORDEUR, *Le droit des accidents du travail au XIXème siècle*, cahier n° 3 de l'Institut régional du travail de l'université d'Aix-Marseille, 1991.

J.-M. KEYNES, *A treatise on probability*, éd. Macmillan and co., 1957.

F. KNIGHT, *Risk, uncertainty and profit*, éd. Houghton Mifflin Co., 1948.

Y.-M. LAITHIER, « Aléa et théorie générale du contrat », *in L'aléa*, Association Henri-Capitant, Journées nationales, t. XIV, Dalloz, coll. « Thèmes et commentaires », 2010.

N. MOUREAU ET D. RIVAUD-DANSET, *L'incertitude dans les théories économiques*, éd. La Découverte, 2004.

P.-C. PRADIER, *la notion de risque économique*, La Découverte, coll. Repères, 2006.

L. THIBIERGE, *le contrat face à l'imprévu*, Economica, 2011.

J. SCHUMPETER, *Capitalisme, socialisme et démocratie*, éd. Payot, 1990.

OUVRAGES DE DROIT FISCAL

CH. BUR, *L'acte anormal de gestion ou le premier risque fiscal pour l'entreprise*, Collection Audit juridique comptable et fiscal, 1999.

M. COLLET, *Droit fiscal*, Puf, 11e éd., 2022.

M. COZIAN, *Les grands principes de la fiscalité des entreprises*, Litec, 4e éd., 1999.

M. COZIAN, F. DEBOISSY, M. CHADEFAUX, *Précis de fiscalité des entreprises*, LexisNexis, 46e éd., 2022.

C. DAVID, O. FOUQUET, B. PLAGNET, P.-F. RACINE, *Les grands arrêts de la jurisprudence fiscale*, Dalloz, 2009, 5e éd.

D. GUTMANN, *Droit fiscal des affaires*, LGDJ, 14e éd., 2023.

Y. JUDEAU, *Fiscalité de la cession d'entreprise*, LexisNexis, 2014.

J. LAMARQUE, O. NEGRIN, L. AYRAULT, *Droit fiscal général*, LexisNexis, 4e éd., 2016.

T. LAMBERT, *Procédures fiscales*, LGDJ, 5e éd., 2022.

C. DE LA MARDIERE, *Droit fiscal de l'entreprise*, Bruylant, 2e éd., 2023.

P. OUDENOT, *Fiscalité approfondie des sociétés,* LexisNexis, 6e éd., 2022.

P. SERLOOTEN, O. DEBAT, *Droit fiscal des affaires*, Dalloz, 21e éd., 2022.

CHRONIQUES, ETUDES, CONCLUSIONS

V. AGULHON, S. TORCK ET L. OLLEON, « Financement par la dette : les emprunts souscrits pour réduire le capital ou distribuer des dividendes », *Dr. fisc.* 2018, n° 39, comm. 400.

C.-E. AIRY, « les mystères de l'exigence de modification de la charge fiscale en abus de droit », chron. sur CE, 9e et 10e ch., 12 déc. 2023, n° 470039 et 470038 : *RJF* 03/24, n° 239, concl. C. GUIBE (C 239).

Y. BENARD, « Groupes de sociétés : la jurisprudence n'a pas l'esprit de sacrifice », *RJF* 6/06, p. 499.

J.-P. BIDEGAINBERRY ET M. GAUTHIER, « Charges financières : rachat par une société de ses propres actions », *FR* 20/12, page 9.

A. DE BISSY et G. DEDEURWAERDER, « Le critère du risque dans la jurisprudence fiscale », *Cahiers de droit de l'entreprise* n° 3, mai 2012, dossier 14.

A. DE BISSY, « L'administration a tout faux : l'usufruit viager est un actif incorporel et il peut être amorti ! », *Dr. fisc.* 2019, n° 44-45, comm. 427.

J.-C. BOUCHARD, « L'article 257 bis, garant du principe de neutralité », *Dr. fisc.* 2023, n° 30-34, comm. 256.

S. BRADBURN ET V. FORESTIER, note sur CE, 8e et 3e ch., 25 oct. 2023, n° 466532 : *Dr. fisc.* 2024, n° 11, comm. 202.

L. CHATAIN, « Éloge de la méthode : comment neutraliser la double imposition des résultats des sociétés de personnes ? », *Dr. fisc.* 2019, n° 40, étude 382.

M. COLLET, « Contrôle des actes de gestion : pour un retour à l'anormal », *Dr. fisc.* 2003, n° 14, étude 14.

M. COLLET, « Ouverture du colloque, in Retour(s) sur l'acte anormal de gestion : évolutions et potentialités », *Dr. fisc.* 2019, n° 41, étude 392.

P. COLLIN, « L'acte anormal de gestion : un champ d'application en évolution ? » : *Dr. fisc.* 2019, n° 41, comm. 393.

M. COZIAN, « Abus de droit, apport-cession et apport-donation, La Cour de cassation serait-elle en train de perdre le cap ? », *JCP N* 2007, n° 36, 1242.

O. DEBAT, « La raison d'être, une apparence sans substance *? », RFP 2022*, n°4, comm. 4, p. 1.

O. DEBAT, « La promesse unilatérale de vente de titres sociaux par un associé n'est pas une garantie en capital accordé par la société à cet associé », *RFP,* n° 11, nov. 2022.

F. DEBOISSY et G. WICKER, « La définition de l'intérêt social posée par la loi Pate ne modifie pas l'appréciation fiscale de l'acte anormal de gestion », *Dr. fisc.* 2023, n° 8, comm. 55.

F. DEBOISSY, « Le contrat de cession-bail à la croisée de l'abus de droit et de l'acte anormal de gestion », *Dr. fisc.* 2023, n° 35, comm. 269.

F. DEBOISSY, « Les punitives damages sont des sanctions pécuniaires interdites de déduction », *Dr. fisc.* 2024, n° 4, comm. 4.

L. ERSTEIN, « Acte (a)normal de gestion : l'aide de l'actionnaire minoritaire », *Dr. fisc.* 2024, n° 5, comm. 20.

L. ERSTEIN, « Management package : qualification de la nature du gain en résultant de la levée de l'option », *Dr. fisc.* 2023, n° 7, comm. 86.

P. FERNOUX, « SCI et démembrement de propriété : contribuables...poursuivez la résistance », *Dr. et patrimoine* avr. 2001, p. 33.

P. FERNOUX, « L'évaluation de l'usufruit de parts de SCI : le Conseil d'État met les choses au point », *Dr. fisc.* 2019, n° 48, comm. 465.

F. FONTAINE, « De la juste rémunération du transfert intragroupe de risque », *Dr. fisc.* 2024, n° 9, comm. 189.

O. FOUQUET, « Société anonyme suisse propriétaire d'un immeuble en France : quel régime ? », *Dr. fisc.* 2022, n° 37, comm. 338.

O. FOUQUET, « Fraude à la loi : explication du critère subjectif, *Dr. fiscal* 2009, n° 39, comm. 287.

O. FOUQUET, « L'administration, si elle est en droit de redresser un acte anormal de gestion, ne peut le faire en s'immisçant dans la gestion de l'entreprise », *RTD* com. 2019, p. 1029.

O. FOUQUET, « Frais et charges – « Management fees » et acte anormal de gestion », *Dr. fisc.* 2023, n° 47, comm. 341.

D. GUTMANN, « Le risque économique et le droit fiscal », *in Le droit face à l'économie sans travail*, éd. Garnier, 2019, p. 148.

D. GUTMANN, « Peut-on reprocher à une société mère de se comporter comme un tiers indépendant de sa filiale ? » À propos de TA Montreuil, 2 juill. 2019, n° 1705606-1705609, *Sté EDF International et Sté EDF* : *FR* 39/2019, inf. 9, p. 13.

B. HATOUX, « L'insécurité juridique érigée en principe ? ou l'abus d'abus est dangereux », *RJF* 08-09/07, p.710.

L. JAILLAIS, « Report d'imposition des plus-values d'apport : le respect de la légalité n'immunise pas contre l'abus de droit », *FR 17/24*, p. 6.

O. JANORAY et J. DEMORTIERE, « Apport de titres en société avec stipulation d'une soulte : une nouvelle éclaircie dans le ciel sombre des redressements », *Dr. fisc.* 2023, n° 47, comm. 342.

E. JOANNARD-LARDANT, « Acte anormal de gestion et management package : l'horizon s'éclaircit », *Dr. fisc.* 2022, n° 28, comm. 279.

N. JULLIAN, « Sociétés à mission : bientôt 5 ans d'introduction d'une once de non-lucrativité en droit des sociétés », *Dr. des sociétés* 2024, n° 4, comm. 4.

E. KORNPROBST, *JCl. Base d'imposition, Fasc. 1082, Caractères du revenu imposable. Revenu net, principe du parallélisme des dépenses et des recettes, n° 99.*

D. LECOMTE, « Les distributions irrégulières des sociétés », *REIDF* 2022, n° 2, p. 163

D. LECOMTE, « L'entrepreneur individuel, l'impôt sur les sociétés et la protection patrimoniale », *REIDF* 2023, n° 4.

J.-J. LUBIN, « mise à disposition gratuite d'immeuble par une société étrangère à ses associés », *RFP* n° 3/2024, act. 4.

M. LEROY, « Article 774 bis du CGI : faut-il s'inquiéter pour les stratégies patrimoniales ? *», RFP* n° 3, mars 2024, act. 25.

M. MASCLET DE BARBARIN, « Formes et réformes de l'impôt sur la fortune en France », *REIDF* 2023, n° 3, p. 372.

CH. DE LA MARDIERE, « Abus de droit : affres et misères de la jurisprudence Verdannet » *: Dr. fisc.* 2010, n° 29, comm. 330.

CH. DE LA MARDIERE, « Ébauche d'une théorie générale des présomptions et des présomptions fiscales », *REIDF*, 2022, n° 2, p. 153.

CH. DE LA MARDIERE, « L'abus de droit fiscal en France », *Revue internationale du patrimoine*, 2022/10-11, p. 94.

CH. DE LA MARDIERE, « Abus de droit : vers une plus grande répression ? Comment analyser l'état du droit depuis l'arrêt Verdannet ? » : *Dr. fisc.* 2019, n° 24, comm. 297, p. 26.

CH. DE LA MARDIERE, *JCl. Procédures fiscales, Fasc. 375, Abus de droit. Textes, historique et notion, n° 202*.

C. DE LA MARDIERE, « Théorie du bilan et liberté d'affectation comptable », *REIDF* 2022, n° 4.

J.-L. MEDUS, « Gestion des fonds propres et stratégies d'endettement ; pour une vision renouvelée de l'intérêt social », *Dr. fisc.* 2017, n° 10, étude 192.

J.-L. MEDUS, « Valeur d'une obligation convertible et d'une option de conversion », *Dr. fisc.* 2024, n° 10, étude 196.

J.-L. MEDUS, « Variations autour de l'option de vente (*put*) en *management package* : la mal aimée du fisc », *Dr. fisc.* 2023, n° 28, comm. 241.

R. MORTIER, « La donation avant cession in extenso », *RFP* 2014, n° 12, étude 30.

D. PARENT et R. VABRES, « Holding, quasi-usufruit : solutions nouvelles en matière de transmission d'entreprise », *RFP* 2018, n° 11, étude 26.

J.-L. PIERRE, « Le régime d'imposition des gains tirés de *management package* », *Dr. des sociétés* 2024, n° 4, comm. 56.

J.-L. PIERRE, « Recours par le service des impôts à l'article 57 du CGI au sujet d'une convention de gestion de trésorerie entre une société française et une société étrangère », *Dr. des sociétés* 2022, n° 12, comm. 141.

J.-L. PIERRE, « Contrat de transfert de technologie entre une société française et une société étrangère : recours par le service des impôts à l'article 57 du CGI », *Dr. fisc.* 2024, n° 14, comm. 218.

T. PONS, « La limitation des taux d'intérêt déductibles par les articles 39-1-3 et 212-1 a du CGI en question », *Dr. fisc.* 2023, n° 45, étude 328.

F. TAP, « La définition de l'acte anormal de gestion par le juge fiscal est-elle constitutionnelle ? », *Dr. fisc.* 2021, n° 9, étude 154.

E MEIER, R. TORLET ET A. ALBERT, « Convention de « *management fees* » et acte anormal de gestion : déductibilité ne rime pas avec sécurité », *FR 47/23*, p 2.

J.-L. ROSSIGNOL, « Le régime fiscal des aides entre sociétés sœurs : une nouvelle illustration », *Petites affiches* 2004, n° 175, p. 3.

M. SADOWSKY, « Que reste-t-il de l'impôt sur les sociétés ? », *REIDF* 2023, n° 3, p. 361.

O DE SAINT-CHAFFRAY, « OBO immobilier : une stratégie attrayante…subordonnée à des réglages fins », *RFP* 2018, n° 7-8, étude 17.

P. SERLOOTEN, « Liberté de gestion et droit fiscal : la réalité et le renouvellement de l'encadrement de la liberté », Dr. fisc. 2007, n° 12, étude 301.

J. TUROT, « Avantages consentis entre sociétés d'un groupe multinational » chron. sur CE, 7e et 9e s.-s., 3 mars 1989, n° 77581, *Lainière de Picardie* : *RJF* 5/89, n° 538.

J. TUROT, « L'entrepreneur, le risque et le fisc. La notion d'acte, qui sans être étranger à l'intérêt de l'entreprise, lui fait courir un risque excessif », *RJF* 11/90, p. 735.

R. VABRES, « La fiscalité des rachats de titres : les changements opérés par la seconde loi de finances rectificative pour 2014 », *Dr. sociétés* 2015, étude 8.

Y. RUTSCHMANN et R. VALLERIE, « Quelle place accorder aux objectifs réellement poursuivis par le législateur en présence d'un montage artificiel ? », *Dr fisc.* 2023, n° 25, comm. 219.

A. DE WAAL, « Brèves réflexions sur la fusion rapide » : *Dr. fisc.* 1996, n° 4, p. 129.

Table des matières

Structures éditoriales du groupe L'Harmattan

L'Harmattan Italie
Via degli Artisti, 15
10124 Torino
harmattan.italia@gmail.com

L'Harmattan Hongrie
Kossuth l. u. 14-16.
1053 Budapest
harmattan@harmattan.hu

L'Harmattan Sénégal
10 VDN SICAP AMITIE 3
BP 45034 Dakar-Fann
direction@senharmattan.com

L'Harmattan Cameroun
Tsinga/Derrière polyclinique FECAFOOT
BP 11486 Yaoundé
Jacques.koukam@harmattan.fr

L'Harmattan Burkina Faso
Villa 281, secteur 23 623, rue 14.32
Ouagadougou
zagbie@outlook.fr

L'Harmattan Guinée
Almamya, rue KA 028 OKB Agency
BP 3470 Conakry
harmattanguinee@yahoo.fr

L'Harmattan RDC
185, avenue Nyangwe
Commune de Lingwala – Kinshasa
matangilamusadila@yahoo.fr

L'Harmattan Congo
219, avenue Nelson Mandela
BP 2874 Brazzaville
deunovmikhael@gmail.com

L'Harmattan Mali
Immeuble Mgr Jean Marie Cissé
Aci Hamadallaye
BP 145 Bamako
syllaka@yahoo.fr

L'Harmattan Togo
Djidjole – Maison Amela
face EPP BATOME
02 BP 20680 Lomé
didieramela11@gmail.com

L'Harmattan Côte d'Ivoire
Résidence Karl – Cité des Arts
Abidjan-Cocody
03 BP 1588 Abidjan
harmattan.ivoire@gmail.com

L'Harmattan Bénin
Rue 604, (Immeuble à l'entrée
de la rue UCAO- Cite de Saint-Jean)
Cotonou
stepcorpus@gmail.com

Nos librairies en France

Librairie internationale
16, rue des Écoles
75005 Paris
librairie.internationale@harmattan.fr
01 40 46 79 11
www.librairieharmattan.com

Librairie des savoirs
21, rue des Écoles
75005 Paris
librairie.sh@harmattan.fr
01 46 34 13 71
www.librairieharmattansh.com

www.ingramcontent.com/pod-product-compliance
Lightning Source LLC
LaVergne TN
LVHW021138061026
849535LV00002B/282